Zu diesem Buch

Der dritte Band von Klaus Manns essayistischen Schriften umfaßt den Zeitraum vom Herbst 1936 bis zum Sommer 1938. Der Schriftsteller pendelt zwischen Europa und Amerika. Hier wie dort hält er Vorträge und schreibt Artikel, um über die Gefahr aufzuklären, die aus Deutschland droht: den «Hakenkreuzzug» der Nazis, die ihren Machtbereich immer weiter ausdehnen. Im Sommer 1938 fährt Klaus Mann nach Spanien, um über den Bürgerkrieg zu berichten. Auf der Seite der Republikaner erlebt er den Widerstand gegen die Franco-Putschisten. Die Tapferkeit und Entschlossenheit dieses Widerstands wird für ihn eine unvergeßliche Erfahrung: «Das Wunder von Madrid».

Klaus Mann wurde am 18. November 1906 in München als ältester Sohn von Thomas und Katia Mann geboren. 1924 ging er als Theaterkritiker nach Berlin. Mit seiner Schwester Erika, Pamela Wedekind und Gustaf Gründgens gründete er ein Theaterensemble. Mit den eigenen Stücken «Anja und Esther» und «Revue zu Vieren» erregte er in Berlin und auf Gastspielreisen frühes Aufsehen. 1927/28 unternahm er zusammen mit Erika eine Weltreise, von deren Abenteuern das Reisebuch «Rundherum» (rororo Nr. 4951) erzählt. 1932 veröffentlichte Klaus Mann die Autobiographie seiner bewegten Jugend «Kind dieser Zeit» (rororo Nr. 4996). Im Frühjahr 1933 emigrierte er, zunächst nach Amsterdam. 1936 veröffentlichte er den Roman «Mephisto», der sich mit den Zuständen im Dritten Reich auseinandersetzte. (Seit seinem Erscheinen heftig umstritten und 1968 in der Bundesrepublik verboten, erschien der Roman 1981 als rororo Nr. 4821.) 1938 verließ Klaus Mann Europa und ließ sich in New York nieder. Er kehrte als US-Soldat nach Europa zurück, nahm am Feldzug in Italien teil und besuchte 1945 im Auftrag der Armee-Zeitung «Stars and Stripes» Österreich und Deutschland. Am 21. Mai 1949 starb Klaus Mann in Cannes an den Folgen einer Überdosis Schlaftabletten.

Als rororo-Taschenbücher erschienen von Klaus Mann außerdem: «Der Vulkan» (Nr. 4842), «Symphonie Pathétique» (Nr. 4844), «Flucht in den Norden» (Nr. 4858), «Treffpunkt im Unendlichen» (Nr. 4878), «Alexander» (Nr. 5141), «Der Wendepunkt. Ein Lebensbericht» (Nr. 5325), «André Gide und die Krise des modernen Denkens» (Nr. 5378), «Der fromme Tanz» (Nr. 5674), «Der siebente Engel. Die Theaterstücke» (Nr. 12594), «Maskenscherz. Die frühen Erzählungen» (Nr. 12745), «Speed. Die Erzählungen aus dem Exil» (Nr. 12746), «Briefe und Antworten 1922–1949» (Nr. 12784), «Die neuen Eltern. Aufsätze, Reden, Kritiken 1924–1933» (Nr. 12741) und «Zahnärzte und Künstler. Aufsätze, Reden, Kritiken 1933–1936» (Nr. 12742). In der Reihe «rowohlts monographien» erschien als Band 332 eine Darstellung Klaus Manns von Uwe Naumann, die eine ausführliche Bibliographie enthält.

Klaus Mann

DAS WUNDER VON MADRID

Aufsätze, Reden, Kritiken
1936–1938

Herausgegeben von
Uwe Naumann
und Michael Töteberg

rororo
Rowohlt

Originalausgabe
Veröffentlicht im Rowohlt Taschenbuch Verlag GmbH,
Reinbek bei Hamburg, September 1993

Umschlaggestaltung Barbara Hanke
Satz Garamond (Linotronic 500)
Gesamtherstellung Clausen & Bosse, Leck
Printed in Germany
1890-ISBN 3 499 12744 x

Inhalt

Vorwort der Herausgeber 9

1936

Als wir anfingen 13
Können Deutschland und Frankreich Freunde sein? 15
Joseph in Ägypten. Bemerkungen anläßlich
des dritten Bandes von Thomas Manns Roman
«Joseph und seine Brüder» 23
Broadway, abends 27
Das Film-Museum 31
Europas Maler in Amerika. Brief aus New York 36
Haben die deutschen Intellektuellen versagt? 40
Worum der Kampf geht 57

1937

Was will die Pfeffermühle? 66
«Heil Hitler!» 71
Ein Don Quijote des Theaters 74
Thomas Manns politische Entwicklung 78
Der Streit um André Gide 84
Rainer Maria Rilke 94
Der Simplicissimus 101
Galgenhumor 104
«Alcibiades» von Vincenz Brun 108
Aldous Huxleys neuer Roman 111
Die Harfe 118
Wiederbegegnung mit Knut Hamsun 123
Sehr lehrreiches Bilderbuch 128
Zürichs Schauspielhaus 132
Deutsche Wirklichkeit 139
Österreichische Tragödie 142
René Schickeles neuer Roman 146

Oscar Wilde entdeckt Amerika 150
Hoffnung auf Amerika 157
Die Geister scheiden sich 180
Eine Stunde mit Beneš 182
Krankheit und Gesundheit 187
«Der Reisepaß» 193
Deutsche in Amerika 198
Ludwig II., König der Bayern 202
Gedichte 212
Die Geigerin 217
Ein Lob der gemischten Rasse 220
Das Wagnis der Mitte 224
Ulrich Becher 226
Franz Kafka 227
Écrasez l'infâme 232
Gottfried Benn. Die Geschichte einer Verirrung 237
A Family against a Dictatorship 247
Notizen von einer Vortragsreise 261
Deutschland und die Welt 265
Hemingways neuer Roman 273

1938

Die Kriegs- und Nachkriegs-Generation 278
Kultur und Freiheit 297
Stimmungen in den USA 309
Walt Disneys «Schneewittchen» 313
Experimente am Broadway 316
Wiedersehen mit Hollywood 323
«Inside Nazi-Germany» 328
Kleine Verzauberung 332
Die tödliche Zeitung 336
Passion eines Menschen 339
Das «Cornichon» 342
Ecce homo 345
Kurt Hillers Prosa 348
Der Marsch des Faschismus 352
Von Bismarck bis Picasso 357

Der Held 362
Ödön von Horváth ist tot 366
Wiederbegegnung mit den deutschen Romantikern 369
Barcelona ist ruhig 395
Colonel Jorje Hans 399
Junge Dichter in Spanien 405
Besuch bei gefangenen deutschen Fliegern 409
Das Wunder von Madrid 414
Die spanischen Schätze 418
Fazit einer Spanienreise 421
Zurück von Spanien 425

Editorische Bemerkungen 431
Namenregister 438

Vorwort

Am Anfang steht ein Rückblick: Klaus Mann wollte sich dem amerikanischen Publikum vorstellen und nutzte diesen Anlaß, um Bilanz zu ziehen. Er reflektiert seine literarische Entwicklung und ortet sie im Kontext seiner Generation: Der Krieg war zu Ende, der Expressionismus hatte abgedankt, als die jungen Autoren sich erstmals zu Wort meldeten. Zunächst wählten sie erotische und religiöse Sujets, später erweiterten sie ihre Stoffe um die soziale Problematik. Die politischen Vorstellungen waren eher vage und idealistisch, bis Hitlers Machtergreifung kein Ausweichen mehr zuließ. Klaus Mann entschied sich für die Emigration. Seitdem lebt er «in allen europäischen Kapitalen – außerhalb Deutschlands».

Nicht Reiselust und Neugierde führen ihn im Oktober 1936 in die Neue Welt. Klaus Mann hat eine Vortragsreise zu absolvieren: ein lukrativer Nebenverdienst, der die bescheidenen Honorare aus der literarischen und publizistischen Arbeit entscheidend aufbessert. Er tingelt durch die Staaten, spricht vor Herren-Clubs und Hausfrauen-Vereinen, läßt anschließend geduldig alle «idiotischen Fragen» über sich ergehen. Mit bissiger Ironie kommentiert er seine neue Tätigkeit, die er zu den «Besonderheiten des amerikanischen Lebens» zählt, und reiht sich ein in eine illustre Gesellschaft: «Romanciers, Polarforscher, Politiker, exilierte Prinzen, Tennismeister, Religionsstifter, Köche, Medien, Blumenzüchter, Zeitungskorrespondenten, Psychoanalytiker sind im Nebenberuf ‹lecturers›», notiert er in seiner Autobiographie «Der Wendepunkt». Verschiedene Themen hat der Redner anzubieten; am beliebtesten ist – bald kann er den Text auswendig – der (in diesem Band erstmals gedruckte) Vortrag «A Family against a Dictatorship». Ein Stück Zeitgeschichte wird als «personal history» abgehandelt: Der engagierte Antifaschist weiß, wie er seine politische Botschaft einem Publikum nahebringt, das sich für die Ereignisse im fernen Europa nur mäßig interessiert. Als «distinguished son of a noted family», wie es auf dem Werbeblatt seines Agenten heißt, bedient Klaus

Mann sich ohne Scheu des berühmten Namens seines Vaters, um die Amerikaner aufzuklären über «die deutsche Gefahr». Auch wenn er nach so manchem Auftritt abends in sein Tagebuch sarkastische Bemerkungen einträgt, seine Aufgabe bewältigt er trotz anfänglicher Sprachprobleme souverän. Ein paar Tage, bevor er am 10. Januar 1937 die USA wieder verläßt, schließt er einen Vertrag über eine neue Lecture-Tournee im nächsten Herbst.

Zurück in Europa, mischt er sich in die aktuellen politischen und literarischen Auseinandersetzungen. Der antifaschistische Kampf sollte alle Emigranten einen; auch Klaus Mann unterstützt das Volksfront-Konzept. In Wahrheit sind die Hitler-Gegner zerstritten und arbeiten gegeneinander. Klaus Mann steht zwischen den Fronten, er hält Kontakt zu den bürgerlichen Gruppierungen wie zu den Kommunisten. Politisch steht er links, ist jedoch zunehmend befremdet von den orthodoxen Marxisten. Er schlägt die in Moskau erscheinende, von Brecht, Bredel und Feuchtwanger herausgegebene Zeitschrift «Das Wort» auf und liest, daß Strindberg, Nietzsche und Joyce lediglich traurige Exempel der niedergehenden Bourgeoisie seien. Die materialistische Ästhetik, so undifferenziert und platt, wie sie in manchen dieser Blätter betrieben wird, erscheint ihm als unerträgliche Schulmeisterei der Kunst. Die sowjetamtlichen Berichte über die Schauprozesse in Moskau beschäftigen und beunruhigen ihn: «Ein sehr trübes Mysterium», notiert er im Tagebuch und fragt sich: «*Wie* sind diese phantastischen ‹Selbstbezichtigungen› zustande gekommen???» Parallel liest er, die geeignete Lektüre zu diesen Vorgängen, wieder einmal Kafka.

Der engagierte Zeitkritiker, der sich unerschrocken in aktuelle Kontroversen mischt, aber auch Kunstbetrachtungen und Feuilletons schreibt, löst unbeabsichtigt mit seinem Beitrag «Gottfried Benn. Die Geschichte einer Verirrung» eine Debatte aus, die hohe Wellen schlägt und auf die noch heute in der Realismus-Diskussion Bezug genommen wird. Benn – «diese alte Liebe, dieser neue Haß von mir» – beschäftigt Klaus Mann seit langem. Er verurteilt scharf und kompromißlos die Sympathien des Dichters für die Nazis, berauscht sich aber auch in den Jahren des Exils an dessen Gedichten, verspürt ein geradezu «sündhaftes Vergnügen» an diesen Versen. Die letzten politischen Äußerungen Benns – «ekelhaft», kommentiert Klaus Mann im Tagebuch – bilden den Anlaß, den noch längst nicht ausgestandenen Fall in einem Essay aufzugreifen und (auch für sich selbst) zu klären. «Das Wort» druckt den Aufsatz und stellt ihm einen zweiten Artikel an die Seite: Bernhard Ziegler – hinter diesem Pseudonym verbirgt sich der Kulturfunktionär Alfred Kurella – rechnet unter der Überschrift «‹Nun ist dies Erbe zuende…›» pauschal mit dem Expressionismus ab. Seine These: «Heute läßt sich klar erkennen, wes Geistes Kind der Expressionismus war, und wohin dieser Geist, ganz befolgt, führt: in den Faschismus.» Ihm wird in den folgenden Heften nachdrücklich widersprochen; einschließlich Schlußwort provoziert die Debatte sechzehn Beiträge zum Thema. Am Ende nehmen in ausführlichen Beiträgen die beiden Antipoden Georg Lukács und Ernst Bloch Stellung. Klaus Mann hat ein Stichwort geliefert – plötzlich befindet er sich im Umkreis jener Dogmatiker, die unter der Losung «Der Formalismus: Hauptfeind einer Literatur, die wirklich zu großen Höhen strebt» (Ziegler/Kurella) ein vulgärmarxistisch verengtes Realismus-Konzept durchsetzen wollen. Irritiert verfolgt er die Kontroverse, greift öffentlich nicht ein, aber steht selbstverständlich auf der Seite Blochs.

Rastlos durchstreift er Europa: Zürich, Wien, Prag – am 25. März 1937 erhält der staatenlose Emigrant die tschechoslowakische Staatsbürgerschaft –, Budapest, Paris, Amsterdam und wieder Zürich und wieder USA. Überall hält er Vorträge, trifft prominente Kollegen und Freunde, geht ins Kino oder Theater. Und schreibt: oft im Zug, gar im Schlafwagenabteil, oder im Hotelzimmer. Klaus Mann schreibt mit leichter Hand, das macht den Reiz seiner journalistischen Arbeiten aus. Zudem bewegt er sich nicht nur in Emigranten-Zirkeln, sondern ist stets aufgeschlossen für neue Erfahrungen und fremde Welten. Er ist beeindruckt von Orson Welles' Broadway-Auftritt, besucht in Hollywood die Probeaufnahmen zu dem Kultfilm «Vom Winde verweht» und sieht sich im Kino Walt Disneys Zeichentrickfilm «Schneewittchen» an. Das europäische Erbe, die Liebe zur Literatur verleugnet er dabei nicht: Auf dem Spaziergang zur Hollywood Bowl kommen ihm Verse von Rilke und Goethe in den Sinn, und während er die Front im Spanischen Bürgerkrieg inspiziert, liest er Hesses Buch über die drei schwäbischen Dichter Mörike, Waiblinger und Hölderlin.

In den Staaten spricht er über Deutschland; in Europa berichtet er von seinen amerikanischen Erlebnissen. Das Emigranten-Dasein ist Alltag geworden, doch die politische Entwicklung läßt ihn nicht zur Ruhe kommen. Die Nachrichten aus Spanien, wo die Faschisten die Stadt Guernica dem Erdboden gleichgemacht haben, bringen ihn in Rage: «Müßte man an die Front?» Diese Frage will er in einem Artikel klären, doch ist er viel zu aufgewühlt, um ihn schreiben zu können. Er bemüht sich um ein Visum und reist im Sommer 1938 als Journalist zusammen mit seiner Schwester Erika an die Front. Freunde haben ihm abgeraten: Die Sache sei verloren. Nach der Frühjahrsoffensive der (von deutschen und italienischen Faschisten unterstützten) Franco-Truppen ist das von den Republikanern beherrschte Gebiet in zwei Teile zerschnitten, die Niederlage nur noch eine Frage der Zeit. Klaus Mann fährt trotzdem; seine Artikelserie für die Exilpresse bildet den Abschluß dieses Bandes. Es sind Reportagen, aber auch Reflexionen über die ihn tief verunsichernde Problematik Pazifismus und antifaschistischer Kampf. Die Gegenseite, notiert Klaus Mann in seinem Spanischen Tagebuch, «zwingt uns ein neues Pathos auf, das ursprünglich keineswegs das unsere war». Er fühlt sich in seiner Rolle nicht wohl, das ist den Zeitungsartikeln deutlich anzumerken. Zugleich ist er beeindruckt, ja begeistert vom Widerstand des Volkes gegen die Franco-Truppen. Spanien wird für ihn zu einem Symbol: Erstmals hat ein Land sich nicht kampflos der Aggression ergeben. Erfüllt von «tausend Bildern dieser heroischen Wirklichkeit» kehrt Klaus Mann zurück nach Paris.

Doch «Das Wunder von Madrid» hält nicht an: Die spanischen Faschisten besiegen die Republik, noch bevor der Zweite Weltkrieg beginnt. Mit dem Münchner Abkommen wird im September 1938 auch das Schicksal der Tschechoslowakei besiegelt; schon vorher ist der «Anschluß» Österreichs an das Großdeutsche Reich erfolgt. Überall in Europa gewinnen die Faschisten an Boden. Den Emigranten bleibt nur die Hoffnung auf Amerika.

Hamburg, im April 1993 *Uwe Naumann / Michael Töteberg*

1936

Als wir anfingen

Als wir anfingen, waren wir unpolitisch. Das war im Jahre 1925, ich war damals 19 Jahre alt. Vorher – in den Jahren unmittelbar nach dem Kriege und während der Inflation – hatte in der deutschen Literatur der «Expressionismus» getobt wie ein Orkan. Unsere Reaktion auf den sehr lauten Expressionismus war, daß wir die etwas stilleren Töne reizvoller fanden. – Mein erstes Theaterstück – in dem ich 1925, mit meiner Schwester Erika zusammen, auch als Schauspieler auftrat – nannte ich «ein romantisches Stück». Es hieß «Anja und Esther», und es war voll Zärtlichkeit und Melancholie. Viele junge Menschen haben dieses Stück damals auf den deutschen Bühnen gesehen, und viele hatten es gerne. – Auch die Problematik meiner ersten Erzählungen und Romane war vor allem eine *erotische* und eine *religiöse*. (Von diesen frühen Arbeiten ist eine auch in amerikanischer Ausgabe erschienen: «The Fifth Child», bei Boni & Liveright, 1927.) – Diese Erzählungen handelten alle von *jungen* Menschen: ich hatte wohl den Ehrgeiz, einer der Sprecher der deutschen Nachkriegsgeneration zu sein. Meine Arbeiten, und die meiner Freunde, hatten den neugierigen, sehnsüchtigen, etwas spöttischen, sinnlichen, schwermütigen Blick des Jünglings aufs Leben. In ihnen war viel die Rede von den großen Verwirrungen, denen die europäische Jugend nach dem Kriege ausgesetzt war; sie versuchten zu berichten von neuen Schwierigkeiten – die die Generation vor uns kaum gekannt hatte –, aber auch von neuen Freuden.

Man lernte die Welt kennen; man reiste – in den Jahren 1927 und 28 reiste ich um die Welt und schrieb über diesen großen Ausflug ein kleines Buch: «Rundherum» –; man beschäftigte sich mit der Geschichte (im Jahre 1929 veröffentlichte ich meinen

Roman über Alexander den Großen: «Alexander», der auch in Amerika erschienen ist); man erweiterte den Gesichtskreis: Die *soziale Problematik* drängte sich auf, man konnte ihr gar nicht ausweichen. Aber sie stand doch noch immer nicht im wirklichen Mittelpunkt unseres Interesses und unseres inneren Lebens. Wir haßten den Nationalismus; wir empfanden uns als eine *europäische* Jugend viel mehr denn als eine deutsche. Wir wollten ein *geeinigtes*, friedliches, gerecht regiertes Europa. Aber wir waren naiv genug zu glauben, daß dieses Europa gleichsam von selbst, und ohne daß wir viel dazu zu tun brauchten, zustande käme. Das waren in Deutschland die Jahre der Stresemann-Politik, des Optimismus, der großen und schönen – der trügerischen Hoffnungen...

Es mußte erst das Jahr 1933 – das Jahr des deutschen «Umsturzes» – kommen, um uns gründlich von allen Illusionen zu heilen; um uns zu verändern und zu belehren. Plötzlich erkannten wir, wer die feindlichen Mächte sind, die alles bedrohen und verderben, was uns das Leben erst lebenswert macht. Diese feindlichen Mächte – der extreme Nationalismus, der Imperialismus, der Militarismus, der terroristisch gewordene Kapitalismus – standen als *der Faschismus* vor uns.

Der Faschismus wurde zum großen Widersacher. Ich verließ Deutschland, als Adolf Hitler zur Regierung kam. Mein ganzes Leben änderte sich: ich verlor die deutsche Staatsbürgerschaft; ich lebte in allen europäischen Kapitalen – außerhalb Deutschlands. Ich war entschieden, für das zu kämpfen, was ich liebte und nicht verlieren wollte: für den ganzen Bestand meines geistigen Lebens. – Fast alles, was ich seit dem Jahre 1933 publiziert habe – drei Romane (von denen einer, «Journey into Freedom», in Amerika, bei A. Knopf, erschienen ist) und sehr viele Aufsätze – steht unter dem Zeichen des antifaschistischen Kampfes. Vor allem stand unter diesem Zeichen die Zeitschrift, die ich zwei Jahre lang in Amsterdam, beim Querido-Verlag, herausgegeben habe: «Die Sammlung», die unter dem Protektorat von André Gide, Heinrich Mann und Aldous Huxley stand. Diese monatlich erscheinenden Hefte unternahmen den Versuch, alle geistigen antifaschistischen Kräfte – die demokratischen, die katholischen, die sozialistischen – zusammenzufassen.

Der Nationalsozialismus – und alle anderen Faschismen – behaupten von sich, daß sie *die jungen Menschen* für sich hätten. Nun, ich bin selber jung, ich lebe unter jungen Menschen, und ich weiß, daß der Faschismus alle wertvollen jungen Menschen *immer* enttäuschen muß. Die Jünglinge, die ihm aus Unwissenheit zulaufen, suchen in ihm das Abenteuer. Aber der militärische Drill und schließlich *der Krieg* sind die einzigen Abenteuer, die der Faschismus zu bieten hat. Besteht die europäische Jugend wirklich nur noch aus Landsknechten? Sind die Ansprüche der Jünglinge von Europa so gering geworden? Können sie leben ohne die schwierigeren Abenteuer des Geistes? Ohne das Recht, selbständig zu denken? Ohne den Genuß der Freiheit? – Die nationalistischen Diktaturen in Europa müssen durch ebenjene Jugend stürzen, von der die Diktatoren so gerne behaupten, daß sie ihre treueste Gefolgschaft sei. Die Jugend, die sich heute im Bombenwerfen und im Marschieren üben muß, sehnt sich nach anderen Aufgaben. Sie sehnt sich nach einer anderen und freieren Gemeinschaft – nach einer Gemeinschaft, die nicht mehr kontrolliert ist durch eine Geheime Staatspolizei und durch ein Heer von Spionen. Die europäische Jugend wird ihre Kräfte erst wieder entfalten und bewähren können, wenn das Gift des Faschismus aus Europa verschwunden – wenn der Erdteil frei und geeinigt ist. – Indem wir *gegen* den Faschismus kämpfen, kämpfen wir *für* ein freies, geeinigtes Europa. Für dieses zukünftige Europa arbeiten wir, und ich wage zu behaupten, daß die meisten von uns auch bereit wären, für diese Zukunft Europas zu sterben.

Können Deutschland und Frankreich Freunde sein?

Als ich ein Junge war, hatten die Städtenamen Paris, Nice, Marseille eine ungeheure Faszination für mich. Bei dem Wort Paris fuhr ich zusammen, wie man später, als erwachsener Mensch, bei der Nennung eines geliebten Namens zusammenfährt. Die Namen jener Städte, in denen die großen Abenteurer-Geschichten spielen, ließen mich ziemlich kalt: ich träumte nicht von Kairo,

San Francisco, Bagdad oder Rio de Janeiro. Ich träumte auch nur selten von Rom, Venedig oder Athen. Meine knabenhafte Phantasie malte sich die Landschaft des französischen Südens – der Côte d'Azur – aus, unermüdlich und immer wieder begeistert versuchte sie, sich die Champs-Élysées, die grands boulevards und die Seine-Quais vorzustellen. Ich kannte Paris, Marseille und Nice schon ein wenig, ehe ich selber zum ersten Mal wirklich hinkam.

Während des Kriegs – und ich bin im Kriege ein Kind gewesen – durften wir keine französische Gouvernante haben: sie wäre auf den Straßen der Stadt München gesteinigt worden. Ich begann also erst auf dem Gymnasium, Französisch zu lernen. Das Gymnasium, das ich in München besuchte, war ein «humanistisches». Wir lasen Homer und Xenophon im Urtext; aber der Unterricht im Englischen und Französischen war miserabel. Unser Französisch-Lehrer – Gott hab ihn selig – hatte eine grausige Aussprache. Wir konnten mit Mühe sagen: «La maison de ma grandemère est très belle» – aber wirklich nicht viel mehr. Meist lernte ich in der Schule etwas weniger, als verlangt wurde. Aber im Französischen war ich ehrgeizig. Die Großmutter und ihr schönes Haus genügten mir nicht. Ich begann, mich mit der französischen Literatur zu beschäftigen – auf eigene Faust und ohne daß jemand mir dabei geholfen hätte. Unter eifriger Benutzung eines Lexikons las ich die Gedichte von Arthur Rimbaud und von Paul Verlaine. Ich war hingerissen von der Kraft Rimbauds, die alle Literatur wie ein Gefängnis empfand und sich aus diesem Gefängnis in die Wirklichkeit, in die Freiheit des Lebens rettete; ich war gerührt und bezaubert von der Melancholie und der problematischen Frömmigkeit Verlaines – des großen Sünders, der alle seine Sünden verführerisch besingt und der sie alle bereut. Ein paar Jahre später – ich war siebzehn Jahre alt – handelte der erste Aufsatz, den ich veröffentlichte, von Rimbaud und von seiner schwierigen Freundschaft mit Verlaine. Damals wußte ich schon etwas besser Bescheid in der Welt des französischen Geistes, und ich brauchte nicht mehr soviel das Lexikon zu benutzen, wenn ich Baudelaire oder Mallarmé, Stendhal oder Flaubert, Balzac oder Victor Hugo las.

Es war um diese Zeit, daß ich zum ersten Mal nach Frankreich kam. Den ersten Vorschuß, den mir ein Verleger gab, benutzte ich zu einer Reise nach Paris, Südfrankreich und dem französischen Nordafrika. Unvergeßliche erste Begegnung mit einer Landschaft und mit einem Volke, das mir so fremd und doch auch auf eine sonderbare Art so vertraut war! Es ist, wie wenn man eine Gegend in der Wirklichkeit sieht, die man schon aus Träumen und aus Vorstellungen kennt. Als ich zum ersten Mal vor einem Pariser Café mit einem Vermouth auf der Straße saß, kam ich mir vor wie zu Hause. Zum ersten Mal: der wundervolle Blick von der Place de la Concorde, die Champs-Élysées hinunter, zum Arc de Triomphe; zum ersten Mal, aus dem Fenster eines Hotelzimmers, die Aussicht auf den Vieux Port von Marseille; zum ersten Mal die schön geschwungene Kurve der Promenade des Anglais in Nice... Ich werde das Glück nie vergessen, mit dem ich alle diese Herrlichkeiten kennenlernte.

Dann kamen die Begegnungen mit den französischen Menschen: die Begegnung mit den einfachen Leuten, mit der Patronne des Hotels, mit den Kellnern in den Restaurants, den Matrosen auf den Schiffen, mit den Chauffeuren der Taxis und der Autobusse: Ich liebte es, mit allen diesen Menschen zu reden; ich war stolz darauf, daß ich ihre Sprache verstand und mich auch schon ein wenig in ihr ausdrücken konnte; ich interessierte mich für die Verhältnisse ihres Lebens; ich freute mich an ihrer Intelligenz, ihrem Witz, ihrer natürlichen Liebenswürdigkeit. – Wenig später kamen Beziehungen zu der intellektuellen Elite des Landes hinzu. Ich habe viele Repräsentanten der modernen französischen Literatur gekannt, und mit einigen von ihnen bin ich befreundet. Männern wie André Gide, Edmond Jaloux, Jean Cocteau, Julien Green, Jean Giraudoux, André Malraux verdanke ich die bedeutendste intellektuelle Anregung. Auf Figuren wie Romain Rolland oder Henri Barbusse habe ich – nicht nur um ihres Werkes, sondern vor allem auch um ihrer menschlichen Haltung willen – immer mit Verehrung geschaut. Jahrelang war einer meiner besten Freunde ein junger französischer Dichter. Sein Werk und seine Person wurden geliebt und hatten Wirkung in einem Kreis von jungen Menschen, der zahlenmäßig klein war, aber in allen europäischen Ländern seine Vertreter hatte. Ich weiß nicht, ob die Bücher dieses jungen Dichters auch in den

Vereinigten Staaten Leser hatten. Eine seiner letzten Absichten war, nach Amerika zu kommen und den Kontakt zu der Jugend dieses großen Landes zu suchen. Dieser Plan konnte nicht mehr ausgeführt werden. Mein französischer Freund ist tragisch zugrunde gegangen; der Name dieses jungen Dichters, der nicht mehr lebt, ist René Crevel.

Ich liebe Frankreich. Ich liebe die französischen Menschen, und ich liebe die französische Landschaft. Ich liebe die Städte Frankreichs, und ich liebe die Erde Frankreichs. Ich liebe die französische Kunst, und ich liebe die großen politischen Traditionen der französischen Politik. Ich habe immer geglaubt, daß ein Deutscher Frankreich, den westlichen Nachbarn, lieben darf und lieben soll. Ich habe immer geglaubt, daß ein Deutscher viel von Frankreich zu lernen hat – und, wie ich hinzufügen muß, ein Franzose vielleicht auch einiges von Deutschland. Ich habe viel gelernt, als ich in Frankreich lebte und als ich mich mit französischen Dingen beschäftigte. Dieses – wie gesagt – ist meine persönliche Angelegenheit und mein persönliches Erlebnis.

Aber es ist doch vielleicht auch ein Symptom. Es beweist, welch großen pädagogischen Einfluß die reiche französische Kultur auf einen jungen deutschen Intellektuellen ausüben kann. Keinem jungen deutschen Intellektuellen, der an Luther, Goethe und Nietzsche erzogen ist, wird es schaden, wenn er sich noch ein wenig durch Voltaire, Victor Hugo und Zola erziehen läßt.

Wenn ich also von meiner Liebe zu Frankreich spreche – einer Liebe, die mein ganzes Leben bis heute begleitet hat und es weiter begleiten wird –, erwähne ich sie, um hinzufügen zu können: Viele junge Menschen haben in Deutschland wie ich empfunden – und nicht nur junge. Die Deutschen, die zu meiner Altersklasse gehören oder noch jünger sind als ich, haben den Weltkrieg nicht miterlebt – oder sie waren doch Kinder während des großen Krieges und nicht dazu fähig, seinen Ernst und seine Furchtbarkeit zu begreifen. Als wir anfingen zu denken, war das erste, was wir uns klarmachten, daß der Krieg etwas Schauerliches gewesen war – etwas Schauerliches, das sich keinesfalls wiederholen durfte. Wir schworen uns: Es darf kein Krieg mehr sein, wir wollen an keinem mehr teilnehmen. Wir haßten den Krieg, und wir haßten die Männer, von denen wir glaubten, daß sie persönlich am Ausbruch des Krieges schuldig oder mitschuldig gewesen seien. Aber wir haßten kein einziges Volk, das am Kriege teilgenommen hatte. Vor allem waren wir nicht dazu zu bringen, Frankreich zu hassen, das man uns – in der Schule, als wir Kinder waren – als den Erbfeind dargestellt hatte. Wir glaubten nicht, daß es einen Erbfeind geben könnte. Wir machten uns lustig über diesen Begriff. In unserer Liebe zu Frankreich war wohl auch etwas Opposition gegen die Lehrer, die uns soviel vom Erbfeind erzählt hatten. Aber es waren nicht nur wir Jungen, die die unbedingte Versöhnung, die wirkliche Freundschaft mit Frankreich wollten und erstrebten. Viele Ältere dachten wie wir; einige wenige hatten sogar schon mitten während des Krieges so gedacht. Diese wenigen hatten den Krieg mit Frankreich immer als ein unseliges Mißverständnis, als einen tragischen europäischen Bruderkampf empfunden. Zu diesen Hellsichtigen – es waren ihrer nicht viele – hatte mein Onkel Heinrich Mann gehört. Seine erste literarische Arbeit während des Krieges war ein großer Essay über den französischen Romancier Émile Zola gewesen: eine kühne und gründliche Analyse und zugleich eine überschwengliche Huldigung an den großen Naturalisten – den eigentlichen Helden der Dreyfus-Affäre. Man mag sich vorstellen, daß die Publikation dieser Studie über den Franzosen im Jahre 1915 wie eine Bombe einschlug und fast von der gesamten Öffentlichkeit als eine ungeheure Provokation empfunden wurde, die man Heinrich Mann niemals ganz verziehen hat. Während des Krieges hatten nur wenige Schriftsteller die klare und mutige Gesinnung Heinrich Manns. Aber nach dem Kriege – etwa von 1918 bis 1925 – war fast die ganze deutsche Intelligenz pazifistisch und frankophil – oder behauptete es doch zu sein. (Später sollte sich herausstellen, daß diese Behauptung, in vielen Fällen, eine Lüge war.) Alle besseren Deutschen wollten um diese Zeit die vollkommene Versöhnung mit Frankreich und glaubten daran, daß sie möglich sei. Die maßgebenden Zeitungen des demokratischen deutschen Bürgertums – die «Vossische Zeitung» zum Beispiel oder das «Berliner Tageblatt» – waren durchaus franzosenfreundlich. Wir wurden in unserer europäischen Gesinnung gestärkt dadurch, daß wir wußten: In Frankreich empfand und dachte eine aufgeklärte Elite wie wir. Diese Elite liebte die deutsche Kultur – wie wir die französische Kultur und Zivilisation liebten und bewunderten. Die großen Schriftsteller der französischen Gegenwart beschäftigten sich mit Problemen, die Deutschland und die Versöhnung mit Deutschland betrafen, ich erinnere nur an das berühmte Theaterstück von Giraudoux «Siegfried», das die deutsch-französische Beziehung zum Thema hatte; die besten französischen Geister liebten die deutsche Musik – man denke an Romain Rolland und seine Beethoven-Biographie oder an seinen großen, nach deutschem Muster konzipierten Erziehungsroman «Jean Christophe». Führer der französischen Moderne bemühten sich darum, die deutschen Klassiker der französischen Jugend näherzubringen: André Gide übersetzte Teile aus dem Roman «Der grüne Heinrich» des Deutsch-Schweizers Gottfried Keller und Kapitel aus Goethes Roman «Die Wahlverwandtschaften». – Eine wirklich *europäische* Geistigkeit schien im Entstehen. Der eifrigen Bemühung der Geistigen um eine Verständigung der beiden großen Nationen entsprach die Arbeit der Politiker, der Stresemann und Briand. Es war die Zeit von Locarno. Man glaubte, der Augenblick, da Europa sich endlich einigen werde, sei nahe. Wir waren begeistert von den paneuropäischen Ideen des Grafen Coudenhove-Kalergi. Wir wußten alle, daß die erste und wichtigste Voraussetzung für eine Regelung der europäischen Angelegenheiten die echte und vorbehaltslose Freundschaft zwischen unseren beiden Ländern, zwischen Frankreich und Deutschland war. Deutschland mußte auf die Idee einer «Revanche» gegen Frankreich verzichten. Frankreich mußte sich daran gewöhnen, ohne Mißtrauen auf seinen östlichen Nachbarn zu schauen – ein Mißtrauen, zu dem Deutschland der französischen Nation, wenige Jahre später, freilich erst recht Anlaß geben sollte. Wir glaubten, daß die deutsch-französische Freundschaft und damit die Vereinigung Europas möglich sei. Wir rechneten nicht genug mit dem unversöhnlichen Haß, mit der Aktivität, mit der furchtbaren Geschicklichkeit der Nationalisten in unserem Lande. Sie sangen «Deutschland, Deutschland über alles» und meinten damit «Deutschland gegen Frankreich». Sie wollten nichts von Versöhnung wissen, nur von Rache. Sie bereiteten den nächsten

Krieg vor: den Krieg der Revanche. In diesem Sinne schrieben und redeten alle Nationalisten, denen die Idee eines «Großdeutschland» ungefähr das bedeutete, was uns die Idee eines Paneuropa war. Man weiß, wer allmählich zum Wortführer aller ultranationalistischen, imperialistischen, antipazifistischen Tendenzen in Deutschland wurde. Man weiß, wer den unversöhnlichsten Haß gegen Frankreich in tausend Versammlungen und in tausend Zeitungsartikeln gepredigt hat. Der Autor des berühmten Buches «Mein Kampf» haßte Frankreich ungefähr ebenso, wie er die Juden haßte. Seine demagogische Rhetorik war ebensosehr gegen Frankreich gerichtet wie gegen die Juden. Wenn Hitler und seine Trabanten einen deutschen Politiker, Schriftsteller oder Journalisten unmöglich machen wollten, so verdächtigten sie ihn nicht nur einer judenfreundlichen, sondern auch einer franzosenfreundlichen Gesinnung. Unter dem Vorwurf, er sei Frankreich zu freundlich gesinnt, hatte der Außenminister Gustav Stresemann schrecklich zu leiden: er wurde – wie man weiß – von den deutschen Nationalisten, und besonders von den Nazis, buchstäblich zu Tode geärgert. Den Schriftstellern, die eine Freundschaft mit Frankreich propagierten, erging es nicht besser. Georg Bernhard zum Beispiel, der Chef der «Vossischen Zeitung», oder Theodor Wolff, der politische Redakteur des «Berliner Tageblatts», wurden täglich mindestens einmal von Hitler, Goebbels und Rosenberg als «Landesverräter» bezeichnet. Besonders unbeliebt war bei den Nazis und bei allen, die mit ihnen sympathisierten, die Familie Mann: weil wir für die Demokratie, für den Frieden und für die Freundschaft mit dem französischen Nachbarn eintraten. Am unerbittlichsten gehaßt wurde Heinrich Mann. Gegen meinen Vater begann die nationalistische Kampagne, als er sich zum ersten Mal in aller Form zur Deutschen Republik – deren Präsident damals Ebert war – bekannt hatte. Diese Hetze gegen Thomas Mann steigerte sich, als er einen Besuch in Paris machte, um dort Vorträge zu halten. Über diese Reise veröffentlichte er damals ein kleines Buch, «Pariser Rechenschaft». Diese Broschüre – ein ziemlich unpolitisches Reisetagebuch – wurde womöglich noch heftiger angegriffen als seine Rede über die deutsche Republik. Auch ich bekam diese Wut zu spüren: als ich einem meiner ersten Bücher die Widmung an meinen französischen Freund René Crevel voransetzte. Schon diese Widmung wurde von der Nazi-Presse als eine Art von Landesverrat empfunden und angeprangert.

Natürlich war es von uns sehr falsch, uns über Angriffe dieser Art nur lustig zu machen. Wir hätten sie viel ernster nehmen sollen. Wie ernst sie in der Tat zu nehmen waren, sollte sich erst im Jahre 1933 herausstellen. Die meisten von uns verließen das Land. Viele, die für den Ruhm Deutschlands in der Welt mehr geleistet hatten als irgendeiner von den Nationalisten, mußten in die Verbannung. Manche, denen man um ihrer Liebe zu Frankreich willen nachgesagt hatte, sie liebten Deutschland nicht genug, waren nun gezwungen, die französische Gastfreundschaft in Anspruch zu nehmen.

Zwischen den deutschen Europäern und den Nazis gibt es nicht die Möglichkeit einer Verständigung. Wir reden verschiedene Sprachen. Niemals empfinde ich dies deutlicher, als wenn die Nazis versuchen, *unsere,* die europäische Sprache zu reden.

Die Internationale der Faschismen wird nie zustande kommen. Die nationale Machtgier, der unbegrenzte Egoismus der faschistischen Staaten wird diese Art von «Internationale» immer unmöglich machen.

Die Frage: «Ist eine Freundschaft zwischen Deutschland und Frankreich möglich?» – müssen wir also beantworten: Sie ist *nicht* möglich, solange einer von den beiden Staaten faschistisch ist. Da Frankreich nicht faschistisch ist und es, nach menschlichem Ermessen, nicht sein wird, kann unsere Antwort einfacher lauten: Sie ist nicht möglich, solange Deutschland nationalsozialistisch ist. Das extreme nationalistische Gefühl der Deutschen wird sich *immer* zunächst und vor allem gegen Frankreich richten. Man kann dieses nationale Pathos eine Zeitlang ablenken und es gegen eine andere Macht mobil machen, zum Beispiel gegen die Sowjet-Union. Es wird sich immer wieder, auf die Dauer, gegen Frankreich wenden. Mit einem nationalistischen Deutschland wird Frankreich nie in Frieden leben können.

Der Nationalsozialismus ist nicht nur die Karikatur des Nationalismus; er ist zugleich auch sein Grabgesang. Wenn die Nazis gestürzt sind – und irgendwann einmal werden sie stürzen –, wird in Deutschland ein ungeheurer Widerwille gegen den Nationalismus, ja, ein *Ekel* vorm Nationalismus einsetzen. Ein deutsches Volk, das der degoutanten Exzesse seines eigenen Nationalismus endlich müde ist, wird auch bereit und fähig sein zu einer wirklichen und dauerhaften Verständigung mit Frankreich.

Die Freundschaft zwischen Deutschland und Frankreich ist nicht nur möglich; sie ist sogar *notwendig*. Europa wird krank sein – und zwar in einem gefährlichen und akuten Grade krank –, solange diese Freundschaft nicht zustande kommt. Jeder, der etwas von wirtschaftlichen Dingen versteht, weiß, daß die Verständigung zwischen Deutschland und Frankreich möglich und notwendig ist; jeder, der etwas von politischen Zusammenhängen versteht, weiß es; und wir, die wir etwas von den kulturellen Dingen zu verstehen hoffen, wissen es erst recht.

Ein Deutschland, das sich endlich auf sein besseres Wesen besonnen hat, wird sich auch darauf besinnen, daß es zu Frankreich gehört – um seines eigenen Wohles und um des europäischen Wohles willen. Die deutsche Republik, die wir wollen, wird der französischen Republik die Hand reichen. Das Land Goethes und das Land Voltaires werden sich finden: Dies ist keine vage Utopie, sondern eine Hoffnung, ein Wunsch, der alle vernünftigen Gründe für sich hat und also einmal in Erfüllung gehen *muß*. Deutschland und Frankreich *zusammen* – die beiden befreundeten Länder – werden das Herzstück eines freien, geeinigten Europas bedeuten. Eines ist sicher: Europa wird nur diese Zukunft haben, oder keine.

Joseph in Ägypten

Bemerkungen anläßlich des dritten Bandes
von Thomas Manns Roman
«Joseph und seine Brüder»

Seit mehr als zehn Jahren darf ich nun, aus einer intimen Nähe, mit anschauen, wie ein großes Werk entsteht und größer und breiter wird, und – langsam, langsam – seinem Ende zuwächst. Wie sonderbar lange ist es schon her, seit wir die ersten Abschnitte dieses «Joseph» zu hören bekamen! Es fing an mit der «Höllenfahrt» – diesem höchst eigenartigen und eigensinnigen Prosastück, das wahrhaftig die Kraft hat, den Zuhörer oder Leser in die Tiefe zu locken und zu verführen; dieser – für mein Gefühl – sehr faszinierenden philosophischen Ouvertüre, die in sich schon den ganzen Themenkomplex der großen Roman-Komposition enthält – und klingen läßt.

Wann war das, daß wir zum ersten Mal zu dieser «Höllenfahrt» eingeladen und mitgenommen wurden? Der Tag scheint mir zu versinken «im Brunnen der Zeiten»: um in der Sprache des Romans selber zu reden. Damals war die Welt des Joseph-Romans uns noch fremd. Inzwischen ist sie uns ganz vertraut geworden – ohne dadurch übrigens an fremdartig-verwirrenden Reizen irgend einzubüßen. Wie oft und häufig wurde seitdem, in einer abendlich behaglichen Stube, für einen kleinen befreundeten Kreis der Mythos, heiter und tiefsinnig, beschworen! Oft waren es sehr schalkhafte Beschwörungsakte, und manchmal mußten wir über all die mythischen Drolligkeiten so lachen, wie wir früher gelacht hatten, wenn der Vater uns etwas Komisches vorgelesen, etwas von Andersen oder Hamsun oder von den Russen.

Seither ist eine ganze Welt eingestürzt – die also wohl schon vorher faulig war. Der Kontinent liegt in Zuckungen, und weiß Gott, was für schauerliche Abenteuer sich erst noch vorbereiten. Wir sind alle, auf eine finstere und spannende Art, abgelenkt – der Erzähler wie die Zuhörer. Aber die Erzählung geht weiter. Der große, ironisch-feierliche Bericht aus den frühen Tagen der Menschheit – die doch auch, dem Urteil der damals Lebenden nach, schon recht «späte» Tage waren – bricht nicht ab. Der Erzähler hält seinem großen Unternehmen die Treue...

War er, während all der Jahre, nur und ausschließlich mit *ihm* beschäftigt? Sicherlich – in irgendeiner sehr tiefen, sehr geduldigen, sehr abgeschlossenen Schicht seines Wesens. Aber andererseits war er doch gequält und beunruhigt von jedem Ereignis, das der Tag mit sich brachte; und er mischte sich tätig ein, sprach sein Wort; verstummte; sprach schließlich wieder. Ob er aber zu den gegenwärtigen Dingen heftig sprach oder bitter schwieg: der große Traum aus den Menschheitsfrühen wurde, mit Eigensinn und mit Witz, mit Innigkeit, mit Fleiß und liebender Phantasie, weitergeträumt – weitergeformt.

Nun kommt also hier – in New York – eines Tages dieses dicke Paket an: der dritte Band, «Joseph in Ägypten» ... Ich wiege das Buch in der Hand; ich schlage es auf, blättre drin; komme ins Lesen. Und – außer der Bewunderung – wieviel Rührung empfinde ich da! Was steigt da auf – wie viele Abendstunden, während derer ich mit den Abenteuern und Schicksalen des jungen Joseph in Ägypterland zum ersten Mal bekannt und vertraut gemacht wurde: Abendstunden in München, in Lugano, in Sanary, am Zürichsee... Alles, was da vorgetragen wurde und uns amüsiert und nachdenklich gemacht hat, steht nun in diesem dicken Band... Mir kommt es vor, als ob er nicht nur die Geschichte Josephs und der Menschen, mit denen Joseph es zu tun hatte, enthielte, sondern auch etwas von unserer eigenen Geschichte, in mythisch-würdiger Maskierung...

Nein, ich darf dieses dicke Buch nicht «beurteilen», nicht «kritisieren» wie eine andere bedeutende Neuerscheinung. Andererseits kann ich – als einer «vom Fach» – natürlich doch nicht umhin, es als ein literarisches Produkt, als ein Erzeugnis höchst entwickelter, reifer und raffinierter Erzählungskunst zu betrachten – und zu genießen.

Wie viele Töne sind in diesen großen und mächtig breiten Teppich gewebt – wie mancherlei Stimmungen und Farben enthält er! Was für ein schönes, geistiges Vergnügen, ihn anzuschauen! Die Gedanken, die mit kluger Vielfalt in ihn eingesponnen sind, werden uns ebenso lebendig wie die sehr lebendigen Gesichter, die uns aus ihm anblicken: das Gesicht Josephs, des Schönen und Hübschen – etwas zu geschwind Plaudernden; etwas zu schlau Berechnenden, zu Kühlen, zu Unmenschlichen –; die Gesichter des bedürftig-rührenden, auf seine melancholische Art würdevollen Petepres, in dessen Haus Joseph den Dienst tut und aufsteigt; der beiden Zwerge und der «heiligen Eltern im Oberstock» – die in die mythische Sphäre des Werkes das märchenhafte Element bringen – und der süßen, schön hergerichteten Mut, die des Potiphars Weib ist und sehr stolz und fein, eine mondäne Priesterin; aber anfällig, wie sich herausstellen wird – anfällig bis zu dem Grade, daß die Katastrophe unausbleiblich wird: die berühmte, peinliche, ergreifende Liebeskatastrophe von Potiphars Weib, der sich Joseph, der Knecht, versagte. In der Geschichte dieser Liebe, zu der es aus sieben triftigen, wenngleich unsereinem nicht immer völlig einleuchtenden Gründen nicht kommen darf, kulminiert der große Bericht – und hier wird aus der Beschwörung des Mythos der große psychologische Roman, das Alte Testament begegnet sich gleichsam mit Marcel Proust, und die Effekte, die zustande kommen, darf man wohl als einzigartig bezeichnen.

Übrigens wird gerade an dieser erotischen Episode offenbar, wie unbedingt der «Joseph» – der aus dem Werke Thomas Manns ebensosehr herauszufallen und sich von ihm zu sondern scheint wie von der gesamten modernen Literatur – in den intimsten Zusammenhang ebendieses Werkes gehört: In dem breit ausgeführten, erotisch-nichterotischen Zwischenspiel sind die Anklänge an den «Tod in Venedig» – und nicht nur an ihn – reichlich und auffallend. Die Tragödie der Entwürdigung, die Aschenbach, der Alternde, gekannt hat, wiederholt sich bei der vornehmen Ägypterin, die dem hergelaufenen Sklaven verfällt.

Der Josephs-Roman ist ein Menschheitslied, dem Faust verwandt; gleichzeitig aber auch das persönlich geprägte, stellenweise intim konfessionelle Kunstwerk. Er hat die gewaltige Objektivität des wirklichen Epos – und er ist subjektiv bis zu dem Grade, daß in jeder einzelnen Figur, selbst in der scheinbar nebensächlichen, der Autor selber sich zu verstecken scheint: er ist der Vater und der Sohn, er ist Joseph und Jakob; er ist die Gattin und der Gatte, Petepre und sein Weib Mut; er ist die Liebende und der Geliebte – noch einmal Joseph und noch einmal die arme, entwürdigte, von den Göttern bitterlich geschlagene Mut... Der Josephs-Roman wird noch viele Generationen beschäftigen – mehr und heftiger beschäftigen als irgendein anderes Buch des Schriftstellers Thomas Mann: ich weiß es und spüre es und spreche es aus, während ich hier, in dieser Stadt New York, in dem großen Buch blättre und mich an ihm ergötze.

Daß das heutige Deutschland sich mit ihm *nicht* beschäftigt, nicht beschäftigen *darf* – ja, daß eine solche Beschäftigung dem Geist, der dort herrscht, gefährlich wäre: das gehört zu den gewichtigen Beweisen *gegen* diesen Geist – wenn wir denn noch Beweise nötig hätten, um ihn als den Widergeist zu durchschauen und zu verachten.

Broadway, abends

Jeden Abend strahlt der *Broadway* wie zu einem Fest. Statt der Sterne und dem blassen Mond stehen über den Menschen der Stadt New York die Lichtreklamen und die erleuchteten Fenster der Wolkenkratzer. Die Gesichter der Menschen auf dem Broadway sind geschminkt von den roten, grünen und gelben Flammen des maßlos und spielerisch verschwendeten Lichtes. Dieser ungeheure, beispiellose Aufwand an zuckendem, laufendem, wirbelndem Licht soll die Menschen auf dem Broadway dazu verleiten, 20 Cents für den Ankauf einer Zahnpasta oder 80 Cents für den Besuch eines Kinos oder einer «Burlesque-Show» anzulegen.

Vor den Theatern, in denen es «Burlesque-Shows» gibt, stauen sich die Leute; es sind vor allem junge Männer – darunter viele in den Uniformen des Militärs oder der Marine –, die vor der Kasse bis weit hinaus auf die Straße Schlange stehen. Was ist denn eine «Burlesque-Show», und warum übt sie solche Anziehungskraft aus? Man muß sich das nur eine Viertelstunde angesehen haben, und man begreift, warum so vielen Tausenden aus Stadt und Land daran gelegen ist, ihr Kleingeld loszuwerden für solchen Zauber. Verglichen mit einer New Yorker «Burlesque-Show» ist die bunteste Pariser Revue eine Darbietung für fromme junge Damen. In der «Burlesque-Show» kriegt der Mann wirklich etwas für sein Geld zu sehen; er bekommt nämlich – immer und immer wieder, in unendlichen Variationen – gezeigt, wie schöne Damen – oder Damen, die der Mann aus der New Yorker Vorstadt doch schön findet – sich ausziehen! – Man mißverstehe mich nicht: Hier kommen nicht entkleidete Damen auf die Bühne – so einfach liegt die Sache hier nicht. Die Damen vielmehr entkleiden sich auf der Bühne – das ist der Trick und der Spaß. Zunächst treten sie, recht sittsam, im Pelzmantel auf – manche tragen sogar einen Muff. Der Muff fällt, der Mantel fällt, und dann fällt einfach *alles*. Was übrigbleibt, ist ein winziges Schürzchen und eine Exhibition von rosig gepudertem Fleisch, die das maskuline Publikum zu Beifallsstürmen entflammt. Inzwischen hat die Dame auch noch irgend etwas gesungen – ein kleines Lied, in dem die Worte «love» and «baby» häufig vorkommen; aber das spielt keine Rolle. Wenn das rosige Fleischgebilde – mit Schürzchen – abgetrippelt ist, klatschen die Männer im Parkett zunächst minutenlang. Dann besprechen sie miteinander die Details der interessanten Darbietung und hören auch nicht auf zu sprechen, während droben, auf der Bühne, eine komische Szene von ein paar biederen alten Komödianten dargeboten wird. Stille wird es im Saal erst wieder, wenn die nächste Dame an die Reihe kommt; sie trägt, zur Abwechslung, großen Strohhut und Sonnenschirm, aber man weiß ja schon: sie wird solchen Putz nicht lange tragen – noch einmal singt sie hastig: «I am your baby...», und dann zeigt sie strahlend ihre ganze Herrlichkeit.

Eine «Burlesque-Show» muß man gesehen haben, und sei es nur eine Viertelstunde lang. Nordamerika ist ein «puritanischer» Erdteil genannt worden – und ist es wohl auch, in mancher Hinsicht. Aber man muß Zeuge der naiven Sinnlichkeit gewesen sein, die sich in einer New Yorker «Burlesque-Show» manifestiert, um begreifen zu können, wie schief und einseitig allgemeine Charakterisierungen dieser Art meistens sind...

Die Auswahl an abendlichen Vergnügungen ist enorm, die meisten von ihnen sind nicht teuer, der Mann vom Broadway weiß nicht, für welche er sich zuerst entschließen soll – solange er noch einen Dollar in der Tasche hat.

Wie ist die Attraktion einer «Burlesque-Show» zu überbieten? Was kann noch erregender sein als die Damen, die sich auf offener Bühne so sehr privat benehmen? Ein Boxkampf? Oder wilde, schöne Pferde? – Boxkämpfe oder wilde, schöne Pferde gibt es im *Madison Square Garden* zu sehen, einem riesenhaften Gebäude an der 8. Avenue, halb Sportpalast und halb Zirkus. Ich wurde von einem Freund dorthin geführt, um die Cowboys – und -girls – aus dem Wilden Westen zu bewundern. Die große Darbietung wird *«Rodeo»* genannt; dies ist eine tolle, erstaunliche Sache. Die Cowboys zeigen alle ihre Künste, und sie können in der Tat mehr, als man einem sterblichen Wesen zutrauen möchte. Sie reiten nicht nur auf Pferden, die sich bäumen wie nicht gescheit, in einem schauerlichen Galopp um die Manege; sie reiten auch auf Stieren, und dem, der zusieht, wird es angst und bange. Eine Zuschauermenge, die den Riesenzirkus fast bis zum letzten Platz füllt, ergötzen sie mit allerlei gewagten Spielen: Ein Kalb muß vom Pferde aus mit dem Lasso eingefangen und möglichst schnell gefesselt werden; es kommt darauf an, wer am geschwindesten die wilde, widerspenstige Kuh melken kann – und was dergleichen höchst schwierige und gefährliche Scherze mehr sind. Dazu spielt Blechmusik von einer hohen Estrade, und es riecht nach Zirkus; die Luft ist voll von diesem wunderbaren, scharfen Geruch, den irgend jemand den besten Geruch auf dieser Erde genannt hat – den besten Geruch außer dem des Meeres... Die Reiter aus dem Wilden Westen sind für drei Wochen in der Stadt New York. Sie sind angereist gekommen mit ihren Pferden, mit ihren bunten Hüten und Hosen. Sie zeigen den New Yorkern, was sie können. Und diese sind dankbar. Sie erscheinen in hellen Haufen im Madison Square Garden, zum «Rodeo»; sie klatschen, schreien und applaudieren...

Aus dem Westen kommen die wilden Reiter mit ihren abenteuerlichen Kunststücken und mit ihren schwermütigen Liedern. Was kommt aus Europa – außer beängstigenden politischen Neuigkeiten? – Am beliebtesten unter allen «kontinentalen» Nuancen ist hier zur Zeit die österreichische. Salzburg ist die große Mode, das Dirndlkleid der letzte Schrei. Von dieser amerikanischen Vorliebe für das österreichische Kolorit profitiert Erik *Charell*, der in einem der größten New Yorker Häuser mit Erfolg das «Weiße Rössl» zeigt. Die Amerikaner sind begeistert von den jodelnden Tirolerinnen und den schuhplattelnden Burschen; sie sind verliebt in dieses Weiße Rössl – dessen Welterfolg ja viel dazu beigetragen hat, daß Österreich beim großen angelsächsischen Publikum so populär wurde. Da Charell die große Revue inszeniert und da Stern sie ausgestattet hat, ist sie geschmackvoll bei allem Prunk; ja, manche Bilder haben sogar, über das konventionell Revuehafte hinaus, einen echten, volkstümlichen Charme und wirkliche Schönheit. Charell beweist noch einmal sein großes, eigentümliches Talent für die etwas monströse Form der Ausstattungsrevue – was ihm um so höher anzurechnen ist, als das schauspielerische Material, mit dem er es diesmal zu tun hat, manches zu wünschen übrigläßt.

Kommt neben den Entkleidungs-Effekten der «Burlesque-Show», neben den Sport-Rekorden des Madison Square Garden, neben dem unerhörten Aufwand der großen Revue und neben Filmen, die immer interessanter, immer lebendiger werden, das literarische Theater überhaupt noch in Frage? Aus Hollywood kommen jetzt beachtenswerte Dinge, die wohl auch den Anspruchsvollen nicht nur zu unterhalten, sondern geistig zu beschäftigen vermögen; ich denke dabei an *Filme* wie «Dodsworth» – eine sehr eindrucksvolle Darstellung des Eheromans von Sinclair Lewis. Was an einem Film wie diesem vor allem auffällt, ist, daß Hollywood beginnt, einen ernsteren, nachdenklicheren, strengeren Kontakt zur Realität des modernen Lebens zu nehmen. Man verzichtet allmählich – und sei es auch zunächst nur in einzelnen glücklichen Fällen – auf jene grundsätzliche und konsequente Verlogenheit, die jedes Ereignis, auch das bitterste, in der süßlichen Zurechtmachung zeigte. In «Dodsworth» treten nicht Puppen auf, sondern Menschen – die wirkliche Gesichter haben, nicht mehr Masken aus Schminke.

Wird ein Film, der sich zum Besseren, Höheren entwickelt, das literarische *Theater* allmählich ganz verdrängen? Es sieht *nicht* so aus – wenigstens in New York sieht es nicht so aus. Hier gibt es große Gruppen von Menschen, die sich beinahe nie einen Film ansehen, aber kein Theaterstück versäumen. Für sie bedeutet ein neues Schauspiel von O'Neill, Kingsley oder Clifford Odette oder der «Hamlet» mit Leslie Howard eine viel größere Sensation als ein neuer Film mit Harold Lloyd oder der Garbo. Nirgendwo auf der Welt – außer vielleicht in Moskau – wird jetzt soviel und fruchtbar im Theater experimentiert, nirgendwo sonst werden theatralische Experimente mit einem so starken öffentlichen Interesse verfolgt wie eben hier, in New York. Aber von diesem komplexen und sehr fesselnden Gegenstand – dem New Yorker Theater – will ich ein andermal reden.

Die Stadt ist groß. Hier finden sich Interessenten für alles. Im Augenblick aber interessieren sich alle hauptsächlich für eines: für den Ausgang der Präsidenten-Wahlen. Der entscheidungsvolle und bedeutende Kampf zwischen den beiden Männern

Roosevelt und Landon – der zugleich die Auseinandersetzung zwischen zwei Gesinnungen ist – beschäftigt hier jeden. Keine Nachricht aus Europa – ob sie nun den spanischen Bürgerkrieg oder den Scheidungsprozeß der Mrs. Simpson betrifft – erregt die Gemüter annähernd so wie irgendein Detail des Wahlkampfes. Sogar in den Vergnügungsstätten – zum Beispiel im Kino – spielt der Wahlkampf seine dominierende Rolle. Vor jedem Film werden, im Vorprogramm, sowohl Landon als Roosevelt gezeigt; meistens sieht man sie mit ihren Enkelkindern – zuweilen auch auf Sportplätzen oder bei Massenmeetings. Die beiden großen Kandidaten lächeln und winken. Das Publikum applaudiert und zischt. Applaudiert es länger für Roosevelt oder für Landon? Es hängt von der Lage des Kinos ab und auch von den Eintrittspreisen, die es nimmt. In den teuren Kinos ist Landon beliebter als der gegenwärtig amtierende Präsident. An den großen, eleganten Wagen sieht man beinah immer das Schild mit Landons Namen.

Aber wenn diese Zeilen in Europa erscheinen, ist der große Kampf um den höchsten Posten der Vereinigten Staaten schon entschieden. Der wahrscheinliche Sieg Roosevelts wird schon auf dem Broadway ausgeschrien und bejubelt worden sein – auf diesem unglaublichen Broadway, der jeden Abend neu zu strahlen beginnt wie zu einem Fest!

Das Film-Museum

Filme haben eine kurze Lebensdauer. Ein paar Wochen lang – oder höchstens während einiger Wochen – werden sie von aller Welt gekannt, um dann von aller Welt vergessen zu werden. Manchmal erinnern wir uns mit Wehmut an schöne Filme aus der guten stummen Zeit. «Die freudlose Gasse», mit Asta Nielsen, Werner Krauß und mit einer Garbo, die noch etwas finster und unbeholfen wirkte... Die großen literarischen Experimente des stummen Films, die Nielsen als Hamlet, die Nielsen als Wedekinds Lulu. Wie lang ist das her! Wer erinnert sich noch? Irgendwo muß es einen Film-Friedhof geben. Film-Friedhöfe gibt es sicherlich viele: es sind alle die Orte, wo alte Filme vergessen werden und verstauben. Ich weiß aber nur von einem *Film-Museum*, von einer *Film-Bibliothek*. In *New York* hat man «The Museum of Modern Art Film Library» eingerichtet; denn man ist nicht ohne Sinn fürs Historische in diesem Erdteil mit der kurzen Historie. Den Leuten hier imponiert alles, was die Patina des Vergangenen hat – und wenn es auch nur eine dreißig oder vierzig Jahre alte Patina ist. Ein Film aus dem Jahre 1893: das ist wie ein Ungeheuer aus der Eiszeit. – Nicht ohne Feierlichkeit versammelt man sich eines Abends in den behaglichen Clubräumen des Film-Museums, um sich Ungeheuer solcher Art zu betrachten.

Es herrscht eine andächtige Stimmung, so wie wenn ein Künstler alte Musik auf den wunderlich schmalbrüstigen, edlen und unvollkommenen Instrumenten der versunkenen Epoche erklingen läßt. Sieh an! – denkt man zunächst –: das hat die Menschen dieser längst dahingegangenen Zeit zu rühren vermocht! Und: sieh an – denkt man später –: es rührt auch uns noch, es erregt auch uns noch... Die Menschen haben sich vielleicht gar nicht so sehr viel verändert.

Der Vorführung folgen Reden. Ein junger Mann mit Brille – Direktor des Museums – gibt erläuternde Berichte über seine Tätigkeit. Nach ihm spricht ein alter Herr aus Hollywood – ehrwürdiger Veteran der Filmindustrie. Von der frühen Zeit des Films plaudert er wie von einer heroischen Epoche. Da er drollige Anekdoten über die Zwischentexte, auf die der stumme Film angewiesen war, zum besten gibt, wirkt es, als erzähle er von jenen Tagen, da man in die Kriege noch mit Pfeil und Bogen zog und über die Meere noch in Segelschiffen reiste. Der alte Herr spricht vorzüglich; überhaupt ist es bemerkenswert, wie diese Amerikaner öffentlich zu reden verstehen: nachlässig, die Hände in den Taschen, dabei pointiert und mit gutem Sinn für komische wie für pathetische Wirkungen. Die Kunst des öffentlichen Redens ist hier fast ebenso allgemein wie im neuen Rußland, wo jeder Arbeiter zu ihr erzogen wird... Aber, ich wollte von den alten Filmen erzählen.

«Die Enthauptung der Königin Mary von Schottland» («Produced by the Edison Co.») stammt aus dem Jahre 1893. Der ganze Schrecken dauert höchstens zwei Minuten lang. Man sieht die arme Königin auf die Knie sinken; man sieht einen Henker mit gräßlicher Gebärde das Beil schwingen. Dann fällt das Haupt des fürstlichen Opfers: man sieht das Haupt wirklich fallen, es ist eine recht geglückte und ziemlich grausige Trickaufnahme. Der Zuschauer sieht sich den krassen Vorgang an, wie eine bewegte Gruppe aus der Wachsfiguren-Schreckenskammer. In der Tat ist der kleine Film «The Execution of Mary Queen of Scots» eine Schaubuden-Angelegenheit. Etwas anderes war das Kino damals nicht und wollte es auch nicht sein.

Schaubuden-Angelegenheit – aber von der lustigen Sorte – ist auch der nächste Bildstreifen: «Waschtag-Aufregungen» (1895). Spielzeit: anderthalb oder zwei Minuten. Ein paar Weiber stehen bei ihren Waschtrögen; ein kleiner Junge springt die Treppe herunter und stößt – nicht aus Ungeschicklichkeit, sondern aus munterer Bosheit – den Waschtrog um; die Weiber schlagen – halb jammernd, halb lachend – die Hände über den Köpfen zusammen. Aus kleinen Scherzen so harmloser Art entwickelte sich allmählich die große Filmkomödie...

Der nächste Film, der uns vorgeführt wird, ist aus dem Jahre 1902 und hat schon ganz anderen Rang. Er heißt «Die Reise zum Mond» und ist inszeniert und ausgestattet von Georges Méliès. Der Fortschritt von den Zweiminuten-Scherzen zu Méliès' Filmphantasien ist erstaunlich. Der französische Regisseur antizipiert die Arbeiten seiner «surrealistischen» Pariser Kollegen von heute; andererseits aber auch den Typus des großen utopisch-konstruktiven Films, mit dem Fritz Lang seine Welterfolge hatte. Mit einem bewundernswerten Instinkt erkennt dieser wirkliche Pionier der Filmkunst die spezifisch filmischen Möglichkeiten für das Phantastische und das Groteske. Méliès' kleiner Märchenfilm hat ganz die Atmosphäre eines intimen Pariser Spektakels um die Jahrhundertwende: Ballettmädchen tanzen und werfen Kußhände, wenn das Projektil, in dem die Professoren mit komischen Bärten sitzen, zum Monde abgeschossen wird. Auch auf dem Monde gibt es gleich wieder Ballett – dort freilich einen Reigen von widrigen Mondteufeln, die sehr unheimlich hüpfen und springen, und sich in Rauch und Flammen auflösen, wenn man ihnen einen leichten Schlag versetzt.

Auf alle scheinwissenschaftlichen Effekte à la Jules Verne wird konsequent verzichtet. Das Ganze ist heiter, leicht witzig. Es ist ein reizender kleiner Film; er gehört zu den wenigen *poetischen* Filmen, die ich je gesehen habe.

Während man die «Reise zum Mond» mit einem wirklichen und lebhaften Vergnügen sieht, betrachtet man den «Großen Zugüberfall» (1903, Edison Company) nur mit historischem Interesse. Dabei ist dieser «Great Train Robbery» technisch auf einem viel höheren Niveau als die liebenswürdige Phantasie des Georges Méliès. Die naive Mord- und Räubergeschichte hat schon viele Vorzüge des großen Wildwest-Reißers – die rapid fortschreitende Handlung, die unbekümmerte Derbheit des Humors –: nur alles noch unfertig, unausgebildet, mehr eine Möglichkeit als eine Erfüllung.

Ganz und gar grotesk – aber unabsichtlich grotesk – ist ein Pathéstreifen aus dem Jahre 1905: «Faust». Hier erscheint der Held der deutschen Tragödie als ein jammernder alter Rabbi – im Kaftan, mit spitzem Bart –; und er lamentiert über die Qual des zuviel und zuwenig Wissens wie ein Wucherer über das falsche Pfandstück, das man ihm gebracht. Gleich ist auch der Teufel da, und er ist ein fetter Ballettänzer, der die absurdesten Sprünge macht, und da er sich in einen Hund verwandelt, ist es nicht der Pudel, dessen Kern man kennt, sondern ein großer, treuherziger Schäferhund. Am schönsten wird es, wenn das Gretchen in Erscheinung tritt: sie ist noch dicker als selbst Mephisto, aber natürlich viel tugendsamer als der. Man möchte gerne das Schauspiel bis zum Ende sehen; leider bricht es ab, nachdem der alte Rabbi sich in einen schmucken Opernhelden in weißen Trikots verwandelt hat und nachdem der Böse, in einem Glorienschein aus bengalischen Flammen, in Gretchens Stube eingetreten ist, um dort das Kästchen mit Geschmeide zu deponieren.

Der «Faust», über den wir so gerne noch lange gelacht hätten, bricht ab; die «Königin Elisabeth» aber dürfen wir bis zum Ende sehen. Und das ist gut: denn die Königin Elisabeth ist keine andere als Sarah Bernhardt, und eben dieser Film – er stammt aus dem Jahre 1911 – ist es, der aus dem Kino zum ersten Mal einen Ort machte, den ein anständiger Amerikaner, ohne sich zu schämen, betreten durfte. Der Ruhm der großen Sarah kam dieser neuen, zweifelhaften, noch nicht durchgesetzten Kunstart, dem Film, zugute. Der Film wurde plötzlich salonfähig, da die Bernhardt geruht hatte zu filmen. – Und wie dankbar sind wir ihr dafür, daß sie es tat! Wir haben Kainz nicht gesehen und die Duse nicht; nun sehen wir doch wenigstens – im Film-Museum – den Schatten der Sarah Bernhardt. Freilich: es ist nur ein Schatten, der sich auf eine wunderlich übertriebene, hastige, beinah zappelnde Art bewegt; und es fehlt die Stimme, und es fehlt der Blick – denn damals gab es ja noch keine Großaufnahme. Aber manchmal meinen wir doch – an irgendeiner Geste, irgendeiner Haltung – diese Schauspielerin zu erkennen, von deren Kunst Generationen erschüttert waren. Manchmal plötzlich steht sie da wie eine Königin – und sie ist doch schon ziemlich dick, und wenn sie geht, bemerkt man, daß mit ihrem Beine etwas nicht in Ordnung ist. Selbst in der Todesszene – bei diesem mit naivem Raffinement arrangierten Schauspiel ihres Sterbens, rührt sie uns und erschreckt uns fast. Umgeben von ihren Damen steht sie vor einem Lager aus Polstern, die man zurechtgelegt hat, eigens zu dem Zweck, daß die Königin auf ihnen stürbe. Sie hebt die Arme, sie klagt, und dann stürzt sie hin – stürzt einfach hin wie ein gefällter Baum und ist tot. Aber tot ist sie nur vorübergehend, nur einige Sekunden lang; denn gleich steht sie wieder auf und verneigt sich lächelnd vor ihrem Publikum – verneigt sich lächelnd vor uns, die wir, fünfundzwanzig Jahre später, den königlichen Akt ihres Sterbens bewundern. Der Film war reif, eine Kunst zu werden; denn die Sarah Bernhardt hatte gefilmt. – «Dieses ist meine einzige Chance, unsterblich zu werden», sprach, als man sie aufforderte zu filmen, kokett die unsterbliche Sarah Bernhardt.

Europas Maler in Amerika

Brief aus New York

Das Smith-College – in Northampton, Mass. – gehört zu den besten Universitäten für Mädchen in den Vereinigten Staaten. Junge Damen aus den guten Familien treiben dort Medizin, Altphilologie, Sternenkunde und Tennisspiel. Das Institut ist in einem sehr liberalen, aber durchaus bürgerlichen Geist geführt. Zu seinen Sehenswürdigkeiten zählt – neben Sportplatz, umfänglicher Bibliothek, Theatersaal und Schwimmbad – ein kleines Museum. Im oberen Stockwerk des Museums hängen ältere Bilder, zum Beispiel eine bemerkenswert gute Kollektion französischer Impressionisten. Im Souterrain gab es, gerade als ich im Smith-College zu tun hatte, eine besondere Ausstellung. Sie war angezeigt mit dem Worte «Krieg» – «War-Exhibition» stand zu lesen auf einem Plakat, dessen sich übrigens die anspruchsvollste moderne Kunstgalerie nicht hätte zu schämen brauchen. Als Affiche diente eine Kopie des «Berliner Tageblatts», Extra-Ausgabe («Gratis!»), vom Dienstag, dem 28. Juli 1914: «Die Kriegserklärung an Serbien...» Über dem etwas verblaßten historischen Text – «Auf Grund Allerhöchster Entschließung Seiner K. und K. apostolischen Majestät» – standen in fetten roten Lettern die drei Namen: Grosz. Kollwitz. Dix. – Ich ließ mich von dem jungen Direktor des Museums durch diese Kriegsausstellung führen – und ich war überrascht. Wie: solche Dinge wagt man jungen Damen aus den guten Familien hier zu zeigen – Dinge von solcher Kraßheit, solcher Gewagtheit, solchem künstlerischen und gesinnungsmäßigen Radikalismus? Man riskiert es, junge Mädchen, die Golf spielen und Plutarch lesen sollen, zu entsetzen mit allen Details dieser Hölle aus Dreck und aus Blut, mit den schauerlichen Einzelheiten des Nahkampfes, des Schützengrabens, der verkommenen Etappe? – Dem Leiter eines Colleges, der Unternehmen wie diese Kriegs-Ausstellung nicht nur duldet, sondern protegiert, ist pädagogischer Mut entschieden nicht abzusprechen.

Man erinnert sich des blutigen Witzes, der entsetzlichen Klage, des Hohns und des unendlichen Jammers auf den frühen –

heute klassischen – Blättern des genialen George Grosz; man kennt die unerbittliche, fast dürerhafte Exaktheit, mit der Otto Dix das Inferno der modernen «Materialschlacht» – diese schlimme Landschaft des Stacheldrahts, der explodierenden Granaten und der verrenkten Glieder – schildert; und die hilflos trauervolle Gebärde, mit der, auf den Darstellungen der Käthe Kollwitz, die Weiber sich über ihre verstümmelten Männer, die Mütter sich über ihre hungernden Kinder neigen, wird für immer unvergessen sein. Und man erweist jungen Menschen – jungen Mädchen – die Ehre, ihnen solches vorzuführen, sie mit diesen Schrecken bekannt zu machen! Man warnt sie vor der Niedertracht des modernen Krieges, indem man ihnen solche Niedertracht zur künstlerischen Vision verdichtet und gesteigert vor Augen führt. Mögen sie sich schütteln und gruseln, die jungen Damen, ehe sie wieder auf ihre Tennisplätze gehen! Solches ist gelitten worden, solches ist glorifiziert worden als die «große Zeit», und die Künstler, die die «große Zeit» als das gebrandmarkt haben, was sie wirklich war – als eine grauenvoll heruntergekommene –, haben sie doppelt, haben sie hundertfach durchlitten; einmal als ihre Opfer und neunundneunzigmal als ihre Ankläger.

George Grosz lebt heute in der Nähe von New York. Er hat sich verändert; ein sehr langer und mit großer Leidenschaft geführter Kampf hat ihn müde werden lassen. Er ist «unpolitisch» geworden – oder er versucht es doch zu sein. Er behauptet, an den Wert, ja, an die Daseinsberechtigung der politisch-satirischen Kunst – die er selber zu einer Vollendung gebracht hat, die in Deutschland niemals gekannt und niemals anerkannt wurde – nicht mehr zu glauben. Er zeichnet nicht mehr; er malt. Er findet und erfindet sich eine neue und sehr zaubervolle Landschaft, in die er flieht – überdrüssig jener gespenstisch gar zu realen Sphäre, deren widrige Bewohner, schmatzende Spießer, verstümmelte Soldaten oder frierende Bettelkinder früher seine Modelle waren. Nun aber schwelgt er in einem farbigen Lyrismus. Auf seinen neuesten Bildern begegnen sich amerikanische Motive mit romantisch-europäischen; über dem Central Park von New York gehen Himmel auf, in denen die zartesten Farben mit den heftigsten spielen und sich miteinander vermischen, und vor der steilen Front der Wolkenkratzer blühen Gebüsche, deren Dolden aus anderen und lieblicheren Zonen zu stammen scheinen. – Es ist ein ergreifendes – und wenn man will auch melancholisches – Schauspiel: Diese Verwandlung des Mannes George Grosz – zu was? Zum Künstler? Aber das war er immer, auch als er noch spottete und kämpfte, oder gerade dann...

Sehr reizvoll ist zu beobachten, auf wievielerlei Arten die amerikanische Landschaft – oder die Landschaft der Stadt New York – den europäischen Maler, der hier lebt und arbeitet, beeinflußt. Seit einigen Wochen hält sich der Italiener Chirico hier auf, dessen Ausstellung in New York ein gewisses Aufsehen macht. Auf einigen seiner letzten Tafeln ragen die Konturen der New Yorker Hochbauten in den glasigen Himmel einer mythologischen Landschaft, in der bis jetzt nur Jünglinge – nackt, mit der phrygischen Mütze – erstarrt vor Trauer und Einsamkeit bei gestürzten Säulen und vor öden Tempeln standen. Die gestürzten Säulen und die öden Tempel sind geblieben – und die Einwohner der Stadt New York betrachten sich mit andächtig betretenen Mienen die wundervollen Pferde Chiricos – diese zugleich schweren und beflügelten Rosse, mit dem kostbaren Gelock ihrer Mähnen, mit der hochmütig-tragischen Drehung des breiten und edlen Halses. Verwundert blicken die Leute vom Broadway und von der Fünften Avenue auf jene Gruppen von Halbgöttern, deren eiförmige, leere Häupter mit einem unsagbaren Schmerz in den Himmel ragen und die in ihrem klaffend geöffneten Schoße das Mobiliar ganzer Tempel und kleinbürgerlicher Wohnungen sorgenvoll bergen. Was für eine fremde Gegend – diese Gegend einer verzauberten, starr und unbegreiflich gewordenen, traumhaft überklaren Antike! Aber weht aus diesem wunderlichen Traumgebiet die Leute vom Broadway und der Fifth Avenue nicht doch auch eine vertraute Luft an? Hat nicht diese steinerne Tempel-Landschaft auch Ähnlichkeiten und Zusammenhänge mit der Landschaft ihrer eignen steinernen, großen, traumhaft schönen und traumhaft entsetzlichen Stadt? ...

Chirico ergreift durch die fast manische Treue, mit der er an bestimmte Themen, an gewisse Stimmungen gebunden bleibt. Das Phänomen der großen duktiven Unruhe ist Picasso – der auch

Chirico in sich enthält, wie er alle Tendenzen und Möglichkeiten der modernen Malerei in sich zu enthalten und mit seiner beinah schauerlich starken, ganz und gar genialen Natur zu umfassen scheint. Es sind jetzt nicht weniger als drei Picasso-Ausstellungen in New York; zwei Ausstellungen, in denen man Bilder, eine, in der man Zeichnungen und Drucke sieht. Es ist erstaunlich, wie das Publikum sich zu den Galerien drängt, die Picasso zeigen. Natürlich ist hier auch viel Snobismus im Spiel. Die Damen und die wißbegierigen jungen Leute haben das Gefühl: Wenn man Picasso gesehen hat, kennt man die moderne Kunst. In der Tat, auf keinem anderen Gebiet künstlerischer Hervorbringung hat in unserer Zeit ein einzelner den Kollegen und Konkurrenten so viel Ruhm weggenommen wie Picasso, und keiner steht so einsam-überragend da. Er hat alles in sich aufgenommen und alles in sich verwandelt: von den Griechen bis zu den Südseeinsulanern und den afrikanischen Negern; von der Gotik bis zu Toulouse-Lautrec. In ihm scheint die ganze Summe künstlerischer Erfahrung produktiv geworden. Er hat jede Form der Auflösung – und jede Form des Sich-wieder-Gewinnens – durchgemacht, und er ist fähig, die großen Prozesse des Sich-Findens und Sich-Verlierens, beinah spielerisch, immer noch einmal zu wiederholen. Nach einer Periode des klassischen, formal gebundenen Stils kommt stets der «Rückfall» ins ausschweifende Experiment. So findet sich in seinen Ausstellungen die vollkommene, beruhigte, anmutig leichte oder würdevoll schwere Schönheit – neben der Verzerrung, der beinah närrischen Übertreibung. Seine Meisterschaft in allen nur erdenklichen Formen und Stilen fasziniert nicht nur, sondern sie erschreckt auch; denn sie erscheint unmenschlich. Seine Größe verwirrt. Ich stelle mir einen jungen Amerikaner vor, der unbefangen und aufnahmefreudig vor das Werk Picassos tritt. Er wird bewundern, und er wird sich fürchten. Dies also, wird er denken, dies also ist heute der größte Künstler Europas. In ihm drückt die Unruhe des europäischen Wesens sich aus. So viele Möglichkeiten enthält also dieses rätselhafte Wesen – so viel Qual, so viel Kampf und auch so viel Glanz, so viel reine, strahlende Schönheit.

Haben die deutschen Intellektuellen versagt?

Die Deutschen, die ihr Land verlassen haben, weil sie Gegner der nationalsozialistischen Diktatur sind, hören nicht auf, als Deutsche zu empfinden und Deutsche zu sein. Natürlich hassen sie nicht nur die nationalsozialistische Diktatur, sondern auch einige Eigenschaften des deutschen Volkes, die das Heraufkommen dieser Diktatur erst möglich machten. Aber keiner von uns wird es sich einfallen lassen, das ganze deutsche Volk in seinen Haß einzubeziehen: man müßte sich ja gleich selber mit-hassen. – Etwas anders mögen die Dinge im Falle jener jüdischen deutschen Bürger liegen, die durch die abnormen Umstände, die zur Zeit in unserem Lande herrschen, gezwungen wurden, dieses Land zu verlassen. Viele, oder doch einige von ihnen, mögen es versuchen, ihr Herz wirklich von Deutschland zu lösen und sich innerlich von einer nationalen Gemeinschaft zu entfernen, die ihnen so viel Übles angetan hat – und weiter antut –: ein Versuch, den kein gerecht Denkender überraschend oder unverständlich finden wird. Es gibt unter diesen deutschen Bürgern jüdischen Glaubens oder jüdischer Rasse gewiß manche, die nun vergessen wollen, daß sie jemals Deutsche gewesen sind; die sich also entweder ganz auf ihr Judentum zurückziehen – jüdische Nationalisten zionistischer oder anderer Art werden – oder aber alles daransetzen, sich in einem anderen zivilisierten Lande einzuleben, französische oder englische oder amerikanische Bürger zu werden. Wie gesagt: Ich verstehe es nur zu gut, daß Schmerz, Zorn und Enttäuschung deutsche Juden dahin gebracht haben, ihrem Deutschtum abzuschwören. Aber es ist nicht dieser Typus von Emigranten, den ich hier meine und von dem ich reden will. Diese haben doch – aus guten und gerechten Gründen – aufgehört, am deutschen Schicksal Anteil zu nehmen. Der übrige Teil der deutschen Emigration – ob jüdisch oder nichtjüdisch – bleibt dem deutschen Schicksal verbunden – mag er auch oft unter solcher Verbundenheit leiden und sich, in den schlimmsten Stunden, sogar ihrer schämen.

Wir haben das Dritte Reich verlassen, weil wir dort keinen Raum mehr zum Atmen hatten. Wir haben die Nazis im Lande bekämpft, ehe sie an die Macht kamen; und als sie dann plötzlich alle Macht hatten, mußten wir das Land verlassen, um sie von draußen weiter zu bekämpfen. Drinnen hatten wir zum Kämpfen keine Möglichkeit mehr. Wir waren zu bekannt – ich rede jetzt von jenen Intellektuellen, die sich als Gegner des Nazismus schon früh exponiert hatten. Die Nazis hätten uns eingesperrt oder getötet, und Gnade wäre uns nur dann geworden, wenn wir uns dazu entschlossen hätten, alles, was bis dahin unser Glauben und unsere Ansicht war, feierlich zu widerrufen. Natürlich blieb uns diese letzte Möglichkeit offen. Wir hätten erklären können: Alles, was wir bis jetzt gelehrt haben, war Irrtum. Im Recht ist allein Adolf Hitler. Durch solches Bekenntnis hätten wir unser Leben und vielleicht sogar unser Fortkommen im Dritten Reich gerettet; vor uns selbst aber und vor unseren Freunden hätten wir die Rechtfertigung gehabt, das Bekenntnis selber sei ja nur List und Verstellung und Teil unserer revolutionären Taktik gewesen. Nun werden wir aber, im Lauf unserer Betrachtung, noch sehen, wie bedenklich und sehr gefährlich diese Art von Verstellung ist und wohin sie führt oder führen kann. Draußen in der Emigration wird uns gewiß viel Schweres zugemutet. Aber eines wird doch nicht von uns verlangt: nämlich die Lüge. Wir dürfen die Wahrheit sagen; wir dürfen es aussprechen, was wir vom heutigen Deutschland denken und wie wir uns ein zukünftiges wünschen. Wir können also – verstreut über alle Länder der Erde, wie wir uns befinden – doch ein wenig das Deutschland vorbereiten, für das wir arbeiten wollen – nach unserer Rückkehr. (Und wenn wir selber nicht zurückkehren sollten, so werden unsere Kinder für dieses wiedergewonnene Deutschland arbeiten; und wenn wir keine Kinder haben, so werden die Dinge, die wir draußen gedacht und aufgeschrieben haben, dort wirksam sein.) – Wir können auch, da wir reden dürfen, die Stimme sein derer, die in Deutschland verurteilt sind zum Schweigen.

Denn natürlich gibt es viele in Deutschland, die unter dem Nazi-Unwesen bitter leiden und die doch stumm bleiben müssen – und wenn sie reden, dann flüstern sie leise, in der Heimlichkeit und unter den ärgsten Gefahren. Es gibt Standhafte in Deutschland, es gibt Helden. Ihrer gedenke ich hier – all dieser fernen Kameraden, die sich um ihrer Gesinnung willen verfolgen lassen wie die ersten Christen. Diese sind die unbekannten Soldaten unseres Kampfes, und wenn der Name eines dieser Helden einmal zu unserer Kenntnis kommt – wie jetzt der Name des deutschen Märtyrers Edgar André – dann wollen wir ihn uns mit Ehrfurcht merken. Männer wie André, und Unzählige seinesgleichen, wußten, warum sie *nicht* emigrierten. Sie hatten, da sie ja anonym und Masse waren, die Möglichkeit, drinnen zu wirken, drinnen zu kämpfen. Sie erwählten wirklich das schwerere Teil, als sie sich sagten: Unser Platz ist zu Hause. Das verhaßte Regime müssen wir dort bekämpfen, wo es herrscht.

Dieses – wie gesagt – gilt nur für die unbekannten Feinde der Diktatur. Alle jene aber, die sich durch ihre Lebensarbeit einen Ruhm erworben hatten, mußten wissen, daß sie – wenn sie im Dritten Reich blieben – jenem Regime, das die meisten von ihnen im Tiefsten ablehnen, ebendiesen ihren Ruhm, das Gewicht ihres Namens zur Verfügung stellten. *Der Ruhm verpflichtet zur Repräsentation* – womit ich natürlich nicht eine Repräsentation im äußerlich-gesellschaftlichen Sinn verstehe (wie sie ja von vielen deutschen «Prominenten» mit einem so bedenklichen Eifer betrieben wurde); sondern eine Repräsentation von ernsterer und schwererer Art. Wenn man im Ausland über das Dritte Reich spricht, so kann man wohl sagen hören: Es kann so arg in einem Lande nicht sein, wo Gerhart Hauptmann, Richard Strauss oder Furtwängler es aushalten. Das bedeutet: diese drei Männer – Hauptmann, Furtwängler, Strauss – sind keine Privatpersonen; vielmehr haben ihre Handlungen eine Art von symbolischem Wert. Sie vertreten – mit ihrem Namen, ihrem Werk – einen Teil der deutschen Kultur. Wenn sie also in einem Nazi-Deutschland bleiben und sich, mehr oder weniger gut, mit ihm zu vertragen, mit ihm abzufinden scheinen, so bedeutet das – oder sieht doch aus, als ob es bedeuten sollte –: Die deutsche Kultur und der Nationalsozialismus – das sind keineswegs zwei Begriffe, die einander ausschließen. Seht, sie vertragen sich – denn Herr Gerhart Hauptmann verträgt sich halbwegs mit dem Doktor Goebbels. Die Tatsache, daß Herr Gerhart Hauptmann sich halbwegs mit dem Doktor Goebbels verträgt, hat also einen eminent symbolischen Wert – wobei ich das Wort «Wert» mit einem negativen Vorzeichen gebrauche –; genauso, wie es einen wirklichen und positiven symbolischen Wert bedeutet, daß Thomas Mann oder Einstein Deutschland verlassen haben. Mit dieser Geste – die sie nicht als Privatpersonen, sondern als Repräsentanten machten – bedeuteten sie allen, die es verstehen wollen: daß der Nationalsozialismus und die deutsche Kultur zwei Begriffe sind, die sich durchaus *nicht* miteinander vertragen oder jemals vertragen könnten.

Nun ist freilich ein berühmter Mann – d. h. ein Mann, der irgend etwas Besonderes auf irgendeinem Gebiet geleistet hat – nicht nur eine symbolische Figur und der verantwortungsvolle Träger hoher Repräsentationspflichten, sondern auch noch eine Privatperson – also ein Mensch, den bei seinen Handlungen neben den allgemeinen, geistigen oder moralischen, auch noch praktisch-private Beweggründe bestimmen. Es ist kein leichter Entschluß, das Land, in dem man aufgewachsen ist, dessen Sprache man redet, in dem man seine Freunde, seine Familie, seinen Besitz hat, zu verlassen. Da ist ein Haus, eine Landschaft, an die man so tief gewöhnt ist, daß man sie nicht missen zu können meint; da sind Menschen, von denen man sich keinesfalls trennen will und die ihrerseits, aus wieder anderen Gründen, das Land nicht verlassen können; da sind wirtschaftliche Erwägungen, sentimentale Erwägungen – man liebt die Heimat zu sehr, man ertrüge die Fremde nicht, man stürbe draußen, man brächte kein Werk mehr zustande. All dies dringt auf einen Menschen ein – und ein berühmter Mann ist ein Mensch –, und er weist den Gedanken an die Emigration von sich – obwohl er die Nazis ablehnt und wohl weiß, daß ihm unter ihrer Herrschaft die Freiheit des Wortes entzogen sein wird –; er entschließt sich also trotzdem zum Bleiben, er verzichtet sogar auf die Freiheit des Wortes, wenn er nur bleiben darf, wenn er nur die Heimat nicht verlieren muß.

Ist solches Verhalten verzeihlich? Ich antworte: Ja – und nein. Es ist verzeihlich, wenn wir den Träger des großen Namens als das auffassen, was er vor allem zu sein hat: als Repräsentanten, als Vertreter und Verwalter bestimmter geistiger Werte. Es mag verzeihlich sein, wenn wir den «großen Mann» zunächst als die Privatperson betrachten – als die bürgerlich gebundene Existenz, die Kompromisse macht und der man Kompromisse nicht verübelt.

Lassen Sie mich also einmal annehmen, daß das kompromißlerische Verhalten jener berühmten Männer, die in Deutschland blieben, obwohl sie alles, was jetzt in Deutschland geschieht, mißbilligen – daß dieses unentschiedene und laue Verhalten nicht nur verständlich, sondern auch verzeihlich sei. Dieses einmal unterstellt, dürfen wir fortfahren: daß es sehr verschiedene Arten von Verhalten gibt, sogar wenn man den Entschluß zur Emigration nicht fassen konnte oder nicht fassen wollte – verschiedene Arten des Verhaltens *in Deutschland* nämlich. Wir wissen von großen Männern – Repräsentanten bedeutender geistiger Werte –, die zwar heute noch im Dritten Reich leben, die aus ihrer Abneigung gegen das Nazitum jedoch kein Geheimnis machen. Zu ihnen gehören vor allem mehrere Schriftsteller von durchaus konservativer und nationaler Gesinnung, deren besserer Instinkt aber sich gegen die pathologische Entartung und Verzerrung des nationalen Pathos im Nationalsozialismus wehrt. Manche von diesen konservativen Autoren hätten große offizielle Stellungen im Dritten Reich haben können – wenn sie sie nur gemocht hätten. Das größte Beispiel für den Typus, von dem ich hier rede, ist *Stefan George* – der größte deutsche Dichter dieser Epoche, einer der vornehmsten und außerordentlichsten der deutschen Literatur überhaupt. Wenn er sich dazu herbeigelassen hätte, den Nazis nur ein wenig schönzutun und dem Doktor Goebbels nur ein freundliches Wort zu gönnen –: Was hätte das Propaganda-Ministerium aus ihm nicht alles gemacht! Er hätte eine Art von Diktator über das gesamte geistige Leben des Dritten Reiches werden können, man hätte ihm allen Ruhm und nicht wenig Geld mit tausend Freuden zu Füßen gelegt. Er aber blieb hochmütig, blieb unnahbar – wie er stets gewesen war. Er schwieg – und sein Schweigen bedeutete die unzweideutige Ablehnung aller jener Werbungen und Angebote, mit denen die Herren des Dritten Reiches ihn überschütteten. Er schwieg, und da er merkte, daß sein Leben zu Ende ging, verließ er schweigend das Reich, um in einer kleinen Stadt des schweizerisch-italienischen Tessins zu sterben. In Lugano liegt er auch begraben, und aus seiner schlichten Ruhestätte ist nicht jener Ort der nationalen Wallfahrt geworden, die das Propaganda-Ministerium so gerne aus ihr gemacht hätte. – Stefan George – auf den jeder kleine Nazi-Journalist sich frech berufen zu dürfen glaubte – hat sich –

erst durch sein Schweigen, dann durch die Wahl seines Sterbeortes – ganz und gar und für immer von diesem Dritten Reich distanziert. Für uns alle, die wir Stefan Georges Werk und Figur stets geliebt und stets bewundert haben, konnte es keine schönere Genugtuung – keine bessere Bestätigung unserer Liebe, unserer Bewunderung geben.

Andere, die geringer als Stefan George, aber gleichfalls vornehm sind, bewährten sich nicht schlechter als er. Von einer Frau wie der Schriftstellerin Ricarda Huch – konservative Protestantin, gewissenhafte und edle Chronistin der deutschen Historie – weiß jeder, daß sie mit den Nazis nichts zu tun haben will. Das gleiche gilt von dem Prosaisten Hans Carossa, der sich geweigert hat, in die Nazi-Akademie einzutreten; das gleiche von dem Schriftsteller Ernst Wiechert, der von der konservativ-nationalistischen Jugend Deutschlands geliebt und verehrt wird, und der ebendieser Jugend, erst unlängst wieder – im Auditorium Maximum der Münchener Universität –, Belehrungen und Warnungen, das Nazitum betreffend, zuteil werden ließ – Belehrungen und Warnungen von einer Stärke und Eindringlichkeit, daß sie einer offenen Provokation der Diktatur gleichkamen und in der Tat die Freiheit – wenn nicht das Leben – des Warnenden in akute Gefahr brachten. Ich kenne diese Münchener Rede Wiecherts, sie ist erstaunlich und ein wirkliches Dokument männlich-geistiger Standhaftigkeit.

Man mißverstehe mich nicht: Es liegt mir fern, mich mit der Gesinnung Wiecherts oder der Ricarda Huch geistig zu identifizieren – es gibt nur wenige Gedanken und kaum eine Ansicht, die ich mit diesen gemeinsam habe. Aber – um der Gerechtigkeit und der Wahrheit willen – dürfen wir, im Fall dieser mutigen Konservativen, von einem «Versagen» nicht sprechen. Sie konnten Deutschland nicht verlassen, die Emigration wäre für sie – im wörtlichen und direkten Sinne – unerträglich gewesen. Aber sie konnten – in einem Deutschland, das geistig und moralisch herunterkommt – ihre reinere und bessere Gesinnung, ihre höhere, strengere, feinere Art mutig bewahren. Und das taten sie.

Sie sind Ausnahmen: Wir müssen es feststellen, und wir werden es nicht ohne Bitterkeit feststellen können. Diejenigen, die sich bewährt und gehalten haben, sind eine edle Minorität; die versagt haben, sind in der Überzahl. Nur Vereinzelte haben es bekannt und deutlich werden lassen, daß sie die neu-deutsche Barbarei – diesen Hohn auf jedes bessere Deutschtum – von Herzen verabscheuten und ablehnten. Die meisten machten sich gemein mit dem Übel. Sie verrieten; sie krochen zum Hakenkreuze; sie liefen mit. Was für ein elendes Schauspiel! Welch jammervolle Niederlage!

Ja, machen wir uns doch nichts vor: Wir haben eine große, bittere Niederlage des deutschen Geistes zu beklagen. Der Protestschrei des vornehmeren Deutschtums gegen seine eigene Vergewaltigung – und gegen die permanente Erniedrigung der Nation –: er blieb aus. Er brauchte nicht einmal unterdrückt zu werden; denn er wagte kaum den Versuch, sich vernehmlich zu machen. Der deutsche Geist blieb stumm – oder so gut wie stumm –, da das deutsche Volk mit den Segnungen der Konzentrationslager, der Rassen-Gesetzgebung und einer tollwütigen Aufrüstung beglückt wurde. Der deutsche Geist schickte Ergebenheitsadressen an den «Führer» – unvergessen ist jenes erste Telegramm der 88 Schriftsteller, die sich dem Hitler «bedingungslos» zur Verfügung stellten und einen Eid der Treue, zu dem niemand sie aufgefordert hatte, schwärmerisch für ihn leisteten. Solche Schande bleibt unauslöschlich, immer wird ein schmerzliches Erstaunen in der Welt darüber bleiben, daß sie möglich gewesen ist im Lande Goethes und Nietzsches. Ein Ausländer war es – der große polnische Violinist Bronislaw Hubermann –, der den deutschen Intellektuellen ihr Versagen, ihre moralische Schwäche, ja: ihre *Feigheit* – um dies Wort denn zu gebrauchen – auf das eindringlichste vorwarf. Als er wieder einmal aufgefordert war, in Deutschland zu konzertieren, und als er wieder einmal ablehnen mußte, rief er seinen Kollegen im Dritten Reich zu: «Ich komme nicht, natürlich komme ich nicht. Wie könnte ich denn zu euch kommen, da so Unsägliches und Abscheuliches bei euch geschehen ist und täglich weiter geschieht? Wie könnte ich mich an einen Tisch mit euch setzen, da ihr alles dies geduldet habt und weiter duldet, und kein Wort des Aufbegehrens dazu sprecht? Ihr seid schuldiger als die Henker selbst» – rief der große polnische Künstler seinen Kollegen zu –, «ihr seid schuldiger, da ihr es duldet, obwohl ihr *wißt*, daß es falsch und böse ist. Ihr wißt es, aber ihr sprecht nicht. Ihr seid dreimal schuldig. Ich will mit euch nichts zu tun haben.»

Solches mußten sich die germanischen Prominenten und Staatsräte sagen lassen von einem, der, ihrer Meinung nach, wohl einer inferioren Rasse angehört. Was kann ich – ein Deutscher – anderes tun, als die harten und empörten Worte Hubermanns zu wiederholen und sie zu bestätigen? – Ja, das Versagen der deutschen Berühmtheiten, die in Deutschland geblieben sind, ist ungeheuer – von den wenigen schönen Ausnahmen abgesehen. Man duckte sich; man verneigte sich; in der gekrümmten Haltung reckte man noch den Arm zum Gruß. – «Was wollen Sie?» soll Gerhart Hauptmann zu einem Freunde, der ihn wegen seines kümmerlichen Betragens zur Rede stellte, gesagt haben, «was wollen Sie denn, mein Lieber? Soll ich den Niagara-Fall mit einem Regenschirm aufhalten?» Vielleicht hatte der Dichter eines Dramas namens «Die Goldene Harfe» nicht Unrecht, da er seine eigene, klein gewordene Kraft mit einem Parapluie verglich. Aber wäre es nicht edler, wäre es nicht vornehmer gewesen, selbst noch diese reduzierte Kraft gegen eine Übermacht zu stemmen, deren Gemeinheit er so gut erkennen mußte wie wir? Und wäre seine reduzierte Potenz nicht noch einmal gewachsen bei diesem ungleichen, diesem heroischen Zweikampf – bei dieser notwendigen Auseinandersetzung, der er auswich? Wäre aus dem alten Mann nicht noch einmal ein – Held geworden? Aber er ließ diese große Chance vorbeigehen. Da er – o Jammer! – die Hakenkreuzfahne auf dem Dache seines Hauses hissen ließ, stiegen denn da nicht die Geister der Weber und des armen Hannele drohend vor ihm auf und wendeten sich gegen den, der sie geschaffen hatte, um sie nun zu verraten? Es war gut, daß sich einer fand, der dem elend gewordenen Dichter alle die Anklagen ins alte, eitle Gesicht schleuderte – alle jene Anklagen, die seine eigenen Figuren nicht aussprechen dürfen. Der Ankläger war früher einmal sein bester Freund gewesen, er hatte standhaft durch vier Jahrzehnte sein Lob gesungen – es war der Kritiker Alfred Kerr: Sein offener Brief, den er aus Paris an Hauptmann richtete, wird als ein großer Zorn-und-Jammer-Ruf über die Niederlage des deutschen Geistes bestehenbleiben.

Da es zu unserem Thema gehört, das Ausmaß dieser Niederlage, dieser Schande zu beschreiben, müssen wir zuerst und zunächst von den deutschen *Universitäten* reden. Mit den deutschen Professoren muß schon jener preußische Monarch seine besonderen Erfahrungen gemacht haben, der die berühmte Äußerung tat: «Einen deutschen Professor kann man an jeder Straßenecke kaufen wie eine Dirne.» Das ist hart; fragt sich, ob es auch ganz gerecht ist. Natürlich ist es nicht ganz gerecht, wenn wir wieder an die rühmlichen Ausnahmen denken wollen. Mancher große deutsche Gelehrte, der es keineswegs nötig gehabt hätte, hat das Dritte Reich verlassen – erwähnen wir nur den Träger des Nobel-Preises für Physik, Schrödinger; wir könnten aber auch andere erwähnen, und manche von ihnen sind in dieser Stadt. Andere wieder sind zwar im Lande geblieben; aber alle Welt weiß, daß sie der neuen Macht grollen. Sogar solche, die für «gleichgeschaltet» und der Macht befreundet gelten, lassen manchmal etwas Rebellisches hören: so der Geheimrat Sauerbruch, der unlängst auf einem Kongreß recht ketzerisch geredet hat und sogar die Relativitätstheorie – wenn auch nicht Einstein – erwähnte – Rust, Goebbels und der Rosenberg sollen außer sich gewesen sein. Aber die meisten! Aber die überwiegende Mehrzahl! All diese Philosophen, die den schmählichen Versuch unternahmen, die großen deutschen Denker, von Kant bis Nietzsche, als eine Art von Wegbereiter der absurden Nazi-Dogmen hinzustellen! All diese Naturwissenschaftler, die schweigend zusahen, als ihre jüdischen oder politisch links orientierten Kollegen von den Universitäten vertrieben wurden, und die es sich wohl gar noch einfallen ließen, den eminenten Beitrag der Juden zum Fortschritt der Wissenschaft zu leugnen oder zu verkleinern! All diese Historiker, diese Germanisten, diese Anthropologen: wieviel Erbärmlichkeiten haben sie sich zuschulden kommen lassen! Leihen sie nicht den Geschichts- und Rasse-Theorien der Nazis pseudowissenschaftliche Scheinargumente? Machen sie sich nicht, solcherart, zu Handlangern der Lüge? – Ich habe selber ein Buch in der Hand gehabt, das den Professor Willi Andreas, der damals Rektor der Universität von Heidelberg war, zum Herausgeber hat. Das Buch sollte – angeblich – Äußerungen, Porträts und kurze Biographien der größten Männer der deutschen Geschichte enthalten. Die Reihe dieser «größten Männer» begann bei Hermann dem Cherusker, und sie führte über den Preußen-Friedrich, Goethe und Bismarck bis – zu wem? –: bis zu Horst Wessel, über dessen geistige und moralische Qualitäten ich Ihnen nicht erst was erzählen muß. Ein Buch, in dem Goethe und Horst Wessel auf eine Stufe gestellt werden, ist verantwortlich gezeichnet vom Rektor der Heidelberger Universität. Durfte es diese Universität wunder nehmen, daß sie mehrere Absagen aus dem Ausland empfing, da sie Einladungen zu einer Jubiläumsfeier hatte ergehen lassen? Eher konnte es *uns* erstaunen, daß sich überhaupt Gelehrte aus freien Ländern fanden, die einem solcherart heruntergekommenen Institut ihren Besuch noch abstatten wollten...

Die Professoren standen vielfach unter dem scharfen Druck ihrer Studenten; denn man weiß ja, daß die nationalsozialistischen Lehren nirgends soviel Boden fanden als eben bei der studentischen Jugend. Das mag eine Erklärung für das arge Verhalten mancher Gelehrten sein – wenngleich niemals eine Entschuldigung. Sie meinten, «mit der Jugend» zu gehen, wenn sie mit den Nazis liefen. Heute dürfte nicht einmal diese Entschuldigung mehr gelten. Denn von vielen glaubwürdigen jungen Menschen, die aus Deutschland kommen, wird mir versichert, daß gerade bei der studentischen Jugend der Überdruß an den Nazis und die Enttäuschung über sie besonders groß und bitter seien. Die jungen Leute – so versichert man mir – haben es größtenteils satt, immer nur zu marschieren und gar nichts zu lernen. Nachdem man den Geist eine lange Zeit so sehr geringgeachtet hat, scheint sich ein gewisses Heimweh nach dem Geiste bei den jungen Menschen Deutschlands zu melden – wir wollen hoffen, daß unsere Gewährsleute recht haben, wenn sie dies berichten. Wir wollen weiterhin hoffen, daß die Professoren für diese Stimmung ihrer Schüler und Hörer ebenso empfänglich sein werden, wie sie es für die Nazi-freundlichen Stimmungen gewesen sind. Dann könnten – vielleicht! – aus den deutschen Universitäten Zellen einer freiheitlichen Opposition werden – wie es sich um der Würde des Geistes willen gehörte, und wie es, zur Zeit der liberalen Burschenschaften, ja auch der Fall schon gewesen ist.

Es könnte sich – vielleicht, vielleicht! – in den Universitäten jener Prozeß wiederholen, der innerhalb der protestantischen

Kirche wirklich stattgefunden hat. Man weiß, wie freundlich viele protestantische Geistliche den Nazis gesinnt gewesen sind, als diese noch um die Macht kämpften; und man weiß weiter, mit welch mutiger Entschiedenheit sich heute eine große Anzahl von protestantischen Seelsorgern *gegen* die Diktatur wendet, deren Totalitätsanspruch die Gewissensfreiheit eines Christenmenschen bedroht. Unter den Pfarrern der Bekenntniskirche hat der Nationalsozialismus bekanntlich sehr entschlossene Gegner gefunden, und entschlossene Gegner fand er auch bei den Katholiken, vor allem in den Kreisen des niederen Klerus. Was den hohen Klerus – die Episkopate – betrifft, so spielt hier das Problem ins Hochpolitische: Der Vatikan hat seine eigene Taktik, und selbst Kardinäle vom Schlage eines Faulhaber dürfen wohl nicht immer ganz, wie sie möchten: sie müssen sich in Berchtesgaden vom «Führer» empfangen lassen, nachdem sie noch gerade, auf den Straßen Münchens, von den Anhängern desselben «Führers» mit Steinen beworfen worden sind. Es ist hier nicht die Gelegenheit und nicht der Ort, die Taktik des Vatikans dem Nationalsozialismus gegenüber zu kritisieren oder sie auch nur genau zu betrachten – diese Betrachtung, diese Kritik könnte nicht ganz ohne Bitterkeit sein, wenn wir etwa an den Streit ums Saar-Gebiet und an das Verhalten des hohen Klerus in dieser hochwichtigen Angelegenheit denken. Fest steht: daß eine völlige Versöhnung zwischen Nazis und Katholiken nicht möglich ist – sosehr sie auch von beiden Seiten gewünscht werden mag –: nicht möglich nämlich, solange die Nazis nicht auf ihre essentiell antichristliche Rassen-Theorie und auf ihren geistigen Totalitätsanspruch verzichtet haben. Es ist charakteristisch und unvermeidlich, daß gerade auf dem Gebiet der Jugenderziehung – wo es also wirklich um den Besitz der jungen Seelen geht – Katholiken und Nazis immer wieder aufeinanderstoßen. Bei aller Neigung der höchsten kirchlichen Instanzen zu taktischen Kompromissen: das katholische Gewissen wird sich auf die Dauer mit den Dogmen Rosenbergs und Hitlers niemals abfinden können.

Immerhin: wenn ein nachgeborener Chronist die Reaktion der deutschen Intellektuellen auf das Nazi-Unwesen schildern wird, so dürften es *nicht* die Geistlichen sein – weder die protestantischen noch die katholischen –, die am schlechtesten wegkommen. Von ihnen wurde doch der *Versuch* zu einem Kampf, zu einem ernsten Widerstand gemacht – und oft mehr als nur der Versuch. Bei den anderen geistigen Berufen sieht es übler aus. Ich denke, wenn ich dies sage, nicht an Berufe wie die des Juristen oder des Arztes – sie gehören nicht ganz in unseren Zusammenhang; denn bei ihnen handelt es sich um bürgerliche Professionen, nicht um die geistig-repräsentative Position. Anwalt und Arzt sind – im Zusammenhang unserer Betrachtung – Teil der Masse, anonym, und also nicht in dem Grade verpflichtet wie etwa der Dichter oder der Forscher. Natürlich wird es unter diesen Hunderttausenden von geistig arbeitenden Menschen einige verehrungswürdige Helden geben und sehr viele Leute, die eben so anständig sind, wie Menschen es meistens zu sein pflegen – d. h.: anständig, solange das Anständigsein kein besonderes Risiko bedeutet –, und es dürften unter ihnen auch besonders erbärmliche und in der Schurkerei geradezu übereifrige Schufte sein. Aber all dies spielt sich in einer dunkleren Sphäre ab, in die man wohl zufällig einmal, durch persönliche Relationen, Einblick gewinnt, die sich aber, als Ganzes, der öffentlichen Kontrolle entzieht. Wir wollten hier von den repräsentativen Fällen reden – von jenen Fällen also, die sich dem hellen Licht der Publizität selbst präsentieren.

Musiker, Maler und Schauspieler fühlen sich geistig meistens weniger verpflichtet und weniger gebunden, als die Männer des Wortes dies tun – oder tun sollten. Musikanten, Komödianten und die bildenden Künstler sind meistens nicht sonderlich interessiert an der Politik. Sie haben das Recht zu einer gewissen Naivität in intellektuellen und in politischen Dingen – ein Recht, das wir dem Schriftsteller – der doch nicht nur der Mann des Gefühls, sondern auch der Gedanken zu sein hat – nicht einräumen. Die Musiker, zum Beispiel, dachten – soweit sie nicht Juden oder, wie der Fachausdruck heißt, jüdisch versippt waren –, als das Dritte Reich kam: Was geht es uns an? Unsere Musik werden wir immer machen dürfen, sogar unter dem Hitler. Nur ganz wenige sogenannte «arische» Musiker begriffen, daß das, was da unter dem Namen «Nationalsozialismus» heraufkam, auch sie in Mitleidenschaft zog, da es ja das kulturelle Leben Deutschlands selber gefährdete und in Frage stellte: Zu diesen ganz wenigen gehörten die Brüder Busch – der Geiger Adolf Busch und der Dirigent Fritz Busch –, die im Jahre 1933 Deutschland verließen und es seither nicht mehr betreten haben. Die anderen, die blieben, mußten samt und sonders fatale Erfahrungen machen. Diese unangenehmen Erfahrungen waren nicht nur jenen vorbehalten, die als «Kulturbolschewisten» gelten, weil sie etwa atonal komponieren – zum Beispiel dem Komponisten Hindemith, der wegen seiner modernen Art des Musizierens und wegen seiner Zusammenarbeit mit Juden beinah als Staatsfeind gilt. Unannehmlichkeiten erlebten auch jene, die nicht Staatsfeind, sondern Staatsrat und hoch in Ehren sind, etwa Wilhelm Furtwängler. Er zeigte sich gewiß nicht sehr widerspenstig; einige Dinge aber gingen ihm denn doch über die Hutschnur, zum Beispiel, daß man ihn seine Konzertprogramme nicht mehr so zusammenstellen lassen wollte, wie es ihm beliebte, sondern wie es den rassischen und kulturellen Idealen der Nazis entsprach. Staatsrat Furtwängler hatte es gewiß nicht vorgehabt, sich auf Streit und Zank mit der Macht einzulassen; aber Streit und Zank stellten sich als unvermeidlich heraus; die Macht ihrerseits pfuschte ihm gar zu unverschämt ins Handwerk. – Was Herr Furtwängler – der beinahe etwas wie eine politische Macht darstellt – sich nicht bieten ließ, mußten andere einstecken. Der Dirigent Knappertsbusch etwa – ein in München, und nicht nur in München, höchst beliebter Musiker – kam auf längere Zeit in Acht und Bann und hatte sogar Stubenarrest, weil er sich nicht davon abbringen ließ, Opern aufzuführen, deren Textbücher einen Nicht-Arier zum Autor haben, und weil er sich andere Unbotmäßigkeiten mehr zuschulden kommen ließ. Wenn es so dem Knappersbusch ergeht, der einen internationalen Namen hat und außerdem groß, schön und blond ist – was mögen da erst die Unbekannten, zudem vielleicht nicht so schönen Blonden für traurige Lieder zu singen wissen! – Die Musikanten, die sich einbildeten, es sei ihr gutes Recht, unpolitisch zu bleiben und sich um Nazi-hin, Nazi-her einfach nicht viel zu kümmern, wurden alle enttäuscht. – Hans Pfitzner, ein alter Reaktionär und eifrigster Nationalist, der meinte, seine große Zeit sei gekommen, als die Nazis kamen, soll ganz grämlich herumgehen: Seine melancholisch-spätromantische Musik ist für den neuen heroischen Geschmack nicht schmetternd genug, der Lohengrin oder der Hohenfriedberger Marsch werden vorgezogen. Pfitzner – eben noch so hoffnungsvoll – beklagt sich, daß er von den Nazis vernachlässigt werde, und sehnt sich wohl nach der guten Zeit, da die großen jüdischen Dirigenten – Bruno Walter an der Spitze – seine spröde Musik unermüdlich propagierten und herausbrachten. – Hat nicht selbst Richard Strauss Ärger? Er war schon so alt und so ruhmbeladen, als die Nazis drankamen, daß er von ihrem Kommen überhaupt kaum Notiz nahm. Seine Opern sollten aufgeführt werden – mehr wollte er nicht. Aber hatte er denn vergessen, daß seine «Salomé» ein ganz typisches Produkt des degenerierten Kulturbolschewismus bedeutet? Nein, er dachte nicht dran. Und er hielt es auch kaum für möglich, daß man es ihm – dem Ruhmbeladenen – ernstlich übelnehmen könnte, wenn er das Textbuch für seine neue Oper von einem jüdischen Autor – dem Österreicher Stefan Zweig – schreiben ließ. Der große alte Mann mußte die Blamage erleben, daß man ihm die Uraufführung seiner neuen Oper in Dresden zunächst einfach verweigerte...

Nein, sie haben alle kein Glück gehabt, diese «unpolitischen» Musikanten. Ging es den Malern besser? 1933 traf ich einen in Paris, es war einer der berühmtesten Künstler der jüngeren Generation – übrigens ein Arier, aber ein Kulturbolschewist. Er sagte mir: «Ich reise nach Deutschland zurück. Es wird alles halb so heiß gegessen wie gekocht. Meine Landschaften und Porträts werde ich immer malen dürfen.» – Neulich sah ich ihn wieder, in Amsterdam. «Es ging nicht», erklärte er mir. «Es war nicht zu machen.» – Nolde und Beckmann, Klee und Hofer, George Grosz und Dix – lauter Maler von Rang –: alle in Ungnade, alle Kulturbolschewisten. Was nutzte es ihnen, daß sie unpolitisch gewesen waren oder es werden wollten? Die Wahl ihrer Farben war anstößig; die Kühnheit ihres Striches war anstößig; daß sie, als Künstler, etwas *konnten* und etwas wagten, war anstößig. Sie hätten handeln müssen, wie ihre Kollegen von der ehemals satirischen Wochenschrift «Der Simplicissimus», um Gnade und Verzeihung zu finden. Olaf Gulbransson und Karl Arnold, die noch im Januar des Jahres 1933 Hitler mit dem Zeichenstift genial verspottet hatten, zeichnen heute nur noch Karikaturen gegen Franzosen, Juden und Russen –: sie sind zu den Hofnarren des Dritten Reiches geworden. Soviel Schufterei bringt nicht jeder fertig. Das gleichgeschaltete Witzblatt ist nur noch eine einzige Verhöhnung seiner eigenen großen Vergangenheit, und draußen, in Prag, sitzt der Mann, der es mit gegründet hat – Th. Th. Heine –, und schämt sich des Verfalls seiner Gründung und des Verrats seiner Freunde...

Da die Gelehrten, die Musiker, die Maler es so sehr an geistigem und moralischem Verantwortungsgefühl fehlen ließen – wie wir sahen –: Was soll man da erst von den *Schauspielern* erwarten, von den Theaterleuten, die sich doch wohl am weitesten entfernt von geistigen Repräsentationspflichten fühlen? Sie wollen doch vor allem den Applaus, die Beliebtheit bei den Massen – und also auch bei denen, die über die Massen regieren. Ist es nicht fast erstaunlich, daß es auch einzelne nichtjüdische Schauspieler von hohem Rang gab, die Deutschland freiwillig verließen? Einige taten es aus politischen Gründen, wie der junge Ernst Busch; andere aus privaten, wie Albert Bassermann oder Conrad Veidt; andere wieder einfach, weil sie die Luft, die heute in Deutschland weht, nicht atmen mochten, wie Rudolf Forster, der das Dritte Reich möglichst meidet. Andere freilich versichern den neuen Machthabern – laut und eifrig und immer wieder – ihre zärtliche Ergebenheit. Sie schwören, daß es erst unter Hitler, Goebbels und Göring eine wahre Lust sei, Komödie zu spielen; Emil Jannings bekommt die ergriffenen Hundeaugen, die man aus seinen Filmen kennt, wenn vom «Führer» die Rede ist; und am liebsten möchten sie alle Staatsräte werden – einige sind es auch schon, zum Beispiel Werner Krauß und dieser Gustaf Gründgens, Intendant der Preußischen Staatstheater, den ich sehr aus der Nähe kannte, als er noch auf den Kommunismus schwor. Heute ist er ein Favorit des Göring und seiner Sonnemann. Von allen Verrätern ist dieser ohne Frage einer der zynischsten – und der erfolgreichsten. Er schämt sich nicht, der Chef eines Theaters zu bleiben, an dem ein Mann, dessen Gesinnung er zu teilen behauptete – der kommunistische Schauspieler Otto – ermordet wurde. – Dieser Gründgens erscheint mir – gerade wegen seiner Begabung, gerade wegen seiner Intelligenz und Verschlagenheit – als ein besonders charakteristisches und als ein besonders betrübliches Beispiel für jenen Typus des deutschen Künstlers, der, um des Geldes und um des Ruhmes willen, sein Talent an die blutbefleckte Macht verkaufte...

Solche Beispiele lassen sich natürlich auch unter Schriftstellern finden – ich erinnere an die Ergebenheitsadresse der 88 an Hitler –; zu Ehren der deutschen Literatur sei gesagt, daß sie unter großen Schriftstellern nicht so häufig sind wie bei den anderen künstlerischen Berufen. Die meisten Autoren, die heute im Dritten Reich eine Rolle spielen, haben auch früher schon, mehr oder weniger, mit den Nazis sympathisiert; denken wir etwa an Hanns Johst, der zwar noch vor 20 und vor 15 Jahren revolutionär war, aber schon vor 10 Jahren mit Hitler befreundet. Von ausgesprochen links-orientierten Dichtern und Literaten haben nur relativ sehr wenige den Versuch gemacht, sich gleichzuschalten, und diese haben meistens kein Glück gehabt: Die Nazis scheinen keinen Wert auf Renegaten zu legen, die ihre frühere Gesinnung in Büchern und Artikeln festgelegt hatten. Zu den erfolglosen Renegaten gehört, zum Beispiel, der Berliner Kritiker Dr. Herbert Ihering, dem früher einmal nichts marxistisch genug sein konnte und der dann plötzlich den Goebbels für einen eminenten Dramatiker erklärte – was ihm jedoch nicht viel nützte: neulich flog er trotzdem aus dem Schriftstellerverband. – Den Fall Gerhart Hauptmann haben wir schon erwähnt, er gehört zu den trübsten, er hat viele bitter enttäuscht. Übrigens ist auch, was ihn betrifft, festzustellen, daß er mit all seinen Anbiederungsversuchen wenig Glück hatte: Seine Dramen werden kaum gespielt; er rechnet – trotz der Hakenkreuzflagge auf dem Dache seines Hauses in Agnetendorf – durchaus weiter zu den geistigen Repräsentanten der verhaßten November-Republik, was immer er auch tun mag gegen so üblen Ruf. – Unter den deutschen Schriftstellern mit großen Namen steht Hauptmann mit seiner peinlichen Haltung, glücklicherweise, ziemlich vereinzelt da. Viele verließen das Land, die es, als sogenannte Arier, nicht unbedingt nötig gehabt hätten; ich nenne nur: Leonhard Frank, René Schickele, Frau Annette Kolb, Balder Olden und Rudolf Olden, den Lyriker Max Herrmann-Neiße, Bert Brecht, den Kritiker und Romancier Bernhard von Brentano, Ernst Glaeser, Gustav Regler, Richard Huelsenbeck, Heinrich und Thomas Mann – lauter Schriftsteller von Ansehen; lauter Schriftsteller ohne einen Tropfen jüdischen Blutes. – Unter den Drinnengebliebenen stehen viele in einer mehr oder minder offenen Opposition zum Regime; wir hatten schon Gelegenheit, von der oft sehr radikalen Ablehnung zu sprechen, die die Nazi-Diktatur bei gewissen konservativen Autoren vom Typus Wiecherts erfährt. Manche, die zu Anfang Hoffnungen auf Hitler gesetzt hatten, fühlten sich bald bitterlich enttäuscht; so der Philosoph Oswald Spengler, der in Einsamkeit starb, oder der Philosoph Ernst Jünger – leidenschaftlicher Sänger des Weltkrieges und der «totalen Mobilmachung» –, der heute ohne Einfluß und in grämlicher Zurückgezogenheit lebt. Manche, die zu Anfang vom Pathos des Nationalsozialismus wie berauscht waren, wurden schnell ernüchtert; Gottfried Benn zum Beispiel – ein ebenso schwieriger und oft wirrer wie höchst begabter Lyriker und Essayist – ließ zunächst, als Hitler zur Macht kam, Dinge drucken, bei deren Lektüre ihm wahrscheinlich heute selber die Haare zu Berge stehen. Denn inzwischen dürfte sein hektischer Enthusiasmus sich ein wenig beruhigt haben. Doktor Gottfried Benn lebt als Stabsarzt der Reichswehr in Hannover, was kein ganz leichtes Leben sein dürfte, und publiziert überhaupt keine Gedichte mehr – während er doch, wenn sein Enthusiasmus solider gewesen wäre, gerade jetzt erst hätte anfangen sollen, Hymnen und Lobgesänge von sich zu geben. – Die jüngeren Autoren ziehen sich meistens auf einen idyllischen Ton zurück, um nur ja nicht unangenehm aufzufallen; sogar Erich Kästner, der einst so kesse, politisch-satirische Songs verfaßte und heute sozusagen humoristische Romane schreibt, die auf dem Niveau von Ufa-Possen stehen, was viel heißen will.

Nein, es sind nicht sehr viele gute Schriftsteller in Deutschland geblieben, und die sind entweder verstummt oder offen oppositionell, oder es sind keine guten Schriftsteller mehr. Bei der großen Abrechnung, welche die Geschichte einmal mit dem Verhalten der deutschen Intellektuellen dem Dritten Reich gegenüber halten wird, dürfte festzustellen sein: daß die Literatur sich noch am relativ würdevollsten aus der schauerlichen Affäre gezogen hat.

Wie das arme Land aus dieser schauerlichen Affäre hervorgehen – und was von seinen kulturellen Werten übrigbleiben wird:

das wissen die Götter – wenn die es wissen. Wieviel wird zerstört, zerbrochen, beschmutzt, vernichtet sein – bis der Tag des großen Umsturzes und der großen Veränderung kommt (denn einmal kommt er natürlich)? – Wir dürfen die Frage kaum stellen, da sie ja nicht zu beantworten ist. Das einzige, was uns zu tun aufgetragen ist: Weiterarbeiten; die Werte und hohen Begriffe, die von den Nazis verdrängt werden sollen, bewahren und, nach unseren Kräften, dazu beitragen, daß sie sich fruchtbar weiterentwickeln; weiter und unermüdlich tätig sein für diese heute erniedrigte deutsche Kultur, der die europäische Kultur und die Kultur der Menschheit soviel unermeßlich Kostbares verdankt. – Die große und bedeutungsvolle Frage: Haben die deutschen Intellektuellen versagt? – sie ist ja immer noch in der Schwebe; sie hat sich ja immer noch nicht definitiv entschieden – soviel bitter Unwiderrufliches auch schon geschehen sein mag. Ihre letzte und eigentliche Beantwortung bleibt späteren Geschlechtern vorbehalten. Und wie diese Antwort, dieser Richterspruch ausfallen soll, das hängt auch von *uns* ab; wenn ich aber sage «uns», dann meine ich die Freunde und Genossen drinnen in Deutschland und die anderen, draußen.

Worum der Kampf geht

Ladies and Gentlemen –
I must begin with the confession, that I am glad – really *very* glad – to be in this country and in this place, and to be permitted to speak here before you. You, perhaps, can hardly comprehend, what it means for a European – and especially for a German exile – to breathe the air of the United States. Here we are permitted to speak – freely and publicly – of that, which fills our hearts and minds. In which European country is this freedom of speech still possible? – and when I ask this, I refer not only to fascist countries, but also to those, which are still considered «liberal». – *Freedom of speech* in Europe is fast becoming a rather dubious matter. You – Ladies and Gentlemen – may well be proud and happy, that you still possess this right.

Only free speech is fit for the ponderous and bitter problems that constitute the fate of Europe – our fate –. It is our duty to discern the entire European situation, as well as to give voice to all we habe discerned… True: the situation is nearly desperate. Any day the European tragedy may develop from the Spanish tragedy. In Spain the European war has actually begun. For the next European war will be rather a civil war than one between nations. It will be a war between fascists and anti-fascists. This war has already taken its initial steps in Spain. The fascists have provoked the Spanish Civil War; they began it; but they would doubtless not have had the courage to start it, had they not been sure of the support of the great fascist powers – Germany and Italy. Everything points to the facts that the Spanish generals – Franco and his friends – advanced in closest co-operation with the governments of Hitler and Mussolini. These gentlemen were probably not aware of the desparate and heroic rebellion into which the fascist rebels would dash against the Spanish populace.

Surely the fascist governments would never have entered the cruel and gory experiment of the Spanish Civil War, had they previously been aware that this civil war would take a course so entirely contrary to its initiation: namely that it would harm the cause of fascism in the world and help that of anti-fascism.

The heroic courage with which the Spanish populace maintains its position against those who desire to force fascism upon them – this gigantic wave of sympathy running through the world, to aid those who are fighting for freedom cannot avoid but make an impression everywhere. But above all it must impress the Germans, especially all those, who have in their hearts remained the enemies of the fascist regime, despite of Gestapo, or terror, or oppression.

Ich rede von Deutschland, und ich darf Sie um die Erlaubnis bitten, auf deutsch fortzufahren. Es ist meine Sprache, kein Hitler kann sie mir nehmen. Ich weiß, daß es auch die Sprache von vielen unter Ihnen ist. An diese unter Ihnen wende ich mich – als Deutscher an andere Deutsche. Denn daß Sie sich hier heute versammelt haben, beweist ja, daß Sie sich doch – und trotz allem – als Deutsche empfinden, obwohl viele unter Ihnen gewiß schon Bürger dieses großen amerikanischen Landes sind und obwohl wir gewiß alle die Freiheit, den lebensvollen Auftrieb und die kräftige Fruchtbarkeit dieses Landes dankbar genießen. Aber mit irgendeiner sehr tiefen Schicht unseres Wesens bleiben wir doch dem anderen Lande, dort drüben, verbunden – dem Lande also, in dessen schönen Landschaften wir aufgewachsen, an dessen reicher Kultur wir erzogen sind und in dessen Sprache wir die ersten Worte unseres Lebens gebildet haben. Wir bleiben ihm verbunden – trotz allem, und Sie wissen, warum ich dieses «trotz allem» mit einem solchen Nachdruck wiederholen muß. Ja, wir fühlen uns auf eine problematische und gar nicht leichte Art ihm zugehörig, trotz allem, was uns heute von ihm trennt; was uns heute an ihm schlimm, gefährlich und selbst verächtlich erscheint. Wir können die deutsche Gegenwart nicht lieben; aber unser Vertrauen auf die deutsche Zukunft bleibt unerschütterlich. Um ebendieser deutschen Zukunft willen werden wir von keinem hergelaufenen Tyrannen uns befehlen lassen, plötzlich keine Deutschen mehr zu sein. Was für eine groteske und im tiefsten sinnlose Geste, von seiten ebendieses Gewalthabers, uns «auszubürgern»! Er kann uns doch nicht durch eine Zeitungsnotiz unsere eigene Existenz, unsere ganze Vergangenheit, unsere Bildung – und unsere Zukunft wegnehmen! Mir scheint: im Gegenteil – gerade indem wir die Tyrannen, die jetzt in Deutschland herrschen, bekämpfen, beweisen wir erst recht unser Deutschtum – das freilich kaum dem trüben und verdächtigen Ideal entspricht, das sich die neuen Herren von ihm machen.

Tückisch und aggressiv nach außen; demütig und kritiklos gegenüber den eigenen Tyrannen; großsprecherisch vor dem Ausland, aber stumm vor den Dreistigkeiten heimischer Gewalthaber – so wollen diese neuen Herren ihre Deutschen. Aber sind sie denn so? Die Besten unter den Deutschen sind doch immer ganz anders gewesen – und nur die Besten dürfen uns als Beispiele gelten; denn nur sie sollen das Vorbild sein. Ich habe gar keine Zweifel, daß die Deutschen sich eines Tages auf ihr besseres Wesen, auf ihre vornehmeren Traditionen besinnen werden – das kann freilich früher oder später geschehen. Wenn es nicht bald geschieht – wer weiß dann, in was für Katastrophen das verwirrte, verführte und hysterisch gewordene deutsche Volk den Kontinent noch reißen wird!

In der tragischen und unermeßlich bedeutungsvollen spanischen Affäre hat Hitler bewiesen, wozu er fähig und entschlossen ist. Er scheut sich nicht, vor den Augen der ganzen Welt, meuternde Generale zu unterstützen, die gegen ihre eigene, demokratisch gewählte Regierung mit Tanks und Giftgasbomben vorgehen. Solches wagt er zu tun – er, Hitler, der nicht oft genug beteuern konnte, wie sehr und durchaus er gegen die «Einmischung in die internen Angelegenheiten eines fremden Staates» sei. Im Falle Spanien hatte er all diese schönen Reden vergessen – wie er alle schönen Reden immer vergißt, sowie sie ihm unbequem werden. An einem faschistischen Spanien ist ihm gar zu sehr gelegen – er möchte Frankreich unklammert sehen von drei faschistischen Staaten – Italien, Nazi-Deutschland und einem Spanien, das italienisch-deutsche Kolonie wäre. Dieser Zustand wäre ungeheuer in seinem Interesse. Um diesen Zustand herbeizuführen, riskiert er alles – riskiert er selbst den europäischen Krieg.

Riskiert er den wirklich? Er rechnet immer noch mit der unbedingten Friedensliebe der anderen – vor allem mit dem intransigenten Pazifismus Frankreichs und Englands. Vielleicht könnte er sich einmal verrechnet haben. Es könnte losgehen – die infernalische Kriegsmaschine könnte in Bewegung gesetzt werden, in einem Augenblick, da er es selber nicht wollte und kaum erwartet hatte. Man fordert nicht ungestraft einen ganzen Erdteil durch viele Jahre immer wieder heraus. Die Friedliebenden lassen sich manches bieten – um des lieben Friedens willen. Plötzlich aber geschieht irgend etwas, was nicht wiedergutzumachen ist – vielleicht ist es nur ein relativ geringer Zwischenfall, aber gerade er bewirkt die schaurige Explosion. Es ist sehr wohl vorstellbar, daß es im Laufe des spanischen Bürgerkrieges zu einem solchen entscheidenden Zwischenfall kommt – jedenfalls tun wir besser, auf dergleichen gefaßt zu sein.

Übrigens ist es sogar möglich, daß Hitler seinerseits einen solchen entscheidenden Zwischenfall provoziert; daß er die Katastrophe, jetzt schon, *will*. – Deutschlands Herr und Meister sitzt in seiner Villa zu Berchtesgaden und wartet auf die berühmten «inneren Stimmen» – eine Jungfrau von Orléans mit kleinem Schnurrbart. Was raten ihm denn die Stimmen – die vielleicht nicht nur immer die Stimmen des inneren Dämons, sondern manchmal auch die schnarrenden Organe der Reichswehrgenerale sein mögen? Was flüstern sie ihm denn zu? Vielleicht sagen sie ihm: Der Augenblick sei günstig, um das Letzte zu wagen – um das äußerste Risiko einzugehen. Vielleicht erzählen sie ihm, in einem Jahr, oder in zwei Jahren, wird der Augenblick längst nicht mehr so günstig sein. Nicht nur Deutschland rüstet; auch England macht sich stark, Frankreich und die Sowjet-Union sind dabei, ihre gewaltigen Verteidigungsapparate noch zu vergrößern. Der Rüstungsvorsprung, den Deutschland heute fraglos hat, könnte im Lauf der Monate geringer werden. Wer weiß auch, wie lange die Freundschaft mit Italien noch hält, die gerade jetzt so blühend scheint. Zwischen den beiden Diktatoren, Hitler und Mussolini, steht immer noch das Gespenst des ermordeten Dollfuß – steht immer noch Wien –, und wie lang ist es her, seit Mussolini seine Truppen an den Brenner schickte, um Österreich vor dem Einfall des Dritten Reiches zu beschützen? ... Wenn Hitler denn wirklich den Augenblick für günstig hielte: was hinderte ihn, den entscheidenden kleinen Zwischenfall in Spanien oder in einer anderen Ecke Europas – etwa in der Tschechoslowakei – zu inszenieren? Was könnte ihn denn davon abhalten? – Doch sicherlich nicht sein Gewissen – welches schon schwerer mit Schuld beladen ist als irgendein anderes menschliches Gewissen in dieser Zeit.

Alle, die aus Deutschland kommen, berichten übereinstimmend, daß man dort auf den Krieg gefaßt ist – ja, daß man ihn erwartet. In Europa – und wohl besonders in Deutschland – ist das Gefühl allgemein, daß der Zustand einer Katastrophe zutreibt. Die Atmosphäre ist gar zu geladen mit gefährlichen Stoffen: es muß zur Explosion kommen.

Ich glaube immer noch nicht, daß der neue Weltkrieg *unvermeidlich* ist; aber sein Kommen ist sehr wohl möglich und sogar wahrscheinlich – wir tun gut daran, es uns klarzumachen. Nicht nur Hitlers Verhalten im Spanischen Bürgerkrieg spricht dafür, daß er zum Äußersten entschlossen ist; dafür spricht auch die überraschende Nervosität, mit der jetzt im Dritten Reich grausame Gesetze erlassen werden. Todesstrafe für Leute, die ein paar Mark ins Ausland bringen? Das ist doch eigentlich schon

Kriegsrecht. Und nach Kriegsrecht sieht es auch aus, wenn man die gesamte Jugend eines Landes dazu *zwingt*, eine hypernationalistische, militaristische Erziehung über sich ergehen zu lassen – wie es eben jetzt in Deutschland, unter offenem Bruch des Konkordats mit der katholischen Kirche, geschieht. Man macht jetzt im Dritten Reich Schluß mit allen Halbheiten und höflichen Kompromissen; man nimmt keine Rücksicht mehr auf die Meinung des Auslands – an ihr scheint den deutschen Herren kaum noch gelegen. Hätten sie sonst den tapferen und unschuldigen Edgar André hinrichten lassen – ihn ermorden lassen, gegen den Protest der öffentlichen Meinung einer ganzen Welt? So etwas tut man nur, wenn es einem auf gar nichts mehr ankommt.

Vermeidlich scheint mir die europäische Katastrophe – ich meine den Krieg – nur noch unter zwei Voraussetzungen zu sein. Die eine Voraussetzung wäre der Sturz des Faschismus in Deutschland und in Italien – der revolutionäre Sturz, der Sturz durch den Aufstand der Völker selbst. Wir denken zu realistisch, um damit ernsthaft rechnen zu können. Zwar wissen wir, daß die Opposition gegen den Faschismus, besonders in Deutschland, sehr stark ist, und daß sie immer noch wächst und sich, unterirdisch, den ärgsten Gefahren zum Trotz, ständig betätigt. Wird sie sich aber, in einer irgend absehbaren Zeit, derart organisieren können, daß sie eine wirkliche Bedrohung des Regimes bedeutete? Wird sie so bald irgend etwas auszurichten vermögen gegen den furchtbaren Machtapparat der Diktatur? – Wir bezweifeln es, und da wir es bezweifeln müssen, wollen wir die andere Voraussetzung ins Auge fassen, unter welcher der europäische Krieg – in letzter Stunde – vermieden werden könnte.

Die nichtfaschistischen Staaten Europas haben schon viel versäumt. Sie hatten die Macht und die Möglichkeit, Hitler und Mussolini nicht so groß werden zu lassen, wie sie nun geworden sind – ja, sie hatten 1933, und noch 1934, die Möglichkeit, Hitler zu erledigen. Es ist meine feste Überzeugung, daß dies ohne jedes Blutvergießen möglich gewesen wäre. Der konsequente moralische und ökonomische Boykott des Dritten Reiches durch die großen Demokratien hätte genügt. – Das deutsche Volk hätte seinen Hitler nie ertragen, wenn es von Anfang an klar gewußt hätte, daß die ganze Welt gegen ihn ist – daß es sich, bei der ganzen Welt, um Hitlers willen, unmöglich machen wird. Alle, die im deutschen Volk gegen Hitler waren, haben auf einen starken Akt des Protestes von seiten des Auslandes gewartet. – Nun, dieser Akt ist ausgeblieben; aus weiß Gott was für taktischen und diplomatischen Rücksichten nahm man Abstand von ihm. Man ließ Hitler groß werden; man gestattete es ihm, sich auszuwachsen zu der riesigen Weltgefahr, die er heute ist.

Aber selbst heute wäre es noch nicht zu spät. Freilich, mit dem bloßen Boykott wäre es nun kaum noch getan – das Dritte Reich ist schon zu stark, zu selbstbewußt geworden. Jedoch gibt es Gründe, an der Solidität dieser Stärke, dieses aufgeblasenen Selbstbewußtseins zu zweifeln. Die Nazis haben immer sehr unentschlossene Gegner gefunden; sie hatten sie in der Weimarer Republik, und sie haben sie jetzt in Europa. Die Nazis sind es gewohnt, daß alles zusammenfährt, wenn sie mit der Faust auf den Tisch schlagen. Man muß ihnen nur zeigen, daß man vor ihren unverschämt drohenden Gebärden nicht mehr erschrickt; und sie könnten schnell den Mut zu ihrer eigenen Frechheit verlieren.

Die Welt müßte diesen Nazis nur endlich zeigen, daß man sie *kennt*; daß man sie durchschaut hat – in ihrer Gefährlichkeit sowohl als auch in ihrer Erbärmlichkeit. – Es sind Zeichen dafür vorhanden, daß man – nicht nur in der Sowjet-Union, sondern auch in den großen Demokratien – des provokanten Spiels der Faschisten müde wird; es gibt gewisse Symptome, die uns zu der Hoffnung berechtigen, daß die antifaschistischen Elemente sich auf sich selbst und auf ihre eigene Kraft zu besinnen anfangen. Ein solches Symptom ist die Verleihung des Friedensnobelpreises an den tapferen Friedenskämpfer Carl von Ossietzky.

England hat alle Freunde des unteilbaren Friedens und alle Feinde des Faschismus lange genug durch seine berühmte zögernde und unentschlossene Haltung beunruhigt. Heute aber kann niemand mehr – nicht einmal der Herr von Ribbentrop – darüber im Zweifel sein, auf welcher Seite England im Ernstfall stehen würde und stehen müßte: nämlich auf der Seite Frankreichs, des großen demokratischen Staates, der seinerseits mit dem großen sozialistischen Staate verbündet ist. – Auch Frankreich hat allen seinen Freunden Sorgen gemacht, durch die schweren inneren Konflikte, aus denen es kaum noch einen friedlichen Ausweg zu geben schien. Diese innenpolitischen Schwierigkeiten in Frankreich bestehen weiter, sie sind immer noch ernst, und sie hören nicht auf, uns zu beunruhigen.

Andererseits darf man nie vergessen, daß die bedeutenden innenpolitischen Vorgänge in Frankreich auch ihre positive und sogar ihre sehr ermutigende Seite haben; sie beweisen uns, daß die großen jacobinischen Traditionen, die erhabenen Überlieferungen der Französischen Revolution von 1789 noch keineswegs tot und abgestorben sind, und daß die Dritte Französische Republik nicht so leicht die Beute des Faschismus werden dürfte wie die erste deutsche. – Auch in diesem Lande, in den Vereinigten Staaten von Amerika, haben viele, ja, die meisten verstanden, welche Gefahr die faschistischen Länder für den Frieden der Welt bedeuten. Der überwältigende Sieg des Präsidenten Roosevelt war doch wohl auch – unter anderem, und vielleicht vor allem – eine antifaschistische Demonstration des amerikanischen Volkes – mir scheint, das sollten sich auch die und gerade die klarmachen, deren Sympathien eigentlich einem linkeren Präsidentschaftskandidaten gehört hatten.

Frankreich, England und die Vereinigten Staaten zusammen mit der Sowjet-Union und mit den kleineren demokratischen Ländern: das ist eine starke Partei – und es ist doch die Partei, von der wir heute sagen dürfen, daß sie potentiell gegen den Faschismus steht. Wird das Dritte Reich seine Bundesgenossen halten können, wenn die Gegenfront sich so eindrucksvoll formiert? – Über die italienische Unzuverlässigkeit sprachen wir schon – und übrigens ist sie uns, noch vom Weltkrieg her, in recht lebendiger Erinnerung. Mussolini dürfte kaum daran denken, sich für seinen Schüler und Nachahmer, den Hitler, zu opfern. Auch in Polen beginnt man nervös und unentschlossen zu werden. Bleibt der mongolische Verbündete – bleibt Japan, der Feind der Sowjet-Union, das Dritte Reich des Fernen Ostens. Aber haben nicht die deutsch-japanischen Abmachungen, von denen die Welt unlängst so erschreckt wurde, sogar in Tokio ein sonderbares Echo gehabt? Vielleicht hat man selbst in Tokio Gründe, eine gar zu enge Liaison mit Berlin bedenklich zu finden.

Hitler – gar zu listig, gar zu aggressiv – könnte sich schließlich in eine außenpolitische Isolierung hineinmanövrieren, die er kaum ertragen, kaum überleben würde: denn sie müßte schwerste wirtschaftliche und moralisch-psychologische Folgen für ihn haben. – Solche Perspektiven sind erlaubt, solche Möglichkeiten bestehen – oder sie könnten doch bestehen, wenn die Fronten gegen Hitler und gegen jeden Faschismus immer entschiedener sich bilden, immer klarer zueinanderfinden. Ich meine: die Fronten der friedliebenden Nationen, die das große Bündnis gegen die kriegstreibenden Staaten zu formieren hätten – und vielleicht schon zu formieren im Begriffe sind –, und, innerhalb der Staaten, die Fronten aller anständigen Menschen und Menschengruppen – das heißt also aller Antifaschisten – gegen die faschistische Gefahr. Wir brauchen die Einheitsfront – dieses Wort verstanden in seinem weitesten, umfassendsten und stärksten Sinn. Wir brauchen den Zusammenschluß aller derer, die den menschlichen Fortschritt und die menschliche Kultur wollen und lieben – den bewußten, kämpferischen Zusammenschluß gegen die Feinde menschlichen Fortschritts und menschlicher Kultur – gegen die Faschisten; gegen die schlimmste Spielart der Faschisten: gegen die Nazis. Dieser Zusammenschluß bereitet sich vor, er ist schon im Werden. Viele bürgerliche Intellektuelle haben begriffen, daß der Faschismus ihre Existenz bedroht und daß sie nur mit dem Proletariat gemeinsam den Faschismus bekämpfen können.

Dem Faschismus kommt das eine Verdienst zu, daß er die zueinanderbringt, die zueinandergehören. Wir wissen heute alle, wohin wir gehören – es gibt gar keine Zweifel mehr. Wir begreifen, wo wir zu stehen – wo wir zu kämpfen haben. Wir haben alle verstanden, *worum* der Kampf geht: Um den ganzen Bestand unseres Lebens, um alles, was uns das Leben erst lebenswert macht; um unser ganzes Glück, unsere ganze Gesittung – um das Gut, das jedem guten Deutschen, jedem guten Menschen am teuersten ist: um die Freiheit.

1937

Was will die Pfeffermühle?

Der Tonfilm triumphiert. Er zieht die Massen an, und immer wieder bringt er Dinge hervor, die auch für die Intellektuellen ein Gegenstand des Interesses und der Freude sind. – Triumphiert der Tonfilm auf Kosten des Theaters? – Ja, bis zu einem gewissen Grade: es ist nicht zu leugnen.

Von der «Krise des Theaters» wird nun schon lange geredet. Die wirtschaftlichen Nöte, in denen so viele Bühnen sich befinden, sind doch wohl nur Symptome ihrer inneren – ihrer künstlerischen Schwierigkeiten. Wie soll man gegen den Film konkurrieren? Was hat man dem Publikum zu bieten, was dieser ihm nicht zu bieten hätte? Man sucht... man versucht... man experimentiert.

Das reine Unterhaltungs-Theater ist tot: Im Kino unterhält man sich meistens besser, jedenfalls aber zwangloser und billiger. So wird das Theater an seine ernsteren Aufgaben erinnert – an ebenjene Aufgaben, denen der Film, dieses enorme geschäftliche Unternehmen, nicht nachkommen kann. Das Theater wendet sich wieder seinen Klassikern zu: ich erinnere nur an die neue «Hamlet»-Mode, die in Berlin, Wien, New York und London festzustellen ist; oder man bemüht sich, mit einem neuen und leidenschaftlichen Eifer, um das *soziale Stück* – vor allem hier, in den Vereinigten Staaten, und in der Sowjet-Union; oder, wenn man beim Konversations- und Unterhaltungsstück bleibt, so versucht man doch sein Niveau zu heben, es neu und geistreich zu machen; oder man erfindet das theoretisch-marxistische «Lehrstück», mit dem Bert Brecht in Deutschland große Wirkungen erzielte und mit dem er sich auch in New York einführen wollte («Die Mutter»); oder man rettet sich zu einem ganz künstlichen, verspielten, ganz «theatralischen» Theater, wie Jean

Cocteau in seiner «Machine infernale» und in seiner «Voix humaine» es tat (beide Stücke wurden in Paris glänzend inszeniert und sehr viel beachtet).

Man sieht: Es gibt da viele Möglichkeiten, viele Wege, viele Ideen. Und in diesen Zusammenhang von Möglichkeiten und Ideen gehört auch der Einfall, auf den im Winter des Jahres 1932 eine Gruppe von jungen Leuten in München – an ihrer Spitze *Erika Mann* – gekommen ist. Sie hatten alle mit dem Theater zu tun, als Schauspieler oder als Musiker, als Schriftsteller oder als Maler. Und sie waren alle eines Betriebes müde, der etwas zu retten versucht, was doch unrettbar verloren ist: nämlich das ordinäre Unterhaltungsstück alten Stils. So sagten sich diese jungen Leute – ich gehörte zu ihnen –: *Warum nicht etwas ganz Neues anfangen?* Etwas ohne großen Apparat – ohne Girls, ohne große Dekorationen, ohne große Kostüme? Es soll *ein Cabaret* sein – dachte Erika Mann –, ein literarisches Cabaret, in dem ganz Ernstes und ganz Lustiges, Weltanschauliches und Ulk durcheinandergehen; etwas in der Mitte zwischen dem «Lehrstück» und einer neuen, leichten, unbeschwerten Art von Unterhaltung: etwas, was die Leute nicht langweilt, sondern amüsiert – und sie doch erzieht... Wenn ein paar begabte junge Leute sich zusammentun – dachten wir:

Warum soll es nicht gehen?

Und es ging.

Wir hatten, gerade in München, schöne Vorbilder und eine gute Tradition für ein Unternehmen von dieser Art. In München hatte, am Anfang dieses Jahrhunderts, das «literarische Cabaret» – das «Überbrettl», wie es sich damals nannte – seine beste Blüte gehabt: Damals war einer der größten deutschen Dramatiker, Frank Wedekind, selber in einem Lokal namens «Bonbonniere» aufgetreten. Es war der Ehrgeiz unserer Gruppe von jungen Leuten – und es war der Ehrgeiz von Erika Mann –, diese Tradition Frank Wedekinds fortzusetzen; sie zu bewahren, indem man sie freilich veränderte, auffrischte, den neuen Umständen, den neuen Problemen und einem sehr neuen Geschmack anpaßte.

Die «Pfeffermühle» sollte das neue Cabaret heißen – wir hatten lange nach diesem Namen gesucht, und schließlich war Thomas Mann, mein Vater, bei Tische scherzhaft nachdenkend, auf ihn gekommen. Die «Pfeffermühle»: das klingt aggressiv und doch nicht böse; der Name hat Schärfe und doch eine gewisse Gemütlichkeit. Die «Pfeffermühle» also eröffnete am 1. Januar 1933 in der «Bonbonniere» zu München – in demselben Lokal, wo Frank Wedekind einst seine berühmten und rührenden Bänkellieder zur Laute vorgetragen hatte. Der Erfolg dieser Eröffnungs-Vorstellung war enorm. Das Publikum tobte vor Vergnügen, und am nächsten Morgen war die Presse – diese alte, biedere, bürgerliche Münchener Presse, zu der wir niemals in besonders guten Beziehungen gestanden hatten – ein Chorus der Begeisterung. Wir fühlten und begriffen: Unser kleines Experiment, unser kleiner Einfall hatte über Erwarten eingeschlagen.

Die Umstände waren uns freundlich entgegengekommen. Zuerst und vor allem: wir hatten prachtvolle Künstler für die kleine Truppe gefunden. Wir hatten die große Schauspielerin *Therese Giehse*, die seit Jahren zu den erklärten Lieblingen des Münchner Publikums gehörte – eine Charakterspielerin und eine komische Begabung von erstem Rang. Wir hatten den jungen Musiker *Magnus Henning*, der die hübschen Melodien, die ihm einfielen, auf dem Flügel mit solcher Anmut vorzutragen verstand; wenig später kam die höchst talentierte Tänzerin *Lotte Goslar* dazu, die mit dem Namen «Grotesktänzerin» nur unzureichend bezeichnet ist, da das Groteske nur ein Element und Charakteristikum ihrer reichen und variablen pantomimischen Darbietung ist; und wir hatten schließlich die mit einem besonderen Charme begabte junge *Sibylle Schloß*. Es war aber nicht nur dieses Ensemble, und es war nicht nur die Persönlichkeit meiner Schwester Erika – die die Conférencen machte, selber auftrat und die meisten Texte selbst geschrieben hatte –, die uns so sehr zustatten kamen. Die ganze *Atmosphäre der Stadt München* kam damals einem Unternehmen wie dem unseren auf eine besondere und sehr liebenswürdige Art entgegen. Denn gerade damals hatte die Stadt München eine gute und merkwürdige Zeit – sie dauerte nur wenige Monate lang, nämlich genau so lange, bis die Nazis auch in München, wie überall im Reiche, zur Herrschaft kamen. Der Geist der Nazis – und ein Unternehmen wie die «Pfeffermühle», das geht nicht zusammen. Das literarische Cabaret bedeutet: Kritik, soziale, politische, künstlerische Kritik und Satire. Auf eine lustige und lockere Art will es Stellung nehmen zu den großen und erdrückend ernsten Problemen der Zeit. Gerade Kritik und Stellungnahme aber sind es ja, was diese Nazis am wenigsten ausstehen können...

Damals, im Januar 1933, war Berlin praktisch schon von den Nazis beherrscht, und als Hitler dann, am 30. Januar, Reichskanzler wurde, war aus dieser Herrschaft schnell die Diktatur geworden. München aber wehrte sich noch. Der liberale und katholische süddeutsche Geist wollte die Vorherrschaft des preußischen Militarismus – der diesmal als «Nationalsozialismus» auftrat – noch nicht ertragen. München war damals in scharfer Opposition gegen Berlin. Freilich, diese Opposition konnte nicht lange sich halten... Nach den Wahlen im März wurde auch München gleichgeschaltet, ein «Reichsstatthalter» namens Epp traf ein, mit dem Geist der Kritik, mit dem lustigernsten Geist der Satire war es vorbei... Der extreme Nationalismus regierte, der Stumpfsinn kam an die Macht, die «Pfeffermühle» mußte weichen...

Beinah alle jungen Leute aus unserem Kreis emigrierten, keiner von ihnen hat Deutschland seit dem März 1933 wieder betreten. Wir hatten in München – in diesem oppositionellen München, das damals fast etwas wie das Zentrum einer antizipierten «Emigration» gewesen war – ein paar sehr schöne Monate gehabt. Was sollte nun werden?

Es gelang Erika Mann, die «Pfeffermühle» *außerhalb Deutschlands* neu aufzubauen – neu zu organisieren. Es war keine ganz leichte Sache – aber es ging. Sie hatte ja die besten Mitglieder ihrer Truppe – Giehse, Henning, Goslar, Schloß – mit herausgebracht, und sie fand in Zürich neue. Denn in Zürich war es, wo die «Pfeffermühle» zunächst wieder zu spielen begann. Der Erfolg blieb hinter dem Münchener Erfolg um nichts zurück. Die Schweizer verliebten sich in diese unternehmungslustige kleine Truppe von jungen Künstlern. Nach Zürich spielten sie in allen übrigen Schweizer Städten, in Bern, in Basel, in Luzern, in St. Gallen usw. Dann kamen die großen Gastspiele in der Tschechoslowakei – in Prag, Brünn und in der ganzen Provinz –, in Holland, in Belgien, in Luxemburg. Überall blieb der große, der anhaltende Erfolg der «Pfeffermühle» treu. Mehr als

1000 Vorstellungen hatte sie, während der drei letzten Jahre, in Europa. Überall gab es nicht nur volle Häuser, sondern bewegte Häuser.

Was bewegte denn das Publikum, in so vielen verschiedenen Ländern Europas, an dieser bunten Reihenfolge von Songs und kleinen Szenen? War es nur eine gewisse Sauberkeit des Niveaus, ein gewisser Ernst der künstlerischen Leistung? Oder war es nicht doch noch etwas mehr? Repräsentierte die «Pfeffermühle» für die vielen Zehntausende, die sie im Laufe dieser Jahre sahen, nicht noch etwas anderes? Etwas, was in Deutschland verlorengegangen ist – und was ein künftiges Deutschland wieder haben wird –: einen jugendlichen, zugleich witzigen und nachdenklichen, einen heiteren und ernsten, verantwortungsbewußten Geist?

Nun, wir hoffen und wünschen, daß auch das Publikum der Stadt New York etwas von diesem Geist an uns entdecken möge. Denn nun kommt ja für uns die schwerste und die wichtigste Aufgabe, uns vor New York zu beweisen... Wir wissen wohl, was wir wagen. So ist das anspruchsvollste Publikum, dem wir uns diesmal zeigen. Junge Amerikaner haben uns sehr geholfen. Viele der Texte mußten ins Englische übersetzt werden – da hat der junge Dichter *Latouche* am meisten geleistet. (Manche Texte brachten wir schon in englischer Fassung mit; sie sind von dem englischen Dichter *Wyston Auden*, der mit Erika Mann verheiratet ist.) Wir arbeiten mit jungen amerikanischen Musikern und Malern zusammen.

Denn *die Jugend* der verschiedenen Länder und der verschiedenen Erdteile ist sich nicht mehr fremd. Wir haben dieselben Hoffnungen – und die gleichen Ängste. Angesichts einer höchst kritischen und höchst gefährlichen Welt-Situation empfinden wir unsere Solidarität – die europäische geistige Jugend mit der Jugend dieses Landes.

Die «Pfeffermühle» ist keine «ganz große Sache»; sie ist keine «große Schau»; sondern nur eine Reihenfolge von ernsten und lustigen Liedern und kurzen Stücken. Aber sie hat doch ihren Ehrgeiz. Nämlich den Ehrgeiz zu zeigen: daß wir – ein kleiner Trupp von jungen Europäern und von jungen Amerikanern – die Freude am Spiel noch nicht vergessen haben über der Beschäftigung mit den furchtbar ernsten Dingen des Tages; und daß wir auch noch lachen können, während wir nachdenken; und daß wir vieles auf dieser Welt anders haben wollen, und oft enttäuscht sind, manchmal traurig – aber nie bitter und nie hoffnungslos.

«Heil Hitler!»

Von Agenten, Verlegern oder Redakteuren kann man hier (in New York) häufig zu hören bekommen: Die deutschen Probleme interessieren in Amerika nicht mehr. Man hat uns zu viel über sie erzählt. Die Greuel in den Konzentrationslagern, die Sorgen der Emigranten, der illegale Kampf – das klingt uns alles schon ein wenig abgestanden. Wir halten uns nicht gern gar zu lang mit einem Thema auf.

So reden natürlich nicht alle, und übrigens spricht keiner auf so offene, unliebenswürdige Art. Aber manche lassen doch dergleichen durchblicken. Haben diese Fachleute für «die öffentliche Meinung» recht? Weiß das amerikanische Publikum wirklich schon so viel von der deutschen Tragödie, daß es nicht mehr bereit ist, sich noch mehr über sie sagen zu lassen?

Diese Frage ist merkwürdig schwer zu beantworten. Die Zahl derer, die in den europäischen und deutschen Angelegenheiten genau und detailliert Bescheid wissen, scheint überraschend groß, wenn man sich in politisch interessierten und gebildeten Kreisen bewegt. Wer die «New York Times» regelmäßig liest, erfährt mehr über das Dritte Reich als irgendein Abonnent des «Völkischen Beobachters» oder des «Berliner Tageblatts». Junge Leute diskutieren in ihren Clubs und Universitäten mit einer oft erstaunlichen Gründlichkeit und Versiertheit über Einzelheiten der europäischen Politik. Freilich, diese politisierten Intellektuellen sind keine Durchschnittsamerikaner. Die sind oft recht ahnungslos; aber beinah immer neugierig. Sie hören viel, lesen nicht wenig, vergessen aber schnell und haben eine Neigung, alles durcheinanderzubringen. Indessen hören sie nicht auf, wiß- und lernbegierig zu sein. Nur die Leute, die den Antifaschismus, zwei oder drei Jahre lang, als eine Mode betrieben haben, sind jetzt müde; vielleicht reden die Agenten, Verleger und Redakteure eben von ihnen. In der Tat: der Antifaschismus als *Mode* ist hier wohl schon vorbei. Der Antifaschismus als ein echtes Gefühl, als ein Instinkt, als eine Angst, als ein Haß und ein Grauen ist noch im Zunehmen begriffen.

Roosevelts triumphale Wiederwahl hat das noch einmal bewiesen. Gouverneur Landon war unpopulär und breiten Schichten verdächtig, vor allem durch seine halbfaschistischen Gefolgsleute, zu denen der fatale Zeitungskönig Hearst gehörte. Alle, oder beinah alle, die zur geistigen Avantgarde, zur «Jugend» rechnen – oder gerechnet sein wollen –, denken und empfinden mit Nachdruck antifaschistisch. Fast alle jungen theatralischen oder publizistischen Unternehmungen haben antifaschistischen Charakter. Europäische Schriftsteller, die in den USA nur ein wenig bekannt sind und hier öffentlich gegen den Faschismus zeugen, finden, immer noch, eine große und leidenschaftlich interessierte Zuhörerschaft: wir machen alle diese Erfahrung; in besonderem Grade hat sie eben wieder Ernst Toller gemacht, den ich in einem großen New Yorker Saal fast zwei Stunden lang über Hitler reden hörte – und das Auditorium ging mit, es war beteiligt, als würde von seinen eigensten und dringlichsten Angelegenheiten gesprochen.

Nein, das Interesse an den europäischen und deutschen Problemen ist hier nicht ausgelöscht; es hat vielleicht seinen Charakter verändert: es ist nicht mehr sentimental, sondern sachlich, kühl, prüfend.

Mir kommt ein kleines amerikanisches Buch in die Hände: es heißt «Heil Hitler!» und ist ein Theaterstück: ein sehr charakteristisches Zeugnis für das Interesse junger amerikanischer Geister am deutschen Phänomen, ein typisches Produkt dieses Interesses, in dem Naivität und ein solides Wissen sich seltsam miteinander vermischen. («Heil Hitler!» A Play of the National Socialist Revolution. By Louis Walinsky. Pilgrim House. New York 1936.) Die drei Akte zeugen von der politischen Intelligenz und der tapferen Gesinnung des Autors; sie zeugen von seinem Instinkt für die Bühne und ihre Gesetze; sie zeugen schließlich von seiner Kenntnis des deutschen Lebens und der deutschen Geschehnisse.

Das Vorwort beginnt mit dem lapidaren Satz: «Heute sind wir alle Politiker.» Dann verteidigt sich Walinsky gegen den Vorwurf, der von marxistischer Seite gegen sein Stück erhoben wurde: es handele den Nationalsozialismus zu sehr als ein psychologisches, zu wenig als ein ökonomisches Problem. Walinsky erwidert: Ich konnte nur *eine* Wahrheit sagen, nicht die *ganze*, die komplette Wahrheit; ich konnte nicht die *ganze* Wirklichkeit zeigen, nur gewisse Aspekte von ihr. – Das klingt bescheiden. In der Tat aber ist das Stück enorm anspruchsvoll. Der Autor unternimmt es, folgende Figuren vor uns aufmarschieren zu lassen: Generalfeldmarschall Hindenburg; seinen Sohn, Major von Hindenburg; Staatssekretär Doktor Meißner; General von Schleicher; Franz von Papen; Adolf Hitler, Hermann Göring, Joseph Goebbels, Frick, Strasser – und mehrere andere.

Es versteht sich beinah von selbst, daß all diese Personen, die in verschiedenen kurzen Szenen vorgeführt werden, marionettenhaft bleiben. Viel besser als der «offiziell»-historische Teil ist ein «privater», in dessen Mittelpunkt eine kleinbürgerliche Familie namens Brösike und ein junger Jude, Kurt Marcus, stehen. Der junge Jude liebt das «arische» Fräulein Hilda Brösike, deren Bruder Fritz ein leidenschaftlicher Nazi ist und die ihrerseits von einem Freund dieses Bruders, einem brutalen SA-Führer, geliebt wird. Der SA-Führer tötet den jungen Juden; das Mädchen Hilda tötet zur Rache den SA-Führer; der eigene Bruder ist im Begriff, sie anzuzeigen – da stellt sich heraus, daß Familie Brösike selber jüdisches Blut hat, Fritz ist Halbjude und bricht zusammen. Das ist alles etwas grob gezimmert; aber nicht ohne Sinn für den Theater-Effekt – und übrigens sind die kleinbürgerlichen Typen und die SA-Gesellschaft mit einer kräftigen Drastik hingestellt. – Der «offizielle» und der «private» Teil sind nur locker miteinander verbunden; einer Szene bei Brösikes oder bei Marcus folgt meistens eine bei den großen Herren: Hitlers erste Audienz bei Hindenburg, von Papens Intrige gegen den Reichskanzler Schleicher, die Vorbereitung des Reichstagsbrandes, die Organisierung des Judenboykotts – und dergleichen Ruhmblätter aus dem deutschen Geschichtsalbum mehr. Louis Walinsky hat seinen Konrad Heiden gelesen und wahrscheinlich auch einmal ein Stück von Friedrich Wolf oder von Bruckner gesehen...

Seine Arbeit ist in künstlerischer Hinsicht nicht sonderlich interessant; um so bemerkenswerter ist sie als politisches Symptom. Der junge Amerikaner, der «Heil Hitler!» geschrieben hat, und die jungen Amerikaner, für die er es geschrieben hat, verstehen die Geschichte der deutschen Gegenwart als die große Warnung. Sie sagen *nicht* mehr: «It can't happen here» – «Das ist bei uns nicht möglich.» Sie studieren – mit Eifer, mit Genauigkeit, mit Grauen – das, was in einem anderen Lande möglich gewesen ist, damit es in ihrem eigenen Lande vermieden werde. – Die leidvolle Geschichte der deutschen Gegenwart kann für die jungen Menschen anderer Erdteile nur einen Wert haben: den Wert des abschreckenden Beispiels.

Ein Don Quijote des Theaters

In einer Riesenstadt wie New York verkümmern die Individualitäten? Es gibt dort keine Käuze, keine Originale mehr – nur noch den öden Standard-Typus, den uniformierten Menschen gleichsam, den Kollektiv-Menschen, den Großstadt-Bewohner ohne eigenes Gesicht? – Aber es stimmt ja nicht! Vielmehr steckt New York – diese Stadt der Städte, diese Welt-Stadt par excellence –, vielmehr steckt es doch, wohin man immer schaut, voll Merkwürdigkeiten. Freilich, schauen muß man können...

Sehr merkwürdig und sogar recht wunderlich, zum Beispiel, ist ein kleines Theater, in das jeder Zutritt hat, ohne das Geringste zahlen zu müssen: Es ist ein Gratis-Theater, das sonderbare Privatunternehmen eines eigensinnigen Künstlers. Nein, es handelt sich da um keinen schnöden Reklame-Trick – wie unser gewitzigtes Mißtrauen zunächst annehmen möchte. Wir haben es hier zu tun mit der übrigens ziemlich großartigen und imposanten Puschel eines fanatischen Komödianten und Idealisten. Der idealistische Komödiant heißt Mr. Davenport. Er will um jeden Preis Theater spielen, und zwar in guten Stücken. Seine Ansicht geht dahin, daß die großen Häuser am Broadway künstlerisch und moralisch total heruntergekommen sind und ihm nicht mehr den geeigneten Rahmen für seine anspruchsvolle Tätigkeit bieten. Deshalb hat er sein eigenes kleines Schauhaus aufgemacht – es heißt «Davenport Theatre», und in seinem Programm steht zu lesen: «Das Davenport Theatre ist das einzige Schauspielhaus in New York, das Stücke folgender Autoren zeigt: Shakespeare, Molière, Ibsen, Victor Hugo, Galsworthy, Somerset Maugham, Čechov, Wilde, Sheridan, Dickens, De Banville, Brieux, Jerome, Davenport, Erckmann, Chatrian.» – Es ist eine etwas kuriose Zusammenstellung; aber immerhin läßt sie auf geistigen Ehrgeiz schließen – ein Ehrgeiz, der bei den übrigen theatralischen Unternehmungen der Kapitale in der Tat immer seltener zu finden ist.

Das kleine Theater liegt abseits, aber doch noch in anständiger Gegend. Übrigens ist es ein reizendes Haus, von sehr vornehmem, altmodischem Stil, etwa an das Schauspielhaus in einem feinen, konservativen Badeort erinnernd. Im Foyer hängen viele große gerahmte Photographien, den Künstler Davenport in mancherlei Kostümen darstellend: Mr. Davenport als Hamlet, unter finsteren Brauen auf den Totelschädel schauend, den er elegant balanciert; Mr. Davenport als Romeo – eine Aufnahme, die gewiß zwanzig Jahre alt ist –, oder in einem Gesellschaftsstück, das vor fünfzehn Jahren modern war: groß aufgemacht, im schwarzen Frack-Cape und mit hohem, steifem Hut. Ein Rundgang durch dieses reich geschmückte Foyer bringt einen in die erwartungsvollste Stimmung. Voll der schönsten Hoffnungen – und ohne einen Centime bezahlen zu müssen – betritt man das Parkett.

Es ist nur spärlich besetzt – das große Publikum scheint lieber für 20 Cents in ein Kino zu gehen, als unentgeltlich in das einzige Theater, wo die Werke von Victor Hugo und Davenport aufgeführt werden. Im Balkon führt sich eine Bande von jungen Leuten recht lärmend auf: sie betrachten – es ist nur zu deutlich – die ganze Angelegenheit als einen Ulk und harmlos-närrischen Spaß: denn wie könnte – so denken sie sich wohl – eine Sache seriös sein, mit der niemand Geld verdienen will? Übrigens wird diesen Ungezogenen das Lachen schon noch vergehen – wie wir bald mit Genugtuung feststellen werden.

An diesem Abend wird nichts von Molière oder von Dickens gegeben; vielmehr eine verstaubte Posse aus der Mitte des vorigen Jahrhunderts. «David Garrick», von Tom Robertson. Im Mittelpunkt der ausgegrabenen Farce steht der große englische Schauspieler – der von Mr. Davenport persönlich dargestellt wird –, und um ihn herum begibt sich manches an Drolligem, Schelmischem, Derbem und Verliebtem. Die Aufführung ist – um es denn mit einer gewissen Betrübtheit auszusprechen – durchaus dilettantisch; in keiner europäischen Provinzstadt dürfte sie sich öffentlich sehen lassen. Die abgetretenen Lustspiel-Typen des derben und eigensinnigen, im Grunde aber gutmütigen Vaters, der schmachtend sentimentalen Tochter und eines ewig besoffenen Freiers, den die Tochter heiraten soll, aber nicht mag, da sie ja den Schauspieler Garrick liebt: in der ungeschickten und übertriebenen Darstellung durch das Davenport-Ensemble wirken sie als alberne Parodien. Am meisten Beifall bei der Galerie findet der trunksüchtige Bräutigam: ein Clown, der in grotesken Stellungen über die Szene taumelt, die Zähne fletscht und nicht spricht, sondern lallt und röchelt. Gerade im Gegensatz zu dieser höchst abgeschmackten Figur kommt der edle Anstand des Mr. Davenport eindrucksvoll zur Geltung. Sein Lächeln ist fein, spöttisch, reserviert, etwas leidend, und er weiß sich vor Überlegenheit kaum zu lassen, während er dem Trunkenbold das schwärmerische Mädchen wegnimmt und gleich auch noch das Herz des rauhen und biederen Vaters dazu gewinnt – Mr. Davenport hat ganz die Gestik und das fast unerträglich diskrete Mienenspiel des alternden Bonvivants aus der Provinz. Indessen deckt er sich keineswegs in jeder Hinsicht mit diesem Typus – wie sich gleich herausstellen wird.

Denn Mr. Davenports «große Szene», sein eigentlich entscheidender Auftritt liegt gar nicht im Stück; vielmehr im Zwischenakt, in der Pause – da er plötzlich, in einer Art von römischer Toga, vor den Vorhang tritt und zu reden anhebt. Diese Zwischenakt-Ansprache nun ist der wahre Sinn des Abends, um ihretwillen ist er veranstaltet, um sie halten zu können, lockt Mr. Davenport die Leute mit seinen Gratiskarten ins Theater. Denn nun steht er da, in der Toga, und spricht von den Dingen, die ihm das Herz bewegen. Er spricht vom Theater und wie jammervoll es um diese Institution stehe – er spricht ausführlich, wirr und witzig, leidenschaftlich und konfus. Am «Broadway» läßt er kein gutes Haar, er ist sein großer Feind und Widersacher, und der Komödiant wird zum pathetischen Ankläger, da er nun seine Vorwürfe gegen den entgeistigten Geschäftsbetrieb der großen Bühnen in den Saal ruft und sie mit anekdotischen Beispielen zornig belegt. «Die Dichtung wird vernachlässigt!» ruft er aus und reckt grimmig die Arme im weißen Faltenwurf seiner Toga. «Die Ausstattung, der Apparat überwuchern alles! Man will nur noch Geschäfte machen – und man macht nicht einmal die. Wissen wir denn nicht, wie es finanziell um den Broadway steht? Mit seinen Finanzen ist es fast so schlimm bestellt wie mit seinem Geist...»

Hier läßt er ein schrilles Kichern hören, und es ist eben dieses Kichern, das ich nie vergessen werde: ein schlimmes Kichern, zornig und böse und viel jammervoller als ein Weinen...

Er spricht noch lange, und er setzt die Bedeutung seines eigenen Unternehmens auseinander. «Ein unabhängiges, ein wahrhaft freies Theater!» erklärt er – und unterbricht sich immer wieder durch schrilles Kichern und gereckte Gesten. «Ein Theater, das dem Geiste und der Dichtung dient!» Hier lassen sich Gelächter und höhnische Zwischenrufe vom Balkon hören: den jungen Leute dort oben dauert die lehrhafte Ansprache zu lange. Mr. Davenport scheint zunächst von den Flegeleien – die er wohl gewöhnt sein mag – hochmütig keine Notiz zu nehmen. Da sie sich aber wiederholen, zeigt er den Lärmenden ein drohendes Gesicht und fährt sie an mit fürchterlicher Stimme: «Ruhe dort droben!» ruft – plötzlich sehr einschüchternd anzusehen – Mr. Davenport. «Wer sich für meinen Kampf um ein neues Theater nicht interessiert, der mag gehen! Der Weg aus diesem Hause heraus ist ebenso frei wie der Eintritt!» Das pöbelhafte Lachen verstummt; die Buben auf der Galerie ducken beschämt die Köpfe.

Sollen wir uns schämen müssen wie sie? – Seht, Mr. Davenport hat nun wirklich einen flammenden Blick; mit Emphase spricht er weiter über die notwendige Erneuerung der Schaubühne, über die Schlechtigkeit des kapitalistischen Kunstbetriebes, über seine eigene – ach, so ungenügende – Bemühung. Mit gerecktem Arm und unter schrillem Kichern erklärt er seiner kleinen Gemeinde, daß man ihn nächstens als Richard III. auf diesen Brettern werde sehen können – und dann werde der «Broadway» sich vielleicht endlich darüber belehren lassen, was wahre Kunst ist. Nun lacht keiner mehr. Bemühen auch wir uns, den Ernst zu wahren, den dieser wilde Blick im zerwühlten Komödiantengesicht so dringlich von uns verlangt.

Thomas Manns politische Entwicklung

Bis zum Jahre 1914 spielte in Thomas Manns Produktion die soziale und politische Problematik kaum eine Rolle. Der Autor der «Buddenbrooks» und des «Tod in Venedig» liebte es, sich einen Schüler Wagners und Nietzsches zu nennen; außerdem bekannte er sich auch als den Schüler Schopenhauers. Sein Werk war zugleich Musik und Psychologie; aber es war nicht Zeitkritik, nicht gesellschaftliche Analyse. Seine frühen Erzählungen sind mehr geschult an den deutschen Romantikern, an Theodor Fontane, den Skandinaviern und den großen Russen als an den Franzosen (während das epische Œuvre seines Bruders, Heinrich Mann, die großen französischen Romanciers Flaubert, Balzac, Maupassant und Zola zum Vorbild hat und von Anfang an den sehr ausgesprochen sozialen Charakter nicht verleugnet).

Alle Werke Thomas Manns bis zum Weltkrieg sind recht eigentlich Variationen auf *ein* Thema; das ist: der Künstler und seine Beziehung zur bürgerlichen Gesellschaft, *seine Beziehung zum Leben*. Die Antithese heißt niemals: Bürger – Proletarier; sondern immer: Bürger – Künstler. Es ist die Antithese zwischen Geist und Leben oder, anders ausgedrückt: zwischen bewußtem und unbewußtem, naivem Leben. Diese Beziehung ist eine höchst komplizierte, problematische, und sie enthält, auf beiden Seiten, sowohl Spott als auch Sehnsucht. (Aus dieser Mischung aus Spott und Sehnsucht kommt der typische *ironische* Ton in allen frühen Arbeiten Thomas Manns).

Im Jahre 1914 tritt die Veränderung ein. – Das soziale Interesse macht sich zunächst als ein Interesse fürs *Nationale* bemerkbar. Der Schriftsteller, der sich früher vor allem als *Künstler* empfunden hatte und dessen ganzes Denken und Empfinden um die besondere Problematik des Künstlertums kreisten, fühlt sich plötzlich, mit einer ganz neuen Leidenschaft, als *Deutscher*. Das Deutsch-Sein wird zum höchst bewußten, höchst komplizierten Erlebnis, und es wird zum zentralen Problem. Denn natürlich handelt es sich hier keineswegs um die vulgäre Ekstase eines Hurra schreienden Patriotismus. Vielmehr sind es gerade die Schwierigkeiten, gerade die *Gefahren* des Deutschtums, die Thomas Mann während dieser vier harten und langen Kriegsjahre beschäftigen und erregen.

Wenn früher die Antithese «Geist und Leben» – «Künstler und Bürger» – die intellektuelle Komposition seines Werkes beherrschte, so wird, während der Jahre des Weltbrandes, eine neue Antithese dominierend: ein «unpolitisches» (d. h. undemokratisches) Deutschland wird gegen den demokratischen, literarischen, humanitären Westen ausgespielt. – Während des ganzen Krieges arbeitete Thomas Mann an einem dicken theoretischen Buch, das unter dem Titel «Betrachtungen eines Unpolitischen» im Jahre 1918 erschien. Es war gemeint als eine Art von sublimer Rechtfertigung, von geistiger Apologie des protestantisch-musikalischen, bürgerlich-konservativen Deutschtums, das sich gegen den demokratischen Westen, gegen Paris, gegen den Geist der Großen Französischen Revolution und der «Aufklärung» verteidigt. Das «unpolitisch»-politische Buch kulminiert in einer sehr scharfen, sehr gereizten, sehr persönlichen Polemik gegen den Typus des «Zivilisationsliteraten» – d. h. gegen den Typus von Schriftsteller, der in Deutschland die westlich-demokratischen Werte repräsentiert – und diese bittere, heftige Polemik bezog sich – wie damals das ganze literarische deutsche Publikum wußte – auf keinen anderen als auf Heinrich Mann. Dieser war auch während des Krieges seinen pazifistischen und europäischen Idealen treu geblieben. – Die Auseinandersetzung mit dem brüderlichen Gegner füllt große Abschnitte in den «Betrachtungen eines Unpolitischen»: der optimistische, humanitäre, der Demokratie gläubig ergebene «Zivilisationsliterat» wird dialektisch gegen den musikalischen, pessimistischen, «unpolitischen» Deutschen gestellt (so wie hier der deutsche Begriff der «Kultur» gegen das westliche Ideal der «Zivilisation» polemisch ausgespielt wird).

Ich muß betonen, daß mir von allen Büchern meines Vaters die «Betrachtungen eines Unpolitischen» am fernsten stehen, und daß ich es von allen am wenigsten liebe. Es enthält böse Vorwürfe gegen die Demokratie, die ich als falsch empfinde, und es gipfelt in einer Apologie des deutschen Imperialismus. Eines aber ist sicher – und ist entscheidend: daß der Begriff des Deutschtums hier anders und tiefer interpretiert wird als von unseren heutigen Nationalisten. Der Autor der «Betrachtungen eines Unpolitischen» hat um den Begriff und um den Sinn des Deutschtums *gelitten*. – Das Werk, das er während des Krieges geschrieben hat, ist heute mehr als eine *Dichtung* zu verstehen denn als das Manifest einer *Gesinnung*. Es enthält viel Musik, viel Melancholie, viel Romantik. Es ist im Grunde ein sehr *trauriges* Buch und, als pessimistisch-musikalisches Kunstwerk, den frühesten Arbeiten seines Autors verwandt. Es verteidigt, mit einem großen Aufwand an Witz, Geist und Scharfsinn, etwas, von dem der Verfasser damals doch eigentlich wohl schon wußte, daß seine Zeit vorüber – daß es vorbei und verloren ist: nämlich die Romantik der nationalen Idee. Das ganze lange Buch ist ein Rückzugsgefecht großen Stils – ein letztes, brillantes und wehmütiges Sich-Einsetzen für Werte und Stimmungen, über die das Leben schon hinweggeht und welche die Zukunft nicht mehr wird brauchen können. Die «Betrachtungen eines Unpolitischen» sind die Tat eines Don Quijote, der vier kostbare Jahre seines Lebens darauf verwendet, um sich für etwas einzusetzen, was er selber als das Verlorene erkennt und empfindet. Warum tut er denn das? Vielleicht tut er es aus einer «Sympathie mit dem Tode» – um eine Lieblingsformel des Dichters aus dieser Epoche zu gebrauchen.

Diese «Sympathie mit dem Tode» war nicht nur das «Leitmotiv» in den «Buddenbrooks» und im «Tod in Venedig»; sie ist auch der eigentliche und tiefe Grund des politischen Konservativismus in den «Betrachtungen». Gerade diese «Sympathie mit dem Tode» mußte überwunden werden – und sie wird überwunden durch den fruchtbaren, dem Leben freundlichen und dem Fortschritt gewogenen Begriff eines neuen *Humanismus* – eines Humanismus, der seine geistige Herkunft vor allem bei Goethe hat und der – wie man sehen wird – sehr wohl fähig ist, sogar den Sozialismus in sich einzubeziehen.

Der «Zauberberg» ist der Roman eines jungen Menschen, der von allen Reizen des Todes und des Untergangs versucht und verlockt wird, und der schließlich, nach vielen gefährlichen geistigen Abenteuern, den Weg zu diesem neuen Humanismus – zu dieser neuen *Liebe* für den Menschen und für das Leben – findet. – Auch politisch mußte diese neue Haltung, diese neue Gesinnung sich bald manifestieren. Schon in den ersten Jahren nach dem Weltkrieg – lange also bevor der «Zauberberg» erschienen war – machte Thomas Mann seine große und entscheidende politische Wendung durch. In aller Form und vor aller Öffentlichkeit schwor er den konservativen und nationalistischen Lehren ab. Er bekannte sich zur Demokratie; er bekannte sich zur neuen Deutschen Republik und zu ihrem ersten Präsidenten, Friedrich Ebert. – Die Rede, in der dieses entscheidende Bekenntnis zum ersten Mal abgelegt wurde, machte Sensation. (Sie wurde in Frankfurt am Main zu einem Goethe-Tag gehalten und hieß «Von Deutscher Republik».) Im reaktionären Lager schrie man: Verräter! Man erkannte nicht, daß es sich hier um keinen Verrat handelte, sondern um eine Entwicklung. Der Pessimismus, die Romantik, die «Sympathie mit dem Tode» waren überwunden worden; die neu entdeckte «Sympathie mit dem Leben» forderte neue Ideale. Dieses Ideal war das demokratische. Thomas Mann hat es von da an immer hochgehalten und verteidigt; aber nicht mehr als ein melancholischer Don Quijote, sondern in einem schlichteren und klareren Sinn – wie man etwas verteidigt und für etwas kämpft, woran man wirklich und ohne ironische Vorbehalte *glaubt*.

Die Entwicklung ging logisch und konsequent weiter. Dem demokratischen Ideal, dem humanistischen Liberalismus wird die Treue gehalten; aber der Begriff der «Demokratie» wird erweitert. In der Rede von der Deutschen Republik waren die bürgerlich-konservativen Elemente noch stark; in den politischen Ansprachen und Artikeln, die nun folgen, treten sie immer mehr zurück; das Verständnis, ja, die Sympathie für sozialistische Ideen nehmen zu. Der Nationalismus, von dem die «Betrachtungen eines Unpolitischen» beherrscht sind, wird geopfert. (Zum ersten Mal in der Broschüre «Pariser Rechenschaft», die nach einem Besuch meines Vaters in Frankreich entstanden ist und von den konservativen Zeitungen sofort sehr lebhaft angegriffen wurde.) – In der Novelle «Mario und der Zauberer», die bald nach dem «Zauberberg» entstanden ist, wird der Faschismus angegriffen, und zwar auf doppelte Weise: erstens durch eine sarkastische Schilderung der Verhältnisse in einem italienischen Badeort; zweitens aber auch, indem ein Hypnotiseur und Schwindler hier symbolisch für den Typus der großen «Führer» und Volksverführer steht. – Der Autor der «Betrachtungen» versöhnte sich mit dem «Zivilisationsliteraten», er hatte viele Elemente dieses geistigen Typus – den er früher als den *feindlichen* Typus par excellence betrachtet hatte – in sich aufgenommen und seinem eigenen Wesen angeglichen. – Inzwischen aber hatte er einen neuen Gegenspieler, einen neuen geistigen Feind gefunden. Es war der Typus des Literaten, der den *Geist* aus einer falsch verstandenen Liebe für das Leben verrät; der das «Blut», die «Dynamik», die «Volksgemeinschaft», alle «irrationalen» Werte gegen die Begriffe der Zivilisation und der Kultur ausspielt. Die alte Antithese – «Kultur und Zivilisation» – erschien plötzlich nebensächlich neben dieser neuen, eminent wichtigen: Kultur und Barbarei. Denn was dieser neue Literaten-Typus – der *faschistische* – wollte und propagierte, das war ja wirklich die *Barbarei*; es war die komplette Abdankung der Moral, des Gewissens, des Geistes und der Kritik. Gegen ihn, und *nur* gegen ihn, richtete sich, von 1925 bis 1933, jede polemische Äußerung des Schriftstellers Thomas Mann.

Er entdeckte seinen neuen Feind zum ersten Mal in der Figur des Philosophen Oswald Spengler – gegen den er schon 1925 einen sehr scharfen Aufsatz schrieb. Die Polemik hörte dann nicht mehr auf. Thomas Mann – ein aggressiver Humanist – polemisierte gegen die neuen Barbaren... Im Jahre 1932 erreichte diese Polemik ihren Höhepunkt: Der Autor der «Buddenbrooks» warnte das deutsche geistige Bürgertum vor den Nazis, und er riet ihm mit aller Dringlichkeit, sich *Seite an Seite mit dem Proletariat* gegen die Barbarei des Nazi-Faschismus zu verteidigen...

1933 kamen Hitler und seine Nazis in Deutschland zur Macht – und sie haßten Thomas Mann, aus dem inzwischen der repräsentative deutsche Romancier geworden war, fast noch mehr als ihre rein marxistischen Gegner. Mein Vater, der sich im Winter 1932/33 auf einer Reise ins Ausland befand, kehrte nicht mehr nach Deutschland zurück. Seit dem Februar 1933 ist er ein Emigrant.

Er hatte das deutsche Volk lange und inständig genug vor den Nazis gewarnt; da man sie trotz allem an die Macht gelassen hatte, verstummte er bitter. Freilich, die Tatsache, daß er das Land, wo Hitler nun regierte, verlassen hatte und nie wieder betrat, sprach für sich. Aber jahrelang fand er keine Worte, um seinen Gram, seinen Kummer und seinen Zorn öffentlich auszudrücken.

Ich lasse dahingestellt, ob dieses Schweigen – für das er seine guten und besonderen Gründe hatte – durchaus berechtigt war. Sicher ist, daß er auf die Dauer es nicht durchführen konnte. Man verlangte nach seiner Äußerung. Man zog ihn in öffentliche Diskussionen. Er mußte Stellung nehmen. Er mußte reden. Und er redete.

Seine Rede aber ist nicht tolerant und unentschieden, wie einst die Rede des Erasmus von Rotterdam, des klassischen Humanisten, der während der Reformationskriege «über den Parteien» stehen wollte. Thomas Mann spielt nicht den, der «über den Parteien» stehen will. Er kennt seine Partei, und er setzt sich kämpferisch für sie ein. Welche Partei ist es denn? Sie ist groß, und sie hat ihre Anhänger – sie hat ihre Kämpfer überall. Es ist die große Menschheits-Partei, die sich einsetzt *für* den menschlichen Fortschritt, *für* die menschliche Würde – *gegen* den Rückschritt, *gegen* die Entwürdigung des Menschen. Der Rückschritt und die Entwürdigung des Menschen werden für uns repräsentiert durch den Faschismus, und besonders durch seine deutsche Abart, durch den Nationalsozialismus. – Als entschlossener und kämpferischer Humanist wendet sich Thomas Mann gegen die abscheuliche Dogmatik und gegen die noch ärgere Praxis der Hitler, Rosenberg und Goebbels.

Der hohe und komplexe Begriff des «Humanismus» ist dem Schriftsteller Thomas Mann teurer als irgendein anderer. Er hat ihn zum ersten Mal anklingen lassen in der «Rede von deutscher Republik» (also in einem sehr politischen Zusammenhang); er hat ihn episch variiert im «Zauberberg»; er hat ihn immer wieder untersucht und gepriesen in vielen kulturellen und politischen Artikeln und Manifesten; und schließlich ist dieser Begriff auch das geistige Grundmotiv des großen «Joseph»-Romans, mit dem er sich nun seit einem Jahrzehnt beschäftigt. Alle Werte, die der Humanismus liebt und verteidigt, werden vom Faschismus mit Füßen getreten – besonders der Wert der Freiheit.

Um ebendieser unverlierbaren Werte willen steht heute Thomas Mann mit seiner ganzen Person und mit dem ganzen Gewicht seines Namens bei *uns* – bei den unversöhnlichen Kämpfern gegen das Hitler-Regime und gegen alle Formen der Reaktion. Welch erbärmliche und lächerliche Geste von seiten der Nazis, vor aller Welt zu erklären, Thomas Mann sei kein Deutscher mehr, weil er sich gegen Hitler erklärt hat! Die hohen Begriffe und Güter, um deretwillen er den definitiven Bruch mit den jetzt in Deutschland regierenden Tyrannen vollzogen hat – sie sind doch immer von allen besten Deutschen gepriesen worden. Sie würden heute noch von vielen in Deutschland selbst gepriesen werden – wenn der Terror es nur erlaubte. Wenn man aber ganz Deutschland stumm wie ein Grab werden ließe, und wenn man noch die deutsche Emigration zum Schweigen brächte: dann wären immer noch die Stimmen der deutschen Klassiker da, die Stimmen Lessings und Goethes, Kants und Schillers, Heines und Nietzsches. Alle großen deutschen Männer zeugen *gegen* die deutsche Gegenwart. In den Kreis dieser großen deutschen Männer gehört Thomas Mann – der von den «Betrachtungen eines Unpolitischen» bis zu seinen Manifesten gegen die Hitler-Diktatur einen so langen und *scheinbar* so paradoxen, in Wahrheit aber logischen, konsequenten und geistig sauberen Weg zurückgelegt hat.

Der Streit um André Gide

«Es gibt eine gewisse Sauberkeit des Geistes, und ich möchte gerne, daß die jungen Kommunisten nicht meinten, um irgendwelcher opportunistischen Gründe willen, auf sie verzichten zu sollen.» Dieser Satz findet sich in André Gides *«Nouvelles Pages de Journal»* (Gallimard, 1936), einem geistig sehr reichen und vielschichtigen, anregenden und reizvollen Buch, das über einem anderen, welches gleichzeitig mit ihm erschienen ist, viel zu wenig beachtet wurde. Dieses andere – es ist die Broschüre *«Retour de l'URSS»* – hat eine politische, und nicht nur politische, Sensation gemacht.

Der Bericht des großen französischen Schriftstellers über seine erste Reise in die Sowjetunion ist nicht umfangreich. Aber anläßlich dieser 91 schmalen Seiten hat man nun schon viele Hunderte von Seiten geschrieben.

Gide ist als Ehrengast der Sowjetregierung in der Union gewesen; er hat, auf dem Roten Platz zu Moskau, eine der offiziellen Reden bei Maxim Gorkis Beerdigung gehalten. Er ist in die USSR gekommen als ein Freund des Sozialismus – Zukunft und Sozialismus bedeuten für ihn fast dasselbe – und er hat die Sowjet-Republiken als ein Freund des Sozialismus verlassen. Er hat *nicht* seine «Gesinnung gewechselt». Er hat nichts «verraten». Er ist von manchem enttäuscht, was er gesehen hat auf seiner Fahrt durch das große sozialistische Land. Manches hat ihn sorgenvoll gestimmt. In seiner berühmten – *zu* berühmten – heftig umstrittenen Schrift spricht er von den Dingen, die ihm gefallen, die ihn entzückt haben – und von den anderen, die ihm der Anlaß zur Enttäuschung und zur ernsten Sorge geworden sind.

Er bringt ruhig, sachlich, ohne jede Nuance von Gehässigkeit seine Einwände vor – über deren Fundiertheit und Logik zu diskutieren ich mich kaum berechtigt und berufen fühle. Fest steht mir nur, daß diese Einwände – auch wo sie scharf sind oder gar zu scharf sein mögen – nicht von bösem Willen, keineswegs von einer feindseligen Voreingenommenheit zeugen; vielmehr die – vielleicht sehr subjektiven, aber jedenfalls über jeden Zweifel echten – Impressionen eines wachen und empfindlichen Geistes getreulich wiedergeben – eines Geistes, der sich mit allen Dingen, die eine sozialistische Zukunft im Allgemeinen und die Sowjet-Union im Besonderen betreffen, aufs Angelegentlichste, Leidenschaftlichste und ohne jeden eigennützigen Hintergedanken beschäftigt. Die Akzente der Feindseligkeit, die aufgeregten, schrillen und bösen Töne sind erst von der anderen Seite – von denen, die sich angegriffen fühlten – in eine Debatte gebracht worden, die Gide als eine Debatte unter Freunden wollte. «Ich bin immer noch der Freund der Kommunisten», das habe ich aus seinem eigenen Munde gehört. «Nur – die Kommunisten wollen nicht mehr meine Freunde sein.» – Warum eigentlich nicht? Man wußte doch, wer er war, als man ihn mit so weit geöffneten Armen empfing. Wahrhaftig, er hatte sich nicht unbezeugt gelassen.

Besonders war man sich doch wohl keinen Augenblick im unklaren darüber, daß er nie ein «Kollektivist» gewesen ist, sondern durchaus ein Individualist. Seine ganze Gedankenarbeit während der letzten Jahre hatte ja als vornehmste und erste Absicht, den «Individualismus» – d. h. den geistigen Stolz und die sittliche Selbständigkeit des einzelnen – gleichsam im sozialistischen Weltbild unterzubringen: eine intellektuelle und moralische Bemühung, für die viele junge Menschen, die zum Sozialismus wollten, aber denen der Begriff der Freiheit teuer blieb, ihm großen Dank wußten. Auch auf der streng kommunistischen Seite schien man die kapitale Bedeutung dieses inneren Vorgangs, den Gide vor allem in seinen «Pages de Journal» fortlaufend darstellte, zu begreifen und anzuerkennen: gerade daß Gide, dieser unabhängigste Geist, die Einordnung des Individuums in eine sozialistische Gemeinschaft für möglich und wünschbar hielt, erleichterte es manchen – und manch Wertvollem – sich mit allen Kräften vorbehaltlos einer gemeinsamen Kampf-Front, einem geistigen Front Commun zur Verfügung zu stellen. Vor seiner Moskaufahrt (in den «Pages de Journal») hatte Gide ausdrücklich erklärt: «Das Individuum interessiert mich, heute noch, mehr als die Masse; zunächst aber kommt es auf die günstigen Lebensbedingungen für die Masse an, die dem gesunden Individuum erst erlauben zu gedeihen.» Aus diesem einfachen Satz erklärt sich sein ganzes Interesse fürs soziale Problem und schließlich seine Sympathie für den Sozialismus: er hält ihn für die Form des gesellschaftlichen Zusammenlebens, die der freien Entwicklung des Individuums heute am zuträglichsten ist. – Außerdem wird sein sozialistisches Pathos bestimmt durch gewisse christliche Elemente, die in seinem Denken und Empfinden, allem Anschein zum Trotz, so dominierend bleiben. Gide polemisiert – oft mit Haß und bitterster Gereiztheit – gegen die Kirche und ihre soziale Funktion; aber seine Liebe zu der Gestalt und Lehre Christi, die das tiefe und innige Erlebnis seiner frühen Jahre war, hat er ebensowenig jemals verraten wie seine allgemeine, an kein Dogma gebundene, pantheistische, von den Wundern der Natur fromm ergriffene Religiosität.

Der religiöse Lyrismus gewisser Stellen in den «Nouvelles Nourritures» wäre sehr wohl geeignet, strenggläubige Marxisten zu skandalisieren. Jedoch wurden diese anstößigen Töne, aus guten Gründen, überhört oder doch verziehen. Gerade um die Zeit, als die «Nouvelles Nourritures» erschienen, feierte man André Gide als das geistige und persönliche Zentrum des Pariser antifaschistischen Schriftsteller-Kongresses «zur Verteidigung der Kultur». Und ich höre noch den Beifallssturm, der – ein Jahr vorher – durch den Festsaal in Moskau ging, wo die Sowjet-Schriftsteller ihre feierliche Zusammenkunft eröffneten, als Louis Aragon die Botschaft «de notre grand camarade André Gide» verlas.

Drei Jahre lang gab es keinen antifaschistischen Aufruf, kein revolutionäres Manifest, für das man Gides Namen nicht beansprucht hätte. Heute aber – heute kann man in der «Prawda» lesen, daß Gide als ein «aufs äußerste beschränkter französischer Kleinbürger», als ein «in sich selbst verliebter Individualist» zu betrachten sei – und die Schriftsteller der Partei wetteifern mit den unbedingt «Sympathisierenden» in der Kunst, die verächtlichsten, herabsetzendsten, bösesten Worte gegen André Gide zu finden – gegen denselben, der noch neulich von ihnen allen glühend bewundert wurde.

André Gide braucht nicht meine Verteidigung; Wert und Würde seiner Person, seines Werkes können gar nicht zur Diskussion stehen. Aber angesichts des höchst gereizten Chorus, der die Antwort von links auf seine kleine Schrift «Retour de l'URSS» ist, lohnt es sich wohl doch, darauf hinzuweisen, daß in diesem ärgerniserregenden Bericht die Idee des Sozialismus – auf die allein es ankommen sollte – in keiner Zeile verraten, ja, daß sie nirgends auch nur in Frage gestellt wird. Übrigens versucht Gide allen Einwänden, die er zu machen hat, den Stachel zu nehmen – erstens, indem er betont: «L'URSS est en construction, il importe de se le redire sans cesse»; vor allem aber auch dadurch, daß neben den kritischen Stellen immer wieder enthusiastische stehen. Gide gesteht, daß er «Tränen der Liebe und der Zärtlichkeit» geweint habe, gerührt und erschüttert von dem kameradschaftlich warmen Empfang, den er bei den jungen Leuten, bei den Arbeitern und Schriftstellern, ja, sogar bei den Kindern in den Sozialistischen Republiken erfahren hat. «Ihr seid das Publikum, auf das ich mein Leben lang gewartet habe!» rief er den Moskauer Studenten zu, und er schildert mit Begeisterung seine Begegnung mit jungen Komsomolzen in der Eisenbahn. Es ist ja gerade seine Liebe, die ihn so anspruchsvoll werden läßt. Man vergleiche doch die kühlen Beobachtungen, die er etwa im faschistischen Italien gemacht hat (nachzulesen in den «Nouvelles Pages de Journal») mit dem höchst beteiligten Interesse, das er noch am Kleinsten in der Sowjet-Union nimmt. «Mein Geist ist so geartet», erklärt er, «daß sein Höchstmaß an Strenge sich gegen die wendet, die ich immer durchaus anerkennen möchte.»

Er hatte eine etwas romantisch-vertrauensvolle Pilgerfahrt ins Land der Revolution unternommen, und er wunderte sich, ja, er war entsetzt, die Freiheit dort reduziert zu finden. Auch der Mangel an echten Individualitäten, an selbständig denkenden und urteilenden Persönlichkeiten, den er festzustellen meinte, macht ihn traurig, und er beklagt jenen «Conformismus», der höchstens die Kritik am Detail, niemals aber die Kritik an der «Linie» duldet. Er wendet sich gegen den Kult, der mit der Persönlichkeit Stalins getrieben wird – ohne übrigens diese Persönlichkeit selber anzugreifen oder herabzusetzen. Er mokiert sich schließlich über einen gewissen «Superioritäts-Komplex», zu dem die Bürger der UdSSR, abgeschnitten von der Welt, wie sie sind – Gides Meinung nach –, neigen und der durch die ungeheure patriotische Propaganda der Regierung täglich genährt und gesteigert wird. Alle diese Dinge spricht Gide aus – schonungslos, aber ohne Bosheit, und immer eingedenk des eigenen Satzes: «L'URSS est en construction, il importe de se le redire sans cesse.»

Bedeutsam ist übrigens, daß Gide sich keineswegs zu irgendeiner bestimmten politischen Gruppe oder Partei bekennt, die in Opposition zu Moskau steht. Weder die Reaktion noch der Trotzkismus haben ein Recht, sich auf ihn zu berufen. Es gehört der ganze routinierte Zynismus der faschistischen (oder semifaschistischen) Journaille dazu – diese längst nicht mehr überraschende, aber immer wieder verblüffende Schamlosigkeit in der Verdrehung und in der Lüge –, um Gide für die infame Antisowjet-Hetze in Anspruch zu nehmen, die von Berlin aus inszeniert wird. Den Trotzkisten aber kommt es ebensowenig zu, André Gide zu zitieren. Von ihm selber habe ich die spontane Äußerung des Entsetzens und der Empörung gehört, als davon die Rede war, daß Trotzkis Anhänger die Niederlage der Loyalisten in Spanien und den Zusammenbruch des Front Commun in Frankreich wünschen, damit nur Stalin geschwächt werde. Nein, mit diesem Fanatismus, der – längst steril und für die Sache des Fortschrittes gefährlich geworden – heute wohl wirklich zu jedem Verrat, und noch zum abenteuerlichsten, bereit und fähig wäre, darf die Kritik Gides am Stalinismus nicht verwechselt werden. Immerhin hat er mit der liberal-demokratischen Opposition einerseits, mit dem Trotzkismus andererseits einige Argumente und Stimmungen gemeinsam; während ihn mit dem faschistischen Antisowjetismus überhaupt nichts verbindet.

Trotzdem mußte er damit rechnen, daß nicht nur die liberalen und die trotzkistischen, sondern daß sogar die faschistischen Stalin-Feinde sich auf ihn berufen würden. Es klingt nicht ganz überzeugend, wenn er heute äußert (wie er es wirklich tut): Darauf bin ich nicht gefaßt gewesen. Darauf hätte er gefaßt sein *müssen*. Und vielleicht hätte es doch Mittel und Wege gegeben – ohne daß ich nun zu sagen wüßte, welche –, um den Mißbrauch, der mit seiner Schrift getrieben wurde, von vornherein zu unterbinden. Dann hätte Gide sich selbst – und uns, seinen Freunden – den kränkenden, tief fatalen und beleidigenden Eindruck gespart, seine Worte – willkürlich ausgewählt und also verfälscht – auf dem dreckigen Papier des «Berliner Tageblatts» und des «Völkischen Beobachters» gelobt und wiederholt zu sehen.

Gegen den Vorwurf, man dürfe dem Feinde, angesichts des Kriegszustandes, in dem wir uns befinden, unter keinen Umständen geistige Waffen liefern, verteidigt sich Gide mit moralischen, nicht mit politischen Argumenten. Er sagt: Über alles die Wahrheit! Sie sei unsre einzige Waffe, und wer sie zu fürchten hat, ist nicht wert, daß man für ihn kämpft. («La vérité», heißt es in «Retour de l'URSS», «fût-elle douloureuse, ne peut blesser que pour guérir.») Wollen wir uns von den Feinden eine Taktik vorschreiben lassen, um deretwillen wir sie doch gerade verachten, die Taktik des Verschleierns, des Beschönigens, Fälschens, Umlügens? – Er sagt schließlich: «Es gibt in meinen Augen wichtigere Angelegenheiten als ich selber; wichtigere als die Sowjetunion; das ist die Menschheit, das ist ihr Schicksal, das ist ihre Kultur.»

Es ließe sich darüber diskutieren, ob der Radikalismus dieser moralischen Postulate anwendbar ist auf die furchtbar harten und realen Probleme, die sich uns stellen und denen wir uns zu stellen haben; ob nicht das Schicksal der Menschheit und ihrer Gesittung, für die nächsten hundert Jahre, entschieden wird durch die Auseinandersetzung zwischen Faschismus und Antifaschismus, zwischen der terroristischen Reaktion und dem Geiste des Fortschrittes – und ob wir nicht, im Verlaufe dieser kämpferischen Auseinandersetzung, zur Anwendung von Taktiken und Praktiken gezwungen werden könnten, die der «reine Geist» kaum gutheißen würde: etwa zur Benutzung von Maschinengewehren oder zum Verschweigen von politisch bedenklichen Wahrheiten. Dieses höchst wichtige Thema – es gibt, in moralischer wie in politischer Hinsicht, heute kaum ein anderes, welches aktueller oder bedeutsamer wäre – könnte und sollte Gegenstand gründlicher und sachlicher Untersuchung sein.

Es versteht sich von selber, und es ist nicht das Mindeste dagegen einzuwenden, daß die unbedingten Anhänger und Gefolgsleute der Dritten Internationale ihre besten intellektuellen Kräfte daransetzen werden, um Gide zu widerlegen, um ihn theoretisch schachmatt zu setzen. Diese – vom kommunistischen Standpunkt aus sicherlich notwendige – Debatte gegen Gide dürfte und müßte mit derselben Offenheit und Schärfe geführt werden, die seine eigene Polemik gegen gewisse Züge des Stalinismus auszeichnet. Eine solche Debatte aber ist, bis jetzt, überhaupt nicht zustande gekommen. Man hat es sich viel leichter gemacht. Anstatt Gide zu widerlegen, läßt man ihn «fallen». Man erklärt ihn in «Acht und Bann» – nach gutem alten kirchlichen Brauch. Es wird nicht diskutiert, sondern verdammt und geschimpft (wobei man den Schimpfenden freilich zugute halten soll, daß der Mißbrauch, der mit Gides Broschüre von der konterrevolutionären Seite getrieben wurde, sie reizen und verbittern mußte).

Trotzdem: es sieht aus, als wollten sich die kommunistischen Gegner Gides von seinen katholischen beschämen lassen. Man erinnert sich noch sehr wohl der gescheiten und maßvollen Art, auf die, vor ungefähr einem Jahr, die großen weltanschaulichen Fragen zwischen André Gide einerseits, Mauriac und seinen Freunden andererseits behandelt wurden. (Die Stenogramme dieses bedeutenden Gesprächs sind publiziert in der Schrift «André Gide et son temps».) Dabei besteht zwischen Männern wie Henri Massis und André Gide eine wirkliche philosophische Gegnerschaft (Gide, der stets den Widerspruch liebt, bestand damals, den Katholiken gegenüber, auf dem Primat des Materiellen: «Der Mensch kann nicht denken, und erst recht kann er nicht geistig produktiv sein, solange er nicht satt zu essen hat»); während es heute zwischen Gide und Romain Rolland, einem seiner neuesten Gegner, Meinungsverschiedenheiten nur über Einzelfragen gibt, allerdings über solche von wesentlicher Bedeutung. Romain Rolland indessen kanzelt – sehr im Gegensatz zu den als «unduldsam» verschrienen Katholiken – den Autor der «Faux Monnayeurs» ab wie einen entarteten Schulbuben. Und als sei die Broschüre «Retour de l'URSS» eine Klassenarbeit, die keine Gnade vor den Augen des strengen Lehrers findet, erteilt der seine unerbittliche Zensur: «Es ist ein arges Buch, dazu noch mittelmäßig geschrieben, von seltener Ärmlichkeit, oberflächlich, kindisch und widerspruchsvoll. Sein Wert ist nichtig.»

Es ist jammervoll, einen Repräsentanten des fortgeschrittenen französischen Geistes mit dieser ungerechten Aggressivität gegen einen anderen, ihm mindestens ebenbürtigen sprechen zu hören. Aber auch berühmte literarische Vertreter der deutschen antifaschistischen Emigration haben sich mit derselben Derbheit in die Kampagne gegen Gide gemischt. Lion Feuchtwanger und Egon Erwin Kisch behandeln in ihren polemischen Äußerungen den großen Schriftsteller nicht nur wie einen Verräter, sondern wie einen etwas geistesschwachen, genußsüchtigen alten Sünder, dessen Verrat zwar ekelhaft, aber kaum von geistiger Bedeutung ist. Gleich der Titel von Feuchtwangers Artikel – «Der Ästhet in der Sowjet-Union» – ist die erste Ungerechtigkeit. Wieso ist Gide ein «Ästhet»? Wann wäre er es jemals gewesen? Wir haben ihn doch gerade immer als den *Moralisten* par excellence gekannt, als jenen Typus des geistigen Menschen, bei dem das Interesse fürs Moralische zur vitalen Passion wird (ein Typus, der von Nietzsche charakterisiert und, auf seiner höchsten Stufe, repräsentiert wurde). – Und was bringt Feuchtwanger dazu, an der Echtheit, an der inneren Legitimität des sozialen Interesses bei Gide zu zweifeln – da doch die Entstehungs- und Entwicklungsgeschichte dieser tiefernsten Sorge und Beunruhigung in Gides Büchern, von der «Voyage au Congo» über die «Pages de Journal» und die «Nouvelles Nourritures» bis zu den «Nouvelles Pages de Journal» und dem «Retour de l'URSS», so getreulich und gewissenhaft aufgezeichnet ist?

Sogar in jenen Erwiderungen an Gide, die mir die substantiellsten und ernsthaftesten zu sein scheinen (etwa in dem großen Aufsatz «URSS jugée par A. G.», von André Wurmser, im Januar-Heft der Zeitschrift *«Commune»*) wimmelt es von Entgleisungen und krassen, wohl bewußten Ungerechtigkeiten. Es liegt mir nichts daran, sie zu wiederholen, gegen sie zu polemisieren und also einen Zwist fortzusetzen, vielleicht zu vertiefen, den ich schon in dem Ausmaß, das er heute hat, als bedauerlich, ja, als tragisch genug empfinde. Angesichts all dieser respektlos polternden Äußerungen gegen einen der vornehmsten und bewährtesten Geister, die die Weltliteratur heute besitzt, drängt sich mir aber die allgemeine Frage auf: Ob es denn wirklich notwendig und unvermeidlich sei, daß das intellektuelle und moralische Niveau sich in so erschreckendem Grade senkt, wenn es um tagespolitische Probleme geht? Und weiter: Ob man denn, im kommunistischen Lager, den Wert großer Schriftsteller – freier, dem Fortschritt der Menschheit und dem Sozialismus mit allen ihren Kräften willig dienender Geister – nur nach ihrer Stellungnahme zu gewissen politischen Phänomenen bemißt? Ob diese Phänomene tabu sind, und ob jeder zum Faschisten-Knecht verdammt wird, der es wagt, an ihnen Kritik zu üben?

Einen Menschen und Künstler wie Gide in den Reihen einer politischen Bewegung zu empfangen, ihn zu akzeptieren, ja, ihn als Repräsentanten herauszustellen, bringt ohne Frage gewisse Verantwortlichkeiten, gewisse Verpflichtungen mit sich, und es mag gelegentlich sogar zu Unbequemlichkeiten führen. Oder hatte man sich um die geistige Figur Gides, um sein ganzes Werk überhaupt nicht gekümmert, als man ihn in so hohen Gnaden aufnahm? Hatte man ihn nur um seines Ruhmes willen nach vorne geschoben, nur weil er nützlich sein konnte, nur weil sein Name sich gut auf Einladungen zu Kongressen und unter publizistischen Manifesten machte? Wie bitter es wäre, wenn Gide dies heute glauben oder doch argwöhnen müßte; und wie sehr könnte gerade dieses Gefühl – nicht geliebt, nicht einmal gekannt, sondern nur benützt, nur ausgenützt worden zu sein – ihn von einer Bewegung, der er sich ohne Frage noch verbunden fühlte, als er «Retour de l'URSS» schrieb, zu entfernen, oder ihn doch den Repräsentanten dieser Bewegung zu entfremden, und nun wirklich, diesmal definitiv...

Wie schon gesagt: für mein Gefühl handelt es sich bei dieser «Affäre Gide» – so wie sie sich in ihrem heutigen Stadium präsentiert – längst nicht mehr darum, ob Gides Kritik an der Sowjet-Union gerechtfertigt ist oder nicht; ob wir den Moment, den er für die Publikation seiner Kritik wählte, passend finden oder nicht; sondern ausschließlich um die Art, um die nicht argumentierende, sondern en bloc verdammende, abtuende, ächtende Manier, auf die man eine redlich gemeinte Kritik abfertigt; um den Mangel an Toleranz, an Achtung für den Wert und die Würde einer großen Persönlichkeit, der sich auf solche Art peinlich kundtut.

In einem «Aufruf an das Deutsche Volk», den auch ich, gemeinsam mit vielen Kommunisten, Sozialdemokraten und Parteilosen, unterschrieben habe, wird die «Freiheit des Gewissens, des Denkens» gefordert. Darf auch nur der Gedanke aufkommen, darf auch nur der Argwohn sich melden, diese Forderung könne «Taktik», könne «politischer Schachzug» sein? Schon der Argwohn wäre verhängnisvoll. «Kurze Prozesse», wie der einer ist, den man jetzt eben dem Schriftsteller André Gide macht, sind kaum geeignet, ihn ganz zu tilgen. Von den Nazis, bei denen alles, von ihrem «Nationalismus» bis zu ihrem «Sozialismus», nur «Taktik» (das heißt: nur Bluff, Trick und Schwindel) ist, wollen wir uns doch vor allem dadurch unterscheiden, daß es uns ernst ist mit dem, was wir sagen; daß wir die Worte und Ideen wirklich *meinen*, mit denen wir für unsere Sache zu werben suchen.

Es gibt Gelegenheiten, die Ideale, die man für die Zukunft fordert, in der Gegenwart zu bewähren. Wenn man in Manifesten «Freiheit des Gewissens, des Denkens» verlangt, muß man das offene Wort eines gescheiten und integeren Mannes hinnehmen und bedenken können, ohne in nervöses Wutgeschrei zu verfallen.

Die «honnêteté de l'esprit», von der André Gide spricht und die Nietzsche als die «intellektuelle Rechtschaffenheit» preist, mag zuweilen eine «Abweichung» von der Linie, eine «Störung der Partei-Disziplin» und eine taktische Unbequemlichkeit bedeuten. Verzichten wir aber auf sie, opfern wir sie ganz der schönen Phrase, der rhetorischen Formel und jener «Taktik», deren Charakteristikum es ist, den härtesten und schwierigsten Problemen auszuweichen – dann haben wir alles geopfert und gerade das fahren lassen, wofür zu kämpfen sich lohnt.

Rainer Maria Rilke

Schon um die Übersetzung hochentwickelter Prosa von einer Sprache in die andere steht es recht problematisch. Poesie aber läßt sich überhaupt nicht übertragen. Manchmal glückt die Neuschaffung, die Nachdichtung von Versen; aber nur einem Dichter, der dem Verfasser des Originals kongenial und übrigens seelisch verwandt ist, kann sie gelingen. Die Lyriker müssen auf den internationalen Ruhm beinah ganz verzichten; höchstens ihr Name wird der Welt bekannt, selten ihr Werk. (Es sei denn, die Sprache, in der sie sich ausdrücken, wird auch von vielen Fremden verstanden, wie etwa das Französische.) Die große Lyrik wird von den Nationen gehütet wie eine unveräußerbarer Schatz, wie die heimliche Kostbarkeit, über deren unvergleichlichen Wert nur der, welcher sie selber besitzt, recht Bescheid weiß.

Was weiß man etwa in der Welt von der deutschen Lyrik dieses Jahrhunderts – um nur ein Beispiel zu nennen? Reden wir erst gar nicht von den Dichtern, die abseits stehen und deren Reiz und hoher Wert selbst in deutschem Sprachgebiet nur wenigen bekannt ist. Wie zahlreich sind die Personen in Paris oder in New York, die jemals die Namen von Else Lasker-Schüler oder Georg Trakl gehört haben? Franz Werfel ist weltberühmt als Dramatiker und als Erzähler; aber man weiß kaum von den wundervollsten Dingen, die er gemacht hat: von seinen oft so hinreißend schönen und immer unverwechselbar persönlich geprägten Gedichten. Und wie steht es um das herrschend-leuchtende Dreigestirn neuerer deutscher Lyrik, wie steht es um die drei Repräsentanten ihrer Vollkommenheit, um die drei Schöpfer ihres makellosesten und vornehmsten Bestandes: um Stefan George, Hugo von Hofmannsthal und Rainer Maria Rilke? Der gebieterische Ton Stefan Georges ist kaum über die Grenzen gedrungen, und nur scheue Gerüchte gehen dort um über eine poetische Legende, die man für die germanische Legende par excellence hält, während sie doch in Wahrheit so viel lateinisch-katholische und, auf dem Wege über Mallarmé, sogar gallische Elemente enthält. Hofmannsthal aber ist der literarisch interessierten Weltöffentlichkeit bekannt als der Verfasser von Operntexten...

Nur Rilke gewann, außerhalb deutscher Sprachgrenzen, das, was er selber «die Summe von Mißverständnissen, die über einen Dichter im Umlauf sind», genannt hat: den Ruhm. Seine Melodie hat Eigenschaften, die es ihr erlaubten, draußen in der Welt durchzudringen, überall Herzen zu bezwingen. Man kennt Rilke, und man liebt ihn, wo immer man sich überhaupt noch mit Poesie beschäftigt. Der berühmteste Lyriker Sowjetrußlands, Pasternak, soll unter seinem Einfluß stehen; von ihm beeinflußt sind die jungen Poeten Englands – einer der meistgenannten und meistversprechenden unter ihnen, der junge Stephen Spender, bemüht sich um die Übertragung seiner Verse; die jungen Poeten Frankreichs, Südamerikas, der Vereinigten Staaten bewundern ihn. Dichter, Forscher und Frauen pilgern zu seinem bescheidenen Grab in Rarogne-en-Valais.

Vor allem in Paris – in der Stadt, die Rilke so sehr geliebt hat –

ist man mit ihm vertraut wie sonst nur noch mit einem deutschen Dichter: wie sonst nur noch mit Heine. Der rheinische Jude und der Slawe, der sich – ein empfindsamer Vagabund – in allen europäischen Ländern, und in keinem, beheimatet fühlte: Sie sind die einzigen unter allen deutschen Poeten, die dem französischen Leser mehr bedeuten als nur einen Namen. Es könnte zu denken geben... Rilke, der sinnende Spaziergänger im Luxembourg-Garten; Rilke, der dem großen Rodin als sein Sekretär und Freund voll liebender Bewunderung diente und dessen Lampe, die Nächte durch, über dem Manuskript des «Malte Laurids Brigge» in einer Pariser Mansarden-Stube brannte (Jean Cocteau schildert in seinen «Portraits Souvenirs», wie er sonderbar gerührt vom Licht dieser spät und geduldig leuchtenden Lampe war, ohne noch zu wissen, was für eine Schrift und welch ein Antlitz sie beschien): Rainer Maria Rilke gehört, fast wie Verlaine, Rimbaud oder Baudelaire, zum Bestand der großen poetischen Figuren von Paris, in den Kreis jener erlauchten und schwierigen Gestalten, die gleichsam die Legende des linken Seine-Ufers, die weltlichen, nicht-mehr-ganz-weltlichen Heiligen des Quartiers um den Jardin de Luxembourg ausmachen...

Erklärt sich Rilkes französischer Ruhm nur aus dem Umstand, daß er viel in Frankreich gelebt hat, mit bedeutenden Franzosen befreundet gewesen ist, französische Dichter – André Gide und Paul Valéry – ins Deutsche übertragen und sogar selber französische Verse geschrieben hat (die übrigens den Vergleich mit seinen deutschen keineswegs aufnehmen können)? Alles dies mag mitsprechen; es müssen da aber noch zartere, schwierigere, unwägbarere Dinge im Spiele sein. Rainer Maria Rilke, der in Prag geboren ist, slawisches Blut in den Adern hatte, meistens deutsch schrieb, von einem dänischen Erzähler – Jens Peter Jacobsen – und von einem französischen Bildhauer – Rodin – die stärksten künstlerischen Eindrücke seines Lebens empfing; Rilke, der Frankreich, Skandinavien und Rußland viel mehr liebte als Deutschland und der in einem abgelegenen Ort der Schweiz starb, hat den Satz hinterlassen: «Il y a mieux que de posséder une patrie; c'est de grandir, loin d'elle, jusqu'au ciel.»

Er war – wie jeder echte Dichter, aber doch in einem noch stärkeren Grade und auf eine noch ausschließlichere Art als die meisten anderen – wirklich nur beschäftigt mit den Dingen, die den *Menschen* – den Menschen schlechthin, nicht den an irgendeine Nation gebundenen – betreffen. Es ging ihm um den Menschen und um seine rätselvolle Stellung im All, um seinen Zusammenhang mit den lieblichen, vergänglichen, einfachen und geheimnisvollen Kreaturen und Dingen der Schöpfung; um den ganzen Menschen, um das Mysterium seines Wandelns in dieser irdischen Landschaft, deren zarteste Farben er malen konnte wie kaum ein zweiter; um sein ganzes fragwürdiges und zaubervolles Hier-Sein, um die Unerklärlichkeit seines Todes, um das unergründliche Problem seiner metaphysischen Aufgabe und Verpflichtung; und da Rilke, wie Nietzsche, den Menschen – diesen ewigen Gegenstand seiner Liebe und Sorge, seines Kummers und seiner unendlichen Zärtlichkeit – als etwas nur Vorläufiges, als den *Übergang* zu einem anderen zu erkennen meinte, so erschuf er sich gewaltigere und mehr vollkommene Brüder und Gegenspieler des Menschensohnes, er erschuf sich die *Engel*, diese zarteren Verwandten von Nietzsches «Übermenschen», diese «Träger eines bis zum Überströmen gefüllten Seins», diese in der irdischen Gegend *und* in der jenseitigen Landschaft Beheimateten, deren zugleich zärtlich sanftes und fürchterliches Flügelschlagen durch das schönste und tiefste Gedichtbuch Rilkes, durch die «Duineser Elegien», wie eine süße und mächtige Musik geht.

Nein, er war entschieden kein «nationaler Dichter», er interessierte sich kaum für «Vaterländer», er lebte in ganz anderen, viel weiteren Bezügen, und es gibt wohl kaum ein zweites lyrisches Lebenswerk, in dem die patriotischen – freilich auch die sozialen – Akzente so völlig fehlten. Es ist ein *religiöses* Œuvre durch und durch, religiös auch dort, wo es die Reize des Irdischen – Wohlgerüche, Farben, das Lachen von Kindern, die Gebärde einer Frau – lobpreisend besingt. Freilich, diese Religiosität läßt sich auf keine Formel bringen, nicht einmal als «Pantheismus» dürfen wir sie bezeichnen, selbst dieses weite Wort ist zu eng, zu begrenzt, zu genau, da Gott hier ja immer nur als das gänzlich Unbekannte, als das durchaus Unbegreifliche, als das Erst-zu-Entdeckende angeredet wird. («Du bist der Wald der Widersprüche...») Rilke liebt es, die christliche Terminologie zu gebrauchen, und er verwendet häufig christliche Symbole; aber er steht dem christlichen Dogma, der eigentlich christlichen Lehre kühl, ja, zuweilen beinah feindlich gegenüber. Dieses Pathos der denkbar un-gebundenen, denkbar un-orthodoxen Religiosität läßt zuweilen an André Gide denken, der sich mit Rilke in dem Gefühl und in der Erkenntnis einig ist, daß «jede Orthodoxie Gott notwendig verengen und ihn also im Grunde verleugnen muß».

Vielleicht ist es eben diese völlig ins Poetische aufgelöste religiöse Bemühung – dieser unendlich geduldig-innige Prozeß der «Wiederentdeckung Gottes», als der sich das ganze Werk Rilkes präsentiert; vielleicht ist es eben diese neue, anti-dogmatische, ganz unmittelbare *Frömmigkeit* Rilkes, die dem heimlichsten Bedürfnis so vieler Herzen in so vielen Ländern entgegenkam und der er so viel Geliebtwerden in allen Ländern zu danken hat.

Als sich, vor einigen Wochen, sein Todestag zum zehnten Mal jährte (Rilke ist am 29. Dezember 1926 gestorben), wurde in Frankreich sehr viel über ihn geschrieben und gedruckt. Es erschien auch noch ein französisches Buch über den Dichter der «Duineser Elegien», das nun die stattliche französische Rilke-Literatur ergänzt und bereichert: *«Rainer Maria Rilke, L'évolution spirituelle du poète»* von *J. M. Angellotz*; mit einer Übertragung der «Duineser Elegien» und einem Kommentar von J. F. Angellotz (bei Paul Hartmann).

Hier wird, noch einmal, Rilkes Werk erläuternd betrachtet, die Geschichte seiner Entstehung rekapituliert und der äußerlich so einfache, innerlich so komplizierte Roman dieses Dichterlebens aufgeschrieben – eine Aufgabe, der sich, gleichzeitig mit dem Franzosen, ein deutscher Autor unterzogen hat: *C. A. Mennicke*, dessen Schrift *«Der Mensch im All. Eine Einführung in das Verständnis Rainer Maria Rilkes»* bei Allert de Lange, Amsterdam, erschienen ist. Rilkes Biographie ist arm an dramatischen Ereignissen, die ja in den Lebensläufen der meisten Dichter fehlen; Mennicke überschreibt das biographische Kapitel seines Buches «Das Lebensopfer des Künstlers», und er zitiert Rilkes melancholische und wahre Worte: «Die großen Menschen haben alle ihr Leben zuwachsen lassen wie einen alten Weg und haben alles in ihre Kunst getragen. Ihr Leben ist verkümmert wie ein Organ, das sie nicht mehr brauchten.»

Der französische und der deutsche Biograph sind sich darin einig, wie tief der Schatten war, den der Aufenthalt des jungen Rilke in der Militär-Unterreal-Schule zu St. Pölten auf das ganze Leben des Dichters warf: sein empfindsam gespanntes Verhältnis zur Realität erklärt sich, nach der Meinung seiner Biographen, teilweise aus dieser ersten, unvergeßlich schlimmen Begegnung mit der harten Wirklichkeit eines strammen, geistig öden Militarismus. So furchtbar wie als Knabe in St. Pölten hat Rilke später nur noch einmal gelitten: als er, 1914, die «böse Verkleidung des Infanteristenrockes» anlegen mußte. Er war die durchaus *unheroische* Natur; das heißt: sein ganzes Heldentum war aufgespart für sein Künstlertum; er verwandelte es in jenen tiefen, konzentrierten und leidenschaftlichen «Kunsternst», von dem Mennicke spricht; in jene demütig-stolze Geduld, die auf die Herstellung des *Werkes* – diese Kostbarkeit, die höchst fein und höchst gediegen ist wie alte Goldschmiedarbeit – verwendet wurde.

Mennicke versenkt sich mit liebevoller und bewundernder Genauigkeit ins Detail und in die großen Zusammenhänge dieses Werkes, das für den, der es schuf, so viel wesentlicher, so viel *wirklicher* war als ein Leben, das nur um des Werkes willen ausgehalten und ertragen wurde. «Das Modell scheint, das Kunstding ist», heißt es, sehr charakteristisch, bei Rilke. «So ist das eine der namenlose Fortschritt über das andere hinaus, die stille und steigende Verwirklichung des Wunsches zu *sein*, der von allem in der Natur ausgeht.»

Wie schon der Titel seiner Arbeit andeutet, gibt Mennicke den getreuen, übrigens nicht sehr glanzvoll vorgetragenen, mit einer gewissen doktrinären Pedanterie abgefaßten Bericht über die religiöse Entwicklung, über die weltanschaulich-philosophischen Inhalte in Rilkes Werk. Seine Betrachtung – die jenen etwas anspruchsvoll gespreizten, wolkig-feierlichen Tonfall hat, in dem sich deutsche Literatur-Professoren seit Gundolf gefallen – muß also notwendig einseitig sein. Es kommt der Künstler Rilke zu kurz. Schließlich ist nicht zu vergessen, daß der Autor des «Cornet» und der «Sonette an Orpheus» kein Religionsphilosoph gewesen ist, sondern, unter andrem, einer der raffiniertesten Artisten, die sich je der deutschen Sprache als Instrument bedient haben: virtuos bis zur Verspieltheit und oft bis an die Grenze des Ridikülen in die Form verliebt. Für diese mondäne, diese brillante Seite Rilkes – die nicht unwesentlich ist – scheint Mennicke kaum empfänglich.

Als «Führer» durch die seelischen Entwicklungsstadien Rilkes aber leistet sein Buch die achtbarsten Dienste, und es ist dankenswert, daß der Allert de Lange-Verlag die gescheite und von respektvoller Liebe zu ihrem schönen Gegenstand erfüllte Schrift dem deutsch lesenden Publikum außerhalb der Reichsgrenzen vorlegt. Vielen, die Rilke lieben und des zarten Trostes seiner Botschaft – dieser «ununterbrochenen Nachricht die aus Stille sich bildet» – bedürfen, die sich jedoch in der schwierigen Landschaft der «Duineser Elegien» oder in den zugleich kindlich frommen und komplizierten Mysterien des «Stundenbuchs» ohne ein deutend-helfendes Wort kaum zurechtzufinden wissen, wird Mennickes gewissenhafte Erläuterung höchst willkommen sein. Übrigens werden sie die schönsten Anmerkungen und Erklärungen zu Rilkes Werk in Rilkes eignen Briefen finden, aus denen Mennicke bedeutende und klug gewählte Proben zitiert. In einer Briefstelle, die ich zum Schluß hinsetzen möchte, ist die ganze Essenz, der wesentliche Sinn der «Duineser Elegien» – dieser Krönung und eigentlichen Zusammenfassung von Rilkes Werk – enthalten:

«Lebens- *und* Todesbejahung erweist sich als eines in den ‹Elegien›. Das eine zuzugeben ohne das andere, sei, so wird hier erfahren und gefeiert, eine schließlich alles Unendliche ausschließende Einschränkung. Der Tod ist die uns abgekehrte, von uns unbeschienene Seite des Lebens: Wir müssen versuchen, das größeste Bewußtsein unseres Daseins zu leisten, das *in beiden unabgegrenzten Bereichen* zu Hause ist, *aus beiden unerschöpflich* genährt... Die wahre Lebensgestalt reicht durch beide Gebiete, das Blut des größesten Kreislaufes kreist durch beide: *Es gibt weder ein Diesseites noch ein Jenseites, sondern die große Einheit*, in der die uns übertreffenden Wesen, die ‹Engel›, zu Hause sind.»

Der Simplicissimus

Von allen im Dritten Reich gedruckten Widrigkeiten ist mir die «satirische» Wochenschrift «Simplicissimus» der widrigsten eine. Bei den waschechten Nazi-Organen wußte man ja immer schon, woran man war, und die Zeitungen, die sich ehemals «liberal», «demokratisch» oder «konservativ» zu nennen pflegten, haben doch nun beinah alle die Redakteure und die Mitarbeiter gewechselt. Anders dieser «Simplicissimus»: Da finden sich noch immer die alten Namen – die Karl Arnold, Olaf Gulbransson, Eduard Thöny, Erich Schilling, Wilhelm Schulz, sie sind alle noch da. Nur Th. Th. Heine fehlt – aus triftigen Gründen. Er lebt und schafft im Exil; von Prag und Brünn aus muß er sich's gramvoll und beschämt mit ansehen, welche degoutante Gesinnungslumpereien seine früheren Freunde und Kollegen sich leisten. In der Tat: Was diese «Humoristen» in München treiben, überschreitet selbst das in Deutschland heute übliche und gewohnte Maß.

Man verschone uns doch mit der viel zu beliebten Phrase: «Was sollten die Leute tun? Was blieb ihnen anderes übrig?» Sie hätten in die Emigration gehen sollen, zum Teufel noch mal. Mit Th. Th. Heine zusammen hätten sie das repräsentative antifaschistische Witzblatt gründen sollen – das wäre ihre Pflicht gewesen, und außerdem hätte es ihnen ein mindestens erträgliches Leben garantiert. Sie kannten doch diese Nazis, sie waren doch auf keinen Hitlerschen Propagandaschwindel hereingefallen, sie dürfen also nicht die Ausrede benutzen: Wir haben uns das anders vorgestellt. Sie haben es sich durchaus richtig vorgestellt, sie wußten Bescheid, das beweisen die ungeheuer scharfen und oft sehr witzigen Anti-Nazi-Karikaturen, die noch in den letzten Wochen vor der «Machtergreifung» im «Simpl» erschienen sind. Vor allem Arnold hatte sich da hervorgetan: eine zeichnerische Verhöhnung Hitlers, von ihm im Dezember 1932 oder im Januar 1933 veröffentlicht, wird mir unvergeßlich bleiben; sie war überschrieben «Der Trommler» und zeigte den «Führer» im Kyffhäuser-Berg, mit einem Schnurrbärtchen, das ihm von der Nase über Oberlippe und Kinn lief, bis zum Tisch hinunter, in den es hineinwuchs. Ein ganz besonders komisches Blatt; trotz der ernsten Zeiten konnte man lange darüber lachen.

Die Münchener Humoristen wollten sich also von ihren lieben alten Gewohnheiten keinesfalls trennen, Café Luitpold, das Hofbräuhaus und die trauliche Atmosphäre von Schwabing waren ihnen gar zu lieb und wert: Sie blieben daheim. Vielleicht hätten sie selbst dort die Möglichkeit zu einer Opposition in bescheidenstem Ausmaß gehabt – wie etwa der geniale bayrische Komiker Valentin sie sich heute noch leistet. Oder wurde ihnen gleich zu Anfang amtlich mitgeteilt, daß sie überhaupt nicht, und nicht im mindesten, opponieren durften? Dann konnten sie Porträtmaler oder Eintänzer werden.

Sie aber, höchst schmählicher Weise, zogen es vor, ihr Blatt ganz jenen Mächten und Tendenzen zur Verfügung zu stellen, die es früher mit so viel Ernst und Laune bekämpft hatte. Der «Simplicissimus» hatte einen großen Ruf zu verlieren. Zwar, er war schon einmal tief gesunken: während des Krieges, als er, unter dem Einfluß Ludwig Thomas, zum chauvinistischen Hetzblatt entartete. Von dieser moralischen Niederlage hatte er sich indessen, während der «vierzehn Jahr der Schmach», noch einmal erholt. Von dem Fiasko, das er heute macht und dessen angeekelte Zeugen wir sind, wird er sich sicherlich nicht mehr erholen. Nun ist es definitiv zu Ende mit diesem alten «Simplicissimus». Die neue deutsche Republik wird sich auch ihren neuen Simpl schaffen müssen. Der alte ist für immer kompromittiert.

Denn von der «humoristischen» Beilage des «Völkischen Beobachters» unterscheidet er sich höchstens noch durch die Qualität der Zeichnungen, die er bringt (und selbst das längst nicht mehr immer). Im übrigen finden sich ganz die gleichen dummdreisten «Witze» gegen Frankreich, gegen die Sowjet-Union, und auch die antisemitischen Gemeinheiten fehlen nicht. Auf gut Glück blättere ich ein paar Nummern aus den letzten Wochen durch. In der einen gibt es als «politische Pointe» eine Attacke gegen Madame Geneviève Tabouis, unter einem ganzseitigen Bild von Schilling: dieses zeigt die Mitarbeitern des «Œuvre» an ihrem Schreibtisch, einem prononciert jüdisch aussehenden Herrn gegenüber sitzend und umgeben von Enten; eines der Enteneier, die Frau Tabouis, dem «Simplicissimus»-Text zufolge, unter die Leute bringt, waren die Informationen der Journalistin über Landungen deutscher Truppen in Marokko. – Sowjetrussische Bauern unterhalten sich über «den Prozeß», die Landschaft, in der sie sich befinden, ist dekoriert mit Kinderleichen, die im Schnee nur so herumwimmeln. – Zwei sehr brutal wirkende Offiziere symbolisieren Frankreich und England; ihnen gegenüber steht, in einem Türrahmen, eine anmutige Figur, wahrscheinlich den Friedensengel – oder auch nur den «Friedenswillen» des «Führers» – darstellend. Frankreich und Großbritannien unterhalten sich wie folgt: «Please, nach Ihnen!» – «Nach Ihnen, s'il vous plaît!» Darauf die liebliche Gestalt: «Machen Sie um Gottes willen nicht zu viel Wind, meine Herren, damit am Ende die Tür nicht wieder ins Schloß fällt.» – In einer Kurzgeschichte «Der Kritiker» wird der Beruf des Theater-Rezensenten verspottet und als ein überflüssiges Bleibsel aus spießig-liberaler Epoche «gegeißelt». Man weiß, daß auch der Goebbels etwas gegen Theaterkritiker, wie überhaupt gegen Kritiker im allgemeinen, hat, und daß er im Begriff ist, die ganze Bande zu «liquidieren».

Es ist deutlich: dieser «Simplicissimus» läßt sich seine unfrohen Schelmereien vom Propagandaministerium direkt diktieren – und danach fallen sie dann auch aus. Wo er selbständig wird, begnügt er sich mit faden Zoten: Stoffwechsel-Pointen, von alten bayrischen Bauern vorgebracht (die Thöny zeichnet), oder mehr Pikantes, aus der Sphäre des Münchener Karnevals, den es auch noch gibt (die ausgezogenen Damen hingepinselt von K. Heiligenstaedt, Stil 1895, chambre séparée...). Im übrigen: Ulkiges über das Wetter, über das Münchener Starkbier und den Wintersport. Es fehlen nur der zerstreute Herr Professor und sein Parapluie nebst Dackel. Ratatöskr, von unverwüstlich öder Routiniertheit, reimt Inhaltslosigkeiten; Anton Schnack besingt Landschaften; Wilhelm Schulz illustriert altdeutsche Verschen, Butzenscheiben-Geschmack («Frau Ungetreu»: «Wenn sie auch war das Ritters Frau – Sein Lieb' mocht' sie nicht haben...»); Meister Kubin ist, immer noch, etwas unheimlich.

Ja, diese ruchlosen alten Witzbolde, gut besoldet von Knorr und Hirth G.m.b.H. München, haben Scham und Schande verlernt. Sie liefern das höchst peinliche Schauspiel solcher, die den

Rest des Talentes, der ihnen geblieben ist, zynisch mißbrauchen. Denn bis zu einem erschreckenden Grade fehlt ihnen, ohne was kein Talent heute Sinn, Würde und Daseinsberechtigung mehr hat: der Charakter.

Galgenhumor

So abgestumpft und trostlos erniedrigt, so verängstigt und unwissend die meisten im Dritten Reiche sein mögen, irgendwo – und sei es heimlich, versteckt – bleibt doch ein rebellischer Funke lebendig, sogar im Herzen eines gleichgeschalteten Journalisten – sogar im Busen eines «Schriftleiters» der «Münchener Neuesten Nachrichten».

Es kommen wohl Stunden, da so einer sich sagt: Heute soll mir mal alles egal sein! Ich lasse es drauf ankommen, ich riskiere was, ich mache mir Luft, sonst erstick' ich – mag nachher kommen, was will. – So etwa muß es den Herren von den «Münchener Neuesten Nachrichten» zumute gewesen sein, als sie ihre «Faschings-Zeitung», «Vor Aschermittwoch 1937», abfaßten. Sie ist, mit umständlich-barockem Humor überschrieben: «Münchner Netteste Nachrichten. Wirtschafts-, Feigen-, Deck- und Sand-Blatt, Hohn und Spott, Fröhlicher Beobachter und Kunst-Honig» – und sie enthält eine Menge von erstaunlichen Dingen. Ich habe sie genau durchgelesen: Sie scheint mir charakteristisch zu sein für die Stimmung breiter bürgerlicher Schichten im Reich, und besonders in Süddeutschland.

Gleich auf dem Zeitungskopf, in den Untertiteln, wird ausgedrückt, daß man sehr wohl weiß, was man wagt. Man kann es aber nicht lassen, das Herz ist gar zu voll, und man prophezeit, das Schicksal grimmig-scherzhaft herausfordernd: «Nächste Briefadresse: Dachau. – Schriftleitung: Steht in der Anklageschrift. (Sprechzeit nach Genehmigung des Lagerkommandanten.)»

Das heiße ich mit dem Feuer spielen und den Teufel an die Wand malen; denn, in der Tat, es mußte wohl schon mancher ins Lager wandern, der sich weniger geleistet hatte als die Autoren dieses «Fröhlichen» – in Wahrheit ziemlich bitter gestimmten –

Beobachters. Man hatte doch gewiß keine Garantie, daß die Herren über Freiheit, Leben und Tod der deutschen Untertanen Sinn und Verständnis für diese Art von Humor aufbringen werden. Trotzdem wagt man sich an die entschieden heiligsten Güter. Gleich der erste Aufsatz handelt vom «Winterhilfswerk». Er beginnt:

«Schon wieder scheint der Winter ohne Schnee und Kälte vorüberzugehen. Immer hitziger wurden daher in den letzten Wochen auch die Anfragen beim Reichsminnesterium für Volkserkältung und Popogadra nach dem Verbleib der Winterhilfe. Mit Recht weisen z. B. die Skifahrer darauf hin, daß trotz des Einsatzes aller Kräfte für die Winterhilfe dem Winter in seiner Not und in seinem Kampf gegen den Frühling bisher kaum fühlbar geholfen worden ist. – Während beispielsweise in Frankreich rote Treibhausnelken als einzige Blum zu finden wären..., stehe bei uns der bekannte Rosenberg in voller (Rede-)Blüte. Schon freue man sich allgemein auf den ersten Goldregen; zwar mache ein Hjalm noch keine deWiese...»

In diesem böse-launigen, mit bedenklichen Anspielungen überladenen Stil geht es weiter. Man höre:

«Bei uns selbst aber sei ausschlaggebend der Bedarf von Wintergut in der Politik. Das Steigwachs und gelegentliche Stockhilfe brauchen wir beim Anstieg unserer Wirtschaft. Jöring muß fast ausschließlich dem Staate reserviert bleiben. Gleitwachs dagegen sei frei, da wir seit Wiederherstellung unserer Unabhängigkeit frei von Abhängen geworden seien. An den einzig übriggebliebenen sonnigen Parteiabhängen, die übrigens des Bräunens halber zu dicht besetzt seien, als daß für große Sprünge oder Umschwünge noch Platz wäre, blühen ebenfalls bereits lustig die Märzveilchen. Sei übrigens das Schweigen auf gewisse Fragebogen nicht frostig genug gewesen? Antworten wir der Welt auf alle Vorschläge nicht mit ganzen Kältewellen?... Unsere Gefühle für den nahen Osten liegen sogar so weit unter dem Gefrierpunkt, daß jede Berührung Verbrennungserscheinungen zur Folge hat. (Für den Fernen Osten, für die Söhne Nippolds im Land der Kirschblüte, ist dagegen schon heute mit uns gut Kirschen essen!) Auch an sonstigen rauhen Lüften ist kein Mangel; im Gegenteil; stürmischer streichert der Nordische Wind in den jüngsten unfreundlichen Jahreszeiten über die Bande, daß mancher bis in Mark und Pfennig erschauert.»

In früheren Jahren, als doch angeblich alle in Deutschland so aufgeregt und verbittert waren, pflegte eine Faschingszeitung auf harmlosere, weniger bissige Art lustig zu sein. Jetzt benutzt man gierig die seltene und kostbare Gelegenheit, einmal ein offen Wörtlein zu reden. Der nächste Hauptartikel heißt: «Auch heuer wieder Steuererklärung. Ein Aufruf an alle Volksgenossen zur Erhaltung wertvollen Kulturgutes», und fängt also an:

«Den Angestrengten Bemühungen der Behörden ist es gelungen, auch heuer wieder die Abgabe einer Steuererklärung für jeden schaffenden Volksgenossen zu ermöglichen. Jeder von ihnen darf eine Steuererklärung abgeben.»

Und weiter:

«Wenn der schöne alte Brauch, Steuererklärungen abzugeben, aus dem Straßenbild verschwinden würde, so könnte der Staat die kostspieligen Finanzämter nicht durchhalten.»

Die beiden nächsten Artikel beschäftigen sich auf eine nicht sehr gutmütig muntere Art mit der Lebensmittelknappheit. Der erste ist überschrieben: «Vereinfachte Speisenkarte»; in ihm gefällt mir besonders die Aufzählung der Gerichte, die «vorerst» noch bereit seien:

«Nadelsippe mit Hohn, Talmi von Geflegel, rassische Eier, Kalbsnietenbraten, Kraftsprüche mit Rindermarkt, negierte Greissuppe, hausmanirierter Gering, blasiertes Kalbsbriefchen mit Nichtein-Mischgemüse auf spanische Art, Ribbentropchen mit Dauerkohl; eine Reihe von Schnell- und Sondergerichten kann jederzeit bereitgestellt werden. Gestrichen haben wir natürlich die Frankfurter.»

Über dem zweiten Artikel stehen die Schlagzeilen: «Verfettet eure Herzen nicht! Ein Aufruf zu planvoller Wirtschaftsführung.» Hier scheint mir besonders folgende Pointe der Beachtung wert:

«Was soll man sagen, wenn beispielsweise ein Volksgenosse seinen Fettvorrat so göring achtet, daß er zwanzig Pfund einfach verliert, wie das vor kurzem sich ereignet hat!»

Die nächste Überschrift lautet: «Abschaffung der Sonntage? Einschneidende Veränderungen geplant!» – und belehrt uns, daß die Sonntage von «zuständiger Stelle» künftig zu «Winterhilfs-Werktagen» erklärt werden sollen.

All diese bitteren Witzeleien finden sich auf der ersten Seite, und die drei folgenden sehen nicht besser aus. Da liest man einen langen Artikel «Schönheit der Arbeit garantiert! Endgültige Beseitigung kapitalistischer Denkformen durch die neue Reichsbetriebsordnung.» Paragraph 1.) der neuen «Betriebsordnung» lautet:

«Arbeit ist kein Sport, sondern Erholung. Jede Anstrengung ist daher unzulässig. Wer bei der Arbeit schwitzt, wird fristlos entlassen.»

In einer anderen Glosse geht es um einen Streit zwischen Berlin und München: Das Berliner «Reichsbinnenministerium» will den Buß- und Bettag zum Feiertag machen: München weigert sich; Berlin proklamiert, «daß die Bayern unter allen Umständen zu büßen und (Berlin an-) zu beten haben». München bleibt halsstarrig; aus Berlin wird gemeldet:

«Bayrisches Ministerium hierorts unbekannt. Hat sich, falls noch bestehen sollte, für aufgehört zu betrachten. Büßet und betet!»

So geht das des langen und breiten weiter, und im nächsten Beitrag wird mitgeteilt, daß die «Münchner Faschingsfreuden genormt» seien:

«Die bisherige Narrenfreiheit ist aufgehoben. Eine gerechte Zuteilung der vorhandenen Lustbarkeit an jeden Faschingsteilnehmer kann nur auf Grund lückenloser Bedarfslisten erreicht werden.»

Auf der dritten Seite werden die Devisen-Prozesse gegen katholische Ordensschwestern zum Gegenstand offenen und derben Hohnes; desgleichen die ununterbrochene Belästigung der Straßenpassanten durch die erpresserischen Bettler mit den Sammelbüchsen: «Mysteriöser Vorfall!» Ein Mann ist wahnsinnig geworden und kann nur noch flüstern: «Ich hab' schon!» – «wobei er automatisch auf den Knopf seines Mantels wies». Es finden sich auch Anrempelungen gegen Dichter, die an höchster Stelle beliebt sind, zum Beispiel gegen einen namens Josef Magnus Wehner, der «den bisher von ihm gerittenen P. G.-asus (eine Abart des bekannten Pegasus) der S. S.-Reiterei zur Verfügung stellen will, da er selbst einsieht, daß dieses Tier mehr Bewegung braucht.»

Schließlich wimmelt es noch hinten, im Annoncen-Teil, von gereizten Scherzen. Im Residenztheater ist ein «Volksstück mit Familienanschluß», «Der liebende Holländer», angezeigt. In ihm tritt, neben der «Prinzessin Juliliane», der Jüngling auf, «der eine Lippe riskiert». Diesem Jüngling wollen es augenscheinlich die verzweifelt lustigen Herren von den Münchener Neuesten gleichtun; denn sie rücken folgende erstaunliche Annonce ein:

«Frei von Schleim
werden wir erst, wenn die maßgebenden Stellen auf
alle Speichellecker
husten.»

Wenn das kein Galgenhumor ist! Man versteht, daß die beängstigend ausgelassenen Schriftleiter mit dem Schlimmsten rechnen und diese Warnung in die kleinen Anzeigen, Rubrik «Tiermarkt», aufnehmen:

«Geben Sie Ihrem
Vogel
Wasser, ehe Sie erkannt sind und man Sie sterilisiert!»

«Alcibiades» von Vincenz Brun

Der Roman «*Alcibiades*» von *Vincenz Brun* (Verlag Allert de Lange, Amsterdam) hat in England ein starkes literarisches Aufsehen gemacht. Die deutsche Originalausgabe ist viel weniger beachtet worden – zu wenig, wie ich finde. Denn gerade hier scheinen mir das Aktuelle und die historische Objektivität auf sehr glückliche Art miteinander vermischt.

Die lebendig-kenntnisreiche Beziehung dieses Schriftstellers zur griechischen Antike manifestiert sich in seinem Buch ebenso deutlich wie seine dringliche Sorge um unsere Gegenwart. Er zeigt uns die große geschichtliche Epoche, in die er seine Erzählung verlegt, als Gleichnis des Jetzigen und als Absolutes: als eine ganz in sich geschlossene, sehr reizvolle und sehr fremde Welt, in der alles höchst eigenen, sowohl naiven als auch komplizierten Gesetzen gehorcht. Gleich in den ersten Kapiteln ist der Zauber des Perikleischen Athen – «der wankelmütigsten und schönsten Stadt der bewohnten Erde» – auf eine sehr suggestive Art eingefangen. Es folgen, im Lauf der Erzählung: eindrucksvolle Bilder aus der Zeit des Athenischen Niedergangs während des langen, unglücklichen Krieges; eine sehr starke Darstellung des häßlichen Lebens in Sparta, mit all seiner fatalen Tüchtigkeit, seiner aggressiv-disziplinierten Kraft; und schließlich tut der Orient sich auf: ein wundervolles Asien, in das Alcibiades – halb Liebesgott, halb irrender Odysseus – vom sonderbaren Schicksal verschlagen wird.

Das sind viele Landschaften, und es werden viele neue Menschen in sie gestellt, von deren Schicksalen auszusagen dieses Buch unternimmt. Das Unternehmen glückt nicht immer ganz: die Erzählung ist nicht straff, sie hat die Neigung, unordentlich auseinanderzufallen. Immer wieder aber führt sie zu epischen Höhepunkten – ich nenne nur, als besonders großartige: die Olympischen Spiele und den Hermenfrevel.

All diese Figuren von Hetären, Athleten, Sophisten, Kriegern, Politikern, Lustknaben, Philosophen, Dichtern, Tyrannen, Schiebern, Demagogen und Rhetoren sind gruppiert um einen schönen Mittelpunkt: um Alcibiades, den Ungebärdigen, den Verwöhnten, den liebenswürdigen Frevler, den «Herrn». Man weiß den Namen seines großen Gegenspielers, man kennt Sokrates – und noch einmal erleben wir den unverwüstlich tiefen Charme dieser ironisch-erotischen Antithese: der schönste Mensch konfrontiert mit dem geistvollsten; Schönheit und Geist – beide körperlich, beide menschlich geworden – einander abstoßend und anziehend, umeinander buhlend, miteinander kämpfend; beide leidend, beide tragisch gezeichnet: die Schönheit durch ihre eigene Vergänglichkeit, der Geist durch die Erkenntnis, die ihn zum Verzicht auf die Schönheit zwingt... Sokrates mit den Mitteln des modernen Romans darzustellen, ist fast ebenso unmöglich wie die Darstellung des Jesus. Trotzdem bleibt der Zauber des großen Liebenden von Athen, selbst hier noch, so bezwingend stark, daß neben ihm der ganze «Liebeshofstaat» des Alcibiades beinah etwas Vulgäres bekommt – ausgenommen vielleicht einzig Aspasia, die «Verhurte und Weise» –: Antiochos, der Rundköpfige, der treue Knecht und der treue Liebende; Lyssa, die verführerische Wilde; Timandra, die süße kleine Asiatin; sie sind, als Romanfiguren, alle viel einwandfreier als Sokrates; aber ihre Mienen verblassen und bleiben uns kaum im Gedächtnis neben dem wahrhaft dämonischen Faunsgesicht dessen, der auf den Straßen, Plätzen und in den Badeanstalten die schönste und lernbegierigste Jugend der Welt auf so unwiderstehliche Art über die Mysterien des Eros unterhielt...

Welch verschmitztes Vergnügen müssen die Götter im Olymp an diesem Schauspiel haben, das unter Sterblichen kaum wieder seinesgleichen gefunden hat: Sokrates und Alcibiades kampfes- und liebeslustig einander gegenüberstehend. Die Götter im Olymp sind auf eine besondere Art interessiert am Alcibiades, er ist der Liebling, der sie häufig ärgert und ihnen Sorge macht. Vor allem Aphrodite und der Hermes sind ihm gewogen; aber Zeus ist strenge, Zeus hat dem schwierigen Liebling ein hartes Schicksal bestimmt. – Immer wenn die Götter eingreifen, wird die Erzählung besonders hübsch. Vor allem mag ich die Szenen, in denen Hermes – eine Art von übermenschlichem Doppelgänger und himmlischem Konkurrenten des Alcibiades – auftritt, spricht und handelt: Er spricht und handelt auf reizende Art. Dabei entbehrt dieses ganze wolkige, schimmernde Ineinander von Menschen- und Götterwelt, vom Olymp und Polis jeden Einschlages einer dumpfen, bedenklichen Mystik, gegen die wir heute mit Recht so empfindlich und auf der Hut sind.

All dies ist sehr leicht und mit sehr viel Anmut gemacht – wir finden uns in antiker Luft, hier sind die Menschen wirklich den Göttern und die Götter den Menschen verwandt. Beide scheinen gebildet aus demselben realen Stoffe. Der Alcibiades-Roman erinnert, gerade durch diese schwebende ironische Haltung, an gewisse französische neue Deutungen und Wiederbelebungen griechischer Mythen: an die ironisch-frommen Dichtungen von Cocteau oder Giraudoux – obwohl er technisch und in seiner Eigenschaft als historischer Roman an ganz anderen Vorbildern geschult ist, etwa an Feuchtwanger, dessen Name immer genannt werden muß, wenn man von der Renaissance des historischen Romans in unseren Tagen spricht.

Aldous Huxleys neuer Roman

Der englische Schriftsteller Aldous Huxley gehört – das kann gar keine Frage sein – zu den gescheitesten Männern und zu den begabtesten Erzählern der Gegenwart. An jeder seiner Arbeiten gibt es viel zu bewundern: an seinen komplexen und vielschichtigen Roman-Kompositionen; an seinen mit einer raffinierten Nachlässigkeit unauffällig-bravourös hingelegten Kurzgeschichten; an seiner intellektuell beziehungsreichen, höchst kultivierten essayistischen Prosa. Und durchaus bewunderungswürdig erscheint mir auch, in vieler Hinsicht, sein neuer Roman *Eyeless in Gaza*. Die Verleger versprechen nicht zu viel, wenn sie auf der «Bauchbinde» ankündigen: «Eine Geschichte von heute, die zu den Wurzeln unseres universellen Problems führt: Was ist Freiheit?»

In der Tat wagt sich Aldous Huxley mit einer entschlossen-kühnen Direktheit an die großen und zentralen Themen unserer Existenz – und zwar sowohl unserer individuellen, als auch unserer kollektiv-gesellschaftlichen. Er unternimmt es, die Frage zu stellen – und zu beantworten: Wie soll der Mensch leben? Wie sollen die Menschen leben? Wo ist der Ausweg aus der bitteren und langen Krise, durch die unsere Gesellschaft leidend geht? Wie lautet der Name des Heilmittels, um das sich unsere Sehnsucht bemüht? Wo ist die Hilfe? Wie finden wir unser Heil?

Der Roman *Eyeless in Gaza* wird ganz beherrscht von diesem höchst dringlichen, höchst bedeutsamen Fragenkomplex. Eben dadurch unterscheidet er sich von allen früheren Arbeiten Huxleys, vor allem auch von seinem berühmtesten Buch *Point Counter Point (Kontrapunkt des Lebens)*. Huxley war bis jetzt immer nur der unbeteiligt Beobachtende, der spöttisch Neugierige. Er hat alle intellektuellen Meriten, jeden Charme, jeden Witz, jede köstliche Bosheit; aber «er hatte der Liebe nicht». Er schien selber nur in einem ironisch-kalten Verhältnis zu den Figuren zu stehen, die er mit einer so souveränen Leichtigkeit vor uns hinstellte und lebendig werden ließ. Er wußte, was ihm fehlte, und er litt unter dem Mangel an Glut, an menschlicher Wärme im eigenen Herzen. – Über die Kühle und Sprödigkeit dieses Herzens – das immer vom Verstand gar zu sehr kontrolliert war – hält er in *Eyeless in Gaza* strenges Gericht.

Anthony Beavis – Soziologe und Schriftsteller – ist die zentrale Person des Romans, und als autobiographische Figur leicht erkennbar. Er ist der Zögernde, der Kühle, der Gehirnmensch, dem die Liebe fehlt – bis er die große Verwandlung erleben darf. Freilich, erst muß er an dem Selbstmord seines besten Freundes mitschuldig geworden sein – einfach durch die Feigheit seines unentschlossenen Herzens; erst muß seine Geliebte ihn verlassen haben – abgestoßen von seiner grausam-überlegenen Kälte: Erst da er so viel verschuldet, so viel gelitten hat, darf er der «Gnade» und der «Offenbarung» teilhaftig sein. Es ist die gleiche «Offenbarung», die über den Schriftsteller Aldous Huxley selber gekommen zu sein scheint – und über die wir später noch zu sprechen haben werden.

Um Anthony Beavis herum sind mit jener unaufdringlichen Meisterschaft, die Huxley vielleicht in stärkerem Grade als irgendein anderer lebender Autor besitzt, die übrigen Figuren des Romans gruppiert. Es sind ihrer viele und recht verschiedenartige. Sie alle scheinen – nicht nur durch ihre Worte, sondern durch ihre ganze Existenz – die Frage zu stellen: wie soll ich leben? und die Antwort – die sie uns zwar nicht sagen, aber gleichsam vordemonstrieren – lautet immer: So geht es nicht.

«So geht es nicht» demonstriert uns durch ihr bloßes Da-Sein und durch ihr bitterlich-frivoles Schicksal Mrs. Mary Amberly, die zu den faszinierenden und unvergeßlichen Personen des Romans gehört. Alle Gefahren, an denen sie zugrunde geht, muß auch der Schriftsteller Huxley in sich haben, um sie solcher Art schildern zu können. Ihr Los ist der Absturz, der Ruin, das makabre Elend; sie demonstriert uns das unvermeidliche Fiasko des nur ästhetizistischen, nur auf den Reiz, die Sensation erpichten, asozial genußsüchtigen, amoralischen Menschen. Sie ist eine amüsante Person, sie plaudert hinreißend, aber es muß grauenhaft schief mit ihr gehen, unsere strenge Zeit duldet sie nicht, sie geht jammervoll vor die Hunde. Sie hat Anthony Beavis verführt und ist seine Freundin gewesen, als sie schon eine erfahrene und routinierte Frau, er noch ein unbeholfener Jüngling war. Später wird ihre Tochter, Helen, Anthonys Geliebte: Sie unterscheidet sich von der Mutter durch eine größere Reinheit des Wesens, durch eine stärkere Leidenschaft und suchende Bemühtheit des Geistes. Von Anthonys spöttisch-wägender Kühle wird sie bald bitter enttäuscht; sie verläßt ihn und findet den schönsten Trost bei einem jungen deutschen kommunistischen Emigranten, Ekki Giesebrecht. Der junge Revolutionär ist ein unbedingt und glühend Gläubiger, gewinnend durch seine Frische, durch seine männliche Zärtlichkeit, durch seinen Mut, nicht ohne dogmatisch beschränkte und nicht ohne naive Züge. Huxley läßt ihn, in einem sehr spannend und erregend geschriebenen Kapitel, zum Opfer der Wesemann-Affäre in Basel werden: Ekki Giesebrecht wird von einem Gesellen, in dem wir den fetten Agenten der Gestapo mit Ekel wiedererkennen, nach Deutschland gelockt, und ist für immer verschwunden.

Ekki wußte, wofür er sich opferte; andere Figuren in Huxleys Buch wollen sich gleichfalls opfern, wissen aber weniger bestimmt, *wofür*. Anthonys rührender Jugendfreund Brian, z. B., geht an einem falschen moralischen Ideal zugrunde, das ihm von seiner Mutter eingeimpft worden ist. Er fürchtet sich vor der Liebe, jeder Kuß bedeutet ihm die Sünde – und so können die bittersten und überflüssigsten Komplikationen mit seinem Mädchen nicht ausbleiben. Komplikationen übrigens, an denen Anthony seinerseits nicht unschuldig ist. Brian, in der Ratlosigkeit seines edlen und verwirrten Herzens, bringt sich jämmerlich um; das geschieht im Sommer 1914, es bricht eben der Weltkrieg aus, aber Brian denkt nur an seine Sünden und an seinen Gram über den Verrat des Freundes. – Auch ein anderer Freund Anthonys, Mark Staithes, sucht das Opfer; aber er ist weniger empfindsam als Brian, er hat keine moralischen Vorurteile, er ist der merkwürdige Typ eines heroischen Skeptikers – hart, asketisch, zu jedem Abenteuer bereit, im Grund an allem uninteressiert, außer an der Gefahr. Da er an allem zweifelt und nichts auf dieser Erde kennt, für das es sich ihm lohnte, sein Leben in Gefahr zu bringen, andererseits aber sein Leben unbedingt in Gefahr bringen möchte und entschlossen ist, es nicht für so minderwertige und abgenutzte Ideale, wie etwa die nationalistisch-imperialistischen welche sind, zu riskieren, stürzt er sich in eine ziemlich sinnlose und phantastische Unternehmung: in eine Art von wildem

Putsch-Versuch in Mexiko – niemand begreift genau, wem zu Gefallen und gegen wen. Jedenfalls bringt er Leiden und Katastrophen mit sich – eben genau jene extremen Erlebnisse, nach denen Mark Staithes, der Skeptiker mit der Ambition zum Heroischen, sich gesehnt hat. Neben diesen zentralen Gestalten gibt es noch viele «am Rande»; Freunde Anthonys aus der Schule, der Universität und der Londoner Gesellschaft; die Eltern und Verwandten Anthonys, junge Männer, die von Mary Amberly geliebt werden und die ihre Tochter Helen verführen: der Mann, den Helen Amberly, gleichsam aus Versehen oder doch nur aus Mitleid, heiratet und bei dem sie nicht bleiben kann – und viele andere mehr. Sie werden alle in immer wieder neuen Gruppierungen vorgeführt, und sie besprechen immer wieder neue Themen; eine Unzahl von philosophischen, künstlerischen, politischen, soziologischen, wissenschaftlichen Themen wird angerührt und in die individuelle Komposition des Buches einbezogen – der Roman bekommt einen fast enzyklopädischen Charakter, das Wissen häuft sich in ihm, aber es ist immer lebendig gemacht, immer in den Lauf der Erzählung verwoben.

Über Bau, Technik und Komposition dieser großen Erzählung ließe sich viel sagen, und auch Einwände wären hier anzubringen. Die Handlung wird nicht in ihrer chronologischen Reihenfolge dargestellt, sondern auf eine sonderbar hin- und herspringende Art. Jedes Kapitel ist mit einem Datum überschrieben, etwa: «30. August 1933» oder «16. November 1902». Der Bericht schreitet also nicht kontinuierlich fort, sondern erscheint zersplittert in Episoden und Reminiszenzen. Diese Technik, deren Huxley sich hier mit einer großen Bravour bedient, hat ihre Reize; aber auch ihre Gefahren und oft sogar etwas Ärgerliches. Manchmal erscheint sie wirklich nur als Manier, der Leser muß denken: Wozu dieser anspruchsvolle Trick? Kann man denn nicht all das hübsch der Reihe nach erzählen? Was soll dieses ganze enervierende Hin und Her? So empfindet man zuweilen bei dieser Lektüre; an anderen Stellen aber ist man entzückt von der Fülle der Assoziationen, der mit kluger Sorgfalt ineinander verwebten Erinnerungsmotive.

Die Erzählung beginnt mit alten Familienfotografien, die Anthony Beavis betrachtet. Aus den verblichenen Bildern steigen die Erinnerungen. Das Gedächtnis – dieser rätselhafteste und wundersamste aller Apparate – beginnt zu arbeiten, es holt die frühen Eindrücke hervor, es läßt sie wieder lebendig werden. «Le réalité n'existe que dans la mémoire», sagt Marcel Proust – und jedem, der mit dem Wort und der erzählerischen Methode dieses Meisters vertraut ist, muß es auffallen, wie viel Huxley bei ihm gelernt hat. Übrigens scheint er mit einem gewissen Widerwillen und nicht ohne heftige Abwehrreaktionen durch diese heikle «hohe Schule» gegangen zu sein: Gleich in den ersten Kapiteln ist von Proust ausführlich die Rede, und zwar mit einer derben, grimmig-spottenden Haß-Liebe.

Mir erscheint der Roman *Eyeless in Gaza* vor allem in künstlerischer Hinsicht interessant und wertvoll. Ich bin aber davon überzeugt, daß der Autor selber seinen Roman in erster Linie als ein *moralisches* Produkt – ja, als eine Art von moralischer Heilslehre betrachtet und gewertet wissen möchte. Dabei ist es doch grade diese mit großer Emphase und mit stärkstem Pathos vorgebrachte Schluß-Moral, die uns das ganze Buch fragwürdig und irgendwie bedenklich erscheinen läßt.

Auf die Fülle der Fragen, die Huxley selbst stellt und dialektisch erobert, findet er die allereinfachste – die gar zu einfache Antwort. Die komplizierte Fuge hat den schlichtesten Schlußakkord. Viele Stimmen fragen in erregtem Durcheinander: Wie sollen wir leben? – und die Antwort, die ihnen allen gegeben wird, lautet mit einer biblischen Simplizität: «Liebet einander!»

Die letzten Kapitel des Buches werden geistig beherrscht von der Figur eines Mannes, der von Anfang an eine gewisse Rolle spielt und Miller heißt. Er ist ein Heiliger, und Anthony Beavis, der Spötter und Zweifler, wird ganz bezwungen von seiner sanften, liebevollen Macht. Der heilige Miller gewinnt und überzeugt ihn durch das Postulat der *absoluten Gewaltlosigkeit*. Miller seinerseits lebt durchaus nach diesem Dogma. Er läßt sich auf offenem Podium, und ohne sich im mindesten zu wehren, niederboxen von einem jungen Kommunisten, der behauptet hatte, daß man mit der völligen Gewaltlosigkeit nicht durch dieses irdische Jammertal komme. Miller ist der entgegengesetzten Ansicht: Er findet, daß nur durch den kompletten und konsequenten Verzicht des Menschen auf die Gewalt sich diese Erde aus dem Jammertal ins Paradies verwandeln könne. Er lehrt: der Pazifismus muß hundertprozentig sein. Einen «relativen Pazifismus» gibt es nicht. «90-Prozent-Pazifismus ist nur ein anderer Name für Militarismus.» Sogar die Defensive wird abgelehnt. Der Gegner ist nur auf der moralischen Ebene zu schlagen: eben indem man alle seine Missetaten mit Liebe erwidert. Dann wird er schließlich aufhören, dein Gegner zu sein. Denn die Liebe überzeugt, sie gewinnt, sie besiegt. Die Liebe erzieht auch – sie ist «übertragbar», lehrt Miller und Huxley mit ihm.

Frühchristliche Stimmungen und Gedanken gehen hier ineinander mit indischen; der späte Tolstoi und Gandhi haben bei der Geburt dieser extrem pazifistischen Heilslehre Pate gestanden. – Die Ideen und die Gesinnungen, die hier mit einer so schönen und echt entflammten Beredsamkeit vorgetragen werden, sind der Beachtung wohl wert: nicht nur, weil es Aldous Huxley ist, er sich für sie einsetzt; nicht nur, weil sie heute in der öffentlichen Meinung, ja, in der ganzen seelischen Verfassung Großbritanniens ihre bedeutsame und politisch oft sehr verhängnisvolle Rolle spielen; sondern vor allem, weil sie zu uns selber mit einer so verführerischen Kraft sprechen, und um uns werben, und uns fast zu verführen wissen. Immer wieder predigt uns Huxley-Anthony Beavis-Miller: Der Feind ist *nicht* mit seinen eigenen Mitteln zu schlagen. Wir heben jeden moralischen, jeden sittlichen Unterschied zwischen uns und dem Feinde auf, wenn wir uns seiner eigenen Mittel bedienen.

Wer hörte die milde Lehre nicht gerne? Wer möchte sich sperren und verschließen vor diesen klug gewählten Argumenten, vor dieser innig beschwörenden Überredungskraft – «ein guter Mensch», heißt es in der *Dreigroschenoper* – «ein guter Mensch – wer wäre es nicht gern?», aber die höhnisch-bittere Gegenfrage lautet: «Doch die Verhältnisse – gestatten sie's?»

Haben wir denn die Wahl? Die Mittel des Kampfes werden uns aufgezwungen. Bei einer Auseinandersetzung *um Leben und Tod* muß man sich der Waffen bedienen, von denen der Gegner mit einer so unüberbietbaren Grausamkeit und Hinterlist Gebrauch macht. – Die biologisch-philosophische These von der «Übertragbarkeit der Liebe» – welche die Liebe als eine Art von ansteckendem Bazillus (mit positivem Vorzeichen) versteht:

wird sie auch auf den Faschismus – auf den terroristisch gewordenen Hoch- und Spätkapitalismus – anwendbar sein? Sollte etwa die spanische Republik auf die Giftgasbomben des Generals Franco mit – Liebe reagieren? Der Fortschritt wird immer und überall seine erbitterten und zu allem entschlossenen Feinde finden, und es werden immer die sein, die ein höchst materielles Interesse daran haben, daß der Fortschritt aufgehalten wird. Es steht zu fürchten, daß diesen mit der «Liebe» nicht beizukommen sein wird. – Sie müssen verwandelt, sie sollen geläutert werden! ruft Huxley. Freilich: Die Menschen sollen erzogen, sie müssen sogar verwandelt und geläutert werden. Mit Veränderung der Gesellschaftsordnung ist es freilich nicht getan. Aber ist sie nicht das erste, was zu geschehen hat? Ist sie nicht die *Voraussetzung*?

Ist die Lehre von der unbedingten Gewaltlosigkeit also nicht heute, wie die Dinge liegen, wirklich und wahrhaftig eine *konterrevolutionäre* Lehre? – wobei ich dieses etwas abgenutzte Wort in seinem genauesten und strengsten Sinn zu gebrauchen meine. Ist sie nicht eine Lehre, die den Fortschritt *hemmt* – dem sie doch dienen will? (Denn es kann gar keine Frage sein, daß Huxley *nicht* im Interesse irgendeiner herrschenden Schicht zu reden meint, wenn er seinen «hundertprozentigen Pazifismus» predigt; sondern daß er nur das Wohl und die Zukunft der Menschheit im Auge hat.)

Solche Gedanken kamen mir bei der Lektüre des Romans *Eyeless in Gaza*; und noch heftiger kamen sie in mir, als ich mich mit einer politischen Broschüre des gleichen Autors beschäftigte, die unter dem Titel *What Are You Going to Do about?* erschienen ist. Hier werden die Thesen, die im Roman episch entwickelt und lyrisch gepriesen sind, gleichsam auf die aktuelle Praxis angewendet. Das Resultat ist bedenklich. Es läuft hinaus auf einen Wunder- und Aberglauben an eine Weltkonferenz, auf der man den «besitzlosen» – d. h. heute: den faschistischen – Staaten alles zuerkennt, was sie wollen, z. B. einen großen Kolonialbesitz. Es fragt sich nur, ob diese aggressiven Staaten durch solches Zugeständnis zu befriedigen wären, oder ob sie nicht vielmehr noch frecher würden. Es fragt sich weiter, ob Berlin, Rom und Tokio die edlen Beweggründe eines derartigen Entgegenkommens richtig schätzen und begreifen könnten. Würden sie es verstehen, daß man ihnen aus – Liebe soviel opfert? Könnten sie nicht eher auf den Einfall kommen, man handele so aus – Angst?

Vielleicht war 1918 die große Stunde der Liebe – und sie wurde versäumt. Inzwischen hat der Faschismus sich etabliert, und er spottet waffenklirrend aller liebenden Bemühung. Das ist bitter, aber es ist die Wahrheit. – Wir unterschätzen die Tragik des Dilemmas nicht, in das alle «hundertprozentigen Pazifisten» geraten sind – am Ende ist es unser eigenstes Dilemma, wir haben volles Verständnis für die Skrupel, für die Leiden, die es mit sich bringt. Aber entkommen wir diesen Skrupeln, entgehen wir diesen Leiden, indem wir uns an eine kindlich-simplifizierende Heilslehre klammern?

Liebet einander – ewig alter, ewig rührender Zuruf –: Huxley formuliert ihn mit einer neuen Kraft, einer neuen Inständigkeit. Er wiederholt den schönen und sanften Ratschlag – Liebet einander! Liebet einander! – immer wieder mit einem ekstatischen Eigensinn – so wie einer, der die Liebe gerade erst entdeckt hat. Und er hat sie ja wirklich erst gerade für sich entdeckt. Er ist ja erst dabei, die schwere und tiefe Kunst der Liebe zu lernen. Wenn sie ihm erst ganz geläufig ist – wenn er völlig in ihr geübt sein wird, dann könnte er auch noch erfahren, daß man, um der Liebe zum Menschen willen, den Haß nicht immer vermeiden darf.

Die Harfe

Die Himmlischen Heerscharen musizieren: Gott der Herr wird nicht müde, hinzuhören und mit Vergnügen zu lauschen. Welcher Instrumente bedient sich denn das überirdische Orchester, das da auf den rosig schimmernden Wolken thront? Man weiß wohl, daß die Engel sehr liebliche und angenehme Stimmen haben und sie mit holder Technik zu gebrauchen wissen. Aber es sind doch keine A-cappella-Chöre, die sie zum Pläsier der gebenedeiten Familie klingen lassen. Andererseits gilt es für unwahrscheinlich, daß sie ihre ewig süßen Lobgesänge auf dem Pianoforte oder mit einem Streichorchester begleiten. Es sind *Harfen*, deren sie sich bedienen – darüber gibt es kaum eine Meinungsverschiedenheit. Harfenklänge sind es, mit denen sie die Sphären füllen. – Harfenklänge waren es auch, mit denen der Knabe David seinen König Saul entzückte, und zwar bis zu dem Grade, daß aus dem Entzücken für den König fast Qual und Erniedrigung wurde. – Harfenklänge, das ist ja fast nur ein anderes Wort für den «schönen Klang», den Wohllaut überhaupt; fast nur ein anderes Wort für Musik.

Als kleiner Junge sollte ich das Klavierspielen erlernen – man fand es passend, und ich wurde nicht gefragt. Mehreren Damen, die mit dem Klavierunterricht ihr täglich Brot verdienen, bin ich im Lauf der Jahre zur Last gefallen; die erste, der ich anvertraut wurde, war eine ältere, unschöne, aber herzensgute Person. Ihre Tochter hatte einen guten Namen als Pianistin und gab sich nur mit den reiferen Schülern ab; die alte Dame mußte sich mit den Anfängern plagen, zum Beispiel mit mir. Noch sehe ich die Stube vor mir, wo ich die erste Bekanntschaft mit den Fingerübungen, den quälenden Etüden machte. – Neben dem Flügel, über dessen blanke Tastatur sich meine ungelenken, störrischen Finger bewegten, stand, üppig vergoldet, reich und schön anzuschauen – eine Harfe.

Das Klavier war langweilig, es gehörte zum Alltag, wie die schwarze Tafel in der Schule, wie eine lateinische Grammatik. Aber die Harfe – mit einer zarten, magischen Gewalt zog sie meine Blicke auf sich. Wie häufig mußte die betagte Lehrerin – doch ein wenig gereizt, bei aller Gutmütigkeit – mich mahnend anrufen: «Wo sind deine Augen schon wieder, zerstreutes Kind?» Ach, es war die Harfe, die schöne Harfe, auf die ich schaute. Wie lieblich, wie erregend müßte es sein, nur ein wenig über ihre straffgespannten, langen Saiten zu streichen!

Einmal wagte ich es, die brave Lehrerin zu fragen, ob sie auf der Harfe spielen könne. Nein, das konnte sie nicht – sie war redlich genug, es ohne Umschweife zuzugeben, und übrigens hatte ich es im Grunde gar nicht anders erwartet. Wie sollte eine so prosaische Person, die ihre ganze Energie darauf verwandte, mit mir den «Fröhlichen Landmann» einzustudieren – wie sollte sie dazu fähig sein, das zugleich anmutige und imposante, so schön vergoldete und durchaus zauberhafte Instrument – die Harfe – zu bedienen? – Es war die Tochter meiner Meisterin –

die Pianistin mit dem guten Ruf, die nur reifere Schüler akzeptierte –, der die Harfe gehörte.

«Sie ist Harfenistin im Nebenberuf», wurde mir erklärt. Natürlich weigerte ich mich innerlich, dies ernst zu nehmen –: «Harfenistin im Nebenberuf», das war so eine typische Erwachsenen-Redensart. Harfe spielen zu können, das mußte Stolz und Glück eines ganzen Lebens ausmachen: Keineswegs war es eine Nebenbeschäftigung. Vielleicht hatte die Tochter meiner Lehrerin – die ich nie von Angesicht gesehen hatte und die ich mir, deshalb, reizend schön, mit goldenem Gelock und sehr stark leuchtenden Augen vorstellte – vielleicht, oder sogar sehr wahrscheinlicher Weise, hatte sie besondere Gründe dafür, so zu tun und das Gerücht zu verbreiten, als erledige sie das Harfespielen nebenbei und messe dieser wundersamen Beschäftigung keine besondere Wichtigkeit bei. In Wahrheit war die Harfe jedoch Mittelpunkt und Seligkeit ihres Lebens. Wenn der Abend hereinbrach, die Wohnung leer von Schülern war und eine feierliche Stille in den Räumen herrschte, wo jetzt die öden Etüden das Ohr beleidigten – dann setzte sich das schöne Fräulein wohl an das kostbar-köstliche Instrument, ein rosiges Licht umfloß sie, vielleicht wuchsen ihr sogar Engelsflügel – dezente, kleine, silbrige Engelsflügelein, die man auf den ersten Blick gar nicht bemerkte, die dann aber um so charmanter wirkten –, und nun ließ sie Sphärenmusik klingen. Mit überirdisch gewandten Fingern geisterte sie durch die Saiten, aus denen, süß und mächtig, der Wohllaut stieg.

An diese hochbegnadete Tochter meiner Klavierlehrerin – oder vielmehr: an die kindlich-zauberische Vision, die ich von ihr hatte – muß ich nun immer denken, wenn ich den Harfenistinnen in einem großen Orchester zuschaue. Meistens haben sie ihren Platz an der äußersten Seite, links vom Publikum. Es ist eine Passion von mir, sie zu beobachten. Vielerlei kleine Rätsel geben die Harfenistinnen mir auf.

Zum Beispiel frage ich mich: Wieso, warum, aus was für undurchsichtigen Gründen sind es immer weibliche Wesen, denen man den Sitz an der Harfe anvertraut? Würden Männer, die doch sonst fast das ganze Orchester besetzen, gerade dieses Instrument – gerade die Harfe entweihen? Sind virile Finger zu plump, gerade für diese Saiten? – Es gibt ja nur ganz wenige Berufe, die mit solcher Exklusivität dem «schöneren Geschlecht» vorbehalten scheinen, wie eben der des Harfe-Spielens. Wenn ich es recht bedenke, so ist es eigentlich nur noch das diffizile Geschäft des Manikürens, das so ausschließlich das Vorrecht der Damen ist. Niemals habe ich in einem Coiffeur-Salon einen Mann mit der Nagelpflege – und niemals in einem Orchester einen Mann an der Harfe sitzen sehen. – Eine weitere Merkwürdigkeit bedeutet, daß es beinah immer ältere Damen sind, welche an der Harfe zupfen und den Sphären-Wohlklang ihr entlocken dürfen. (Die Tochter meiner Klavierlehrerin – falls sie sich mit der Harfe überhaupt schon in der Öffentlichkeit zeigte – wäre also, in dieser Hinsicht, eine Ausnahme gewesen.)

Wenn man erst einmal drauf achtet, so ist es quälend festzustellen, wie selten die Harfenistinnen sich betätigen dürfen. Halbe Stunden lang müssen sie untätig sitzen – träge Engel mit recht säuerlichen Mienen – bis es ihnen einmal gestattet ist, ein wenig Himmelsmusik hervorzuzupfen. Manchmal zeigen sie ein seliges Lächeln, wenn die Reihe an ihnen ist und sie – endlich, endlich – mit gespreizten Fingern durch die Saiten rauschen können. Aber wie kurz, wie so flüchtig ist die Seligkeit! Kaum ist der Ton erklungen, so muß er auch schon wieder gedämpft und ausgelöscht werden, damit er nicht störend weiter wirke. Mit einer Gebärde, deren weiblich-schamhafter Charakter mich rührt, deckt die Harfenistin ihren gerade erst begonnenen Ton wieder zu: Sie legt ihre Hand auf die Saiten wie auf einen jungfräulichen Busen, sie «verhält» den Ton, wie eine Frauenstatue sich die Scham «verhält».

Unlängst, als ich der Aufführung einer modernen – oder doch fast modernen – Symphonie durch ein großes Orchester beiwohnte, bedeutete es mir eine wahre Genugtuung, daß die Harfenistinnen – es waren ihrer zwei – relativ reichlich beschäftigt schienen. Die Symphonie gehörte zu den ausschweifend üppig instrumentierten (großartig-pompöser Geschmack der Jahrhundertwende!); Blech und Schlagzeug durften sich austoben nach Herzenslust, und wenn die musikalische Stimmung lyrisch ward, so war auch den Harfen gestattet, sich ein wenig hören zu lassen. Freilich, benachteiligt waren sie immer noch, im Vergleich zu allen übrigen Instrumenten – und dies besonders in einer Hinsicht: der Dirigent *übersah* sie. Ich habe ganz genau aufgepaßt: er würdigte die beiden Damen keines Blickes – kein Wink, keine der vielen beschwörenden, dämpfenden, anfeuernden, erregenden Gesten wurde ihnen gegönnt. Was für ein schrecklicher Hochmut, von seiten des Dirigenten, lag in diesem seinem Verhalten gegenüber den Harfenistinnen! Wirklich, ich litt in meinem Herzen für sie. Gerade heute hatten sie ihren relativ großen Abend, und nun war doch wieder alles verdorben. Eine Art von melancholischer Selbständigkeit schien ihnen vorbehalten zu sein: Als dürften sie ihre zarten Töne hören lassen, wann immer es ihnen beliebte – wem könnten sie wehe tun, sie gingen ja unter im kolossalen Gewoge, es achtete niemand auf sie...

Was mich aber am längsten und intensivsten beschäftigt, ist die Frage: Wie sind diese Damen dazu gekommen, sich für den Beruf der Harfenistin zu entschließen? Welche inneren Prozesse sind vorausgegangen, ehe das junge Mädchen – denn einmal *war* dieses Mädchen doch jung – sich darüber im klaren war und ihren – vielleicht sehr erstaunten, wahrscheinlich sogar etwas schmerzlich berührten – Anverwandten davon Mitteilung macht: «Alles ist wohl bedacht, mein Entschluß ist unumstößlich: Ich werde Harfenistin.» Wie wohl vermögen wir uns in den Schmerz der Mutter, in die Verdrossenheit des Vaters ob solcher Mitteilung zu versetzen! Der Entschluß, Harfenistin zu werden, ist doch ohne Frage der Ausdruck, das deutliche Zeichen einer Resignation, die von Eltern – und seien es selbst solche, die auf das Fortkommen, auf die weltliche Karriere ihrer Kinder niemals übertriebene Hoffnungen gesetzt hatten – keinesfalls gebilligt werden kann. Für das Klavier, für Geige oder Cello entscheidet sich wohl niemand ohne den zugegebenen oder heimlichen Vorsatz, als Solist, als Virtuose im Konzertsaal zu brillieren, als Berühmtheit durch die Kontinente zu reisen und schwere Mengen Geldes einzunehmen. Aber welch geringe Chancen bietet die Harfe auf dieser prosaischen Erde! Das Lieblingsinstrument der Himmlischen Heerscharen wird vom irdischen Konzertpublikum nur ungenügend gewürdigt. Zwar weiß ich wohl: Es gibt einige Harfenkonzerte, auch Doppelkonzerte für Harfe und Flöte existieren, wenngleich in geringer Anzahl. Aber wie selten werden sie aufgeführt! Um es nur zu gestehen: Ich habe niemals eines gehört.

Freilich sind auch für junge Damen, die Pianistinnen oder Violinistinnen werden wollen, die Enttäuschungen wahrscheinlich; jedoch immerhin nicht ganz sicher. In dem Entschluß aber, ein Leben der Harfe zu weihen, liegt ein asketisches Moment, ein Pathos des Verzichtes, des Sich-Losmachens von allen weltlichen Hoffnungen. Nimmt nicht eine Jungfrau die Harfe, wie man den Schleier nimmt? Sie tritt gleichsam vorzeitig in die Schar der Engel ein…

All dies muß ich bedenken, und all dies rührt mich, wenn ich den – einfach, aber sauber, meist dunkel gekleideten – weiblichen Cherubim zuschaue, wie sie ganz am Rande des Orchesters sitzen. Nach langen Zeiten des melancholisch-geduldigen Harrens – während derer sie sich, mühsam und höflich, den Anschein geben, als lauschten sie mit Interesse und selbst mit Wohlgefallen der Symphonie, die ihr Instrument so arg vernachlässigt –, nach kränkend ausgedehnten Pausen ist es ihnen vergönnt, ein ganz klein bißchen himmlische Musik mit Sorgfalt und Delikatesse hervorzuzupfen…

Wiederbegegnung mit Knut Hamsun

Jeder junge Deutsche – oder fast jeder –, für den die Literatur überhaupt etwas bedeutet, ist irgendwann einmal vom Werk Knut Hamsuns bezaubert gewesen. In irgendeinem Moment unseres Lebens waren wir alle empfänglich für die fiebrig-intensiven Reize der Bücher «Mysterien» und «Hunger»; für die eindringliche, süße, gar-zu-süße Melodie des «Pan» und der «Victoria»… Die Faszination, die das Phänomen «Hamsun» für uns hatte, war heftig und zuweilen beglückend; aber sie nutzte sich ab. Später kamen Erwägungen und Bedenken geistespolitischer Art hinzu, die unsere innere Beziehung zu Hamsun rapid erkalten ließen.

Es wurde deutlich, daß der Einfluß, den dieser große Erzähler auf die höchst anfällige deutsche Intelligenz ausübte, ein schlimmer und gefährlicher war. Allerlei üble Stimmungen und Tendenzen, von denen das deutsche Geistesleben bald ergriffen werden sollte wie von einer Seuche, waren bei Hamsun latent, oder auch nicht so sehr latent, schon seit langem vorhanden und wurden von seinen deutschen Bewunderern mit einem verdächtigen Eifer aufgegriffen. Dieses ganze Verächtlichmachen des Fortschrittes, des Westens, der Zivilisation, der humanistischen Ideologie; das hochmütige und bewußte Sich-in-Gegensatz-Stellen zur «Asphaltliteratur»; die Neigung für «Blut und Boden», für die primitive Lebensform; dieser betonte Mangel an geistiger Politesse, an intellektuellen guten Manieren, diese beabsichtigte und gerade deshalb beleidigende Rauhbeinigkeit: Wie sollten wir das alles noch lieben? Wie sollten wir es auch nur noch länger ertragen können? Es war ein selbstverständlicher, notwendiger und unvermeidlicher Prozeß: Während unsere geschworenen Todfeinde im eigenen Lande, während die deutschen Reaktionäre, Nationalisten, Rasse-Anbeter und «Blubo»-Schwärmer sich mehr und mehr in Hamsun verliebten, entfremdeten wir uns ihm mehr und mehr. Seine Allüre wurde uns mit der Zeit unausstehlich. Andere Schriftsteller – kompliziertere und dabei klarere Geister –, Autoren etwa von der Art des André Gide oder des Aldous Huxley, haben mir in den letzten Jahren unendlich viel mehr bedeutet als der epische Beschwörer norwegischer Kleinstadtverhältnisse.

Es konnte kaum anders kommen: Als die Blut-und-Boden-Richtung in Deutschland zum offiziellen geistigen – oder antigeistigen – Programm erhoben wurde, hatte Hamsun seine große Stunde; übrigens *nur* in Deutschland hatte er sie – in Frankreich, in Amerika und England kennt man ihn wenig. Aber das Dritte Reich, das seinerseits keine Dichter hervorbringt und unter den großen Autoren des Auslandes kaum Freunde hat, die von Goebbels dirigierte «öffentliche Meinung» Nazi-Deutschlands proklamiert den Norweger zum epischen Genie der Epoche – der «Rasse». Allein der Roman «Segen der Erde» ist über Deutschland in 210000 Exemplaren verbreitet – was, für ein übersetztes Buch, einen Rekord bedeuten dürfte. Die deutschen Pressestimmen über den «nordischen Dichter», der dem «Angriff» «schönste Stunden verinnerlichten Erlebens» (?) schenkt und von Hanns Johst mit Homer verglichen wird, sind ein Chorus der Begeisterung. Hamsun seinerseits begreift, was man als

Gegenleistung von ihm erwartet. Den neuen deutschen Freunden zu Gefallen vergißt er, was er den alten – und was er der Würde des eigenen großen Namens schuldig wäre; um nur den Berliner Herren angenehm zu sein, läßt er sich selbst zum Niederträchtigen herbei; denn es steht fest, ist ihm von den eigenen Landsleuten bestätigt worden und wird niemals wieder zu vergessen sein, daß Hamsuns berüchtigte Äußerung über Carl von Ossietzky – der damals noch im Konzentrationslager litt und die gerechte Auszeichnung des Nobel-Preises noch nicht empfangen hatte – zum Niederträchtigsten gehört, was ein namhafter Ausländer zu den deutschen Verhältnissen und zum Martyrium der deutschen Opposition bis heute anzumerken hatte.

Aber nicht an diese peinlichen und skandalösen Dinge wollte ich denken, als ich mich an die Lektüre des neuen Hamsun-Romans «Der Ring schließt sich» machte. Und wirklich, es gelang mir, zu vergessen, was mich bitter gestimmt hätte; zu Anfang war ich wieder und noch einmal kaptiviert von den epischen Künsten und Kunststücken des alten Meisters; von seinen seit einem Menschenalter bewährten stilistischen Tricks und Manieren – «oft kopiert, aber niemals erreicht!» –; dieser scheinbar saloppen, aber auf eine geheimnisvolle Art ungeheuer konzentrierten Methode des Erzählens, der Dialogführung, der Personenschilderung; dieser grimmigen Munterkeit mit ihrem «Hoho!» und «Haha!» und: «Da hättet ihr den guten Kapitän Ulrik sehen sollen!» Es war die etwas wehmütige Freude der Wiederbegegnung, nach langer Zeit. Ich war gerührt, in der Erinnerung an Ergriffenheiten, die ich, vor Jahr und Tag, diesem Tonfall, diesem grimmigen Humor, diesen versteckten Zartheiten, dem ganzen zugleich raffinierten und biederen Hamsun-Zauber hatte zu danken gehabt. Aber sonst, aber weiter? Kam irgendein neues Erlebnis hinzu? Wurde ich durch neue Eindrücke, neue Bilder bereichert? Ganz und gar nicht. Die Vorgänge, die der Roman wiedergibt, ließen mich kalt; die handelnden Personen interessierten mich nicht; das abseitige, eingeschlossene, dumpfe Milieu der kleinen norwegischen Stadt ging mich durchaus nichts an.

Was für eine weitab liegende, im vollsten Sinn des Wortes *provinzielle* Welt: dieser Leuchtturm, wo der alte Brodersen haust;

dieser Küstendampfer «Sperling», auf dem Abel – Sohn des alten Brodersen, Held des Romans, charmanter Tunichtgut, interessant verkommenes Subjekt, Faulenzer, Liebling der Frauen – eine Zeitlang den Kapitän spielt; das Sägewerk, wo Abel – manchmal überraschend tatkräftig, überraschend mutig und energisch, bei aller Verschlamptheit – einem Mann auf heroische Weise das Leben rettet; das Seemannsheim, wo derselbe Abel viele von seinen trägen Tagen verbringt. Um den gutherzigen und generösen Tunichtgut, den ewigen Hamsun-Landstreicher, sind die Frauen gruppiert: Lolla und Lilli und Olga. Und dann kommen die Männer vor, die diese Frauen heiraten, da Abel in seiner sonderbaren Art sie ja nicht nimmt; und allerlei Kleinstadtintrigen, und Geldgeschichten – Abel ist so veranlagt, daß er mit dem Geld nicht umzugehen weiß: mal hat er welches, und dann ist es gleich wieder weg –; und Eifersüchteleien, und Komplikationen in den Ehen, und Todesfälle.

Was geht es uns an? Und, vor allem: Was geht dieser Abel uns an? Hat er Charme genug, daß wir ihm all seine höchst bedenklichen Mankos verzeihen – daß wir, trotz seiner geistigen Stumpfheit, seiner Trägheit, seiner seelischen Unergiebigkeit, Anteil an den Dingen nehmen könnten, die ihm zustoßen? «Wir anderen bringen es zu dem bißchen, was wir sind», sagt einer von den braven Bürgern – ich weiß nicht mehr: ist es der Ingenieur oder der Pharmazeut oder der Kapitän – über Abel, den Sonderling, «weil wir so durchschnittlich sind. Er ist aus einem Grenzland, das uns unbekannt ist.» Nun fragt sich aber: Was kommt schließlich heraus, bei dieser ganzen asozialen Interessantheit, die den Kleinbürgern imponiert? – Am Ende läßt Abel alle sitzen, er verzichtet auf seinen netten Posten am «Sperling» und macht sich auf und davon, in die Fremde, nach Kentucky, wo er sich früher schon herumgetrieben und allerlei Merkwürdigkeiten, die niemals deutlich zur Sprache kommen, erlebt hat.

Das kommt dabei heraus, es ist nicht eben viel. Aber mehr wollte der alte Hamsun wohl nicht mehr bieten; er ist so gestimmt, daß er seinen Verehrern nur noch karge und harte Kost vorzusetzen hat. Er ist bitter gestimmt, ziemlich trostlos sogar – und sein Roman «Der Ring schließt sich» ist ein bitteres, böses, ja sogar ein boshaftes Buch. Ihm fehlt die beteiligte Sorge um den

Menschen, um sein Heil und um seine Zukunft; ihm fehlen Lächeln und Tränen, das Aufbegehren gegen das Unrecht und die Zärtlichkeit; es hat nicht eine von jenen Eigenschaften, Schönheiten und Zeichen, mit denen der Geist, der sich um der Liebe zum Menschen willen sorgend bemüht, seine Werke adelt.

Der Haß gegen den Fortschritt, der dem Haß gegen die Gesittung schon sehr nahe verwandt ist, diese finstre und gereizte Aversion, die Hamsun mit seinen neuen deutschen Bewunderern gemeinsam hat – sie scheint nicht eben heiter, nicht gerade zuversichtlich zu stimmen. Alle positiven, «aufbauenden» Ideale, die solcher Haß für sich in Anspruch nimmt – als da sind: der Nationalismus oder die aggressive Schwärmerei fürs Primitive –, erweisen sich als unecht, als Konstruktion: Gerade das wird deutlich im Falle Hamsun, und eben in dieser Hinsicht mag er lehrreich und bedeutungsvoll sein.

Der norwegische Romancier will hart und großartig erscheinen wie die Natur. In Wahrheit ist er lieblos, skeptisch und ohne Anteilnahme an den Problemen, Hoffnungen, Sorgen, Ängsten, die heute jeden einzelnen und die Gesellschaft zutiefst bewegen. Mit einer tückischen Munterkeit ruft er aus: Hoho, diese Menschen! Den Ameisen gleich wimmeln sie durcheinander! Ich, der Alte vom Berge, schaue ungerührt und grimmig belustigt zu. In meiner norwegischen Kleinstadt ist es wie überall: Das liebt sich, betrügt sich, heiratet sich, pflanzt sich fort, und wer einen kleinen besonderen Funken hat, wie mein Freund Abel, mein interessanter Vagabund, den ich schon mindestens ein Dutzend Male geschildert habe – der kommt auch nicht weiter, der bringt es gerade zu nichts, läßt seinen Funken verkommen und reist, sinnloser Weise, nach Kentucky ab – hoho und haha!

Also schwadroniert die «Naturgewalt». Aber wenn wir uns, ohne ehrfurchtsvolle Voreingenommenheit, ihr Porträt einmal anschauen, dann könnten wir wohl zu der Feststellung kommen, daß er am Ende gar kein Waldgott ist, dieser geübte Geschichtenerzähler auf seinem Landgut in Norwegen, gar kein Dämon und Sturmwind und Hagelwetter, sondern ein schlecht gelaunter, einsamer, brummiger, entsetzlich unliebenswürdiger alter Mann.

Sehr lehrreiches Bilderbuch

Irgendein «unvoreingenommener Ausländer» macht eine Reise durchs Dritte Reich; hält sich eine Woche in Berlin, drei Tage in München, je zwei Tage in Nürnberg, Heidelberg und Hamburg auf; kehrt zurück nach Birmingham oder nach Detroit und erzählt: It was charming, I had a most lovely, most stimulating time, you know, alles so ordentlich, die Hotelportiers so höflich, immer Butter zum ersten Frühstück, das mit der Lebensmittelknappheit ist der reinste Schwindel, und was die Juden betrifft, nun, ich habe nicht beobachtet, daß man einem ein Haar gekrümmt hätte. A very peaceful and agreeable country, indeed.

Wenn man so etwas hört, soll man nicht gleich wütend aus dem Zimmer laufen – wozu freilich eine natürliche Neigung besteht –, sondern soll also sprechen: «Bitte, schauen Sie sich einmal dieses Bilderbuch an, ich habe es zufällig bei mir, vielleicht ist es Ihnen in Heidelberg oder Berlin nicht gerade mit der frischen Butter zum ersten Frühstück serviert worden. Betrachten Sie es sich doch bitte recht genau! Es könnte Ihre deutschen Reise-Eindrücke auf interessante und überraschende Art ergänzen...»

Und dann zeige man dem unvoreingenommenen Deutschland-Forscher «Ein Bilderbuch für Groß und Klein von Elvira Bauer. 2. Auflage 26–40. Tausend. Stürmer-Verlag, Nürnberg.» Auf dem effektvoll roten Umschlag des Buches steht in großer Fibelschrift das Verschen:

«Trau keinem Fuchs auf grüner Heid
Und keinem Jud bei seinem Eid.»

Dazu das Bildnis eines Ungeheuers, dessen scheusälige Fratze wohl ungefähr das ist, was man sich in «Stürmer»-Kreisen unter dem Gesicht eines Juden vorstellen mag; das Ungeheuer hat die fetten Finger zu jenem heuchlerischen Schwur erhoben, dem man ebensowenig Glauben schenken soll wie den Listen des Fuchses – dessen gräßliches Porträt sich denn auch, mit dem des Israeliten zusammen, auf dem schmucken Einband des Bilderbuches für Groß und Klein findet.

Auf der ersten Seite geht Elvira Bauer – die vom Geiste Streichers enthusiastisch erfüllte Kunstgewerblerin und Pädagogin – gleich medias in res; sie stellt lapidarisch fest: «Der Vater des Juden ist der Teufel», um dann für Groß und Klein, besonders aber wohl für Klein, folgendes zu reimen:

«Als Gott der Herr die Welt gemacht,
Hat er die Rassen sich erdacht:
Indianer, Neger und Chinesen
Und Juden auch, die bösen Wesen.
Und wir, wir waren auch dabei:
Die Deutschen in dem Vielerlei. –
Dann gab er allen ein Stück Erde,
Damit's im Schweiß bebauet werde.
Der Jude tat da gleich nicht mit!
Ihn anfangs schon der Teufel ritt.
Er wollt' nicht schaffen, nur betrügen,
Mit Note 1 lernt er das Lügen
Vom Teufelsvater schnell und gut
Und schrieb's dann auf in dem Talmud.»

All dies säuberlich aufgeschrieben in der schönen klaren Fibelschrift, für die Kleinen so recht verständlich; aus dem Text sind einige besonders wichtige Worte, wie «Rassen», «Juden», «Deutsche», «Teufel», «Talmud», durch roten Druck eindrucksvoll hervorgehoben.

Auf Seite 2 wird «der Deutsche» – eine gar herrliche Siegfrieds-Gestalt mit gerecktem Haupte und etwas dummstolzer Visage – dem verfetteten, gebückten, Zigarrerauchenden, grimmig mauschelnden Semiten gegenübergestellt. Dazu der Spruch:

«Die Deutschen – die und weichen!
Da müßt ihr mal vergleichen
Den Deutschen und den Jud.
Beschauet sie euch gut,
Die beiden auf dem Bilde hier.
Ein Witz – man möcht' es meinen schier;
Denn man errät es ja ganz leicht:
Der Deutsche steht – der Jude weicht.»

Neben dem Konterfei des germanischen Hünen mit der dummstolzen Visage steht dann noch eigens vermerkt – als ob es Groß und Klein nicht schon längst aufgefallen wäre –:

«Der Deutsche ist ein stolzer Mann,
Der arbeiten und kämpfen kann.
Weil er so schön ist und voll Mut,
Haßt ihn jeher schon der Jud!»

«Ein Witz – man möcht es meinen schier» –: Wenn das Ganze nur nicht so beängstigend ernst wäre! – Durch Bild und Schrift werden die Kinder dazu animiert, vor den Häusern, in denen Manfred Veilchenbaum, Handelsvertreter, Dr. Hirsch, Chirurg, oder Siegfried Lindenstein, Privatier, wohnen, zu schreien und die Zunge herauszustrecken. Besonders werden die Kleinen darauf hingewiesen, daß ein getaufter Jud ebenso arg und teuflisch ist wie ein ungetaufter, «Jud bleibt Jud», man kann sehen, wie er am Freitag mit ungeheuer bösartigem Gesichtsausdruck Gänsebraten frißt, worüber sich der Herr Pfarrer entsetzen muß. Der Viehjude treibt dem braven Bauern seine Öchslein und Schweinchen hämisch grinsend davon; Aaron Kahn, Kaufhausbesitzer, schickt mit alttestamentarisch fluchender Gebärde den Bettler weg, der artvergessen genug war, wegen eines Almosens bei ihm anzuklopfen; die jüdischen Kinder werden, zum Hallo der niedlichen «arischen», aus der Schule geschmissen; die jüdische Familie, die höchst unverschämterweise sich im Badeort erholen wollte, steht mit wutverzerrten Mienen vor dem Schild, auf dem geschrieben steht, daß sie hier «unerwünscht» sei; der jüdische Wüstling betastet geil das keusche blonde Mädchen auf offener Straße (auch dieser Vorgang wird Groß und Klein in sehr drastischer Darstellung vorgeführt: die Dame Elvira Bauer scheint der Ansicht zu sein, daß der pornographische Stil, durch den der «Stürmer» bekannt geworden, auch ihrem aufklärenden Bilderbuch nichts schaden könnte); der jüdische Arzt tötet verschiedene arme Arier im Krankenhaus, indem er nämlich seine Medikamente und Elixiere an ihnen ausprobiert, ehe er sie dem Glaubensgenossen anbietet:

«Und die Moral von der Geschicht:
Trau einem Judendoktor nicht!»

Auf einem besonders schönen bunten Bild sieht man den Streicher – kahlköpfig, aber charmant und bieder –, wie er sich von strohblonden Mädelchen Blumensträuße überreichen läßt:

«Ein Kämpfer durfte uns erstehn
Im deutschen Gau der Franken.
Ihm müssen wir es danken,
Daß kerngesund bleibt unser Land
Und frei von jüdischem Bestand!»

Ja, man erkennt ihn: Es ist derselbe Streicher, der neulich zu Nürnberg die Journalisten auf offener Bühne zwang, akrobatische Kunststücke zu probieren, zu tanzen, ulkige Sprünge zu machen und eine Leiter hinauf und hinunter zu klettern; Streicher, der Duzfreund des deutschen Reichskanzlers, der temperamentvolle Causeur und wohlbekannte Sadist – man erzählt, daß er niemals ohne Reitpeitsche spazierengeht –; Streicher, von dem wir herzlich wünschen, daß er nicht fallen, nicht «kalt gestellt» (oder kalt gemacht) werden möge, ehe das Dritte Reich fällt, dessen echtester Repräsentant er ist. Ihm soll das Schicksal des Kollegen Röhm erspart bleiben! Er gehört zum Nazi-Deutschland – wie dieses fürchterliche Bilderbuch.

Zehntausende von deutschen Kindern werden vergiftet – buchstäblich: vergiftet – durch dieses widrige Produkt aus Niedertracht und Blödheit; es ist jammervoll und schaurig zu denken. Aber da es nun einmal, leider, leider, vorhanden und in den Händen der deutschen Kleinen ist, sollten auch wir es benutzen: nämlich als das denkbar stärkste Propaganda-Mittel gegen das Reich Hitlers und Streichers. An uns ist es, dafür zu sorgen, daß es auch in die Hände der ausländischen Großen komme: jener Großen, die das Dritte Reich nicht nur so gerne bereisen, sondern die sich, nach wie vor, nichts Schöneres wissen, als «konstruktive Gespräche» mit ihm zu führen und, wenn irgend möglich, Verträge mit ihm zu schließen.

Zürichs Schauspielhaus

Was wird aus der deutschen Schaubühne? Was ist schon aus ihr geworden? Unsre Klassiker wollten sie als die «moralische Anstalt». Und wirklich, während der ersten drei Jahrzehnte des Jahrhunderts hatte das Theater in Deutschland eine künstlerische, moralische, erzieherische Funktion von ernster Bedeutung; es war wesentlicher Bestandteil des geistigen nationalen Lebens; die literarischen Bewegungen der Epoche hatten stets den Ehrgeiz, nicht nur durch das Buch, sondern auch von der Bühne zu wirken; es war eine große Zeit des Theaters in Deutschland – wann ging sie zu Ende? Der Nazismus, der in unserem Lande alle Kultur und also auch das Theater zerstört, warf ja seine verfinsternden Schatten voraus; der allmähliche Abstieg begann, ehe der plötzliche Absturz Ereignis wurde; das deutsche Theater von 1931 konnte den Vergleich mit dem von 1925 oder 1911 schon nicht mehr aufnehmen.

Immerhin: der Nazismus fand doch noch manches vor, was zu ruinieren ihm lohnend erscheinen mochte. Die Vertreibung der besten Talente, die völlige Verödung des Repertoires, seine Entleerung von jedem geistigen Inhalt: all dies innerhalb weniger Monate zu erreichen, blieb den neuen Schutzherren der deutschen Bühne vorbehalten. Wer weiß es denn heute noch, daß Berlin einmal die erste Theaterstadt der Welt gewesen ist? Wo einmal Otto Brahm, Max Reinhardt, Leopold Jessner, und eine Reihe von andren, Taten vollbrachten, die zuweilen echte Taten des Geistes waren, wird es heute als eine Sensation bejubelt, wenn Gründgens – zynischer Routinier, brillanter Clown und maître de plaisir der blutbefleckten Macht – eine alte Posse auf neu zurechtstaffiert und selber als die Diva über die Szene glitzert.

Wo aber findet es sich noch, das wirkliche deutsche Theater? Wo wird seine Tradition bewahrt und, in ihrem Geiste, fruchtbar weitergearbeitet? Hat das freie deutsche Buch es heute bitterschwer: der deutsche Dramatiker, der den Ehrgeiz nicht los wird, sein Stück in deutscher Sprache auf der Bühne zu sehen, hat es wohl noch schwerer. Wohin kann er sich wenden? Welche Zuflucht gibt es noch für ihn?

Das *Züricher Schauspielhaus* war schon ein achtenswertes Institut, ehe es ein Drittes Reich, ehe es emigrierte deutsche Schauspieler, Regisseure, Dramatiker und Bühnenbildner gab. Zürich ist eine Stadt, wo immer gut Theater gespielt wurde. Aber das Züricher Schauspielhaus war doch nur eine literarische Bühne unter vielen, während es heute eine ganz andre, zugleich ehrenvolle und delikate Stellung und Funktion hat. Denn jetzt ist es nicht nur das repräsentativste Privattheater der deutschsprechenden Schweiz; es ist eines der wenigen – schrecklich wenigen! – freien deutschen Theater überhaupt geworden. Viele Künstler von Rang, die in Berlin, Hamburg, Frankfurt, München nicht mehr arbeiten dürfen oder wollen, haben hier neue Wirkungsmöglichkeiten gefunden. Daß der Direktor des Hauses, Herr *Ferdinand Rieser,* die Klugheit und die Großzügigkeit hatte, seinem Haus diese Stellung und Funktion zu geben – die Stellung und Funktion einer kulturellen Oase – gereicht ihm zu hoher Ehre; ich bin davon überzeugt, daß die Geschichte des deutschen Theaters einmal seinen Namen mit Respekt und Dankbarkeit nennen wird, weil er, in diesen Jahren des Unheils, seinem Haus ein Schauspieler-Ensemble und ein Repertoire geschaffen hat, deren Rang an vergangene gute Zeiten – oder an zukünftige, bessere gemahnt.

Man werfe nur einen Blick auf den Spielplan der Saison 1936/37. Hut ab, hier wird gearbeitet. Die Fülle der Novitäten ist überraschend. Da gibt es vier große Klassiker-Inszenierungen: *Wolfgang Langhoff,* der das Schweizer Publikum erst als Autor, dann als Akteur erobert hat; ein wirklicher Favorit, enthusiastisch beklatscht, aber ganz ohne die Unmanieren des Stars, abhold allen süßlichen, schwärmerischen, koketten Tönen, ein herber Liebhaber, ein zurückhaltender Held – Langhoff spielt den Egmont, den Fiesco, den Petrucchio. In «Der Widerspenstigen Zähmung» ist seine Partnerin eine junge Dame von Talent und Charme, Fräulein *Dolores Moncasi* – sehr liebenswürdige Schauspielerin, deren Art des Sprechens und Lächelns etwas außerordentlich Gewinnendes hat. Der Regisseur *Lindtberg* ist ein Künstler von bemerkenswerter Intelligenz und Gewissenhaftigkeit; jedes Ensemble darf sich gratulieren, das mit diesem ernsten, eifervoll-tüchtigen, in allen Geschmacks- und Taktfragen zuverlässig sicheren Spielleiter zu arbeiten hat. Den Hamlet spielte *Ernst Ginsberg*, dessen Talent schon in München und Berlin auffallend war, damals aber noch Züge von Verkrampftheit und Verquältheit hatte. Seit jener Zeit, die längst vergangen ist, hat es sich erfreulich gelockert, entwickelt und noch gesteigert: Heute reicht es vom Tragischen bis zum Skurril-Komischen, vom großen Pathos über das wunderlich Rührende bis zum Grotesken.

Entwicklungen festzustellen macht immer Vergnügen. Das Reifen, Wachsen, fruchtbare Sich-Verändern einer Künstler-Individualität zu verfolgen ist lehrreich und, in einem hohen Sinn, unterhaltend. *Erwin Kalser*, zum Beispiel, hat alle schmachtenden Töne abgelegt, die man ehemals an ihm kannte; er ist ein Charakterdarsteller von Format geworden, exzellierend vor allem in der Darstellung etwas müder, schlaffer, vom Leben halb gebrochener oder doch melancholisch reduzierter Typen. Sehr gewachsen ist auch *Leonhard Steckel*, vielleicht der vollblütigste, kräftigste, ich möchte sagen: saftigste unter den vorzüglichen Charakterspielern des Ensembles; durchaus vom Format des Tragöden (wie sein Othello im vergangenen Winter bewiesen hat). Steckel ist ein gescheiter Schauspieler, wie überhaupt dieses Ensemble im Züricher Pfauentheater sich durch Intelligenz, durch geistige Bemühtheit von so vielen anderen Truppen unterscheidet; ein Schauspieler, der weiß, was er spricht. Diese starke und lebendige Intelligenz wäre jeder seiner darstellerischen Leistungen anzumerken, und übrigens beweist er sie noch besonders durch seine achtenswerten Leistungen als Regisseur.

Steckel hatte eine große Rolle (den jüdisch-rheinisch-deutschen Familienvater und freundlichen Patriarchen) in *Else Lasker-Schülers* reizvollem Stück «Artur Aronymus», das mit dem Kleist-Preis ausgezeichnet worden ist. Die rührende und begnadete Frau, der manchmal immer noch Verse von berückender Leuchtkraft, Tiefe und Schwermut wie im Traum gelingen, hat nicht das eigentlich dramatische Talent. Aber es rechnet doch zu Riesers guten, wichtigen Taten, daß er die fürs Theater geschriebene Dichtung – die mit Innigkeit und übrigens auch mit Humor für die religiöse Toleranz, für das liebevolle Sich-Begreifen der Konfessionen wirbt – als große Weihnachtspremiere herausbrachte. Die Hauptrolle des Stückes verlangt eigentlich einen

Knaben und ist also schwer zu besetzen. Rieser konnte sie der jungen *Grete Heger* anvertrauen; mit ihrem kindlich intelligenten, runden Gesicht, den schlanken, schlaksigen Gliedern, der reizvoll belegten Stimme ist sie geradezu Spezialistin für Bubenrollen. In Ibsens «Stützen der Gesellschaft» spielte sie den Sohn des Konsuls Bernick, den jungen Olaf, der auf dem lädierten Schiff «Indian Girl» durchbrennen will.

Die Premiere von «Stützen der Gesellschaft» (die übrigens triumphal verlief) konnte Anlaß zu allerlei Betrachtungen geben. Es war, als würde ein junges literarisches Talent entdeckt. Der Schlußsatz – «Freiheit und Wahrheit: das sind die Stützen der Gesellschaft!» – wirkte zündend, als würde er, über die Grenzen, gewissen Machthabern zugerufen, die sich als die Stützen der ganzen abendländischen Gesittung ausschreiben, während sie die Freiheit samt der Wahrheit mit Füßen treten. In der ungeheuer interessanten Szene zwischen dem Konsul und dem Vorarbeiter von der Werft kommen Dinge, das Arbeitslosenproblem und das Problem der Maschine betreffend, zur Sprache, die bei Ibsen – der sonst nur die Moral, aber nicht die ökonomischen Grundlagen der Gesellschaft diskutiert – kaum je berührt werden und deren Aktualität erstaunlich ist. Ohne Frage hat das «Schauspiel in vier Akten» auch seine Fehler: Reißerhafte Einschläge fehlen ihm nicht, und zuweilen hört man die Konstruktion etwas knarren. Aber wie imponierend bleibt es als Ganzes, nicht nur wegen des leidenschaftlichen Ernstes seiner moralischen Forderung, sondern auch um seiner künstlerischen, seiner handwerklichen Eigenschaften willen. Genauigkeit und Sicherheit des Aufbaus, die strenge und lebendige Führung des Dialogs, die kräftige, klare Charakterisierung jeder handelnden Figur: Wer macht das heute dem großen Alten nach, wer unter allen Lebenden darf behaupten, daß er es in all dem diesem Norweger, den eine respektlose Generation schon zu den Verstaubten, den Erledigten rechnen wollte, gleichtun könne?

Die Aufführung (von Steckel inszeniert) war bemerkenswert. Den Konsul Bernick spielte *Kurt Horwitz*, der heute ein Menschendarsteller ganz erster Klasse ist: gescheit, intensiv, vornehm, auch rührend – und vor allem: wie er spricht! Die Präzision, mit der er die Worte formt, hat sowohl Innigkeit als Feuer;

Schärfe und Zärtlichkeit. Ich wünschte mir, Horwitz einmal in einer großen Wedekind-Rolle zu sehen; der Autor des «Marquis von Keith», der nicht genug darüber klagen konnte, daß die Schauspieler seinen Text verschluckten, wäre mit diesem höchst gewissenhaften, dabei niemals lahmen oder pedantischen Sprecher zufrieden gewesen. Lona Hessel war *Therese Giehse;* nach jahrelangen und höchst erfolgreichen Reisen mit der «Pfeffermühle» durch halb Europa, ist sie nun wieder Mitglied eines Theater-Ensembles – und das Züricher Publikum ist ihr schon beinah ebenso treu und heftig zugetan, wie es erst das Münchener Publikum und dann die Auditorien der «Pfeffermühle», in so vielen Städten, gewesen sind. Wahrhaftig: ein Phänomen von einer Frau, von einer Künstlerin! Was bringt sie nicht alles mit (außer ihrem enormen Können): Kraft und Temperament, eine oft geniale Komik und, manchmal plötzlich, einen starken, mahnenden, beinah drohenden Ernst. Ihr sind wirklich zu eigen: Wucht, Autorität und der ganz undefinierbare Reiz der echten Persönlichkeit.

In der Uraufführung des «Spiels um Politik und Liebe in fünf Akten, Turandot dankt ab», von *Marianne Rieser*, tritt die Giehse in Generalsuniform auf. Sie ist Zelima, Kanzlerin und Vorsitzende des Ministerrates. In dieser Komödie, die nicht ohne heitere Nachdenklichkeiten und, besonders in den drei ersten Akten, effektvoll und unterhaltsam ist, wird ein Weiberstaat gezeigt und ad absurdum geführt. Turandot, «Präsident des Reiches», ist *Sibylle Binder* – wunderschön in ihrer weißen Uniform. Von welch edler Rasse ist diese Frau, wie wahrhaft aristokratisch sind ihre Reize. Die streng und lieblich stilisierte Anmut ihrer Gebärde, der etwas klagende, sogar ein wenig hohle Klang ihrer Stimme haben die Macht zu rühren und zu bezaubern. Ich liebe es sehr, und es ist mir immer ein ästhetisches Erlebnis ersten Ranges, Frau Binder auf der Szene zu sehen. «Turandot dankt ab», von Lindtberg mit allem Verständnis für die Reize und Wirkungsmöglichkeiten des phantastischen «Lehrstückes» inszeniert, wurde in besonders großem Stil herausgebracht: mit den schönen, bunten Bühnenbildern von *Teo Otto*, der zu den allerwichtigsten Mitgliedern des Ensembles vom Pfauentheater gehört. Schier unzählig die Landschaften, die Prunkgemächer,

Hallen, Arme-Leute-Stuben, Kerker, Salons, Geschäftsräume, Biedermeier-Zimmer, Festungen, Schluchten, Tanzsäle, die er, phantasiebegabt und von seltener Arbeitsenergie, wie er ist, nun schon für das Schauspielhaus geschaffen hat.

Der Überblick, den ich hier über die mannigfachen Leistungen des großen Züricher Privattheaters gebe, kann notwendig nur ein sehr fragmentarischer sein. Vielleicht gibt er trotzdem einen allgemeinen Begriff davon, wie hier gearbeitet, was dem Publikum hier geboten wird. Natürlich kommt auch das Interesse der Schweizer für die dramatische Produktion ihres eigenen Landes auf seine Rechnung. In dieser Saison gab es die Uraufführung einer «Blaubart»-Komödie von *Jean Albert Welti*; voriges Jahr den amüsanten, politisch-satirischen «Cäsar in Rüblikon» von *Walter Lesch*, mit dem kraftvollen und differenzierten Schweizer Schauspieler *Gretler* in der Hauptrolle – und jetzt soll, mittels eines Preisausschreibens, das beste Zeitstück eines Schweizer Autors herausgefunden und herausgebracht werden.

Diesem Repertoire ist der geistige Ehrgeiz derer, die es zusammenstellen, anzumerken: es soll Weltliteratur geboten werden. Die bewährten, bei aller Modernität doch schon klassisch-ehrwürdigen Werke werden wieder herausgebracht: «Pygmalion», mit Fräulein Moncasi als Eliza; «Nachtasyl», mit Horwitz, Stekkel, Langhoff, Kalser und dem begabten, gut aussehenden jungen *Emil Stöhr*; dazu die internationalen großen Erfolge der neuesten Zeit, Giraudoux's gedankenvoll-graziöse Komödie «La Guerre de Troie n'aura pas lieu» oder R. E. Sherwoods «Idiot's Delight», welches in der deutschen Bearbeitung von Polgar, unter dem Titel «Die Welt brennt!», von Lindtberg inszeniert, nächstens herauskommen wird.

Es ist vielerlei, es ist beinah zuviel – und da kommen wir zu dem einen Einwand, der gegen Arbeitsmethode und Leistungen dieses Theaters zu erheben ist: Es muß hier alles ein wenig schnell gehen, die Inszenierungen werden mit einer gewissen Hast herausgebracht; acht Tage für einen Shakespeare, einen Ibsen, das ist entschieden recht knapp. Freilich, dieses gehetzte Tempo wird nicht freiwillig eingehalten; die Direktion sieht sich zu ihm gezwungen: Dem viel zu kleinen Kreis von Interessierten muß häufig etwas geboten werden. Zehn Vorstellungen eines literarischen Stückes in Zürich – das ist schon ein guter Erfolg, der längst nicht immer erreicht wird. Geben wir es zu: Es ist bitter. Kann neben dem Tonfilm wirklich nur noch die vulgäre Operette sich halten? Sollte nicht gerade ein strenger und selbstbewußter gewordnes Theater, das wirklich der Dichtung dient, die wahre Konkurrenz, der eigentliche Gegenspieler des Tonfilms sein?

Im Falle des Züricher Schauspielhauses kommen besondre Umstände hinzu, die jenen deutlich spürbaren Mangel an Kontakt zwischen dem theatralischen Institut und den intellektuellen Zirkeln der Stadt teilweise mitbegründen mögen. Junge Autoren etwa, die in Zürich leben – Schweizer oder Ausländer – werden keineswegs als Publikum herangezogen; im Gegenteil, es geschieht nichts dazu, ihnen den Besuch des Hauses zu erleichtern oder auch nur möglich zu machen. Direktor Rieser scheint auf ein Stammpublikum von Kennern und kritischen Enthusiasten – die ja nicht in allen Fällen zugleich auch die Zahlungskräftigen sind – nicht den allermindesten Wert zu legen. Es ist sicher ein gesundes Prinzip, mit Freikarten und ermäßigten Eintrittspreisen sparsam zu sein und sich jeden genau anzuschauen, dem man dergleichen gewährt. Gute Grundsätze, zu weit getrieben, mit Pedanterie und Härte gehandhabt, stiften Schaden. Ich kenne junge Schweizer Autoren von Rang, die das Schauspielhaus niemals betreten, einfach weil sie es sich nicht leisten können. Dabei sind es gerade solche, die sehr wohl dazu fähig wären, durch ihren rühmenden Bericht, durch ihr kritisches Interesse wieder andere ins Theater zu ziehen, den Kreis der Anteilnehmenden, der Dankbaren zu erweitern. Und es bedarf eines großen Maßes von Dankbarkeit – einer Dankbarkeit, die von vielen freudig gespendet wird –, damit eine solche Fülle des eifrig und zuchtvoll wirkenden Talentes, des künstlerischen Ernstes, des fruchtbaren Fleißes sich belohnt findet, wie sie es verdient.

Deutsche Wirklichkeit

Machen wir uns nichts vor. Es gibt für uns alle eine schlimme Gefahr. (Ich sage: «für uns alle» – und meine: für jene Deutsche, die das Dritte Reich vom Ausland her bekämpfen.) Es könnte uns geschehen, daß wir allmählich den Kontakt zur deutschen Realität verlieren. Natürlich, wir verfolgen die Ereignisse, bleiben durchaus auf dem Laufenden, lassen uns instruieren – nicht allein durch die Presse, auch durch den Bericht der Augenzeugen. Trotzdem: die unmittelbare Berührung mit den deutschen Verhältnissen, mit der Atmosphäre, die jetzt in Deutschland herrscht, fehlt uns. Ich glaube nicht, daß wir Deutschland schon entfremdet sind. Aber es besteht die Möglichkeit, daß wir uns ihm entfremden könnten.

Da kommt nun eine begabte Frau und erzählt uns, wie es heute aussieht in diesem für uns unbetretbaren Land. Irmgard Keun hat es lange ausgehalten im Dritten Reich, sie kennt es, und der Roman, den sie uns nun vorlegt – «Nach Mitternacht» (bei Querido, Amsterdam) – ist bis zum Rande voll von gescheiten Beobachtungen, oft sehr witzigen und oft sehr schaurigen Details, von kleinen, frappierend lebendigen Dingen, die so durchaus den Charakter der Echtheit, des Authentischen haben, daß uns ist, als hätten wir sie selber gesehen, als seien wir ganz persönlich Zeuge und dabeigewesen.

Irmgard Keun, die mit ihrem «Kunstseidenen Mädchen» früher den großen populären Erfolg gehabt hat, kann erzählen; sie versteht sich darauf, Menschen hinzustellen, Milieus zu schildern, daß wir ihre ganz besondere, unverwechselbare Luft zu riechen meinen: eine kleinbürgerliche Wohnung, eine Kneipe oder ein Maskenfest, wo scheinbar alles sehr lustig und guter Dinge ist, ein paar englische Journalisten können mit Befriedigung konstatieren, daß man im «neuen Deutschland» nur lachende Gesichter sehe; wo aber Unheil sich vorbereitet, Spannungen in der Luft liegen, der Tod schon lauert.

Frauen haben oft eine besondere, nüchtern unbestechliche, durch keine Theorie beeinflußte, sehr eindringliche Art des Beobachtens; Vicky Baum hat diese wichtige Qualität; Irmgard Keun hat sie auch. Ein Mann würde die teilweise schrecklichen und dramatisch pointierten (gegen Ende des Buches sogar ausgesprochen überpointierten) Vorgänge, welche die Handlung des Romans «Nach Mitternacht» ausmachen, viel stärker stilisieren. Unsre Erzählerin aber bleibt gelassen, vermeidet das Pathos, behält während des ganzen Berichtes einen gewissen trocken verwunderten, sachlich konstatierenden und übrigens sehr suggestiven Ton. Der Stil des Buches ist von bemerkenswerter Anspruchslosigkeit. Der Bericht ist einer einfachen Frau aus kleinbürgerlich-provinziellen Verhältnissen in den Mund gelegt, und die spricht, wie ihr der Schnabel gewachsen ist. Nun bin ich ja im allgemeinen ziemlich mißtrauisch gegen diese Art von Tricks, die gleichsam aus der Not eine Tugend machen – dergestalt, daß dem Kritiker, der in der Erzählung Schlampigkeiten, Holprigkeiten, Schwerfälligkeiten tadelnd konstatiert, stets erwidert werden kann: Aber freilich – das Buch soll ja schlampig, schwerfällig, holprig geschrieben sein, weil es doch eine so primitive Person ist, die spricht. Ich bin also im Ganzen mehr für gut geschriebene Bücher; stehe aber nicht an, in diesem besonderen Fall zuzugeben, daß der Trick hier durchaus seinen Zweck erfüllt, daß der Bericht durch die scheinbar nachlässige, zuweilen aber sehr kunstvoll konzentrierte Art des Vortrages gerade fesselnd, gerade spannend und intensiv wird.

Das junge Mädchen, welches alles erzählt, ist also aus ihrer halb bäuerischen Heimat in die Wohnung und in das Milieu ihres Bruders nach Frankfurt am Main verschlagen worden. Der Bruder ist Schriftsteller, ziemlich gleichgeschaltet, ziemlich der Blut- und Boden-Richtung verfallen, aber doch noch nicht ganz verdorben, unter Gewissensbissen doch noch leidend – ein schwacher Mensch übrigens, am Ende sehen wir, daß er im Sumpfe steckenbleibt. In der Wohnung dieses Bruders nun und auch in seinem Freundeskreis spielen die Dinge sich ab, die alle, während der kurzen Zeitspanne, in welcher der Roman spielt, zu einem Höhepunkt, zur Explosion, zur Katastrophe treiben. Die Luft, in der sich diese Menschen bewegen, ist dumpf mit Spannungen geladen. Es ist eine Luft, halb wie im Gefängnis, halb wie im Irrenhaus. Düstere Schatten streifen über alle Gesichter; einige Menschen gehen zugrunde, andere fliehen, machen sich frei, wieder andere werden stumpf, verkommen.

Glücklich ist keiner. Man ist nicht glücklich im totalen Staat des Faschismus.

Und ein Schauder läuft uns über den Rücken, während wir spüren und erkennen: Ja, so ist es; so leben diese Menschen, das ist ihr Alltag, und so sehen ihre Feste aus – die Schriftstellerin Irmgard Keun hat es uns aufs anschaulichste dargestellt. So ist es in diesem Dritten Reich, wenn ein «arisches» junges Mädchen sich in einen jungen Mann namens Aaron verliebt; so sitzen diese beiden zusammen in einer verschwiegenen Konditorei, bebend, das wachsame Auge der Wächter über Rassenreinheit könne sie ertappen. So ist es, wenn der «Führer» eine Stadt wie Frankfurt mit seinem Besuch beehrt: Gleich das erste Kapitel schildert – und es sind schriftstellerisch vielleicht die glänzendsten Abschnitte des Buches –, wie das kleine Bertchen «Reihendurchbrecherin» spielen muß, obwohl sie eigentlich Grippe hat, und wie sie dann, im rauchigen Wirtshaus, immer wieder die blödsinnigen Verse rezitiert, die der Vater ihr einstudiert hat, bis sie nicht mehr kann und hinstürzt, auf den Blumenstrauß stürzt, den der zerstreute «Führer» ihr abzunehmen vergessen hat, und auf diesen Blumen stirbt; ein Opfer auch sie – aber im Laufe der Erzählung sehen wir andere, tragischere sich vollziehen...

Es ist ein wichtiges Buch; ebenso wichtig, will mir scheinen, wie die berühmten Dokumente über die Konzentrationslager, über die illegale Arbeit, über Martyrium und kämpferische Leistung der deutschen Opposition. Denn ein Dokument ist auch dieses – trotz der romanhaften, teilweise etwas zu romanhaften Zurechtmachung. In seinem eigentlichen Gehalt, in seiner Schilderung des Alltags im Dritten Reich, gibt es die Wahrheit – das spürt jeder, der irgendeinen Instinkt für das Echte und das Unechte hat; die Wahrheit, und nichts als sie. Es ist jammervoll, schandbar und unerträglich, daß die Wahrheit so aussieht. Aber so ist sie nun einmal, jammervoll, schandbar und unerträglich – bis auf weiteres; nämlich bis alle, die sie als jammervoll, schandbar und unerträglich empfinden, sie verändern.

Österreichische Tragödie

Der Burgtheater-Ring wird solchen Dramatikern, Schauspielern und Regisseuren verliehen, die sich um das ehrwürdige Institut – ohne Frage die repräsentativste europäische Bühne mit der «Comédie Française» – ein besonderes Verdienst erworben haben. Arthur Schnitzler und Gerhart Hauptmann, Devrient und die Bleibtreu, Max Mell und Hermann Bahr, Karl Schönherr, Otto Tressler und Ludwig Fulda sind Träger der Auszeichnung, die man nun dem Dichter *Franz Theodor Csokor* zuerkannt hat.

Die Wiener Presse betonte, daß Csokor der jüngste sei von allen, die man des ehrenden Ringes für würdig befunden hat. Er ist auch – künstlerisch wie gesinnungsmäßig – der radikalste, der fortgeschrittenste unter den Ausgezeichneten; er steht der «Avantgarde» am nächsten. Es zeugt von einer bemerkenswerten Unvoreingenommenheit, daß die Wahl auf ihn fallen konnte. Im Reiche drüben würde man ihn wohl zu den «Kulturbolschewisten» rechnen. Wie fast alle Talente seiner Generation kommt er vom Expressionismus her. Sein großes Vorbild ist Georg Büchner – im Sprachlichen wie in einer inneren Haltung, die sich als tragischer Aktivismus, als heroischer Pessimismus andeutungsweise charakterisieren läßt. Csokor darf wohl von sich sagen, daß er ein wenig zur geistigen Verwandtschaft Büchners gehöre – in dem Sinn etwa, in dem Stifter sich zur «Familie» Goethes zählte. Freilich hat er nun die Stimmung von «Sturm und Drang», über die Büchner nicht hinauskommen durfte, hinter sich gelassen: Das Drama *«3. November 1918»*, das jetzt im Burgtheater zu sehen ist und um dessentwillen Csokor der Ring zuerkannt wurde, bedeutet eine Wendung zu einer zuchtvollen Konzentration, wie sie den reiferen Jahren ansteht; zum Sachlicheren, Knapperen, Härteren, Präziseren, zum Verzicht auf manches Pathos, manchen Überschwang. Zuweilen kommen im Dialog noch Formulierungen vor, die in ihrer steilen Stilisiertheit jenen Tonfall haben, den wir als den «expressionistischen» zu bezeichnen gewohnt sind; aber im ganzen ist die Sprache hier gelassener als in Csokors früheren Werken – «Die rote Straße», «Gesellschaft für Menschenrechte» –: realistischer, kühler, dem Milieu, in dem die Handlung spielt, dem Milieu österreichischer

Militärs, bis zu einem gewissen, übrigens durchaus unaufdringlichen Grade angepaßt. Csokor hat sich hier an den ganz großen Stoff gewagt; Gegenstand seiner drei Akte ist die Tragödie Österreichs selber; der Zusammenbruch, die Auflösung jenes Reiches, von dem es im Vorspruch mit schönem Pathos heißt, daß es «das Abendrot des römischen Imperiums auf der Erde Mitteleuropas» gewesen sei.

«Uns aber sei verstattet, über jene Katastrophe weg der kosmopolitischen Form jenes Reiches zu gedenken, das auf seine Art nicht nur den Traum eines von schweren Gewittern oft heimgesuchten Herrscherhauses bedeutete, sondern noch darüber den universalen Kaisergedanken des Staufers Friedrich des Zweiten und des Habsburgers Karl des Fünften –»: In so geistiganspruchsvollem Sinn versteht Csokor sein melancholisch-grandioses Thema. Für das Drama, das in diesem Geist konzipiert und geschrieben ist, kann es einen passenderen, schöneren Rahmen gar nicht geben als eben das Burgtheater, über dessen Gold- und Marmor-Pracht eine dünne Staubschicht allerorts zu liegen scheint und das – ein monumentaler Anachronismus – immer noch eine Macht und Herrlichkeit repräsentieren möchte, die nicht mehr da sind.

Im Parkett und in den Rängen sitzt das Publikum dieser wunderbaren Hauptstadt ohne Reich – das Publikum der durch bittere Abenteuer geprüften, verarmten, vielfach bedrohten, immer noch unendlich liebenswerten Stadt Wien – und schaut sich das Schauspiel vom Zusammenbruch des großen Reiches an. Wie war das? Wie ging das zu? – Droben, auf der Bühne, werden verschiedene Dialekte gesprochen, alle Mundarten der alten, gestürzten und vergangenen Monarchie: Da hört man jede Nuance, vom Kärntnerischen und Tirolerischen – deren Ton noch dem Süddeutsch-Bayrischen verwandt ist – über das tschechisch Harte bis zum singend weichen, mühsam und innig vorgebrachten Deutsch eines russischen Kriegsgefangenen.

Es hat sich nämlich eine Gesellschaft von Offizieren während der letzten Kriegsmonate in einem Erholungsheim in den Kärntner Karawanken zusammengefunden. Die Offiziere heißen: *Radosin, Orvanyi, Ludoltz, Kaminski, Zierowitz, Vanini, Sokal.* Der exotische, nicht-deutsche Klang ihrer Namen fällt auf; einen deutschen Namen hat eigentlich nur *Dr. Grün*, Regimentsarzt, «im Zivil Sekundararzt im Krankenhaus» – der jüdische Intellektuelle unter diesen Militärs: eine auf skeptisch-melancholische, resignierte Art überlegene und übrigens mit Sympathie gesehene Figur. Die Offiziere, in ihrer Bergeinsamkeit, samt den Burschen und Kriegsgefangenen, von denen sie bedient werden, wissen nichts von dem, was geschieht, drunten und draußen in der Welt. Sie meinen, der Krieg geht weiter, die Monarchie steht fest; sie meinen, das Reich hat Bestand – sie können es sich gar nicht anders vorstellen. Inzwischen aber ist die Katastrophe schon Ereignis geworden.

Sie wird gemeldet von einem revolutionären Matrosen, der – verwildert, grausam, intelligent – eindringt in das militärische Bergidyll und höhnisch-triumphierend die Ahnungslosen ins Bild setzt: Der Krieg ist verloren, die Armee hat sich aufgelöst, das Reich zerfällt, ein Österreich-Ungarn gibt es schon nicht mehr. Der Bote aus dieser neuen, unbegreiflichen Welt heißt Pjotr Kacziuk, und so sieht er auch aus: struppiger Bart und darunter ein Mundwerk, das auf eine barbarisch rauhe und dabei bösartig gewandte Art zu reden versteht. Es ist charakteristisch, daß für diese Figur – die übrigens auch vom Dichter her die konventionellste, am wenigsten geglückte des Stückes sein dürfte – der wirklich passende Darsteller im Ensemble des Burgtheaters nicht zu finden war: der Schauspieler Franz Höbling gibt sie wie den «wilden Mann» aus dem Dreigroschenheft, mit einer Art von wüster Aufgeräumtheit und humorigem Sadismus; er wird nicht zum würdigen Gegenspieler jener, die er mit der riesigen Neuigkeit anfällt, überrascht und erschüttert.

Denn von diesen Offizieren ist wirklich jeder ein Mensch: Die Worte, die der Autor sie sagen läßt, wirken ebenso überzeugend, ebenso gültig und echt, wie die Art, auf welche die Schauspieler sie vorbringen. Diese Männer haben zusammen gelebt und zusammen gekämpft in einer Gemeinschaft, die fest gefügt schien und die nun zerbrochen ist. Die Reaktion jedes einzelnen auf diese neue, fast unglaubliche und überwältigende Situation ist das eigentlich dramatische Motiv des Werkes. Sie sind alle im tiefsten betroffen; alle bleiben kämpferisch gestimmt. Die neue Lage erfordert eine neue Aktivität; jeder hat nun einem neuen

Vaterland zu dienen, man findet sich neuen Verpflichtungen gegenübergestellt; man ist nicht nur aus einer alten Zusammengehörigkeit entlassen, sondern auch in eine neue aufgenommen: es ist nicht die Stunde, Zeit zu verlieren, sich dem melancholischen Gedanken ans Vergangene lange hinzugeben; die Diskussionen, die Auseinandersetzungen, zu denen es kommt, sind kurz und mit Spannungen heftig geladen; man bricht auf, nach Prag oder nach Budapest oder nach Bozen oder nach Wien; der historische Augenblick ist groß, jeder will sich zur Verfügung stellen, abseits will keiner sein. Die Stimmung ist gemischt aus Schmerz und Wehmut über den Verlust des alten Reiches und aus der erregten Erwartung aufs Kommende.

Einer nur bricht zusammen; es ist der, welcher ganz nur Militär, kaiserlich österreichisch-ungarischer Offizier gewesen ist: Oberst von Radosin, von Otto Tressler eindrucksvoll und lebensecht verkörpert. Er erträgt es nicht; ihm bedeutet das historisch unvermeidliche, sinnvolle, seit langem vorbereitete und unabwendbar gewordene Ereignis den Weltuntergang; er sagt: «Habe die Ehre, meine Herren!», geht hinaus, und man hört den Schuß knallen.

An seinem eilig geschaufelten Grabe finden sich die noch einmal, die nun nicht mehr zueinander gehören und die doch zu lange miteinander gewesen sind, als daß sie sich jemals ganz einander entfremden könnten. Jeder wirft eine Schaufel Erde auf den Sarg des Obersten, den wir sie so oft, nach drolligem, österreichisch-militärischem Brauch, mit «Herr Oberst» und «du» haben anreden hören. («Das mußt du doch verstehen, Herr Oberst!») Immer wenn einer die Schaufel nimmt und die Erde fallen läßt, spricht er feierlichen Tones dazu: «Kroatische Erde!» oder: «Erde aus Kärnten!» oder «Slowakische Erde!» Dem toten Kameraden, dem kaiserlich österreichischen Offizier bringt jeder von seiner Heimaterde gleichsam ein Stückchen als Opfer dar. Nur der jüdische Regimentsarzt, nur Dr. Grün bleibt stumm, während er mit der Schaufel zum Grabe tritt.

Dieses Schweigen von seiten des Juden, dieses Stumm-Bleiben in dem feierlich gespannten Augenblick, da alle die anderen sich zu einer besonderen Landschaft und Nation bekennen, ließ mich aufhorchen – wenn man denn den Ausdruck «horchen» in diesem Zusammenhang, wo ein Wort ausbleibt, wo ein kurzer Satz *nicht* gesprochen wird, entschuldigen will. Ich dachte mir: Was beabsichtigt der Dichter Csokor mit dieser lautlosen Pointe, diesem stummen Effekt? Will er ausdrücken: Jeder hat seine Heimat; jeder hatte seine besondre in diesem großen, vielfach gemischten Habsburger-Reich – nur der Jude hat keine?

Später erfuhr ich, daß gerade an dieser Stelle der Regisseur einen bedeutungsvollen Strich gemacht habe. Denn während alle diese Offiziere, indem sie dem toten Oberst die letzte Huldigung erweisen, ihre engere Heimat ehren, hat der jüdische Arzt, im Texte Csokors, zu sagen: «*Österreichische* Erde!» –: solcherart bekundend, daß er, der «Heimatlose», dem «Reich» enger verbunden war als all die andren, die immer noch ein besonderes Vaterland mit-liebten, oder selbst mehr liebten, als das große, allgemeine, dessen überreife Herrlichkeit im Herbst des Jahres 1918 zerfallen ist.

René Schickeles neuer Roman

Es wäre gar nicht übel, sondern recht angenehm und beinah notwendig, wenn es einen Codex von Zeichen gäbe, die man einer Buchkritik voraussetzen könnte, so etwa wie vor einem Musikstück Schlüssel und Tonarten angegeben sind. Ich meine Zeichen, die den Leser darüber unterrichten, welchen Maßstab der Rezensent an das zu beurteilende Werk legt; zu welcher Kategorie von Büchern das betreffende etwa gehört – ob es hohe Literatur oder Tendenz- oder Unterhaltungs-Literatur ist –; welchen Platz in der Hierarchie der Schriftsteller sein Autor einnimmt – denn eine solche Hierarchie gibt es –; mit welchem Maß von prüfender Strenge, mit welchem Anspruch man ihm also entgegentritt.

Da dieser Zeichen-Codex, dieses System von Hieroglyphen fehlt, wird der Leser oft getäuscht und in die Irre geführt. Er findet etwa ein zwar politisch nützliches, gut gemeintes, brav gemachtes, aber literarisch ganz anspruchsloses und – um es nur heraus zu sagen – wertloses Buch herzlich gelobt («Nur so weiter, junger Mann!» heißt es da. «Solche Bücher können wir gebrauchen!»), das Produkt eines wirklichen Schriftstellers aber, eines echten, passionierten Künstlers wegen irgendwelcher fragwürdiger Züge, wegen irgendwelcher Fehler, die ihm eignen mögen, getadelt. Der Leser muß also den – falschen – Eindruck bekommen, daß die Arbeit des braven, aber literarisch nur ganz mäßig begabten jungen X. wertvoller sei als die des reifen, hoch entwickelten, vielfach bewährten Y. Der Kritiker hat nämlich an das Werk des Y. einen ganz anderen und sehr viel strengeren Maßstab gelegt als an die redliche Erstlings-Leistung des jungen X. Nur hat er unterlassen, den Leser darauf hinzuweisen, daß er Y. nur tadelt, weil er das Beste, das Vollkommene von ihm erwartet; und daß er X. mit soviel Gutmütigkeit nur deshalb behandelt, weil er bei ihm durchaus nichts von besonderem Reiz und Wert vorausgesetzt hatte.

Diese der Kritik voranzusetzenden Schlüssel-Zeichen müßten das Publikum vor allem auch darüber ins Bild setzen, ob der Schriftsteller, mit dem man es zu tun hat, eine persönlich geprägte, eine dichterische Prosa schreibt, ob er überhaupt einen Stil hat, oder ob er sich nur schlecht und recht – mehr oder minder korrekt – verständlich macht. Ich fürchte, man hat vielfach vergessen, daß der Rang eines Autors, zunächst und vor allem, durch seinen Stil bestimmt wird. «Der Stil ist die Physiognomie des Geistes», heißt es bei Schopenhauer. «Sie ist untrüglicher als die des Leibes.» Auf die Merkmale und besonderen Zeichen dieser «Physiognomie» verstehen sich nur noch wenige; sie werden meist übersehen. Wer fragt denn noch danach, wie ein Buch geschrieben ist? Wer kümmert sich denn noch um Reiz und Rhythmus, um Charme und Melodie der Prosa? Wenn einer nicht geradezu grammatikalische Schnitzer macht, kann er heute schon ein großer Schriftsteller heißen...

Gäbe es bei breiteren Leserschichten – gäbe es auch nur bei der literarischen Kritik – einen Sinn und ein Verständnis für die stilistischen Valeurs – ein Autor wie René Schickele müßte berühmter sein, müßte erfolgreicher sein, als er es tatsächlich ist; wenn man seinen Namen hört, müßten alle, die deutsche Dichtung lieben, gleich wissen: René Schickele – ein echter Künstler unter unsren Schriftstellern! Einer, der das Instrument der deutschen Sprache wirklich beherrscht; der auf ihm zu spielen versteht, ihm überraschend holde Töne zu entlocken weiß, wie nur wenig andere, wie nur ganz wenig andere in dieser Zeit.

Immer also, wenn wir uns mit einer Arbeit von René Schickele kritisch beschäftigen, haben wir unserer Betrachtung jenen «Schlüssel», jene Hieroglyphe voranzustellen, welche bedeutet: Hier handelt es sich um hohe Literatur, um etwas sehr Feines, Seltenes, um ein Produkt aus kostbarer Substanz. Erst wenn das betont und eindeutig festgestellt worden ist, dürfen wir auch mit Einwänden kommen.

Denn freilich lassen sich gegen den neuen Roman von Schikkele «Die Flaschenpost» (Verlag Allert de Lange, Amsterdam) auch Einwände anbringen, und Bedenken drängen sich auf. Es ist in diesem mit viel Schönheiten reich begnadeten Buch ein Element des Spielerischen, des Abseitigen; es herrscht in ihm, von Anfang bis zum Ende, eine melancholisch-hochmütige Distanz zu den großen Sorgen und Problemen der Zeit, durch die wohl mancher zum Widerspruch, ja zum Widerwillen gereizt werden könnte.

Der Held des Romans – aber keine Bezeichnung dürfte in diesem Falle weniger passend sein als die des «Helden»; die zentrale Person des Buches also, jene nämlich, die das Wort führt, welcher der Bericht in den Mund gelegt ist – ist ein Fremdling in dieser Zeit, kommt nicht mit, will nicht mitkommen, weiß durchaus nichts anzufangen mit den großen kollektiven Bewegungen der Epoche, ein Individualist bis zu dem Grade, daß man ihn beinah einen Anarchisten nennen möchte, wenn ihm zum Anarchisten nicht wiederum die Tatkraft, die Aktivität im Verneinen fehlten. Da die Realität ihm unerträglich ist, flüchtet er in den Wahnsinn – wobei sich die alte Hamlet-Frage ergibt: Spielt er den Wahnsinn nur, oder ist er ihm wirklich verfallen? Die Verfallenheit an den Wahnsinn zeigt sich vor allem darin, daß er den Mann, welcher in dem südfranzösischen Nest sein Nachbar ist, hartnäckig und eigensinnig für den Exkönig von Spanien hält. Es ist dem Richard Wolke – dies der Name unseres Riviera-Einsiedlers – gar nicht auszureden: Der Herr von nebenan ist der Exkönig. Dabei handelt es sich in Wirklichkeit um einen Anarchisten auf Urlaub – um einen veritablen Anarchisten in diesem Fall: Er hat schon sechzehn Personen, darunter zwei Minister, umgebracht. Wolke seinerseits bringt nur einen einzigen Menschen um: eben den falschen Exkönig. Dieses ist die einzige Tat, zu der er es bringt – eine verfehlte, eine irrtümliche, eine falsche; denn der, den er tötet, ist ja im Grunde sein Gesinnungsgenosse. Aber so geht es wohl, wenn die nicht zum Handeln Geborenen sich zur Handlung aufraffen: Sie hauen daneben, es kommt nicht das heraus, was sie sich vorgestellt hatten. Zunächst allerdings spüren sie eine gewisse Befriedigung – irrtümlicherweise. «Ich ging nach Hause», heißt es, nachdem das Unsinnige geschehen ist, mit schönem, lyrischem Pathos, «duftend vom schwermütigen Glücke eines, dessen Lebenswerk getan ist.» Wer aber lacht, wer vor Lachen geradezu brüllt, das ist die Polizei: Wolke hat – oh, bittere Ironie! – ohne es zu wissen oder zu wollen, einen schlimmen «Feind der Gesellschaft» beseitigt.

Sonst bringt er nicht viel fertig im Laufe dieser melancholisch-witzigen Erzählung. Nicht einmal zu der Nacht mit der Freundin des falschen Exkönigs – einer hinreißend geschilderten, von Sinnlichkeit gleichsam leuchtenden Person, in die sich unser Wolke heftig verliebt – darf es kommen.

Die Handlung – die sich gerade dadurch auszeichnet, keine Handlung zu sein – ist in die strahlende südfranzösische Landschaft gestellt, in den «Midi» – keiner vermag ihn so zu schildern wie René Schickele, Spezialist für das Elsaß und für die Provence. Wie das duftet! Was für zarte und satte Farben das hat! Wenn ich an das Buch «Die Flaschenpost» denke, habe ich eine Erinnerung wie an den Duft von Mimosen. Und wie prachtvoll lebendig stehen diese südlichen Typen da: Josefo – reizender Gauner, fragwürdiger Papa dieser von allerlei gemischtem Volk bewohnten kleinen Niederlassung. Und Nina, seine reizvolle Frau, eine Kranke, schon halb Entrückte, mit Betrübtheit und Zärtlichkeit sehen wir sie sterben, wie man eine hübsche, durchsichtig zarte Figur entschweben sieht.

Es gibt viel zu bewundern, viel zu lieben. Das ganze Buch ist geschrieben mit einer zauberhaft leichten Hand; mit jenem Fingerspitzengefühl für die Nuance, das Nietzsche bei seinen Deutschen so bitter vermißte. Man ist Artist und Liebhaber des Artistischen genug, um begeistert zu sein. Freilich, man ist auch Moralist – moralistischer Politiker genug –, um mit Kummer, ja, um mit einem Gefühl, das fast Empörung ist, zu empfinden: Hier entzieht sich ein reifes, sicheres, sensibles, hoch entwickeltes literarisches Talent der Problematik der Zeit. Ein Künstler flieht in holde, abseitige Gegenden: es ist Fahnenflucht. Der Fall Richard Wolke, das ist beinah der Fall René Schickele. Der Unterschied ist nur: Schickele ist wertvoller als Wolke; er ist uns wertvoller, wir brauchen ihn mehr. Wolke ist nur ein Kauz. Schickele ist ein Dichter. Der Dichter sollte sich nicht zu viel mit Käuzen beschäftigen, sondern mehr mit denen, die Anteil nehmen an unseren Sorgen und Hoffnungen und die teilhaben an unseren Kämpfen.

Oscar Wilde entdeckt Amerika

Am 24. Dezember 1881 schiffte sich Oscar Wilde auf der «Arizona» in Liverpool nach New York ein. Er war achtundzwanzig Jahre alt und hatte noch nicht viel geschrieben, was die Kraft haben würde zu dauern. Aber er war ein brillanter Oxford-Student gewesen, er spielte eine Rolle in den literarischen Salons von London, machte Aufsehen mit amüsanten Extravaganzen. Um seine Figur begann schon jener «Wildesche» Nimbus sich zu bilden – die etwas skandalöse Glorie, die damals noch den heiteren Schimmer hatte und die sich später ins Tragische verfinstern und verwandeln sollte...

Der junge Oscar stand den Präraffaëliten nahe: Man schwärmte für Botticelli und hatte eine Art von Heilslehre erfunden, die man den «Ästhetizismus» nannte und die unter dem Einfluß von Ruskins romantischem Sozialismus stand. Die Erlösung der Gesellschaft von allem Übel durch den Kult der Schönheit, besonders durch den Kult von chinesischem Porzellan, Sonnenblumen und Lilien: Auf etwas dieser Art lief es hinaus. Im übrigen trug man das weiche dunkle Haar halblang im Nacken und tauschte Bonmots mit dem Maler Whistler.

Der Karikaturist Du Maurier hatte die jungen Ästheten auf unzähligen Blättern verulkt. So recht populär wurde der Kreis der Schönheitsanbeter aber erst, als die berühmten Gilbert und Sullivan sich in einer ihrer komischen Opern mit ihm beschäftigten. Ganz England lachte, weil die exaltierte Ausdrucksweise der jungen Herren, mit ihren ständigen Superlativen, mit ihrem «Utterly, too-too!», in der Operette «Patience» auf so drollige Art kopiert und übertrieben war. Das Haupt-Chanson, mit dem Refrain: «A most intense young man» – von dem alle Welt wußte, daß es sich über Oscar Wilde lustig machte – wurde mindestens einen Winter lang von allen Gassenjungen gepfiffen.

Natürlich sollte «Patience» auch in Nordamerika ein Schlager werden; der englische Theaterunternehmer D'Oyly Carte hatte den Einfall, das Modell der Posse – Oscar Wilde – in persona zu einer Vortragstournee nach den Staaten zu schicken – wovon er sich eine sensationelle Vor-Reklame für Gilbert und Sullivan versprach. Für den jungen Dichter war die Rolle, die man ihm dazu zu spielen zumutete, keine sehr ehrenvolle. Er akzeptierte sie trotzdem. Warum tat er das wohl? Ließ er sich aus Unwissenheit, aus Naivität solcherart mißbrauchen? Oder beteiligte er sich an diesem etwas zweifelhaften Scherz, weil er den Skandal liebte, weil er ihm, damals schon, unentbehrlich war wie die Luft zum Atmen?

Im Januar 1882 trifft Oscar Wilde in New York ein – höchst auffallend angetan mit langem, flaschengrünem, üppig pelzverbrämtem Mantel; runder Pelzmütze, gelben Kalbslederhandschuhen, von denen er einen elegant-nachlässig schlenkert. Dem Beamten, der ihn fragt, ob er nichts zu verzollen bei sich habe, antwortet er über die Achsel: «Nichts – als mein Genie!» Seine erste Pointe: die Journalisten fangen sie auf; denselben Abend spricht und lacht «tout New York» über sie. – Dann erklärt Oscar noch, daß er ein wenig enttäuscht vom Ozean sei: Er habe ihn sich viel großartiger vorgestellt.

Die Journalisten sind hinter ihm her wie die Meute hinter dem edlen Wild. Oscar – der untröstlich wäre, wenn sie es sich einfallen ließen, sich *nicht* um ihn zu bekümmern – beklagt sich über ihre Aufdringlichkeit.

Die Besichtigung der Stadt New York wird ziemlich geschwind absolviert – erstaunlich, in der Tat – hier gibt es Häuser, die zehn Stock hoch sind... Vor allem aber läßt der junge Brite sich einladen. Am Tage seiner Ankunft wird es deutlich: Er ist die gesellschaftliche Sensation der Saison. Zwar gibt es konservative Kreise, die sich gegen ihn sperren – als ahnten sie den ungeheuerlichen Skandal, der ihm doch erst, Jahrzehnte später, bevorsteht – und Zeitungen, die gegen ihn polemisieren. Man wirft ihm seine «sozialistische» Gesinnung vor und daß er gesagt haben soll, die Historie sei nichts als eine Reihenfolge verbrecherischer Kriege. Aber die eigentlich eleganten Zirkel verzeihen dem charmanten jungen Londoner dergleichen Gesinnungs-Exzentrizitäten, wie sie ihm seine langen Haare verzeihen.

Sein erster Vortrag handelt von der «neuen englischen Renaissance»: Das sind Präraffaëlismus, Ruskinismus, Ästhetizismus. Übrigens ist er höflich genug, Komplimente über Amerika einzuflechten, die seine Empfänglichkeit für die Kraft, die Jugend und die erfrischenden, stärkenden Reize dieses Erdteils beweisen. Schon in New York spricht er von dem «Hellenischen», das er spüren will in der Luft dieser «neuen Welt».

Besonders die Damen sind hinter dem britischen Dandy-Poeten enthusiastisch her. Seine Triumphe bei «dinner-parties» sind erheblicher als die im Vortragssaal. – Heikler wird die Situation in Boston. Die konservative Stadt, die das Zentrum vornehmer Geistigkeit zu sein prätendiert, will sich von der New Yorker Sensation nicht bluffen lassen. Die beiden repräsentativen Figuren des literarischen Lebens von Boston lernt Wilde gar nicht kennen: es sind der fünfundsiebzigjährige Henry Wadsworth Longfellow und Mrs. Harriet Beecher-Stowe, die ihrerseits siebzig Jahre alt ist. Sie kann den Lebensabend im komfortablen Landhaus, unweit Bostons, verbringen; ihr Einkommen aus «Onkel Toms Hütte» ist noch immer beträchtlich – das Buch ist vor dreißig Jahren erschienen! Eine selbstgefällige alte Dame: sie ist fest davon überzeugt, daß Gott selbst ihre Hand geführt hat, als sie den Roman über das Martyrium der Neger schrieb, dem ein so kolossaler Erfolg beschieden war und der nicht unwesentlich dazu beitrug, den amerikanischen Bürgerkrieg zu entfesseln. Keineswegs liegt es in der Art der Mrs. Beecher-Stowe, einem jungen britischen Windbeutel nachzulaufen. Auf dem Empfang, der zu seinen Ehren gegeben wird, unterhält sie sich die ganze Zeit ostentativ mit einer Schauspielerin. Als Freunde sie später fragen: «Haben Sie denn nicht darum gebeten, ihm vorgestellt zu werden?» – antwortet sie, stolz und pikiert: «Mir scheint, der junge Mann hätte sich mir vorstellen lassen sollen.»

Bei Wildes Vortrag in Boston machten die Harvard-Studenten Krach: Sie verhöhnten den «Ästhetizismus», indem sie mit enormen Sonnenblumen in der Hand und in samtenen Kniehosen aufmarschierten. – Nicht gerade von den Studenten, aber von anderen einflußreichen Bostoner Kreisen wird dem jungen Poeten «Unsittlichkeit» vorgeworfen (auch hier ist es wieder, als ahnte die neu-englische Gesellschaft mancherlei voraus, was Wilde sich, später, der alt-englischen gegenüber herausnehmen sollte). Der Angegriffene erwidert mit Aperçus: «Man sollte nie von einem moralischen oder unmoralischen Gedicht sprechen. Gedichte sind entweder gut geschrieben oder schlecht geschrieben.» Und weiter: «Die Kunst hat immer nur einen Gegenstand: ihre eigene Vollendung.» – Das Dogma des «l'art pour l'art», welches heute, sehr allmählich, anfängt, einen gewissen historischen Reiz zu bekommen, hatte damals den erregenden Kitzel des Neuesten, Kühnsten, Jüngsten.

Das positivste Ereignis von Wildes amerikanischer Reise ist die Begegnung mit Walt Whitman: Der junge Engländer unternimmt die Pilgerfahrt zum größten Dichter, den der neue Erdteil bis heute hervorgebracht hat. Und siehe: die beiden vertragen sich, einer mag den anderen, obwohl ihre Lebens-Stimmungen, ihre Meinungen und Instinkte in vielem so wesentlich auseinandergehen. Der alte Whitman faßt den fundamentalen Unterschied ihrer Konzeption vom Schönen hellsichtig zusammen: «Meine Ansicht ist, daß die Schönheit ein Ergebnis bedeutet, nicht eine Abstraktion.» Aber seine Sympathie für den jungen Ästheten hat beinah väterlich-zärtlichen Charakter. Wilde seinerseits ist tief beeindruckt von dem großen Barden der Ströme, Wiesen, Menschenleiber, von dem großen «Kameraden» alles Lebendigen. – Whitmans Schwester serviert Heidelbeerwein. Als Wilde später gefragt wird, wie der geschmeckt habe, erklärt er überschwenglich: «Ich hätte ihn getrunken, und wenn es Essig gewesen wäre; denn meine Bewunderung für diesen Mann ist so groß, daß sie sich gar nicht ausdrücken läßt.» – Die Situation dieser Begegnung hat entschieden ihren geistesgeschichtlichen

Reiz. Der Alte und der Junge, sie erkennen einander, ja, sie lieben sich fast. Was sie gemeinsam haben, was sie verbindet, das ist das echte Format, die natürliche Größe, ein von der Natur selbst verliehener Adel...

Die Stunde, die der junge Oscar Wilde beim alten Walt Whitman verbringt, ist wohl die ernsteste, geistigste, schönste, die ihm zuteil wird während seiner turbulenten Reise durch die Vereinigten Staaten. Kaum ist er entlassen aus der mönchisch-einfachen Behausung des Sängers der «Grashalme», greift die amerikanische Gesellschaft wieder nach ihm.

Die Gesellschaft hat sich nach dem großen Bürgerkrieg umgeschichtet. Neue Reiche verlangten nach einer neuen Etikette. Der Snobismus orientierte sich nach London – wie er es heute noch tut. Da kommt der brillante junge Herr aus Oxford gerade recht. Als eine Art von sublimem Zeremonienmeister wird er von Stadt zu Stadt, von Salon zu Salon gereicht. Unzählig sind die Witze, die Karikaturen, die während dieser Monate über ihn in der Presse erscheinen. Auf eine etwas bedenkliche, nicht recht seriöse Weise ist er, eine Zeitlang, wirklich populär in den Vereinigten Staaten.

Konfektions-, Parfümerie- und Zigaretten-Geschäfte bestreiten ihre Annoncen mit seinem Namen und mit humoristischen Hinweisen auf seine Eigenheiten. Da kann man lesen: «Meine Herren! Haben Sie schon den Oscar-Wilde-Schuh gesehen? Er ist ‹äußerst = gar zu sehr!› (It is utterly too-too!) – Bei Frank Hart, 81 West, 4. Street.» Oder: «Oscar Wilde sagt, die Opera Puff-Zigaretten sind das Feinste vom Feinen und einfach too-too! Die Patti wird niemals mehr mit ihrer Kehle zu tun haben. Sie wird nur mehr Opera Puff-Zigaretten rauchen.» – Die Karikaturen sind oft recht boshaft. Auf einer, die in der «Washington Post» erscheint, wird eine Zeichnung, Oscar Wilde mit der Sonnenblume darstellend, neben das wenig schmeichelhafte Porträt des «wilden Mannes von Borneo» gestellt: eines Halbaffen, mit dem Apfel in der haarigen Faust – und wirklich, die Ähnlichkeit zwischen dem Oxforder décadent und dem Urwald-Ungetüm fällt ins Auge...

Bei den Vorträgen über die Probleme der Ästhetik zeigt das Publikum sich zuweilen recht gelangweilt; Wilde spürt es, wird dadurch seinerseits enerviert, und läßt sich einmal so weit gehen, gereizt vom Podium zu rufen: «Es gefällt Ihnen nicht! Dann hat es keinen Sinn für mich fortzufahren.» Die Studenten-Skandale wiederholen sich; die jungen Leute der Universität Rochester schicken einen riesenhaften Neger in der bekannten Ästhetentracht durchs Parkett. Der Tumult nimmt erschreckende Ausmaße an; das Licht wird ausgelöscht, die Polizei muß eingreifen. Nach so peinlichen Vorkommnissen läßt es sich verstehen, daß die Britische Botschaft in Washington von dem «most intense young man», um den herum Krach und Skandal nicht aufhören, gar keine Notiz nimmt.

Am meisten gefeiert wird der junge Schönheitsapostel in der Stadt San Francisco, wo er seinen Vortrag mehrfach wiederholen muß – während sich in Los Angeles, das nur 12000 Einwohner hat, ein Auftreten überhaupt nicht lohnt.

Er spricht über die neue englische Malerei und über die Dichtung; er doziert über Architektur und die Inneneinrichtung, wie sie sein sollte, er schwärmt von schönen Blumen, schönen Seidenstoffen, schönen Gefäßen und schönen Menschen. Wie viel echter Künstler-Idealismus, wie viel wahrer, ergreifender Enthusiasmus steckt, neben allem Snobismus, neben mancher Albernheit, in diesem inständigen Glauben an die reinigende, befreiende, ordnende Macht der Schönheit! Es klingt beinah rührend, wenn er den Amerikanern eifrig, unermüdlich, leidenschaftlich zuredet, sich mehr um das «Heil ihrer Seele» – damit meint er: um die Schönheit ihres Lebens – zu kümmern, als um den Dollar-Erwerb. «Glauben Sie mir», ruft er ihnen zu, «daß wir die amerikanischen Dichter viel höher schätzen als die amerikanischen Millionäre!»

Fast ein Jahr lang hielt Oscar Wilde sich in Amerika auf; er hatte in sechzig Städten Vorträge gehalten. Was war das Ergebnis dieser großen, ermüdenden Reise? –Finanziell ist es recht enttäuschend: Er bringt kaum ein paar hundert Dollar Reingewinn nach London zurück. Und moralisch? – Ein Mißerfolg, «a failure», konstatiert die amerikanische Presse trocken – und höhnisch wird es von vielen englischen Zeitungen wiederholt.

Die Sensation seines ersten Auftretens hat sich verbraucht. Es wird stiller um ihn herum. Bei der Abreise hat er kaum noch unter den Journalisten zu leiden. Eine gewisse Ernüchterung scheint über ihn zu kommen. Er hat die Amerikaner nicht zu seiner Schönheits-Philosophie bekehrt; vielleicht aber haben die Amerikaner ihrerseits irgend etwas in ihm verändert. Man berichtet, daß er sich die Haare schneiden ließ. Nicht ohne einen spöttischen Triumph wird dies, fünfundfünfzig Jahre später, von amerikanischen Chronisten festgestellt. Die Chronisten heißen Lloyd Lewis und Henry Justin Smith. Sie erzählen die Geschichte von Oscar Wildes Amerika-Tournee in einem dicken Buch: *«Oscar Wilde discovers America»* (Harcourt, Brace and Company, New York). Das Werk ist allen denen zu empfehlen, die sich für die Figur Oscar Wildes – und, mehr noch, jenen, die sich für das Amerika in der Epoche nach dem Bürgerkrieg interessieren. Es bietet ein mit bemerkenswertem Fleiße zusammengetragenes Material und ist mit zeitgenössischen Karikaturen und Photographien verschwenderisch illustriert. Auffallend ist, daß in der breitangelegten, sehr gründlich ausgeführten Arbeit jeder Hinweis auf Wildes späteres Werk und Leben fehlt. Dieser merkwürdige Umstand scheint mir in zweierlei Hinsicht charakteristisch: nämlich, zunächst, für die Neigung der Amerikaner, sich strikt an ihr Thema zu halten und nicht abzuschweifen (deutsche Autoren, in einem analogen Fall, würden ohne Frage nicht nur einen «Lebensabriß» Wildes, sondern gleich auch ein Stück englischer Literaturgeschichte eingeschoben haben); vor allem aber für einen gewissen nationalen Egoismus, eine Selbstgenügsamkeit, zu der viele Amerikaner in immer stärkerem und immer bewußterem Grade kommen. Für diese beiden New Yorker Autoren existiert der englische Dichter nur von dem Augenblick an, da er amerikanischen Boden betritt, und hört auf zu existieren, sowie er diesen Boden verläßt. Nun geht er sie nichts mehr an, und ohne ihn noch eines Blickes zu würdigen, lassen sie ihn dahin und davon gehen, in die Dunkelheit seines bitteren und problematischen Schicksals.

Hoffnung auf Amerika

«Amerika, du hast es besser!» rief, mit schwärmerischem Neid, ein großer Deutscher, und Generationen empfanden wie er. Europa war eng. Die Glückschancen schienen begrenzt in entmutigendem Grade, nur eine schmale bevorzugte Schicht durfte das gute Leben, durfte das Glück der Freiheit kennen und genießen. Drüben aber, jenseits des Ozeans, lockte das weite Land, und die Möglichkeiten, die man als die «unbegrenzten» pries, verführten. Oh, unendlich ausgedehnte, unermeßlich fruchtbare Ebenen! Städte, in phantastischer Geschwindigkeit aus dem Boden schießend! Ströme – breiter und von mächtigerem Lauf, als unser Erdteil sie kannte! Was schien dort drüben nicht alles zu gewinnen: Gold, und die heroischen Abenteuer! Kolossale Vermögen, unter phantastischen Umständen zusammengerafft, im Laufe weniger Jahre. Kostbarer aber als alles, lockender als selbst das Gold: die *Freiheit*. – Das späte achtzehnte Jahrhundert und das ganze neunzehnte meinten die Freiheit, wenn sie «Amerika» sagten. Unsere Urgroßväter, unsere Großväter noch hatten, als sie junge Burschen waren, die schier unbezwingbare Neigung, nach Amerika durchzubrennen; als Schiffsjungen, als schwarze Passagiere den Kontinent der Freiheit zu gewinnen. Und noch in den letzten Jahrzehnten des abgelaufenen Säculums verdichtete, steigerte, reinigte sich der enthusiastische Lockruf, der von drüben kam, zum unsterblich schönen Gesang. Den schickte uns Walt Whitman, Rhapsode der Kameradschaft und der Demokratie, über das Atlantische Meer. Seinen Jubel über die Herrlichkeit Amerikas ließ er mächtig über den Planeten schallen.

«Americanos! Eroberer! Menschheitsarmeen!
Voran! Armeen des Jahrhunderts! Libertad! Massen!
Für euch ein Programm von Gesängen!

Gesänge von den Prärien,
Gesänge von dem weithin strömenden Mississippi und hinab
zur Mexikanischen See,
Gesänge von Ohio, Indiana, Illinois, Iowa, Wisconsin und
Minnesota,

Gesänge, ausbrechend aus dem Inneren von Kansas und von
da überallhin,
Hinschießend, unaufhörlich, in Feuerpulsen, alles zu
beleben.»

Dieser ungeheure Anruf, diese kolossalischen Lobgesänge, deren breite Rhythmen daherrollen wie die Wogen des Meeres, waren das erste, was ich, in einem ernsten Sinn, von Amerika kannte – und liebte. Denn auch damals, in den Jahren nach dem Weltkrieg, als ich anfing, bewußt zu leben und mir Gedanken zu machen – auch damals, oder *gerade* damals, hatte für uns junge Europäer Amerika *noch* – oder *wieder* – die große Anziehungskraft; eine andre Art von Attraktion, ganz zweifellos, als die es war, die es auf frühere Geschlechter geübt hatte; aber darum doch wohl keine, die weniger heftig oder weniger romantisch gewesen wäre.

Auch die vehemente Neigung, nach Amerika, oder in andre ferne Länder, durchzubrennen, von der unsere lieben Ahnen in den Tagen ihres jugendlichen Übermutes besessen gewesen waren, erwies sich in uns als lebhaft – bis zum Unwiderstehlichen. – Ich war erst zwanzig Jahre alt, als ich, in der Begleitung meiner Schwester Erika, die Reise um die Welt unternahm, mit einer Leichtfertigkeit, einer Keckheit, wie nur die Jugend sie erklärt und entschuldigt, und wie sie nur gerade im Jahre 1927 – das heißt: in der Epoche einer scheinbaren Welt-prosperity – jungen Leuten durchgelassen und gestattet wurde.

Wir sahen viel – mehr, als wir im Grunde schon verdauen konnten; aber unersättlich hungrig nach immer neuen Eindrükken; vielleicht etwas oberflächlich schauend; mehr genießend als prüfend; ein wenig naschhaft; aber doch dankbar für soviel gebotene Herrlichkeit.

Von allen Eindrücken, die uns dieser große frühe Ausflug brachte, war der, mit dem die Stadt New York uns beschenkte, der nachhaltigste und der stärkste. Von allen Reisen bringt man irgendein Heimweh mit – Sehnsucht nach irgendeiner Gegend, die besonders liebenswert schien und in der man sich nicht lang genug aufhalten konnte. Der bittersüße Wunsch: «Dorthin möchte ich noch einmal...» bleibt zurück von allen Exkursionen ins Weitentfernte. Das Objekt dieses «Fernwehs» – wie der Marius von Pagnol es nennt – war nach unserer Reise «rundherum» nicht Hawaii, nicht der Ferne Osten, vielmehr New York – diese ungeheure steinerne Landschaft, die durchaus unvergleichliche, in ihrer Großartigkeit beinah monströse Riesen-Siedlung, die aus hundert ganz verschiedenen Städten zusammengewachsene Über-Stadt.

Reiz und unverwechselbare Atmosphäre einer Stadt sind ebenso schwer zu analysieren und zu schildern wie Charme und eigentümliches Wesen eines Menschen. Der Zauber von Paris etwa läßt sich wohl dichterisch einfangen, aber nicht eigentlich definieren und schon gar nicht erklären. Auf eine ganz andere, härtere, ich möchte sagen: männlichere Art ist New York reizbegnadet wie Paris. Müßig darüber zu streiten, ob dieses enorme Stadtgebilde schön zu nennen ist oder häßlich. Manche klagen über seine Häßlichkeit, und wirklich fehlen ihm ja sowohl das Ehrwürdige als auch das Liebliche. Da gibt es keinen alten Ratskeller, keinen rauschenden Brunnen, nichts Lauschiges und nichts Trauliches; vor allem aber gibt es nichts Grünes. Stundenlang kann man durch die Straßen von New York gehen, ohne einen Baum, ein Fleckchen Rasen zu sehen. Immer nur Stein – man bewegt sich wie durch steinerne Schluchten; es gibt Augenblicke, wo man sich in New York nach dem Anblick einer Weide oder einer Linde sehnt wie ein Durstiger nach einem Schluck Wasser. Wer da von Häßlichkeit spricht, braucht noch kein unheilbarer Ästhet, kein romantisch-provinzieller Liebhaber des Idyllischen zu sein. Aber er beweist doch, daß er unempfänglich ist für eine allerdings sehr spröde, nicht sanft-gefällige und recht neue Art von Schönheit. Mir hatte es diese Schönheit gewaltig angetan, vom ersten Tage an, da ich sie mit Augen schaute. Sofort und instinktiv reagierte ich auf den Rhythmus von New York – der übrigens gar kein so übertrieben hastiger Rhythmus ist, wie es meistens erzählt und geglaubt wird – mit der entschiedensten Sympathie.

Als ich New York damals, im Frühling 1928, verließ, wußte ich: in diese Stadt werde ich wieder kommen, vielleicht ganze Abschnitte meines Lebens dort verbringen; keinesfalls will ich auf den Kontakt mit ihr verzichten, da ich nun das bedeutende Glück hatte, ihn zu finden...

Es hat acht Jahre gedauert, bis ich die Freiheitsstatue wiedersah. All meine Lebensumstände, meine Beziehung zum Leben selber und zu allen Problemen, die es mit sich bringt, hatten sich gründlich verändert seit damals – seit jener Zeit, die längst vergangen ist…

Hat auch New York sich verändert? Es ist die erste Frage, die an den Eintreffenden gerichtet wird. Kommt man zum ersten Mal in den Staaten an, so lautet die obligate Frage-Floskel, die man immer wieder über sich ergehen lassen muß: «How do you like our country?» Stellt man sich, nach einer längeren Pause, zum zweiten Mal drüben ein, so muß man Auskunft darüber geben, ob man Veränderungen, Verwandlungen feststellen kann.

Freilich, das Stadtbild ist nicht mehr völlig das gleiche, als das ich es damals gekannt haben; die Riesenstadt wächst, sie schießt in die Höhe, immer noch in die Höhe, da sie in die Breite nicht mehr wachsen kann; neue Wahrzeichen, neue Turmbauten überragen die alten oder doch schon relativ betagten. Daß die neuerdings errichteten Gebäude die größten und höchsten sind, wäre kaum wichtig oder interessant; bedeutungsvoller scheint mir, daß sie die Wolkenkratzer, die es 1928 schon gab, auch an Schönheit ganz entschieden übertreffen. Man verzichtet jetzt auf alle Schnörkel und Giebel, imitierte Gotik, falsches Barock. Erreicht ist die ganz reine, ganz strenge Linie; der richtige, gültige, legitime Stil für diese Art von Monstre-Architektur ist da.

Die Frage, ob New York sich verändert habe, ist von uns aber noch unbeantwortet gelassen, wenn wir nur neue Wolkenkratzerbauten, neue Tunnels oder Brücken erwähnen – ein Thema, über das allein sich übrigens ein Vortrag halten oder ein Buch schreiben ließe. Was die Interviewer – die privaten oder die von einer Zeitung ausgesandten – hören wollten, das war doch, ob wir eine Veränderung in der *Stimmung*, im Lebensstil der Stadt festzustellen imstande seien. Man zögert mit der Antwort; man ist erst eine gar zu kurze Zeit im Lande, die Eindrücke, die man gewonnen hat, sind noch zu flüchtige, zu unverbindliche. – «Bedenken Sie doch!» sagt man, gleichsam um Schonung bittend, den Fragern, «unser Schiff ist doch erst vorgestern angekommen!» Und da sind die Interviewer denn wohl freundlich genug, ihrerseits mit der Antwort etwas nachzuhelfen. Es verhält sich wohl so – wird uns bedeutet –, daß die Stimmung des Winters 1936/37 bis zum gewissen Grade zur Stimmung von 1927/28 *zurück*gefunden hat. Damit ist gemeint: Man glaubt an das Heraufkommen einer neuen prosperity; manche gehen weiter im Optimismus und sagen: Die neue prosperity ist schon da, man befindet sich schon in der aufsteigenden, steil nach oben führenden Kurve. «Wenn Sie 1930, 1931 hiergewesen wären», versichert man uns mit ernstem Kopfschütteln, «wahrhaftig, Sie hätten weniger freundliche Eindrücke gewonnen!»

Von den Jahren der ökonomischen Krise, von den mageren Jahren der «depression», die den gar zu fetten der prosperity folgten, spricht niemand ohne einen gewissen Schauder. Die Lage damals war wohl ernster, besorgniserregender, näher der Katastrophe, als ein europäischer Laie sich das vorstellen mochte. Sie muß einen ganz entsetzlichen Schock bedeutet haben, diese «depression», für die vom Glück so üppig verwöhnten Amerikaner. Der Boden schwankte, auf dem man lange so vertrauensvoll gestanden hatte; man sah die Revolution vor der Türe, den Zusammenbruch, den Kollaps – man wähnte den Weltuntergang nahe.

So ist man nun vorsichtiger und zurückhaltender geworden, wenn man von einer Wiederkehr der prosperity spricht – man klopft gleichsam dreimal auf Holz, ehe man es tut, und murmelt: «Toi, toi, toi!» Der Schreck sitzt noch in den Gliedern; das unerschütterliche Selbstvertrauen ist nicht mehr da. Man war zu tief unten. Aus solchen Abenteuern kehrt man nicht mehr ganz als der zurück, der man vor der Heimsuchung gewesen ist. Man ist skeptischer geworden, gebrannter, hellhöriger, auf neue Zwischenfälle, neue Störungen mit einer Art von nervösem Fatalismus ständig gefaßt.

Vor allem *hat sich das soziale Gewissen* geschärft, die Empfindlichkeit für die soziale Problematik hat zugenommen, vor allem bei den jungen Intellektuellen habe ich es festgestellt: dieses ist das psychologische Ergebnis jener Schreckenserfahrung, welche die «depression» bedeutete. Junge Literaten, die noch vor fünf Jahren in Paris saßen und sich nur mit Proust und Joyce beschäftigten, nehmen heute an der Entwicklung der Streiks in der Automobilindustrie lebhafteren Anteil als an irgendeiner ästhetischen Frage. In den Universitäten diskutieren Studentengruppen – in politischen und ökonomischen Zusammenhängen oft aufs genaueste und gründlichste instruiert – die großen aktuellen Probleme; Diskussionen von dieser Art – ich hatte die Gelegenheit, vielen von ihnen beizuwohnen – sind ernst, aber immer voll Hoffnung. Der tiefen Verzagtheit, der lähmenden Mutlosigkeit, den apokalyptischen Stimmungen, von denen in Europa oft die Besten angefochten werden, begegnet man bei diesen nachdenklichen und sozial bemühten jungen Amerikanern fast nie. Bei ihnen ist der Blick in die Zukunft ohne Schauder; eher hat er eine gewisse ernste, pflichtbewußte Fröhlichkeit.

Das Vertrauen zu einer lebenswerten, sicher nicht unkomplizierten, aber doch an guten Möglichkeiten reichen Zukunft wurde bestätigt und bekam den lebhaftesten Auftrieb durch das Ereignis von Roosevelts triumphaler Wiederwahl als Präsident der Vereinigten Staaten. Die Spannung während dieser Wahl-Kampagne war ungeheuer, und die eigentliche historische Sensation bestand wohl darin, daß Roosevelt seinen überwältigenden Sieg *gegen* fast die ganze sogenannte «große Presse» erringen konnte. Vor allem war es der reaktionäre Hearst-Konzern, der mit allen Mitteln gegen Roosevelt und für seinen Konkurrenten, Landon, agitierte. Das Resultat war, daß Landon durch die gar zu eifrige, gar zu laute Gefolgschaft Hearsts kompromittiert und geschädigt wurde. Da dem Zeitungskönig nachgesagt wird, daß er mit dem Faschismus sympathisiere, übertrug sich dieser Verdacht auch auf sein Protegé, auf Mr. Landon. Die Arbeiter, die Kleinbürger, die Farmer, die Intellektuellen wurden mißtrauisch. Der Triumph ohnegleichen, den man Roosevelt bereitete, war nicht nur eine Demonstration des Vertrauens zu diesem außerordentlichen Mann; sondern auch eine Demonstration gegen alle, die man, zu Recht oder zu Unrecht, im Verdacht hat, Wegbereiter des Faschismus in Amerika zu sein.

Der Figur des Präsidenten wächst mit der Zeit eine Popularität sehr großen Stils zu; sie bekommt Züge – durchaus nicht eines Diktators, aber eines Volkskaisers. Was er will und anstrebt, wird in der Tat von breiten Schichten der Bevölkerung herzhaft und nur mit ganz gelegentlichen Vorbehalten bejaht. Denn es ist weder der Faschismus noch die sozialistische Revolution, was eine irgendwie bedeutende Mehrheit in Amerika erwünscht und erwartet. Vielmehr vertraut man darauf, daß eine vom Staate kontrollierte Privatwirtschaft – die freilich den Arbeitnehmern sehr viel weitere Rechte einzuräumen haben wird, als sie dies bisher gewöhnt war – dem Land die neue Krise wird ersparen, die ersehnte prosperity wird gewähren können. Auf diesem Weg – der also weder der Weg der Reaktion noch jener der Revolution ist, sondern der einer energisch geförderten Evolution – soll Präsident Roosevelt führen: Die Nation beauftragte ihn ausdrücklich in solchem Sinne, als sie *ihm* zum Triumph, dem Gouverneur Landon aber, dem Favoriten der Haute Finance, zur Niederlage verhalf.

Freilich, es kann Enttäuschungen geben, der New Deal, an dem viele vieles auszusetzen haben, könnte Fehlschläge bringen. Auch besteht die Möglichkeit, daß Roosevelt – von dem man sich entschieden ein falsches Bild macht, wenn man ihn sich als geschworenen Antikapitalisten vorstellt – nach rechts abschwenkt. Man spricht davon, daß bei den nächsten Präsidentenwahlen, 1940, die beiden großen Parteien, die Demokraten und die Republikaner, die diesmal gegeneinanderstanden, zusammengehen könnten, um als geeinigter, bürgerlich-kapitalistischer Block die Radikalen, besonders die Leute um den Gewerkschaftsführer John L. Lewis, zu schlagen.

Dieser Lewis, ein Bergmann aus Wales, ist heute schon eine Figur, auf die sich ein großes Maß an Hoffnung einerseits, große Angst und das wachsamste Mißtrauen andererseits konzentrieren. Die Unternehmer – mit denen der Gewerkschaftsführer durchaus als gleichberechtigte Macht verhandelt, fürchten ihn – so heißt es – mehr als die ganze Kommunistische Partei (der er nicht angehört). Lewis war es, der die Bergarbeiter als «United Mineworkers of America» organisierte. Er leitete den großen Automobilstreik, der wochenlang die Vereinigten Staaten in Atem hielt. Er ist dabei, die Stahlarbeiter von Pittsburgh zu organisieren. Viele halten ihn, schon jetzt, für den mächtigsten Mann von Amerika.

Mit erbitterten Streiks, mit einem Kraftaufwand, der heroisch anmutet, muß hier manches erkämpft werden, was in den noch demokratischen europäischen Ländern längst Selbstverständlichkeit ist, zum Beispiel die Organisierung der Arbeiter – das dürfen wir nicht vergessen. Und wenn wir mit Repräsentanten der proletarischen Opposition sprechen, so machen sie uns wohl bitteren Tones darauf aufmerksam, daß es durchaus falsch und unzulässig wäre, sich von dem Lebensstandard der unbemittelten Kreise, vor allem in gewissen Gegenden des Landes – etwa in den Südstaaten – eine günstige Vorstellung zu machen. Arge Not, krasse Unterzahlung der Arbeitsleistung seien dort keine Seltenheit: So wird uns von solchen Kämpfern für den Fortschritt immer wieder bedeutet. Wer wollte es bezweifeln oder bestreiten; wer ließe es sich einfallen, die USA als das Paradies des arbeitenden Menschen, als die hoch zu preisende Gegend hinzustellen, wo schon alles endgültig in Ordnung und im Gleise und wo gar nichts mehr zu verbessern wäre. Dergleichen klingt ja absurd. – *Trotzdem*, und wenn wir alle jene Sorgen und Schwierigkeiten zugeben, die Amerika kennt und von denen kein modernes gesellschaftliches Gebilde frei sein dürfte, scheint mir *das* wesentlich, richtig und wichtig zu bleiben, was ich vorhin angedeutet habe:

Daß in den Vereinigten Staaten ein positives Verhältnis zur Zukunft festzustellen ist – bei der intellektuellen Elite und bei den Massen –; ein vertrauensvoller Wille zur Zukunft, ja, ein Enthusiasmus für die Zukunft – wie ich ihn sonst vielleicht nur noch im neuen Rußland gefunden habe (mit dem Nordamerika mehr als eine Eigenschaft gemeinsam hat).

Wo es Liebe und Vertrauen zur Zukunft gibt, kann die Angst vorm Geiste und vor der Kritik – diese Furcht und Feindschaft, die in Europa wie eine Krankheit grassieren – nicht aufkommen. Eine der großen und schönen Funktionen des Geistes ist es ja, die Ziele zu klären und deutlich zu machen, auf die wir zu-leben, um deretwillen die Zukunft sich lohnt. Immer weist das Geistige über das Gegenwärtige hinaus, auf das hin, was erst noch erreicht und erkämpft werden soll. Dem Geist ist es aufgetragen, das Kommende zu besingen, die Utopie zu beschwören, die Richtung anzuzeigen, uns – wie der Schlachtgesang die stürmenden Soldaten – nach vorne zu treiben. Er warnt vor dem gesättigten Stehen-und-Sitzen-Bleiben im schon Gewonnenen – welches er immer als das Ungenügende, Schadhafte, Vorläufige kritisch entlarvt –; er verbietet den kollektiven Rückschlag ins Nicht-mehr-Zeitgemäße, ins Überholte.

Es liegt mir fern zu behaupten, in Amerika sei das allgemeine intellektuelle Niveau höher als in Europa. Das trifft sicher nicht zu (wenn ich bei diesem Vergleich von den faschistischen europäischen Ländern absehe). Festzuhalten ist nur, daß jenes modische Verächtlichmachen des Geistigen, des Intellektuellen, das in Europa als üble Mode grassiert, drüben nicht gekannt oder doch durchaus abgelehnt wird. Amerikaner, junge oder alte, sind oft naiv, manchmal unwissend; aber es findet sich doch nie die Aversion gegen den Geist als Pose, als aggressive Theorie, als aufdringlich penetrante Heilslehre. Im Gegenteil: man ist neugierig, man ist aufgeschlossen, voll Achtung und Verehrung vor der geistigen Leistung, voll Begierde zu lernen, zu lesen, den Gesichtskreis zu erweitern, Bildungslücken auszufüllen. Vor allem die Frauen und die jungen Leute haben den geistigen Ehrgeiz. Wo geistige Produktion gebraucht und verlangt wird, da wird sie auch geboten. Die Gesellschaft, die reich ist an Lese-Gierigen, wird nie arm sein an Schreib-Begabten. Die amerikanische Literatur der Epoche ist reich. Whitman hat Amerika besungen mit der zärtlichen Inbrunst des großen Liebenden. Eine neue Schriftstellergeneration begnügt sich nicht mehr mit der lobpreisenden Hymne; sie analysiert, sie kritisiert, sie will auch verbessern – und sie produziert den realistischen Gesellschaftsroman. Drei Autoren sind es vor allem – Sinclair Lewis, Upton Sinclair und Theodore Dreiser –, die Bedeutendes dazu beigetragen haben, Struktur und Tendenzen, Gefahren und Möglichkeiten, das Lächerliche und das Großartige der nordamerikanischen Gesellschaft zu erhellen, kritisch zu durchleuchten – immer mit der eifervoll-moralischen Absicht: Übelstände abzustellen; vor dem Schlechten, Angefaulten zu warnen; das zukunftsträchtig Junge zu fördern.

Upton Sinclair ist der kühnste, aktivistischste von diesen; übrigens ist nicht er es, dem ich, von einem künstlerischen Gesichtspunkt aus, den Vorzug geben möchte; seine Darstellungsweise steht dem Journalismus, der Reportage nahe. Er ist Tendenz-Schriftsteller und prätendiert nicht, etwas anderes zu sein. Seine epischen Stoffe holt er sich aus dem Gebiet der erregendsten Aktualität: Ein Prozeß hält das Land in Atem, die Namen

«Sacco und Vanzetti» sind auf allen Lippen – ganz ähnlich, wie einmal in Frankreich der Name Dreyfus zum alarmierenden Schlachtruf wurde –, und Upton Sinclair schreibt seinen aufrüttelnden, der gerechten Sache mit Leidenschaft dienenden Roman, er heißt «Boston» und ist durchaus ein episches «J'accuse!»: große Polemik in erzählerischer Form. Korruption in Chicago oder in Hollywood, alles Fragwürdige, zu Verändernde, zu Säubernde des modernen Kollektivdaseins wird zum epischen Motiv, das Private ist immer nur die Nebensache, wirkend fast wie eine schmückende Arabeske, etwas am Rande; im Mittelpunkt steht das soziale Thema.

Upton Sinclair, nur am Gesellschaftlichen interessiert, oft dogmatisch, oft trocken, nicht ohne ausgesprochen amusische Züge, ist nicht eigentlich Künstler; vielmehr, seiner ganzen Haltung und Absicht nach, politischer Pädagoge. Dreiser, der mit seiner «Amerikanischen Tragödie» das repräsentative Standardwerk für seinen Erdteil geschaffen hat, gewinnt und wirkt durch den stärkeren erzählerischen Atem und durch seine tieferen, geheimnisvolleren Erfahrungen im Menschlichen. – Sinclair Lewis, dessen Darstellungsmethode die breite, naturalistische ist – fast behaglich in der sorgfältig-liebevollen, oft humoristischen Ausarbeitung des Details –, hat die großen, schon klassisch gewordenen Porträts amerikanischer Typen, besonders provinzieller Typen geschaffen, «Babbitt» hat ihn weltberühmt gemacht – Babbitt, die zugleich unerbittliche und gutmütige epische Charakterisierung des selbstgefällig behäbigen, beschränkten Spießers aus der mittelgroßen Stadt. Aber Sinclair Lewis ist nicht nur der Karikaturist des Bürgertums, nicht nur sein kritischer Analytiker, er ist auch der Verteidiger, der Vorkämpfer seines kostbaren Gutes, der Freiheit; als unbedingter, leidenschaftlicher Liberaler wird er zum aktiven Antifaschisten: sein neuer, sehr erregender Roman «It can't happen here» – «Das ist bei uns nicht möglich!» ist die eindrucksvollste Warnung vor der faschistischen Gefahr; Lewis riskiert es, den Amerikanern zu zeigen, was sie erwartet, wenn der Faschismus in ihrem Lande die Macht bekäme; er nimmt, in einer Art von negativer Utopie, die Schrekken der militanten Diktatur vorweg, er antizipiert ihre Greuel, um zu verhindern, daß sie Wirklichkeit werden. Gegenspieler des Abscheulichen, Repräsentant der Opposition ist ein kleiner Redakteur, Doremus Jessup mit Namen – ein Provinzler auch er, nicht ganz ohne Babbitt-hafte Züge; aber er wächst, er verwandelt sich, im Kampf gegen jene, die alle Menschenwürde mit Füßen treten, setzt er sein Leben aufs Spiel, seine Figur bekommt Größe, wir sehen ihn zum kämpferischen Märtyrer werden.

Dreiser, Sinclair Lewis, Upton Sinclair – von denen keiner ein alter Mann ist – werden von der amerikanischen Jugend doch schon ganz entschieden einer repräsentativen, reifen Generation zugerechnet; die Führer der Avantgarde sind sie nicht mehr, die Avantgarde wechselt ihre Führer recht häufig – dort drüben wie überall –, es ist nicht mehr ganz leicht, als Außenstehender da mitzukommen. Nach unserem Urteil jedenfalls sind die bedeutendsten Erscheinungen der amerikanischen jungen Literatur: Ernest Hemingway, John Dos Passos, Faulkner und Thomas Wolfe.

Vor allem von Hemingway und von Dos Passos hat die moderne europäische Literatur, und gerade die deutsche, viel empfangen und sich in einem bedeutenden Grade bereichern lassen. Hemingway brachte etwas durchaus Überraschendes und Bezauberndes, eine ganz neue Art des Erzählens – es wirkte frappierend, gerade weil es so verblüffend einfach war –, erstaunlich simpel, wie der Trick des alten Kolumbus mit dem Ei. Plötzlich kam da ein junger amerikanischer Liebhaber von Boxkämpfen und von Stiergefechten, der sich in Paris und in Spanien herumtrieb, und er zeigte den europäischen Schriftstellern mit einer beinah aufreizenden Nonchalance: So kann man erzählen – man läßt die Beschreibung aller inneren Vorgänge weg, man gibt nur das Äußerlichste, aber auf eine Art, daß *dahinter* die zartesten Bewegungen und Regungen der Seelen spürbar werden. Aufgeschrieben wird nur: Er hängte seinen Hut an den Nagel, steckte seine Handschuhe in die Tasche und sagte: Geben Sie mir bitte einen großen Whisky. Aber in diesen trockenen, spröden, scheinbar ganz gleichgültigen Sätzen wird auf sehr geheimnisvolle Weise irgendeine komplizierte Tragödie eingefangen. Freilich, es ist gefährlich, das nachzumachen: Bei manchem, der wie Hemingway schreiben will, bleiben nur Whisky und der Hut am Nagel übrig, dahinter aber wird leider ganz und gar nichts Geheimnisvolles spürbar. Es ist mir sogar fraglich, ob Hemingway, der Erfinder dieser neuen Einfachheit, selber Zeit seines Lebens durch- und auskommen wird mit seiner sparsamen Methode, die dem Beschauer gleichsam nur das Negativ des Bildes zeigt, statt der ganzen Ansicht mit ihren Lichtern und Schatten. Außer Frage steht, daß er, mit seiner eigensinnig knappen Art der Schilderung, seinen abgehackten Dialogen, seinem spröden Verschweigen aller sentiments, die Weltliteratur um ein paar Bücher bereichert hat, die man wohl als Meisterwerke ansprechen darf.

John Dos Passos hat den sozialen Roman, auch den europäischen, wesentlich beeinflußt; ohne «Manhattan Transfer» wäre Döblins «Berlin Alexanderplatz» nicht denkbar – wie allerdings das Werk des Amerikaners seinerseits ohne das Vorbild Joyce nicht vorstellbar ist. Joyce selber hat ja eigentlich nur die genialen Rezepte geliefert, nach denen das moderne Epos zu schaffen wäre. Dos Passos benutzt viele von den Joyce-Rezepten; vor allem benutzt er mit Virtuosität die Technik der Montage für seinen Gesellschaftsroman. Schicksale laufen nebeneinander her; berühren, kreuzen einander; nicht mehr der isolierte Fall, nicht die individuelle Tragödie sind Gegenstand dieser Epik, alles hängt zusammen, ist Gewebe, ist Teppich, aber bewegter Teppich, kreisende Figur; Dos Passos wählt sich als Helden das Kollektiv, wie Upton Sinclair es tut; aber er verfährt auf ganz andere Art als dieser, weniger moralisch, auch weniger trocken, er ist erschütterter, irrationaler, er dringt heftiger, bohrender ins Unbewußte der Gesellschaft vor, er gibt die tiefere Analyse, wirkt mit viel radikaleren Mitteln, er ist der größere Künstler – ein sehr großer Künstler, eine verhemente erzählerische Potenz. Die Kraft einer jungen Gesellschaft, eines unverbrauchten Typs Mensch scheint sich in Phänomenen wie Dos Passos zu verdichten, zu konzentrieren und aus ihnen heraus zu explodieren. Auch der erste Roman des epischen Dichters Thomas Wolfe «Schau heimwärts, Engel!» wirkt wie eine Talent-Explosion, im genauen Sinn des Wortes. Man hat den Eindruck: eine enorme Kraft hat sich in diesem Menschen gestaut, hat sich lange gespart, gesammelt, mit Leben vollgesogen wie ein Schwamm – und nun läßt sie sich verströmen – aber das ist nichts weniger als ein ruhiges Fließen, das schießt kataraktisch daher, wilde Sturzflut von

Assoziationen, Erinnerungsmotiven, Lebensfragmenten. Eine Geschichte «vom begrabenen Leben» nennt Wolfe sein Buch, das die Geschichte seiner Kindheit und die seiner Familie in einer Kleinstadt des Südens beschwört. Während Dos Passos in die Breite geht, expansiv im Raume ist – seine Berichte spielen in *einer* Zeit, aber an verschiedenen Orten-, stürzt Thomas Wolfe sich in die Zeitentiefe, kopfüber hinab in den Abgrund der Erinnerungen, «à la recherche du temps perdu» wie Proust; aber was er aus den Tiefen holt, ist weniger zart als die Kostbarkeiten, die Proust in den Schächten des Gedächtnisses findet; an dem, was der junge Amerikaner da zutage fördert, hängen noch Schlamm und Blut, es dampft noch vom Leben – dort unten in der Tiefe, wo es eine Weile begraben lag, ist es merkwürdig frisch geblieben, gar nicht ausgetrocknet, gar nicht mumifiziert, noch strotzend von allen Säften. Die Entwicklung in Amerika geht ungeheuer schnell, auf allen Gebieten, und auf dem literarischen auch. Veränderungsprozesse, zu denen Europa ein Jahrhundert gebraucht hat, vollziehen sich dort in einem Jahrzehnt. Wie groß ist der Altersunterschied zwischen der Generation Dreiser/Sinclair Lewis einerseits und den Hemingway, Dos Passos, Wolfe andrerseits? Kaum zwanzig Jahre. Und doch: das ist ein Sprung wie von Zola zu Céline, wie von Theodor Fontane zu Döblin oder Brecht. Der gelassene, genaue Realismus ist nicht mehr der erzählerische Stil, der dem Lebensgefühl dieser Jüngeren entspricht. Dynamik und Mysterium des gesellschaftlichen Lebens werden plötzlich mit einer ganz neuen Heftigkeit gespürt und verlangen neue künstlerische Ausdrucksmittel.

Übrigens sind Reichtum und Vielfältigkeit der jungen amerikanischen Literatur viel größer, als ich es in diesem Rahmen und Zusammenhang andeuten kann; die Fülle der produktiven Individualitäten ist imponierend. Einige scheinen eine ganz reife, ästhetisch höchst entwickelte, wählerisch gewordene Geistigkeit zu repräsentieren; so der sehr raffinierte, an besten europäischen Vorbildern erzogene Thornton Wilder oder ein anderer junger Erzähler, der neuerdings viel von sich reden macht: Frederic Prokosch, in dessen erstem Roman «The Asiatics» Stimmungen vorkommen, wie die Spätgeborenen, Dekadenten sie haben, Stimmungen des Schmerzes, voll einer melancholischen Erwartung des Weltunterganges. Zuweilen finden junge Amerikaner, mit Talent und oft mit neuen literarischen Mitteln, zu jenen geistigen Allüren zurück, in denen sich die europäische Intelligenz um die Jahrhundertwende gefiel. Das sind aber Ausnahmen. Viel häufiger begegnen wir dem Typ, der sich überhaupt nicht mehr nach Europa orientiert, sondern das spezifisch Amerikanische – und das bedeutet also: Jugend, Kraft, Aktivität – selbstbewußt betont – wie es ja denn auch charakteristisch ist, daß viele junge Leute drüben stolz darauf sind, amerikanisch zu sprechen und nicht englisch. Wesentlich ist: es wird geistig experimentiert, und die Öffentlichkeit, besonders die Jugend, nimmt den lebhaftesten Anteil an diesen mannigfachen Versuchen. Mit dem *Theater* steht es dabei nicht anders als mit der Literatur.

Freilich, die großen Häuser am Broadway bieten meistens nur das Gefällige oder das Sensationelle, «musical comedies» mit Steptänzern, wie man sie sonst nirgends so leicht wiederfindet, Kriminal-Reißer, sentimentale Dramatisierungen populärer Biographien, Intimitäten aus dem Leben Richard Wagners, Chopins, der Queen Victoria; Aufwand statt Inhalt, Schmiß statt Differenziertheit, «Das Weiße Rössl» der große Triumph, lange Girl-Reihen im Tiroler Kostüm, jodelnd, die Beine und Handküsse werfend, Schnaderhüpferl mit Jazz- Instrumentierung, der Kaiser Franz Joseph New Yorker Slang sprechend. – Das anspruchsvollere Experiment ist den kleinen Bühnen anvertraut; vor allem sind es die staatlich subventionierten Versuchsbühnen, die sich das Gewagtere, Kühnere, noch nicht Ausprobierte leisten können. Die Regierung selber läßt Stücke aufführen wie die Dramatisierung des Sinclair-Lewis-Romans «It can't happen here»: nämlich durch ihre WPA-Organisation, die arbeitslose Schauspieler, Regisseure und Bühnenbildner im ganzen Lande beschäftigt und es ihnen ermöglicht, mit immer interessanten, oft sehr originellen Experimenten vor ein breites Publikum zu kommen. Der Eintrittspreis zu den Vorstellungen der WPA ist nur 55 Cent – das kann sich fast jeder ab und zu leisten. Freilich ist auch die Bezahlung der Künstler gering; trotzdem wird an diesen Instituten mit Eifer und oft auch mit Talent gearbeitet. Das ganze Unternehmen, sein Aufbau, sein Apparat und der Geist, in dem es geführt wird, scheint fast in einen sozialistischen Staat zu gehören; unterscheidet sich von einem wirklich verstaatlichten Kunstbetrieb dann aber doch durch einen gewissen Liberalismus, durch das größere Maß an gewährter Freiheit – und ist gerade in dieser Mischung aus sozialistisch-kollektivistischen und freiheitlichen Elementen sehr charakteristisch für das neue Amerika.

Es gibt aber auch private Theater, in denen experimentiert und etwas gewagt wird: «Left Theater», «Theater Group» und andere mehr, die mit den Stücken der jungen Dramatiker, etwa von Kingsley oder Clifford Odette, vor das Publikum kommen. Manchmal wird aus diesen stets etwas riskanten Unternehmungen der große Erfolg, auch in finanzieller Hinsicht – und das geschieht nicht nur im Falle von «Avantgardisten», die schon arriviert und anerkannt sind, wie Eugene O'Neill, dessen höchst unkonventionelle Stücke zunächst skandalisierten, schon seit längerem aber – nicht erst seit ihr Autor mit dem Nobelpreis ausgezeichnet wurde! – quasi offiziell als das Wertvollste gelten, was die amerikanische Dramatik überhaupt hervorgebracht hat. – In dieser Saison, während derer ersten Monate Autoren, Schauspieler und «producer» viele grausame Enttäuschungen erlebten, gehörte zu den bestgehenden Stücken das pazifistische Schauspiel «Jonny Johnson», das sich etwa als ein amerikanischer «Soldat Schwejk» charakterisieren ließe. Für den europäischen Zuschauer bot es weder in der anständig gemachten Inszenierung noch im sympathischen Inhalt viel, was neu oder überraschend gewesen wäre – wie denn überhaupt im amerikanischen Theater, ganz anders als im Roman zuweilen, die europäische Neuigkeit von vorgestern, der kühne Streich von 1927 als die Sensation von 1937 geboten wird.

Sehr schwer ist es, im voraus zu wissen, welche europäischen Künstler sich «drüben» durchsetzen werden; welchen es bestimmt ist abzufallen. Um nur ein Beispiel zu nennen: Bert Brecht wird überhaupt nicht verstanden, hat keine Wirkung, sowohl die «Dreigroschenoper» als «Die Mutter» lassen das New Yorker Publikum kalt. Kurt Weill hingegen setzt sich durch, hat starke Erfolge: erst mit seiner Musik zum «Jonny Johnson»; dann zu «Eternal Road» – dem biblischen Spiel Franz Werfels, das Reinhardt in großem Stil als weihevolle Riesen-Oper herausbrachte.

Auf dem Gebiet der *Musik* sind aus den Vereinigten Staaten neuerdings kaum Werke gekommen, die Weltwirkung gehabt, die über einen engen Kreis hinaus nachhaltigen Eindruck gemacht hätten – seit Gershwins faszinierender «Rhapsody in Blue», dieser fulminanten Komposition, in deren Rhythmus und Melodie das Pathos der großen amerikanischen Stadt festgehalten ist wie nirgendwo sonst, und die ein hinreißendes Jazz-Stück mit ergreifend ernsten, ja, tragischen Akzenten, zweifellos ein echter Glücksfall innerhalb der problematischen neuesten Musikgeschichte bleibt, und mögen auch die Konservativen oder die gestrengen Priester von der atonalen Schule noch so hochmütig die Nase rümpfen. Diese «Rhapsody in Blue», die mich begeisterte, als sie eben entstanden war und ich sie im Jahre 1927 zum ersten Mal hörte, und die mich heute um nichts weniger begeistert – sie scheint immer noch «das letzte Wort» neuer amerikanischer Musik zu sein; die Symphonie, die Oper, zu denen sie als das Präludium gelten könnte, sind noch nicht da.

Die *Malerei*, auf der Suche nach neuen Formen, neuen Stilgesetzen, wie die Musik – unruhig experimentierend, wie diese, und, wie sie, ohne den notwendigen Kontakt zum großen Publikum, hat in Nordamerika keinen Repräsentanten aufzuweisen, dessen Œuvre die Fülle der Tendenzen wirklich zusammenfaßte und die schöpferische Synthese von ihnen gäbe – wie etwa, mit so gewaltigen, beinah unbegreiflichen Kräften, Picasso, dieser Riese unter den Malern der Epoche, es tut. – Was die Malerei betrifft, dies läßt sich wohl andeutend und zusammenfassend sagen, haben die Vereinigten Staaten von Europa entschieden mehr empfangen, als sie ihrerseits uns geschenkt haben. Ein neuer Auftrieb läßt sich, seit letztem, drüben besonders auf dem Gebiet der angewandten Malerei, des Freskos, der künstlerischen Belebung großer Wandflächen konstatieren. Statt Leinwände, die nur selten Käufer finden, mit Porträts und Landschaften zu bedecken, werden öffentliche Gebäude jeder Art – Postämter, Sportanstalten oder Theater – im Auftrag des Gouvernements mit dekorativen Freskos geschmückt. Daß die

Regierung den Künstlern auf eine produktive Art Hilfe leistet, ist neu, ist bedeutungsvoll und mag wohl sehr notwendig sein; denn das Publikum interessiert sich ganz entschieden mehr für die Malerei, die aus Europa – ganz besonders für die, welche aus Paris kommt. Die Aufnahmefreudigkeit bei relativ breiten Schichten, besonders in New York, für echte malerische Valeurs ist ebenso stark wie die für musikalische. Im letzten Herbst hatte New York allein vier Picasso-Ausstellungen, die alle sehr stark besucht wurden und über die man in jeder Gesellschaft, die auf sich hält, sprechen hören konnte.

Es war in einer eleganten Universität für junge Damen – dem Smith-College in Northampton –, wo ich in einer Ausstellung «Krieg» die krassesten und genialsten Blätter von George Grosz – solche nämlich, die das Inferno von Schützengraben und Inflation anprangern und die wie gezeichnete Wut- und Jammer-Schreie sind – neben den ebenso radikalen und künstlerisch beinah ebenbürtigen Stichen und Skizzen von Otto Dix und Käthe Kollwitz fand. Man wird zugeben, daß dies erstaunlich ist und daß entschieden pädagogischer Mut dazu gehört, junge Ladies, die zum Tennisspielen und Plutarch-Lesen auf die Hohe Schule geschickt werden, diese grausigen Bild-Manifeste gegen den modernen Massenkrieg vor Augen zu führen. Übrigens bedeutet das gewagte Experiment dieser «Kriegs»-Ausstellung keineswegs einen Ausnahmefall innerhalb des pädagogischen Systems der amerikanischen Colleges. Sie sind beinah alle in einem durchaus modernen, fortschrittlichen Geiste geleitet; die Dozenten sind oft junge Leute, viele Europäer unter ihnen. – Ich kenne zahlreiche amerikanische Universities, habe in mehreren von ihnen zu den Studenten oder Studentinnen gesprochen, und immer ein gescheites, aufgewecktes, von keinem Vorurteil belastetes oder verdorbenes Auditorium gefunden.

Die durchaus fragmentarischen Anmerkungen, die wir hier über die kulturellen Leistungen in den USA machen, würden gar zu ungenügend sein, wenn wir nicht wenigstens andeutungsweise den in quantitativer Hinsicht bestimmt bedeutendsten Beitrag Amerikas zur modernen Zivilisation erwähnen wollten: ich meine den *Film*, diesen sonderbaren Zwitter aus völlig geistfremder, rein industrieller Spekulation und einer Kunst, die Elemente in sich hat, zur repräsentativen des Jahrhunderts zu werden.

Ein fleißiger Kino-Besucher – und ich bin einer – hat gute Gelegenheit, völkerpsychologische Studien zu machen. An ihren Filmen sollt ihr sie erkennen! Wieviel, zum Beispiel, haben wir über den Geist des neuen Rußland aus dem «Potemkin», dem «Weg ins Leben», der «Mutter» gelernt! Wieviel über England ließ sich aus einem Filmwerk von der Art der «Cavalcade» oder der «Bengalischen Reiter» erfahren! Was für Aufschlüsse geben uns einige französische oder österreichische Bildstreifen über den Geist der Länder, aus denen sie kommen!

Nun, auch in Hollywood wird viel gegen den Geist gesündigt. Es erscheint mir sehr fraglich, ob jener ominöse «Mann von der Straße», der in Filmproducer-Kreisen so häufig und respektvoll erwähnte «kleine Farmer aus dem Mittelwesten», all den Unsinn wirklich sehen will, den man, aus geschäftstüchtiger Rücksicht auf seinen angeblich so miserablen Geschmack, massenhaft herstellt. Freilich, Shirley Temple scheint ihm zu gefallen, Shirley, die bei weitem *zu* Holde und Süße, goldene Locken unermüdlich Schüttelnde. Aber lassen wir Fräulein Temple einerseits, von der ich finde, daß sie die Schlimmste ist, und lassen wir auch andererseits Charlie Chaplin, den wir alle als den Größten bewundern; als das echte Genie unter den Filmschauspielern, als das einmalige Phänomen, welches wir immer noch wachsen, immer noch breiter sich entwickeln sehen: In seinem letzten Film, «Modern Times», war er doch nicht mehr nur der rührende Spaßmacher, als den man ihn früher geliebt hat, sondern der Künstler, der wirklich berührt ist von den großen Sorgen und Fragen dieser modernen Zeiten, der die großen Probleme hinübernimmt in die phantastische-überreale Welt, die er selber schafft und in der er selber der bitterlich drollige Held ist; der die Probleme verwandelt, sie artistisch verzaubert, ihnen den ganzen grausamen, unerbittlichen Ernst aber trotzdem läßt; der zugleich tröstet und mahnt; erheitert und nachdenklich stimmt: eine wirkliche große Figur der Epoche, eine ihrer Legenden – er wird genannt werden, solange überhaupt etwas übrigbleibt von dem, was heute ist und uns jetzt bewegt.

Chaplin – so typisch amerikanisch er in vieler Hinsicht ist, so charakteristisch für besondere amerikanische Eigenschaften und Reize – ist aber doch die Ausnahme, der Einzelfall, ist in Hollywood doch der große Outsider. Viel bedeutungsvoller, im Zusammenhang unseres Themas, sind die Filme, die nicht durch das Genie Chaplins geadelt – und doch gut, doch nicht ohne Beziehung sind zu den Dingen, die uns angehen. Hollywood – das ist ein sehr wichtiger Vorgang! – beginnt, dem Leben näher zu kommen, müde zu werden des Kitsches, des happy ends, der rosenroten Verklärungen. Ganz allmählich, ganz vorsichtig – und nicht ohne daß die fatalsten Rückschläge ausblieben – vollzieht sich eine gewisse Hinwendung zum Realen, und Themen werden berührt, die noch vor kurzem tabu gewesen sind.

Man sieht sich einen Film an wie «Mr. Deeds goes to town» – eine wirkliche «Spitzenleistung» amerikanischer Produktion. Hier macht der junge Held – es ist Gary Cooper, und das bedeutet, daß es ein Kerl von kräftigem, ganz unkokettem, persönlich originellem Charme ist –, Mr. Deeds also macht die kolossale Erbschaft, die sonst den Filmjünglingen erst zum Schluß der Geschichte – wenn die Situation reif zum happy end ist – in den Schoß zu fallen pflegte, gleich am Anfang. Die Sache beginnt damit, daß ein Bursche aus der Provinz plötzlich in höchst überraschender und phantastischer Weise zum Millionär wird, und nun ergibt sich die Frage: Was macht der Mann mit dem vielen Geld? Die Frage wird durchaus ernsthaft gestellt, ganz ohne Zynismus, und der Film beantwortet sie, nach einigen abenteuerlichen, oft sehr komischen Umwegen, dahin, daß es am vernünftigsten ist, das Geld an die zu geben, die es wirklich gebrauchen, produktiv verwenden können: Mr. Deeds verteilt seine Dollar-Millionen an die armen Farmer. Hat das nun etwas mit Sozialismus zu tun? Sicherlich nichts, im revolutionären Sinn. Die Art von Sozialismus, um die es hier geht, setzt ein tüchtiges Maß von gutem Willen, Selbstlosigkeit und Intelligenz voraus bei denen, die das Geld haben. Trotzdem spürt man durch die halb possenhafte Handlung hindurch recht ernsthafte Tendenzen, die in Amerika in der Luft liegen: es sind Rooseveltsche Tendenzen, und sie laufen darauf hinaus, daß man den reichen Leuten zu verstehen gibt: Seid vernünftig, habt ein gerechtes Einsehen – nicht nur aus Güte und Altruismus, sondern auch um eurer selbst willen. Verwendet eure Schätze, zu denen ihr oft nur durch einen freundlichen Zufall gekommen seid wie Mr. Deeds, im Dienste der Allgemeinheit, der Gesellschaft – und versöhnt solcherart das Schicksal, auf daß es sich nicht eines Tages schlimm an euch räche!

Bemerkenswert in einer anderen Hinsicht ist auch ein Film wie «Dodsworth», nach dem Sinclair-Lewis-Roman. Hier wird das Problem der Ehe ernstgenommen, nicht süßlich verzuckert, sondern realistisch präsentiert. Zwei Ehegatten entfremden sich, und sie finden nicht mehr zueinander; was ausbleibt, das ist das happy end. Man wagt es neuerdings, im amerikanischen Film *Menschen* hinzustellen, wie sie wirklich leben und sich streiten und unglücklich sind: sie haben Menschengesichter, nicht mehr Masken von Schminke. Die Heldin in «Dodsworth» ist eine Frau, die Züge der Alternden zeigt: auch das wäre früher kaum gewagt worden. Damen im Film hatten knusprig jung oder matronenhaft mütterlich zu sein: etwas dazwischen war nicht gestattet. Mrs. Dodsworth aber ist die ehrgeizig parvenühafte Frau, die jung erscheinen möchte, es jedoch nicht mehr ist. Daß sie auf der Leinwand erscheinen darf, ist eine Neuigkeit und ein gutes Symptom.

Hätte man vor fünf Jahren in Amerika einen Film herstellen und erfolgreich vorführen können wie «Green Pastures»? Es zeigt den Himmel, den lieben Gott, seine Engel und die ganze Biblische Geschichte, wie sich Negerkinder das alles vorstellen, ausmalen und den Verhältnissen ihres eigenen Lebens angleichen: es kommen bezaubernde, rührende, auch tiefsinnige und, auf eine gar nicht blasphemische Art, erstaunlich komische Dinge dabei heraus. Vor zehn Jahren wäre man vielleicht schokkiert gewesen, hätte Skandal gemacht und wohl gar «Gotteslästerung» geschrien, weil der Liebe Vater im Himmel aussieht wie ein gutmütiger alter Negerpastor, Limonade trinkt und 10-Cent-Zigarren raucht. Heute freut man sich an dieser kindlichen Welt drollig-unschuldiger Frömmigkeiten: Man ist toleranter geworden – in den sozialen Fragen, in den Fragen der Erotik und selbst in denen der Rasse. Freilich bleibt das Neger-Problem das heikelste, das bedenklichste in den USA, es gehört zu den erstesten und schwierigsten Sorgen dieses großen Landes; es hat furchtbare Härten mit sich gebracht, bringt sie weiter mit sich. Aber trotzdem: ich glaube meiner Sache sicher zu sein, wenn ich sage, daß, *auch* was die Negerfrage betrifft, in jenen Kreisen der amerikanischen Jugend, die den Fortschritt wollen, ein neuer Wille zur Duldsamkeit, zum Ausgleich, zum Verzicht auf schroffe Vorurteile sich bemerkbar macht. Die herzliche Sympathie, welcher der religiöse Neger-Film «Green Pastures» gerade in diesen Kreisen begegnet, ist gewiß nur ein geringes Symptom; aber ein Symptom eben doch...

Nein, wir haben wahrhaftig das Recht nicht mehr, mit dem Hochmut des kulturell weiter Fortgeschrittenen auf Amerika zu schauen – lassen Sie es mich zusammenfassend, abschließend sagen. Eher haben die Amerikaner Anlaß, ihren Blick mit einer gewissen *Sorge* auf uns zu richten, und das tun sie denn auch. Freilich hat man, wenn man von dieser amerikanischen «Sorge» um Europa spricht, die natürliche und durch die Presse raffiniert gepflegte Freude der Amerikaner an der *Sensation* mit in Rechnung zu ziehen. Sensation muß sein, über irgend etwas will man sich aufregen, die Zeitungen brauchen fette Überschriften, effektvolle «headlines», und wenn es nicht der nahende Weltkrieg ist, mit dem man das Abendblatt attraktiv macht, dann muß die Affäre des Königs von England mit der schönen Dame aus Baltimore herhalten oder der Gesundheitszustand der Diktatoren, oder Interviews mit den Monarchen im Exil.

Dieses Bedürfnis nach der großaufgemachten, erregenden Neuigkeit ist aber nur *eine* Seite, nur *ein* Element des Interesses, das der politisch denkende Amerikaner an den europäischen Verhältnissen nimmt. Es ist in den Vereinigten Staaten ein starkes Gefühl dafür vorhanden, daß die zivilisierte Menschheit ein *Ganzes* bildet und daß ihre einzelnen Teile auf Gedeih und Verderb zueinander gehören, und seien sie durch Ozeane voneinander getrennt. Die ganze Sympathie gilt den demokratischen Ländern. Zu England ist die Bindung von besonderer, verwandtschaftlicher Art. Aber auch Frankreich fühlt man sich verbunden, und gerade dem Frankreich Léon Blums – trotz aller Propaganda, die von manchen Kreisen, etwa von der Hearst-Presse, gerade gegen dieses Land gemacht wird. Man achtet und schätzt auch die kleineren demokratischen Länder, die Tschechoslowakei, die Schweiz, Holland, die skandinavischen Staaten. Das Verhältnis zur Sowjet-Union ist komplizierter: Man bewundert den wirtschaftlichen Auftrieb, man zeigt Sympathie und das lebhafteste Interesse für die großen Anstrengungen, die auf dem kulturellen und volkspädagogischen Gebiet dort im Gange sind. Andererseits macht sich das allgemeine Mißtrauen gegen die Diktaturen auch dem Regime Stalins gegenüber bemerkbar. Seine neuen demokratischen Tendenzen werden mit Spannung verfolgt und sehr begrüßt.

Die Antipathie gegen den Faschismus ist in Amerika immer noch so allgemein und so selbstverständlich wie vielleicht in keinem anderen Lande der Welt – gegen den Faschismus in jeder Form, besonders aber in der deutschen. Man darf sagen, daß es in der Tat nur relativ kleine und periphere Kreise sind, die – bis jetzt und heute – am Faschismus Gefallen finden und ihn für die Vereinigten Staaten herbeiwünschen.

Was meine ich denn schließlich, wenn ich sage «Hoffnung auf Amerika», und worauf will ich hinaus? Ich meine, daß *der Wert der Freiheit*, an dem in Europa so viele schlimme Zweifel aufgekommen waren, drüben noch nicht in Frage gestellt erscheint. Man kennt ihn, man schätzt ihn, und es sieht ganz so aus, als ob man wissen werde, ihn zu erhalten. Die Freiheit ist aber heute nicht möglich, sie müßte auf die Dauer illusorisch werden ohne den sozialen Fortschritt; sie kann nicht das starre Stehenbleiben bedeuten beim status quo der gesellschaftlichen Struktur, der ökonomischen Gegebenheit, der Güterverteilung; sie muß die lebendige Entwicklung in sich begreifen, das Unterwegs-Sein zum besseren Zustand, die Bewegung auf die gerechtere Ordnung zu – und was für eine Ermutigung bedeutet es für alle, die in Europa solche Gesinnung haben, für die unter uns, die entschlossen sind, solchen Weg zu gehen, wenn Amerika, diese größte Macht, diese unberechenbar starke Potenz, bei ihnen ist – bei *uns* ist mit dem Willen zur echten Demokratie – die Demokratie verstanden *nicht* als die schöne Phrase, die festlich konventionelle Redensart, die beschönigen soll, daß alles bleibt, wie es ist – zum Vorteil derer, die im Fetten und Warmen sitzen –; die Demokratie vielmehr begriffen und erlebt als kämpferische Entschiedenheit, als *Ziel* des zwanzigsten Jahrhunderts, nicht als matte Wiederholung des neunzehnten: als jenes Ziel, für das in Spanien zu dieser Stunde unsere Kameraden ihr Blut vergießen und für das, in vielen Gegenden der Erde, auf besonders eindrucksvolle Art aber in den Vereinigten Staaten, ein neues Gefühl – *neu*, wenngleich edlen Traditionen verbunden – zu erwachen im Begriffe scheint.

Bin ich zu optimistisch? Unterschätze ich die Kräfte und Interessen, die sich in den Vereinigten Staaten – wie überall – *gegen* den Fortschritt stellen? Verwechsle ich New York mit dem Erdteil und verfalle solcherart in den Irrtum, der vielen Europäern naheliegt? Schließe ich von der Stimmung gewisser avantgardistischer Zirkel, mit denen Zufall und Neigung mich drüben in Kontakt gebracht haben, auf die Gesinnung der Allgemeinheit, des Durchschnitts? – Alles dieses ist zu bedenken, und man glaube mir, ich habe es bedacht, erwogen, eingerechnet. Bedacht und erkannt ist auch, daß Europa aus eigenen Kräften sein Schicksal wird entscheiden müssen – *so oder so:* wie wir es hoffen, oder wie wir es fürchten –, und daß kein andrer Erdteil dem unseren die Verantwortung für das, was hier geschehen wird, abnehmen könnte oder abnehmen dürfte.

Und trotzdem, wenn ich sage: «Hoffnung auf Amerika» – so halte ich mich an das, was ich drüben gesehen, gespürt und aufgenommen habe – an das *Beste*, was ich aufgenommen habe, natürlich an das Beste – und da steht meine Überzeugung ganz fest: Wenn wir die Weltkräfte zusammenzählen, auf die wir zu hoffen haben, und wenn wir die anderen überblicken, vor denen wir uns hüten, denen wir Widerstand leisten wollen, so gehört das Amerika Roosevelts zu den ersteren, zu den positiven. Das ist ein großer Trost, eine gute Stärkung, sehr wohltuend ist das zu wissen – und es wird wieder leichter, heute – selbst heute – ein «guter Europäer» zu sein, ein guter Europäer *von ganzem Herzen*: wenn man begriffen und erfahren hat, daß diese große Macht dort drüben, auf der anderen Seite des Ozeans, mit jenen Kräften in Europa sympathisierend verbunden ist, die wir lieben, denen wir uns zugehörig fühlen und von denen wir glauben wollen, daß ihnen – nur ihnen und nicht ihren finsteren Gegenspielern – die ganze Zukunft gehört.

Die Geister scheiden sich

Was in Spanien geschieht, wird von Woche zu Woche, von Tag zu Tag schauerlicher – und großartiger zugleich.

Je nackter, grausamer und provokanter die brutale *Intervention* der faschistischen Mächte in diesem Bürgerkrieg – der längst kein Bürgerkrieg mehr ist – sich manifestiert, desto gewaltiger wird das Phänomen des heroisch zähen Widerstandes gegen einen Feind, dessen Niedertracht wir ins Gigantische wachsen sehen. Wer sind sie denn eigentlich, diese Rebellen gegen eine verfassungsgemäß gewählte Regierung, diese Meuterer, die sich «Nationalisten» nennen? Landsknechte, ausgehalten von einer internationalen Interessenten-Clique; kommandiert – nicht von anständigen Offizieren, sondern von verrohten Bandenführern. Das metzelt mit Maschinengewehren Bäuerinnen hin, die aufs freie Feld geflüchtet sind, oder Nonnen, die in Todesangst durch einen Klostergarten rennen; das visiert Hospitäler für den Bombenangriff, und auf seinem fürchterlichen Wege läßt es verkohlte Kinderleichen und die verstümmelten Kadaver von Frauen. Das Schrecklichste wird täglich verübt an einem friedlichen Volke – *warum*? Weil die internationale Interessenten-Clique es als ihrem Vorteil widersprechend und also als unerträglich empfand, daß dieses Volk sich den Gesetzen des Fortschrittes und der Demokratie gemäß entwickle.

Dem mörderischen Gesindel genügt nicht die Greueltat: dem Gemetzel muß die Lüge, dem Massaker das «Dementi» folgen – «Wir sind es nicht gewesen!» plappern die Faschisten, während ihre Hände noch vom Blute stinken. Die Spuren der Bombeneinschläge sind der unwiderlegbare Beweis dafür, *wer* die offene Stadt Guernica in Trümmer gelegt hat; aber in Berlin, Rom und Burgos hat man die Stirn zu behaupten, «Rote» – welche im Baskenland nicht existieren – hätten die Verwüstung angerichtet, und das «Deutsche Nachrichtenbureau» lanciert seine unverschämt scherzhafte, diabolisch wohlgelaunte «Richtigstellung»: Reuters authentische Meldung wird mit Humor als «fette Ente» bezeichnet – während die Opfer der deutschen Bomben noch in der Agonie liegen, läßt Doktor Goebbels seine Scribenten faule Witze über den Alkohol reißen, den der englische Beobachter der Greuel angeblich genossen haben soll – eine Welt, der das Grauen noch in den Gliedern sitzt, muß sich nun auch noch den zynisch-neckischen Hohn gefallen lassen, und man spürt Brechreiz neben dem Entsetzen.

Was jetzt im Baskenland blutiges Ereignis geworden ist, fällt selbst der europäischen Gesellschaft von heute auf die abgestumpften Nerven. Einfache Menschen reagieren mit leidenschaftlicher Heftigkeit: In Kopenhagen, zum Beispiel, sammelten sich die Frauen vor der spanischen Legation, und ihre Rufe, ihre Tränen beweisen, daß es in der Tat noch etwas gibt wie Mitgefühl und menschliche Solidarität.

Wer für Menschenwürde und Gesittung noch nicht den allerletzten Begriff verloren hat, empfindet: Das *darf* nicht sein! Was dort im weit entfernten Spanien geschieht, beleidigt alle gesitteten Menschen – seien es Fabrikarbeiter in Birmingham, Frauen in Skandinavien oder Studenten in Peking. Angesichts des spanischen Phänomens stellt sich plötzlich eine Solidarität zwischen allen anständigen Menschen her – die, mit einem Mal, begreifen, daß sie samt und sonders Antifaschisten sind und mit ganzem Herzen bei den Verteidigern der Freiheit in Madrid und Bilbao, in Valencia und Barcelona.

Viele, die jetzt so leidenschaftlich für die Sache der Freiheit und der Demokratie Partei ergreifen, hatten vielleicht bis dahin gar nicht gewußt, daß sie Antifaschisten waren – nun erst ist es ihnen klargeworden.

An dieser großen historischen Situation scheiden die Geister sich. Hier gilt nur noch: Ja ja – oder Nein nein.

Wer *für* den Fortschritt der menschlichen Gesellschaft ist, der ist *gegen* den General Franco und gegen seinen schmählichen Überfall auf das spanische Volk; seine ganzen Sympathien sind bei der sich verteidigenden spanischen Republik, und er spricht seine Sympathien aus, und er *handelt*, wie sie es gebieten. Wer aber *für* die faschistischen Rebellen ist, der bekennt sich als Feind des Fortschrittes; der stellt sich auf die andere, auf die falsche Seite der Barrikade. Dies gilt für Privatpersonen wie für ganze politische Gruppen.

Den Vorteil und Gewinn bringen historische Situationen, wie die eine ist, die wir durchleben und durchleiden: Sie zwingen zur

Klarheit. Sie verbieten die Lauheit. Sie fordern, daß ein jeder eindeutig und aktiv Stellung beziehe.

Es gibt nur noch zwei große Parteien – in Spanien und überall:

für die Freiheit;
gegen die Freiheit.

Die Geister scheiden sich! Sehe ein jeglicher zu, daß er die Wahl, die er heute trifft, niemals möge zu bereuen haben!

Eine Stunde mit Beneš

Prag bezaubert und überrascht durch die Fülle der Reize und der Kontraste; durch die Zusammengesetztheit, Gemischtheit, Buntheit seiner Physiognomie. Was findet sich da nicht alles nebeneinander! Das ehrwürdige Alte, die verwunschenen Stimmungen – Kafkasche Landschaft, Alchimistengasse, Golem-Reminiszenzen, Ghetto, prunkend fürstliches Barock; Wallenstein-Palais, von der Umwelt feierlich distanziert durch hohe und breite Mauer. Nicht weit davon aber: Modernität, Auftrieb, die rapide Entwicklung, der Wenzelsplatz, leuchtend mit Lichtreklamen; Bata-Filialen; Automaten-Buffets, wie sie in dieser Größe, mit solcher Qualität des Gebotenen, in Europa nirgendwo sonst, in Amerika nur ganz selten anzutreffen sind; da steht die Dame im großen Abendmantel neben dem Arbeiter ohne Kragen, und beide freuen sich an den gleichen wohlfeilen Leckerbissen; da weht demokratische Luft – die Luft einer sehr gegenwärtigen, sehr heutigen Stadt.

Wieder einmal, ein paar Wochen lang, Anteil nehmen am Leben Prags, das bedeutet: Eindrücke in fast verwirrender Menge, Eindrücke der verschiedensten, einander widersprechenden Art; Berührung mit mannigfachen Milieus, die sich durch Tradition und Gesinnung, durch Lebensstil und Sprache so wesentlich voneinander unterscheiden und die doch, gemeinsam, dieser Stadt den unverwechselbaren Charakter geben.

Unter den vielen, mit Bildern gefüllten Stunden, ist es *einer* bestimmt, zur zentralen zu werden, gleichsam zur repräsentativen, um die herum sich die anderen ordnen und gruppieren. Diese Rolle und Funktion hatte, während meines Prager Aufenthaltes, für mich die Stunde, die ich beim Präsidenten der Republik, bei *Eduard Beneš* verbringen durfte.

Glücklich die wenigen, die bevorzugten Länder, wo die Verantwortung über das Schicksal der Gesellschaft in die Hände eines geistigen Menschen gelegt ist; wo Macht und Geist – in Deutschland seit eh und je so unheilvoll voneinander getrennt – miteinander identisch werden, zum Segen der Nation, deren politischer Instinkt den Intellektuellen, den Geistesmenschen an die Spitze rief. Das Tschechenvolk verdankt seine nationale Selbständigkeit, seine politische Existenz einem großen Intellektuellen, dem Staatsmann-Philosophen Masaryk. Daß er den legitimen Nachfolger fand, daß er sein Amt dem Freund und dem vertrauten Mitarbeiter übergeben konnte, bedeutet den zweiten großen Glücksfall für die junge Republik.

Noch niemals vorher hatte ich mich an einen Staatsmann – oder an irgendeine andere «Persönlichkeit» – mit der Bitte, meine Aufwartung machen zu dürfen, gewendet. Aber mein Wunsch, Beneš zu sehen und ihm meine Dankbarkeit zu sagen, war stärker als eine konventionelle Hemmung. Ich schrieb dem Sekretariat des Präsidenten; die Antwort kam prompt: Man ersuchte mich telephonisch, an einem bestimmten Vormittag um zehn Uhr auf der Burg zu erscheinen.

Mich überraschte wohltuend der völlige Mangel an feierlicher Umständlichkeit, an Zeremoniell, mit dem ich empfangen war. Da wurde nichts Schriftliches verlangt, nicht einmal eine Visitenkarte, und niemanden gab es, der examinierende Fragen stellte. Dem Butler, der mir meinen Hut abnimmt, nenne ich meinen Namen, das ist alles. Er führt mich durch ein paar große, sparsam möblierte repräsentative Salons; im dritten begrüßt mich ein Sekretär. Es ist zehn Minuten vor zehn Uhr, man bittet mich, ein wenig zu warten, bringt mir Zeitungen und Zigaretten. Ich lasse die Zeitungen, gehe zum Fenster, von denen eines weit offen steht; denn draußen ist der Frühlingstag milde und strahlend schön. Vor mir habe ich das große Panorama der Stadt. Der Fluß schimmert; über Türmen und Brücken liegt leichter Dunst. Ich stehe entzückt und, auf eine sonderbare Art, gerührt. Während ich mich der großartig vor mir ausgebreiteten Schönheit freue, muß ich an den sensationellen Zukunftsroman denken, den ich vor Jahr und Tag gelesen habe: Er heißt «Der Untergang von Prag». Ist es vorstellbar, daß Bombenflugzeuge mit bösem Surren auftauchen am Rande dieses dunstig veilchenblau getönten Himmels? Kann aus solchem schauerlichen Angst- und Warnungs-Traum die fürchterliche Realität werden? Heute morgen haben die Blätter über die Zerstörung der Baskenstädte berichtet.

Es ist zehn Minuten nach zehn Uhr, da der Sekretär den Raum wieder betritt und mich auffordert, ihm weiter zu folgen. Noch ein Vorzimmer – und mein Führer macht vor der geschlossenen Türe eine halbe Verneigung, während er, mit einer vorsichtigen, beinah zärtlichen Gebärde, klopft.

Das Arbeitszimmer des Präsidenten scheint mir kleiner als die ihm vorgelagerten Empfangssalons. Vielleicht macht es diesen Eindruck nur, weil es bewohnt, durch Papiere, Bücher und Bilder belebt ist. Übrigens sehe ich nur wenig Einzelheiten. Warum es leugnen, daß ich, unmittelbar nach meinem Eintritt, etwas verwirrt und befangen bin? Freilich dauert diese leichte Beklemmung nur ganz wenige Minuten lang. Der Präsident hat eine freundliche und geschickte Art, das Gespräch mit ein paar persönlichen Fragen zu eröffnen.

Wenn man jemandem, den man von Bildern her kennt und wohl auch aus der Ferne schon gesehen hat, von Angesicht zu Angesicht gegenübersteht, ist man meistens erstaunt, und zwar, recht unlogischer Weise, aus einem doppelten Grund: einerseits, weil die Persönlichkeit ja wirklich ganz ähnlich aussieht wie auf ihren Porträts – woran man wohl, im Grunde, gewisse Zweifel gehabt hatte; andererseits, weil sie dann doch wieder gewisse Charakteristika aufweist, die man nicht an ihr erwartet hatte – während ihr andere, die zu finden man vermutet hatte, fehlen. Meine Vorstellung vom Präsidenten Beneš etwa war die von einem Mann gewesen, der viel strengere Züge hat, als die es waren, in die ich nun wirklich blickte. Auch hatte ich mir von ihm eine härtere Stimme, eine schärfer akzentuierte Sprechweise erwartet, als ich sie nun in der Tat zu hören bekam. Er ist freundlicher, weicher, sanfter – und viel beweglicher, als ich ihn mir vorgestellt hatte. Seine Beweglichkeit ist besonders auffallend; er liebt es, die Hände zu regen, etwas mit ihnen anzufassen, zurechtzurücken, hin und her zu schieben – ohne daß er deshalb eigentlich nervös wirkte. Seine geschwinden Gebärden sind gar nicht unruhig-fahrig; vielmehr eifrig-demonstrierend, das gesprochene Wort unterstreichend; sie erinnern an die Gesten eines sehr klugen, eindringlich vortragenden Dozenten.

Die Unterhaltung kommt schnell aufs Politische. Ich bin dankbar, zu hören und manchmal eine Frage stellen zu können. Der Präsident spricht – kaum eines der großen aktuellen Themen, das er nicht berührte, und sei es nur flüchtig, im Vorübergehen. Muß ich erwähnen, daß seine Detail-Kenntnis und sein Blick für die weiten, komplexen Zusammenhänge frappierend sind? Jeder Leser und Hörer seiner großen öffentlichen Reden weiß es und hat es bewundert. Es ist aber so, daß gewisse Kenntnisse und Erkenntnisse, privat und im engen Raum vorgetragen, noch stärker wirken, noch lebhafter überzeugen, als wenn wir sie im Fest- oder Versammlungs-Saal, in vorbereiteter Ansprache hören. Eine interessantere politische Konversation als die mit dem Präsidenten der Tschechoslowakischen Republik kann man heute wohl nirgends führen. Beneš hat den Scharfblick und die Gerechtigkeit, den scharfen Instinkt und die enorme Erfahrung, die stupende Personenkenntnis. Er hat – und dies scheint mir das Entscheidende – die Helligkeit des Verstandes und den Enthusiasmus des Glaubens, die Klarheit – und die Güte, den ausgeprägten, geübten Sinn fürs Reale – und das unerschütterliche Vertrauen zum Bestand, zur Zukunft der großen Begriffe und Ideale, der unvergänglichen Forderungen und Ziele – als da sind: die Freiheit und die Gerechtigkeit. Daß diese schließlich siegen und sich durchsetzen werden: daran zweifelt er nicht. Er erklärt: «Wir müssen nur an *unsere* Ideale – an die demokratischen, an die humanistischen – mit einer noch stärkeren Zuversicht glauben als die Anhänger des totalen Staates an die ihren. Es kann lange dauern, mag auch viele Umwege geben; schließlich kommen wir doch ans Ziel.»

Seinen Optimismus kennt die Welt. Er bezieht sich auf die europäische Situation wie auf die in seinem eigenen Lande. Daß es zum Kriege kommen könne, hält er für ganz undenkbar: die demokratischen Staaten wollen ihn nicht; die faschistischen können ihn nicht riskieren. Die fürchterliche spanische Angelegenheit wird im Herbst dieses Jahres so weit liquidiert werden, daß die Großmächte sich aus ihr zurückziehen können: die beiden Parteien in Spanien sind nicht mehr fähig, noch einen Kriegswinter zu überstehen; es wird zu einer vorläufigen Regelung, wahrscheinlich zu einer Teilung des Landes, kommen; freilich wird der Bürgerkrieg, latent und unterirdisch, noch lange, vielleicht ein Jahrzehnt lang, weiter dauern. «Spanien hat drei Revolutionen nachzuholen: die von 1789, die von 1848, die von 1917. Das geht nicht von heute auf morgen...»

Beneš liebt es, in die historische Sphäre abzuschweifen, um das Gegenwärtige zu deuten und die Ursachen aktueller Vorgänge aufzudecken.

Die Themen gehen durcheinander, greifen ineinander: Berlin und Rom, Madrid und Paris, London und Moskau, Washington und Tokio – lauter Stichworte für neue Probleme und für ihre Untersuchung. Mir fehlt das Recht, Details der Unterhaltung zu wiederholen, bestimmte Ansichten oder Mitteilungen bekannt zu geben; ich bin nicht als Interviewer empfangen worden. Aber mir liegt daran, einen Begriff zu geben von dem Eindruck, den diese Stunde des Gespräches mir geschenkt hat. Um es ganz einfach zu sagen: Ich verließ den Präsidenten zuversichtlicher und froher, als ich vor dem Besuche es gewesen war. Ich habe einen bedeutenden Menschen kennengelernt; ihm ist eine sehr große Verantwortung zugeteilt, sein Leben steht unter dem Zeichen der ernsten Pflicht. Trotzdem erscheint er beinahe heiter. Er weiß es wohl, daß sein Land – er weiß auch, daß er selber viele Feinde hat. Er läßt sich nicht anfechten. Denn er *glaubt* – er glaubt wahrhaftig an die Werte, zu deren aktivsten, sichtbarsten Repräsentanten er in dieser historischen Stunde gehört. Die lange Berührung mit der politischen Tagespraxis, ihn hat sie nicht skeptisch und nicht müde werden lassen. Er ist jung geblieben, wie es nur denen gelingt, die dem Zweifel, der Bitterkeit, der Menschenverachtung keine Macht einräumen über ihre Gedanken.

Von seiner Zuversicht, vom Elan seines Wesens teilt sich dem

Land etwas mit, dessen erster Bürger er ist. Da ich die Stadt Prag nun wieder betrete – diese Stadt, bezaubernd und überraschend durch die Fülle der Reize und der Kontraste –, liebe ich sie noch mehr und meine, sie besser zu kennen, zu verstehen, als ich sie vor der guten und reichen Stunde im Arbeitszimmer des Präsidenten gekannt und verstanden habe.

Krankheit und Gesundheit

Karel Čapek (heute wohl unter den tschechischen Schriftstellern der repräsentative, dessen Figur und Werk die breiteste und stärkste Wirkung haben) hat sich schöpferisch mit dem Phänomen der öffentlichen Erkrankung, Vergiftung, Infektion – und mit ihrem positiven Gegensatz, der Gesundheit, auseinandergesetzt. Er hat das schnell berühmt gewordene Schauspiel «Die weiße Krankheit» geschrieben, in dem wir das Übel der militant-nationalistisch-hochkapitalistischen Diktatur als Pest und mörderisch grassierende Seuche symbolisiert finden; und er ist Autor des Buches «Masaryk erzählt sein Leben», in dem Biographie und Philosophie eines großen Gesunden, eines vorbildlich Rechtschaffenen, eines exemplarisch Wohlgeratenen mit Liebe und mit Ehrfurcht dargestellt sind.

Der Schriftsteller Čapek hat die kluge und souveräne Bescheidenheit, selber in den Hintergrund zu treten; er läßt den alten Präsidenten, den Staatsgründer selber reden; läßt ihn ausbreiten vor uns den Reichtum seiner Erinnerungen und in einem langen Leben erfahrenen Weisheiten. Mit der sicheren Hand des begabten Erzählers beschwört er, gleich im Vorwort («Wie entstanden die Gespräche?»), die Landschaft, die zu diesen Gesprächen den Hintergrund bildet; die besondere Atmosphäre, die zu ihnen gehört. – Man ist in Topolčianky, auf dem Lande; ein Sommer geht milde zu Ende, ein schöner Herbst kommt herauf. Das ist die Stunde, um zurückzuschauen, sich zu besinnen. Der Präsident ist noch tätig, noch im Amt. Aber ein so großes Maß getaner Arbeit, ein so langes Stück gegangenen Weges liegen doch schon hinter ihm, daß er es sich wohl gestatten darf, an diesen leuchtenden September-Vormittagen eine Weile stillzusitzen; zu bedenken, wie alles gewesen ist, und zu erzählen. Der Schriftsteller lauscht. Es ist nicht so, daß er die Worte «mitstenographiert» und sie, so wie sie gesprochen wurden, der Öffentlichkeit übergibt, Čapeks Masaryk-Buch ist keine genaue, naturalistische Wiedergabe dessen, «was an vielen vielen Vormittagen gesprochen wurde». Es ist eine Zusammenfassung, eine Verdichtung, ein Resumé dieser langen Unterhaltungen; es ist recht eigentlich ihr Extrakt. Deshalb «fehlt die Stille darin», wie es an einer schönen Stelle des Vorwortes heißt, «das Schweigen, aus dem die Worte sich gebaren und das langsame Gespräch sich zusammenspann. Das Schweigen war immer da, legte sich zwischen die Worte, schloß die Sätze; kein lastendes Schweigen, bei dem nichts zu sagen ist, sondern ein nachdenkliches Schweigen, das Schweigen eines Menschen, der sinnt, der eher an die Dinge denkt als von ihnen redet.» – Nun, mir scheint, daß etwas von solchem guten Schweigen doch haftengeblieben ist zwischen den Zeilen dieses bedeutenden Buches. Etwas von der gesegneten Stimmung in Topolčianky, da der Ahorn sich schon «feurig verfärbte», ist fühlbar und wirksam auf seinen Seiten. Es ist die Stimmung dessen, der auf sein Leben schauen darf und sagen: Siehe, es war gut. Am Ende ist man nicht müde und nicht resigniert; vielmehr heißt es: «Ich habe lange genug gelebt, um sagen zu können: Ich vertraue auf die Zukunft, auf die Entwicklung und den Fortschritt. Ich möchte sehen, wie das Leben in hundert Jahren ausschauen wird.» Lust und Neugier auf weitere hundert Jahre: dazu reicht noch die Kraft, nachdem man acht Jahrzehnte hinter sich hat. Und was für Jahrzehnte! Was haben sie nicht alles gebracht!

Ein ernstes, erfülltes Leben; der Schriftsteller Čapek zeigt uns die geistigen Gesetze, denen es folgte, seine ruhige, stetige Vorwärtsbewegung, sein gesundes, kraftvolles Wachstum, schließlich einen Aufstieg, seine fürstliche Krönung, sein feierliches Münden in den großen, ganz echten, ganz volkstümlichen Ruhm.

Einen breiteren Raum als die Darstellung der äußeren Ereignisse nehmen in den «Gesprächen» die Betrachtungen ein und die Berichte über Erfahrungen und reiche Abenteuer des Geistes.

Besonders liebe ich jene Kapitel, die von den Bildungserlebnissen des jungen Menschen und von seiner Lektüre handeln. Sie stimmen mich wehmütig, weil sie mich an den «grand old man» des Deutschen Reiches, an den General von Hindenburg denken lassen. Die Deutschen neigen der fatalen Ansicht zu, der «Mann der Tat» müsse geistfremd sein. Das Leben des Präsidenten Masaryk ist doch wohl reicher an wirklichen, guten und fruchtbaren Taten als die öde Biographie des «Siegers von Tannenberg». Zu den Taten, den produktiven Leistungen kam Masaryk gerade dank jenen Überzeugungen, Erkenntnissen und Idealen, die seine intellektuelle Arbeit, die unermüdliche Beschäftigung mit den vornehmsten geistigen Überlieferungen mit sich brachte.

Seine geistige Bildung hat alle die Eigenschaften und Züge, die sein Leben und den Charakter, der durch dieses Leben geformt ist, auszeichnen und bestimmen: Solidität, feste Basis, langsames Wachstum – kurz: jene Gesundheit, jene intellektuelle Rechtschaffenheit, die jedem Wort, das der denkerische Staatsmann spricht, jeder Handlung, mit der der aktivistische Philosoph das Gesicht der Welt um ein Großes oder um ein Kleines verändert, die Gültigkeit, die Legitimität, das Gewicht geben. Alles Einseitige, Extreme, Übertriebene ist ausgeschlossen. Erstaunlich, zum Beispiel, ist es, bis zu welchem Grade der Mann, dem das Tschechenvolk seine Existenz als selbständige Nation vor allem verdankt, auf jeden Nationalismus verzichtet. Das zeigt sich etwa, fast bis zum Erstaunlichen, in den Bemerkungen über tschechische Literatur. Den höchst gescheiten und komplexen Betrachtungen über die deutschen, französischen und russischen Klassiker folgen Hinweise auf das tschechische Schrifttum. Man stößt auf den allzu selbstkritischen Satz: «Ich möchte sagen, daß ich in der fremden Literatur mehr Ideen, größere Schönheit und vollendetere Formen finde; unsere Dichter belehren mich über unsere nationalen Mängel und Schwächen.» – Und, an einer anderen Stelle: «Mich hindert immer eine gewisse Scham, Worte wie ‹Vaterland› oder ‹›Volk› auszusprechen.» Und wieder muß ich, schamvoll meinerseits, an berühmte Deutsche denken, die weniger für ihre Nation getan haben als Masaryk für die seine, und die mit den hohen Begriffen des «Volkes» und des «Vaterlandes» täglich um sich werfen, bis sie abgenutzt, entwertet, mißbraucht sind und einem alten Plunder zu gleichen beginnen. Der wirkliche Staatengründer, der legitime «pater patriae» ist sparsam mit ihnen; er ist überhaupt sparsam mit den großen, kostbaren Worten – auch mit dem, das ihm als das wertvollste, vornehmste, zukunftsträchtigste gilt, mit dem Wort «Demokratie».

An ihre Sendung glaubt er, und wir sehen ihn davon überzeugt, daß schließlich sie es sein wird, die siegt. Aber zu ihrem berauschten, kritiklosen Lobredner wird er nie. Er konstatiert maßvoll: «Ich bin ein grundsätzlicher, aber kein blinder Anhänger der Demokratie. Ich kenne die Schwächen des Systems, keine schlechte Erfahrung ist mir entgangen, aber – ich bedaure keinen Augenblick den Entschluß, den ich bei der Rückkehr aus dem Kriege gefaßt habe: der Demokratie und der Republik zu dienen.»

Während der acht Jahrzehnte, die nicht nur die großen Erfolge, sondern auch mannigfache Enttäuschungen und Rückschläge brachten, hat er vor allem eines gelernt: die Geduld. Deshalb darf er heute, angesichts einer Weltlage, die manchen zur Verzweiflung bringt, ruhig und mit einem Lächeln sagen: «Ich denke daran, wozu Napoleon auf St. Helena gelangte; daß in Europa kein anderes Gleichgewicht möglich sein werde als ein Bund der Nationen. Napoleon glaubte, Europa mit Waffengewalt bezwingen zu müssen, aber heute muß Europa überzeugt werden; es gibt keinen Grund, unter den Völkern den Haß zu erhalten... Nun, ich denke mir: wie viele Napoleons und Napoleönchen werden noch zur Vernunft kommen müssen? Wechselseitigkeit, Internationalität, Weltoffenheit – wir haben dafür ein inhaltsvolleres Wort: Humanität. Die Entwicklung zielt auf Welthumanität ab, auf reines Menschentum...»

Sätze wie dieser – und die «Gespräche» sind reich an solchen Kostbarkeiten – bleiben uns als Trost und Lehre von einem Buch, aus dessen Blättern das Gesicht eines Menschen uns freundlich-väterlich anblickt – eines Menschen, der viel gehandelt hat, aber noch mehr gedacht; der unermüdlich gearbeitet hat, an sich und für andere, und dem endlich – letztes Geschenk eines reichen und ernsten Lebens – jene Ausgeglichenheit, innere Ruhe und Harmonie zuteil werden, die, wenn denn irgend etwas auf diesem fragwürdigen Planeten solchen Namen verdient, wohl das «Glück» sind…

Von der geistig klaren und gesunden Sphäre des Masaryk-Buches entfernen wir uns weit, wenn wir uns mit Karel Čapeks neuem Drama «Die weiße Krankheit» beschäftigen. Das Stück ist glänzend gemacht, äußerst bühnenwirksam, und es läßt sich voraussagen, daß der Erfolg, den es seit Monaten auf den tschechischen Bühnen hat, ihm in den internationalen Theater-Zentren treu bleiben wird. (In der deutschen Übersetzung wird die Hauptrolle von Ernst Deutsch gespielt werden, der sich die Rechte für alle deutschsprachigen Gebiete gesichert hat.) – Uns interessieren an Čapeks Schauspiel weniger die theatralischen Qualitäten als seine moralisch-politischen Absichten, sein geistiger Inhalt, seine Tendenz. Denn hier handelt es sich in der Tat um das erste wirksame und erfolgreiche antifaschistische Bühnenwerk; um eine Art von theatralischem Pendant also zu der epischen Leistung von Sinclair Lewis: «It can't happen here».

In einem Lande, dessen Namen der Autor verschweigt, herrscht ein Diktator, er wird «der Marschall» genannt. Noch ehe seine Nation durch den Krieg dezimiert wird, den er vorbereitet, füllen sich in diesem Land die Massengräber: Eine Krankheit wütet, eine weiße Pest – sie beginnt mit einem kleinen hellen Fleck, einer unscheinbaren Verhärtung am Kinn oder auf der Brust, und ein stinkender Zerfall, ein Verwesen bei lebendigem Leibe ist das Ende. «So eine Krankheit kann doch nicht von selber kommen!» rufen die Geschlagenen von ihrem Schmerzenslager. «Gott straft uns. – Aber *wofür*?» fragen sie sich geängstigt.

Einer weiß das Heilmittel gegen die Seuche – ein Armenarzt, unscheinbar von Gestalt, aber stark von Charakter, Doktor Galén. Ein prominenter Professor und Krankenhauschef will ihn nicht hochkommen lassen; Doktor Galén praktiziert in der Vorstadt, er behandelt die Armen, ohne von ihnen das Honorar zu verlangen. Wer aber in irgendeiner Beziehung zur Macht, zur Sphäre des «Marschalls» steht und, infiziert von der weißen Pest, sich hilfesuchend an den Wunder- und Armen-Arzt wendet, von dem fordert Doktor Galén, daß er sich nicht weiter schuldig mache und sich zurückziehe vom schrecklichen Geschäft der

Kriegsvorbereitung. Denn Doktor Galén haßt den Krieg und will erreichen, daß es keine Kriege mehr gebe. Jedem, der mit der Rüstung oder Kriegsvorbereitung das Mindeste nur zu schaffen hat, wird das rettende Medikament rigoros verweigert. Den Großindustriellen und Rüstungsfabrikanten Baron Krug, zum Beispiel, schickt Galén erbarmungslos aus seinem Ordinationszimmer. Ebendieser verlorene Baron Krug ist es, an dem der Diktator selber, der «Marschall», sich ansteckt. Nun muß er den Doktor Galén zu sich rufen lassen. Auch Diktatoren (oder gerade sie) lieben ihr Leben, und um das seine nur zu erhalten, um Galén zu bestimmen, ihm die rettende Injektion zu applizieren, verzichtet der Diktator auf seinen liebsten Plan, auf den Krieg. «Schade», ruft er aus, «es hätte ein so schöner Krieg werden können!» Aber nun soll die Armee aufgelöst werden – die größte Armee der Erde, für deren Aufbau und Organisation der Marschall zwanzig Jahre lang gearbeitet hat – und die Kriegsgefahr wird verschwinden. Zu spät: der Marschall möchte wohl zurück; aber die Bewegung, die er ins Leben gerufen und groß gemacht, hat ihr eigenes Gesetz, ihre immanente Dynamik, sie ist stärker als der Entschluß ihres Gründers und Führers; der Doktor fällt, auf seinem Gange zum Marschall – dem das Leben zu retten er unterwegs ist – in die Hände des kriegsbegeisterten Mobs, und da Galén ausruft: «Es darf keinen Krieg geben!» – ist die Antwort des exaltierten Pöbels der wütende Aufschrei: «Lyncht ihn!» Sie zertrampeln ihn und dann auch noch das Fläschchen mit der kostbaren Flüssigkeit, die ihren Marschall bewahrt hätte vor der stinkenden Auflösung bei lebendigem Leibe. Dieses ist die tragisch-ironische Schluß-Situation: der Doktor erschlagen; das Medikament zertreten – und in seinem Palais wartet der Diktator, der Führer, zitternd auf die ersehnte Hilfe. Das Volk indessen – das mißleitete, durch schlaue Lügen-Propaganda in den Irrsinn getriebene – grölt: «Es lebe der Marschall!»

Dieses lehrreich-erregende Schauspiel zeigt uns nicht nur, daß der Faschismus die Nation, über die er kommt, wie eine Pestseuche schädigt und fast zerstört; sondern auch, daß es meistens nicht mehr in der Macht der Diktatoren liegt, dem grassierenden Übel Einhalt zu gebieten, wenn der Augenblick gekommen ist, der sie selbst gefährdet.

Der achtzigjährige Masaryk schaut zurück und lächelt und findet, alles war ziemlich gut. Der junge Marschall konstatiert mit Entsetzen auf seiner Brust die marmorne kleine Verhärtung; man tötet den, der ihm helfen könnte – und nun weiß er, sein Tod wird grauenvoll sein und sein Andenken verflucht, und die Seuche, die mit seinem Regiment zusammen aufgetreten ist, wird noch lange weiter wüten in dem unglücklichen Land, dessen Namen der Schriftsteller Karel Čapek verschweigt.

«Der Reisepaß»

Ein deutscher Schriftsteller sein in diesen Läuften – unter den abnormen, bedrängenden Umständen, welche die unseres Lebens und Arbeitens sind –, wahrlich, ein Schicksal, problematischer als dieses, gefährdeter, anspruchsvoller, ist kaum zu denken! Gerade die empfindlichsten Seelen verfinstern sich leicht; gerade die wache und geschulte Phantasie quält sich am heftigsten mit der Vorstellung all des Unsäglichen, was in der gemiedenen Heimat täglich geschieht, und das geschärfte moralische Gewissen findet sich am schwersten mit dem impertinent sich blähenden, sich selbst genießenden Unrecht ab. Mancher, der in friedlicheren Zeiten Gutes und Bedeutendes zu geben hatte, versagt und versiegt; der schöpferische Dämon verläßt ihn, die artikulierte Sprache erstickt ihm im Wutschrei oder im Klage- und Jammerlaut oder im trostlosen Schweigen. Andere wieder sehen wir auf dem Rückzug begriffen, auf der Flucht in abseitig-holde Landschaften, es ekelt sie vor der Zeit, deren Zeugen und Opfer zu sein ihnen aufgetragen, und sie suchen Trost in Gegenden des Geistes, wo die bittere Problematik der Epoche keine Gültigkeit hat...

Da so viele sich verraten oder müde werden, abseits stehen oder dem Eifer des Kampfes ihr Künstlertum opfern, empfangen wir um so dankbarer die Gaben derer, die weder verzweifelt sind noch eigenbrötlerisch-abseitig noch journalistisch verflacht; sondern die sich der Zeit-Problematik mutig stellen, Würde und Ernst, Reiz und Adel ihres Künstlertums aber zu bewahren oder noch zu steigern vermögen. Zu diesen wenigen, die sich von der fürchterlichen Aktualität nicht umbringen, sondern stark machen ließen, rechnet zweifellos der Schriftsteller *Bruno Frank*. Gerade ehe er sein 50. Jahr vollendet, auf der Höhe seiner äußeren Laufbahn – ein international gefeierter Dramatiker, ein in allen Ländern gelesener Erzähler –, legt er uns sein reifstes und schönstes, reichstes und erregendstes Buch vor: *«Der Reisepaß»*, Roman, im Querido-Verlag, Amsterdam.

Der Dichter, dem wir für diesen glanzvollen Zeitroman dankbar sein müssen, ist innig beteiligt an allen harten Sorgen der Zeit, aber er ist nicht bitter. Seine Anklage ist heftig, zornig, schonungslos, er nennt die Dinge beim Namen – aber es fehlt jeder schrille Ton, jede Nuance von Hysterie, jede Maßlosigkeit, jede Entgleisung. Es ist viel Erbarmen in seinem Werk, aber keine Wehleidigkeit; in jeder Zeile zittert die Erregtheit, die intime und direkte Betroffenheit; und doch ist die Sprache, in der die Erzählung sich vorträgt, männlich gefaßt, von schöner rhythmischer Führung, präzis und oft wunderbar anschaulich in der Schilderung des Details – so daß Bruno Frank wohl auf sich beziehen darf, was sein Held – der junge Prinz Ludwig von Sachsen-Camburg – mit lustvollem Schauder empfindet, da er in der öffentlichen Bibliothek zu London bei seiner Arbeit über Goya sitzt: «Daß ihm die Sprache sich wirklich darbot, daß seine Sätze ihren festen Gang hatten und den Atem des Lebens.»

Die Londoner Bibliothek ist schon fast die letzte Station, bis zu der wir den Weg des Prinzen-Emigranten verfolgen – ein langer Weg ist zurückgelegt, viele Abenteuer sind schon bestanden, und, da wir Zeugen dieses harten Weges, dieser Abenteuer waren, ist der junge Ludwig uns lieb geworden wie ein lieber Freund.

Zu Anfang finden wir ihn mehr charmant als bedeutend. Seine schönsten Eigenschaften entwickeln und offenbaren sich erst angesichts der schaurig sich verändernden Umstände und Verhältnisse: erst durch die Begegnung mit dem durchaus Bösen, minderwertig Tückischen und Brutalen, erst in der schmerzlichen und aktiven Auseinandersetzung mit den schlimmen Mächten kann aus dem etwas träumerischen und empfindsamen kleinen Aristokraten der Kämpfer, der wirkliche Edelmann, der junge Ritter ohne Furcht und Tadel werden.

Aus dem Milieu, dem der junge Prinz Ludwig entstammt, kommen die Helden, die lauteren und festen Charaktere heute freilich nur noch sehr ausnahmsweise. Es ist ein abgestorbener Stamm, an dem dies edle Reis erblüht; es ist eine resignierte, verstaubte, zur Tatenlosigkeit und zum mählichen Sterben verurteilte Gesellschaft, in der wir Ludwig seine Kindheit und die Knabenjahre verbringen sehen. Es muß Franks Absicht gewesen sein – und wir möchten sie fast als eine dichterische Laune bezeichnen –, uns als antifaschistischen Kämpfer diesen Prinzen-Jüngling vorzuführen: diesen Ausnahmefall, dieses nicht-typische Exemplar. Aber wie gerne vergeben wir ihm diese etwas romantisch-willkürliche Helden-Wahl, wenn wir die erfreuliche Bekanntschaft des Prinzen Ludwig gemacht haben und ihn gerne mögen, um seiner Noblesse und seiner Gescheitheit, seiner Tapferkeit und seiner Anmut, seiner Bravheit und seiner Zärtlichkeit willen. Übrigens verdankt dem Umstand von Ludwigs fürstlicher Herkunft das Buch einen Teil seiner poetischen Reize – in den realistisch-politischen Roman kommt durch dieses Prinzen-Motiv ein Element und Einschlag von Märchenhaftem und von abenteuerlicher Helden-Chronik. Mag diese romantisch-balladeske Nuance vom Autor beabsichtigt sein oder nicht, ich spüre sie in der Komposition des Ganzen, etwa in der Charakterisierung der beiden Frauen, denen der Prinz im Laufe der Erzählung nahekommt. Wie die irdische und die himmlische Liebe sind sie mit einer schönen, kühn-naiven Deutlichkeit einander gegenübergestellt: Susanna, Gattin des Professors Rotteck, den sie verläßt, üppig strahlend in ihrer reifen, erfahrenen, ruchlos unwiderstehlichen Sinnlichkeit – und Ruth Wetzlar, Tochter des blinden Frankfurter Antiquars, mit dem Ludwigs fürstlicher Vater sich über seine Münzensammlung zu besprechen pflegte und den die Nazis dann umbringen; Ruth, die vom Leid ihres persönlichen Schicksals und ihrer ganzen Rasse Gezeichnete, Überzarte, fast Entkörperlichte. Noch auffälliger wird der romantisch-märchenhafte Einschlag durch das Motiv vom Smaragd – diesem kostbaren Familienbesitz, edelstem Stein und wahrem Talisman, den die kranke Mutter ihrem zweiten und liebsten

Sohn um den Hals gehängt hat. Es ist der Smaragd der Maria da Gloria: «Höchst künstlich hatte man ihn zum Wappenschilde gearbeitet. In sein satt leuchtendes Grün war das Wappen eingeschnitten mit der goldenen Königskrone darüber. Es zeigte sieben goldene Türme, und die Türme wiederum hatten winzige Türchen aus Saphir...» Dieser Smaragd – ein echtes Zauber- und Märchenrequisit – ist es, der zwar nicht dem Prinzen selber, aber doch dem Menschen, ohne den er nicht mehr leben könnte, das Leben retten wird: Denn da Ruth Wetzlar, die Tochter des Erschlagenen, die «himmlische Liebe», in London sehr krank wird und kein Geld vorhanden scheint, um den teuren Spezialisten zu zahlen, da taucht der kostbar-köstliche Stein, der schon halb vergessen oder doch für die Stunde höchster Dringlichkeit aufgespart war, wundersam wieder auf, und nun darf Ruth Wetzlar am Leben bleiben, *für* Ludwig und *mit* Ludwig am Leben bleiben...

Ich erwähne die romantisch-balladesken Elemente in Franks vielschichtigem und geistig reichem Roman – und ich fürchte schon, sie übermäßig zu akzentuieren, ihre Bedeutung zu übertreiben. Denn natürlich handelt es sich bei ihnen doch nur um Neben-Reize, um eine lieblich-überraschende Zugabe gleichsam; um einen besonderen, bunten und zarten Faden, der in diesen Teppich gewebt, um eine geisterhaft holde Farb-Nuance, die auf dieses strenge und ernste Bild getupft wurde. Zunächst und vor allem bewundere ich den «Reisepaß» als *politischen* Roman großen Stils: als ein anklagendes und klärendes, die Wahrheit mit Mut und tapferer Deutlichkeit präzise aussagendes Werk.

Prinz Ludwig verläßt Deutschland, weil er die Nazis haßt. Es kommt auch noch ein äußerer Anlaß hinzu – eine etwas phantastisch-monarchistische Verschwörung, in die sein ergebener Freund und Lehrer, Doktor Steiger, ihn verwickelt und die aufgedeckt wird, aber lange hätte er es in der verpesteten Luft doch keines Falles mehr ausgehalten. Sein erster Zusammenstoß mit den neudeutschen Barbaren liegt schon weiter zurück: gleich während der ersten Monate des Hitler-Regimes wird sein verehrter Lehrer und Meister, der Kunsthistoriker Rotteck, zum Opfer rowdyhafter Studenten-Anpöbelungen, und Prinz Ludwig stellt sich ostentativ auf seine Seite. Sein Bruder, der Erbprinz August, geht streberisch mit der neuen Macht – bei der er übrigens kein Glück erlebt. Ludwig macht keine Kompromisse. Zwischen seiner echten, legitimen Gutrassigkeit und dem blöden Rasse-Fimmel gibt es keine Möglichkeit der Verbindung oder der Versöhnung.

In der Fremde genießt Ludwig von Sachsen-Camburg keinen jener Vorteile mehr, die das Prinzentum sonst mit sich bringt: Er ist arm, und seine Familienbeziehungen darf er, der Vertriebene, nicht mehr in Anspruch nehmen. Wir sehen ihn, in einer Art von «Prolog» oder Vorspiel, bei seiner Ankunft in der ungastlichen und steinigen Landschaft der Emigration, in der tschechoslowakischen Grenzstadt Kumerau. Von dem Kumerauer Wirtshaus – dessen Trostlosigkeit mit meisterhafter Eindringlichkeit geschildert ist – führt der bittre Weg weiter: nach Prag – wo Ludwig dem Ehepaar Rotteck wieder begegnet und den kurzen, heftigen und unerlaubten Liebesrausch mit Susanna erlebt –; zurück nach Deutschland, wo er verkleidet, mit falschem Paß reisen muß und seinen alten Freund und Lehrer, den Schwärmer für die monarchische Idee, den rührenden Steiger aus dem Konzentrationslager befreit. Von nun ab sind es ihrer zwei, die wir die Emigrations-Straße ziehen sehen – der junge Prinz und sein armer, halb verstörter Mentor, den er nun führen muß: nach Belgien erst, dann nach England. In London schließt der Roman, für Ludwig aber beginnt das Neue: In dem Kuppelsaal des «Lesedoms» erfüllt sich doppelt sein Schicksal, er findet den starken, stärkenden, zuverlässigen Trost der Arbeit – und er findet den Menschen, an dessen Seite noch das Äußerste an Ungewißheit, Jammer und Entbehrung erträglich wäre. So stehen wir, mit dem jungen Helden, beim Ende des Buches an einem Anfang. Wir spüren und wissen: er wird es furchtbar schwer haben, aber untergehen wird er nicht. Wir wissen auch: seine Kräfte werden unverbraucht sein, und er wird ganz bereit sein, an dem Tage, da er Deutschland wiedersehen wird – aber dann nicht mehr mit falschem Paß und Namen.

Das Buch führt uns in viele Städte, in viele Landschaften und in viele Räume; es macht uns vertraut mit einer Anzahl von Menschen, und die Stadtlandschaften werden lebendig, anschaulich, plastisch vor uns, wie die Menschengesichter. Welch noble Sicherheit des Erzählens, welch wundervolle Genauigkeit der Darstellung hat Bruno Frank erreicht! Angesichts seiner schönen, fest geprägten, substantiellen Prosa fällt mir ein Wort der Begeisterung ein, das ich in der Kritik eines Deutschen aus der romantischen Schule über ein Buch – vielleicht über ein Buch von Goethe – fand. «Wie schön!» ruft der Kritiker aus. «Wie wirklich! Wie *seiend*!» Das gilt von Franks epischer Sprache auch. Sie hat Gültigkeit, Wirklichkeit, hat Substanz.

Es ist ein sonderbares, strenges Gesetz: daß die, die sich dem Geist entfremden, sich auch der Wirklichkeit entfremden, fahrig werden, verblassen, mattes Zeug schreiben. Die aber dem Geist und der Sittlichkeit, die er postuliert, die Treue halten, bleiben auch der Wirklichkeit nahe, und was sie zu sagen, zu berichten haben, behält den schönen, gesunden Zusammenhang mit ihr; ist echt, ist gültig, ist *seiend* – wie jede Zeile in Bruno Franks prachtvollem Roman «Der Reisepaß».

Deutsche in Amerika

In New York oder in Chicago gibt es deutsche Bierstuben, deutsche Kegel-Klubs. Da meint man, in einer sächsischen oder schwäbischen Kleinstadt sich zu befinden; da atmet man heimische Dünste und Gerüche, da hört man Töne wohlvertrauter Dialekte. Die Kapelle, die etwas rheinisch Gemütvolles spielt; der behäbige Spießer bei seinem «großen Hellen»; die vollbusige Kellnerin, die Sinnsprüche an den Wänden: man glaubt sich nach Tübingen versetzt oder nach Halle an der Saale oder nach Breslau. Dann wieder begegnet man Deutschen, die scheinen amerikanischer als irgend jemand, der in Boston oder in Kansas City geboren ist. Sie sind «assimiliert» bis zu dem Grade, daß sie keinen Satz in ihrer Muttersprache mehr fehlerlos herausbringen; in ihrer Kleidung, in all ihren Lebensgewohnheiten betonen sie bis zum Outrierten den angelsächsischen Stil.

Der Auslandsdeutsche – und das gilt ebensowohl für den in Los Angeles wie für den in Johannesburg oder in Rio – ist immer in Gefahr, sich an überwundene, kleinbürgerliche, reaktionäre Formen des Deutschtums zu klammern und in ihnen steckenzubleiben – oder aber sein Deutschtum ganz zu vergessen, zu verleugnen und im Fremden völlig aufzugehen. Der eine Typ – nationalistisch aus Instinkt und Erziehung – wird stets mit den reaktionären, dem Fortschritt feindlich gesinnten politischen Gruppen im Mutterland sympathisieren; der andere interessiert sich für die deutschen Verhältnisse überhaupt nicht mehr, es ist sein Stolz, von ihnen distanziert zu sein, an den Sorgen der alten Heimat keinen Anteil mehr zu haben.

Es dürfte schwierig sein, einen dieser beiden Typen für jenes «andere» Deutschland zu gewinnen, das wir als das «eigentliche» lieben und in dessen Dienst und Sinn *wir* – die vom Nationalsozialismus aus der Heimat Vertriebenen – draußen arbeiten: für das Deutschland der großen humanistischen Tradition, in dessen geistiger Sphäre sowohl Goethe wie Marx herrschende, zentrale Figuren, die Begriffe der «Freiheit» und der «Bildung» – diese verstanden als die humane Gesittung in Goethes Sinn – die großen erzieherischen Ideale sind.

Es ist dieses Deutschland, das die Welt seit Jahrhunderten mit so viel Herrlichkeiten beschenkt hat, dessen Überlieferung wir fortzusetzen versuchen. Man kann ihm überall dienen. Mit den bescheidenen Kräften, die uns gegeben sind, kann man für seine großen Werte sich allerorts einsetzen – auch in den USA, oder *gerade* in den USA; denn in dem Kontinent der Demokratie – dessen starke kulturelle Aufwärtsbewegung kein unbefangener Beobachter leugnen kann – ist die Empfänglichkeit für das beste europäische und besonders für das kostbare *deutsche* kulturelle Erbe sehr lebhaft.

Und es ist festzustellen: Auch unter den Millionen von Deutschen, die in den USA leben, gibt es viele, bei denen sich diese Empfänglichkeit findet, die also weder durch den deutschen Nationalismus verdorben noch durch allzu eifrige Angleichung ans Amerikanische dem Deutschtum definitiv entfremdet sind. Es gibt starke Gruppen von Deutschen in den Vereinigten Staaten, die nicht «gleichgeschaltet», nicht Nazis geworden, die doch – in einem ernsthaften und verantwortungsbewußten Sinne – Deutsche geblieben sind.

Eine eindrucksvolle Kundgebung dieser freien, nicht gleichgeschalteten Deutschen war der «Deutsche Tag», der in einem der größten New Yorker Säle veranstaltet wurde. Er war organisiert von einem «deutsch-amerikanischen Kulturbund», der sich mit erfreulicher Aktivität des kulturellen Lebens der antifaschistischen Deutschen in den USA annimmt. Ein paar Wochen vorher hatten die Nazis von New York ihren «Deutschen Tag» gehabt – der war von den offiziellen deutschen Vertretungen protegiert und finanziert gewesen; in einem Sportpalast – dem Madison Square Garden – hatten die Hakenkreuzfahnen geweht, das Horst-Wessel-Lied und das Lob des «Führers» wurden gesungen. Unserer Gegen-Demonstration standen nicht Zehntausende von Dollars aus einer unerschöpflichen Propaganda-Kasse zur Verfügung. Wir hatten auch weder die Macht noch die Absicht, einen erpresserischen Druck auf bestimmte Vereine oder Berufsgruppen auszuüben, wie die Nazis bei der Vorbereitung ihrer Festlichkeiten das tun. («Komm, sei national gestimmt und juble: Sonst bringen wir deinen Namen auf eine schwarze Liste, und dein Geschäft wird boykottiert!») Trotzdem waren Tausende von deutschen oder deutsch-amerikanischen Männern und Frauen erschienen: Arbeiter, Bürger, Intellektuelle. Die Veranstaltung stand unter dem Zeichen einer breiten Einheitsfront. Der Hauptredner war Ernst Toller, der zu keiner Partei gehört. Vor ihm und nach ihm sprachen Politiker, Schriftsteller und Gelehrte der verschiedensten Richtungen (ich war stolz, zu ihnen zu gehören). Als die Fahnen mit den Farben der deutschen Republik und die roten Fahnen der Arbeitervereinigungen durch den Saal getragen wurden, wuchs der Jubel gewaltig. Er erreichte seinen Höhepunkt, als einer der Redner ausrief: «Diese Banner werden wir wieder in den Städten Deutschlands wehen sehen!» Der Rhetor, der mit diesem Satz die Menge enthusiasmierte, hieß Hubertus Prinz zu Löwenstein: er ist linker Katholik, hat in der Weimarer Republik eine Jugendgruppe des Reichsbanners – den «Vortrupp» – organisiert und ist heute der Generalsekretär einer «Deutschen Akademie» in Amerika. Diese «Akademie» – zu deren Senat fast alle repräsentativen Namen der deutschen Emigration gehören – hat das Ziel und den Ehrgeiz, das kulturelle deutsche Leben, außerhalb der Grenzen des Dritten Reiches, auf wirkungsvolle Art zu fördern – zum Beispiel durch die Verteilung von Stipendien an bedürftige und würdige Schriftsteller oder Gelehrte. Über diese praktischen – und so sehr notwendigen – Hilfeleistungen hinaus will die Akademie die repräsentative, der ganzen Welt sichtbare Organisation der nichtgleichgeschalteten, freiheitlich und pazifistisch orientierten geistigen deutschen Kräfte sein. Während meines Aufenthaltes in den Vereinigten Staaten hatte ich vielfache Gelegenheit festzustellen, daß ebendiese Kräfte – und die Personen, von denen sie getragen werden – fast bei der ganzen amerikanischen Intelligenz einer sehr ausgesprochenen und aktiv hilfsbereiten Sympathie begegnen. In keinem Lande der Welt hat die deutsche Emigration – und ich rede jetzt nur von der, die auf kulturellem Gebiet produktiv oder reproduzierend tätig ist – so breite Wirkungsmöglichkeiten wie in den USA. Das gilt von den Schriftstellern wie von Gelehrten, wie von bildenden Künstlern, Musikern oder am Film und Theater Schaffenden. Es ist unmöglich, in diesem Rahmen und Zusammenhang die Namen der aus Deutschland vertriebenen Künstler und Forscher aufzuzählen, die in Amerika ein Asyl – mehr als ein Asyl: eine Wirkungsstätte – gefunden haben. Einige Schriftsteller, die zur deutschen Emigration gehören, haben in Amerika einen Ruhm wie kaum irgendwelche andere, nicht englisch schreibende Autoren. Um Einstein – der an der vornehmsten Universität des Landes, an der Princeton-Universität, tätig ist – gibt es einen Nimbus, sein Name ist fast schon Legende, er wird verehrt als der «große Weise», als der klügste und gelehrteste aller Menschen. Großen Klang und Zauber für die amerikanische Öffentlichkeit hat auch der Name Max Reinhardts. Aber es sind nicht nur diese «großen alten Herren», die von dem amerikanischen Interesse am freien deutschen Geist profitieren. Auch Jüngere, Radikalere, Repräsentanten der Avantgarde finden den Weg zum großen amerikanischen Publikum. Der Zeichner-Maler George Grosz und der Komponist Kurt Weill – um nur diese beiden zu nennen – haben in Amerika beinahe schon wieder die große Position, die sie in Deutschland – bis auf weiteres – aufgeben mußten.

Es gibt ein großes, reiches, verlockendes Wirkungsgebiet dort drüben, jenseits des Atlantiks, für jeden freien deutschen Künstler oder Forscher.

Wir werden weiter um die deutschen Schichten in den USA kämpfen; und, dessen bin ich sicher, je größere Teile der Bevölkerung im Mutterland des nationalsozialistischen Regimes müde werden und innerlich von ihm abfallen, desto mehr werden von den Deutschamerikanern den kulturellen Werbungen eines demokratischen und europäischen Deutschtums zugänglich sein. Bei dieser unserer Bemühung – gerade um die vom Nazitum schon halb Verführten, schon beinahe Angesteckten unter unseren Landsleuten – wird es die schönste, wichtigste Hilfe für uns bedeuten, daß die geistig und politisch fortgeschrittensten, wertvollsten Amerikaner mit ihrer Sympathie, ihrem Verständnis, ihrer tätigen Anteilnahme bei uns sind.

Ludwig II., König der Bayern

König Ludwig II. von Bayern ist am 13. Juni 1886 im Starnberger See ertrunken.

Als ich ein Kind war und in München die ersten Eindrücke meines Lebens empfing – etwa in den Jahren 1910 bis 1918 –, lag das Datum dieser Katastrophe also schon zweieinhalb Jahrzehnte zurück. Trotzdem lebte in der bayrischen Hauptstadt und, intensiver noch, auf dem Lande die Ludwig-Legende. Überall begegnete ich ihren Spuren; aus Bildern, Liedern, sentimentalen Anekdoten sprach sie mich an. Wir wallfahrteten zu den «Königsschlössern» – Linderhof, Hohenschwangau, Herren-Chiemsee – und ließen uns bezaubern von ihrer Pracht: Marmortreppen, Teppiche, Gobelins, goldene Sessel, schimmernde Vasen, Prunkbett mit wallendem Baldachin – hier hat der König geschlafen, wurde uns ehrfurchtsvoll zugeraunt, unser schöner König, unser junger König, der Schwanen- und Rosenkönig, der liebliche Herr, den sie uns ermordet haben. In vielen Liedern, die das Dienstmädchen über dem Waschtrog oder beim Tischdecken sang, war zu hören, daß man den schönen König gräßlich umgebracht hatte – und mit welchem Grauen erfüllten uns Kinder finstere Andeutungen, dahin lautend, daß solche Un- und Missetat im Auftrage ehrgeizig-ruchloser Mitglieder der Familie Wittelsbach geschehen war, «der Prinzregent Luitpold», sprachen die Mägde, bitter und geheimnisvoll, «der wird sich vorm lieben Herrgott auch für manches zu verantworten haben...» Für was sollte der Herr Prinzregent sich denn zu verantworten haben? – wollten wir gierig wissen, und wußten doch im Grunde schon, was nun kommen würde; kannten doch schon das bedeutungsvolle Mienenspiel, das Achselzucken, die finsteren Blicke, mit denen die bedienstete Person nun ihr Murmeln begleitete: «Nun ja, ich will nichts gesagt haben... Man redet ja vieles... Aber daß der schöne König wirklich ein Narr gewesen sei, das glaubt doch wohl keiner... Und dieser Doktor Gudden... Weiß der liebe Himmel, was für Aufträge der gehabt hat, Gott sei seiner armen Seele gnädig, und der unseres schönen Königs auch, und auch meiner, ich will nichts gesagt haben...» Also wurde gemurmelt, in der Küche und in der Waschkammer; uns aber lief es gruselig den Rücken hinunter.

Nach und nach erfuhren wir immer mehr, was den schönen, unglücklichen, den grausam hingeopferten König betraf. Er hatte nicht nur all die herrlichen Schlösser erbaut, in denen das Volk nun an Feiertagen, für 50 Pfennige Eintritt, sich ergehen durfte; dem deutschen Meister Richard Wagner – dessen Lohengrin und Fliegenden Holländer wir bald im Opernhaus hören durften – hatte er durch seine großzügige Hilfe das Leben gerettet: «Erst hat er ihm einen Brillantring geschenkt und sein Bild, ganz in Gold gerahmt», so ward uns berichtet, «und dann Geld, viele tausend Gulden – ohne den König wäre der Richard Wagner verhungert, denn damals hat doch niemand gewußt, wer der Richard Wagner war...» – und einem Schauspieler namens Kainz hatte er viel Gnade angedeihen lassen, alle Künstler – ob Opernsänger, Poeten oder Maler – hatten es vortrefflich gehabt unter seiner Herrschaft. Ach, was gab es nicht noch alles zu erzählen vom König Ludwig: Er hatte immer Bayerns Bestes gewollt, wenn es nach ihm gegangen wäre, wäre unser Bayernland niemals in die Abhängigkeit jenes argen Volksstammes geraten, den man in Küche und Waschkammer die «Saupreußen» nannte; für die Herren von Hohenzollern hatte er gar nichts übrig gehabt – was die Mägde besonders lobend hervorhoben; hingegen hatten ihn mit der Kaiserin von Österreich, der holden, majestätischen Elisabeth, zarte und keusche Bande verknüpft – «Die beiden wären ein ideales Paar geworden!» rief die Köchin schwärmerisch aus; leider aber hatte er sich, statt mit der göttlichen Elisabeth, mit deren Schwester Sophie verlobt, zur Heirat war es dann nicht gekommen, Sophie war des jungen Herren wohl nicht durchaus würdig gewesen; nicht ohne Genugtuung wußte unsere Bedienstete zu vermelden, daß der König eine Statuette, seine Verlobte darstellend, in einem Anfall von nervösem Widerwillen aus dem Fenster der Residenz geschleudert hatte, so daß sie auf dem Pflaster in tausend Stücke zerbarst, «und dann hat es ein übles Ende mit der Prinzessin Sophie genommen», sprach die Köchin, «sie hat einen Herzog geheiratet, so einen Hergelaufenen, einen Franzosen... Schließlich ist sie in Paris verbrannt, ja, auf so einem Wohltätigkeitsfest, in lichterlohe Flammen aufgegangen, Gott sei ihrer armen Seele gnädig...» Unsere Berichterstatterin tat, als wäre Sophiens Verbrennungstod die gerechte Strafe dafür gewesen, daß sie den Herzog Ferdinand von Alençon geheiratet, nach Paris verzogen und dort Wohltätigkeitsfeste besucht hatte.

Mit allen Figuren, von denen in diesen bunten und erregenden Berichten die Rede ging, hatte es irgendwie ein schauriges Ende genommen: Die Prinzessin Sophie – Braut des jungen Königs Ludwig und vor der Hochzeit von ihm verlassen – war in einem Wohltätigkeitsbazar zu Paris verbrannt, nachdem sie heldenmütig ausgerufen hatte: «Sauvez d'abord les jeunes filles!» Der Kaiserin Elisabeth – die Sophiens Schwester und Ludwigs nächste Freundin war – hatte ein Wahnwitziger den Dolch ins Herz gestoßen. Am schlimmsten aber war es mit dem jungen König selber ausgegangen. Immer wieder ließen wir's uns erzählen: Wie seine Verwandten ihn für geistesgestört erklärt hatten («Paranoia» lautete das böse Urteil – das unverständliche Fremdwort klang uns fürchterlich in den Ohren); wie die Ärzte und Wärter auf Schloß Hohenschwangau erschienen waren, um den Herrn der Bayernlande wie einen Verbrecher in verschlossener Kutsche nach Schloß Berg am Starnberger See zu entführen – in Schloß Berg aber waren alle Fenster vergittert worden und alle Türen verriegelt, wie eine gefährliche Bestie hatten sie unseren Fürsten eingeschlossen und bewacht. Die Bauern hatten es nicht dulden wollen, eine Art von Aufstand war ausgebrochen, mit Sensen und mit Flinten war man unterwegs nach Schloß Berg, um den lieben Herrn zu befreien. Der Plan des lieben Herrn war es gewesen, seinen Peinigern zu entkommen, durch den Starnberger See zu schwimmen und sich drüben, auf dem andern Ufer, seinen Bauern, seinen Freunden und Beschützern anzuvertrauen; mit ihnen gemeinsam hätte er alle Ränke und bösen Manöver der Hauptstadt, der Minister und seines ungetreuen Hauses erledigt. Das war doch ein kluger Plan – fanden wir –, und er sprach durchaus für die Intaktheit seines Verstandes.

Auf Schloß Berg – das einmal sein liebster Aufenthalt gewesen und nun zu seinem Kerker gemacht worden war – stellte er sich zunächst ganz zahm und still. So war der Doktor Gudden nicht mißtrauisch, als sein königlicher Gefangener zur Abendstunde einen Spaziergang mit ihm unternehmen wollte. Auf dieser Promenade aber erfüllte sich das Schicksal: Mit jähem Entschluß warf der liebe Herr Paletot und Parapluie von sich – wir wußten, daß er einen Regenschirm bei sich gehabt hatte auf diesem letzten Wege – er sprang in die Wellen, der Doktor ihm nach; und in den Wellen begann der gräßliche, der unsägliche Zweikampf. Der liebe König war stark, Doktor Gudden, der ihn daran hindern wollte, durch den See und zu den treuen Bauern zu schwimmen, bekam diese Kräfte zu spüren, nicht ungestraft vergeht man sich an der gesalbten Majestät, «wenn ich hinunter muß, sollst du mir nach», schrie der liebe Herr – und so waren es denn zwei Leichen, die um Mitternacht von den dunklen Wellen ans Land gespült wurden: die Leiche des lieben Herren und der Körper dessen, den das Volk, noch fünfundzwanzig Jahre später, murrend und raunend, seinen Mörder nannte.

Der König ist tot. Der Blick ist erloschen, von dem Richard Wagner geschrieben hatte: «Von dem Zauber seines Auges können Sie sich keinen Begriff machen...», und von dem die alten Bäuerinnen, die Knechte und die Hirten bezaubert gewesen waren: «Der Kini hat so a schön's G'schau...» Der König ist tot; die Legende lebt. In rosigen Schimmer getaucht, steigt sie aus den Fluten des Starnberger Sees, den der Herr so sehr geliebt und in dem er sein Ende gefunden hat.

Um es nur offen zu sagen: Diese Königs-Legende hat die Farben der gemeinsten Kitsch-Postkarten. Die Literatur, die in Bayern um diese Legende herum entstanden ist, verblüfft durch ihre Süßlichkeit, Geschmacklosigkeit, abgrundtiefe Verlogenheit. Ich kenne einige von diesen Elaboraten, sie heißen «Alpenrosen und Gentianen» oder «Im Banne der Rosen», und bei der Lektüre könnte einem übel werden. Trotzdem interessieren sie mich. In der Liebe zum Kitsch – das bedeutet: zu einer unechten, schwelgerischen, ordinären, künstlichen «Schönheit» – begegnet sich der König mit den Köchinnen und Bäuerinnen, die ihn vergöttern. Gerade das, was der Pathologische an monströsen Entgleisungen sich geleistet hat, macht ihn populär, bis auf den heutigen Tag. Volkstümlich machen ihn vor allem auch die bengalisch beleuchtete Grotte, durch die Kainz als Lohengrin maskiert im Nachen fahren mußte; die öde Versailles-Kopie des Schlosses Herren-Chiemsee, die Roseninsel bei Starnberg, die Opernvorstellungen im Münchener Hoftheater, bei denen er der einzige Zuschauer war. Als ein rosenbekränzter Schwanen-Ritter lebt der arme Fürst weiter im Gedächtnis seiner Nation – immer tauchen die Rosen und die Schwäne auf, wenn man sein Bild beschwört. Dieses Bild hat Parsival- und Lohengrinzüge. Man will nicht mehr wissen, daß der König in seinen letzten Jahren aufgeschwemmt und verfettet war; daß er fast keine Zähne mehr hatte, weil er sie mit Süßigkeiten sich ruinierte und keinen Zahnarzt an sie heranließ. Ausgelöscht scheint die Erinnerung an die Figur des fetten, neurasthenischen Riesen, des vorzeitig Alternden, des Gewalttätigen, Leidenden, von tausend Hysterien Geplagten, der Ludwig II. von Bayern am Ende seines Lebens gewesen ist. An ihm bewährte der Tod seine verjüngende Kraft. Des Königs formlos und unschön gewordener Körper war wirklich in den Fluten des Starnberger Sees ertrunken, versunken und vergessen. Hervor trat wieder, strahlend wie eh und je, der Jünglings-König, der als Neunzehnjähriger den Thron bestiegen hatte; der Höchstgeliebte seiner Nation; der Reizende, der bezwingend Hübsche, der sich mit der Anmut des Gottes bewegt – der Wohlgeratene mit dem weichen Haar, dem herrschenden Auge, der Stirne, von welcher Glanz kommt.

Mir scheint es ein billiges und recht vulgäres Vergnügen, diese Legende zu ironisieren und sich bissig über sie lustig zu machen.

Ihre «kitschigen» Züge habe ich betont, nicht um sie zu verspotten, sondern um sie objektiv zu charakterisieren. Der «Kitsch» gehört zu Ludwig II., wie er zu einer Wagner-Oper oder zu einem Gemälde von Stuck gehört... Aber warum es leugnen, daß diese späte Königs-Legende, heute noch, auf uns ihren rührenden Zauber übt? Sie hat Melancholie und Reiz und die schwermütige Verführungskraft dessen, der eine eigentlich schon gar nicht mehr mögliche, von der Zeit überholte, von den modernen Umständen verbotene Lebensform noch einmal aufnimmt; sie mit einem halb pathologischen, halb heroischen Eigensinn noch einmal – zu spät, ach, zu spät! – repräsentiert – und parodiert.

Ein Märchenprinz – in den modernen Staat gestellt; mit einem Realpolitiker wie Bismarck als Gegenspieler; mit einem intellektuellen, überreifen, überraffinierten, karrieristischen Künstler-Typus wie Richard Wagner als Favoriten, Busenfreund, Hof- und Minnesänger: Wieviel groteske – und wieviel ergreifende Elemente enthält diese Situation! Das reife neunzehnte Jahrhundert, die Epoche des Hochkapitalismus und der prosperierenden Bourgeoisie, produziert noch einmal, in später und gefährlicher Laune, den romantischen Fürsten, in dessen Figur ritterlich-mittelalterliche Züge mit denen eines Renaissance-Mäzens und eines französischen Monarchen des Grand Siècle sich vermischen – denn man weiß ja, daß Ludwig II. nicht nur Parsival sein wollte, sondern auch Louis XIV., Sonnenkönig, absoluter Herrscher, «l'état c'est moi», prunkvoller Herr der Schlösser à la Versailles.

Sonnenfürst und Schwanenkönig, zur Zeit der Berliner Gründerjahre, der Börsenspekulanten, der dritten französischen Republik: Gut ausgehen konnte das nicht, mit einer Katastrophe mußte das wohl enden. Kaiser Wilhelm II., der zwei Jahre nach dem Tode Ludwigs den Thron bestieg, verstand es, die hochromantische Pose mit einem durchaus lebenstüchtigen Modernismus zu vereinigen. Gerade dies brachte Ludwig nicht fertig. Freilich, auch er hat die komödiantischen Züge, das Unechte, den Talmiglanz. Aber er spielte die große Pantomime seiner falsch-romantischen, unzeitgemäßen Existenz *nur für sich*, in der Einsamkeit seiner Schlösser, seiner leeren Theatersäle; Wilhelm paradierte und glitzerte – immer «in Schwung» und «in Fahrt»; stets geladen mit nervösen, fahrigen Energien – für die illustrierten Zeitungen, für eine halb angewiderte, halb hingerissene Weltöffentlichkeit. Ebendiese Öffentlichkeit floh Ludwig – der von den beiden der so unvergleichlich Sympathischere, Edlere und Liebenswertere ist. Wilhelms Leben war der rasselnde Betrieb; Ludwigs Leben war die Tragödie. Ludwig ging an seiner Pose zugrunde, verirrte und verlor sich in Einsamkeit, Umnachtung, Schmerz und Tod. Wilhelm reist im Salonwagen über die Grenze – um als ein munterer Holzhacker weiter ein Objekt für Plaudereien in der Weltpresse zu bleiben. Ludwig hat tief und wirklich gelitten – hat an Menschen gelitten, etwa an Wagner, dem unendlich ehrfürchtig und unendlich innig geliebten; aber auch an der Paradoxie und Melancholie seiner eigenen Lage und Existenz, seiner *falschen* Herrlichkeit, seiner fragwürdigen Größe. Mit all seinen Marotten und Geschmacklosigkeiten, mit der asozial-ahnungslosen Hybris seiner skandalösen Verschwendungssucht werden wir versöhnt durch diesen einen großen Umstand: daß er so ungeheuer viel gelitten hat. Wenn ich ihn vor mir sehe, während seiner letzten Stunden auf Schloß Berg – wie er sein unschön gewordenes, verfallenes Gesicht gegen die Gitterstäbe des Fensters preßt; wie er sein Leben bedenkt: daß es verfehlt war, und wie er alles verlieren mußte, dann füllt sich mein Herz mit einem Erbarmen, das keinen Spott, keine Ironie mehr aufkommen ließe.

Wohl aber reizt es mich, der Wirklichkeit nachzuspüren, aus der heraus die «Königslegende» sich entwickelt hat, und mit Interesse greife ich nach jeder Publikation, die sich mit des unglücklichen Fürsten sonderbarem Schicksal beschäftigt. Ein höchst eigentümliches Dokument etwa sind die «Tagebuch-Aufzeichnungen von Ludwig II., König von Bayern», herausgegeben von Edir Grein, Schaan (Liechtenstein), Verlag Rupert Quaderer. Doch dürfte dieses rührende und erschreckende Buch kaum geeignet sein, ein wirklich umfassendes Bild von der Figur des Königs zu geben. Es zeigt uns nur den Kranken in seiner Not. Jede dieser Tagebuch-Notizen scheint aus einer der gequälten, bitterlich bedrängten Lebensstunden des armen Ludwig zu stammen. Der klinische Fall – die durchaus pathologische, psychische Konstitution, die mit allen ihren Hemmungen, Verdrängungen, Angstvorstellungen nach der Analyse, nach kundiger Behandlung und Erlösung von ihrem Übel geradezu schreit – zeigt sich hier nackt, entblößt, erbarmungswürdig. Mit Insistenz und Pathos, mit Selbstanklagen und Schwüren kämpft der Unglückliche siebzehn Jahre lang gegen die Anfechtungen seines Fleisches, gegen das, was er den «Fall», die «Sünde» nennt und für unvereinbar hält mit der Würde seines Königtums.

«Verflucht sei ich, und meine Ideale, sollte ich noch fallen», heißt es gleich in der ersten Aufzeichnung aus dem Jahre 1869. «Gott sei Dank, es ist mir nicht mehr möglich, denn es schützt mich – Gottes heiliger Wille, des Königs erhabenes – Wort! – nur psychische Liebe allein ist gestattet – die sinnliche dagegen verflucht...» Die Notiz schließt in französischer Sprache, die von Ludwig bei seinen Selbstanklagen und Beteuerungen bevorzugt wird: «Adoration à Dieu et la sainte religion! Obéissance absolue au Roy et à sa volonté sacrée.» In diesem Stile geht es weiter, bis zu der letzten Niederschrift, die völlig Inhalt und Stimmung der ersten hat: «Auch der Küsse streng enthalten – je le jure au nom du Roy des Roys.»

Dieses Buch – es ist nur in limitierter Auflage erschienen und nicht leicht erhältlich – gibt bedeutende und ziemlich schaurige Aufschlüsse über das Innenleben eines psychisch Defekten. Es zeigt uns das Bild des Mannes, der in der Einsamkeit seiner Prunkgemächer Tobsuchtsanfälle und Angst-Halluzinationen durchlitt; der den Dienern – die nur mit schwarzer Maske bei ihm erscheinen durften – ins Gesicht schlug und sich furchtbare Foltern für sie ersann – die dann freilich nicht ausgeführt wurden; wir erkennen den von Furien Gehetzten, den Menschenscheuen, der bei offiziellen Diners sein Gesicht hinter Blumenarrangements versteckte und die Musik lärmend spielen ließ, damit kein Gespräch aufkommen könne; der bei Schnee und Sturm befahl, auf ungedeckter Terrasse das Frühstück für ihn anzurichten und, während den Dienern die Finger vor Kälte erstarrten, von Sonnenschein und Frühlingsdüften schwärmte; den Größenwahnsinnigen, der sich mit den mächtigsten Herren der Historie zu verwechseln und die eigene, problematische Existenz mit der ihren spielerisch zu vertauschen liebte, um dann gleich wieder zusammenzuknicken, in hochhysterischen Reueanfällen zu vergehen und sich winselnd anzuklagen: «Dernière faute sensuelle et baisers – du nom du grand Roy – fin a jamais – definitivement pour la dernière fois...»

Es ist aber meine Überzeugung, daß diese Tagebuch-Aufzeichnungen – so ungeheuer interessant und charakteristisch sie auch sein mögen – nur ein einseitiges, nur halbrichtiges, also auch halbfalsches Bild von der Figur Ludwigs vermitteln. Man muß andere Dokumente hinzunehmen, um die komplizierte, zusammengesetzte, geistig durchaus nicht arme Gestalt zu erfassen und wahrhaft kennenzulernen; Dokumente wie etwa die Briefe des jungen Königs an Richard Wagner und an Cosima (zu der Ludwig in einer sehr merkwürdigen, aus Eifersucht und aus respektvollem Zutrauen gemischten Beziehung stand). Denn das Pathologische war nur eine Seite, eine Komponente seiner Natur und seiner Existenz. Wäre er nichts gewesen als der Paranoiker, seine Figur und sein Name wären wohl ebenso gründlich in Vergessenheit geraten wie die seines unglücklichen Bruders Otto – der, ausgelöscht und gleichsam anonym, jahrzehntelang sein trostloses Leben unter der Aufsicht von Wärtern und von Ärzten weiter fristete. König Ludwig II. war ohne Frage ein Mensch mit geistigen Werten und mit sehr geschärften künstlerischen Instinkten. Seine Schwärmerei für Wagner war eine Hingerissenheit zum Neuesten, Kühnsten und Besten, was das kulturelle Leben seiner Zeit zu geben hatte: Denn man vergesse doch nicht, daß der junge König für den Tristan-Komponisten sich mit Leidenschaft einsetzte, zu einer Zeit, da die «große Kritik» diesen als «Mißtöner» und «habgierigen Abenteurer», als einen Verderber deutscher Kunst und durchaus suspekten Gesellen abzutun liebte. Ludwigs Wagner-Vergötterung wird um so interessanter, wenn man sie mit gewissen anderen intellektuell-poetischen Vorlieben, von denen er besessen war, zusammenhält und zusammen sieht: etwa mit der – ziemlich ausgefallenen und überraschenden – Bewunderung des bayrischen Fürsten für den Amerikaner Edgar Allan Poe. Man erinnert sich, daß gerade Poe und Wagner die beiden Namen und die beiden geistigen Begriffe sind, auf die sich das intensivste Interesse des genialsten Franzosen seiner Zeit, Charles Baudelaires, konzentrierte. Wie merkwürdig, wie bedeutungsvoll ist diese Verwandtschaft in der Wahl ihrer geistigen Liebesobjekte bei dem halbgestörten Monarchen und beim Autor der «Fleurs du Mal»! Sie beweist, bis zu welchem Grade Ludwig II. «Kind seiner Zeit» – «Enfant de son Siècle» gewesen ist, und daß er in einem geheimnisvollen inneren Kontakt zu den fortgeschrittensten Geistern seiner Epoche stand; daß mystisch-zarte Fäden liefen von den Schlössern Hohenschwangau und Linderhof zu den Zirkeln der Pariser Avantgarde... Den Pariser Poeten der «décadence» mögen diese Zusammenhänge übrigens sehr wohl bewußt gewesen sein. Es existiert ein rührendes und inniges Gedicht von Verlaine an den König Ludwig.

Das plastischste und umfassendste Porträt Ludwigs II., das mir bekannt, die gerechteste und klarste Darstellung seines Wesens und seiner Entwicklungsgeschichte scheint mir das Werk von Ferdinand Mayr-Ofen «Ludwig II. von Bayern. Das Leben eines tragischen Schwärmers» zu sein (E. P. Tal & Co., Verlag, Wien). Tausend Details aus den Kindheits- und Jugendjahren des Prinzen, aus der Regierungszeit des Königs, aus der Epoche der Wagner-Freundschaft, der Kainz-Beziehung, aus den Jahren der letzten Verdüsterung finden sich hier mit gescheitem Fleiß, mit liebevoller Kenntnis zusammengefügt, und sie ergeben, in ihrer episch fließenden Gesamtheit, den sehr fesselnden, oft sehr erregenden Bericht. Ich empfehle ihn jedem, der sich irgend angezogen fühlt von dem rührenden und problematischen Schicksal des armen Bayernkönigs.

Ich habe mich heute nicht zum letzten Mal mit ihm beschäftigt. Sein Blick, in dem so viel echte Flamme ist neben so großer Not und Qual, läßt mich nicht los. Ich zähle ihn zu den ergreifenden Gestalten des späten neunzehnten Jahrhunderts, dieser fragwürdigen und reichen Epoche. Ist es ein Zufall, daß er Richard Wagner geliebt, daß er an Wagner gelitten hat, wie vielleicht nur noch ein zweiter, und auch der ging unter in der Nacht des Wahnsinns. Laufen jene geheimen Verbindungsfäden, denen nachzuspüren, die aufzuspüren eine der tiefsten Freuden des Dichters ist, nicht nur vom Schloß Linderhof nach dem Quartier Latin, sondern auch von den Königsschlössern nach Sils Maria, nach Genua, Nizza, Turin und nach allen jenen Passionsstationen, wo das Schicksal eines anderen Einsamen sich erfüllte? Freilich, dieser war unendlich größer als unser armer Herr, und es mag wohl blasphemisch sein, die beiden zusammen zu nennen, zusammen zu denken, den, der nur Schlösser baute, um seinen Qualen ein Denkmal zu setzen, und den anderen, der seine Leiden in Erkenntnis umschmolz und in jene härtere Schönheit verwandelte, die den Marmor aller Königsschlösser überdauern wird.

Gedichte

Die Anekdote ist berühmt geworden: Man fragt André Gide, wen er für den größten französischen Dichter halte, und er erwidert, mit einem Achselzucken: «Victor Hugo – hélas!»

Wenn man sich heute bei mir erkundigte, wer der größte lebende deutsche Lyriker ist – ich würde vielleicht, mit einem Achselzucken – viel betrübter, als Gide es damals gehabt haben soll – antworten: «Gottfried Benn – leider!» Aber – um nur ganz offen zu sein – das wäre dann wohl ein wenig der Pointe wegen gesagt. Denn in Wahrheit bin ich der Ansicht, daß Benn – diese alte Liebe, dieser neue Haß von mir – längst überboten, lange schon in die zweite und dritte Reihe gedrängt ist. Es kann gar keine Frage sein: Franz Werfel, etwa, ist, als Lyriker, sehr viel größer als Benn – jedenfalls ist er reiner als dieser. Sein Ingenium ist nicht gespeist aus den trüben Quellen der Hysterie, sondern aus lauteren Quellen. In Werfels wundervollem neuen Gedicht *Schlaf und Erwachen* stehen Dinge von einer Innigkeit und Wucht, von einer Süße und Weisheit, wie sie dem moralisch verkommenen und defekten, jeder poetischen Unschuld beraubten Benn nie mehr gelingen könnten. Übrigens finden sich auch bei anderen – etwa bei der magisch begnadeten Else Lasker-Schüler oder bei dem Deutschschweizer Hermann Hesse – zuweilen Töne, auf die neidisch zu sein Benn wohl Anlaß hätte.

Wenn ich also die Gidesche «réponse», mit ihrem schwermütig-koketten «hélas!», auf den Fall Benn variiere, so tue ich das, sehr bewußtermaßen, aus einer schlimmen alten Anhänglichkeit, aus einer Art von fragwürdiger Treue – um es nur ganz zu sagen: Es handelt sich da um die Treue zu einem Rauschmittel, um die zähe Liebe zu einer Droge, zu einem Opiat, um das bedenklich Iimmer-noch-ein-wenig-in-Beziehung-Bleiben zu einer Substanz, deren durchaus faulige Zusammensetzung, deren tiefe Schädlichkeit sehr wohl gekannt und anerkannt wird...

Stiefkind Lyrik

Aber wovon rede ich denn? Ich schlage ja – zu meinem eigenen Erstaunen – Töne an, als komme der Lyrik überhaupt noch irgendeine Bedeutung zu; als werde sie, von einer irgend in Frage kommenden Gruppe junger Menschen, noch ernst genommen; als lebten wir noch in jener Zeit, die längst vergangen ist, da eine Strophe von Hofmannsthal oder George für einen Kreis von Menschen wirklich noch ein Ereignis gewesen ist – während doch heute, wie wohl bekannt, für ernster veranlagte Naturen nur noch Kanzler-Reden, für den Rest der Bevölkerung die Sommerkleider der Mrs. Simpson-Windsor in Betracht kommen. Ich rede, als sei die Lyrik nicht das öffentliche Stiefkind, die Nebensache, an der nicht einmal idealistisch veranlagte Verleger das Geld verlieren wollen – das sie nicht haben...

Erstaunlich genug: ganz selten einmal – ab und zu – erscheinen immer noch Gedichtbände in deutscher Sprache – ich meine: sogar solche, in denen nicht der Marschtakt der Viererkolonne besungen wird... Man gestatte und verzeihe es einem unverbesserlichen Liebhaber der Verse, wenn er ein paar knappe Anmerkungen zu einigen neuerdings publizierten lyrischen Produkten macht.

Theodor Kramer

Der österreichische Dichter Theodor Kramer hat bei Gsur und Co., in Wien, einen Gedichtband *Mit der Ziehharmonika* erscheinen lassen. Darin gibt es viel Gutes, Schönes und Redliches zu lesen – wenngleich kaum etwas, was wirklich frappierend oder überwältigend wäre. Kramer gehört ganz zu jenen Poeten, die ihre Stoffe «aus dem Alltagsleben» holen. Seine Gedichte heißen denn auch: *Auf einer kleinen Haltestelle* oder *Der Gendarm* oder *Das stillgelegte Werk* oder *Die Straßensänger*, oder sie besingen, wie es ist, «wenn im Werk sich zwei gut sind...». Es werden sehr viel Verrichtungen und Arbeitsmethoden, überhaupt technische Dinge, lyrisch geschildert, und die «kleinen Freuden der Großstadt» kommen vor und all die harten Umstände des Lebens kleiner Leute in dieser Zeit – dargestellt etwa in der Weise Richard Dehmels –, und an den besten Stellen gibt es einen volksliedhaft-balladesken Ton. Dann heißt es plötzlich: «...und was spricht aus mir – steht für die, die ohne Stimme sind» – und man ist gerührt, ist, trotz allem, betroffen von dieser schwermütig-harten Poetisierung einer sehr prosaischen Welt...

Heinz Politzer

Ein lyrisches Talent von unvergleichlich höherem Rang als Theodor Kramer ist Heinz Politzer, in dem eine große Tradition – die Prager edle Überlieferung Werfels und Rilkes – noch einmal, und oft sehr bewegend, zum Klingen kommt (manchmal tönt auch etwas Hofmannsthal mit – etwa wenn jener Teppichhändler Gegenstand des Gedichts ist, welches an Hofmannsthals Klage des Schiffskochs gemahnt, jenes Schiffskoches, der «geschieden von den Seinigen» schmachten mußte; manchmal gibt es aber auch Zeilen, die ganz nur Politzers Ton haben – einen zugleich geübten und schlichten, sehr suggestiven Ton, dessen Reizen ich durchaus zugängig bin).

Das Gedichtbuch Politzers ist betitelt *Fenster vor dem Firmament*, und man muß dem Verlag Julius Kittl Nachfolger, Mährisch-Ostrau, sehr ernsthaft dankbar dafür sein, daß er es vorlegt. Schon das formale Talent, die spielend-sichere Beherrschung der Rhythmen bei diesem jungen Dichter sind stupend. Nach meinem Dafürhalten brilliert er vor allem und gibt sein Persönlichstes im schwermütig Grotesken; zum Beispiel in Gedichten, die *Armer Teufel* oder *Das tapfere Schneiderlein* überschrieben sind. Aber manchmal hat er auch den ganz großen, ganz reinen Ton der echten poetischen Klage – und seit Werfels *Schlaf und Erwachen* mich begeistert hat, weiß ich kaum ein anderes Gedicht, das mich ähnlich betroffen, ähnlich entzückt hätte, wie ein kurzes, einfaches von Politzer, welches anhebt:

«Schwer ist zu singen Gesang in der Fremde,
Ferne der Myrrhe, dem Öl und dem Wein,
Trauernd an Strömen, die nicht den Vätern,
Die nicht den Söhnen bewässern die Au.»

Könnte man diese Strophe, die nur einem echten Dichter gelingen durfte, nicht als Motto für ein Emigranten-Epos wählen? «Schwer ist zu singen Gesang in der Fremde...»

F. C. Weiskopf

Gesänge, die nicht «in der Fremde», aber in einer Heimat, die man als die Heimat kaum empfinden durfte, gesungen wurden, sammelt F. C. Weiskopf in seinem Band *Das Herz ein Schild*, Malik-Verlag, London. Im Vorwort zu dieser Anthologie aus der «Lyrik der Tschechen und Slowaken», die Weiskopf – ein der guten Sache mit Talent und mit Verve dienender junger Autor und Publizist – voll Liebe und voll Kenntnis besorgt hat, heißt es: «Der Kampf um die nationale Selbständigkeit... hat der tschechischen und slowakischen Literatur in den drei Jahrhunderten zwischen der Schlacht am Weißen Berg und der Ausrufung der Tschechoslowakischen Republik das Gepräge gegeben...» Was bedeutet, daß die Verse im allgemeinen ein ziemlich hartes, ein kämpferisches Gepräge haben. Um das «Vaterland» klagt der Dichter Josef Hora:

«Vaterland? Vaterland – was und wo?
Dort nur, wo alle alles besitzen,
Dort nur, wo alles allen gehört.
Aber geh' über Berge und geh' über Flüsse:
Du findest es nicht.»

Dieses Lied findet sich ziemlich zu Anfang des Bandes. Aber versöhnlicher, sanfter wird der Ton auch am Schluß nicht. Eines der letzten Stücke in dieser Anthologie heißt *Mein Lied*, von Frantisek Halas. Es hört also auf:

«Verjagt aus dem Land der Träume,
In der Masse ich Obdach such',
Und will mein Lied verwandeln
In Fluch. In Fluch.»

Vielleicht geben diese beiden Zitate einen gewissen Begriff von der nicht eben sonnig-zärtlichen Stimmung, die vorherrscht in dem Bande *Das Herz ein Schild*. – Muß ich betonen, daß er trotzdem – oder gerade deshalb – sehr reich ist an Schönheiten – an Schönheiten von einer spröden, harten, ich möchte sagen dürfen: bitteren Art? – Übrigens laufen in Weiskopfs lesenswerter Anthologie zwei Tendenzen nebeneinander: sie will nicht nur den Kampf besingen – den Kampf um die nationale Selbständigkeit und den «Kampf von Armen gegen Reiche, von Bedrückten gegen Bedrücker» –, sondern sie dient auch ihrerseits aktiv der Versöhnung – jener Versöhnung, die man in der ČSR als «Neoaktivismus» bezeichnet, die auf ein intimeres Sich-Kennenlernen, auf ein besseres Sich-Vertragen, auf ein wirkliches Zusammenarbeiten zwischen den Tschechoslowaken und den Deutschen abzielt und an deren Zustandekommen, an deren Befestigung wir in so hohem Grade interessiert sind. Indem F. C. Weiskopf die Klage- und Kampf-Lieder der tschechischen und slowakischen Dichter einem deutsch lesenden Publikum vorlegt, tut er also auch etwas – meiner Ansicht nach recht Wichtiges – dazu, daß man sich besser kennenlerne: womit jedes Zusammenarbeiten anzufangen hätte...

...Und jetzt will ich nicht weiter von Gedichten reden: Manchmal fühle ich mich wie vergiftet von Poesie. Vielleicht spielen die Gedichte eine zu große Rolle in meinem Leben. Zuweilen schlafe ich ein mit den ungeheuren Tönen Stefan Georges in meinen Ohren und erwache geweckt von den himmlischen Rufen Verlaines. Manchmal fürchte ich mich vor Gedichten wie vor Geschöpfen, die sehr lieblich aussehen, aber monströse Eigenschaften haben und vielleicht sogar töten können. In solchen Augenblicken – sie stellen sich ein, wenn ich mich zu lange und zu heftig mit Poesie beschäftigt habe – muß ich denken, daß Gedichte gefährlich seien, trotz ihren Reizen – oder vielleicht gerade wegen ihren Reizen, die auf eine so bezwingende Art die Macht der Musik und die Überredungskraft der Literatur miteinander vereinigen...

Die Geigerin

Rainer Maria Rilke hat viel über die Nachbarn geschrieben. Ungemein zahlreiche Nachbarn scheint er in seinem Leben gehabt zu haben; Nachbarn, die weinten, und solche, die schnarchten, und andere, die viel redeten oder auf und ab gingen oder Musik machten. Die Nachbarn haben in seinem Leben eine große Rolle gespielt – im «Malte Laurids Brigge» ist es nachzulesen.

In einem der großen Wiener Ring-Hotels hatte ich eine Nachbarin, die Geigerin war. Ich glaube, sie gehörte zu den berühmten Geigerinnen – man kennt ihren Namen wohl in der ganzen Welt.

Trotzdem würden die meisten Menschen – nachdem sie eine kleine Weile gleichsam geschmeichelt gewesen sind, neben einer so berühmten Frau zu logieren – sich für eine solche Nachbarin mit Gereiztheit bedanken. «Dieses ewige Üben», würden die meisten Menschen sagen, «es macht einen ja ganz verrückt.» Und in der Tat, der Ausdruck vom «ewigen Üben» würde kaum übertrieben sein. Denn wirklich: diese Frau geigt *ewig*. Sie beginnt um acht Uhr morgens, und sie hört überhaupt nicht mehr auf, auch mittags unterbricht sie nicht: Sie steht und geigt – vielleicht in einem Schlafrock, einem Kimono, großgeblümt, mit weiten Ärmeln; vielleicht in der großen Toilette, die sie abends vor dem Publikum zu zeigen hat; vielleicht in einer Bluse, die etwas mißfarben ist – in der Bluse, die Mädchen in Banken oder in Reisebureaus tragen.

Die Geigerin hat kein Gesicht, nur eine leere Fläche – eine Fläche, die etwas leuchtet –, die sie schräg über das Instrument hält – über dieses unbarmherzige Instrument, welches ihre Finger – Finger mit sehr kurz geschnittenen Nägeln – unaufhörlich traktieren.

So steht sie und geigt, diese Unermüdliche – große Triller und kleine Läufe und Bruchstücke von Melodien, die sich dann wieder in Triller und Läufe auflösen. Die großen Läufe spielt sie sehr hart und präzise, als hinge das Wohl ihrer Seele davon ab, daß kein Ton verlorengeht. Sie spielt sie mit der Präzision einer Maschine; mit der fürchterlichen Genauigkeit einer Göttin, die bestimmte kultische Pflichten zu erledigen hat.

Sie spielt und spielt. Die Geschäftsleute erledigen ihre Geschäfte: sie verkaufen Schuhe oder Hemden oder Blumenkohl. Die Dienstmädchen laufen mit ihren Besen herum, der Tag altert und wird fett und satt – satt mit Leben... Denn «das Leben geht seinen Gang», wie man es wohl nennt; das heißt: es verwüstet, es verheert, es peinigt, es quält, es ist komisch. Die Priester beten. Die Sterbenden sterben, es werden wohl auch Kinder geboren. Die gesichtslose Göttin aber geigt. Meine Nachbarin verbringt den Tag stehend und exekutiert harten Wohlklang. Läufe und Triller – Triller und Läufe... Mit einem beinah wahnsinnigen Eifer, so wie ein Irrsinniger seiner fixen Idee frönt, treibt sie ihre kultische Übung.

Natürlich könnte man selber darüber wahnsinnig werden. Merkwürdig aber ist, daß das Lauschen auf die spröden Exerzitien der Nachbarin mich eher beruhigt, eher erfrischt, fast beglückt – statt mich zu peinigen oder zu irritieren. Es läßt mich, aufs neue, nachdenklich werden über ein Phänomen, über das mir Gedanken zu machen ich schon oft Anlaß und Gelegenheit hatte; über das – sehr mysteriöse – Phänomen des *Ernstes* im *Spiel*; des Ernstes in der Kunst, meine ich: der Unerbittlichkeit in der selbstgestellten Aufgabe. Denn hier handelt es sich um *Dienst* – um die sakrale, objektiv eigentlich sinnlose, auf eine komplizierte Art ins Religiöse spielende Übung zu Ehren – welcher Gottheit? Wie nennen wir sie? Ich bin davon überzeugt: Die fremde Frau in der Bluse oder der Balltoilette sucht überhaupt keinen Namen für sie. Sie «übt» nur. Sie steht nur und geigt...

Es ist mir lieb, daß ich ihr Gesicht nicht kenne. Keinesfalls werde ich in ihr Konzert gehen, das auf allen Plakatsäulen von Wien so großartig angezeigt ist. Ich denke doch gar nicht daran, mir die schöne, leer, wie ein Halbedelstein matt schimmernde Fläche ihres Gesichtes mit Zügen anzufüllen, die mir vielleicht ganz unsympathisch oder doch gleichgültig sein würden: eine Nase, Lippen, eine Stirn, eine gepflegte Frisur in diese trostlos leuchtende Ödheit zu setzen. Das tue ich ganz bestimmt nicht. Ich gehe bestimmt nicht ins Konzert.

Trotzdem fängt dieses Konzert – in das *nicht* zu gehen ich also durchaus entschlossen bin – schon an, in meiner ganzen Existenz eine gewisse dominierende Rolle zu spielen. Sein – allmählich, aber schrecklich sicher nahendes – Datum erregt mich. Was mag für die Geigerin alles abhängen von diesem Konzert? Vielleicht sehr viel – vielleicht beinah alles. Am Ende hat die musikalische Kritik schon geschrieben, sie sei «außer Form» gekommen; ihr Ton sei zu dünn – wie oft habe ich gelesen, daß Virtuosen, die sich doch gewiß alle sehr Mühe gaben, einen zu «dünnen» Ton haben – und nun wird sie sich also neu zu beweisen haben: Daher ihre Aufregung, ihr fanatischer Eifer. Mein Gott, für diese anderthalb Stunden auf dem Podium und für diese paar kalten Sätze in der Abteilung «Musikkritik» steht sie also Stunden und Stunden lang – teils in ihrem Salon (denn sie hat einen eigenen Salon, wie ich sehr wohl weiß – das gehört wohl zu ihren «Berufsspesen») teils in ihrem Badezimmer (gar nicht selten kommt es vor, daß die Ungeduld ihrer Zimmernachbarn sie ins Badezimmer verscheucht, so wie man zu einem Hund spricht: «Geh jetzt! Du störst! Marsch, ins Badezimmer!»). Sie übt vor ihrem kleinen Damenschreibtisch – man kennt ja diese Hotelschreibtische, die immer wackeln –, und sie übt vor ihrer luxuriös gekachelten Badewanne – in die zu steigen sie die Zeit sich nicht gönnt. Sie übt und übt...

Obwohl die vollkommene Fremdheit zwischen ihr und mir unserem Verhältnis bestimmt günstig ist, macht es mir doch Freude, daß ich wenigstens ihre Stimme kenne – eine Stimme, die, übrigens mit sympathischem Klang, ziemlich dunkel und mit stark wienerischem Akzent spricht. Einmal, abends, gegen zehn Uhr etwa, rief sie mich an – sie hatte wieder einmal ins Badezimmer fliehen müssen, was mich besonders weich ihr gegenüber stimmte – und sie fragte mich, ob sie mich mit ihrem Üben störe. «Ich möchte nämlich noch eine Zeitlang weiterspielen», sagte sie, wie eine Nonne, die erklärt, daß ihre Abendgebete längst noch nicht beendet seien. «Ich höre ja, daß Sie auch noch Schreibmaschine schreiben!» rief sie flehend – und bei dieser Gelegenheit redete sie mich mit meinem Namen an, was mich sehr überraschte: Denn damit zeigte sie ja, welche Rolle das kleine Telephongespräch für sie spielte und daß sie sich beim Hotelportier eigens vorher erkundigt habe, wer das Zimmer neben ihr innehabe.

Ich erwiderte beinah zärtlich: «Aber bitte! Spielen Sie doch noch weiter!» Unsinnigerweise fügte ich sogar hinzu: «Es macht mir Vergnügen, wenn Sie spielen» – was sie keinesfalls von mir hören wollte und sicherlich für eine öde Schmeichelei hielt.

Dadurch, daß sie meine Schreibmaschine erwähnt hatte, war plötzlich ein zarter, komplizierter Zusammenhang hergestellt zwischen ihrer Übung – diesen irrsinnigen, mit manischer Exaktheit ausgeführten Läufen – und meinem Schreiben. Dieser Zusammenhang, den sie selbst – die fremde Nachbarin, die unbekannte Freundin – konstruiert hatte, machte mich stolz. Er bedeutete für mich: Wir dienen doch beide dem gleichen Kult. Ich bringe irgend etwas zu Papier, die Kritik wird schreiben, es hat einen «dünnen Ton», das wird mich schmerzen und mir doch gleichgültig sein – ich werde weiterschreiben, weiter die Tag- und Nacht-Stunden, während das «Leben seinen Gang geht», an der Maschine verbringen, dem dunklen Kult dienen, mich üben – üben, ganz ähnlich, wie meine fremde Schöne, die schaurig Fleißige im Kimono, es tut – wem zu Nutzen? Wem zu Gefallen? Frage nicht! Übe!

Ein Lob der gemischten Rasse

Die Vorstellung, daß Menschen zu züchten seien wie Pferde, hat mir immer mißfallen; sie ist im fatalsten Sinn des Wortes *unfromm, un-religiös* und *un-geistig*. In dem Kult, der neuerdings mit dem Begriff der «Rasse» getrieben wird, steckt ein gutes Stück von plattem Materialismus, Darwinismus, überwundenem neunzehnten Jahrhundert – und das Schlimmste ist, daß solcher Materialismus, im Rassen-Kult, mit einem mystischen Aberglauben, mit allerlei irrationalen, trüben Elementen sich verbindet. Diese Mischung aus einer mißverstandenen Pseudo-«Wissenschaftlichkeit» und aggressiv-phantastischem Wunder-

Glauben (dem Wunder-Glauben nämlich in die Auserwähltheit der «Blonden» und an ihre Heils-Sendung) ist keinesfalls produktiv, keineswegs zukunftsträchtig; vielmehr im höchsten Grade unangenehm und gefährlich.

Man überschätzt das «Blut», weil man sich dem Geist entfremdet hat. Läßt der vornehme, wohlgeratene, hochwertige Mensch sich «züchten»? Mit scheint, daß er sich viel eher *erziehen* läßt, und daß die geistige Nahrung, die dem Heranwachsenden geboten wird, das Milieu, in welchem er aufwächst, entscheidender sind als die Zusammensetzung seines Blutes. Und gar das Genie – dieser enorme Ausnahmefall, dieses völlig unberechenbare, total unerklärliche Phänomen –: läßt es sich produzieren wie ein edler Hund, eine kostbare Orchidee? Eher könnte es sein, daß man das Genie ausrottet, wenn man der Schöpfung ins Handwerk pfuscht; wenn man alle physisch irgendwie Abnormen – die Lahmenden oder die Tauben, die Fallsüchtigen oder die Rauschsüchtigen, die Blinden oder die Neurastheniker – ihrer Zeugungsfähigkeit beraubt. Handelt man so, weil man die physiologische Abnormität für erblich hält, so verringert man die Wahrscheinlichkeit, daß ein Genie in Erscheinung trete; denn wie häufig finden wir das Genie – diese geistige positive Abnormität – gezeichnet mit dem physiologischen Manko und Gebrechen. Vom blinden Homer bis zum von Migränen gefolterten Nietzsche (der seiner Krankheit wie er bekennt, das Kostbarste zu verdanken hatte); vom «Häßlichkeitskrüppel» Sokrates bis zum tauben Beethoven: was für eine Reihe von physisch Benachteiligten, Mißratenen, Geschlagenen! – Die katholische Kirche weiß wohl, warum sie die neuen Kastrierungs-Experimente ablehnt und bekämpft. Der Plan der Schöpfung ist geheimnisvoll; man korrigiert ihn nicht, man *verbessert* ihn nicht, indem man die Fortpflanzung lädierter Typen inhibiert.

Ich schicke das voraus; ich betone ausdrücklich meine Ansicht, daß dieses ganze Rassen-Problem *nicht überschätzt* werden solle, um dann hinzufügen zu dürfen, daß es, meiner Meinung nach, in Rassefragen, *einen* Grundsatz gibt: Mischungen sind günstig – um es denn auf eine kurze, simplifizierende Formel zu bringen. Bei Rassemischungen ergibt sich am ehesten die

Wahrscheinlichkeit, daß wohlgeratene Exemplare der Gattung Mensch zustande kommen.

Freilich, es finden sich reinrassige Typen von Reiz und bedeutendem Wert. Sie sind kaum die Regel. Reinrassigkeit bedeutet meist Inzucht, und gerade die ist gefährlich. Man sehe sich gewisse Aristokraten an, die beinah nicht mehr lebensfähig sind; oder Bauern aus einer abgelegenen Gegend, wo ein paar Familien immer wieder untereinander heiraten. Da kommen dann viele Idioten zustande – Krüppel, aber keine von der genialen Sorte.

Paradox – und, auf eine paradoxe Art, charakteristisch – ist es, daß der Schrei nach der «Reinrassigkeit», nach dem «unvermischten Blut» jetzt so penetrant gerade aus Deutschland kommt, dem Land der Kreuzungen, der Vermischungen par excellence; dem Lande, das eben der rassischen Gemischtheit, Zusammengesetztheit, «Unreinheit» seiner Bevölkerung die Fülle seiner großen Persönlichkeiten zu verdanken hat.

Die Rassen-Mischung bietet am ehesten die Wahrscheinlichkeit für das Zustandekommen eines produktiven, hochqualifizierten Typus Mensch. Auch sind die Menschen mit gemischtem Blut oft die *schönen*. – Nietzsche, der sich auf biologische Werte verstand, riet zur Kreuzung altpreußischen Adels mit jüdischem Blut. Gar nicht übel. Die Begegnung des Jüdischen mit dem Germanischen hat fraglos eminente biologische Chancen.

Man gestatte es mir, persönlich zu exemplifizieren!

Das alte lübeckische Patrizier-Geschlecht, dem mein Vater entstammt, war biologisch überreif, es war am Ende, war dekadent – wie nachzulesen ist im großen Roman vom «Verfall einer Familie». Das schöpferische Talent wäre vom Hause Mann wohl kaum noch produziert worden – wäre nicht von exotischem Blut ein belebender Zufluß gekommen. Meine Großmutter väterlicherseits kam aus Brasilien, war eine halbe Kreolin – und für Heinrich und Thomas Mann wurde die Blutmischung nicht nur zum biologischen Stimulans, sondern auch zum geistigen Zentral-Problem ihrer Jugend, zum Tonio-Kröger-Problem, zum Problem von «Zwischen den Rassen» (Heinrich Mann). Ich glaube aber, diese biologische Auffrischung wäre wieder verlorengegangen, wenn mein Vater etwa eine junge Dame aus alter lübeckischer, hamburgischer oder bremensischer Familie zur

Frau genommen hätte. Ich darf den Argwohn äußern, daß wir – seine Kinder – in solchem Falle ganz entsetzlich langweilige, dünnblütige, unbegabte Kreaturen geworden wären. (Dies ist freilich eine unbeweisbare Hypothese.) Aber mein Instinkt sagt mir: Der belebende Einfluß des kreolischen Blutes, dem die deutsche Literatur und die Weltliteratur zwei große Schriftsteller zu verdanken hat, war wirksam nur für *eine* Generation. Glücklicherweise wählte mein Vater nicht irgendeine hanseatische Patrizierstochter; sondern die wunderbare Frau, die meine Mutter und die Mutter meiner fünf Geschwister ist. Ihr Vater, der Mathematiker und Kunstsammler Geheimrat Alfred Pringsheim, ist von jüdischer Herkunft (seinerseits nicht mehr Jude); meine Großmutter, Frau Hedwig Pringsheim-Dohm, ist von gemischter Rasse (teils jüdisch, teils aus preußischer Pastoren-Familie).

Bei uns sechs Kindern kommt also in der Tat vielerlei Blut zusammen. Ich bin's zufrieden; ja, mehr als das: Ich bin dankbar dafür.

Die komplizierte Zusammengesetztheit, Gemischtheit meiner «Rasse» hat niemals ein Problem für mich bedeutet. Stets habe ich mich wohl mit ihr gefühlt. Niemals habe ich unter ihr gelitten, und heute erst recht nicht, da jeder Esel «Rassenphilosophie» im Munde führt…

Ohne Frage: es gibt gut-rassige und es gibt schlecht-rassige Menschen. Aber keineswegs haben immer die reinrassigen die edlen, die mit gemischtem Blut die unedlen zu sein. Die Natur liebt das Experiment und das Wagnis. Es kann ihr gefallen, neue Kräfte zu produzieren, wenn zwei schon überreife Blutarten zueinander finden. Zwei Familien – oder, in größerem Zusammenhang gesehen: zwei Rassen – scheinen schon am Ende. Sie verbinden sich, und, o Wunder: ein neuer Anfang ist da! Die Regeneration kommt nicht aus dem starren und dünkelhaften Prinzip des Unter-sich-Bleibens; vielmehr aus den Abenteuern der Begegnung – den Abenteuern der Liebe.

Das Wagnis der Mitte

An dem wichtigen und ganz besonders lesenswerten Buche von Felix Weltsch *«Das Wagnis der Mitte»* (Ein Beitrag zur Ethik und Politik der Zeit. Verlag Julius Kittls Nachfolger, Mährisch-Ostrau), liebe ich schon den Titel: er ist eines jener produktiven Paradoxe, die ein großes Stück Wahrheit in sich enthalten. Denn natürlich scheint es zunächst paradox, die Begriffe «Mitte» und «Wagnis» miteinander zu verbinden. Aber wie sehr liegt gerade diese Paradoxie in der Luft, wie zukunftsträchtig ist sie: den mittleren Weg als den des Abenteuers zu empfinden; von ihm zu sagen, er sei «viel aufregender als der des vorgezeichneten Flügelradikalismus».

Übrigens hat Felix Weltsch – ein gerechter und gelassener Mensch – die philosophische Höflichkeit, zunächst einmal alle Argumente *gegen* die Mitte anzuführen und zu betonen: «Das Ideal der Mitte entbehrt im allgemeinen aller ästhetischen Pracht»; oder: «Der Mitte fehlt der Elan...»: lauter Behauptungen, die er später selbst im Lauf der Untersuchung widerlegt. Er ist seiner Sache so sicher, daß er sogar den «Rausch der Extreme» preisen und selbst eine Stelle aus dem bekannten Werk von A. Hitler zitieren kann.

Er fordert nicht, er proklamiert nicht, wie es heute üblich ist; er untersucht. Seine Sache ist die gediegene Spekulation; er ist durchaus nicht der rhetorisch-aktivistische Typus, sondern der analysierende, dem es – merkwürdig genug! – auf die Wahrheit ankommt.

Das wesentliche Resultat, zu dem er kommt, ist, «daß es im Wesen des Geistes liegt, die Welt in Gegensätzen zu erfassen, genauer und richtiger, ihr Unfaßbares in der Unvereinbarkeit von Gegensätzen auszudrücken».

Sehr schön und richtig gesagt; aber irgendwo zwischen diesen Gegensätzen muß doch eben das Prinzip liegen, das Weltsch als die «schöpferische Mitte» definiert und das von der «kompromißlerischen» Mitte zu kontrastieren er sich so eifrig angelegen sein läßt. («Wie schnell kann eine Synthese zum Kompromiß werden!» ruft er warnend aus – und gerade den Freunden seines Werkes und seines Dogmas sei es ins Stammbuch geschrieben.)

Wesentlich ist zu begreifen, daß die «schöpferische Mitte» die Wichtigkeit, die Gültigkeit und Bedeutung der großen Gegensätze nicht etwa bagatellisiert oder übersieht. Weltsch läßt gar keinen Zweifel darüber: «Dennoch verachtet die Mitte die Flügel nicht; im Gegenteil, weil sie die Gegensätze ernst nimmt...» Bei diesen Gegensätzen handelt es sich um solche wie «Freiheit» und «Bindung», «Individualismus» und «Kollektivismus»...

Es ist festzustellen, daß der Ort der «schöpferischen Mitte» etwas geheimnisvoll bleibt und daß es wohl nicht nur Sache des Verstandes, sondern auch des Instinktes ist, ihn zu finden; jedenfalls ist der Begriff der «Mitte» *nicht* identisch mit dem der «Demokratie» – über die von Weltsch besonders gescheite und wahre Dinge ausgesagt werden, am liebsten möchte ich sie alle zitieren. Bessere Formulierungen über die Demokratie als diese sind mir lange nicht zu Gesicht gekommen: «...wie immer die Zweigeleisigkeit der Spannung beschaffen sein mag, und welche schöpferische Mitte auch immer gefunden werden mag, die Errungenschaft der Demokratie darf nicht mehr verloren gehen... Die Demokratie genügt nicht für den Fortschritt der Menschheit; aber *es gibt keinen Fortschritt der Menschheit gegen die Demokratie oder ohne die Demokratie.*» Der Wahrheitsgehalt dieser Sätze ist derartig stark, daß er mich wie eine Schönheit entzückt.

Wir begreifen, daß der «Mitte»-Begriff, der «Mitte»-Mythos, um den hier alles sich dreht und handelt, dem sich neu aktualisierenden Begriff und Ideal des *Humanismus* aufs engste verwandt ist, daß er sich mit ihm beinahe deckt und – wie er – antithetisch gegen die Ideologie des totalen Staates gestellt wird. Nur bleibt die durchaus entscheidende Frage offen: Wie weit «links» hat diese «Mitte» zu liegen? Wie viel vom linken Extremismus, vom linken Totalismus wird in diese «schöpferische Mitte», in diesen neuen Humanismus einzubeziehen sein? An dieser Frage hängt viel, beinah alles. Freilich, mit ihr treten wir aus der Sphäre der Untersuchung und Forschung in die der politischen Willensbildung; aus der Gegend der Analyse und Betrachtung in die der aktiven und verbindlichen Entscheidung. Außerdem berühren wir mit solcher Fragestellung auch ein anderes, sehr komplexes Problem – nämlich das, was heute als «links» zu bezeichnen ist, was als «rechts». Über diese Problematik des «Links» und des «Rechts» wäre ein eigenes Buch zu schreiben, und mir will scheinen, daß der Schriftsteller Felix Weltsch wohl befähigt wäre, auch das «Wagnis» dieser Untersuchung auf sich zu nehmen...

Ulrich Becher

Manchmal beschäftigt mich plötzlich der Gedanke, daß die Literatur aufhören würde zu existieren – ich meine: eine lebendige Realität zu sein –, wenn sie sich nicht mehr fortsetzte. Alle Bibliotheken würden gleichsam in Staub zerfallen; alle die unzähligen Millionen Bücher auf der Welt würden wertloser Plunder werden, wenn es nicht eben irgendwo junge Menschen gäbe, die dieser wunderlich-wundervollen Beschäftigung – unter striktem Verzicht auf alle anderen Geschäftigkeiten der Erde – weiter nachgingen: das Lebensphänomen ins Wort zu bannen, zu schreiben, immer wieder etwas Neues zu schreiben...

Es gibt also einen neuen jungen deutschen Erzähler, er heißt *Ulrich Becher*, und sein Buch – es ist übrigens nicht sein erstes: er hat früher schon eines in Berlin erscheinen lassen – ist betitelt: *«Die Eroberer. Geschichten aus Europa»* (Verlag Oprecht, Zürich). Man kann kaum behaupten, daß diese Erzählungen überwältigend neue Eigenschaften und Reize hätten; aber es sind gute Geschichten, sind Geschichten, die das Herz beschäftigen, und sie sind vorgetragen in einer redlichen, soliden Prosa – in einer Prosa, die auf Mätzchen und Tricks mit Noblesse verzichtet; die mit Würde und nicht ohne eine gewisse epische Behaglichkeit ihren Gang geht. – Der Autor dieser Geschichten scheint die Musik sehr zu lieben: es kommt auffallend viel über Musik vor in seinem Buch. So werden wir zum Beispiel Zeugen, wie ein alter Musikant – er heißt Josua – stirbt. Oder es gibt eine Novelle über einen kleinen bulgarischen Leutnant namens Mirsky, der mitten während des Weltkrieges mit großer Hingegebenheit Violine spielt. – Außer der Musik finde ich noch ein anderes Motiv auffallend häufig herangezogen und erzählerisch beschworen bei dem jungen Schriftsteller Ulrich Becher: das Motiv des Todes.

Es wird in diesen Geschichten viel gestorben und viel musiziert, und es scheint mir sehr nahe zu liegen, daß ein gewisser unterirdischer Zusammenhang besteht zwischen diesen beiden Motiven.

Zu dem Novellenband – den ich herzlich empfehle – hat *Ernst Glaeser* ein wirkungsvolles Vorwort geschrieben, – das ich übrigens, in mancher Hinsicht, für diesen bemerkenswert geschickten Autor sehr charakteristisch finde. Es ist ein vortreffliches Vorwort, welches effektvolle Verve mit einer biederen Innigkeit zu vereinigen weiß – und nebenbei Dinge aussagt, über deren unbedingte Richtigkeit sich sehr wohl diskutieren ließe. Glaeser geht nämlich in seinem Vorwort «Die Kunst der Novelle» von der Hypothese aus, daß die Novelle stets nur Inhalte haben könne, «die soziologisch nicht bedingt sind». Da muß ich aber doch fragen: Wieso eigentlich? Gibt es bei Maupassant etwa keine soziologischen Inhalte? Oder bei Hemingway? Oder in Novellen von Heinrich Mann, wie «Gretchen»? – Glaesers Behauptung ist ziemlich rhetorisch – und übrigens bin ich davon überzeugt, daß sie, eben als Rhetorik, ihren Zweck durchaus erfüllt: nämlich den, dem Publikum in neunzig von hundert Fällen einen angenehmen Schauder einzujagen und zahlreiche Herzen mit Rührung zu erfüllen: Wie recht unser Gläser hat! Die Kunst der Novelle – sie führt uns aus der garstigen Gegend der Soziologie in jene «Stille, die um uns alle ist» und «größer als der Lärm, den wir gegen sie erheben».

Franz Kafka

Mir kommt ein Brief zu Gesicht, den Franz Werfel an einen der letzten und nächsten Freunde Franz Kafkas, den Arzt Robert Klopstock, gerichtet hat. Werfel schreibt da:

«Als ich nun vor einem Vierteljahrhundert das erste Mal Franz Kafka von Angesicht sah, wußte ich sofort, daß er ‹ein Bote des Königs› ist. Dieses Gefühl habe ich in seiner Gegenwart niemals verloren. In meinem Verehrungs- und Liebesgefühl für ihn war immer ein fremdartiger Schauer eingemischt. Die

Andern erfreuten sich damals mit ästhetischem Entzücken an seiner sogenannten Originalität; er las, wie ich mich erinnere, gerade die ‹Verwandlung› vor. In mir aber war eine Ahnung, daß es sich nicht ganz um einen Menschen handle, sondern um ein Wesen, dem in tragischer Weise zu viel von Übernatur zuteil geworden sei. Franz Kafka ist ein Herabgesandter, ein großer Auserwählter, und nur die Epoche und die Umstände haben ihn dazu vermocht, sein jenseitiges Wissen und seine unaussprechliche Erfahrung in dichterische Gleichnisse zu gießen. Dieses Abstandes zwischen ihm und mir, der ich nur ein Dichter bin, war ich mir immer bewußt…»

Wie bedeutungsvoll ist diese schöne Briefstelle! Sie beschreibt aufs eindringlichste das Phänomen der Distanz zwischen Kafka und der ganzen übrigen zeitgenössischen Literatur. Natürlich ist die Methode des Vergleichens immer fragwürdig und etwas lächerlich, und die Überlegung «Wer ist ‹größer›, dieser oder jener?» hat kaum tieferen Sinn. Im Falle Kafka, und im Zusammenhang mit ihm, wird sie völlig absurd. Ebendiese Absurdität charakterisiert Werfel.

Übrigens schließt Kafkas fast unheimliche Isoliertheit und Unvergleichbarkeit nicht aus, daß er, langsam, auf eine gleichsam unterirdische, aber sehr intensive Weise, an literarischem Einfluß, an Wirkung auf wichtige zeitgenössische Autoren in allen Ländern, gewinnt. (So sind Kafkasche Akzente und Stimmungen deutlich festzustellen in einigen neuen Dingen Julien Greens, besonders in dem schönen Roman «Minuit»; in gewissen Prosafragmenten, die Hermann Hesse, ein großer Bewunderer Kafkas, unlängst hat erscheinen lassen; bei Joseph Roth – wobei ich vor allem an sein letztes Buch «Das falsche Gewicht» denke.) Und es sei nie vergessen, daß Kafka, als Schriftsteller, als der Mann des Metiers, ein Meister war und eine Prosa geschrieben hat, vor deren majestätisch gefügter Reinheit jeder, der für Klang und Rhythmus deutscher Sprache ein Ohr hat, mit einem Entzücken steht, in das sich Ehrfurcht mischt.

Die Gesamtausgabe seines Werkes liegt nun in sechs Bänden vor. Ihr Zustandekommen und die schöne Art, wie sie geordnet ist, verdanken wir der liebenden Bemühung von Max Brod, ohne dessen freundschaftlich-unermüdlichen Einsatz die Stimme Kafkas wahrscheinlich überhaupt noch nicht ins öffentliche Bewußtsein gedrungen wäre. Unlängst sind die beiden letzten Bände, «Beschreibung eines Kampfes» und «Tagebücher und Briefe» (Verlag Mercy Sohn, Prag), erschienen. Es gibt kaum eine Seite in dieser vorbildlich herausgebrachten Edition, auf der nicht, neben allem anderen, auch Handwerkliches zu bewundern wäre. Für mein Gefühl sind einige von Kafkas kurzen Prosastükken, in ihrer ungeheuren, schlagenden Konzentration, schriftstellerisch noch vollkommener und bestaunenswerter als die großen Roman-Fragmente, «Der Prozeß», «Das Schloß» und «Amerika». Um aus dem Band «Beschreibung eines Kampfes» nur ein paar Titel wirklicher Meisterwerke zu nennen: «Das Schweigen der Sirenen», «Der Jäger Gracchus», «Der Kübelreiter» (den ich für eine der frappierendsten kurzen Kompositionen Kafkas halte), «Das Ehepaar».

Freilich: zum Schreiben kommt ein «Bote des Königs» nur durch die Umstände der Epoche – in anderer Zeit wäre er vielleicht ein Priester geworden. Wenn er aber schreibt, tut er es mit Passion, mit Inbrunst und mit Könnerschaft. Kafka spricht das selber einmal aus, in einem Brief an Robert Klopstock: «Ich habe inzwischen, nachdem ich durch Wahnsinnszeiten gepeitscht worden bin, zu schreiben angefangen,und dieses Schreiben ist mir, in einer für jeden Menschen um mich grausamen (unerhört grausamen, davon rede ich gar nicht) Weise das Wichtigste auf Erden, wie etwa einem Irrsinnigen sein Wahn (wenn er ihn verlieren würde, würde er ‹irrsinnig› werden) oder wie einer Frau ihre Schwangerschaft.»

Dieser, wie Kafka es sagt, grausame Ernst bei der künstlerischen Arbeit ist spürbar in jeder Wendung, spürbar vor allem in jener dämonisch sachlichen, auf eine sehr verborgene Art tief ironischen Genauigkeit in der Darstellung des Details, wie sie sich nicht nur in den Erzählungen,sondern auch in den Tagebüchern findet.

Ich akzentuiere dieses schriftstellerisch-handwerkliche Element bei Kafka, weil die moralisch-religiöse Seite seines Wesens, seine spekulative Besessenheit, sein metaphysisches Genie ja viel deutlicher in Erscheinung treten und übrigens wohl auch häufiger Gegenstand der Untersuchung und Betrachtung gewesen sind. Diese religiös-moralische Problematik, die tausendfach unerbittlich gestellte Frage nach der Schuld, der Sühne, dem Gesetz, diese eigentliche Kafka-Frage, die von manchen Kennern und Freunden ins Theologische oder sogar Talmudistische gedeutet und mit jüdischen Komplexen in Zusammenhang gebracht wird, sie findet sich in jeder Hervorbringung dieses Autors, vom «Prozeß» bis zur knappen Tagebuchnotiz. Gerade in den kurzen «Meditationen» der Tagebücher werden die enormen religiösen Themen oft mit einer erstaunlichen, andeutend-erledigenden Prägnanz umrissen. Jeder, der die grauenvolle Tiefe dieser Niederschrift, der Klage des religiösen Menschen par excellence, geahnt hat, wird erschüttert sein – so wie ich erschüttert gewesen bin – wenn er an einer Stelle lakonisch notiert findet: «Vieles durchgelitten in Gedanken.»

Vieles durchgelitten in Gedanken: Dessen Zeuge sind sechs Bände einer Prosa, die wie in himmlischen oder höllischen Feuern gehärtet scheint; Zeuge dessen sind die Romane, die Erzählungen, die Tagebücher, die Briefe – und man vergesse nicht, wieviel verlorengegangen ist, durch Kafkas Widerwillen gegen alle Publizität und durch die sonderbare Gleichgültigkeit, die er der eigenen, fertiggestellten Produktion gegenüber bezeigte, nachdem er sie doch, vor ihrer Entstehung, gehütet hatte wie «eine Frau ihre Schwangerschaft». Es ist für mich keine Frage, daß Kafka auch am sozialen Thema gelitten hat und sich «in Gedanken» mit ihm auseinandersetzte. Wenn man diesen ganzen Themen-Komplex (oft mit Verwunderung) in seiner «Meditation» fast ganz vernachlässigt findet, so bedenke man, mit welch asketischer Selbstdisziplin Kafka sich bei der Wahl der Gegenstände, die er behandelte, beschränkte, und daß er eine große Anzahl von intellektuellen Themen seinen literarischen Freunden überließ, einfach weil er sich nicht im strengsten Sinne zuständig, nicht «beauftragt» fühlte. Keinesfalls ist aus Kafkas Werk eine Zeile zu zitieren, die von irgendeiner Feindschaft gegen den gesellschaftlichen Fortschritt, von einer Geringschätzung dieser Idee zeugte, oder die in solchem Sinne auch nur zu mißdeuten oder zu mißbrauchen wäre. Im Gegenteil, ich finde einen Aphorismus, in dem die Notwendigkeit des gesellschaftlichen Fortschritts bestätigt und betont wird: «An Fortschritt glauben, heißt nicht glauben, daß ein Fortschritt schon geschehen ist. Das wäre kein Glauben.» Man kann nicht deutlicher feststellen, daß der Fortschritt zu geschehen habe.

Ich versuche, mir vorzustellen, wie der Mensch Franz Kafka ausgesehen haben mag. Freunde haben mir so viel von ihm erzählt, und ich habe ja auch viele Bilder von ihm gesehen: mit den langen Beinen, dem merkwürdig junggebliebenen und dabei fast drohend ernsten Gesicht, den tiefliegenden, grünlich schimmernden Augen, dem dichten und dunklen Haar über einer niedrigen Stirn. Man versichert mir, er habe eine fast verführerische élégance des Wesens und Auftretens bis in die letzte Zeit seiner qualvollen Krankheit beibehalten – und ich bin an jene berühmten «guten Manieren», an die sublime Höflichkeit erinnert, die Nietzsche noch im Verfall, im späten paralytischen Stadium sich bewahrt haben soll.

Ich versuche, mir den Menschen Kafka vorzustellen; aber dann kommt mir immer jenes Bild Werfels vom «Boten des Königs» dazwischen, und der Mensch, der Schriftsteller, der «Das Schloß» oder «Amerika» oder die vielen Briefe geschrieben hat, verwandelt sich mir in ein Wesen mit schwarzem Gefieder, welches nicht rauscht, sondern klirrt, wie ein Panzer; in eine Art von fürstlichem Vogel, der ein Menschengesicht hat, ein schauerlich erstarrtes Gesicht, dessen klagend aufgerissener Mund, trostloser Blick und umschattete Stirn nur zu deutlich uns zeigen, was hier alles durchlitten wurde...

Vielleicht aber sind dieser schwarze Federputz, diese jammervoll-monströse Maske des Gesichtes nur die Vermummung, hinter der *der Mensch* sich verbirgt. Und wenn der Bote des Königs diesen ganzen Pomp seiner Heroldstracht – das Flügelpaar, den Stirnreif und den Überwurf – nun fallenließe und entkleidet stünde vor uns, mit sehr langen Beinen und mit dunklem, dichtem Haar in einer niedrigen Stirne, dann erkennten wir wohl, es ist einer von uns, einer der Besten von uns, der Reinsten, auch der Liebenswertesten einer, die das Jahrhundert gesehen hat. Sein Wort soll gelesen werden, so lange noch gedacht, gesprochen und gelesen wird in unserer Sprache.

Écrasez l'infâme

In den letzten Jahren sind nur wenige junge Maler berühmt geworden. Picasso scheint fast den ganzen Ruhm, den die Epoche an die junge bildende Kunst vergeben hat, auf sich zu versammeln. Alle, die nach ihm kommen, stehen in seinem Schatten. Bei wie vielen lohnt es sich, sie aus dem Dunkel zu rufen, sich ihre Namen zu merken, die Öffentlichkeit auf sie hinzuweisen? Bei nicht sehr zahlreichen, ich gebe es zu. Gerade für diese Vereinzelten aber – die sicher die öffentliche Aufmerksamkeit, wenn nicht schon den Ruhm verdienen – sollten wir um so eindringlicher werben.

Zu ihnen gehört *Rudolf C. von Ripper*. Er hat eine künstlerische Handschrift, die unverwechselbar persönlich geprägt ist. Seine Visionen – diese mit Genauigkeit und technischer Bravour festgehaltenen Gesichte – prägen sich ein, sie erregen und sie erschüttern. Als Ripper vor einiger Zeit in London ausstellte, zeigten die englischen Kunstrezensenten sich fasziniert von der zugleich effektvollen und gefühlsstarken, makabren und lyrischen Produktion des jungen Österreichers. Das spricht für die Empfänglichkeit und für den Qualitätssinn der britischen Betrachter. Übrigens bin ich der Meinung, daß es nicht nur die artistischen Reize und Werte waren, die aus Rippers Blättern so bewegend zu ihnen sprachen und ihnen so starke Worte des Lobes, der ergriffenen Anerkennung abnötigten; sondern daß sie auch betroffen wurden von *sittlichen* Eigenschaften des Werkes; von der moralischen Unbedingtheit, die ihm eignet – und ohne die der Künstler heute nichts ist als eine schellende Klingel und ein tönendes Erz. Ja, der Künstler oder Denker von Rang ist uns heute nicht mehr vorstellbar, der sich vor den Komplikationen und Schrecknissen, vor den Problemen und Sorgen des sozialen Lebens in die schöne Landschaft seiner Träume flüchtete. Das Böse ist so übermäßig stark geworden, es erhebt so mächtig sein Haupt – und gerade der Künstler, der unter allen Menschen die hellsten, wachsten, aufmerksamsten Augen haben sollte – gerade er dürfte es übersehen? Nein: Er sieht das Böse in der Welt, er entsetzt sich, er wehrt sich – und er schreit auf: «Écrasez l'infâme!»

Unter dieser Devise steht die Mappe von Blättern, die Ripper uns vorlegt – und ein schöneres Motto hätte er nicht finden können. Es beweist uns, daß er berührt und betroffen ist von den großen Sorgen und Schmerzen, die uns alle beschäftigen und uns das Leben verfinstern; daß er nicht außerhalb steht; nicht nur Artist ist, sondern ein ganzer, fühlender, denkender, an den Zeitproblemen innig beteiligter Mensch. Er ist ein Kind dieser Zeit, ein Sohn der Epoche: das bedeutet, daß er nicht nur intellektuell Bescheid weiß um die Sorgen und Hoffnungen des modernen öffentlichen Lebens; sondern daß er das Fürchterliche und das Großartige, das Schauerliche, das Absurde, das Traurige und das Schöne unseres Daseins wirklich *erfahren* hat – am eigenen Leibe erfahren, meine ich; nicht nur als Zuschauender, sondern als Mit-Leidender, als Mit-Wandelnder, Mit-Kämpfender. Wenn er das Inferno der Konzentrationslager schildert – dieser schauerlichen Stätten, in denen der Faschismus so schamlos nackt wie nirgendwo sonst sich als das teuflische Prinzip, als die rohe Entartung, als die organisierte Erniedrigung der Menschenwürde manifestiert –, dann gibt er nicht Träume, Vermutungen, Angstvorstellungen, Kombinationen; er gibt die *Wahrheit* – denn er selbst hat Monate in einem dieser fürchterlichen «Erziehungsinstitute» verbracht –, freilich eine ins Künstlerische, in die Vision transportierte Wahrheit, nicht die platte, naturalistisch-photographische. Mir will aber scheinen, daß diese gestaltete, in einem persönlich originellen Kunst-Stil fixierte Wahrheit ein stärkeres, wirkungsvolleres Zeugnis gegen das Niederträchtige ist als der karge Bericht, als die Reportage. Es liegen uns mannigfache und ergreifende Schilderungen jener Schreckenswelt der Konzentrationslager vor; aber die Blätter Rippers, die dieses finstere Thema behandeln, sind von anderem Rang. Schmerz und Klage, Zorn, Ekel und Erbarmen sind in ihnen zur *Form* verdichtet, objektiviert und gestaltet. In den Bildern, die – bitterer und höhnischer Weise – *L'éducation du citoyen* und *Le déjeuner sur l'herbe* heißen, hat die Wirklichkeit sich verwandelt und geläutert zur Vision.

Aber diese Visionen bekommen ihre Intensität, ihre Wucht, ihre Überzeugungskraft eben dadurch, daß in ihnen Schauer und Entsetzen vor der Größe und Furchtbarkeit der Realität noch nachzittert. Ripper zeichnet die *Apokalyptischen Reiter*, und da spürt man: Er kennt sie, er hat sie gesehen, sie haben sein Leben bedroht – wie sie unser aller Leben bedrohen –, ach, diese Apokalyptischen Reiter, es sind keine Traumfiguren, keine mystisch-religiösen Symbole, sie sind höchst real, sie sind ausgestattet mit hochmodernen Flugzeugen, Giftgasen, Tanks, ihr schauerliches Werkzeug ist der ganze höllisch-raffinierte, technisch perfekte Kriegsapparat. Mit ihm überfallen sie eine Menschheit, die sich gegen Raubtiere und Unwetter zu schützen vermag, aber nicht gegen die Unbarmherzigkeit entarteter Brüder. Die Apokalyptischen Reiter stehen vor der Türe, gleich können sie da sein, in Spanien, zum Beispiel, sind sie schon da, die spanische Nation stöhnt unter ihrer Peitsche. *Arriba España* heißt eines von Rippers Blättern; ein anderes: *500000!* Dieses hat die Tragödie der deutschen Juden als Thema; von dem Martyrium der deutschen Christen, die ihren Gottesglauben nicht an den totalen Staat und die Rassenlehre verraten wollen, handelt eines, welches betitelt ist: *Les chrétiens allemands*.

«Über das Niederträchtige niemals dich beklage – denn es ist das Mächtige, was man dir auch sage!» – Ein schlimmes Wort, obwohl es von Goethe stammt. Seine Abgeklärtheit mochte sich bei ihm beruhigen. Wer aber wollte sich heute nach so weiser Mahnung richten? Wir nicht! Ich nicht! Meine Kameraden nicht – zu ihnen gehört der junge Maler Rudolf von Ripper. Gerade weil das Niederträchtige so enorm, so beängstigend mächtig geworden ist, wollen wir uns erst recht beklagen über sein widriges Wesen, das alles Schöne, Reine und Kostbare im Leben bedroht; und wir wollen nicht müde werden, es anzuklagen; und nicht nur anklagen wollen wir es, sondern auch bekämpfen, jeder nach seinen Kräften: der eine mit der Flinte, der andere mit dem Wort – und mit dem Zeichenstift ein Dritter: «Écrasez l'infâme!» – eine schöne Losung, und uns gemäßer und zeitgemäßer als irgendeine olympische Resignation.

Freilich: eine Losung, die unserem Künstlertum gefährlich werden könnte, wenn wir uns manisch auf sie fixierten; wenn wir über der notwendigen Anklage, dem unvermeidlichen Kampf alle holden Spiele vergessen wollten, den Traum vernachlässigten. Dichter und Maler müssen heute Propagandisten der guten, der gerechten und bedrohten Sache sein: Dieses ist meine feste – unerschütterlich feste Überzeugung. Wenn sie aber *nur* noch Propagandisten sind, verraten sie eine andere Verpflichtung; sie verflachen; aus dem Bild, das zu schaffen ihnen aufgetragen, wird das grelle Plakat – und es ist sehr die Frage, ob das Bild nicht – sogar vom politischen, tagespolitischen Standpunkt beurteilt – wirkungsvoller gewesen wäre als das Plakat. Das eigentlich schwierige, das entscheidende Problem, dem sich ein Künstler heute gegenübergestellt findet, ist dieses: Wie halte ich meinem Künstlertum die Treue und genüge doch der Forderung des Tages? Denn es gibt für den Künstler heute *zwei* Arten von Fahnenflucht: die eine Flucht, weg von den Problemen des Tages in die Landschaft der Träume; und die andere, weg von den holden und strengen Verpflichtungen der Kunst in den Tagesbetrieb, in den Kampf, auf die Barrikaden, in den Journalismus.

Von dem jungen Maler Rudolf von Ripper ist auszusagen, daß er keiner dieser beiden Verführungen erliegt; daß er tapfer die Balance hält, weder den Traum verratend noch die Forderung des Tages. *Le danseur sur les vagues – ou: L'homme éternel chercheur d'équilibre* heißt in seiner Mappe ein Blatt, und es ist mir das liebste von allen. Auf den Wogen, die hochgehen, steht in gewagter, anmutiger Tänzer-Pose ein Knabe. Er ist umgeben von Figuren, die verschiedene Lebensformen, mannigfache Möglichkeiten des Lebens repräsentieren. Sie locken ihn; sie wollen von ihm, daß er sich entscheide, festlege. Er aber entscheidet sich nicht; er tanzt auf den Wellen. Er verharrt in der Pose, welche die schwierigste scheint: Es ist aber die ihm gemäße. Er müßte stürzen, wenn er auf den Tanzschritt verzichtete. Sein équilibre bewahrt er sich nur, wenn er anmutig bleibt; wenn er dem Reiz und der Schwierigkeit des Wellentanzes die Treue hält.

Ich weiß nicht, ob Ripper mit diesem Bilde ein Symbol des Künstlers – seiner besonderen Situation in dieser Welt, in diesem Leben – schaffen wollte. Ob er es vorgehabt hat oder nicht: Mir scheint, es ist ihm geglückt. Sein schöner Knabe auf den mächtig hochgehenden Fluten: Ich kenne ihn, ich erkenne ihn; ich weiß, welches schöne und komplizierte Spiel er mit kindlich-göttlichem Eifer betreibt.

Das poetisch-träumerische Element ist in Rippers Mappe ebenso legitim wie das kämpferische; Blätter wie *Merry-Go-Round* (Das Karussell), *Les chercheuses de poux* (sehr merkwürdige Variation des berühmten lyrischen Motives von Arthur Rimbaud) oder *What Price Virginity* (das uns ein sehr rührendes, melancholisch verzaubertes Liebespaar zeigt; inmitten des kahlen Zimmers, das die Szenerie ihrer starren Liebkosungen ist, erblüht ein magischer Baum, ein surrealistisches Gebüsch...): All diese skurrilen und wehmütigen, phantastischen und nachdenklichen Gruppen können es an Wert und Reiz mit den politisch-aktuellen durchaus aufnehmen. Übrigens gehört hier alles zueinander; es erscheint mir wenig angebracht zu trennen, zu teilen und zu unterscheiden, wo der Künstler eine Einheit bieten wollte und geboten hat. Denn ebenso wie es in den Bildern mit den politischen Titeln und Themen ein poetisch-lyrisches Element gibt, fehlt in den phantastischen nicht der Bezug auf Gegenwärtiges. Noch als Anklagender ist dieser Künstler ein Träumer, ein Poet, «un Visionnaire»; noch als Träumender, Spielender, Halluzinierender bleibt er Ankläger, Kämpfer gegen das «Infame».

Da er beides hat und in beidem stark ist – stark als sozialer Moralist; stark als Träumer, als Künstler; da er – l'homme éternel chercheur d'équilibre – in beiden Sphären (die für uns keine getrennten Sphären mehr sein dürfen) zu Hause und schöpferisch tätig ist; da er sich mit so edlem Ehrgeiz und ausgestattet mit so kostbaren Gaben seiner großen Aufgabe naht, nenne ich ihn einen, dem unsere kameradschaftliche Bewunderung gebührt. Ich rechne ihn zu denen, die ein lebendiges und eindrucksvolles Zeugnis sind dafür, daß in unserer Zeit echtes Künstlertum und echte Gesinnung zueinander gehören.

Rudolf von Ripper ist ein echter Künstler und ein guter Kämpfer. Ich freue mich, seine schöne Bildermappe *Écrasez l'infâme* anzeigen und sie allen Freunden der guten Kunst und der guten Sache von Herzen empfehlen zu dürfen.

Gottfried Benn
Die Geschichte einer Verirrung

Begonnen werden muß mit der Frage: Warum beschäftigt uns «der Fall Gottfried Benn»? Weil ich, Autor dieser Zeilen, für einige von Benns Versen eine ziemlich tiefgehende Schwäche hatte – oder habe? Weil ich, gleich zu Anfang der Emigration, eine Korrespondenz mit ihm führte – die übrigens nur von Benn aus der Öffentlichkeit vorgelegt und öffentlich ausgenutzt wurde, soweit es aber an mir lag, durchaus privat blieb –, und die trotzdem, eben durch Benns unfaire «Flucht in die Öffentlichkeit», vielleicht bis zum gewissen Grade repräsentativ geworden ist für die Auseinandersetzung zwischen zwei Schriftstellern, von denen der eine den Faschismus verabscheute, der andere aber entschlossen war, seinen Frieden mit ihm zu machen?

All dies wären gewiß keine Gründe, um heute noch über Benn zu reden. Sein «Fall» ist nur deshalb noch interessant, weil es sich bei ihm um den einzigen – den einzigen! – deutschen Schriftsteller von Rang handelt, der sich allen Ernstes und mit einiger geistiger Konsequenz in den Nationalsozialismus verirrt hat. Alle anderen, die heute zu einem Institut gehören, das sich – wie man mir berichtet – «Reichsschrifttumskammer» nennt, haben nur eben so ein bißchen «mitgemacht» – manchmal vielleicht sogar mit ein wenig Groll im Herzen –: aus Opportunismus, aus Angst und Schwäche, aus kleinbürgerlich-reaktionären Instinkten. Dagegen dürfte es ein Faktum sein, daß Gottfried Benn, mindestens eine Zeitlang, der plump und kreischend lügenden Propaganda des deutschen Faschismus wirklich verfallen war. Heute mag er enttäuscht sein, bitterlich vereinsamt, desillusioniert – aber spielt das eine Rolle? Ist es nicht eine Selbstverständlichkeit, daß er heute sich enttäuscht, vereinsamt, desillusioniert befindet, da er sich ja in eine völlig unmögliche, schiefe, sogar groteske Position manövriert hat? Da man ihn ja nicht *will* bei den Nazis – die einen untrüglichen Instinkt haben *gegen* alle seine Qualitäten? Da er ja in Deutschland überhaupt kein Publikum mehr findet, die wenigen Leser, die er jemals hatte, vertrieben oder doch mundtot gemacht sieht? Nun sitzt er als ein grämlicher Stabsarzt in Hannover – was eine beneidenswerte Situation kaum sein dürfte. Aber, wie gesagt, diese nachträgliche Enttäuschung wollen wir völlig beiseite lassen: Sie ist selbstverständlich und nebensächlich. Wichtig bleibt einzig und allein, daß dieser nicht unbedeutende Geist notorisch sich hatte verführen, berauschen, auf die ärgsten Pfade verlocken lassen.

Einen Umstand freilich gibt es, der dafür spricht, daß ebendiese Berauschtheit niemals so ganz tief gegangen ist, sondern immer halber Opportunismus, halbe Berechnung – und als solche also prinzipiell uninteressant war. Ich meine die sehr auffallende Tatsache, daß das patriotische Thema, das Führer-Thema, der ganze faschistische Themen-Komplex niemals in seine *Lyrik* – also niemals in sein eigentliches Werk – eingedrungen sind; sondern daß er dieses durchaus rein zu halten wußte. Immerhin ist nicht zu leugnen, daß bei Benn die Essays fast im gleichen Range neben den Gedichten stehen, und daß eben in diesen Aufsätzen – besonders in denen unter dem Titel *«Kunst und Macht»*, Deutsche Verlags-Anstalt, Stuttgart, zusammengefaßten – sich Bekenntnisse und politische Deklamationen finden, deren Eindeutigkeit und Fanatismus nicht mehr zu überbieten – und verblüffend sind.

Ich schreibe «verblüffend» und bin mir wohl bewußt, daß es nicht unbillig wäre zu erwidern: Aber was wollen Sie! Der Fall ist doch logisch! Dieser Benn – er hat doch genau so sich entwikkelt, wie er sich entwickeln *mußte*; er ist genau den Weg gegangen, der ihm vorgezeichnet war. – Darüber bin ich mir ebensowohl im klaren wie jene, die mir solche Antwort entgegenhalten könnten – und trotzdem bin ich verblüfft: Verblüfft nämlich darüber, daß Benn vor den ärgsten Entgleisungen, vor dem schlimmsten Absturz nicht behütet blieb durch sein Wissen um gewisse geistige Werte; daß *sein Niveau* ihn nicht davor bewahrte, den Stilisten von «Mein Kampf» allen Ernstes für einen großen Mann zu halten. Man bedenke doch, daß Geister, bei denen es mindestens ebenso viele intellektuelle Affinitäten zum Faschismus gab wie bei Gottfried Benn – daß etwa Oswald Spengler oder Stefan George sich sofort in eine durchaus dezidierte Opposition zum neu-deutschen Regime begaben, einfach weil die physische und die «spirituelle» Physiognomie dieser durch Intrige an die Macht gekommenen Führer-Garnitur sie *ekelte*; weil es sich mit ihrem ästhetischen Gewissen nicht vertrug, Goebbels und Rosenberg als ihre geistigen Mentoren – oder auch nur als ihre geistigen Schüler anzuerkennen. Da wir also Zeugen waren, daß ein Mann wie Stefan George, dem das Propaganda-Ministerium nur zu gern alle Herrlichkeit der Erden zu Füßen gelegt hätte, für den Jargon des «Angriffs» und des «Mythus des 20. Jahrhunderts» nichts übrig hatte als die Gebärde kalten Dégoûts – so verzeihe man mir meine «Verblüffung» über die ruchlos-infantile Leichtgläubigkeit, mit der Benn auf diesen riesenhaft geblähten Schwindel hereinfiel. Ja, vielleicht ist es eben die unbarmherzige und exemplarische *Logik* des Falles, die mich überrascht und verblüfft. Als ich Benn, schon 1930 und 1931, vor seinen Neigungen zum Irrationalen und zum «Mythischen» und vor seinem verdächtigen Widerwillen gegen den «Fortschritt» publizistisch warnte – wie übrigens damals auch andere Autoren, etwa der unvergessene Werner Hegemann, es taten –, da meinte ich doch wohl nicht, daß er bis zu diesem Grade mit seinen Irrtümern Ernst machen würde; da hielt ich es doch wohl kaum für möglich, daß selbst noch die Schreie aus den Konzentrationslagern ihm wie schöne Urlaute aus «frühen Schichten» in den Ohren tönen würden; da erschien es mir doch wohl als ausgeschlossen, daß der Verfasser der «Morgue»-Gedichte eine «Bewegung», die den 30. Juni, die Juden-, Priester- und Sozialisten-Verfolgungen und die Beschießung von Guernica mit sich bringt, als eine Tat der «Zucht, Ordnung und Disziplin» zu glorifizieren die Stirn haben könnte. All dies ist beschämendes Ereignis geworden; die intellektuelle Logik wirkte sich stärker aus als das «Niveau», als das Wissen um artistische Verfeinerungen – und es lohnt sich also wohl der Mühe, den Gesetzen dieser Logik ein wenig nachzuspüren...

Alles beginnt hier mit dem atavistischen Komplex; mit der Sehnsucht nach dem Zurück – oder vielmehr: das Vorwärts wird, in seinem Endziel, mit dem Zurück identifiziert, mit dem Heimweh nach der «frühen Schicht».

«Oh, daß wir unsere Ururahnen wären,
Ein Klümpchen Schleim in einem warmen Moor!»

Mit diesem recht verdächtigen Aufschrei beginnen vier Strophen des frühen, «expressionistischen» Benn, die «Gesänge» überschrieben sind und die ich in den Band «Ausgewählte Gedichte» (Deutsche Verlags-Anstalt, 1936) aufgenommen finde. Wie charakteristisch ist dieses Heimweh nach der vormenschlichen, vorzivilisierten, der Urschleim-Form! – Es erscheint mir heute als die ärgste Plattheit, die Idee des Fortschrittes als «Plattheit» verächtlich zu machen. Eben in diesem Trick – dem eigentlich gefährlichen und eigentlich widerwärtigen Trick des zwanzigsten Jahrhunderts – exzellierte Benn jahrelang: bis er denn dazu kam, den sittlichen Niedergang ohne Beispiel, den der Faschismus bedeutet, als «geschichtliche Bewegung» frech zu preisen... «Oh, daß wir unsere Ururahnen wären...» Das würde dem Benn wohl so passen, und dann wäre das Leben bequemer für ihn! Schwieriger freilich, als sich mit atavistischen Fluchtversuchen interessant zu machen und vor einem Parkett von Goebbels-Journalisten den wilden und tiefsinnigen Mann zu spielen, ist es, der Idee des menschlichen Fortschrittes, der Idee der *Zivilisation* die Treue zu wahren und doch kein platter Rationalist und Aufklärer zu werden. Von dieser echten und legitimen Problematik, der Europas wirkliche geistige Avantgarde sich mit Mut und Leidenschaft stellt, scheint Benn mit seinen billigen Urschleim-Schwärmereien keine Ahnung zu haben...

Da das Fortschritts-, das Entwicklungs-, das Zivilisations-Problem sich mit dem beliebten und von der Obrigkeit gar nicht ungern gesehenen atavistischen Komplex also nicht verträgt, klammert Benn sich mit einer wahrhaft manischen Hartnäckigkeit an ein anderes geistiges Thema: an das Thema der *Form*. Da es den Fortschritt nicht geben soll und da die Vorstellung, das Los der Menschen auf diesem Stern könne sich vielleicht einmal verbessern, eine dem tiefen Künstler unerträgliche Plattheit ist, bleibt das Form-Problem – isoliert, hochmütig, unfruchtbar, manisch – übrig.

«Doch dir bestimmt: kein Werden,
du bleibst gebannt und bist
der Himmel und der Erden
Formalist –»:

wie es in einem schwachen – und gerade formal schwachen –, aber sehr offenherzigen Gedicht einmal ausgedrückt ist. In den Essays wird die idée fixe dieser «zentralen Bedeutung des Formproblems» bis zum Überdruß wiederholt, variiert, immer noch einmal neu – oder vielmehr *nicht* neu – beleuchtet. Der Umstand, daß die Kunst – oder die Philosophie – jemals soziologische, gesellschaftskritische Inhalte gehabt haben könnte, wird überhaupt nicht in Betracht gezogen. Von allem anderen zunächst einmal abgesehen, was über diese ungeheuer einseitige und willkürliche Darstellung und Deutung des Künstler-Phänomens zu bemerken wäre, ist es wesentlich und unerläßlich zu betonen, daß, gerade *wenn* man das Form-Problem als das europäische und *als das deutsche* Problem par excellence empfindet und stilisiert, das neu-deutsche Regime *erst recht* – wenn auch, meiner Meinung nach, mit falschen oder doch ungenügenden Argumenten – abzulehnen, ja zu hassen bleibt. Jeder, der in Deutschland das Form-Problem jemals ernst genommen hat – und gerade Nietzsche, auf den Benn sich hundertmal, in völlig unsinniger und verwirrter Weise, bezieht –, hat es mit dem Komplex Süden–Mittelmeer–Antike – kurzum: mit dem Komplex *Europa* in Zusammenhang gebracht. Gerade vom Mittelmeer und von der Antike – gerade von jeder Überlieferung europäischer Form – wollen die Nazis doch Deutschland distanzieren und lösen. Warum hätte denn Nietzsche diese Nazis verabscheut? Denn es ist für mich gar keine Frage, daß er sie verabscheut und zutiefst verachtet hätte. Doch eben *weil* sie den «germanischen Mythos» und seine Formlosigkeit (jenen Mythos, gegen den sich Nietzsches Instinkte am heftigsten wehrten) gegen «Europa» (und das bedeutet in diesem Zusammenhang: gegen das Mittelmeer und gegen Frankreich) ausspielen und den unbedingten Primat des Germanischen über das Europäische beanspruchen. – Warum denn *hat* Stefan George alles Hitlertum perhorresziert? Und ich *weiß*, daß er es getan hat. Doch eben weil in seiner Konzeption der Schönheit das Mittelmeer-Element, das antike und das französische Element viel zu wesentlich, viel zu zentral waren, als daß er die Rosenbergsche «Rückkehr nach Walhall», den ganzen faulen Zauber von Bayreuth und Braunau hätte ertragbar finden können. George stirbt in Gram und Einsamkeit, stirbt *in der Ver-*

bannung – und Benn, der von den Gegenständen, die ich hier anrühre, ebensoviel weiß oder wissen sollte wie ich, stellt sich hin in einem öffentlichen Berliner Saal und spricht aus, «daß sein Axiom» – gemeint ist wohl das Axiom der «neuen Zeit», der «Bewegung» – «in der Kunst Georges wie im Kolonnenschritt der braunen Bataillone als *ein* Kommando lebt».

Die wahrhaft schamlose Leichenschändung an George wird komplett, wenn man in Betracht zieht, daß die «Rede auf Stefan George» unmittelbar neben einer «Rede auf Marinetti» steht, und daß die gleichen Phrasen über die «Form», mit denen Benn das Andenken Georges kränkt und lästert, nun dazu herhalten, um der «Exzellenz», dem Clown Mussolinis, dem Barden des Abessynischen Feldzuges um den Bart zu gehen. «Form!» ruft der zukünftige Stabsarzt von Hannover der Römischen Exzellenz zu, «Form –: in ihrem Namen wurde alles erkämpft, was Sie im neuen Deutschland um sich sehen: Form und Zucht: die beiden Symbole der neuen Reiche; Zucht und Stil im Staat und in der Kunst: die Grundlage des imperativen Weltbildes, das ich kommen sehe.» – Da bleibt einem doch der Mund offen stehen, und man schämt sich in Grund und Boden, daß man jemals irgend etwas übrig hatte für ein paar Verse, die dem Autor dieser nicht «imperativen», sondern durchaus impertinenten Worte ehemals geglückt sind! Denn man vergesse doch nicht, *wer* hier zu *wem* spricht, und wer hier die Begriffe der «Form» und der «Zucht» als dreiste Umschreibung gebraucht für eine Fülle der Greueltaten ohnegleichen; für eine erst geplante oder schon ausgeführte Masse der krassen Verbrechen.

Die Marinetti-Rede wurde gehalten «auf dem Bankett der Union nationaler Schriftsteller, Berlin, 29. März 1934». Damals standen Hitler und Mussolini wohl gerade gut. Dann kam es zu den bekannten Unannehmlichkeiten in Wien, und eine Zeitlang waren Hitler und sein Kreis für die römische Presse eine Bande von «Mördern und Päderasten». Gerade im Augenblick der Verstimmung zwischen den zwei Diktaturen hatte ich meinerseits die Gelegenheit, Exzellenz Marinetti kennenzulernen – ohne freilich gleich eine Rede auf ihn zu halten. Damals schimpfte er auf Berlin wie ein Rohrspatz: Hitler hatte ja, aus lauter Sinn für Form und Zucht, den Kanzler in Wien umbringen lassen, wodurch Mussolini seinerseits nervös geworden war. Plötzlich erinnerten sich Exzellenz gar nicht mehr daran, daß die «neuen Reiche» doch den Willen zu Form und Zucht gemeinsam haben: heute ist es dem amüsanten «Futuristen» und Liebhaber der Kolonial-Metzeleien gewiß wieder eingefallen. – Hat Marinetti denn nicht grinsen müssen, als Benn ihm mit seiner schönen, sonoren Stimme ganz ernsthaft erzählte, die italienische und die deutsche Diktatur basierten auf dem Willen zu «Form und Zucht»? Aber diese Clowns der Macht haben ja wohl das Grinsen verlernt...

Freilich, ich hatte schon früher die Gelegenheit zu beobachten, wie Gottfried Benn ungeheuer und feierlich ernst bleiben konnte, während er Dinge aussprach, die eigentlich komisch waren. Da gab es, zum Beispiel, die große Feierlichkeit zu Heinrich Manns sechzigstem Geburtstag – er wurde, noch ganz kurz vor Ausbruch der Hitlerei, von allen offiziellen Schriftsteller-Organisationen mit größtem Aufwand begangen. Benn gehörte zu den Festrednern.

Fern liegt es mir zu leugnen, daß seine Ansprache starke lyrische Schönheiten und oft sehr bezwingende Akzente hatte. Aber andererseits war sie doch auch sehr komisch, und jetzt erst kann man ihre tiefe Drolligkeit so recht würdigen. – In den Essay-Band «Kunst und Macht» (in dem nur Marinetti und der «Kunstwille» des «Führers» gepriesen werden) ist die Heinrich-Mann-Rede freilich nicht mehr aufgenommen; aber ich finde sie in einem älteren Buch von Bennschen Aufsätzen wieder. Benn unternahm damals – und zwar noch in seiner Eigenschaft als besonders glühender Verehrer Heinrich Manns – den Versuch, den Autor des «Untertans» und des Zola-Essays zum radikalen Ästheten, zum «Formalisten» – im Bennschen Sinn –, zum manisch auf die Form Versessenen zu stilisieren, das heißt: zu fälschen. Gerade auf Heinrich Mann angewendet und im Zusammenhang mit ihm – der für Benn doch wohl einmal ein sehr wichtiger, sehr zentraler Zusammenhang gewesen ist – erweist sich ja die ganze Absurdität, die fast klinische Abwegigkeit des Form-Ethos, wie es bei Benn sich dargestellt findet und wie es ihm sich darstellt. Denn eben im Fall Heinrich Mann wird es ja auf eine exemplarische Art deutlich, daß aus dem Willen zur Form der Wille zur Zivilisation – und das heißt also: der Wille zum gesellschaftlichen Fortschritt – kommt, und wie diese beiden Willens-Tendenzen sich ergänzen und eine sich auf bedeutende Art an der anderen steigert.

Als «Ästhet» beginnen und als Sozialist enden: ich habe in solcher Entwicklungskurve ein Paradox niemals zu sehen vermocht. Das Schönheits-Pathos kann auf dem geraden Weg zum sozial-moralischen Pathos führen – oder, um beim Beispiel Heinrich Mann zu bleiben: von seinen frühen italienischen Novellen und den Herzoginnen von Assy bis zu seinen flammenden Protest- und Anklage-Schriften gegen das Hitler-Regime führt eine direkte Linie – ich wüßte gar nicht, wo die Abweichung, der Umweg liegen sollte. Als paradox, als frivol und obendrein als etwas dumm freilich erscheint es mir, bei einem Schriftsteller, dessen ganzes Werk der Idee des gesellschaftlichen Fortschrittes mit Leidenschaft dient, ebendiesen Fortschrittswillen als eine Art von ästhetischem Schnörkel am Rande, als eine artistische Caprice und Nebensache hinzustellen. Genau das zu tun versucht Gottfried Benn in seiner Festrede. Eigensinnig und seinerseits kapriziös, und übrigens – wohl damals schon – mit bösen politischen Hintergedanken, versucht er den ganzen Themen-Komplex dieses Werkes auf das *eine* Thema – «das Verhältnis des Nordens zur Form» – zu reduzieren. Als ob ein ernsthafter Wille zur Form ohne den Willen zum Humanismus, und als ob der Wille zum Humanismus ohne ein innig bemühtes Interesse fürs Gesellschaftliche überhaupt vorstellbar wären! Mit seinem falschen Pathos der Form verengt und verdirbt Benn den Begriff und das Wesen der menschlichen Gesittung überhaupt – was kaum wundernehmen kann, da er ja den ganzen Gesittungs-Begriff in seinen atavistischen Sehnsüchten und Räuschen eigentlich aufheben möchte...

Man sieht: die Geschichte dieser Verirrung, dieses geistigen Falles, dieser intellektuellen und moralischen *Abdankung* ist im Grunde sehr einfach: sie beginnt mit dem lyrischen Schrei nach dem großen «Zurück!», sie führt zu der manischen Isolierung des Form-Problems und zu der *doppelten* Verfälschung ebendieses Problems (doppelt, weil Benn das Thema «Form» einerseits vom Thema «antike Überlieferung – Mittelmeer-lateinisch-europäische Kultur», andererseits vom Thema «sozialer Fortschritt» zu trennen und solcherart all seiner wirklichen Inhalte zu berauben versucht), und sie führt – wohin? Ach, genau dorthin, wo wir den entgleisten Benn heute sehen...

Wir sehen ihn bei Beschäftigungen, die uns recht eigentlich ins Irrenhaus zu gehören scheinen; während er, zum Beispiel, vorgibt, den «Lebensweg eines Intellektuellen» – seinen eigenen Lebensweg nämlich – zu erzählen, treibt er Rassen- und Familien-Forschung auf eine Art, die uns ebenso grausig wie humoristisch anmutet. Zunächst muß natürlich festgestellt werden, daß kein jüdisches Blut in der Familie ist. Dann berichtet der Prophet des «imperativen Weltbildes» allen Ernstes, er habe im Weinhaus Kempinski – welches bekanntlich in «arische Hände übergegangen» ist – auf der Getränkekarte einen edlen Tropfen namens «Dürkheimer Benn» angeführt gefunden. «Nachforschungen ergaben», daß eine Weinsorte, genannt der «Hochbenn», existiert – und dieser «Hochbenn», von dem wir hoffen, daß er recht süffig sei und eine prima Blume habe, muß wiederum als Beweis dafür herhalten, daß es in der Familie Benn kein semitisches Blut gibt. Mit solchen Scherzen gibt ein erwachsener Mensch sich ab, der früher einmal schöne Verse gemacht hat und übrigens ein recht brauchbarer Hautarzt gewesen sein soll...

Eine andre seiner makabren Spielereien ist, daß er es versucht, den Expressionismus vor dem Propaganda-Ministerium zu rechtfertigen – als ob vor diesem überhaupt irgend etwas Kulturelles zu rechtfertigen wäre. Ideologisch läßt sich über den Expressionismus, dessen Charakteristikum ja geradezu die ideologische Wirrheit ist, alles behaupten. Aber eines steht doch für die Nazis fest: daß diese ganze – teilweise sehr wertvolle – Literatur der deutschen Nachkriegsepoche über Hitlers Horizont geht und also «Kulturbolschewismus» ist. Benn indessen beschwört seinen Goebbels bei «jenem enormen biologischen Instinkt für das rassenhaft Vollkommene, das über der ganzen Bewegung schwebt», bei dem außerordentlichen «Maß an Interesse, das die Führung des neuen Deutschland den Fragen der Kunst entgegenbringt», dem Expressionismus doch ja zu verzeihen, daß einige seiner Anhänger inzwischen Sozialisten geworden sind. Verlorene Liebesmüh! Während Benn an höchster Stelle um

Nachsicht für jene Talente bettelt – die heute entweder in der Verbannung oder aber (wie Staatsrat Johst) keine Talente mehr sind –, werden die großen expressionistischen Maler aus den deutschen Museen in die Keller verbannt. «Einen solchen Widersinn», ruft Benn beschwörend, «wird das neue Deutschland bestimmt nicht mitmachen – die Leute, die es führen, selber ja artistisch produktive Typen, wissen zu viel von der Kunst...» Mir scheint leider, das «neue Deutschland» und seine artistisch kolossal produktiven Führer haben schon ganz anderen Widersinn mitgemacht als die Ächtung von Otto Dix oder Georg Trakl...

In welche Abgründe ist dieser Benn gestürzt, mit seinen Atavismen und Formproblemen! «Auch der Züchtungsgedanke fällt unter dies Formproblem», heißt es einmal – und da sind wir ja schon mitten im Abgrund, tief drin in der Finsternis, im krankhaften Aberglauben an die «hehre Sendung des Germanentums», in der Sphäre des «Stürmers», im Barbarismus...

Ist der Fall Benn noch interessant? Ach, kaum – wenn man nur das liest, was er heute schreibt; aber doch ziemlich interessant noch, will mir scheinen, wenn man an das denkt, was Benn früher gewesen ist.

Sein Beispiel bleibt das krasseste für die Entwürdigung, den Absturz, die *Selbstvernichtung* eines Intellektuellen, der die Ideen des Fortschritts und des Humanismus an die Pseudo-Ideologie der «Form» und der «Züchtung» verrät. Solcher Selbstverrat straft sich fürchterlich. Man wird nicht nur nach Hannover versetzt, sondern in die Hölle.

Der Intellektuelle, der gegen den Geist zeugt, verwest bei lebendigem Leibe. Nicht ohne Grauen kann ich heute die Zeilen des frühen Benn wieder lesen:

«O Seele, um und um verweste,
kaum lebst du noch und noch zuviel!»

A Family against a Dictatorship

Der sogenannte Totale Staat will den ganzen Menschen. Die Diktatur duldet keine Konkurrenz: weder den Einfluß der Kirche noch den der Familie kann sie gelten lassen. Es darf unter der Diktatur keinen Gott geben neben dem Staat. Der Staat wird zum Gott. Dieser eifersüchtige Gott will vor allem die Jugend: An den Kindern liegt ihm noch mehr als an den Erwachsenen.

Als die Nationalsozialisten in Deutschland noch nicht an der Macht waren, sondern erst um sie kämpften, gehörte zu ihren Propaganda-Tricks, daß sie behaupteten: Wir wollen das Familienleben schützen. «Der Marxismus bedroht das Familienleben», behaupteten sie. «Der Sozialismus zersetzt die Familie. Wir kommen, sie zu beschützen!» Sicher gab es in Deutschland Mütter, Väter, Großeltern, Onkel und Tanten, die das ernst genommen haben.

Als es dann zur Nazi-Diktatur in Deutschland kam, stellte sich heraus, daß das Familienleben nicht eben von ihr profitierte. Die Kinder entfremden sich der Familie: Die Hitler-Jugend, die militärischen Organisationen, die Vereine nehmen sie ganz in Anspruch. Übrigens beginnt einer in der Familie sich vorm andren zu fürchten. Der Vater muß fürchten: Vielleicht wird mein Junge mich morgen bei den Nazis anzeigen und ihnen erzählen, daß ich mir bei einem Juden ein Hemd gekauft habe. Ähnliche Angstvorstellungen hat die arme Mutter, die nicht nur vor den Dienstmädchen, sondern auch vor ihren Töchtern bebt. Das junge Mädchen seinerseits ist sehr vorsichtig mit dem Bruder: Dieser könnte seinen Kameraden von der Hitler-Jugend erzählen, daß die junge Dame nicht genug nationales Gefühl hat, und dann würde sie von allen anständig Denkenden boykottiert und fände nie einen Bräutigam. Die Familienmitglieder sehen einander selten, weil sie alle sehr durch öffentliche Pflichten in Anspruch genommen sind. Wenn sie aber einmal beieinander sind, sehen sie sich scheu an und sprechen nicht viel. Wer kann dem Nächsten trauen?

Genau dieses ist der Zustand, den die Nazis erreichen wollten. Ihre ausgesprochene Absicht ist es, die Kinder von den Eltern zu entfernen, damit sie ganz und gar dem totalen Staat gehören.

Ganz ähnlich war die Tendenz zunächst in Sowjet-Rußland; dort fängt man aber schon an, sie zu überwinden – wenigstens theoretisch. Das Paradox ergibt sich, daß, während die Nazis das deutsche Familienleben praktisch zerstören, die Sowjets das russische neu zu propagieren beginnen. Stalin empfiehlt Weihnachtsbäume, während Hitler gegen sie agitieren läßt. Niemand wird leugnen, daß diese Situation ihre groteske Nuance hat...

Besonders kompliziert liegt natürlich in Deutschland der Fall bei solchen Familien, wo die Eltern von verschiedener Rasse sind. Nehmen wir einmal an, in einem Hause ist der Vater von jüdischer, die Mutter aber von christlicher Abkunft. Die Kinder – ihrerseits sogenannte Mischlinge – werden in einem solchen Falle angehalten, den Vater als einen Menschen dritter Klasse, als einen Paria, einen «Schädling an der Nation» zu verachten. Man mag sich vorstellen, daß eine solche Situation für den Vater melancholisch und für die Kinder verwirrend ist. Der totale Staat aber setzt sich über Bagatellen dieser Art leicht hinweg.

In unserer Familie – wenn Sie mir denn erlauben, von meiner eigenen Herkunft zu sprechen – gibt es vielfach gemischtes Blut. Um damit zu beginnen: Meinen Großvater mütterlicherseits müßte ich, wenn ich ein braver Nazi wäre, in Grund und Boden verachten; denn er ist jüdischer Deszendenz. Es ist sehr die Frage, ob ich ihm eigentlich überhaupt noch die Hand geben darf. In Wahrheit bin ich sehr gerne mit ihm zusammen – wozu sich in den letzten Jahren die Gelegenheit leider kaum noch ergibt –, denn er ist ein charmanter und sogar bedeutender alter Herr. Sein voller Name ist Geheimrat Alfred Pringsheim. Er gilt für einen der vorzüglichsten Mathematiker seiner Zeit – eine Qualität, die nur ein paar hundert Eingeweihte zu beurteilen vermögen und die für uns völlig mysteriös bleibt –; er war 40 Jahre lang an der Münchener Universität tätig, ist außerdem ein Kunstsammler von starkem Instinkt – seine Kollektion von Majoliken und Renaissance-Teppichen hatte europäischen Ruf; der Kaiser besichtigte sie und verlieh meinem Großvater einen Orden –; schließlich ein Musiker: seine Bearbeitungen der Opern von Richard Wagner für das Klavier wurden in Deutschland viel gespielt, und übrigens war er ein persönlicher Freund des Meisters und der Frau Cosima und gehörte zu den allerersten, die für Bayreuth Geld gaben – für das gleiche Bayreuth, welches heute eine Hochburg des Antisemitismus ist. Soviel über meinen Großvater Pringsheim, von dem sich außerdem noch sagen ließe, daß er sehr witzig ist und eine vorzügliche Champagner-Bowle zu bereiten versteht. Er ist heute 87 Jahre alt und konnte sich nicht dazu entschließen, Deutschland – genauer gesagt: München – zu verlassen. – Von meinen vier Großeltern ist er der einzige, der rein jüdischen Blutes ist. Insofern muß er wohl, vom Nazi-Gesichtspunkt, als der Schandfleck der Familie gelten. Um so mehr Vergnügen macht es mir zu betonen, daß ich ganz besonders stolz auf diesen prächtigen alten Großvater bin, dessen hundertsten Geburtstag hoffentlich die ganze Familie gemeinsam in München feierlich begehen wird.

Meine Großmutter ihrerseits – ich spreche noch immer von der Familie meiner Mutter – hat etwa 30 Prozent jüdischen Blutes. (Es mag Ihnen sehr drollig vorkommen, daß ich, was diese phantastischen Rasse-Probleme betrifft, solcherart in Prozenten rechne; aber zu dieser absurden Form der «höheren Mathematik» – die eigentlich einem Spezialisten wie meinem Großvater vorbehalten sein sollte – hat uns der Nationalsozialismus erzogen...) – Meine Geschwister und ich, wir würden also, nach neuen deutschen Gesetzen, als «Arier» gelten. Das ist zwar ein gleichgültiges Faktum, und es erscheint mir sogar etwas unter meiner Würde, es auszusprechen. Ich tue es aber doch, um zu betonen, daß ich nicht aus persönlichem Ressentiment gegen die Rassen-Lehren der Nazis spreche. Meinen Geschwistern und mir wären in Deutschland alle Stellungen offen gewesen, wenn wir uns nur zur Nazi-Diktatur bekannt hätten. Ich hätte nicht nur das Recht, sondern sogar die Pflicht gehabt, meinerseits ein sogenanntes «arisches» Mädchen zu heiraten. Denn ich bin – lassen Sie mich das lächerliche Wort auf deutsch gebrauchen – «aufnordungspflichtig». Das bedeutet: Der nationale Staat verlangt vor mir, daß ich meine Nachkommen zu noch reineren Ariern mache, als ich selbst einer bin.

In der Familie meines Vaters gibt es kein jüdisches Blut. Er stammt aus einer alten lübeckischen Patrizier-Familie: Seine Vorfahren waren Kapitäne oder Handelsleute der Freien Hansestadt Lübeck. (Lübeck, wo die meisten von Ihnen wahrscheinlich nie gewesen sind, ist ein kleiner Platz in der Nähe von Hamburg mit engen Gassen, schiefen Häusern und einem schönen gotischen Rathaus. Es war immer sehr stolz darauf, daß es nicht zu Preußen gehörte, sondern – wie Hamburg und Bremen – «reichsunmittelbar» war.) – Die Familie Mann gehörte zu den alteingesessenen der Freien Stadt. Es war eine würdige, stolze und vielleicht schon ein wenig degenerierte norddeutsche Familie. Etwas exzentrisch wurde sie erst dadurch, daß mein Großvater Mann sich seine Braut aus Brasilien mitbrachte: sie war sehr schön, sehr musikalisch und hatte etwas exotisches Blut. Wahrscheinlich ist es eben dieser brasilianischen Großmama zu verdanken, daß in dem etwas degenerierten Patrizier-Geschlecht plötzlich das Phänomen des Künstlertums sich manifestierte, und zwar gleich mehrfach und mit einer besonderen Intensität: In der Person meines Vaters nicht nur, sondern auch in der seines Bruders Heinrich Mann und übrigens auch noch in der zarteren Figur einer jüngeren, sehr schönen Schwester, die Schauspielerin war und jung gestorben ist.

Das Problem der Rassen-Mischung – dieser produktiven Begegnung zwischen Norden und Süden – hat sowohl meinen Vater als auch Heinrich Mann durch viele Jahre geistig beschäftigt. Sie empfanden es als das eigentlich stimulierende Problem ihres Lebens, und alle ihre frühen Bücher sind erfüllt von ihm: Mein Vater hat es vor allem in seiner Novelle «Tonio Kröger» gestaltet, mein Onkel in seinem Roman «Zwischen den Rassen». – Bei Heinrich Mann ist der südlich-romanische Einschlag stärker als bei meinem Vater. Dieser fühlte sich der Lübecker Patrizier-Sphäre immer viel mehr zugehörig als Heinrich, der mehr nach Italien, später nach Frankreich tendierte. Während die Romane und Novellen des jungen Heinrich Mann fast alle am Mittelmeer spielen, ist die alte Stadt Lübeck der Hintergrund des ersten großen Romans meines Vaters, der «Buddenbrooks». Dieser Roman – der zu den populärsten deutschen Büchern seit Goethes «Werther» rechnet – hat den Untertitel: «Der Verfall einer Familie». Sein Thema war also die Degeneration – wie es übrigens damals, am Ende des neunzehnten Jahrhunderts, der literarischen Strömung und Mode durchaus entsprach. Die Grundstimmung der «Buddenbrooks» – die beeinflußt sind von der pessimistischen Philosophie Arthur Schopenhauers – ist: Ein altes Geschlecht ist am Ende. Es kreiert den Künstler als die späte Lebensform, als den dekadenten Typus. Die Philosophie Schopenhauers und die Musik Richard Wagners sind zugleich der Trost und das gefährliche Gift des letzten Buddenbrooks. Mit einem zarten Knaben, Hanno – der die Härte des Lebens nicht mehr ertragen will –, stirbt die Familie Buddenbrook aus.

Die Familie Mann aber ist keineswegs ausgestorben – wir sind sechs Geschwister. – Manchmal amüsiert es mich, mir vorzustellen, was für Menschen wir geworden wären, wenn mein Vater, anstatt der Frau, die glücklicherweise unsere Mutter ist, eine Hamburger Patrizier-Tochter, eine «reine Arierin», geheiratet hätte. Um es nur offen zu sagen: Die Vorstellung ist mir keine recht erfreuliche. Ich fürchte, wir wären recht langweilige, dünnblütige Dinger geworden. Natürlich haben wir auch so, wie wir tatsächlich ausgefallen sind, unsere garstigen Fehler. Nur so entsetzlich langweilig sind wir nicht...

Für nichts in meinem Leben bin ich dankbarer als für den Tropfen jüdischen Blutes, den wir in den Adern haben. Es ergab sich in unsrem Fall das merkwürdige Phänomen, daß zwei recht überzüchtete, recht reife Familien sich regenerierten, indem sie sich vermischten. Mein Vater – es kann gar keine Frage sein – bewies einen sehr viel besseren Instinkt für Rasse-Dinge als alle Nazi-Theoretiker, als er sich die Frau nahm, mit der er seit über dreißig Jahren glücklich lebt und die unsere Mutter ist. – Ich erwähne und akzentuiere das – keineswegs, weil ich den Fall unserer Familie für so besonders wichtig oder interessant halte; sondern einfach, weil er mir, rein vom biologischen Standpunkt aus, schlagend gegen die Rasse-Theorien der Nazis zu sprechen scheint. Diesen Theorien zufolge müßte die alte deutsche Familie Mann durch die Vermischung mit der teilweise jüdischen Familie Pringsheim verdorben worden sein. In Wahrheit wurde sie durch ebendiese Vermischung gerettet und vorm Abstieg bewahrt – ich meine: vorm Abstieg im biologischen Sinn.

Die Ehe meines Vaters mit meiner Mutter ist wahrscheinlich die glücklichste Ehe, die ich überhaupt jemals gesehen habe. Während gerade in den intellektuellen deutschen Zirkeln Ehetragödien jeder Art an der Tagesordnung waren – und es wohl auch noch sind –, gab es im Zusammenleben meiner Eltern nie einen Schatten. Ich glaube, es ist keine Eitelkeit und kein Irrtum, wenn ich sage: Ein Ausländer, der ein typisches deutsches, bürgerlich gebildetes Haus sehen wollte, konnte kein typischeres finden als das unsre. Mein Vater hatte sich sein Haus an der Isar, in München, gebaut. Dort lebte er durch viele Jahre mit unserer Mutter, und dort sind wir alle sechs aufgewachsen. Inzwischen ist das schöne Haus längst von den Nazis gestohlen worden; soviel ich weiß, ist ein SA-Mann im Arbeitszimmer meines Vaters einquartiert – im gleichen Raum, wo der «Tod in Venedig» und der «Zauberberg» geschrieben wurden – und der Wagen, in dem mein Vater sich so gerne spazierenfahren ließ, steht zur besonderen Verfügung des Braunen Hauses. Eine gebildete, bürgerliche deutsche Familie: sicherlich gab es viele, wie unsere eine war; aber ich habe ja heute abend die besondere Freude und das Vorrecht, Ihnen, meine Damen und Herren, gerade von unserer zu erzählen.

Eine solche typische deutsche Familie war nie besonders leidenschaftlich politisch interessiert – eher zuwenig, will mir heute scheinen. Man sprach mehr von Büchern oder von Musik oder vom Theater als von den politischen Tagesereignissen. – Während des Weltkrieges war mein Vater ziemlich nationalistisch gewesen – sehr im Gegensatz zu Heinrich Mann, der radikaler Pazifist war und mit dem er damals nicht gut stand. In der Ära Ebert/Stresemann wandte er seine Sympathien der jungen deutschen Republik zu und erklärte diese neue Wendung seiner Gesinnung öffentlich – zur tobsüchtigen Wut der streng nationalistischen Kreise, wie sich denken läßt. Übrigens stand er niemals scharf links.

Eine deutsche Familie – man weiß ja, wie sie ist: ein wenig sentimental, und sie sitzt gerne abends beisammen, solange keine Diktatur ihr den Spaß verdirbt. Abends las uns der Vater oft vor – schöne Geschichten von Goethe oder von Tolstoi –; oder es wurde Grammophon gespielt, große Stücke aus den Symphonien von Beethoven oder Brahms oder Mahler, oder italienische Musik, oder Wagner. Sonntags ging die ganze Familie zu den Großeltern Pringsheim, wo es ein gutes Mittagessen gab und auch wieder Musik – die Musik hat überhaupt eine große Rolle in unserer Kindheit gespielt, auch durch die Freundschaft unserer Eltern mit dem Dirigenten Bruno Walter und durch unsere fast geschwisterliche Freundschaft mit seinen musikalisch sehr begabten Töchtern; übrigens wurde uns auch im Hause Pringsheim – welches heute eine Art Dépendance des Hitler-Hauptquartiers in München geworden ist – vorgelesen. Unsere Großmutter Pringsheim, die in ihrer Jugend eine Schauspielerin und eine berühmte Schönheit gewesen war, las uns am Sonntagnachmittag aus den Romanen von Dickens vor: hintereinander all die großen, wunderbaren Geschichten, vom «David Copperfield» bis zu den «Zwei Städten»...

Es gab den Alltag, mit den Sorgen der Schule. Es gab die schönen Abende, im Arbeitszimmer des Vaters, und die Sonntage im Hause der Großeltern. Schließlich gab es die großen Feste: Weihnachten, mit dem großen Christbaum, an dem die Kerzen strahlten, und den Geschenken, den süßen Lebkuchen und Nüssen; Ostern, wenn die bunten Eier versteckt wurden – manchmal versteckte unsre Mutter sie derartig gut, daß sie überhaupt nie wieder gefunden wurden –; die Geburtstage der vielen Familienmitglieder, mit heißer Schokolade am Nachmittag und einer Torte mit brennenden Kerzen. Wir wuchsen heran, wir begannen, unsre eigenen Interessen zu haben. Wir alle sechs – übrigens gibt es einen erheblichen Altersunterschied zwischen den vier «Großen» und den zwei «Kleinen» – waren, als wir anfingen, reifer zu werden, mehr in ästhetische Probleme interessiert als in soziale. Meine Schwester Erika wollte Schauspieler werden, und meine Eltern fanden nichts dagegen einzuwenden. In einer Liebhaber-Vorstellung von Shakespeares «Was Ihr wollt» war sie reizend als Viola gewesen: wenige Jahre später war sie bei Max Reinhardt am Deutschen Theater zu Berlin engagiert. Sie ist der Bühne seitdem treu geblieben, obwohl sie auch literarisch produktiv ist. – Ich meinerseits fing schon mit 13 Jahren zu schreiben an und hatte im Alter von 16 mindestens 25 Dramen und Romane geschrieben, an die ich heute nicht ohne Entsetzen denke. – Mein Bruder Golo – Doktor der Historie und der Philosophie – ist unter uns die am meisten wissenschaftliche, am strengsten methodische Natur. Er schrieb schon als sehr junger Mensch, in Heidelberg, Essays über Hegel oder über Marx, die von den anspruchsvollsten deutschen Revuen publiziert wurden. – Die drei jüngeren Geschwister – zwei Mädchen und ein Junge, der heute erst 18 Jahre alt ist – waren ebenso entschieden fürs Musikalische prädestiniert, wie wir drei älteren fürs Literarische in seinen verschiedenen Formen: Der junge Mann – sein Name ist Michael – verspricht ein wirklich guter Geiger zu werden; die beiden jungen Mädchen spielen sehr ernsthaft Klavier.

Man wuchs heran; man arbeitete. Man fing an, etwas zu leisten, ein wenig Erfolg zu haben. Man schloß Freundschaften, die ersten Lieben kamen, auch die ersten Enttäuschungen; man reiste, man lernte die Welt kennen; aber in München, in dem schönen Haus an der Isar, fand man sich immer wieder zusammen. Mit einer Figur wie Herrn Adolf Hitler beschäftigte man sich nicht ernsthaft. Wir waren manchmal zum Spaß mit Freunden in seinen Münchner Versammlungen; wir lachten über sein Geschrei. Immerhin – so dachte man in unseren Kreisen –, immerhin, die Deutschen sind kein ganz unintelligentes Volk. Mit ihrem Kaiser haben sie bittere Erfahrungen gemacht, und nun sitzt er als halb komische, halb melancholische Figur in Holland... Die Republik war niemals wirklich populär und hatte niemals ein echtes Selbstvertrauen: das wußten wir. Aber wir hatten doch keinen Begriff von ihrer Schwäche und von der furchtbaren Aktivität ihrer Feinde. Erst in den Jahren 1931, 1932 fingen junge Leute von der Art, wie wir welche waren, an, nervös zu werden. Wir verstanden, daß durchaus kein Anlaß bestand, über die Nazis zu lachen; daß es im Charakter des deutschen Volkes – einem sehr merkwürdig gemischten Charakter – Elemente gibt, die auf die frech lügnerische Propaganda dieser Leute sehr positiv reagierten. Eine Familie wie die unsre ging ihren Beschäftigungen nach – Beschäftigungen literarischer oder musikalischer oder theatralischer Art –, und inzwischen ließen Millionen von anderen Deutschen sich einreden, daß der Vertrag von Versailles mit Gewalt zerrissen werden müsse und daß die Juden an allem schuld seien. In Wahrheit war, im Jahre 1929, nach der Ära Briand/Stresemann, vom Versailler Vertrag nicht mehr viel übrig, und die Versöhnung des republikanischen Deutschland mit Frankreich, mit Europa, mit der Welt war in vollem Gang, und was die deutschen Juden betraf – 500000 auf 65 Millionen Deutsche! –, so ist ihr Einfluß immer überschätzt worden: sie hatten zwar einige sehr sichtbare, aber wenig wirklich einflußreiche Stellungen. Man vergesse nicht, daß Walther Rathenau, der von den Nationalisten ermordet worden ist, der einzige jüdische Staatsmann war, den das Reich jemals hatte...

Heinrich Mann war der erste von unserer Familie, der mit großem, warnendem Ernst gegen die Nazis schrieb. Er rief in großen, bedeutenden Artikeln seine Nation zur Vernunft – und die Vernunft, das bedeutete für ihn, wie für uns alle: die Demokratie und die Versöhnung mit Europa. – In den letzten Jahren vor Hitlers Machtantritt exponierte sich auch mein Vater auf eine Art, die ohne Frage Gefahren für sein Leben mit sich brachte. In mehreren erregten Aufsätzen und in einem Vortrag «Deutsche Ansprache», den er 1932 in Berlin hielt und der Anlaß zu einer enormen politischen Demonstration *gegen* ihn – und zu einer andern *für* ihn – wurde, nahm er Stellung gegen Hitler und den extremen Nationalismus. Er riet dem Bürgertum, dem er sich zugehörig fühlte, mit der Sozialdemokratie ihren Frieden zu machen; er rief die Intelligenz seiner Kompatrioten an, sich von der Nazi-Propaganda nicht dumm machen zu lassen... Gleichzeitig ließ auch ich, durch eine Reihe von publizistischen Äußerungen, keinen Zweifel über meine unbedingte Stellung gegen Hitler. Meine Schwester Erika wurde buchstäblich fast erschlagen, als sie auf einem pazifistischen Meeting ein Gedicht gegen den Krieg und gegen den Nationalismus rezitierte. Noch im Januar des Jahres 1933 wagte sie es, in München ein literarisches Cabaret, «Die Pfeffermühle», zu eröffnen, das eine stark satirische Note gegen das Nazitum hatte. Damals war Hitler, durch das schlaue Arrangement des Herrn von Papen, schon Reichskanzler in Berlin; in München aber wehte noch eine etwas andre Luft: der liberale Katholizismus schien sich mit den Nazis nicht abfinden zu wollen. – Die «Pfeffermühle» wurde ein sensationeller Erfolg. Die Nazis rasten. Die Familie Mann war die unbeliebteste in allen jenen Kreisen, die auf das Hakenkreuz schworen.

Als dann im März 1933 die Nazis die Diktatur in Deutschland bekamen, war es für unsere Familie – und zwar für ihre sämtlichen Mitglieder – gar kein Problem: Sollten wir emigrieren oder nicht? Es gab gar keinen Zweifel; es stand völlig fest, daß

Leute von unserer Art in einem von Hitler regierten Deutschland nicht atmen konnten. Ich meine buchstäblich: nicht *atmen*... Sinnlos, sich auf die einzelnen Gründe einzulassen, die das Exil für uns zur Selbstverständlichkeit machten. Es sind tausend Gründe, unzählige Gründe. Zwischen uns und den Nazis gibt es überhaupt nichts Gemeinsames: Wir teilen mit ihnen nicht einen Gedanken, nicht ein Gefühl. Wie sollten wir es in einem Lande aushalten, wo sie nun – für eine Zeit – jeden Gedanken, jedes Gefühl diktierten? – Wahrscheinlich hätte man uns eingesperrt oder totgeschlagen, wenn wir 1933 in Deutschland geblieben wären. Aber, aufrichtig gesagt: Nicht die Angst vor diesen Verfolgungen war der Hauptgrund, der uns zur Abreise, zum Verlassen des Landes zwang.

Meine Eltern befanden sich im Frühling 1933 zufällig im Ausland: Mein Vater hatte eine Vortragstournee durch Europa hinter sich und war, mit seiner Frau, zur Erholung in Arosa in der Schweiz. Am Tage, als der sogenannte Nazi-«Statthalter» sich in Bayern etablierte, riefen Erika und ich ihn aus München in Arosa an und erklärten ihm: «Es ist besser, Ihr bleibt in der Schweiz. Hier wird das Haus gestöbert, und alles ist in einer abscheulichen Unordnung.» Mein Vater meinte, wenn das Haus gestöbert werde, sei es wohl wirklich besser, in der Schweiz zu bleiben... Übrigens war die Situation noch gefährlicher, als Erika und ich wußten: Unser Chauffeur, den wir immer für einen netten Kerl gehalten hatten, gehörte schon seit Monaten oder Jahren zu den SA-Leuten. Er war ein Spitzel und hinterbrachte, was bei uns geschah, im Braunen Haus. – Ich reiste am 13. März 1933 nach Paris ab – unmittelbar nach dem Telephongespräch mit den Eltern über die schreckliche Unordnung in der Villa – und habe Deutschland seitdem nie wieder gesehen. Erika war, einige Wochen später, noch einmal in München – unter recht abenteuerlichen Umständen. Sie reiste in einem seltsamen Kleid und einer großen blauen Brille auf der Nase. In München versteckte sie sich bei Freunden und betrat unser Haus nur nachts und heimlich: Der eigentliche Sinn ihrer gefährlichen Reise war, das große, handgeschriebene Manuskript des «Joseph» zu retten – des Romans, an dem unser Vater seit so vielen Jahren arbeitete. Es gelang ihr: sie fand das Manuskript, wurde ihrerseits von unserem SA-Chauffeur Hans – der noch in unsrem Haus wohnte – nicht entdeckt und brachte die kostbaren Papiere über die Grenze.

Das nächste Zusammentreffen der Familie fand in Südfrankreich statt, in einem kleinen Ort namens Sanary s. m., wo übrigens auch Aldous Huxley, Lion Feuchtwanger und andere Schriftsteller leben. Ich konnte nicht lange im Süden bleiben, sondern mußte nach Holland: In Amsterdam startete der Querido-Verlag damals seine Produktion von deutschen Büchern, die im Dritten Reich verboten sind. Das war im Sommer und Herbst 1933. Ich gab, ab September, beim Querido-Verlag eine literarische Monatsschrift heraus mit Namen «Die Sammlung». Die drei Protektoren der Revue, die zwei Jahre lang – bis Herbst 1935 – erschien, waren: André Gide, Aldous Huxley und Heinrich Mann. Gleich in meinem ersten Heft hatte Heinrich Mann einen flammenden Aufsatz gegen den Nationalsozialismus. Mit ihm gemeinsam erschienen in meiner Revue: Emil Ludwig und Arnold Zweig, Alfred Kerr und Joseph Roth, Alfred Neumann und Bruno Frank, Huxley und Gide, André Maurois und Ernest Hemingway. Heinrich Mann publizierte einen großen politischen Artikel nach dem anderen; diese Aufsätze erschienen deutsch und französisch – mein Onkel schreibt beide Sprachen – und sind in zwei bedeutenden Bänden politischer Prosa, «Der Haß» und «Es kommt der Tag», zusammengefaßt. Heinrich Mann war auch der erste von uns, der seine deutsche Staatsbürgerschaft verlor: Sein Name stand auf der ersten Liste derer, die «ausgebürgert» wurden (nebenbei: ein juristisch völlig absurder Begriff). Auf der zweiten Liste stand mein eigener Name: als Herausgeber der «Sammlung», als Autor einer Anzahl von politischen Aufsätzen und von einem halb politischen Roman hatte auch ich die Ehre verdient, von den Nazis als ihr Feind offiziell anerkannt zu werden. Ich erinnere mich, daß Emil Ludwig mir damals telegraphierte: «Ich gratuliere zur Aufnahme in die Ehrenlegion des Dritten Reiches.» – Auf der dritten Liste figurierte meine Schwester Erika. Denn auch sie war inzwischen nicht unaktiv gewesen – sehr im Gegenteil. Ihr politisches Cabaret «Die Pfeffermühle» war, in Zürich, wiedereröffnet worden. Der Erfolg war noch größer als damals in München. Die «Pfeffermühle», für die Erika und ich die Texte schrieben, feierte wahre Triumphe in Amsterdam und in Prag, in Zürich und im Haag, in Basel und in Brüssel. Über 1000 Vorstellungen gab die «Pfeffermühle» in Europa in den Jahren 1933 bis 1936.

Erika heiratete damals den englischen Lyriker Wyston Auden und wurde britische Untertanin. Ich reiste mit einem holländischen Fremdenpaß, den die Regierung im Haag mir in sehr freundlicher Weise zur Verfügung stellte. Heinrich Mann nahm sich eine Wohnung in Nice, Südfrankreich, und reiste mit einem französischen Papier.

Was die neue deutsche Regierung noch eine Zeitlang nicht wagte, das war, meinen Vater auszubürgern. Sein deutscher Paß war schon 1933 abgelaufen und wurde ihm von keinem deutschen Konsulat im Ausland verlängert. Man hoffte, ihn zur Rückkehr nach Deutschland zwingen zu können, indem man ihm den Paß verweigerte. Er ließ sich in der Nähe von Zürich, Switzerland, nieder und bekam ein Schweizer Papier. Seine Situation war damals eine recht merkwürdige. Aus Angst vor der öffentlichen Meinung des Auslands hatten die Nazis seine Werke noch nicht offiziell verboten – aber es war schon in den Jahren 1933 bis 1935 nicht ungefährlich, ein Buch von Th. M. zu verlangen, und sein neuer Roman wurde von der Presse nicht besprochen. Immerhin: ihm war daran gelegen, den Kontakt zu seinem deutschen Publikum – und er hatte immer noch ein großes Publikum in Deutschland – nicht zu verlieren. Deshalb vermied er während der ersten Jahre des Hitler-Regimes eine öffentliche Äußerung, die die Nazis gar zu sehr gereizt hätte. Er schwieg. Jeder, der sich in Deutschland oder irgendwo in der Welt für ihn interessierte, wußte, was seine Meinung über die deutsche Diktatur war. Man hatte ihm schon sein Vermögen, sein Haus in Deutschland gestohlen; die Nazi-Presse beschimpfte ihn wie nur irgendeinen Emigranten. Aber er schwieg immer noch, und er wurde immer noch nicht ausgebürgert. Dieser Zustand konnte nicht von Dauer sein. Es mußte zum Eklat kommen. Der Anlaß zum Eklat wurde eine Polemik, die halb literarischer, halb politischer Natur war und zwischen der größten Schweizer Zeitung und einer Revue der deutschen Emigration ausgefochten wurde. Mein Vater wurde in diese Polemik hineingezogen. In diesem

Zusammenhang sprach er öffentlich aus, was er seit Jahren empfunden hatte: Daß es keine Möglichkeit der Versöhnung, der Verständigung zwischen ihm und den Nazis gibt oder jemals geben könnte. Nun mußte man in Berlin reagieren. Es kam zur Ausbürgerung Thomas Manns und zum Verbot seiner sämtlichen Werke in Deutschland. Wenige Wochen später – es war im Herbst des Jahres 1936 – teilte die Universität Bonn meinem Vater kurz mit, daß er auch des Ehrendoktorats dieses Instituts verlustig sei. Die Antwort meines Vaters an den «Dekan» der deutschen Universität, die in Form einer Broschüre erschien, machte eine große politische Sensation. In Deutschland wurde das dünne Heft zu einer Art von Bibel der Antifaschisten. Unzählige kamen ins Konzentrationslager, weil sie den «Bonner Brief» heimlich über die deutsche Grenze brachten. Ein neuer Trick soll – wie wir unterrichtet sind – sein, daß Enthusiasten den «Brief» im Ausland auswendig lernen, um ihn dann zu Hause ihren Freunden mitzuteilen.

Im August ist die erste Nummer einer Revue für Literatur, Philosophie und Politik erschienen, deren Name «Maß und Wert» ist und als deren Herausgeber mein Vater zeichnet. Mein Bruder Golo, der Philosoph, gehört zu den Mitarbeitern, wie übrigens auch ich.

Die Nazis haben alles dazu getan, um uns heimatlos zu machen. Andere Länder haben sich unserer Familie angenommen. Seit einem halben Jahr sind wir alle, auch Heinrich Mann – mit der Ausnahme Erikas –, Bürger der Tschechoslowakei. Wir freuen uns und sind dankbar dafür, Bürger dieses demokratischen Landes zu sein. Sein großer Führer und Begründer, Masaryk – dessen Tod unlängst das demokratische Europa in Trauer versetzte –, ist ein Intellektueller gewesen. Vielleicht fühlen sich gerade deshalb Intellektuelle so wohl in seinem Lande. – Ich hatte den Vorzug, mich eine Stunde lang mit dem Freunde und Nachfolger Masaryks, dem Präsidenten Beneš, zu unterhalten. Es kann gar keine Frage sein, daß er heute zu den klügsten, humansten, bedeutendsten Staatsmännern Europas gehört.

Eine zweite Heimat für unsere Familie sind, neben den europäischen Ländern, in denen wir Gastfreundschaft genießen, die USA geworden. Meine Schwester Erika, die in New York lebt, ist in this country als Schauspielerin und «lecturer» tätig. Meine Eltern sind schon dreimal im Lauf der letzten Jahre hier gewesen, und mein Vater hat die Absicht, im Frühling des nächsten Jahres wieder die Staaten zu bereisen; ich selber verbringe hier einen Teil des Jahres…

«A Family against a Dictatorship»: Ja, aus einer Familie, die zunächst an den kulturellen Angelegenheiten sehr viel mehr interessiert war als an den politischen, ist beinah etwas wie eine politische Gruppe geworden. Wir hassen das Hitler-Regime. Wir lieben Deutschland. So dankbar wir auch der Tschechoslowakei oder den USA verbunden sein mögen, wir werden niemals aufhören, Deutsche zu sein. Zu einer bestimmten Nation zu gehören, ist ein Schicksal – und der deutschen anzugehören, ist ein Schicksal von besonders komplizierter, nicht immer heiterer Art. Ein solches Schicksal wird nicht dadurch von einem genommen, daß ein «autoritärer Staat» einen «ausbürgert».

Wir werden nach Deutschland zurückkehren, ich weiß es. Freilich, wir werden dann nicht mehr ganz die sein, die wir waren, als wir es verließen. Inzwischen haben wir in zu vielen Ländern gelebt und zu viele Erfahrungen gesammelt. Wir sind Weltbürger geworden. Genau das übrigens wollten wir immer sein, und dahin ging unser Ehrgeiz: Deutsche Weltbürger. Die harte Schule der Emigration hat uns vielleicht ein wenig dazu erzogen.

Der politische Himmel hängt voll dunkler Wolken – Sie wissen es alle, meine Damen und Herren. Niemand weiß, was in den nächsten Monaten geschehen wird. Eines aber wissen wir sicher – und alle Nachrichten aus der Heimat bestätigen es uns –: Daß der Zustand in Deutschland auf die Dauer unhaltbar ist. Der Zusammenbruch dieses Regimes *muß* kommen. Möge der Gott, an den ich glaube, es so fügen, daß dieses infernalische Regime im Frieden stürzt, nicht im Kriege.

Glauben Sie bitte nicht, daß unsere Familie ein Ausnahmefall ist! So wie wir empfinden, so denken Tausende, Millionen von Familien – draußen in der Emigration oder drinnen in Deutschland. Der Zauber, den Hitler auf unsre Nation geübt hat, beginnt nachzulassen. Jeder weiß, daß Hitler, à la longue, bedeutet: Krieg… Wer will den Krieg? Sicherlich nicht die Völker.

Die Angst vorm Kriege, die die Welt bedrückt, wird erst verschwinden, wenn der Diktator verschwunden ist. Und erst dann wieder wird eine anständige deutsche Familie in Deutschland leben können, ohne sich fürchten und ohne sich schämen zu müssen.

Notizen von einer Vortragsreise

Die große New Yorker Tageszeitung «Herald Tribune» veranstaltet eine Serie von Diskussions-Nachmittagen, «Forum on Current Problems». Zu den Rednern gehören Figuren von großer Popularität und starkem Ansehen, wie Fiorello H. La Guardia, der Bürgermeister von New York City, und Mrs. Franklin D. Roosevelt, «die erste Lady des Landes». Eines der Themen, die zur Debatte stehen, ist: «Die freie Presse in der Welt von heute.» Unter den Rednern gab es einen Russen, *Constantine Umansky*, «Chargé d'Affaires, Embassy of the Soviet Socialist Republics – und einen Deutschen, Herrn *Friedrich Ernst Auhagen*, der sich als «Lecturer on German-American Relations» bezeichnet. Der Russe versuchte, auf eine eindeutige, etwas naive Art, Propaganda für das Land und das Regime zu machen, das er diplomatisch vertritt. Friedrich Ernst Auhagen – der seinerseits der Deutschen Botschaft nicht fernstehen dürfte – zeigte sich raffinierter. Seine Auftraggeber können mit ihm zufrieden sein: Friedrich Auhagen macht auf das amerikanische Publikum, zunächst einmal, einen brillanten Eindruck. Er sieht aus wie ein Gentleman, spricht gutes Englisch und hat – scheinbar – eine objektiv abwägende, gelassen neutrale Art, über die deutschen Angelegenheiten zu urteilen. Das erste, was er den Amerikanern versichert, ist: «Der Nationalsozialismus ist kein Export-Artikel. Für die Vereinigten Staaten kommt er gar nicht in Frage.» Genau das will man hören. Auhagen versichert: Auch in Deutschland ist durchaus noch nicht alles wie im Paradies. Er geht so weit, mit biederer Aufrichtigkeit zuzugeben, daß die Presse im Dritten Reich *noch* nicht *vollständig* frei ist. Aber – ruft der zivilisierte Vertrauensmann des Berliner Propaganda-

Ministeriums seinen interessierten New Yorker Hörern zu – Aber bedenken Sie doch, welch furchtbare Erbschaft die nationalsozialistische Regierung anzutreten hatte. Deutschland, nach dem Weltkrieg, war ein ruiniertes Land. Heute hat es wieder Würde, wieder Selbstbewußtsein!... Herr Auhagen tut, als habe Hitler die Regierung im Jahre 1918 übernommen und, seitdem, in harter, redlicher Arbeit, das niedergeschmetterte Reich wieder in die Höhe gebracht... Muß ich weiter zitieren? Man kennt den Typus und die Art von «verfeinerter Propaganda», die er betreibt. Es versteht sich von selber, daß er hundertmal gefährlicher ist als der brüllende Agitator. Ohne Frage gab es an dem Nachmittag, von dem ich spreche, im großen Saale des Hotels Waldorf-Astoria manchen Amerikaner, der von der wohlgesetzten Rede des Nazis beeindruckt, vielleicht sogar bezwungen war.

Freilich wird dafür gesorgt, daß der schöne Effekt, den Herr Auhagen macht, kein gar zu nachhaltiger, gar zu tiefgehender ist. Das letzte Wort hat Frau *Dorothy Thompson* – die einflußreichste, meistgelesene politische Journalistin des Landes, eine Persönlichkeit von Reiz und Format obendrein, und eine glänzende Sprecherin. Sie läßt kein gutes Haar an all dem, was Herr Auhagen vorgebracht hat; sie widerlegt einfach alles. Ohne viel Umschweife zu machen, geht sie gleich, mit schöner Dezidiertheit, medias in res. Sie erklärt: Zwischen einem Nazi und einem zivilisierten Menschen ist überhaupt keine Verständigung möglich. «Wir wollen der Wahrheit dienen – und Sie Ihrem totalen Staat!» ruft Dorothy Thompson dem Herrn Auhagen zu. «Wir glauben, daß der Wille zur Wahrheit die vornehmste Eigenschaft des Menschen ist und die Grundlage unserer Kultur; Sie aber sind der Ansicht, zum Nutzen Ihres Staates darf oder soll man die Wahrheit verschweigen, verfälschen, umdrehen...» Verläßt daraufhin Herr Auhagen mit einer Geste des Protestes den Saal? Nein: Herr Auhagen lächelt. Herr Auhagen – der mondäne Typ des Nazi-Propagandisten – scheint ganz charmiert von Frau Thompson. Diese ist inzwischen dazu übergegangen, den Zustand der reichsdeutschen Presse so zu charakterisieren, wie es ihm gebührt. Frau Thompson ist gut beschlagen, sie hat die deutsche Presse gekannt, wie sie vor Hitler war, und sie kennt sie, wie sie heute ist. Das Gericht, das sie hält, ist kein mildes. Die Zuhörer, die vorher von Herrn Auhagen beinah überzeugt waren, sind von Dorothy Thompson enthusiasmiert. Da sie geendigt hat, geschieht das Erstaunliche: Der deutsche Redner geht auf Frau Thompson zu, schlägt die Hacken zusammen, küßt ihre Hand. Hat sie nicht seinen Führer beleidigt? Müßte er ihr nicht empört den Rücken kehren?... Aber wer erwartet Würde, wer erwartet Konsequenz! «The passion of western man has been the love of truth and freedom...», hat Dorothy Thompson gesagt. Der Saal klatscht noch Beifall. Der zivilisierte Nazi-Propagandist aber verneigt sich diensteifrig vor der Frau, die sein Führer aus dem Lande gewiesen hat...

Die Vortrags-Tournee, die ich zu absolvieren habe, bringt mich in verschiedene Gegenden der Staaten: nach New England, in den Mittelwesten, in den Süden. In der einen Stadt ist es ein Frauen-Klub, vor dem ich spreche; in der anderen bin ich Gast der Universität, in der dritten hat mich ein Männer-Klub eingeladen oder ein Warenhaus, das eine «Buch-Messe» veranstaltet. Das sind Milieus von recht unterschiedlicher Art und Gesinnung. Keines von ihnen ist politisch eindeutig gestempelt oder hat gar einen prononcierten Links-Charakter. Überall aber finde ich die unbedingte Einstellung gegen alles, was «Nazi» heißt. Die Mitglieder des Männer-Klubs, zum Beispiel, vor dem ich zum ersten Mal meinen Vortrag «A Family against a Dictatorship» halte, scheinen gutsituierte Geschäftsleute, Ärzte, Anwälte zu sein. Sie verwirren und erschrecken mich zunächst ein wenig; denn ehe ich mit meinem Vortrag beginnen darf, bekomme ich Männer-Chöre zu hören: die Geschäftsleute und Ärzte singen alte oder neue Weisen miteinander. Es folgt, gleichsam als Bindeglied zwischen den Chören und meiner Rede, eine Zirkus-Nummer: Sehr brave und emsige Parterreakrobaten zeigen ihre Künste – ehe ich schließlich an die Reihe komme. Man mag sich denken, daß ich etwas verschüchtert aufs Podium trete. Aber das Auditorium, das eben noch den Akrobaten zugejubelt hat, erweist sich als intelligent und wohlmeinend. Nach meinem Vortrag findet eine politische Diskussion statt. Der aufrichtige und – wie es scheint – völlig selbstverständliche Liberalismus aller dieser Männer wirkt auf mich wohltuend – und, nach gewissen europäischen Erfahrungen, fast überraschend.

Die Frauen-Klubs sind ein gutes, aufmerksames Publikum. Die beste, geistig höchststehende Hörerschaft findet sich freilich in den Universitäten, überall begegne ich der gleichen, dezidierten, oft leidenschaftlichen Antipathie gegen den Faschismus, und besonders gegen seine deutsche Abart. (Natürlich ist zu bedenken, daß ich vor ein Publikum, das dem Faschismus oder Nationalsozialismus freundlich gesinnt wäre, ja gar nicht kommen würde, da schon der Prospekt, den mein Agent versendet, kein Hehl daraus macht, welcher Meinung ich bin.) Übrigens machen mich amerikanische Freunde, die in der Politik, und besonders in der Arbeiterbewegung, aktiv sind, darauf aufmerksam: Viele meiner Zuhörer, die sich temperamentvoll als Antifaschisten bekennen, wenn es sich um europäische Angelegenheiten handelt, werden reaktionär, sobald es um die Affären des eigenen Landes geht. (Mit «reaktionär» ist hier gemeint: sie zeigen sich als Feinde Roosevelts, als Feinde des New Deals, der Arbeiter-Bewegung.) Das mag sein, und es ist sicher wichtig, sich daran zu erinnern. Trotzdem bleibt der ausgesprochene Antifaschismus weiter amerikanischer – nicht-jüdischer und nicht-sozialistischer – Kreise ein bedeutendes, nicht zu unterschätzendes Faktum...

In Detroit habe ich, mit drei anderen Autoren zusammen, auf einer «Buch-Messe» zu sprechen, die vom größten Warenhaus der Stadt veranstaltet ist. Zu den Ehrengästen bei dem Frühstück, das uns gegeben wird, gehört Mrs. Henry Ford: Man sieht, es handelt sich hier keineswegs um ein revolutionäres Meeting. Das Thema meiner Rede ist: «German literature of today.» Ich spreche von dem, was deutschen Schriftstellern in Deutschland angetan worden ist; ich gebrauche starke Ausdrücke. Das Publikum – es besteht beinah ausschließlich aus Frauen – scheint ganz der gleichen Ansicht wie ich zu sein... Nachdem die Vorträge vorüber sind, kommen mehrere Damen zu mir, deren Fragen ich zu beantworten habe. Zwei von ihnen sind ganz aufgeregt. «Aber wir haben immer gedacht», erklären sie mir, «jeder, der gegen Hitler ist, muß ein Jude sein. Sie sind doch keiner. Das schafft ja eine völlig neue Situation! Wir müssen unsre ganze Einstellung zu dem Problem ändern. Es gibt also nicht-jüdische Deutsche, die Feinde der Nazi-Diktatur sind...»

So die Damen in Detroit. Der kleine Zwischenfall ist charakteristisch...

Deutschland und die Welt

Wenn von dem Problem *Deutschland* die Rede ist – und Deutschland ist nicht nur ein Land, sondern auch ein Problem, für sich selber und für die Welt –, dann hört man oft sagen: «Es gibt zweierlei Deutschland.» Niemals hat, soviel ich weiß, jemand behauptet: Es gibt zweierlei Frankreich, oder zweierlei England, oder zweierlei Amerika. Aber ist es denn wahr, daß es «zweierlei Deutschland» gibt? – Ja: Wir – die wir an dem «Problem Deutschland» mehr und länger gelitten haben, als sich irgendein Ausländer das vielleicht vorstellen kann –, wir müssen es bestätigen. Es *gibt* zweierlei Deutschland: ein europäisches, das zur *Welt* gehört und der Welt viel geschenkt hat – und ein nationalistisches, abgesperrtes, eigensüchtiges, aggressives, welches Europa haßt und welches seinerseits von vielen gehaßt, von manchen auch verachtet wird.

Freilich, es läßt sich einwenden: Es gibt auch ein nationalistisch gesinntes und ein europäisch gesinntes Frankreich. Aber es ist eine merkwürdige Tatsache, daß die Franzosen Europäer bleiben, sogar wenn sie Nationalisten sind – was die französische intellektuelle Elite heute übrigens keineswegs ist – während die deutschen Nationalisten antieuropäisch werden. Die Franzosen sind Nationalisten mit *gutem Gewissen*. Sie empfinden sich durchaus als «gute Europäer», wenn sie sich als Nationalisten bekennen. Die Deutschen sind Nationalisten mit *schlechtem Gewissen*. Gerade weil sie ein schlechtes Gewissen haben, machen sie so besonders viel Lärm.

Ja, es gibt zweierlei Deutschland. Es gibt das Deutschland der großen Dichter, Denker und Musiker. Diese sind immer auch große Europäer gewesen – und sie waren stolz darauf, es zu sein. Alle deutschen Künstler von Rang – Dichter, Maler oder Komponisten – standen in einem engen, intimen, produktiven Kontakt zur *Weltkultur*. Sie haben sich von den großen Geistern anderer Länder inspirieren und befruchten lassen – um sie dann, ihrerseits, wiederum zu inspirieren und zu befruchten. Keiner der großen schöpferischen Deutschen ist ein Nationalist gewesen – *keiner* von ihnen, ich wiederhole es. Was die großen Deutschen hervorgebracht haben, ist immer von der ganzen Welt gekannt, verstanden und geliebt worden.

In allen Ländern der Erde werden die Werke der großen deutschen Musiker gekannt, verstanden und geliebt. Bach und Beethoven, Schubert und Schumann, Brahms und Wagner sind große Deutsche, die mehr als «nur Deutsche» sind: sie gehören der ganzen Welt, sie haben Deutschlands Ruhm in die Welt getragen, sie haben für Deutschland die Liebe der Welt erobert.

Es hat nicht *einen* großen deutschen Dichter gegeben, der gesagt hätte: «Deutschland ist ein besseres Land als die anderen Länder. Deutschland muß die anderen Länder beherrschen.» So haben immer nur deutsche Generäle gesprochen – niemals deutsche Dichter oder Philosophen von Wert und Rang. *Keiner* unserer großen Geister hat die Intoleranz gepredigt oder den Krieg. Sie alle wollten und forderten, daß Deutschland ein friedliches Mitglied sei in der Gemeinschaft der Völker. Immanuel Kant, der «Weise von Königsberg», schrieb das «Traktat vom Ewigen Frieden», in dem die Idee eines Völkerbundes antizipiert ist. – Gotthold Ephraim Lessing, der die Periode der klassischen deutschen Literatur einleitete, schrieb mit seinem Drama «Nathan der Weise» das Hohe Lied auf die *Toleranz* – die Toleranz gegenüber allen Völkern, Religionen und Rassen. (Übrigens ist Lessings bester Freund der jüdisch-deutsche Philosoph Moses Mendelssohn gewesen.) – Goethe, dessen umfassender Geist in den Kulturen aller Länder und Zonen beheimatet war, prägte das schöne Wort vom «Weltbürgertum». – Die zentrale Idee im Werke des Friedrich Schiller ist die Idee der *Freiheit* – und die Große Französische Revolution war das Ereignis, das ihn am tiefsten und am nachhaltigsten beeinflußt hat. – Ein «guter Europäer» zu sein: das war der schöne Ehrgeiz Heinrich Heines, der zwischen der deutschen und der französischen Kultur einerseits – zwischen der germanischen und der jüdischen andererseits der geniale Vermittler war. – Und die Formel vom «guten Europäer» findet sich hundertmal wieder bei Nietzsche. Der «Übermensch», den er wollte und pries, war kein germanischer Barbar, sondern ein gesitteter Abendländer. Gegen Deutschland aber – und besonders gegen Bismarcks junges «Reich» – hat er die Worte einer heftigen, oft erschreckend grausamen Kritik gefunden.

Auch das *andere* Deutschland – das aggressive, antieuropäische – hat Genies hervorgebracht; aber es sind nicht die Genies, die die Liebe und die Bewunderung, sondern solche, die die Furcht und oft den Haß der Welt auf sich ziehen. Diese «anderen» – diese gefährlichen deutschen Genies haben immer gegen den Westen, gegen die Kultur des Mittelmeers gekämpft. Der erste aus dieser starken und grausamen Familie war Hermann der Cherusker, der die Schlacht vom Teutoburger Wald gegen den Römer Varus schlug und dessen Namen, gerade jetzt wieder, im Reiche in hohen Ehren steht. Dieser Typus des Deutschen hatte es immer darauf abgesehen, die Einheit Europas zu sprengen. Nietzsche hat diesen deutschen Typus durchschaut, gekannt und genial beschrieben: «Für *alles*, was in Europa seit Jahrhunderten verdorben worden ist, sind die *Deutschen* verantwortlich!» ruft Nietzsche, voll Bitterkeit, Gram und Zorn. Er denkt dabei vor allem auch an Martin Luther, der die Einheit des Christentums zerbrochen hat. – Hermann der Cherusker und Luther kämpften gegen Rom. Friedrich der Große von Preußen kämpfte gegen die große Österreicherin Maria Theresia: Preußen gegen Europa; der harte, spartanische, asketische, militaristische Geist von Potsdam gegen die reife, farbenvolle, kosmopolitische Zivilisation von Wien. – Der letzte geniale Repräsentant dieser aggressiven deutschen Familie ist der Fürst Otto von Bismarck, der das Reich geeinigt hat. Nach ihm degeneriert diese faszinierende und unheimliche Familie. Kaiser Wilhelm II., der besonders während des Weltkrieges als der große Antieuropäer, der Antichrist, der fürchterliche Feind des Abendlandes stilisiert wurde, ist in Wahrheit, und psychologisch betrachtet, schon mehr eine bemitleidenswerte als eine imposante Figur. Er ist nicht mehr «der Mann des Schicksals», als den wir Bismarck, den «eisernen Kanzler», noch empfinden. Wilhelm ist neurasthenisch, nervös, fahrig, unbeherrscht, eitel. Gefallsüchtig wie eine Frau, kokettiert er mit ganz Europa, während er gegen Europa rüstet und es tödlich bedroht. Wilhelm beweist, daß der aggressive, anti-europäische Typus für Deutschland nicht mehr an der Tagesordnung war. Es war nicht mehr das, was die Zeit verlangte. Ein anderer Typus mußte kommen; eine andere, zivile Art von Held wurde von den Besten der Nation sehnlich erwartet: *Der* Führer, der Deutschland – endlich, endlich! – wirklich mit Europa versöhnte, mit der Welt versöhnte, der das Genie und die Kraft hätte, aus den Deutschen endlich ein wirklich demokratisches, wahrhaft zivilisiertes Volk zu machen.

Auf diesen Führer warteten wir alle – und er blieb aus. Die Republik von Weimar hat ihn nicht hervorgebracht. Die Republik von Weimar hatte niemals Selbstvertrauen, und sie wurde vom Volk nicht genug geliebt. Sie hatte zu leiden unter all dem, was das Kaiserreich angerichtet hatte; am schlimmsten litt sie unter dem Vertrag von Versailles. Die nationalistischen Agitatoren riefen den republikanischen Regierungen zu: «Ihr seid schuld am Vertrag von Versailles!» Das deutsche Volk – ohne politische Bildung, ohne politischen Instinkt – glaubte es. Die Weimarer Republik war zu schwach oder doch zu skeptisch, ihre eigenen Kräfte betreffend, um sich zu wehren. Sie bekam auch nicht genug Unterstützung von den großen Nachbar-Demokratien, von Frankreich und England. Die größten Talente, die die Republik von Weimar gehabt hat, wurden vernichtet: Walter Rathenau wurde von den Nationalisten ermordet; Gustav Stresemann starb als ein enttäuschter, gebrochener Mann. Die Nationalisten schrien immer lauter. Die Republik war müde. Sie gab nach. Es gab keinen Kampf. Die Nationalisten brauchten keine besondere Tapferkeit zu beweisen. Man kann beinahe sagen, daß die Republik von Weimar Selbstmord beging. Ohne irgendeinen ernsthaften Widerstand zu finden, siegten die nationalistischen Demagogen und Agitatoren. Es siegte – noch einmal! und zum *letzten* Mal, wie wir glauben möchten – der aggressive, antieuropäische deutsche Typus.

Denn Adolf Hitler und seine Nazis vereinigten in sich alle schlechten und gefährlichen Eigenschaften eines aggressiven, anti-europäischen Deutschtums. Sie haben nicht die Kraft und Einfachheit der alten Germanen; aber ihre unbändige Angriffslust und ihren Haß auf jede höher entwickelte Gesittung. Sie haben nicht die Gläubigkeit, die persönliche Tapferkeit und das Genie Martin Luthers; aber seinen Fanatismus. Sie haben nicht das Format, nicht die geistige Überlegenheit Bismarcks oder Friedrichs des Großen; aber sie haben – und in gefährlich verstärktem Maße! – die Hegemonie-Gelüste der beiden. Sie haben nicht einmal den persönlichen Charme und die Kultiviertheit Kaiser Wilhelms II., sondern nur seine Hysterie, seinen lärmenden Stil, seinen Hochmut, seine Aggressivität. Die Nazis haben *nichts* selber erfunden; aber sie haben von allen Denkern und Staatsmännern das Schlechteste übernommen. Die Philosophie von Hitler, Rosenberg und Goebbels ist eine trübe Mischung von mißverstandenen Elementen aus den Ideen von Machiavelli und Marx, von Fichte und Nietzsche, von Gobineau und Chamberlain, von Sorel, Hegel, Lenin und Stefan George. Aber es bedeutet wohl schon zuviel der Ehre, im Zusammenhang mit der sogenannten «Philosophie» der Nazis all diese Namen heranzuziehen, von denen einige erlauchte Namen sind. Die Nazis stehlen sich Ideen, oder Bruchstücke von Ideen, aus allen Philosophien der Welt und verwenden sie als demagogische Schlagworte.

Nur in einer Hinsicht sind sie konsequent: Sie verachten das große geistige Erbe der griechisch-römischen Antike und des Christentums – die Traditionen also, auf denen die Kultur der weißen Menschheit basiert. Die Griechen haben den Begriff der Menschenwürde konzipiert; der Begriff der Menschenwürde enthält in sich die Begriffe der Freiheit und der Bildung. Nur der *freie* und nur der *denkende*, der gebildete Mensch verdient den Namen des Menschen. Das Christentum aber hat die Idee des Mitleides und der Nächstenliebe gebracht. Liebet einander, lehrt das Christentum. Es lehrt auch: Vor Gott seid ihr alle gleich. Die Menschen sind eine Gemeinschaft, eine Familie, da sie alle Gottes Kinder sind und da für sie alle Jesus Christus, der Erlöser, gestorben ist. – Welches sind die beiden Ideen, die von den Nazis am meisten gehaßt und verachtet werden? Es sind die griechische und die christliche Idee, die beiden *europäischen* Ideen par excellence.

Die Idee der Demokratie ist ein Erbteil der griechisch-römischen Antike, und sie verträgt sich mit der Ideologie des Christentums. Der «Rassenstaat», den die Nazis predigen – die Idee von der besonderen Herrlichkeit und Auserwähltheit einer bestimmten Rasse: der sogenannten «nordischen» – ist anti-christlich und anti-europäisch. Daß diese Idee gerade von *Deutschen* geglaubt und propagiert wird, ist übrigens auch noch komisch. Denn gerade die Deutschen sind von besonders gemischter Rasse: Die Schweden, Norweger und Dänen hätten viel mehr Grund, auf ihr rein nordisches Blut stolz zu sein. Wollten die deutschen Rasse-Theoretiker konsequent sein, so müßten sie rufen: «Den skandinavischen Staaten muß die Welt gehören!» Einen solchen Ruf aber hat noch niemand von ihnen vernommen, sondern nur den anderen: «Auch die skandinavischen Staaten müssen deutsch werden, weil sie auch nordisch sind.» Denn die letzte Absicht der deutschen Rassisten und extremen Nationalisten ist die: Alles, was «germanisch» ist, soll zu Deutschland gehören; alles, was nicht «germanisch» ist, soll von Deutschland beherrscht werden. – Mit Leuten, die eine solche Gesinnung haben, kann kein gesitteter Mensch sich vertragen. Es hat auch gar keinen Zweck, mit solchen Leuten zu diskutieren: ihre «idée fixe» läßt es zu einer vernünftigen Diskussion gar nicht kommen; und übrigens glauben sie nicht an Wahrheiten, sondern nur an die Gewalt. Man kann sie nicht versöhnen, man kann sie nicht überzeugen; man hat bei ihnen nur dann Erfolg, wenn man seinerseits nicht schwach und nicht ängstlich ist – sondern stark und furchtlos, wenngleich gesittet.

Gerade dieses den Nazis deutlich zu machen, hat die Republik von Weimar versäumt. Sie hoffte, mit den Nazis fertig zu werden, indem sie mit ihnen diskutierte, als seien sie überhaupt ein in Frage kommender Gesprächspartner. Die sozialdemokratischen, sozialistischen und katholischen deutschen Staatsmänner haben nun, im Exil, reichlich Zeit, darüber nachzudenken, welch tragischen Irrtum sie begangen haben. Wir aber können nur hoffen, daß die Demokratien den Fehler nicht wiederholen, an dem die deutsche Republik zugrunde gegangen ist. Statt: «die Demokratien» könnte ich auch sagen: «die Welt». Denn *alle* Länder, außer dem Dritten Reich und seinen beiden Verbündeten, Italien und Japan, sind heute *gegen* den aggressiven Imperialismus, *gegen* den Faschismus in allen seinen Formen: *für* die Demokratie und die Freiheit.

Deutschland und die Welt, Deutschland und die Demokratien: Werden sie sich jemals miteinander versöhnen, werden sie miteinander arbeiten können? Die Frage ist ungeheuer wichtig – und es scheint mir gar nicht zu schwer zu sein, die Antwort auf sie zu geben.

Bleiben wir dabei, und wiederholen wir es, daß es zwei verschiedene Arten von Deutschland gibt. Das *eine* Deutschland wird repräsentiert von unseren besten Geistern – ob sie nun Goethe und Kant oder ob sie Thomas Mann und Einstein heißen –; die Republik von Weimar versuchte diesem Deutschland die staatliche Form zu geben: mit ungenügenden Mitteln und unter schlechten Vorbedingungen; eine künftige deutsche Republik wird das große, notwendige Experiment zu wiederholen haben. Zwischen *diesem* Deutschland und «der Welt» wird es niemals Meinungsverschiedenheiten oder Interessengegensätze geben, die nicht durch freundschaftliche Beratung wegzuschaffen wären. – Zwischen dem *anderen* Deutschland aber, welches heute von den Nazis vertreten wird – dem Europa-feindlichen, Gesittungs-feindlichen –: zwischen ihm und der Welt ist eine Verständigung gar nicht möglich. Mit Leuten, die proklamieren: «*Recht* ist, was uns *nützt!*» – kann man nicht über Fragen des Rechts debattieren. «Recht ist, was Deutschland nützt!»: Das ist der erste Grundsatz der Nazis.

Wer ihnen mit versöhnlichen Vorschlägen kommt, macht sich lächerlich – und macht sich gerade bei *ihnen* lächerlich: denn das einzige Argument, das ihnen einleuchtet, ist die nackte Gewalt. Die deutsche Republik ist von den Nazis immer verhöhnt worden – und wird heute noch von ihnen verhöhnt –, weil sie nicht energisch, nicht entschlossen genug ihnen gegenüber war. Ein Nazi wird niemals den Argumenten der Vernunft, den Argumenten des Rechts zugängig sein: Hitler hat seine Nazis gelehrt, daß es nur *eine* Vernunft und nur *ein* Recht gibt: die Herrlichkeit der «blonden Rasse» – und das bedeutet für Hitler: die Herrlichkeit Nazi-Deutschlands. Da die deutschen Nationalisten nach diesem Grundsatz erzogen sind und an diesen Grundsatz glauben, können sie niemals gute Bürger anderer, freierer und vernünftigerer Länder werden. Die nazideutschen Minoritäten, überall auf der Welt, sind die geschworenen Feinde der freien

Länder, deren Gastfreundschaft sie genießen. Sie mißbrauchen überall die Duldsamkeit der Demokratien, um für den deutschen Imperialismus und den «rassischen» Gedanken zu agitieren. Davon wissen nicht nur die kleineren Nachbarn des Reiches ein bitteres Lied zu singen – die Tschechoslowakei, die Schweiz, Holland, die skandinavischen Länder, Belgien, Luxemburg –; sondern auch die großen Staaten, England und Frankreich und, besonders, die Vereinigten Staaten.

Man weiß aber wohl Bescheid über die gefährliche Aktivität der Nazis in New York, Chicago und den anderen amerikanischen Städten. Ihren Organisationen fließt aus Berlin das Geld reichlich zu, und es ist für niemanden ein Geheimnis, zu welchen Zwecken sie dieses Geld verwenden. Die Todfeinde jeder Demokratie können nie und nimmer loyale Bürger eines demokratischen Staates sein. – Gerade in diesen Wochen hat eine große New Yorker Abendzeitung erschreckende und detaillierte Enthüllungen über das Treiben der Nazis in den USA publiziert. Als Mottos über der bemerkenswerten Artikel-Serie, die ich Ihnen zur Lektüre empfehle, standen Zitate aus Äußerungen prominenter deutscher Nazis. Das erste Zitat lautet: «Primarily we are *not* citizens of states, but racial comrades.» Joseph Hühnerfauth, leading Nazi-Philosopher. Und das zweite: «In admiration and deep faith, our racial comrades in foreign states look up to the Reich and its Führer.» Peoples League for Germanism Abroad. – Diese Äußerungen sind charakteristisch und bedürfen keines Kommentars.

Wir, die deutschen Europäer, die deutschen Freunde des Friedens und der Freiheit, haben unsere Irrtümer teuer bezahlt. Unser großer, tragischer Irrtum war: daß wir die Nazis entweder nicht ernst genug nahmen – oder daß wir meinten, mit ihnen diskutieren zu können. Unsere ganze Hoffnung ist, daß «die Welt» – daß die demokratischen Staaten unsere Fehler nicht wiederholen mögen.

Hemingways neuer Roman

Ernest Hemingways Romane «The Sun Also Rises» («Fiesta») und «A Farewell to Arms» («In einem anderen Land») gehören zu den berühmtesten Büchern der neuen amerikanischen Literatur. Seit längerem aber hatte dieses bedeutende erzählerische Talent nichts von Format produziert. Nach Jahren des Schweigens tritt Hemingway mit seinem dritten Roman, «To Have and Have not», vor die Öffentlichkeit.

Das Buch wurde in den Vereinigten Staaten mit dem gespanntesten Interesse empfangen – und diskutiert. Es hat eine widerspruchsvolle, im ganzen aber eher feindliche Aufnahme gefunden. Illustre Kollegen, Sinclair Lewis zum Beispiel, erklärten sich mit Nachdruck gegen Hemingways neue Arbeit. Die literarische Kritik ist sich uneinig. Die Sonntagsbeilagen der einflußreichen Blätter, «The New York Times» und «The New York Herald Tribune», machten «To Have and Have not» aufs unbarmherzigste herunter. Der Rezensent in den «Times» ging so weit zu erklären: «Mr. Hemingways Reputation als Schriftsteller hätte nur gewonnen, wenn er dieses Buch nicht veröffentlicht hätte.» Andere Kritiker, deren Wort beachtet und respektiert wird, äußerten sich nicht weniger scharf.

Trotzdem kann der Verlag – Charles Scribner's Sons, New York – in seinen enormen Annoncen auch enthusiastische Gutachten publizieren. «A best selling novel from coast to coast!» verkünden Scribner's Söhne. Und sie überschreiben ihre Monstre-Anzeige: «Begeistertes Lob für den bestgehenden amerikanischen Roman, der einen Wirbelwind sich widersprechender Urteile hervorruft!» Und sie zitieren eine Reihe überschwenglicher Äußerungen, die Wucht von Hemingways Stil, die sublime erzählerische Technik dieses Autors, seine brillante Technik betreffend.

Man darf sich durchaus einverstanden erklären mit allem Lob, das dem Artisten, dem Epiker Hemingway gespendet wird. Zwar finden sich in «To Have and Have not» kaum Höhepunkte, die sich mit den ersten Kapiteln von «Fiesta» oder mit gewissen unvergeßlichen Partien aus «In einem anderen Land» vergleichen ließen. Aber auch der neue Roman ist, immer noch, reich an narrativen Bravourstücken, an schriftstellerischen Kostbarkeiten, technischen Glanzleistungen, die kein anderer Lebender diesem Amerikaner, mit einem so geringen Aufwand an Mitteln, mit einem so völligen Mangel an Pathos, leicht nachmachen dürfte. Durch die merkwürdige Verhaltenheit, Konzentration und Gespanntheit seiner Dialogführung hat Hemingway, von Anfang an, bezwingend gewirkt. Auch in seinem neuen Buch gibt es diese Stellen, die, auf eine fast erschreckende Art, geladen zu sein scheinen mit einer geheimnisvollen Kraft, einer Elektrizität, einem Lebens-Fluidum. Das vertraute Zwiegespräch zwischen einem alternden Ehepaar, das sich aber noch liebt – und der Mann ist schon zum Tode bestimmt – gehört etwa zu diesen Stellen. Oder: eine andere Auseinandersetzung zwischen einem anderen Mann und einer anderen Frau; die Frau ist des Mannes müde, sie will ihn verlassen. Ehe sie ihn verläßt, schreit sie ihm ins Gesicht, was sie von ihm hält und denkt. Besonders, was sie von der Liebe hält und denkt, läßt sie ihn aufs unbarmherzigste wissen. «All right. I'm through with you und I'm through with love.» Und die Frau sagt Dinge über die Liebe, bei denen es nicht nur dem Gatten, der sie anhören muß, sondern auch dem Leser eiskalt den Rücken hinunterläuft.

Ein großer Schriftsteller, dieser Ernest Hemingway, ein faszinierendes Talent, keine Frage: Er beweist es auch in dem schwächsten seiner drei Romane, in «To Have and Have not». Denn es ist von seinen Romanen der schwächste. Es ist sogar, trotz all seinen erzählerischen Reizen, ein mißglücktes Buch: mißglückt, weil es von falschen oder doch schiefen Voraussetzungen ausgeht, und weil ihm – in seinem künstlerischen Aufbau wie in seinem ideologischen Gehalt – die Logik und die geistige Konsequenz fehlen.

Hemingway hat – wie schon der Titel seines Buches deutlich macht – die Absicht, sein «Opfer der Gesellschaft» vorzuführen; einen, der unter die Räder kommt, der zugrund gehen muß, weil er zu den Enterbten, Unwissenden, den Armen gehört; weil er nichts hat. «Ich weiß nicht, wer die Gesetze gemacht hat», sagt der Held des Romans, Harry Morgan, «aber ich weiß, daß es kein Gesetz gibt, das von einem verlangt, hungrig zu sein.» Von dem gleichen Harry Morgan heißt es: «Seit er ein Junge war, hatte er nie Mitleid für irgendwen. Aber er hatte auch niemals Mitleid für sich selber.» – Harry Morgan ist rauh, sogar grausam; es wird angedeutet, daß er im Grunde gutmütig ist und wohl ein anständiger Kerl hätte werden können, unter anderen Voraussetzungen. Allerdings gibt er von seiner Rauheit und Grausamkeit sehr viel zahlreichere und eindrucksvollere Proben als von seiner latenten Gutmütigkeit. Der aufmerksame Leser wird auch den Gedanken nicht los, daß dieser Harry vielleicht unter keinen Umständen ein anständiger Kerl hätte werden können. Um es nur ganz offen auszusprechen: Im Grunde ist Harry ein recht brutaler Taugenichts. Er ist gar kein «Fall», gar kein «Opfer». Vielmehr lernen wir ihn kennen als einen Strolch, einen rohen Abenteurer, einen asozialen Typ. Hemingway prätendiert, einen sozialen Roman zu schreiben, und er erzählt die Geschichte eines brutalen Aventuriers. Aus diesem Grunde ist sein Buch kein geglücktes Buch.

Natürlich versucht der Autor, uns zu zeigen und zu beweisen, daß Harry nur deshalb so verkommen ist, weil er seinerseits üble Erfahrungen mit den Menschen und vor allem mit den Wohlhabenden gemacht hat. Gleich im ersten Kapitel erleben wir, wie Harry Morgan hereingelegt wird. Er ist der Besitzer eines Motorbootes, in dem er Touren mit reichen Leuten, die gerne fischen, unternimmt. Einer dieser feinen Herren ist ein Schuft: Er betrügt den armen Morgan um eine bedeutende Summe. Morgan ist ruiniert. Nun muß er sich auf unsaubere Geschäfte einlassen, von denen er zunächst nichts wissen wollte. Es handelt sich um eine Gesellschaft von verdächtigen Chinesen, die illegal in die Vereinigten Staaten gebracht sein wollen. Morgan akzeptiert den Sündenlohn – und benimmt sich nun seinerseits derartig grauenhaft gegen den Mann, dem er dieses Geschäft zu verdanken hat, daß das schlechte Verhalten des fischenden, nicht-zahlenden Gentleman vergleichsweise harmlos und entschuldbar wirkt. Ohne daß es ihn irgendwelche Skrupel oder auch nur Überlegungen zu kosten scheint, wird Morgan zum raffinierten, grausamen Mörder. – Im Verlaufe eines anderen Abenteuers verliert er einen Arm; später büßt er auch sein schönes Boot ein. Er darf also klagen: «Ich habe kein Boot, kein Geld, ich bin ungebildet. Was kann ein einarmiger Mann denn schaffen?» – Am Schluß wird er das Opfer einer Bande von kubanischen Bankräubern, die sich als «Revolutionäre» bezeichnen und die er auf seinem Boot – das ihm schon nicht mehr gehört – nach Kuba zurückbefördern soll. Die kubanischen «Revolutionäre» sind, wenn möglich, noch entmenschter als Harry selbst. Einer von diesen sagt, mit leisem Tadel, vom anderen: «He thinks it is funny to kill.» («Er findet, es ist komisch zu töten.») Der jüngste und beste unter ihnen schwärmt von der Revolution. Harry Morgan bemerkt dazu: «The hell with his revolution.»

In einem etwas gewaltsamen und platt-tendenziösen Kontrast zu dem Milieu Harry Morgans – dem Milieu der im Grunde gutmütigen Kriminellen – ist eine zweite Gruppe von Menschen gestellt: eine Clique von Intellektuellen, denen der Autor, Hemingway, ausgesprochen übel will. Sie treten erst gegen Ende der Handlung auf. Es sind lauter ziemlich scheußliche Leute. Der netteste von ihnen ist ein versoffener Professor namens MacWalsey, der mit den gutmütigen Kriminellen in ihrer Sprache zu reden versteht und sich nicht weiter wundert, wenn sich die Leute, neben ihm, in aller Gutmütigkeit gegenseitig den Schädel einschlagen.

Für die Intellektuellen hat Hemingway nur kalte Gehässigkeit übrig – und es sind doch auch Menschen! Seine ganze Sympathie gehört Harry, dem braven Totschläger. Am Ende bemerkt Harry selber, daß er ein falsches Leben geführt hat; daß man doch wohl nicht ganz so asozial und bedenkenlos sein darf, wie er es war – oder wie «die Umstände ihn gemacht haben». In der eindrucksvollsten Szene, die seinen Tod beschreibt, heißt es:

«Ein Mann», sagte Harry Morgan. «Ein Mann allein, das gibt's nicht.» – «Kein Mann allein, jetzt...» Er verstummte. «Ganz gleich, was los ist... Ein Mann allein hat keine verfluchte dreckige Chance...»

Ein hartes Leben, in dessen Verlauf er viel Schlimmes erfahren und noch mehr Schlimmes getan hat, hat ihn dieses gelehrt: Ein Mann allein, das geht nicht. Man müßte zusammenhalten; zu den anderen sollte man halten: Das ist Harry Morgans letzter Gedanke, das versteht schließlich der Sterbende. Das ist die Moral von Hemingways neuem Buch – eine gute Moral.

Der Mann Hemingway selber richtet sich nach ihr. Er steht auf der richtigen Seite: auf der Seite der Menschlichkeit. Das hat er erst unlängst bewiesen, indem er sich, tapfer und entschieden, für die Sache der spanischen Loyalisten einsetzte. In seinem Roman aber überwiegt ein zynisches, amoralisches Element. Die Grausamkeiten und Infamien, die der Held begeht, werden nicht ohne ein gewisses kaltes Wohlgefallen geschildert. Auf jeder dritten Seite der Erzählung fließt Blut. Zwischen den Zeilen scheint der Autor sagen zu wollen: «So sind die Menschen – dazu habt ihr sie gemacht mit eurer Gesellschaftsordnung!» Das steht, bitter und höhnisch, zwischen den Zeilen geschrieben. «Wie die Viecher sind die Menschen – durch eure Schuld!» – So sind die Menschen aber gar nicht, wie dieser Harry Morgan. Er ist ein halb-pathologischer Charakter. Über ihn läßt sich wohl ein aufregendes Buch schreiben – und Hemingway hat es geschrieben –; aber er ist sicherlich nicht der geeignete Held für einen repräsentativen sozialen Roman.

1938

Die Kriegs- und Nachkriegs-Generation

Junge Leute, die sich der Öffentlichkeit vorstellen, die zum ersten Mal ihre Gedanken, Meinungen, Gefühle der Welt mitteilen, rufen wohl aus, als sei dies ein Faktum, das sie unter allen Umständen besonders empfehlen müsse: «Wir sind eine neue Generation! Wir sind die Jugend, der Nachwuchs!» rufen sie. «Mit uns fängt alles von vorn an! Bis jetzt hat es nichts als Irrtum und Verbrechen gegeben. Wir sind gekommen, um die Welt zu verändern!» Manchmal, in der Tat, verändert eine neue Generation die Welt; nicht immer indessen zu ihrem Vorteil...

Es ist zweierlei festzustellen: Erstens, daß neuerdings die «Generationen» ganz besonders geschwind wechseln (und wenn ich sage «neuerdings», so meine ich: in der Periode, die mit dem Weltkrieg beginnt): alle fünf Jahre beinah gibt es eine neue; und zweitens: daß die eigentliche, die wesentliche Trennungslinie heute gar nicht mehr *zwischen* den Generationen verläuft – also nicht mehr zwischen Vätern und Söhnen, jüngeren und älteren Brüdern –, sondern *quer* durch die Generationen *hindurch*. Die großen Gegensätze heißen heute längst nicht mehr: «jung» und «alt»; sondern: fortschrittswillig oder reaktionär; geistfreundlich oder geistfeindlich; vernünftig oder irrationalistisch; universalistisch oder nationalistisch; pazifistisch oder imperialistisch-aggressiv. Es gibt Tausende – ja, ich fürchte: es gibt Millionen unter meinen Altersgenossen, die uniformierte Gewaltanbeter sind und mit denen ich nicht mehr die Möglichkeit einer Verständigung finde. Andrerseits gibt es sehr viele Ältere, mit denen ich die Gesinnung – und mehr als nur die «Gesinnung»: nämlich auch die wesentlichen Gefühle – durchaus gemeinsam habe; mit denen ich die gleiche Sprache rede; die ich als meine reiferen Kameraden, als meine älteren Brüder freudig anerkenne, liebe und oft bewundere.

Es scheint mir ganz unerläßlich, eine solche Einschränkung zu machen, wenn wir heute von den verschiedenen «Generationen» sprechen. Dieses bedeutungsvollen Umstandes eingedenk – daß wir mit manchen Alten sehr viel mehr gemeinsam haben als mit vielen Jungen – dürfen wir darangehen zu betonen, daß der Begriff der «Generation», natürlicher – ich möchte sagen: biologischer – Weise, und trotz allem, doch eine Realität bedeutet; daß die Menschen eines Alters durch gewisse Erlebnisse, gewisse vitale Voraussetzungen und Gefühlskomplexe miteinander verbunden sind – Erlebnisse und Gefühlskomplexe, die den Älteren oder Jüngeren *in dieser Form* notwendigerweise fremd oder sogar unverständlich sein müssen.

Die entscheidende Frage dürfte heute sein: In welchem Alter hat ein Mensch den Weltkrieg erlebt? Die heute Fünfzig- oder Sechzigjährigen waren, während des Krieges, schon reife Männer. Sie hatten die entscheidenden Erfahrungen schon hinter sich; die festen Begriffe und Anschauungen, die sich in ihnen ausgebildet hatten, konnten durch das vehemente Abenteuer des Krieges vielleicht angefochten und verändert, aber doch wohl keinesfalls mehr völlig aufgehoben werden. – Anders stand es um die, die am Anfang des Krieges achtzehn oder zwanzig Jahre alt waren: also um die heute Vierzig- oder Fünfundvierzigjährigen. Sie zogen, halbe Knaben noch, unwissend und begeistert, ins Feld. Sie starben, ohne das Leben je gekannt zu haben – oder sie kehrten aus dem unseligen Kriege zurück: enttäuscht, ratlos, verbittert. Die ersten Eindrücke, die sie empfangen hatten, waren: die Schützengräben; das Massenmorden. Ihre Entwicklung mußte, notwendigerweise, sehr anders verlaufen als die Entwicklung der Älteren, deren Charakter und Weltbild in friedlichen, dem Geist relativ freundlich gesinnten Zeiten gebildet ward.

Noch bedeutsamer als die Unterschiede zwischen den heute Fünfzig- bis Sechzigjährigen und den heute Vierzig- bis Fünfundvierzigjährigen ist das, was die heute etwa dreißig Jahre Alten von der eigentlichen «Kriegs-Generation» trennt. Die zwischen 1900 und 1910 Geborenen haben den großen Krieg wohl auch schon erlebt – aber als Kinder. Hier rede ich aus Erfahrung.

Ich war im August des verhängnisvollen Jahres 1914 noch nicht ganz acht Jahre alt. Die entscheidenden Jahre unsrer ersten Entwicklung – meiner eigenen und der meiner Geschwister und Freunde – standen also durchaus unter dem alles beherrschenden Eindruck des Krieges. Aber von welcher Art sind denn diese kindlich-frühen Eindrücke in Wahrheit gewesen? Die patriotische Begeisterung, zu der die Schule damals uns erziehen wollte, reichte wohl nicht sehr tief. Wir bekamen einen freien Tag, wenn «unsere tapferen Soldaten» einen Sieg in Rußland, Frankreich, Italien oder dem Balkan errungen hatten: deshalb freuten wir uns über die Siegesnachrichten und schwangen gern unsere kleinen Fahnen. Wir wußten, daß die Franzosen, Engländer, Italiener und Russen «böse» Menschen sind; die Österreicher und die Türken hingegen – unsre Bundesgenossen – «brave». Für ganz besonders tückisch hielten wir die Belgier, wahrscheinlich weil sie es gewagt hatten, sich gegen den deutschen Überfall zu wehren. Die Bulgaren rechneten, überraschenderweise, zu den «Braven», während die Japaner «Feinde» waren und die Amerikaner uns bitterlich enttäuschten. Wichtiger als alle weißen, gelben oder schwarzen Völkerschaften war das Essen. Es war meistens zu wenig, und immer schlecht. Zeitweise bestand es hauptsächlich aus Kohlrüben. Ein Butterbrot oder ein Glas Milch waren exquisite Leckerbissen; Schlagsahne indessen kam nur noch in Träumen vor. Wir standen stundenlang vor einem Laden an, um unserer Mutter drei Eier im Triumph nach Hause bringen zu können. Das Schlange-Stehen vor den Lebensmittelgeschäften wurde eine Art Sport für uns Kinder. – In meinen «Kriegserinnerungen» spielen die dominierende Rolle: eine abscheuliche, rotbraune Marmelade, die aus Kohlrüben hergestellt wurde und ganz besonders ekelhaft schmeckte; Siegesfeiern in der Schul-Aula, bei denen «unser großer Kaiser», der Generalfeldmarschall von Hindenburg und zuletzt auch noch die tapferen Soldaten unermüdlich gepriesen wurden – und das immer sorgenvoll umwölkte Gesicht unseres Vaters. Nein, die patriotische Begeisterung ging kaum sehr tief. Als der Krieg zu Ende war, im Jahre 1918, erfuhren wir plötzlich: Wir hatten ihn verloren – während doch in den Zeitungen, vier Jahre lang, immer nur von unseren «Siegen» die Rede gewesen war –; unser Kaiser, gestern noch gerühmt, war ein schlechter

Mann und saß nun in Holland; der große Ludendorff war, mit einer blauen Brille auf der Nase, über die Grenze entwichen; vom großen Hindenburg hörte man gar nichts mehr; den Offizieren wurden auf den Straßen die Achselstücke von den Uniformen gerissen; es gab Revolution. Das war überraschend und ziemlich aufregend; aber wir waren ja immer noch Kinder und gewöhnten uns schnell an den neuen Zustand. Übrigens fing es allmählich an, wieder etwas mehr zu essen zu geben.

Bewußter und aufmerksamer erlebten wir, als Vierzehn-, Fünfzehn- und Sechzehnjährige, das nächste tragische Abenteuer der Nation: die Inflation. Nachdem uns, während der Kriegsjahre, klargeworden war, daß ein Menschenleben unter Umständen nicht viel Wert hat, erfuhren wir nun, daß auch auf die Solidität und Haltbarkeit des Geldes keinerlei Verlaß ist. Wozu konnte man also noch Vertrauen haben? – Zu gar nichts: begriff die junge Generation. Angesichts dieser zugleich erregenden und niederschmetternden Erkenntnis bemächtigte sich ihrer eine Stimmung, in der ein etwas hektischer Leichtsinn mit Verzweiflung sich mischte. Da weder das Menschenleben noch die wichtigsten Institutionen der Gesellschaft – die Regierung etwa, oder das Geld – «wertbeständig» schienen, tat man am besten daran, das ganze Dasein auf diesem Stern nicht besonders ernst zu nehmen. In der Inflationszeit wurde in den deutschen Städten auffallend viel getanzt. Die jungen Leute bewegten sich mit Vorliebe im Tango- oder Foxtrott-Schritt. Ihre Unterhaltungen kreisten um physische Vergnügungen – wobei Rauschgifte und die verschiedenen originellen Abarten der Liebe eine besondere Rolle spielten –, wenn sie nicht gerade um den Kurs des Dollars und der armen Mark kreisten. Übrigens gab es natürlich auch Jünglinge, die sich mit den «Welträtseln» beschäftigten anstatt mit Jazz-Musik oder Kokain. Aber auch diese philosophischen Grübeleien hatten einen halb depressiven, halb leichtfertigen Charakter. Man sprach viel vom «Untergang des Abendlandes», woran der hochbegabte Plauderer Oswald Spengler die Schuld trug. Die Kultur der weißen Rasse sei am Ende – proklamierten die apokalyptisch gestimmten jungen Leute. Man schwärmte für Negerplastiken, den Buddhismus und die Denkmäler der Pharaonen. Die intellektuellen Achtzehnjährigen lasen gierig das

«Reisetagebuch eines Philosophen» von Keyserling, aus dem Chinesischen übersetzte Lyrik und die Poesie des Rabindranath Tagore. Man verdammte den Krieg, war sentimentalisch-revolutionär und schrie: «Die Väter sind an allem schuld!» Die repräsentativen Dramen der Epoche hatten Titel wie «Der Sohn» (Hasenclever); «Vatermord» (Bronnen); «Masse Mensch» (Toller). Man war enthusiastisch gestimmt, die ganze Menschheit ans Herz zu ziehen – während man sich, gleichzeitig, über die Fragwürdigkeit, Hinfälligkeit, Brüchigkeit alles Irdischen keinerlei Illusionen machte.

Die Mark wurde stabilisiert, die Gemüter beruhigten sich. Mochte die Kultur der weißen Rasse immerhin am Ende sein: Schließlich mußte man leben. Der «Expressionismus» – künstlerischer Ausdruck der Nachkriegs-Depression, des Nachkriegs-Enthusiasmus, der Nachkriegs-Hysterie – hatte bald abgewirtschaftet. Der nächste Stil hieß «die neue Sachlichkeit». «Hoppla, wir leben!» rief der Dichter, der «Masse Mensch» geschrieben und dann fünf Jahre im Gefängnis gesessen hatte – Ernst Toller –, mit grimmiger Munterkeit aus. «Zum Leben verurteilt» nannte ein anderer junger Autor sein bitteres Buch, in dem er die harte Geschichte einer modernen Jugend erzählt.

Es gab verschiedene Möglichkeiten für junge Menschen, diese schwierige und problematische Zeit zu bestehen. Viele, vielleicht die meisten, fanden es zu anstrengend und zu gefährlich, sich den Problemen der Epoche, geistig oder physisch, zu stellen: sie zogen es vor, stumpfsinnig zu werden – was stets das bequemste ist. Sie verzichteten darauf, Individuen zu sein, und existierten als Kollektivwesen. Als «geistiger Lebensinhalt» genügten ihnen ein paar Phrasen, die ihnen irgend jemand so lange ins Ohr schrie, bis sie sie sich merkten: etwa ein paar nationalistische Phrasen. Im übrigen trieben sie Sport und sahen sich Wildwest-Filme an. Bei diesem Typus von jungen Menschen war der selbständige Gedanke verpönt, er galt schon beinah als ein Verbrechen. Aus Furcht vor den dringlichen und komplizierten Problemen der Epoche wurden Hunderttausende von jungen Menschen einfach geistfeindlich und ließen sich von jedem Demagogen an den Nasen herumführen. Für den Faschismus waren diese die bequemste Beute.

Am empfänglichsten für die nationalistisch-«rassistische» Propaganda – für die Propaganda der Nazis also – waren die stellungslosen jungen Kleinbürger. Sie haßten die Republik, die ihrerseits schwer unter der internationalen Wirtschaftskrise zu leiden hatte und nicht dazu imstande war, allen jungen Deutschen Arbeit zu verschaffen. Die Söhne einer heruntergekommenen Schicht hatten vor einem am meisten Angst: Proletarier zu werden. Deshalb klammerten sie sich an die schein-revolutionäre, in Wahrheit reaktionäre Heilslehre der Nationalsozialisten, die jedem alles versprach. Übrigens schien es diesen jungen Leuten viel komfortabler, einen fast ununterbrochen brüllenden «Führer» zu haben, der seinen Getreuen die Mühe abnimmt und es ihnen sogar verbietet, eigene Gedanken zu haben, anstatt in einer Republik zu leben, deren eigentliche Sendung es doch gerade ist, ihre Bürger zu selbständig denkenden Wesen zu erziehen.

Nicht alle jungen Leute, die dem Faschismus wie einer ansteckenden Krankheit verfielen, waren völlig gedankenlos. Manche brachten einen echten Enthusiasmus, ein wirkliches, sehr kostbares Gefühl mit; ihre Begeisterung wurde mißbraucht, ihr leidenschaftlicher Glaube war für Hitler und seine Leute nur ein Mittel, zur Macht zu kommen. Für diese Jugend – die später von den Nazis so bitter enttäuscht werden sollte – war der «nationale Gedanke» kein Propaganda-Trick, keine demagogische Redensart, sondern eine anspruchsvolle, heilig-verpflichtende Realität. Im Gefühl dieses echten, legitimen nationalen Pathos begegneten sich die Zwanzig- und Fünfundzwanzigjährigen mit den Dreißig- und Fünfunddreißigjährigen, die im Felde gewesen waren. Auch diese verabscheuten und verachteten die Republik, weil sie ihnen den nationalen Gedanken zu vernachlässigen schien. Sie sagten: Nicht für diese streitsüchtige, schwache Demokratie haben wir und unsere Brüder Blut vergossen in Flandern, in Nordfrankreich, in Rußland! Das Land, für das wir unser junges Leben riskierten, sollte ein starkes, geeintes Vaterland sein! – Nun meinten sie wohl, der Nationalsozialismus könnte ihnen das starke, geeinte Vaterland bringen.

Der Radikalismus einer enttäuschten Jugend kann verschiedene Färbung, verschiedene Vorzeichen haben. Die sozialistische Idee hatte eine beinah ebenso große Attraktion wie die nationalistische. Gerade die denkenden, gescheiten jungen Leute fühlten sich zu ihr hingezogen; denn der Marxismus arbeitet mit wissenschaftlichen Argumenten, der Nationalismus nur mit Schlagworten und vagen Gefühlen. – Auch von den Kriegsteilnehmern waren viele überzeugte, aktive Sozialisten geworden. «Wenn unsere Leiden, draußen im Felde, überhaupt einen Sinn gehabt haben», fühlten und sprachen diese, «so kann dieser Sinn nur ein friedliches, sozialistisches Deutschland sein.» Diese Art von Jugend – und es war die schlechteste nicht! – mußte die Nazis, mit ihrem Rasse-Dogma und ihrem aggressiven Imperialismus, von Anfang an als Todfeinde empfinden.

Wieder andre junge Leute waren von Natur wenig dazu gestimmt, sich mit Politik überhaupt viel zu beschäftigen. Die moralischen, religiösen und ästhetischen Fragen hielten sie vielmehr für ihre Angelegenheit. Sie waren vielleicht ein wenig spielerisch: ich darf es aussprechen, denn ich muß mich selber zu dieser Gruppe rechnen. Erst allmählich mußten sie dazu erzogen werden, die politische und soziale Problematik so durchaus ernst zu nehmen, wie sie es von uns allen verlangt. Der Faschismus war die harte Schule für diese jungen Intellektuellen. Erst angesichts der Greuel des Faschismus begriffen wir, was es auf sich hat mit Begriffen und Werten wie «Freiheit», «Fortschritt», «Demokratie». Sehr gründlich verging uns die Lust, diese großen Worte mit einem gewissen Sarkasmus auszusprechen – wozu wir früher vielleicht manchmal aufgelegt gewesen waren. Allmählich verstanden wir ihren Ernst.

Es ist nicht möglich, in diesem Zusammenhang zu berichten, durch welche Umstände und Intrigen Deutschland in die Hände der Nazis fallen konnte: Hunderte von Seiten würden für diese finstere und komplizierte Geschichte nötig sein. Sicher ist, daß auch die deutsche Jugend mit Schuld trägt an der Katastrophe, von der wir unsere Nation nun betroffen sehen. Ein Teil unserer Jugend ist stumpf und denkunfähig gewesen, ein anderer Teil hat ihren echten Glauben mißbrauchen lassen von notorischen, hundertmal überführten Lügnern. Die Nazis arbeiteten nicht nur mit dem Geld der Schwerindustrie, in deren Auftrag sie ihre «Revolution» vorbereiteten und ausführten; sie arbeiteten auch mit dem Enthusiasmus leichtgläubiger Jünglinge. Dürfen wir den Berichten, die aus dem Dritten Reiche zu uns dringen, Glauben schenken – und es gibt Tausende von Berichten, deren Authentizität verbürgt ist –, so ist gerade bei diesen betrogenen Enthusiasten die Enttäuschung am bittersten. Diese Enttäuschten sind es eben, welche heute in Deutschland die Kader der Opposition bilden – gemeinsam mit jenen Kameraden, die den Nazis auf ihren Schwindel von Anfang an nicht hereingefallen sind.

Denn man glaube doch nicht, daß alle jungen Deutschen, die das Hitler-Regime durchschauen und deshalb verabscheuen, sich heute in der Emigration befinden. Im Reich selber gibt es – das wissen wir – Hunderttausende von jungen Menschen, die unversöhnliche Feinde der Nazi-Diktatur sind. Es sind Proletarier und Intellektuelle, Katholiken und Protestanten, Sozialisten und Demokraten. Zunächst hatten alle diese verschiedenen Gruppen und Individuen vielleicht gar nicht so sehr viel gemeinsam. Aber nun vereinigt sie alle der Haß. Da sie alle gegen den einen Tyrannen sind, lernen sie schließlich auch *einen* Begriff und eine Hoffnung lieben: die Freiheit.

Es gibt heute in Deutschland Schuljungen, die schon überzeugte Antifaschisten sind: Sie lernen ja, in der Schule schon, die Praxis, die Wirklichkeit des Faschismus kennen. – Geben wir uns keinen Illusionen hin: Die Jungen, die auf die falschen Lehren und die grauenvolle Realität des Nazismus, heute schon, mit Entschiedenheit und Klarheit reagieren, sind noch in der Minderheit; sie stellen – heute noch – eine ehrenvolle Ausnahme, eine Elite, einen Vortrupp dar. Aber der dezidiert antifaschistische Typus findet sich doch schon unter jungen Arbeitern oder unter Studenten. Manche junge Deutsche machen sich jetzt förmlich einen Sport daraus, jüdische Freunde zu haben: So sehr sind sie angewidert von dem Irrsinn und der Verlogenheit der Rasse-Theorien.

Die Zeit ist vorüber, da die Nazis deutsche Jugend gar so leicht beschwindeln und betrügen konnten. Ohne Frage: die deutsche Jugend ist, im Laufe der bitteren letzten Jahre, mißtrauischer, aufmerksamer, klüger geworden. Vom Wissen und Verstehen zum Handeln aber ist es nur ein Schritt. Der Haß gegen das Regime macht nun viele junge Menschen ebenso heldenhaft, wie einst, während des Weltkrieges, die Liebe zum Vaterland sie gemacht hat. In der illegalen politischen Arbeit wird heute in Deutschland von jungen Menschen das Unwahrscheinlichste an Zähigkeit, Verschlagenheit und Mut geleistet.

Wer gegen die Diktatur etwas zu unternehmen wagt – und sei es auch nur, daß er ein Flugblatt weitergibt oder Informationen an eine Emigrantenzeitung leitet –, weiß wohl, was er riskiert: Schlimmeres, unter Umständen, als den Tod; nämlich die sadistischen Foltern, die endlose Haft im Konzentrationslager. Wie viele Tausende junger Deutscher haben dieses ungeheure Risiko heroisch auf sich genommen – wie viele nehmen es täglich weiter auf sich! Wenn wir die Namen dieser unbekannten Helden wüßten, mit welcher Innigkeit, mit wie viel kameradschaftlicher Bewunderung wollten wir sie preisen! Aber zu den ergreifenden Charakteristika dieses politischen Märtyrertums – das in so mancher Hinsicht an das Martyrium der ersten Christen erinnert – gehört es ja, daß es keinen Ruhm mit sich bringt, sondern durchaus im Geheimen bleiben muß. Nur manchmal wird der Name eines dieser jungen Helden bekannt: dann nämlich, wenn die Diktatur, aus irgendwelchen düsteren Propaganda-Gründen, einen ihrer Schau-Prozesse veranstaltet, bei denen es für die Angeklagten keine Verteidigung gibt und die beinah immer mit der Verhängung von Todesurteilen enden.

Es ist selbstverständlich, daß zwischen den jungen Antifaschisten, die im Lande geblieben sind, und den anderen, die emigrieren mußten, die Verbindungen nicht abgerissen sind. Es gibt geheime Korrespondenzen, illegale Kuriere, die von Berlin – oder anderen deutschen Zentren – nach Paris, Prag, Zürich oder anderen Zentren der politischen Emigration unter Gefahren reisen. Der Austausch von Erfahrungen und Meinungen zwischen der politischen Emigration und der illegalen Opposition in Deutschland ist von ganz besonders großer Bedeutung. Die Diskussion über die «Volksfront»-Bewegung etwa – das heißt: über den notwendigen, unvermeidlichen, unbedingt zu erreichenden Zusammenschluß *aller* wahrhaft antifaschistischen Parteien, Gruppen und Individuen – kann nur dann fruchtbar sein, wenn sie nicht nur in der Emigration oder im Reich selber, sondern auch zwischen den politischen Exponenten der Exilierten und den Repräsentanten der illegalen inner-deutschen Opposition geführt wird.

Die deutsche Emigration ist, bekanntlich, keine politisch homogene Gruppe. Sie setzt sich aus verschiedenartigen Elementen zusammen, und es überwiegt, rein zahlenmäßig, ein zunächst ganz unpolitisches Element, nämlich das jüdische. Nur ein kleiner Teil der Juden, die das Reich verlassen haben – einfach, weil es dort keine Beschäftigungs- und Existenzmöglichkeit mehr für sie gab –, verdienen a priori die Bezeichnung «Antifaschisten». Viele von ihnen haben sich freilich, während der bitteren Jahre des Exils, zu wirklichen Antifaschisten entwickelt.

Meines Wissens gibt es keine Statistik darüber, einen wie hohen Prozentsatz innerhalb der deutschen Emigration die jungen Leute ausmachen. (Wenn ich hier «junge Leute» sage, so meine ich etwa die in unserem Jahrhundert Geborenen.) Wahrscheinlich dürfte die Zahl der jungen Emigrierten etwas größer sein als die der älteren: Für einen jugendlichen Menschen ist der Entschluß, sich in einem fremden Land eine neue Existenz zu suchen, leichter zu fassen als für einen reifen oder gar schon betagten Mann. Der junge Mensch akklimatisiert sich leichter; er hat «draußen» die besseren Chancen.

Was für Gründe konnten einen jungen Deutschen veranlassen, seine Heimat zu verlassen – das Land also, das er liebte und dem er alles verdankte? Am klarsten und einleuchtendsten liegt der Fall bei den jungen jüdischen Menschen. Wie konnten sie ein Land noch als ihre Heimat empfinden, in dem ihre Rasse und ihre Religion täglich aufs beispielloseste beleidigt werden? Die grausamen, tückischen und sinnlosen Ausnahme-Gesetze, mit denen das jüdische Volk nun im Reich verfolgt wird, machten das Exil für seine Angehörigen zur Selbstverständlichkeit. Viele junge Juden – und gerade solche mit Stolz, Würde und Geist – suchen nun zu vergessen, daß sie jemals Deutsche gewesen sind. Sie werden Bürger anderer, freierer und gerechterer Völker – oder sie wollen nur noch Juden sein, werden Zionisten. Wie viel wertvolle, unersetzliche junge Menschen hat die deutsche Nation verloren, als sie diese jungen Juden von sich stieß! Wird Deutschland diese Verletzten und bitterlich Enttäuschten jemals wieder für sich gewinnen können? Viele junge Juden kenne ich, die sagen: Niemals kehren wir nach Deutschland zurück! Zu Schlimmes, was so bald nicht wiedergutzumachen ist, hat man dort unserer Rasse angetan. Wir bleiben in Amerika oder in Frankreich. Oder: Wir bleiben in Palästina.

Übrigens ist zu Ehren vieler solcher Juden zu sagen, daß der barbarische Antisemitismus der Nazis bei weitem nicht das einzige ist, was sie am Dritten Reich abstößt und sie von ihm entfernt. In der Tat ist der Antisemitismus ja nur ein krasses Symptom des neu-deutschen Barbarismus; bei weitem nicht sein einziger oder auch nur hauptsächlicher Ausdruck. Dies empfinden auch Juden. Mit der jahrtausendealten Leidenserfahrung ihres Volkes hängt es zusammen, daß ihr Sinn für Gerechtigkeit und Menschenwürde besonders hoch entwickelt und empfindlich ist. Der geistige Tiefstand, die rohe Intoleranz, die Fortschrittsfeindlichkeit der Nazis würden diese Juden auch dann abstoßen, wenn nicht eine ihrer Konsequenzen der Antisemitismus wäre. Deutsche Juden sind meistens auch sehr gute deutsche Patrioten gewesen. Aber sie haben immer gerade jenes Deutschland geliebt und seinen Ruhm in der Welt verbreitet, das jetzt von den Nazis beschimpft und verfolgt wird: das Deutschland der großen Bildungstradition, das universalistische, humanistische Deutschland; das Deutschland Weimars – nicht das Deutschland Potsdams. Die deutschen Juden haben, seit sie aus dem Ghetto befreit sind – seit den Tagen des deutsch-jüdischen Philosophen Moses Mendelssohn –, eine bedeutende und fruchtbare Rolle im kulturellen Leben der Nation gespielt. Aus der Entwicklung der deutschen Kultur, des deutschen Geistes sind sie längst nicht mehr wegzudenken: daran kann das Geschrei keines Nürnberger Streichers etwas ändern, und manch junger Jude, der heute mit verständlicher Bitterkeit sagt: «Ich will kein Deutscher mehr sein...», sollte sich vielleicht dies stärker in Erinnerung bringen. Die deutschen Juden *sind* Deutsche: ein endlich befreites, von den Nazis schließlich erlöstes Deutschland wird auf sie nicht verzichten wollen. Sie werden mit uns zurückkehren.

Von welcher Art und Herkunft aber sind die nicht-jüdischen jungen Deutschen, die das Exil einem Dasein in der entwürdigten Heimat vorzogen? Ich spreche hier nicht von Söhnen, die einfach ihren Eltern in eine – freiwillige oder unfreiwillige – Verbannung gefolgt sind; sondern von jungen Menschen, die sich selbständig zur Emigration entschlossen haben, mögen sie nun sozialistische Proletarier, parteilose Intellektuelle, katholische Aristokraten oder entschiedene Pazifisten sein. Die meisten von ihnen waren schon in der Heimat, auf künstlerischem oder politischem Gebiet, aktiv gewesen. Für einen jungen Menschen etwa, der sich in Deutschland vor Hitlers Machtantritt als Sozialist, Pazifist, Demokrat oder Katholik exponiert hatte, gab es, als das Nazi-Unglück hereinbrach, kaum eine Wahl: Er mußte in die Verbannung, jedenfalls dann mußte er es, wenn er weiter im Sinn und im Dienst seiner Ideale und Gesinnungen tätig sein wollte (denn zur illegalen Arbeit im Dritten Reich ist ein bei den Nazis schon kompromittierter Mensch, einer mit bekanntem Namen und bekanntem Gesicht, kaum verwendbar). – Kaum eine Wahl gab es auch für die jungen Künstler, für die Schriftsteller, Maler oder Komponisten. Die künstlerische Betätigung unter der Nazi-Diktatur ist sogar für den unmöglich, der auf jeden politischen Meinungsausdruck verzichten wollte. Schon der fortgeschrittene, artistisch radikale Stil gilt im Dritten Reich als Verbrechen: Er wird als «Kulturbolschewismus» diffamiert. Der Wille zur psychologischen Wahrheit ist den Tyrannen beinah ebenso verhaßt wie der zur politischen oder soziologischen: den Diktatoren ist die Wahrheit *als solche* – in welchem Zusammenhang auch immer – ein Ärgernis und ein Greuel. Aber abgesehen von allen Verboten, Vorschriften und den Zensur-Schikanen: die stickige Luft im erniedrigten Lande ist nicht zu atmen für einen, der den Ehrgeiz und die Berufung hat, geistig schöpferisch zu sein. Kein junger Künstler kann sich entwickeln in einem Lande, das sich selber absperrt von der übrigen Welt und in dem jeder freie Gedanke unterdrückt oder verfolgt wird. In der Tat haben diejenigen jungen Schriftsteller, die es aus opportunistischen oder sentimentalischen Gründen vorzogen, in Deutschland zu bleiben, seit dem Jahre 1933 – also seit Beginn der Hitler-Diktatur – kaum noch etwas von Bedeutung und Wert hervorgebracht. Ich rede dabei gar nicht erst von jenen jungen Autoren, die von der «Partei» oder vom Propaganda-Ministerium protegiert und mit Preisen ausgezeichnet werden; sie taugen alle nicht viel und mögen allenfalls im Marschieren oder Handgranaten-Werfen etwas leisten, aber kaum auf kulturellem Gebiet. Ihre Produktion – ob es sich nun um literarische, musikalische oder malerische Hervorbringungen handelt – ist in der Tat so armselig, daß sogar ein «gleichgeschaltetes», anspruchsloses deutsches Publikum von ihr gelangweilt oder angewidert wird. Nun sind die Fälle der ausgesprochenen Nazi-Künstler aber eigentlich wenig interessant: Wer sich zum Nationalsozialismus bekennt, hat sich auch schon *gegen* die Kultur bekannt und kann also, logischer und unvermeidlicher Weise, kein Kulturträger sein. Tragischer steht es um die, die zwar Talent, Bildung, schöpferische Fähigkeiten mitbringen und wohl auch auf kulturellen Gebieten vor Hitlers Machtergreifung schon etwas geleistet hatten, die aber nicht genug Charakter besaßen, um den Verlockungen – oder den Drohungen – der Nazis Widerstand zu leisten. Einige junge Künstler und Intellektuelle, auf die man wohl Hoffnung setzen durfte, sind schon in der mörderischen Stickluft des Dritten Reiches verkommen, vertrocknet, tief unter ihr eigentliches Niveau gesunken. Sie haben entweder seit dem Jahre 1933 gar nichts mehr hervorgebracht, sie sind heute steril, unfruchtbar – oder aber sie sind mit minderwertigen, unaufrichtigen, verzerrten Arbeiten vor die Öffentlichkeit getreten: was eigentlich noch ärger und beschämender ist. Viele junge Schriftsteller zum Beispiel, mit denen ich früher befreundet war und deren Leistung ich schätzte, haben während der letzten Jahre Bücher erscheinen lassen, deren Stil ebenso minderwertig ist wie ihre Gesinnung. Mit dem Verlust ihres Talentes bezahlen diese Unglückseligen den geistigen Verrat, dessen sie schuldig geworden sind.

Nun glaube man nicht, daß es leicht ist, in der Emigration, im Exil schöpferische Gaben zu entwickeln oder zur Geltung zu bringen. Das Leben des Exilierten, des Heimatlosen hat unzählige Schwierigkeiten, Gefahren, Tücken, Traurigkeiten, von denen sich der in seiner Heimat friedlich Dahinlebende kaum eine Vorstellung machen kann. Welcher Franzose, Engländer oder Amerikaner kann es etwa ermessen, was es bedeutet, *keinen Paß zu besitzen*? Ein Mensch ohne Paß ist nur ein halber Mensch, ist nicht lebensfähig: Wir Emigranten haben es erfahren, wir erfahren es täglich. Das Paß-Problem ist indessen nur eine von vielen bitteren Sorgen, die uns quälen. Es gibt das Problem der Arbeitserlaubnis, das Problem der Aufenthaltserlaubnis, es gibt das finanzielle, das erotische Problem. Das Leben des Exilierten besteht überhaupt nur aus Problemen. Sie sind drückend für den ausgewanderten Proletarier, die ausgewanderten Ärzte, Rechtsanwälte, Architekten; in mancher Hinsicht am drückendsten, am leidvollsten sind sie aber doch wohl für den ausgewanderten Künstler – für die Schriftsteller, die Maler, die Komponisten, die ihre Heimat verlassen mußten oder verlassen wollten. Denn Zahnarzt oder Schneidermeister, die in Rio de Janeiro oder in Chicago eine Anstellung gefunden haben, sind doch wirklich versorgt und, in den meisten Fällen, ziemlich zufrieden. Der Künstler aber, der schöpferische Mensch, kann keine «Anstellung» finden. Die Voraussetzungen und Bedingungen, unter denen er schöpferisch, unter denen er wirklich *er selbst* sein kann, sind komplizierter, als sie es im Fall eines Geschäftsmannes, Handwerkers oder sogar eines Gelehrten sind. Der schöpferische Mensch ist abhängig von Stimmungen, geheimnisvollen, kaum definierbaren atmosphärischen Verhältnissen, die das Lebensgefühl weniger reizbarer, weniger empfindlicher und empfänglicher Naturen überhaupt nicht berühren. Der Künstler ist, beinah immer, auf eine besonders komplizierte und intensive Weise an die Atmosphäre, an die Landschaft und die Sprache seiner Heimat gebunden. Sogar wenn er gegen die Heimat – oder vielmehr: gegen den Staat, der seine Heimat repräsentiert – polemisiert (und gerade die größten deutschen Geister haben ja meist in einem scharf polemischen Verhältnis zur Realität des deutschen Lebens gestanden), so ist doch seine Liebe zur Heimat eine tiefere, innigere, ich möchte sagen: vitalere als die des Durchschnittsmenschen. Für den Künstler ist also der Verlust dieser Heimat ein besonders einschneidendes, seine ganze geistige – und oft auch physische – Existenz gefährdendes Ereignis.

Übrigens verliert der exilierte *Schriftsteller* – um diesen Fall herauszugreifen – ja nicht nur sein Land, sondern auch sein Publikum. Der Arzt kann neue Patienten, der Bankier neue Geschäftsverbindungen, der Baumeister neue Auftraggeber finden; der Dichter findet sein verlorenes Publikum nicht wieder – sogar dann nicht, wenn seine Werke in fremde Sprachen übersetzt werden und auf der ganzen Erde berühmt sind. Für den deutschen Autor ist das deutsche Publikum unersetzlich. Es ist das einzige Publikum, das seine geheimsten Absichten, seine Nebengedanken, seine zartesten und verborgensten Reize zu begreifen und zu würdigen imstande war. Die Übersetzung eines literarischen Werkes gibt vom Original, im günstigsten Falle, einen ebenso guten oder schlechten Begriff wie ein Farbendruck von einem Gemälde.

Die deutschen Schriftsteller im Exil haben – etwa im Gegensatz zu den russischen oder italienischen Emigranten – den bedeutenden Vorteil, daß es auch außerhalb der Reichsgrenzen viele Menschen gibt, die unsere Sprache verstehen. Trotzdem: von unserem eigentlichen, empfänglichsten, zahlenmäßig stärksten Publikum sind wir, durch den umbarmherzigen Apparat der Diktatur, vollständig abgeschnitten. – Es ist erstaunlich, daß unter solchen Umständen die vertriebenen deutschen Autoren überhaupt noch produzieren, überhaupt noch schöpferisch sind. Ein Blick in die Kataloge jener tapferen Verlage in Amsterdam, Zürich, Prag und Paris, die deutsche Emigranten-Literatur publizieren, beweist, daß die Produktivität der exilierten deutschen Autoren sogar eine sehr kräftige, daß der Kreis der Themen, mit denen sie sich beschäftigen, ein sehr weiter ist. Viele Schriftsteller sind gerade im Exil gewachsen, haben gerade während der harten Jahre der Verbannung ihr Bestes gegeben. Das Leid hat sie reifer, ernster, schöpferischer gemacht – und übrigens haben wohl auch die schwierigen äußeren Lebensbedingungen dazu beigetragen, ihren Fleiß zu steigern, ihren Geist, der nun vor allerlei weltlichen Ablenkungen bewahrt ist, zu konzentrieren.

Die geistige und materielle Situation im Exil ist schwierig genug für jene reifen deutschen Autoren, die schon einen großen, bewährten, international bekannten Namen hatten, als sie das Reich verließen. Sie erscheint beinah hoffnungslos im Falle jener Jüngeren, die als noch Unbekannte, als Anfänger in die Emigration gehen mußten. Gerade mit diesen Jüngeren haben wir uns ja hier zu beschäftigen. – Es ist schwer genug, sich im Exil einen literarischen Ruhm zu *bewahren*; fast unmöglich ist es, sich außerhalb des eigenen Landes eine literarische Reputation zu *schaffen*. Unglaublicher und beinah phantastischer Weise ist dies einigen jungen Talenten doch, und allen Widerständen zum Trotz, gelungen. Es gibt junge Schriftsteller, deren Namen völlig unbekannt waren, als sie im Jahre 1933 das Reich verließen, und die man heute in der internationalen gebildeten Welt kennt und schätzt. (Um nur ein Beispiel zu nennen: Der politische Schriftsteller Konrad Heiden war kaum mehr als irgendein Journalist, ehe er *in der Emigration* sein sensationelles Werk über Hitler veröffentlichte.)

Andere wieder haben einen jungen Ruhm, der gerade erst anfing, in Deutschland zu entstehen, draußen in der Welt vergrößert, fundiert, seinen Radius erweitert. Junge deutsche Romanciers, wie Hermann Kesten oder Gustav Regler zum Beispiel, oder historische Schriftsteller der jüngeren Generation wie Ludwig Marcuse, Autor der Biographie über Ignatius von Loyola, oder Valerie Marcu, Verfasser einer interessanten Studie über Machiavelli, haben erst in den letzten Jahren, also erst in den Jahren der Emigration ihr Stärkstes gegeben.

Man kann nicht verlangen und nicht erwarten, daß aus *Talenten* im Exil sofort *Genies* werden. Aber man sollte es besonders beachten, sollte es ausdrücklich konstatieren und rühmen, wenn Talente – und gerade *junge* Talente – sich auch im Exil, den fürchterlich erschwerten Umständen *zum Trotz*, bewähren, entwickeln, als fruchtbar und zuverlässig erweisen. Denn: man vergesse doch nicht, auf welch gefährliche und dringliche Weise das junge literarische Talent in der Emigration von seiner eigentlichen Berufung – der literarischen Produktion eben – abgelenkt wird.

Abgelenkt wird es zunächst und vor allem durch die oft sehr bitteren *wirtschaftlichen* Sorgen. Nur ganz wenigen jüngeren Autoren im Exil ist es möglich, wirklich von ihrer künstlerischen Leistung – mag diese auch noch so bedeutend sein – zu leben. Noch in den günstigsten Fällen, bei ziemlich bekannten, international eingeführten Schriftstellern, muß der Künstler sich mit «Gelegenheitsarbeit», mit der Arbeit für Tageszeitungen oder für den Film, weiterhelfen; und was für die Schriftsteller gilt, ist natürlich auch wahr für die jungen Maler, die Komponisten, Wissenschaftler. «Gelegenheitsarbeit» aber, die immerhin noch im Zusammenhang mit ihren eigenen Interessen, ihrem eigentlichen Ehrgeiz steht, finden in der Tat nur die schon «Arrivierten». Die anderen – und es sind die meisten – müssen sich das tägliche Brot mit Betätigungen verdienen, die mit der Sphäre ihres Talentes und ihrer Interessen durchaus nichts mehr zu tun haben: Ein junger Schriftsteller etwa sieht sich gezwungen, Sprachunterricht kleinen Mädchen zu erteilen; ein junger Musiker arbeitet den ganzen Tag in einem Schuhgeschäft; ein junger Historiker geht mit Sardinen und Marmeladen hausieren, eine Schauspielerin wird Stenotypistin, der junge Arzt bedient die Kunden eines Reisebüros. Es ist wahrhaftig nicht leicht, unter so schlimmen Umständen den Aufgaben, zu denen man sich eigentlich berufen fühlt, die Treue zu halten. Trotzdem bringen einige dies fertig.

Die Bitterkeit der Armut wird doppelt fühlbar, dreifach bitter im Exil. In der Nähe von Amsterdam oder Prag leben junge deutsche Intellektuelle – Feinde des Hitler-Regimes – zusammengepfercht in Lagern, die beinah ebenso unwohnlich sind wie die Konzentrationslager der Heimat, denen diese jungen Menschen entflohen. Andere haben noch ein kleines Hotelzimmer in Paris oder Zürich oder in New York: aber *was* für ein Zimmer, und wie drückend ist die Sorge: Kann ich es morgen noch bezahlen, oder nicht? Alles wäre leichter zu tragen, wenn es möglich wäre, in der Nähe des Menschen zu bleiben, dem man sich zugehörig fühlt – den man liebt. Aber die abenteuerlichen und tristen Lebensumstände der Emigration trennen gar zu häufig junge Menschen voneinander. Der Junge findet eine Betätigungsmöglichkeit in der Tschechoslowakei, das Mädchen hingegen hat eine Chance in Palästina oder in Südamerika. Das Paar wird auseinandergerissen, und das Leben, das ohnedies schon nicht hell war, verfinstert sich noch einmal.

Es gibt aber noch andere Momente, außer den wirtschaftlichen, die geeignet sind, junge Künstler und Intellektuelle gewaltig abzulenken von ihren geistigen oder artistischen Interessen – und diese «anderen Momente» sind wohl eigentlich die ausschlaggebenden und bedeutsamsten; ich spreche von den *politischen*. Der antifaschistische Kampf nimmt gerade die wertvollsten jungen Geister der Emigration mit einer ungeheuren Heftigkeit in Anspruch.

Nun kann der antifaschistische Kampf ja freilich für das Talent auch förderlich und intensivierend sein: er gibt der Produktion einen Inhalt, ein moralisches Zentrum. Andererseits aber macht er sich auch als *Ablenkung* bemerkbar. – Es gibt für den jungen

Künstler oder Intellektuellen im Exil viele Formen, viele Abstufungen und Variationen der politischen Aktivität. Von der politischen Propaganda, der nur aufklärenden Tätigkeit gibt es da mannigfache Nuancen bis zum wirklichen, physischen *Kampf*, der den ganzen Einsatz nicht nur des Geistes, sondern des Lebens bedeutet. Diesem physischen und direkten Kampf gegen den Faschismus haben sich junge Deutsche vor allem in *Spanien* gestellt: während Hitler und Mussolini verführte, ahnungslose Knaben in den Krieg gegen das spanische Volk treiben, riskieren oder opfern junge Antifaschisten – aber diese wirklich *freiwillig*, wahrhaftig in voller Kenntnis und im vollen Bewußtsein der Situation – ihr Leben für die Rechte ebendieses spanischen Volkes und damit für die Sache der Demokratie. Aus Romanciers werden Soldaten, aus Komponisten Fliegeroffiziere – und, wahrlich, der junge Künstler ist zu begreifen, der es heute für seine Pflicht und seine Sendung hält, Seite an Seite mit den jungen Proletariern *gegen* den Faschismus, *für* die Freiheit zu kämpfen, anstatt zu Hause Literatur, Musik oder Blumenstilleben herzustellen. Der Tag mag kommen – und er ist vielleicht nicht mehr fern –, wo sich für *jeden* jungen Menschen die Frage ergibt: Wie diene ich der Sache des menschlichen Fortschrittes am besten? Ist es noch genug, ihr nur mit den Waffen des Geistes zu dienen?

Zwei ganze Generationen von Deutschen – wir können sie die Kriegs- und die Nachkriegs-Generation nennen – müssen büßen für eine historische Schuld, die nicht sie allein, aber die sie doch *auch* auf sich geladen haben. Die deutsche Jugend büßt und leidet – im Dritten Reich, das nun ein einziges Gefängnis ist, oder draußen, im Exil. Am bedauernswertesten aber sind vielleicht jene, die in Deutschland geblieben sind und nicht einmal *wissen*, daß jeder unter der faschistischen Diktatur verlebte Tag Erniedrigung und Jammer bedeutet. Je wohler sich ein junger Deutscher *subjektiv* im Hitler-Reich fühlt, desto trauriger steht es *objektiv* um ihn. Glücklicherweise sprechen viele starke Anzeichen dafür, daß es ihrer nicht mehr gar zu Zahlreiche sind, die sich wirklich durchaus zufrieden fühlen in der großen deutschen Kaserne...

Ja, die deutsche Jugend büßt: für die Schuld ihrer Väter – die einstmals dem Kaiser mit der gleichen blinden Begeisterung nachliefen wie später ein Teil der verblendeten Nation dem Diktator –, und sie büßt eigene Schuld: weil sie nicht wirklich dazu bereit oder fähig war, die Sünden der Väter gutzumachen; weil sie entweder abseits stand, uninteressiert an den großen Zeitproblemen – oder sich fangen und verführen ließ von den Demagogen. Der Weltkrieg und die sozialen Wirren, die ihm folgten, hatten der deutschen Jugend die moralischen Grundbegriffe genommen. Sie war zynisch geworden oder stumpfsinnig; gar zu skeptisch oder gar zu leichtgläubig. Sie leistete dem Bösen keinen Widerstand.

Nun geht sie durch eine harte Schule, diese deutsche Jugend – im Reich oder in der Emigration.

Wer weiß, welches Schicksal und was für Abenteuer und Tragödien diesen jungen Menschen noch vorbestimmt sind. Wer weiß auch, wie viele von ihnen diese Abenteuer und Tragödien überleben – wie viele zugrunde gehen werden. Vielleicht – wer wagt es zu prophezeien? – sind diese Generationen dazu bestimmt, aufgeopfert zu werden; zu vergehen, zu verschwinden, ohne daß sie den Sieg, den schöneren Tag gesehen hätten.

Der Horizont ist verfinstert. Die drohend geballten Wolken künden schon lange das Gewitter an: es könnte ein Gewitter ohnegleichen werden. Die Katastrophen aber sind kein Dauerzustand. Die Himmel, die wir heute so tief verschattet kennen, erhellen sich wieder. Werden wir von diesem neuen Licht noch beschienen werden? Es sind schon Jüngere unterwegs. Neue Generationen sind im Kommen: jüngere Kameraden, jüngere Brüder – wir hören schon ihren leichten Schritt. Denken wir an diese, wenn wir müde werden wollen im Kampf. Lieben wir diese noch Unbekannten – ihre Stirnen sind noch blank von Unschuld. Unsere jungen Brüder sollen nicht schuldig werden, wie unsere Väter und wie wir es gewesen sind. Sie sollen eine bessere Welt kennenlernen als wir. Sie selber sollen besser sein als wir.

Wir werden nicht vergeblich gekämpft haben, auch wenn es uns nicht mehr bestimmt sein sollte, den Tag des Sieges zu erleben. Das flüchtige Lächeln einer Dankbarkeit, mit der die jüngeren Kameraden unserer gedenken werden, wird uns belohnen. Irgendwo werden sie – von denen wir uns so gern vorstellen, daß sie glücklicher sein mögen als wir – auf Spuren stoßen, die von unseren Kämpfen zeugen, diesen Kämpfen, die uns heute ganz in

Anspruch nehmen und die dann vergangen sein werden. Dann werden diese Knaben – für ein paar Augenblicke nur – innehalten in ihren Spielen und in ihrem Werk. Ein paar gerührte Sekunden lang werden sie nachdenklich sein. Vielleicht kommt ihnen dann eine Ahnung, was gesündigt, was bereut, durchkämpft, gelitten worden ist – und wir sind nicht vergessen.

Kultur und Freiheit

Das Ziel der menschlichen Entwicklung ist die absolute Freiheit des Individuums. Dieser utopische Zustand wird erst dann möglich sein, wenn das Individuum durchaus vollkommen ist. So, wie die Menschen heute tatsächlich noch sind, würde die absolute Freiheit das Aufhören jeder gesellschaftlichen Ordnung bedeuten: das Chaos, die Anarchie.

Die absolute Unfreiheit aber bedeutet das Aufhören alles dessen, was wir unter Kultur verstehen – und was man seit Menschengedenken unter Kultur verstanden hat –: das Aufhören nämlich des unabhängigen Denkens; die Ausschaltung der schöpferischen Persönlichkeit.

Es hat immer Tyrannen gegeben, welche den Menschen das Teuerste stahlen: ihre Freiheit – die relative Freiheit meine ich, die jede gesittete Gesellschaftsform den Menschen gewähren sollte. Die Tyrannen gaben den Menschen, als Ersatz für die Freiheit, irgend etwas, was kostbar scheinen mochte, sicherlich aber nicht den großen Preis der Freiheit wert war; sie gaben ihnen etwa den sogenannten «Ruhm des Vaterlandes». Sehr häufig aber gaben sie gar nichts, sondern raubten nur die Freiheit, wie ein Dieb den Leuten ihr Geld raubt.

Es hat aber auch immer Menschen gegeben, die sich gegen die Willkür und den Übermut, gegen die Gewinnsucht und die Unbarmherzigkeit der Tyrannen auflehnten. Zu diesen Menschen haben stets auch Dichter gehört – zu Ehren unseres Standes sei es gesagt. Freilich: längst nicht alle Dichter setzten ihren Ruhm, ihr Einkommen und wohl gar ihr Leben aufs Spiel, weil sie sich mit den Tyrannen nicht abfinden wollten. Manche brachten es sehr wohl fertig, sich abzufinden: sie verrieten die Wahrheit und den Geist für Geld, für einen Titel oder auch nur für die Hoffnung auf Geld und Titel. Es sind nicht diese Dichter, die wir bewundern; nicht sie sind es, die eine gerechte Nachwelt preist. Die wahrhaft Großen im Geiste waren immer *für* die Unterdrückten – *gegen* die Unterdrücker.

Wie viele Poeten mußten heimatlos werden, weil ihnen von allen Begriffen und Idealen zwei die teuersten waren: die Wahrheit und die Freiheit. Wie viele Genies sind im Exil gewesen – es ist eine lange und eine ruhmreiche Liste: von Ovid bis Dante; vom Franzosen Victor Hugo, der Napoléon den Dritten haßte und als «Napoléon le Petit» verspottete, bis zum Spanier Unamuno, der sich nicht mit der Erniedrigung seines Landes durch den Faschismus abfinden mochte; von Heinrich Heine bis Einstein; von Georg Büchner, der im Schweizer Exil starb, bis Thomas Mann, der im Schweizer Exil sein Werk weiter tut.

Alle Verbannten haben Sehnsucht nach ihrer Heimat. Sie haben ihre Heimat verlassen – nicht aus einem Mangel an Liebe zum Vaterland; sondern weil sie das Vaterland gar zu sehr liebten, um die Zeugen seines Schmach sein zu wollen. Heine dichtete in Paris: «Denk ich an Deutschland in der Nacht – Bin ich um meinen Schlaf gebracht. – Ich kann nicht mehr die Augen schließen – Und meine heißen Tränen fließen.» – Und ein lebender deutscher Dichter, Bert Brecht, begann sein Klagelied um die Heimat: «Oh, Deutschland, bleiche Mutter...»

Kultur und Unfreiheit – diese beiden Worte zusammen ergeben keinen Sinn. Es gibt keine Kultur, wo es keine Freiheit – oder wo es nicht doch ein gewisses Maß an Freiheit gibt. Der totalitäre Staat will die Kultur nicht, er kann sie nicht brauchen, er betrachtet es keineswegs als seine Sendung und Funktion, ihr zu dienen. Der totale Staat will überhaupt nichts außer seiner eigenen Machtentfaltung. Der totale Staat findet nicht, daß er für die Menschen da ist – sondern die Menschen, seiner Ansicht und seinem Dogma zufolge, sind da *für ihn*.

Wir deutschen Emigranten sind nicht die ersten, die die bittere Bekanntschaft mit der Tyrannis gemacht haben, und auch heute sind wir nicht die einzigen auf der Welt, die von Tyrannen vertrieben und heimatlos gemacht wurden.

Die Tyrannen früherer Zeiten waren sicherlich keine besseren Menschen als die unseren von heute: einige von ihnen waren wahrscheinlich mindestens ebenso fürchterlich wie diejenigen, die wir heute kennen. Trotzdem hat es vielleicht noch *nie* eine so komplette Tyrannis gegeben wie die unserer «totalitären Staaten» – aus dem einfachen Grunde, weil die Gewaltherrscher, die Autokraten früherer Jahrhunderte nicht den gleichen technischen Apparat zur Verfügung hatten, mit dem unsere Diktatoren so meisterhaft umzugehen wissen. Der Terror und die Propaganda, die Zensur, die Kontrolle jedes einzelnen Individuums waren in früherer Zeit weder milder noch weniger schamlos als heute; aber sie waren weniger gut *organisiert*. Daß es den heutigen Diktatoren möglich ist, alle technischen Mittel und Instrumente, alle Errungenschaften eines fortgeschrittenen, hoch zivilisierten Zeitalters in den Dienst ihrer atavistisch reaktionären, fortschrittsfeindlichen, zivilisationsfeindlichen Dogmen zu stellen: ebendies macht den Faschismus ärger und bedrückender als jede frühere Form der Gewaltherrschaft. Gerade die schreiende Diskrepanz zwischen der Modernität seiner Mittel und der finsteren Rückständigkeit seiner Dogmen gibt ihm den Charakter des Widernatürlichen, des durchaus Hassenswerten. Der Fanatiker und der Tyrann mögen in frühe, unentwickelte Formen der Gesellschaft gepaßt haben. Der fanatische Tyrann, der sein demagogisches Geschrei mittels Radio verbreiten läßt und der im hochmodernen Mercedes-Wagen durchs Triumphtor fährt, ist einfach ein Anachronismus.

Wir wollen aber nicht so viel von den Tyrannen reden – obwohl wir mancherlei Anlaß hätten, uns mit ihnen zu beschäftigen –, sondern von den natürlichen Opponenten und Gegenspielern der Tyrannen: von den Intellektuellen und besonders von den Schriftstellern. Sie hatten immer unter den Tyrannen zu leiden, und sie mußten stets, aus Furcht vor den Tyrannen, die Heimat verlassen – wir erwähnten es schon. Aber niemals gelang es den Tyrannen, die Dichter so vollkommen von ihrer Heimat abzutrennen, sie so ganz von ihrem eigentlichen Publikum zu isolieren, wie es ihnen heute gelingt. Vergessen wir nicht, daß noch die großen literarischen Emigranten des neunzehnten Jahrhunderts in ihren Vaterländern gehört wurden – wenigstens von einer

Elite. Heinrich Heines Schriften wurden in Deutschland gelesen, während er selber es vorzog, in der Sicherheit des Pariser Exils zu bleiben. Victor Hugos flammende Manifeste erreichten von der Insel im Ozean aus – die für so viele Jahre sein Aufenthalt war – die Hauptstadt, Paris – und man erzählt, daß Napoléon III. selber vor dem Einschlafen die Poesien des Meisters zu lesen pflegte, allerdings in aller Heimlichkeit. Ich möchte wetten, daß Hitler keineswegs die Verse von Alfred Kerr oder Bert Brecht, die Prosa von Heinrich Mann oder Lion Feuchtwanger liest; wenn ihm ausnahmsweise nach Lektüre zumute ist, greift er bekanntlich nach den beliebten Erzählungen des deutschen Klassikers Karl May...

Das Schicksal der *völligen* Isolierung von der Heimat: erst *wir*, erst die Opfer der modernen totalitären Staaten haben es kennengelernt. Und ich glaube feststellen zu dürfen: von allen modernen totalitären Staaten ist es der *deutsche*, ist es der Staat Hitlers, der den Geist am tiefsten und am unbarmherzigsten haßt.

Freilich: auch in Rußland wird die Literatur scharf kontrolliert und ist ganz bestimmten Gesetzen unterworfen. Aber diese Gesetze – so streng und so willkürlich sie oft sein mögen – sind doch nicht konzipiert in einem Geiste, der, als solcher, dem Geiste und der Idee des menschlichen Fortschritts feindlich gesinnt ist. Die Intellektuellen haben also zwar zu leiden; aber es muß ein wenig leichter für sie sein, sich mit ihren Leiden abzufinden.

Beinahe ebenso schlimm wie im Dritten Reich steht es im faschistischen Italien. Trotzdem sind Unterschiede zu konstatieren. Der erste Unterschied ist der, daß es im modernen Italien viel weniger kulturelles Leben zu zerstören und zu unterdrücken gab als im modernen Deutschland. Italien ist reich an ungeheuren kulturellen Schätzen und Erinnerungen; aber zu der kulturellen Entwicklung im zwanzigsten Jahrhundert hat es ohne Frage weniger beigetragen als Deutschland, Frankreich oder England. – Außerdem haßt Mussolini nicht – wie Hitler es tut – den Geist aus Instinkt und Ressentiment; er haßt und verfolgt den Geist nur dann, wenn er politisch für ihn störend wird. Der Duce, bei all seiner Brutalität und Eitelkeit, ist immerhin selber ein Intellektueller. Er hat seine Karriere begonnen als ein marxistisch geschulter Journalist, und er kann ein anständiges Italienisch schreiben – während der «Führer» in seinem Leben noch keinen korrekten deutschen Satz zustande gebracht hat. – Wenn ich dies feststelle, will ich die Untaten, die der italienische Faschismus gegen den Geist und gegen die Kultur begangen hat, nicht verkleinern oder beschönigen. Ich weiß es: Sie sind grausig genug. Die italienischen Schriftsteller im Exil – der große Erzähler Ignazio Silone zum Beispiel – wissen ein trauriges Lied zu singen von den Verfolgungen, denen heute ein freiheitlich gesinnter Geist im Lande Dantes und Manzonis ausgesetzt ist. Ich glaube auch kaum, daß der italienische Philosoph Benedetto Croce – der in seiner Heimatstadt Neapel einsam wie ein Verbannter haust –, wenn es ihm gestattet wäre, seine wahre Meinung zu sagen, vom Faschismus mit weniger Haß sprechen würde als wir vom Nationalsozialismus. Und wenn wir uns erst die Poeten ansehen, die heute bei Mussolini in besonderen Gnaden stehen, so begreifen wir erst ganz, wie tief die italienische Kultur gesunken ist. Exzellenz Marinetti zum Beispiel, der erst unlängst wieder – anläßlich des Abessinischen Raubzuges – die Reize des Krieges in so amüsanter Form besungen hat: Er ist sicherlich nicht besser als unser Hanns Johst, Präsident der Deutschen Dichter-Akademie, literarischer Favorit des «Führers».

Im Nationalsozialismus triumphiert eine alte deutsche Antipathie gegen den Geist. Denn – vergessen wir es nicht! – der nationale Charakter der Deutschen ist sehr merkwürdig zusammengesetzt – merkwürdiger vielleicht als irgendein anderer nationaler Charakter. Die großen schöpferischen Deutschen haben der westlichen Kultur, haben der Menschheit unendlich viel gegeben. Aber andererseits gibt es im deutschen Wesen ein tiefes, bösartiges *Mißtrauen* gegen den Geist und gegen all seine schöpferischen Manifestationen. Den großen Geistern Deutschlands ist dieser Zug im Charakter ihrer Kompatrioten immer bekannt und immer verhaßt gewesen; von den Klassikern haben ihn am eindrucksvollsten Goethe und Nietzsche beschrieben.

Daß der «Führer» ein so miserables Deutsch schreibt, hat ihn, zunächst, bei seinen Landsleuten gewiß nicht unbeliebter gemacht; sondern hat das allgemeine Zutrauen zu ihm eher noch verstärkt. Mißtrauisch wäre man in Deutschland eher gegen einen Politiker, der einen zu *guten* Stil schriebe – ein Vergehen, dessen sich etwa Walter Rathenau schuldig machte. Es ist auch charakteristisch, daß in Deutschland die Schriftsteller oder Gelehrten niemals einen politischen Einfluß erlangen konnten – während in anderen europäischen Ländern gerade *sie* dazu berufen waren, die Schicksale ihrer Nationen mitzubestimmen: Lenin und Masaryk, Beneš und Barthou, Poincaré und Painlevé – um nur einige Beispiele zu nennen –, sie waren – oder sind – nicht nur große Staatsmänner, sondern auch große Männer der Feder – des Geistes.

Nun hat aber alles seine Grenzen, sogar bei den Deutschen. Ohne Frage: die Nazis sind zu weit gegangen mit ihrer Verfolgung, ihrer kompletten Vernichtung der Kultur. Das Leben in Deutschland verödet; zuerst haben nur ein paar Tausende es bemerkt; nun wissen es schon Hunderttausende, und allmählich werden auch die Millionen es begreifen. Es begreifen bedeutet aber schon darunter leiden. Und auf die Dauer leidet man nicht, ohne sich gegen die völlig willkürlichen Ursachen des Leidens aufzulehnen. – Gleichzeitig mit der Butter und den Anzug-Stoffen wird im Dritten Reich der Geist knapp. Das Leben wird reizlos, wird arm; es büßt alles ein, was ein Leben erst lebenswert macht. Das spüren die Hunderttausende, das ahnen schon die Millionen. Sie fangen an zu verstehen: Die Nazis wollen eigentlich gar nicht Deutschlands Größe – wie sie unaufhörlich behaupten –; sie wollen Deutschlands Rückfall in frühe, barbarische Lebenszustände; sie wollen es isolieren, loslösen von der gesitteten Menschheit. Ihr tierischer Haß gegen die Juden ist nur ein *Symptom*, ein Ausdruck ihres Hasses gegen die Zivilisation, gegen den Geist: Der Jude repräsentiert für den Nazi einfach den intellektuellen Menschen. Übrigens hassen sie die Christen ja ebenso unversöhnlich, wie sie die Juden hassen. Für die Anbeter der «blonden Rasse» ist Rom – ich meine: das katholische, nicht das faschistische Rom – ebensosehr eine Stätte des Bösen wie Jerusalem oder Paris oder Moskau.

Das Leben, dem der Geist genommen ist, wird schal. Erst jetzt, und erst allmählich, fangen die Deutschen an zu begreifen, daß die Kultur wirklich etwas ist, was sie zum Leben brauchen. Nun stöhnen sie nicht nur unter den immer schlechter werdenden Lebensbedingungen, unter dem Verlust ihrer bürgerlichen Freiheiten, unter der ständigen Angst vor dem Krieg, den ihr Regime vorbereitet; sie stöhnen auch unter der Enge, der Reizlosigkeit, der Dumpfheit des geistigen Lebens. Selbst solche Deutsche, die sich früher für das Gewagte, Moderne, Neue in der Kultur nur wenig interessierten, werden jetzt gierig nach einer Abwechslung von dem ewigen, trübsinnigen Einerlei, das die Goebbels und Rosenberg ihnen diktieren. Um nur ein Beispiel zu nennen: Hitler – der sich bekanntlich für Malerei interessiert – läßt die deutschen Museen «reinigen»: das heißt – alles, was einen modernen Stil hat oder was von einem «nichtarischen» Künstler stammt, wird verbannt. In München läßt er diese verbannten Bilder – darunter Meisterwerke von Nolde oder George Grosz, von Otto Dix, Lovis Corinth oder der Kollwitz – in einem besonderen Museum ausstellen: als abschreckendes Beispiel – wie er meint –; um den deutschen Bürgern zu zeigen, wie abscheulich man in den Jahren der «Schmach» – in den Jahren der Republik nämlich – gemalt hat. Das Amüsante begibt sich: Die «abschreckende» Ausstellung wird ein fulminanter Erfolg. Das Publikum drängt sich. Indessen bleibt die andere Ausstellung, im wunderschönen neuen «Haus der Kunst» – in der Hitler das zeigt, was seinem eigenen Geschmack entspricht –, nach einigen Tagen beinah leer. Nicht einmal ein herrliches Gemälde, das den «Führer» – halb Lohengrin, halb Siegfried – in silberner Rüstung auf einem schwarzen Rosse zeigt, vermag das Publikum auf die Dauer anzuziehen.

Das kulturelle Leben stirbt ab. Die Theater helfen sich mit alten Schwänken, da die Stücke der neuen Nazi-Autoren meistens gar zu miserabel sind und da sogar viele Dramen der deutschen Klassiker der Zensur bedenklich erscheinen: im «Don Carlos» wird «Gedankenfreiheit» gefordert; in Lessings «Nathan der Weise» wird die Toleranz gepredigt, und in Goethes Dramen kommt überhaupt nichts Patriotisches vor. Es ist bezeichnend, daß ein ohne Frage begabter Theatermann wie mein alter Freund Gustaf Gründgens – früher Kommunist, heute intimer Freund Hermann Görings und Intendant der Berliner Staatstheater – seinen größten Erfolg mit der französischen Farce «Ein Glas Wasser» von Scribe hatte. Der Fall Gründgens ist charakteristisch für alle die unter den deutschen Intellektuellen und Künstlern, die ihre Gesinnung und alles, was an ihnen wertvoll war, für ihre Karriere verrieten: Ich habe mich mit diesem besonderen Fall ausführlich auseinandergesetzt, weil ich ihn mit einer besonderen Intimität kannte. Aber es gibt leider viele Fälle wie diesen. Manche, die wir als liberale Männer gekannt haben, schwören heute zum Hakenkreuz – weil die Herren vom Hakenkreuz sie bezahlen. Hier in Hollywood habe ich den Schauspieler Emil Jannings auf den Tisch schlagen sehen, wenn jemand eine Bemerkung machte, die ihm nicht republikanisch genug war. Heute läßt er diejenigen ins Konzentrationslager bringen, die von ihm behaupten, daß er eine jüdische Großmutter habe – wir wollen hoffen, daß es wirklich nicht stimmt; wenn erwiesen wäre, daß Jannings jüdisches Blut hat, gäbe es am Ende *noch* mehr Antisemiten...

Die Künstler, die den Geist um der Karriere willen verraten, werden ihre Sünde alle büßen müssen – mehrere büßen sie schon jetzt. Am deutlichsten wird das bei den Schriftstellern. In der Stickluft des Dritten Reiches verlieren sie ihr Talent; sie werden unproduktiv. Um nur ein paar Beispiele zu nennen: Ein vielversprechender junger Autor, der früher Bücher schrieb, die jungen Menschen etwas zu sagen hatten, verfaßt heute dummes, sentimentales Zeug. Er schreibt auch Ufa-Filme und verdient sicher ein nettes Geld damit. In einem der Filme, dessen Drehbuch er geschrieben hat – der Film hieß «Traumulus» – soll der «Führer» geweint haben: der junge Autor rühmte sich dessen, so tief ist er nun schon gesunken. Er war früher mein Freund. Neulich unternahm er eine Ferienreise in die Schweiz – zu Erholungszwecken ziehen selbst Ufa-Autoren die Schweiz den deutschen Badeorten vor – und las dort eines der Bücher, die ich im Exil geschrieben habe. Er schrieb mir, aus dem Engadin, eine Postkarte, voll der süßesten Komplimente. «Mit *Neid* spürt man die Luft der *Freiheit*, in der du das schreiben konntest!» schrieb er mir. Ich mußte denken, daß er schließlich ebensowohl die Möglichkeit gehabt hätte zu emigrieren wie ich. Andererseits begriff ich erst ganz den etwas schwermütigen Ton seiner Karte, als ich, in einem kleinen Theater zu Yorkville in New York, seinen neuesten Film sah: «Madame Bovary» mit der Negri. Wie durchaus trostlos war das! Was hatte man da aus einem unsterblichen Stoff, aus einer interessanten Schauspielerin gemacht! Ich verstand die leichte Deprimiertheit meines ehemaligen Freundes. Er hat einen schönen Horch-Wagen; aber er muß für die Ufa schreiben. Eine harte Strafe…

Die jungen Talente verkommen, vertrocknen. Der junge Autor Manfred Hausmann, um nur irgendeinen Fall zu nennen – Hausmann, dessen hübsches Buch «Kleine Liebe zu Amerika» ein freundliches Aufsehen gemacht hat, hat seit dem Jahr des Unheils, 1933, kaum noch etwas produziert. Von Herrn Arnolt Bronnen, der mit so viel Lärm begann, hört man nichts mehr, seit er öffentlich erklärt hat, daß seine Mutter seinen Vater betrogen habe: sein Vater hieß nämlich Bronner und war, was man nun einen «Nicht-Arier» nennt; der Dichter Bronnen aber wollte lieber unehelich als unarisch gezeugt sein… Um vielversprechende junge Talente wie W. E. Süskind und Heinrich Hauser wird es immer stiller. Stille wird es sogar allmählich um Hanns Johst, den literarischen Star des Regimes. Erich Kästner, dessen schwermütige und boshafte Lyrik früher oft bezaubernd war, schreibt «humoristische» Romane, deren Harmlosigkeit schon an Stumpfsinn grenzt… Was ist aus ihnen allen geworden?

Reden wir erst gar nicht von dem zugleich größten und traurigsten Fall: von Gerhart Hauptmann. Der große Hauptmann – der Dichter so unsterblicher deutscher Werke wie «Weber», «Michael Kramer» oder «Hanneles Himmelfahrt» – ist schon lange tot. Der Mann, der heute den Namen Gerhart Hauptmann führt, hat seit 1914 nichts mehr geschrieben, was uns das Herz bewegt hätte. Seit er aber die Hakenkreuzfahne auf dem Dache seines Hauses hißte, mußten wir lernen, ihn zu verachten. Übrigens scheint sogar Gerhart Hauptmann – so betagt er ist – innerlich darauf vorbereitet, noch einmal seine Gesinnung zu wechseln, sich auch noch mit einem anderen Regime zu verständigen. Neulich hat sich etwas Komisches und Charakteristisches zugetragen.

Mein Vater ließ sich in Zürich einen Anzug machen. Er kam zu seinem Schneider zur Anprobe. Während er in der Anprobe-Kabine stand, wo der Kleider-Künstler an ihm herumhantierte, kam aufgeregt der Manager des Geschäfts herbei. «Denken Sie doch, Herr Professor!» rief – beinah atemlos vor Entzücken – der Manager. «Nun haben wir noch einen zweiten Star, einen anderen ‹Löwen› im Haus! Unten im Laden steht Gerhart Hauptmann und sucht sich eine Krawatte aus. – Wollen Sie ihn begrüßen?» fragte der Manager, nicht ohne Hinterlist. Mein Vater antwortete: «Na...» Darauf der Manager, höchstlich amüsiert: «Sehen Sie: genau das gleiche hat Herr Hauptmann auch gesagt! Und dann hat er noch hinzugefügt: ‹Damit warten wir doch besser, bis die Zeiten sich wieder geändert haben...!›»

Man sieht: Sogar Gerhart Hauptmann rechnet damit, daß die Zeiten sich wieder ändern. Warum sollten wir pessimistischer sein als er?

Seien wir zuversichtlich! Nehmen wir diese Emigration als eine Lehrzeit – eine *harte* Lehrzeit zuweilen. Aber wir werden ihr viel zu verdanken haben, wenn sie vorüber ist. Unsere Aufgabe ist bedeutend und ehrenvoll. Sie besteht darin: die höchsten Werte und Begriffe der deutschen und der abendländischen Kultur, die heute in Deutschland geschändet werden, zu bewahren und weiter zu bilden – um sie schließlich einmal wieder zurückzutragen in unsere endlich befreite Heimat.

Diese Emigration besteht nicht aus lauter Genies, keineswegs. Sie besteht auch nicht aus lauter Heroen, und alles, was einige von uns an Mut etwa gezeigt haben, wird geringfügig neben dem, was die illegale Opposition, in Deutschland selber, täglich an wirklichem Heldentum beweist.

Aber wir dürfen doch wohl, ohne Übertreibung und ohne Unbescheidenheit, sagen: daß die deutsche Kultur heute ihre besten Repräsentanten nicht mehr im Reiche hat, sondern im Exil.

Man vergleiche die Liste der Bücher, die heute in Deutschland erscheinen, mit der Liste der im Dritten Reich verbotenen Bücher, die in Amsterdam und Zürich, in Paris, Wien und Prag gedruckt werden. In der Tat: der Vergleich fällt zu unserem Vorteil aus – zum Vorteil der Emigration.

Die deutsche Emigration enthält viele verschiedenartige Elemente, Kräfte und Talente. Unter den Schriftstellern, die unsere Emigration repräsentieren, gibt es Konservative wie Joseph Roth; Liberale wie Bruno Frank und René Schickele; Liberale mit einer stärkeren Betonung der sozialistischen Note wie Lion

Feuchtwanger und Heinrich Mann; Revolutionäre des Gefühls, der Menschenliebe wie Ernst Toller; strenge Marxisten wie Bert Brecht, Gustav Regler, Anna Seghers. Manche Autoren haben erst in der Emigration ihr Bestes gegeben. Um nur ein paar Beispiele zu nennen: Frau Irmgard Keun, die als Verfasserin eines mehr unterhaltenden als wichtigen Buches bekannt und erfolgreich war, hat ein sehr ernst zu nehmendes, höchst instruktives Buch über das Alltagsleben im Dritten Reich – betitelt «Nach Mitternacht» – veröffentlicht. – Ödön Horváth, der bis dahin nur sein starkes Talent als Dramatiker bewiesen hat, überrascht nun durch einen höchst intensiven, eindrucksvollen Roman, «Jugend ohne Gott», der die Entartung der ganz jungen Menschen unter dem Faschismus in einer indirekten, fast märchenhaft verkleideten, aber unvergeßlichen Form beschreibt. – Der politische Schriftsteller Konrad Heiden, dessen Buch über Hitler einen Welterfolg hatte, ist erst im Exil berühmt geworden. – Der äußerst interessante Erzähler Hermann Kesten hat mit zwei großen historischen Romanen, «Ferdinand und Isabella» und «König Philipp II. von Spanien», das Format und den Glanz seines Talentes bewiesen. – Bruno Frank hat uns, im Exil, seine beiden schönsten Romane geschenkt: den «Cervantes» und den «Reisepaß». Ernst Toller hat sein reifstes und reizvollstes Prosa-Buch geschrieben, «Eine Jugend in Deutschland». – Heinrich Mann hat einen neuen Aufstieg, eine Art von faszinierender zweiter Jugend erlebt: Seine politischen Essays vereinigen die empörte Leidenschaft des Jünglings mit der Weisheit und der schönen Würde der echten Meisterschaft. Sein Roman «The Youth of Henri of Navarra» kann den Vergleich mit seinen schönsten Büchern – «Die kleine Stadt» und «Der Untertan» – aushalten. – Thomas Mann tut sein großes Werk weiter: die Joseph-Trilogie – ein großes, kühnes Menschheitsepos, dem Faust verwandt – wächst; gleichzeitig entsteht ein neuer Roman, «Charlotte von Weimar», dessen Held Goethe ist; gleichzeitig entstehen die großen Essays über Freud, über Wagner, über viele Meister, viele Gegenstände. – Ihr Werk tun weiter: Alfred Döblin, dessen abseitige, schwierige und geistig reichen Romane, schon ihres Stiles wegen, im Ausland kaum genug gewürdigt werden können; Alfred Neumann, der seine beiden großen Romane über den Dritten Napoléon von Frankreich vorlegt; Lion Feuchtwanger, Remarque, Emil Ludwig, Leonhard Frank, Arnold Zweig, Vicky Baum, die ihr Welt-Publikum gerade jetzt mit einem großen Roman beschenkt hat, den zu schreiben seit zwanzig Jahren ihr Traum war: «Liebe und Tod auf Bali». Es tun ihr Werk weiter die Kritiker – unter denen die stärkste Figur Alfred Kerr ist, dessen siebzigsten Geburtstag wir eben gefeiert haben –; die politischen Schriftsteller – unter ihnen so brillante Talente wie Leopold Schwarzschild, der Herausgeber des «Neuen Tage-Buch» in Paris –; die Lyriker – wie die seltsame, geniale Else Lasker-Schüler, der rührende Max Hermann-Neiße –; die Dramatiker Ferdinand Bruckner, Bert Brecht, Friedrich Wolf.

Wir brauchen uns nicht zu schämen. Die Fülle der Namen, die ich aufzähle – und es ist nur eine Auswahl! – beweist: Es wird weiter gearbeitet. Das Klima der Emigration ist nicht ohne Gefahren; aber diejenigen, die von starker, zuverlässiger Substanz sind, macht es stärker, anstatt sie zu vernichten.

Es wird weiter gearbeitet. Es wird diskutiert. Es wird nachgedacht. Es wird um Ideen gelitten, gestritten, gekämpft. Das geistige Leben Deutschlands hat nicht aufgehört: es existiert weiter – heimlich, unterdrückt im Reiche selber; und, unter schwierigsten Umständen – aber doch frei, aber doch öffentlich! –, im Exil. Fast in allen Zentren der internationalen Kultur sind deutsche Emigranten tätig und machen dem Begriff der deutschen Kultur wohl auch Ehre – viele von ihnen sind hier in Hollywood tätig; einige von ihnen sind in diesem Raum – Komponisten und Dirigenten, Maler und Architekten, Forscher und Lehrer, Regisseure und Schauspieler.

Die besten der deutschen Intellektuellen haben erkannt: Ohne die Luft der Freiheit können sie nicht schöpferisch sein, können sie nicht arbeiten, können nicht leben. Sie haben erkannt: Es ist nicht nur ihre moralische Pflicht, sondern es liegt auch durchaus in ihrem *Interesse*, auf der Seite der Freiheit – das bedeutet: *aktiv* auf der Seite des Antifaschismus – zu stehen. Die Atmosphäre des Faschismus ist tödlich für den Geist und sein Werk, ist tödlich für die Kultur. Der Faschismus haßt die Kultur. Er ist ihr geschworener Feind. Die Repräsentanten der Kultur sind also *gezwungen*, entschlossene Antifaschisten zu sein. Sie sollten es nicht nur mit dem Worte sein, sondern auch mit der Tat. Mit allen ihren Kräften, mit allen Mitteln, die ihnen zur Verfügung stehen, müssen sie sich einsetzen für die kämpferische Sache des Antifaschismus – für die Sache der Freiheit.

Das Regime Hitlers hat begonnen mit einem doppelten Brand: mit dem Reichstagsfeuer, in dem die Nazis die Rechte unserer Nation verbrannten; und mit den Flammen von den Scheiterhaufen, in die man die Werke der besten deutschen Schriftsteller warf. – Das Hitler-Regime wird auch enden im Feuer. Es werden die Freudenfeuer der neuen Freiheit sein. Ihr Widerschein ist die Morgenröte des Tages, auf den wir warten, für dessen Kommen wir kämpfen.

Stimmungen in den USA

Die Amerikaner mögen den Faschismus nicht – wir dürfen das feststellen, ohne uns einer Übertreibung schuldig zu machen. Wer durch die Staaten reist – wie ich es seit Wochen tue –, um in Universitäten, in Frauen- und Männer-Clubs, für politische Organisationen über die europäischen und besonders über die deutschen Angelegenheiten zu sprechen, macht überall die Erfahrung: Die Leute schütteln sich, wenn sie an den Faschismus denken, oder gar, wenn sie neue Einzelheiten, sein Unwesen betreffend, berichtet bekommen. Alle sind sich darüber einig, daß der Faschismus, und vor allem der Nationalsozialismus, eine Pest ist, die man zu bekämpfen hat mit jedem Mittel. Das soll nicht bedeuten, daß jedermann in diesem großen Lande politischen Instinkt und politisches Wissen genug besäße, um die Vorboten des Faschismus, um die faschistische Gefahr auch bei sich daheim gleich zu erkennen. Es gibt viele, die den Fortschritt bekämpfen – und also dem Faschismus in die Hände arbeiten –, sobald es sich um die Angelegenheiten des eigenen Landes handelt; die sich aber als geschworene Antifaschisten erweisen, wenn von Deutschland, Italien oder Japan die Rede ist. Wir kennen den Typus des reaktionären Liberalen. Ihm begegnet man ziemlich oft in den Vereinigten Staaten. Wenn man ihm aber vorhält:

«Das ist ja Faschismus, was Sie da propagieren» – dann leugnet er es und wehrt sich. Sogar der Zeitungskönig Hearst muß bestreiten, daß er Sympathien für Hitler hat. Es macht hierzulande unmöglich, einer faschistenfreundlichen Gesinnung auch nur verdächtig zu sein...

Diese bittere Erfahrung hat gerade erst ein sehr populärer Herr, der Herzog von Windsor, gemacht. Der Exkönig von England ist, neben dem Präsidenten Roosevelt, Professor Einstein und Clark Gable, sicherlich der berühmteste Mann von Amerika. Die Sensation, die seine Abdankung im vorigen Herbst hier bedeutet hat, ist unbeschreiblich. Tage- und wochenlang sah man in den Zeitungen beinah nichts als sein Porträt und das der Miss Simpson aus Baltimore. Das leidenschaftliche Interesse der breiten Öffentlichkeit an seiner Person hat seither nicht nachgelassen. Seine Amerika-Tour versprach das große Ereignis der Saison zu werden. Jede Einzelheit seiner Reise-Pläne wurde, auf den Titelblättern der Zeitungen, des langen und breiten erörtert. Die Stimmung begann umzuschlagen, als die Windsors ihren Besuch im Dritten Reich absolvierten. Mit höhnischen Texten veröffentlichte man nun überall die Bilder, die das hohe Paar im innigen Beisammensein mit den Herren Ley, Hitler usw. zeigten. Als dann bekannt wurde, daß der Reisemarschall des Herzogs in den Staaten Mr. Bedaux sein sollte, der bei den Arbeitern besonders verhaßt ist, setzte ein Sturm der Entrüstung ein. Die Herzogin hatte bekanntlich schon ihre 250 Sommer-, Herbst- und Winterkleider in 50 Schrankkoffern verpackt und saß reisefertig im Hotel Meurice zu Paris. Da kam das Ungewitter der Proteste über den Ozean; der Herzog führte nervöse Ferngespräche mit Dr. Bedaux, der seinerseits etwas fassungslos war – und das Ganze endigte damit, daß «Wally» – wie sie in der amerikanischen Presse heißt – ihre Koffer wieder auspacken mußte und die fürstliche Kabine, die man an Bord der «Bremen» reserviert hatte, von einem biederen amerikanischen Ehepaar, statt von den Windsors, benutzt wurde. In keiner amerikanischen Zeitung habe ich ein Wort des Bedauerns über die abgesagte Lustpartie des «Exkönigs» gefunden... Die Geschichte ist hübsch und lehrreich. Sie beweist: Die Berührung mit dem europäischen Faschismus beschmutzt in den Augen der Amerikaner.

Der Herzog – nachdem er die Amerika-Reise schon abgesagt hatte! – ließ immer wieder über den Atlantik drahten, daß er durchaus nicht so besonders viel übrig habe für die Herren, die in Berlin und Berchtesgaden seine Gastgeber gewesen sind. Auch Mr. Bedaux geht herum, schlägt sich an die Brust und versichert jedem, der es hören will: «Eigentlich bin ich gar kein Faschist!»

Auch die glänzende Wiederwahl des Bürgermeisters von New York, La Guardia, scheint nur ein Beweis dafür zu sein, wie populär hier ein Mann werden kann, der von Goebbels und seinen Knechten wie ein toller Hund beschimpft worden ist. («Der Obergangster-Meister von New York!» usw.) Freilich: La Guardia ist nicht nur populär wegen seiner scharfen Anti-Nazi-Haltung, sondern, vor allem, wegen seiner mannigfachen und bedeutenden Verdienste um das Gemeinwesen – und auch sein «Konkurrent», der Kandidat der Demokratischen Partei, hat sich als ausgesprochener Nazi-Feind bekannt. Aber La Guardia ist, in einem betonteren Sinn, der antifaschistische Typus; das Geschrei, das in Berlin gegen seine Person erhoben wurde, hat ihn auf eine ganz besondere Art zum Repräsentanten des Antifaschismus gestempelt. Er gilt als «linker» Mann und steht in guten Beziehungen zu den Kreisen der Arbeiter-Bewegung. Man lasse sich nicht dadurch irre machen, daß er zur «Republikanischen» Partei gehört, nicht zur «Demokratischen». Die Republikanische Partei gilt, im allgemeinen, als die konservative, kapitalistische. Bei den Präsidentschafts-Wahlen, im vorigen Jahr, propagierte sie den Gouverneur Landon – gegen Roosevelt. Für Mr. Landon setzte sich die faschistenfreundliche Hearst-Presse ein. Bei den New Yorker Bürgermeister-Wahlen war jedoch der Kandidat der Republikaner gleichzeitig der, auf dessen Sieg die fortschrittlich Gesinnten hofften. Veränderungen von solcher Art sind in den USA möglich und nicht einmal ungewöhnlich. Charakteristisch und bemerkenswert ist übrigens, daß der «republikanische» Bürgermeister La Guardia in sehr freundschaftlichen Beziehungen zum «demokratischen» Präsidenten Roosevelt steht, während gewisse reaktionär-kapitalistische Elemente innerhalb der Demokratischen Partei heute scharf gegen den Kurs des Präsidenten auftreten.

La Guardias großer Sieg in New York bedeutete: daß die

starke Mehrheit der Bevölkerung *für* den energisch fortschrittlichen Kurs, für die sozialen Reformen ist. Der «Mayor» von New York ist, ohne Frage, eine echte, originelle, imponierende *Persönlichkeit*. Er hat Energie, Zivilcourage, und er hat Humor. Übrigens ist er ein hervorragender Redner. Unlängst hatte ich die Gelegenheit, ihn lange aus der Nähe zu beobachten. Er vereinigt die Mimik und die Gesten eines Südländers mit der trockenen Schlagfertigkeit eines echten New Yorkers. Man sagt ihm nach, er habe napoleonische Züge, und daran ist etwas Wahres: seine gedrungene, kurze Figur, auch sein Gesicht lassen zuweilen an den Franzosen-Kaiser denken. Freilich stellt man sich den Korsen weniger munter, weniger gemütlich vor, als der Bürgermeister es ist. Ein undämonischer, behaglicher Napoleon: das etwa ist der erste Eindruck, den man von Mr. La Guardia bekommt...

Die Amerikaner mögen den Faschismus nicht. Die überwiegende Mehrheit unter ihnen sympathisiert unbedingt mit den spanischen Republikanern, mit China, mit der illegalen Opposition in Deutschland, mit der Volksfront in Frankreich, mit der Tschechoslowakischen Republik. Es ergibt sich aber die Frage: Würden alle diese Amerikaner dazu bereit sein, für die vom Faschismus bedrohten – oder schon überfallenen – Länder oder Bevölkerungsgruppen etwas zu riskieren, das Äußerste zu riskieren? Es ist nicht leicht, auf eine solche Frage die Antwort zu geben. Der Satz, daß die Vereinigten Staaten nur in einer Politik der absoluten *Isolierung* ihr Heil finden können, hat hier immer noch viel Überzeugungskraft. Andererseits sind vielleicht gerade neuerdings – etwa: seit Abschluß des «antikommunistischen» Paktes zwischen Deutschland, Japan und Italien – andere Tendenzen und Stimmungen im Begriffe, sich hier durchzusetzen, oder doch an Boden zu gewinnen. Die berühmte Rede des Präsidenten Roosevelt in Chicago – eine Rede, die, wie bekannt, im wesentlichen *gegen* die traditionelle «Isolierungs»-Politik gerichtet war – hat im Lande viel Opposition, aber auch viel Begeisterung ausgelöst. Es ergab sich, daß gerade die reaktionären Kreise am lebhaftesten gegen sie opponierten, während die fortschrittlichen ihr Beifall klatschten. Mit dem Pazifismus hat es ja heute, in den demokratischen Ländern, oft eine merkwürdige

Bewandtnis. Den faschistischen Imperialismus gewähren lassen heißt schon, ihn begünstigen. Eine gescheite Amerikanerin sagte mir neulich: «Viele Freundinnen fragen mich: Glauben Sie wirklich, daß es Krieg geben wird? So viel Naivität ist unglaublich! Als ob die Faschisten nicht schon längst begonnen hätten mit dem Kriege – in Abessinien, in Spanien, in China! Als ob wir nicht schon mitten in einem allmählich sich ausbreitenden Weltkrieg uns befänden! Dieser Krieg wird erst dann zu Ende sein, wenn alle friedliebenden Völker das eindeutige, klare Bündnis gegen die aggressiven Nationen schließen...» – Wie viele Amerikaner – wie viele amerikanische *Antifaschisten* sind schon bis zu dieser einfachen Erkenntnis gekommen? Von der Beantwortung dieser Frage hängt manches ab – vielleicht nicht nur die Zukunft der Vereinigten Staaten von Amerika, sondern die Zukunft der gesitteten Menschheit.

Walt Disneys «Schneewittchen»

Hollywood hat seine Weihnachtsüberraschung. Nein, keine Überraschung eigentlich, denn seit Jahren – ja, buchstäblich: seit Jahren – erwartet man hier den ersten großen, abendfüllenden Farbenfilm von Walt Disney: «Snow White and the Seven Dwarfs» – «Schneewittchen und die sieben Zwerge».

Man muß es wissen: dieser Walt Disney ist, in den Vereinigten Staaten, beinahe ebenso populär wie Garbo, Chaplin oder der Präsident Roosevelt. Alle wissen: Disney ist der Mann, dem die Welt Mickey Mouse zu verdanken hat und Donald Duck, die schnatternde Ente. Disney ist der Meister des Trickfilms – eine große, eine legendäre Figur in Hollywood. Vor drei Jahren – so rühmt die Hollywood-publicity ihm nach – hatte er nur hundert Angestellte. Nun sind es schon siebenhundert. Dreihundertfünfundsechzig von diesen siebenhundert arbeiten an seinem ersten abendfüllenden Film, dem «Schneewittchen». Daß Disney öffentlich erklärt, er habe ebensoviel Personen beschäftigt, wie das Jahr Tage hat, zeigt seinen Sinn fürs poetisch Pointierte. Emsig wie die Heinzelmännchen – wie die sieben Zwerge – haben diese dreihundertfünfundsechzig an dem höchst originellen, teilweise zaubervollen Produkt, dem «Schneewittchen», geschaffen. Sie haben volle drei Jahre gebraucht, um es fertigzustellen. Disneys Reklame-Agent läßt uns wissen: Wenn ein einzelner Mann es unternehmen wollte, Walt Disneys ersten abendfüllenden Film alleine zu vollenden, und wenn er genügend Talent hätte, das zu tun – er würde vielleicht dazu imstande sein, diese Aufgabe in ein wenig mehr als 230 Jahren zu erfüllen, bei einer Arbeitszeit von acht Stunden täglich, abzüglich zwei Wochen pro Jahr. – Sehr säuberlich ausgerechnet, und vor allem gefällt mir, daß man auch die Ferien – bescheidene Ferien freilich (und wir erfahren nicht, ob es sich da um bezahlte oder unbezahlte handelt) – für den imaginären Schwerarbeiter nicht vergessen hat. Aber diese drollig-pedantische Errechnung läßt immerhin imposante Schlüsse zu auf das ungeheure Maß an Arbeit, an handwerklich tüchtiger Leistung, das in diesem kindlich bunten Bildstreifen steckt. Die Farbe, die für diesen Film verwendet wurde – so erzählt uns der publicity-Statistiker – würde hinreichen, um zweiundzwanzig Fünfzimmer-Häuser von oben bis unten auszumalen. Es gibt in diesem Schneewittchen-Film zweihundertundfünfzigtausend voneinander verschiedene gemalte Szenen. Der Film hat eine Million fünfhunderttausend Dollars gekostet. Das sind Zahlen, vor denen der amerikanische Kino-Besucher fromm erschauert. Warum leugnen, daß sie auch uns beeindrucken? Das Maß an Energien und Mitteln, das auf ein solches Unternehmen verwendet wird, ist ungeheuerlich, ist gigantisch. Dabei verzichten die dreihundertfünfundsechzig Mitarbeiter, die dem Walt Disney die Realisierung seines märchenhaft-phantastischen Planes ermöglicht haben – und denen er, in seinem Vorspruch, ausdrücklich und herzlich, Dank sagt – auf jeglichen Ruhm. Die Stimmen, mit denen die gezeichneten und gemalten Figuren – das süße Schneewittchen, die böse Königin, die Zwerge, der schöne Prinz – zum Publikum sprechen, sollen bekannten Schauspielern zugehören. Disney versagt es sich indessen, mit den Namen dieser Stars für sein Werk zu werben. Seine Meinung ist: Die Namen der Künstler könnten verwirrend wirken; müßten die Aufmerksamkeit der Zuschauer von den gezeichneten Personen, den

Märchenfiguren ablenken. Disney – es wird deutlich – hat den Ehrgeiz, die von ihm ersonnenen und hergestellten Schemen als Kreaturen von Fleisch und Blut aufgefaßt zu sehen – als Individuen, die nicht nur ein Gesicht haben, sondern auch eine Stimme. Und in der Tat gelingt es ihm, jedes seiner Geschöpfe bis zu dem Grad zu charakterisieren, daß wir, nach einer gewissen Weile der Eingewöhnung, an ihren Schicksalen in einem stärkeren, bewegteren Grade Anteil nehmen als an den Abenteuern irgendwelcher «echten» Menschen in irgendeinem Hollywood-Durchschnittsfilm.

Denn dieses Schneewittchen – dem Kopfe des Mr. Disney entsprungen wie die Göttin dem Kopf des Zeus – ist sehr lieblich und der Anteilnahme wert; höchst vergnüglich ist es zuzuschauen, wenn sie mit den ihr ergebenen Tieren des Waldes oder mit den sieben Zwergen ihr beschwingtes Tänzchen hat. Von den sieben Zwergen hat jeder einzelne sein eigenes Gesicht, seine persönliche Sprechweise. Es ist vielleicht festzustellen, daß alles, was mit den Zwergen zusammenhängt, was ihr Milieu und ihre Tätigkeit schildert, mit ein wenig zu viel der liebevoll amüsierten Sorgfalt ausgeführt ist. Die Zwergen-Episode nimmt in der Komposition des Ganzen einen etwas zu breiten Raum ein; hier hat der Künstler Disney sich ins Detail verliebt. Überhaupt fehlt es nicht ganz an Längen – was bei einem ersten Experiment dieser Art wohl unvermeidlich gewesen. Immer wieder aber kommen die reizenden, die eindrucksvollen Stellen, die Höhepunkte. Am vorzüglichsten geglückt scheint mir die fürchterliche Königin, die grauenvolle Stiefmama. Ihre Hexenkünste vorm Spiegel oder im schaurigen Gewölbe – wenn sie sich in die garstige Alte verwandelt, die dem Prinzeßchen den vergifteten Apfel anbieten wird –; ihr gräßliches Ende dann, wenn die stürzenden Felsen sie endlich begraben und die widrigen Geier sich mit mörderischen Schnäbeln auf ihren Kadaver stürzen, das alles hat starken poetischen Reiz, hat die wirkliche romantische Faszination, die Atmosphäre des Märchens. Um solcher Szenen willen, um einiger Landschaften willen – ein nächtlicher Wald; ein Schloß im Nebel; die von Edelstein funkelnde Höhle, in der die Zwerge arbeiten – ist der Schneewittchen-Film wirklich beinahe als ein Kunstwerk zu bezeichnen. Er hat Witz und Musik; echte

Schalkhaftigkeit, echte Anmut, veritables Grauen. Kinder, wenn sie ihn sehen, müssen gebannt und verzaubert sein; stellenweise sind es auch wir.

Übrigens bedenken wir die neuen Möglichkeiten, die reizvollen Perspektiven, die Disneys erster langer Farbenfilm eröffnet. In dieser Richtung, mit diesen Mitteln läßt sich weiterarbeiten – und Wirkungen ganz ungeahnter Art lassen sich da erreichen. Was für Landschaften gibt es da nicht zu entdecken: groteske, spukhafte, wilde, verwunschene Landschaften; E. T. A. Hoffmann-Landschaften, surrealistische Gegenden. Ein farbiger Trickfilm wahrhaft großen Stils ließe sich vorstellen, ein magischer Film, etwas Überraschendes, geistig und artistisch Kühnes – ein Werk ist denkbar, neben dem unser «Schneewittchen» dann freilich verblassen würde. Aber sogar wenn es dann schon ein wenig verblaßt wäre, würde man sich immer noch mit einer freundlichen Wehmut seiner erinnern – so etwa, wie man sich des ersten Besuches in der Oper erinnert: es wurde «Hänsel und Gretel» gespielt –, und man würde wohl sagen: «Weißt du noch: das Schneewittchen? Es war ja ein bißchen naiv. Aber es hat doch reizende Sachen darin gegeben. Die Zwerge – erinnerst du dich? Und die böse Stiefmutter, wie sie kreischte... Ja, ja, Snow White and the Seven Dwarfs...»

Experimente am Broadway

Die großen Häuser am Broadway haben das soziale Tendenz-Theater für sich entdeckt. Neuerdings haben oft die größten Bühnenerfolge gerade Stücke mit scharf gesellschaftskritischer Note: Man kann beinah von einer Mode sprechen. Natürlich üben auch in diesem Winter mehrere Darbietungen, die mit politisch-ökonomischen Problemen durchaus nichts zu tun haben, stärkste Attraktion auf das breite Publikum: zum Beispiel Giraudoux' reizender «Amphytrion 38», mit dem die hochangesehene «Theater Guild» seit Monaten volle Häuser macht. Andererseits sind auch manche politische Tendenz-Stücke durchgefallen und mußten gleich wieder abgesetzt werden. Das New

Yorker Theaterpublikum ist ebenso streng und fast ebenso launisch wie die New Yorker Theaterkritik: oft läßt es sich kaum erklären, warum die eine Inszenierung – in die ein mutiger «Producer» mehrere Zehntausend Dollar gesteckt hat – nach der zweiten Vorstellung keinen Hund mehr hinter dem Ofen hervorlockt, während andere Aufführungen – etwa die von «Tobacco Road» – schon in der vierten Saison auf dem Spielplan sind. Übrigens ist gerade die sensationelle Wirkung, die das Stück «Tobacco Road» übt – eine Gesellschaftsstudie von brutaler Finsterkeit –, charakteristisch und aufschlußreich. Wenn es in der schwer übersichtlichen Vielfalt der New Yorker Theatererfolge und -mißerfolge überhaupt eine bestimmte Tendenz zu konstatieren gibt, so ist es die zum «Zeitstück» reportagehaften Charakters und von pathetisch akzentuierter sozial fortschrittlicher Gesinnung.

Dieser Hunger nach dem Aktuellen – dieser Anspruch an das Theater, nicht die Ablenkung, nicht nur das Unterhaltende, sondern das Aufklärende, politisch Erregende und selbst Revolutionierende zu bieten – scheint beim literarisch interessierten Publikum von New York derart heftig zu sein, daß von ihnen sogar noch die Neuinszenierungen klassischer Dramen beeinflußt und stilistisch bestimmt werden. Während noch in der Saison 1936/37 zwei traditionelle Hamlet-Aufführungen – übrigens beide mit englischen Gästen – das große theatralische Ereignis waren, ist dieses Jahr die meistbesprochene Leistung eine Neubelebung des «*Julius Caesar*» – und wenn ich «Neubelebung» sage, so gebrauche ich noch ein zurückhaltendes Wort. Denn in der Tat handelt es sich bei dem Versuch des jungen, sehr schnell berühmt gewordenen Regisseurs Orson Welles um etwas ziemlich Gewagtes, an manchen Stellen Hinreißendes, in anderen Details Fragwürdiges. Das Bedenkliche dieses Modernisierungsexperimentes scheint mir keineswegs darin zu liegen, daß Welles auf alle Dekorationen verzichtet und nur mit Lichteffekten arbeitet, oder darin, daß er antike Helden in Uniformen und Straßenanzügen, Mode 1938, herumgehen läßt (obwohl ich den Brutus lieber in einem historisch indifferenten dunklen Kostüm als in einem eleganten blauen Sakko sähe); das Bedenkliche empfinde ich eher in der gar zu evidenten Absicht, zwischen den Gegebenheiten der Shakespeare-Tragödie und unseren Tragödien von heute die Parallele zu konstruieren. Dadurch entsteht Verwirrung. Denn wenn Caesar zu Anfang als ein – mindestens – präfaschistischer Typus gezeigt wird – in Aussehen und Gebärde etwas an Mussolini erinnernd –, so ist es, im Sinne des ausgesprochen antifaschistisch pointierten Ganzen, kaum logisch, wenn später, im weiteren Ablauf der Handlung, seine Größe als eine authentische, alles Menschenmaß Überragende sich erweist. Brutus, der Republikaner – den der höchst begabte junge Regisseur selber spielt, mit einer noblen Zurückhaltung, einem geistigen Ernst, einer menschlichen Wärme, die man allen seinen anderen Darstellern wünschen möchte –, Brutus stürzt sich ins Schwert, und der Untergang des innigen Liberalen und tapferen Tyrannenmörders wird – wenn man nämlich alle Umstände und Geschehnisse des Dramas mit den heutigen nicht nur vergleicht, sondern geradezu identifiziert – kaum sinnvoll oder lehrreich gemacht. Plausibler und übrigens sehr wirkungsvoll ist es, Marc Anton als den faschistischen Demagogen kraß zu stilisieren: seine listig aufwieglerische Rede an der Bahre Caesars wirkt doppelt infam nach dem würdig sympathischen Auftreten des Brutus – und dann bekommen wir auch gleich, in drastisch eindrucksvoller Form, die Faschisierung der freien Stadt, die Entwürdigung Roms unter der Demagogen-Diktatur zu sehen: Die Verhaftung Cinnas, des Poeten, wird zu einem mit Leidenschaft und Sorgfalt ausgearbeiteten, die große Szene der Leichenreden entschieden noch überbietenden theatralischen Kabinettsstück. – Die Caesar-Inszenierung von Orson Welles gilt, gerade in intellektuellen, fortschrittlichen Kreisen, für das Beste, was New Yorker Theater jetzt zu bieten haben. Dieser Erfolg ist begreiflich und übrigens erfreulich als politisches Symptom. Wir wollen die schönen Verdienste eines jungen Künstlers – um dessen Talent und Energien jede europäische Hauptstadt New York beneiden kann – nicht herabsetzen oder schmälern, wenn wir feststellen: Hier hat er des Guten ein wenig zuviel getan. Gerade den politisch Interessierten und Nachdenklichen würde seine kühne, geistvolle Shakespeare-Beschwörung mehr noch beeindrucken und bereichern, wenn die Anspielungen aufs Aktuelle weniger deutlich und direkt wären und die Ausstattung Figuren und

Handlung mehr ins Zeitlose transportierte, anstatt mit den Requisiten des zwanzigsten Jahrhunderts etwas spielerisch zu frappieren – den Requisiten eines Jahrhunderts also, dessen soziale und geistige Prämissen weder die des Caesarischen Roms noch jene des Shakespearischen Englands sind. –

In der sensationellen Neudeutung des Cäsar werden klassische Situationen aktualisiert, aufs Moderne, Tagespolitische demonstrativ bezogen. In einem anderen Stück, das viel von sich reden macht, kommt das Gesellschaftskritische nur gleichsam zwischen den Zeilen vor, als Unterton, als verschwiegenes Pathos. In dem Schauspiel «*Of Mice and Men*» («Von Mäusen und Männern») sieht man zwar Menschen, denen es entsetzlich schlecht geht – es handelt sich um vagabundierende Saison-Arbeiter, die von einer Farm zur anderen ziehen –; aber die Frage: Warum? und: Könnte es auch anders sein? wird nicht aufgeworfen. Übrigens haben wir es bei den beiden Helden des Dramas, den Arbeitern George und Lennie, mindestens mit halb-pathologischen Fällen zu tun: Lennie jedenfalls – ein fast schwachsinniger, übrigens herzensguter Riese von ungeheuren Körperkräften und einer unbezwingbaren Neigung, weiche Gegenstände – sei es Frauenhaar oder tote Mäuse – zu liebkosen: Lennie, ein rührendes Monstrum, das mehr lallt als spricht – kann kaum als ein «sozialer Typus» gelten. Auch seine Beziehung zu George – die psychische Gebundenheit der beiden Männer aneinander – hat entschieden krankhafte Einschläge. George ist der Überlegene: er ist von mittlerer, rasch reagierender, aufmerksamer Intelligenz. Um den seltsamen Lennie, der meistens tote Mäuse in den Taschen mit sich führt – worüber George sich sehr ärgert – und der kindisch von Kaninchen schwärmt, die er später mit George züchten und nach Herzenslust streicheln will –, um diesen beängstigenden und ergreifenden Riesenkerl sorgt der brave Durchschnittsmann sich wie ein Liebender um die launische Geliebte. Die beiden ziehen zusammen durchs Land, und natürlich macht der Lennie dem George die bösesten Unannehmlichkeiten. Auf der letzten Farm, wo sie waren, hatte es schon Skandal gegeben, weil Lennie unbedingt das hübsche rote Kleid eines jungen Mädchens streicheln mußte, und am neuen Arbeitsort, wo George hofft, eine gute Weile bleiben und sich etwas Geld ersparen zu können, passiert noch Schlimmeres: es kommt zur definitiven Katastrophe. Lennie – mehr ungeschlacht als gewalttätig, und halb aus Versehen – tötet die junge Schwiegertochter des «Boss»: eine unbefriedigte, grundordinäre, in ihrer tiefen Unwissenheit und infantilen Gefallsucht ihrerseits beinah rührende kleine Person. Aus Koketterie und Geilheit bietet sie ihr Seidenhaar dem närrischen Lennie zum Spielen und Betasten an, und die schreckliche Szene – die sich in einem Pferdestall abspielt – endigt damit, daß Lennie der unseligen kleinen Frauensperson das Genick bricht. Lennie flieht in die Wälder; der Gatte der Getöteten, Sohn des Farm-Besitzers – ein physisch benachteiligter, nervöser, grausamer Mensch, der den Lennie wegen seines mächtigen Wuchses ohnedies haßt –, macht sich mit einer Bande auf, um ihn zu erschlagen. George kommt ihm zuvor: Aus Erbarmen, aus Liebe gibt er dem einzigen Menschen, den er auf dieser Erde hatte, den Gnadenschuß. Die letzte Szene zwischen den Freunden ist rührend, die Effekte der ganzen Handlung ziemlich aufs Schauerliche oder Sentimentale hin berechnet. Es gibt aber in diesem Schauspiel Elemente, die mit der Sphäre des Rührseligen oder des Sensationellen nichts mehr zu tun haben. Um alle diese Männer – nicht nur um George und Lennie, sondern um die Nebenfiguren, von denen mir einige stärker modelliert scheinen als das Helden-Paar selber – ist eine Atmosphäre von Einsamkeit, von Aussichtslosigkeit, von einer rohen, unbewußten, unkontrollierten – und gerade deshalb so quälenden – Melancholie; es kommen in diesem abgehackten, jargonhaften, schmucklos groben Dialog Bemerkungen vor – wie nebenbei fallengelassene kleine Betrachtungen oder verhaltene Klagen –, die dem Zuschauer oder dem Leser plötzlich Blicke in Abgründe öffnen. – Die Dialoge sind beinah wörtlich aus dem Roman gleichen Namens übernommen, nach dem der Autor, John Steinbeck, das Stück gemacht hat. Der Roman «Of Mice and Men» – erst unlängst erschienen – gehört heute schon zu den berühmtesten Büchern der neuen amerikanischen Literatur. Das leidenschaftliche Interesse, das die Öffentlichkeit an dieser Art von düsterer und spröder künstlerischer Leistung nimmt, wäre nicht denkbar und nicht erklärlich ohne die allgemeine, sich vertiefende und intensivierende Beschäftigung der amerikanischen Intelligenz fürs soziale Problem.

Einen der Schauspieler, den ich aus der Inszenierung von «Of Mice and Men» kannte, sah ich später am Broadway in einem recht kuriosen anderen Stück wieder: Es hieß «Journeyman» (wörtlich: «Reisemann» – in diesem Fall Wanderpriester) und schilderte dramatisch das suspekte, anrüchige und groteske Treiben eines reisenden Predigers und Wiedertäufers, der die ungebildeten, furchtsamen, armen Einwohner eines abgelegenen Nestes im Süden der Staaten aufregt, beschwindelt, entzückt, beraubt, auf jede Art an der Nase herumführt. Figur und routinierte Taktik des schlimmen «Heiligen» – der, zu drei Vierteln kriminell, zu einem Viertel wirklich fanatisch, die Frauen des Dorfes korrumpiert und die Männer beim Kartenspiel ruiniert – werden aufs eindrucksvollste, lächerlichste und grausigste anschaulich gemacht: besonders in der letzten Höhepunkt-Szene, wenn der Prediger und Wiedertäufer seines Amtes waltet und die ganze Gemeinde in einen höchst anstößig-komischen und makaberen Zustand von sexuell-pseudoreligiöser Raserei, in eine abscheuliche, durchaus menschenunwürdige Trance versetzt. Trotz dieser fulminanten Schluß-Szene war «Journeyman» kein starker Erfolg und mußte nach ziemlich kurzer Zeit abgesetzt werden, was sich aus gewissen literarischen und dramatischen Mankos des Stückes erklären läßt. Denn es fehlt dieser krassen, stellenweise sehr witzigen Tragikomödie zwar durchaus nicht an einprägsam drastischen, interessanten Charakteren und Situationen, aber beinah ganz und gar ermangelt es der eigentlichen theatralischen Qualitäten: Die Handlung schreitet nicht fort, nicht einmal der Versuch wird gemacht, dramatische Spannungen zu erzeugen. Bemerkenswert indessen ist die Kühnheit und Kompromißlosigkeit, mit der hier ein Scharlatan-Typus – der, wie man weiß, in Amerika durchaus nicht ohne Anhang und Einfluß ist – karikaturistisch angeprangert wird; um so gewagter ist dies, als man, indem man den *Mißbrauch* mit dem Worte Gottes verhöhnt, die christliche Terminologie selber zu verhöhnen *scheint*. Wenn der Journeyman, in seiner parodierten Predigt, den höchsten Namen hervorkrächzt, lacht das Publikum – zwar zunächst über das Krächzen, aber schließlich doch gelegentlich des höchsten Namens. Und dieses ist in einem Lande, wo alles Religiöse feierlicher genommen wird als vielleicht irgendwo sonst! – Ich konstatiere: Man kann sich relativ viel erlauben am Broadway. (Im Staate Kansas oder im Staate South Carolina würde es wahrscheinlich Krach geben.)

Die Einbeziehung und Diskussion des Aktuellen, Realen – dessen also, was die Menschen *wirklich* beschäftigt – kann dem New Yorker Publikum, für den Augenblick, gar nicht direkt, gar nicht radikal genug sein. Eine Art von musikalischer kleiner Revue oder Oper zum Beispiel, genannt «*The Cradle Will Rock*» («Die Wiege wird schaukeln»), hat ein hochpathetisches Finale – im Stil etwa an den Schlußchor der «Dreigroschenoper» erinnernd –, in dem ohne viel Umschweife dringend empfohlen wird, man solle den Gewerkschaften beitreten, sonst blieben die Arbeitenden rechtlos. (Hierbei ist zu betonen, daß in dem Kampf für die «Unions» jetzt fast alle linken, progressiven Stimmungen und Tendenzen zueinander finden und sich summieren.) Während dieses donnernden Schlußgesanges, den sämtliche Mitwirkende, auch die «Bösen», die Kapitalisten, unisono vortragen, scheint aus dem intimen literarischen Theater der politische Versammlungssaal, das «Mass-meeting» zu werden. Vorher – besonders im ersten Teil, vor der Pause – geht es etwas delikater und differenzierter, auch ironischer zu. Der junge Autor und Komponist, Marc Blitzstein, will in einer lose miteinander verbundenen Folge von halb kabarettistischen, halb opernhaften Songs und knappen Dialogen einen Querschnitt durch die sozialen Verhältnisse, Spannungen, Kämpfe einer mittleren amerikanischen Industriestadt geben, die er «Steel Town» nennt und deren repräsentative Typen – die Großen und ihre Schmarotzer; die Armen und die, welche ihnen helfen wollen – er in einer geistvoll abgekürzten, plakathaft überpointierten Manier vorführt. Dekorationen und Kostüme gibt es nicht. Mitten auf der schmucklos kahlen Bühne sitzt der Autor und Komponist am Klavier; um ihn herum, wie bei einem Oratorium, die Darsteller in Zivil. Die einzelnen oder die Gruppen, die zu tun haben, treten vor. Blitzstein selber – der Evangelist seiner sozialen Heilslehre – präsentiert sie und erklärt die folgende Szene oder das nächste Lied. Der künstlerische Stil des Ganzen hat Ähnlichkeiten mit gewissen Versuchen von Brecht und Weill; an manchen weicheren Stellen – etwa wenn eine arme Straßenhure ihr Lied klagt – könnte man auch an Friedrich Hollaender denken. Dem europäischen Geschmack würde die politische Propaganda dieses «Stückes in Musik» etwas zu heftig, deutlich und naiv, fast plump erscheinen. Auf die Amerikaner wirkt sie gewaltig. Jeden Abend ist das Haus voll, und das Publikum ist ergriffen. Blitzstein, der mit Orson Welles zusammenarbeitet und auch die Begleitmusik zum «Caesar» geschrieben hat, gehört zu den aufsteigenden Sternen am Broadway. Auch dies beweist, daß die berühmte Avenue und ihre Nebenstraßen im Herzen New Yorks nicht mehr nur ein Zentrum der amerikanischen Vergnügungsindustrie ist, sondern fast schon – und bis auf weiteres – Kräftezentrum im politischen Sinn; ein Ort, wo der Idee des Fortschrittes mit Energie, oft auch mit Talent gedient wird.

Wiedersehen mit Hollywood

Es ist beinahe zehn Jahre her, seit ich zum letzten Mal in Hollywood war. Damals machte ich, mit meiner Schwester Erika, die Tour «rundherum», die veritable Weltreise, die von Berlin nach New York; von New York, über den amerikanischen Mittelwesten, nach Kalifornien; von San Francisco über Honolulu nach Tokyo; von Japan über Kobe, Sibirien und Moskau zurück nach Berlin führte. In Hollywood ging die Epoche des «stummen» Films gerade ihrem Ende zu. Die Garbo fing schon an, berühmt zu werden; Marlene Dietrich war noch nicht entdeckt. Der schöne Valentino war gerade gestorben, die Negri war noch nicht die Favoritin des deutschen Diktators; Emil Jannings war noch nicht Staatsrat des Dritten Reiches, sondern hielt prächtigen Hof in einer schönen Hollywood-Villa mit Säulenportal, der hochbegabte Regisseur Murnau war noch nicht mit seinem Wagen tödlich verunglückt, sondern machte einen Film von Rang und Reiz nach dem anderen; Conrad Veidt spielt Victor Hugos l'homme qui rit; Ernst Lubitsch hatte schon die gleiche herrschende Position wie heute; man sprach noch von Mary Pickford und Lillian Gish; Ramon Navarro war so populär wie heute der Taylor; long long ago… die Welt hat sich sehr verändert, auch Hollywood ist ein wenig anders geworden, auch dieser merkwürdige, absurde, unglaubliche, zugleich faszinierende und abstoßende Platz ist um die Jahreswende 1937/38 nicht mehr ganz der gleiche, der er um die Jahreswende 1927/28 gewesen.

Den Hollywood Boulevard erkenne ich kaum noch wieder. An allen Straßenecken sind neue Riesengebäude – Banken oder Hotels oder Warenhäuser – aus der Erde geschossen. Viele rechnen damit, daß aus Los Angeles und Hollywood – den beiden ineinander verschmelzenden Städte-Komplexen – innerhalb eines Jahrzehnts die größte Siedlung der Vereinigten Staaten, die kolossalste Stadt der Erde werden dürfte. Die Grundstück-Spekulation ist in Schwung. Filmstars, die an ihre Zukunft denken, decken sich mit Grund und Boden statt mit Aktien ein. So hat man doch etwas für den Lebensabend. Wie schnell vergeht der Ruhm auf der flimmernden Leinwand! Die Popularität dieser Welt-Lieblinge ist keine haltbare Sache. Nicht jeder, dessen Namen vor zehn oder fünfzehn Jahren alle Lichtreklamen der Erde leuchten ließen und der wöchentlich seine 1000 oder 2000 Dollar verdiente, besitzt heute jenes stattliche Bankguthaben, das über den Verlust des Weltruhms hinwegtrösten könnte... In einem Hollywood Hotel zweiten Ranges gibt es eine kleine Bar namens «It». Die Besitzerin und die «hostess» des nicht besonders gut besuchten Lokals ist Miss Clara Bow, deren Sexappeal vor einem Jahrzehnt die Sensation von fünf Kontinenten war. Sic transit gloria... In einer Gesellschaft begegne ich einer eher unscheinbar wirkenden Dame mittleren Alters, von deren Anwesenheit niemand viel Aufhebens macht. Es ist Norma Talmadge. Man erinnert sich: Auch sie ist einer von den großen Lieblingen gewesen, eines von den «monstres sacrés», wie Jean Cocteau die legendären Figuren Hollywoods genannt hat...

Der Ruhm und die hohen Gagen der Regisseure dauern länger als das mythische Ansehen der Stars. Die Stellung des Ernst Lubitsch etwa scheint unerschütterlich – wie ja auch die Fülle seiner nuancierten, delikat witzigen Regie-Einfälle unerschöpflich ist. Es war eine Freude für mich, den grundgescheiten kleinen Herrn mit der großen Nase, dem nachdenklich-liebenswürdig zerstreuten Blick und der ewigen dicken Zigarre im Mund wiederzusehen. Beim Lunch, in der Kantine der Paramount-Studios, plaudert er entspannt, mit jener Mischung aus scharfer Intelligenz und leicht umflorter Wehmut, die sein Wesen charakterisiert. Es ist eindrucksvoll zu beobachten, wie sich nachher, bei der Arbeit, alles an ihm zu straffen scheint. Ich studiere ihn eine Stunde lang, wie er dem Schauspieler Gary Cooper und der Schauspielerin Claudette Colbert, immer wieder, unermüdlich, eine ganz kurze, ganz unwichtige Szene erklärt, erläutert, vorspielt. Der kleine Dialog zwischen den beiden Stars wird später, auf der Leinwand, wenn der Film vors Publikum kommt, nicht länger als allerhöchstens zwei Minuten dauern. Er wird ein winziger, vorüberhuschender Teil sein der Komödie «Blaubarts achte Frau» – hergestellt nach einem Stück von Savoir. Der Film wird in allen Theatern aller großen und kleinen Städte laufen: denn die Colbert, Gary Cooper und Lubitsch, das ergibt ein attraktives Dreigestirn. Die Colbert, mit dem ganz leichten französischen Akzent in ihrer englischen Aussprache, ist eine reizvolle, wohl auch kluge Frau. Ihre Haare sind neuerdings hellblond – wenigstens wirken sie so in der Nähe und Wirklichkeit; man weiß ja nie, wie sie dann in der photographischen Wiedergabe «kommen». Sie trägt ein wunderbares goldenes Abendkleid, liegt auf der Chaiselongue und girrt. Ihrer schauspielerischen Routine ist anzumerken, daß sie eine theatralische Vergangenheit hat. Der nette Cooper erscheint neben ihr beinah ungelenk. Was überraschender ist: Er wirkt befangen, schüchtern, verwirrt, da er sich der Kamera gegenüber weiß. Er macht ein verdrossenes, wurstiges Gesicht und kaut Gummi. Hinter seiner demonstrativ betonten Gleichgültigkeit und fast gelangweilten Ruhe verbirgt sich – wie ich vermuten möchte – Nervosität. Immer wieder vergißt er die kurzen, simplen Zeilen des Textes, den er zu sprechen hat – Lubitsch wiederholt sie ihm unermüdlich. Wahrscheinlich erklärt sich der besondere Charme, den Cooper für das Weltpublikum hat, gerade aus seiner schlaksigen Ungeschicklichkeit, aus diesem absoluten Mangel an dem obligaten, selbstgefälligen Liebhaber-Elan. Mit seinen beinah *zu* langen Beinen und der reizvoll finsteren Miene sieht er gar nicht einem Salonhelden, keineswegs dem hochbezahlten Bonvivant ähnlich, sondern wirkt eher verkleidet in seinem schicken Abendanzug.

Lubitsch, der noch nicht Fünfzigjährige, gehört in Hollywood schon zur «alten Garde». Andere, jüngere Regisseure haben sich, neben ihm und den anderen großen Männern der «stummen» Zeit, große Stellungen erobert. Einer der höchstbezahlten, auch einer der fähigsten ist George Cukor, der die großen Filme «David Copperfield», «Romeo und Julia», «Kameliendame» inszeniert hat. Er ist erst achtunddreißig Jahre alt und sieht aus wie achtundzwanzig. Die nächste große Aufgabe, die ihm anvertraut wurde, ist die Verfilmung des enorm populären Romans «Gone with the Wind». Ich muß gestehen, daß ich das dickleibige Buch, das eine Episode aus dem amerikanischen Bürgerkrieg behandelt – und mit dessen Figuren hier jedes Ladenmädchen viel vertrauter ist als mit den Helden Shakespearescher Dramen – nicht gelesen habe. Aus den Probeaufnahmen zum Film «Gone with the Wind», die Cukor uns im Projektionsraum der Selznick-Studios zeigte, wurde mir klar, daß eine wichtige Rolle in der Handlung zwei Zwillingsbrüder spielen, die sich sehr ähnlich sehen müssen, und daß es gar nicht so leicht ist, zwei junge Männer von Talent und von sich verwandtem Aussehen aufzutreiben: Man hat schon Dutzende ausprobiert und doch die Rechten noch nicht gefunden...

In relativ kurzer Zeit haben es einige deutsche Regisseure zu bedeutendem Ansehen in Hollywood gebracht, besonders Fritz Lang und Wilhelm Dieterle. Lang scheint die Trennung von Frau Thea von Harbou, mit der er in Berlin zu arbeiten pflegte, vorzüglich bekommen zu sein. Sein höchst erregender Film «Fury» – der das verhängnisvolle Lynch-Problem drastisch behandelt – gehört in der Tat zum Interessantesten, Eindrucksvollsten, was es auf der Leinwand unlängst zu sehen gab – zusammen etwa noch mit dem Film «Émile Zola», dessen Regisseur Dieterle ist. Einer der Autoren des «Zola»-Drehbuches ist Heinz Herald, der früher, mit Max Reinhardt, der Direktor des Berliner «Deutschen Theaters» war. Unter den Autoren, die jetzt hier für die großen Gesellschaften arbeiten, finden sich viele alte Bekannte aus Berlin, München, Wien und Budapest. Große Freude ist es, für mich, meine Freunde Bruno Frank und Ernst Toller hier wiederzusehen: Beide haben sich mit ihren Frauen vorläufig in Hollywood etabliert. Frank ist – wie es in der hiesigen Fachsprache heißt – «under contract with MGM» (= Metro-Goldwyn-Mayer); Toller hat ein Manuskript für Paramount geschrieben.

Übrigens dürfte es nicht ganz einfach für richtige Schriftsteller, für schöpferische und begabte Männer, wie Bruno Frank oder Toller, sein, sich den Ansprüchen der Film-Metropole auf die Dauer völlig anzupassen. Was hier von einem Autor verlangt und erwartet wird, hat mit dem kaum noch etwas zu tun, was sonst seinen Geist und sein Gefühl beschäftigte. Leichter haben es da die «professionellen» Film-Schreiber, die nur die Studios von Neubabelsberg mit den Hollywooder Ateliers vertauscht haben. Viele, die früher der Ufa gute Dienste geleistet haben – dort indessen nicht mehr erwünscht sind – und die ihr Handwerk wirklich verstehen, beziehen nun schöne Gehälter bei Paramount oder MGM. Billy Wilder zum Beispiel, der zu den anerkannten Berliner Film-Autoren gehörte, ist heute ein geschätzter Mitarbeiter Lubitschs. Mit ihm zusammen traf ich auch den vorzüglichen Komponisten Friedrich Hollaender wieder, dessen exquisite kleine Revuen wir früher am Kurfürstendamm genossen. Inzwischen hat er seinen Vornamen in «Frederic» umgeändert, und seine Melodien sind berühmt in den Vereinigten Staaten geworden.

Es gibt auch europäische Autoren, die sich ganz in Hollywood niederlassen, ohne in einem festen Vertragsverhältnis zu einer der großen Companien zu stehen: sie arbeiten hier an ihren eigenen Dingen weiter und machen ab und zu etwas für den Film. Zu diesem Typus gehört Vicky Baum, die nun schon seit Jahren mit ihrer Familie in Santa Monica, an der schönen Küste – nicht weit von Hollywood – ihr Heim hat.

Es ist sehr leicht, auf Hollywood zu schimpfen. Es ist auch sehr simpel, von Hollywood schlechthin begeistert zu sein. Es läßt sich manches und mancherlei sagen über diesen höchst kuriosen Ort, in dem viel geblufft, aber auch sehr viel gearbeitet und geleistet wird. Ein seltsamer, ein recht unvergleichlicher Ort, soviel ist sicher: recht seltsam und unvergleichlich, mit dem fast hysterischen Kultus eines vergänglichen Ruhms, der hier betrieben wird, und mit der demonstrativ betonten Demokratie, die hier herrscht. Der «Extra», der in der Woche fünfundzwanzig Dollar verdient, ruft dem Mr. Cukor, der täglich – ich weiß nicht wieviel – hat, im Studio zu: «Hallo, George!» – «Hallo, Jimmy!» antwortet Mr. Cukor. Sie treffen sich auf einer «Weihnachtsparty». Am Nachmittag des 24. Dezember begehen alle, die für die eine Filmgesellschaft arbeiten, mit viel Whisky das Heilige Fest. Ich war bei einer solchen «Party» dabei, Miss Katherine Hepburn war die «hostess»; denn sie ist der Star in dem Film, der gerade in Arbeit ist. Die Hepburn sah attraktiv und schlank aus in einer Art von Hausanzug, der wie ein Reitkostüm wirkte. Übrigens war sie noch von den Aufnahmen her geschminkt: ihr Teint hatte die gelbliche Tönung, die sich gut photographiert. Dieselbe Gesichtsfarbe zeigte Mr. Cary Grant, der in dem Film «Bringing up Baby» ihr Partner sein wird. Mr. Grant hatte sich noch nicht umgezogen und erschien im Frack; man hatte zuletzt eine Gesellschafts-Szene gedreht. Man ließ sich um einen Tisch nieder. Als ich mir eines von den leckeren Kaviar-Brötchen nehmen wollte, die verlockend vor mir auf einer Platte lagen, stellte sich heraus, daß sie künstlich waren, aus Papiermaché oder aus Gummi: sie gehörten noch zum Film; noch nicht zur Weihnachtsparty. Später wurden echte Sandwiches serviert. Das Radio ließ fromme Weisen hören. «Hallo, Katherine!» riefen die Extras der Hepburn zu. Sie lachte strahlend. – Draußen, auf dem Hollywood Boulevard, stehen künstliche Weihnachtsbäume, höchst stilisiert, wie eine Filmdekoration, nur weniger naturalistisch.

Die kalifornische Sonne scheint. Der kleine chinesische Stiefelputzer erzählt etwas über Filmstars. Der Himmel leuchtet. Hollywood, ein paradis artificiel, hat hinter sich die Wüste, vor sich den Ozean. Es liegt, wie abgetrennt von der übrigen Welt. In dieser seltsam isolierten Oase werden die uniformierten Träume für fünf leidvolle Erdteile fabriziert...

«Inside Nazi-Germany»

Die Serie dokumentarischer Filme «*The March of Time*» bringt jede vierte Woche eine ihrer großen Reportagen, die immer interessant, gründlich, abwechslungsreich, instruktiv sind. Als verantwortlich für diese Bildstreifen, die in allen großen Theatern der Vereinigten Staaten gezeigt werden und die sich mit sozialen oder tagespolitischen Themen befassen, zeichnen die Redaktionen der beiden populären illustrierten Revuen «Life» und «Time». Die «March of Time»-Filme werden immer viel beachtet und diskutiert. Noch nie aber ist einer von ihnen derartig beachtet und diskutiert, mit solcher Heftigkeit angegriffen und gepriesen worden, wie der Film «*Inside Nazi-Germany*».

Es gab überschwengliches Lob in den Blättern, Beifalls-Demonstrationen des Publikums, und es gab, wie es sich versteht, Beschwerden von seiten der deutschen diplomatischen Vertretungen, aber auch von seiten pro-faschistischer amerikanischer Organisationen. In Chicago wurde der Film sogar vorübergehend von der Zensur verboten – was das Interesse der Öffentlichkeit an ihm nur intensivieren konnte. In einem der größten New Yorker Broadway-Kinos ist «Inside Nazi-Germany» nun schon die zweite Woche zu sehen – was etwas Exzeptionelles bedeutet; denn die meisten «March of Time»-Filme werden nach einer Woche abgesetzt. Die Produzenten des Films betonen in einer Vorbemerkung, daß es ihnen bei der Herstellung ihres Dokumentes ausschließlich auf eines angekommen sei: auf die Wahrheit. Wir lassen uns von niemandem beeinflussen oder zensurieren, erklären die Produzenten mit Stolz; wir sind unparteiisch, sind objektiv.

In der Tat gibt es Kreise, die, ganz im Gegensatz zur deutschen Botschaft, den Nazi-Film für gar zu objektiv, die ihn schon geradezu für Nazi-freundlich halten. Eine große Hollywooder Gesellschaft soll den Streifen in all ihren Theatern boykottieren, weil er, ihrer Ansicht nach, das Hitler-Reich glorifiziere. Um es nur gleich zu sagen: mir erscheint diese Auffassung und Deutung als abwegig. Die Film-Reportage, um die es sich handelt, wirkt ja gerade durch ihre Objektivität, ihre Gelassenheit so aufreizend, so vernichtend. Auf eine höchst raffinierte Weise wird die tiefe Trostlosigkeit des nazideutschen Lebens gerade dadurch herausgearbeitet und fühlbar gemacht, daß man «Freudenfeste» zeigt – eine makabre Sorte von Freudenfesten allerdings, mit militärischen Monstre-Paraden, uniformierten und marschierenden Kindern, dem obligaten Führergeschrei.

Nur *ein* ernsthafter Einwand bleibt zu machen: Irrtümlicher- oder doch mißverständlicherweise wird es so dargestellt, als ob die deutsche Nation als große Gegengabe gleichsam für all die Erniedrigungen, die sie dulden, für all die bitteren Opfer, die sie bringen muß, etwas erhielte: nämlich das kostbare Gut, das man hier als «*social security*» bezeichnet; die Garantie der Beschäftigung, die Wohltat der absolut sicheren Arbeit. Nun wissen wir ja, was es mit der «social security» unter der Nazi-Diktatur für eine komplizierte und niederträchtige Bewandtnis hat... Sogar aber einmal vorausgesetzt, daß es diese «social security» im Dritten Reich tatsächlich gäbe: Von hundert Amerikanern, die unseren Film sehen, werden fünfundneunzig finden, daß sie zu teuer bezahlt ist – ganz entschieden zu teuer mit dem kompletten Verlust der bürgerlichen Freiheit und der Menschenwürde, der Verödung des gesamten Lebens, der permanenten Angst vor der Gestapo einerseits und andererseits vor dem mit allen Mitteln vorbereiteten, grauenvoll näherrückenden Krieg.

Es werden hier manche schlimme Einzelheiten gezeigt, die dem vergnügungsreisenden Amerikaner, dem wohlwollenden Besucher der Münchener oder Bayreuther Festspiele leicht entgehen. Gezeigt werden gewisse Exzesse des Antisemitismus; die Militarisierung der Jugend; die stumpfsinnige und penetrante Uniformierung der Presse; die infernalische Organisation der Rüstungen; die imperialistische Propaganda – der Schrei nach Kolonien oder der Ukraine. Gezeigt werden der Kanzler und der Progagandaminister am Mikrophon und auf der Redner-Tribüne. Über die Photos lachte, als ich im Theater war, das ganze Auditorium herzlich – was sich begreifen läßt, obwohl unsereinem angesichts dieser drohend aufgerissenen Münder allmählich schon das Lachen vergeht. Sehr gelacht wurde auch, als ein deutscher Radio-Ansager der etwas deprimierten Familie, die ihm lauschte, erzählte, der «jüdische Bürgermeister von New York, La Guardia», sei in eine abscheuliche Kriminal-Affäre verwickelt. Einen besonderen Applaus bekam Mr. Dodd, der amerikanische Botschafter, der es in Berlin nicht mehr aushalten konnte. Hingegen wurde am heftigsten gezischt, als Herr Fritz Kuhn, der «Führer» der gleichgeschalteten Deutschen von New York – Hitlers Stellvertreter in Amerika gleichsam – auf der Leinwand erschien.

Herr Kuhn schmetterte in den Raum, daß er alle «Verleumdungen», die über ihn im Umlauf seien, widerlegen wolle – während die Visage, die er einem etwas angewiderten Publikum zeigte, doch noch die abenteuerlichsten Gerüchte, die über seine verschiedenartigen Aktivitäten im Umlauf sein mögen, plausibel werden ließ.

Amerikanische Liberale fühlen sich beunruhigt durch die nicht immer ganz durchsichtigen Machenschaften, die von Nazi-Agenten – darunter gibt es solche, die Bürger der Vereinigten Staaten sind – auf dem Boden der USA betrieben werden. Man ist längst davon abgekommen, die finsteren Intrigen einer fremden, aggressiven Macht gar zu leicht zu nehmen, sie für harmlos, der Beachtung nicht wert zu halten. Man beachtet sie sehr wohl, und man nimmt sie so ernst, wie es ihnen zukommt. Mehrere große amerikanische Tageszeitungen, darunter eines der populärsten New Yorker Nachmittags-Blätter, «The New York Post», haben ihr Publikum in Artikel-Serien über das suspekte Treiben der Nazi-Deutschen in Amerika unterrichtet. Der Schock, den die Faschisierung Brasiliens hier bedeutet, hat den Argwohn, die Wachsamkeit der amerikanischen Antifaschisten gesteigert. Fälle wie der des berüchtigten Killinger – den man skandalöserweise zum deutschen Konsul in San Francisco gemacht hat – sind geeignet, solchen Argwohn noch zu verschärfen. In Kalifornien ist eine Broschüre über «the case of Mr. Killinger» erschienen, die haarsträubende Details aus der Biographie dieses üblen Aventuriers und ekelerregende Zitate aus seinen Schriften bringt. Man vermutet, daß Killinger den besonderen Auftrag vom Reiche hat, eine Verbindung zwischen den amerikanischen Faschisten und Japan herzustellen.

Man ist auf der Hut. Man beobachtet. Es kann keine Frage sein, daß der Film «Inside Nazi-Germany» dazu beiträgt, die Kenntnis der Amerikaner das Phänomen «Drittes Reich» betreffend und ihren Abscheu vor diesem Phänomen zu vergrößern und zu vertiefen.

Kleine Verzauberung

San Francisco ist eine große, schöne, wundervolle Stadt – eine Stadt mit vielen Gesichtern. Einer bedeutenden Vergangenheit, vornehmer kultureller Traditionen ist sie sich stolz bewußt – mit welchem Akzent der Verachtung spricht man hier von dem benachbarten parvenühaft emporgeschossenen Los Angeles! –; aber sie ist auch die Stadt der Abenteuer: Frisco, das Paradies der Matrosen, der berühmteste Hafen der Welt – immer noch verlockend, immer noch gefährlich –: der Name «Frisco», immer noch mit sich bringend phantastische und wilde Assoziationen; immer noch beladen mit den Erinnerungen an einen fabelhaften Wildwesten, in den, über den Pazifik, die Gerüche des Fernen Ostens spielen. Wie in der Atmosphäre von Marseille schon die Parfüms von Algier, Biskra, Fez gegenwärtig sind, so in der Luft von San Francisco die Farben und die Düfte Schanghais...

Eine Vortragstournee durch die Vereinigten Staaten ist keine Erholungsreise. Nachtfahrt im Pullman-Car; ein Hotelzimmer; ein Club-Raum, eine Universitäts-Aula oder ein Theater – manchmal auch eine Kirche –, wo man zu sprechen hat: so geht das durch Wochen. Der Agent stellt das Reise-Programm geschickt, aber auch unbarmherzig zusammen... In San Francisco hatte ich, glücklicherweise, mehrere Tage Zeit; ich war dort als Gast einer Reihe von Gruppen und Organisationen. Der erste Vortrag fand im Rahmen eines großen Herren-Frühstücks statt: Veranstalter war der angesehenste «Men's Club» der Stadt, der «Commenwealth Club». Die Gentlemen, die meine Gastgeber und Zuhörer sind, könnte man auch in Hamburg, London oder Chicago treffen: internationale Typen – Bankiers, Anwälte, Ärzte –; Aussehen, Habitus, Kleidung würdevoll, unauffällig, höchst zivilisiert. Auch nicht eine Nuance, keine leiseste Spur des Exotischen, Abenteuerlichen in diesem gediegen behaglichen Kreise.

Als der Vortrag und die sich anschließenden Gespräche und Diskussionen vorüber waren, fing es schon an, draußen ein wenig dunkel zu werden. Ich hatte keine Lust, ins Hotel zurückzugehen. Die Einladung eines Mr. X., ihn in sein Heim zu begleiten und mich Mrs. X. vorstellen zu lassen, lehnte ich dankend ab. Ich spazierte alleine. Die Stadt war mir sehr wenig bekannt. Ich verlor bald die Richtung.

Eines der kuriosen Charakteristika Friscos ist die starke Unebenheit seines Terrains: Es gibt sehr viel steiles bergauf und bergab; wie Drahtseilbahnen klimmen die Trambahnwagen in die Höhe; die Autos und die Fußgänger keuchen; hat man aber den Gipfel erreicht, geht es wieder hinunter, in schwindelerregende Tiefe. Es war eine Bergpartie: Etwas erschöpft und außer Atem kommst du unten an. Ein Labyrinth von engeren Gassen nimmt dich auf. Du hörst den singenden Jammerton von Schiffssirenen. So bist du nicht weit vom Hafen.

Ich stelle fest, daß ich mich im italienischen Viertel befinde: die Restaurants heißen «Venezia» oder «Napoli»; in diesem Kino – es ist «Verdi» benannt – wird ein italienischer Film in der Originalsprache gespielt; und an diesem kleinen Papiergeschäft hängt eine italienische antifaschistische Zeitung: ihr Anblick rührt mich; ich kaufe sie mir, obwohl ich nur mit Schwierigkeiten Italienisch lese. Die Zeitung unter dem Arm schlendere ich weiter...

Die Szenerie ändert sich fast ohne Übergang. Statt den italienischen Anschriften begegne ich plötzlich den geheimnisvollen, schwierig-anmutigen chinesischen Zeichen. Seltsam: es ist, als sei eine unsichtbare Trennungslinie gezogen, eine mystische Barriere aufgerichtet zwischen dem Viertel, in dem ich mich jetzt befinde, und den benachbarten. Mit einem Male sieht man beinahe keine Weißen mehr – wo sind sie geblieben? Wo bin ich hingeraten, und wo finde ich mich? Fremde Töne, fremde Gerüche – auf den Gesichtern, die vorübergleiten, den gelblichen Mienen mit den schmalen Augen, den breiten Wangenknochen, jenes starre, zugleich höfliche und grausame, sanfte, undurchsichtige Lächeln...

Manche Etablissements – die größeren – plakatieren ihren Namen in der lateinischen, leserlichen Schrift außer in der chinesischen, so mysteriös unleserlichen. Ich erfahre also, daß diese Garage «Nanking» heißt, dieses Restaurant «Peking»; dieser Coiffeur hört auf den Namen Hung Kong, diese Blumenhändlerin nennt sich Mrs. Sung Sung; das Hotel «Tai Sling» ist unscheinbar, vielleicht sogar etwas schmutzig, das Kaufhaus «Tai Chong

u. Co.» hingegen sieht stattlich aus. In dem kleinen Geschäft daneben wird «Chinesische Kunst» angeboten; darunter versteht man unter anderem – wie ein Blick ins Ladenfenster beweist – grauenvolle Batik-Krawatten und grell bedruckte Ansichtskarten. Das Schaufenster zeigt übrigens, in seiner Mitte, ein großes, englisch abgefaßtes Plakat: «To our American Friends!» Es fordert, in leidenschaftlichen, dringlichen, anklagenden Tönen, zum Boykott japanischer Waren auf. «Die Japaner überfallen wie Räuber unser Land...», verkünden bitter die Plakate der China-Town in San Francisco...

Mir ist nicht anders zumute als jenem Peter Schlemihl, dem es die Zauberstiefel ermöglichten, mit zwei Schritten Kontinente zu überqueren. Aus einer patrizischen Handelsstadt bin ich erst in eine italienische Kolonie versetzt worden und nun nach Schanghai oder Nanking. Was erinnert noch daran, daß ich auf dem Boden der Vereinigten Staaten bin? Die enormen «Coca-Cola»-Reklamen, zum Beispiel – sonderbar genug anzusehen zwischen den chinesischen Zeichen-Bildern, die, neben der derben Schrift der amerikanischen Annonce, wie erlesene, zarte, komplizierte Kunstwerke wirken. – Auch einige Film-Plakate gibt es noch. Zwischen den verschlossenen Gesichtern all der wirklichen Chinesen leuchtet das Antlitz eines falschen: Es ist Paul Muni, Hauptdarsteller des Monumental-China-Films «The Good Earth»; Fräulein Luise Rainer, aus Wien, spielt die leidende, fromm entsagungsvolle Gattin des chinesischen Landarbeiters. Was werden die echten Chinesenfrauen, die hier geneigten Hauptes ihre Kinder durch die engen Gassen führen, zu der etwas starren, künstlichen Maske der Luise Rainer sagen?

Es ist aber nicht das Kino-Plakat, das mich anzieht; vielmehr ist es das breite, rätselvoll beschriebene Spruchband, das, von einem erleuchteten Portal aus, quer über die Gasse läuft. Hier gibt es Theater – chinesisches Theater. Die Vorstellung hat schon begonnen. Es wird eine Oper gegeben, wie man mir an der Kasse versichert. Eine chinesische Oper – Peter Schlemihls Wunderstiefel haben mich weit getragen. Sehr neugierig trete ich ein. Das Haus ist noch ziemlich leer. Übrigens hat das Publikum eine merkwürdig ungenierte Art, zu kommen und zu gehen. Junge Leute, alte Männer in langen Gewändern, auch Frauen mit Babies finden sich ein, verweilen ein wenig und entfernen sich wieder. Die auf der Bühne lassen sich nicht stören. Sie stehen vor der grellen Dekoration und bringen hohe, schrille Töne hervor, von denen unser Ohr nicht begreift, ob sie Jammer ausdrücken sollen, oder Glück, oder Zorn, oder alles zugleich. Auch den Sinn der nach uralter Konvention starr festgelegten Gebärden, der feierlich-grotesken Pantomime zu erraten, ist nicht leicht. Die mit fast manischer Insistenz wiederkehrende Geste, mit der dieser königlich geputzte Alte sich den Bart streicht, soll vielleicht Wut bedeuten; vielleicht ist sie auch nur ein Zeichen der Würde. Wahrscheinlich meinte sie aber doch etwas Schlimmes; denn plötzlich ist ein Gefecht im Gang. Das Geklirr der entblößten Schwerter wird begleitet von dem heulenden Geschrei der Kämpfenden. – Dann verändert sich die Dekoration; die Kämpfenden sowie der feierliche Alte mit dem Barte verschwinden, und auf einer Otomane – die ein junger, unmaskierter Bühnenarbeiter in einem Woll-Sweater, ohne viel Umstände zu machen, auf die Bühne gestellt hat – kauert ein junges Mädchen und singt ihre Klagearie. Die Geste, mit der sie sich dabei die Augen tupft, ist ebenso starr, ebenso konventionell festgelegt, ebenso anti-naturalistisch, wie die andere, mit welcher der grimmige Vater sich vorhin den Bart strich. – Das Orchester sitzt auf der Bühne, links vom Publikum, allen sichtbar. Die Melodie, die es spielt – immer wieder, unaufhörlich die gleiche – behält auch während einer sentimentalen Liebesszene, die folgt, denselben schleppenden, wehmütig monotonen Rhythmus. Das Publikum scheint von nichts, was auf der Bühne vorgeht – mag es auch noch so laut, noch so dramatisch sein – überrascht. Wahrscheinlich kennen alle das Stück; sein Ablauf bedeutet wohl etwas wie einen Ritus für sie. – Ich bin der einzige Fremde, der einzige Weiße im Haus.

Eine alte Frau mit einem Kind auf dem Schoß setzt sich zu mir. Das große, runzlige Gesicht der Frau ist wie aus Lehm: erdig gelb. Das Kind, in sonderbar steife, graue Tücher gehüllt, schaut mich an, aus seinen schmalen, dunklen, sehr aufmerksamen, durchaus rätselhaften Augen. Ob mir die Oper gefalle, fragt mich die Frau, die übrigens ihrerseits gar nicht auf die Bühne sieht. Es ist nicht eine unserer allerschönsten Opern, erklärte sie in ihrem mühsamen Englisch. Auch die Schauspieler – sagt sie – sind nicht erster Klasse. «Aber sie verstehen ihr Handwerk», fügte sie hinzu und nickt ernsthaft. (Oben, auf der Bühne, ist das sentimentale junge Mädchen in einen fürchterlichen Streit mit dem bärtigen Alten geraten; aber die Frau mit dem Kind auf dem Schoß sieht gar nicht hin.) – «Unsere Chinesen-Stadt hier in Frisco», sagt die Frau noch, «unsere China-Town hier ist die größte außerhalb Chinas. – Aber China», fügt sie hinzu, und wiegt plötzlich ihr aufmerksam blickendes Kind ein wenig auf dem Schoß hin und her, «China – ist größer...»

Auf der Bühne haben sie schon wieder die Schwerter gezogen. Das Orchester klagt monoton. Zuweilen donnern Paukenschläge dumpf dazwischen.

Es riecht scharf und süß, nach einem fremdartigen Gewürz, das die kleinen Logenöffnerinnen verbrennen. – Ich schließe, plötzlich ein wenig erschöpft und etwas schwindlig, die Augen.

Die tödliche Zeitung

Im Londoner «Evening Standard» begegne ich, zwischen den Depeschen über Europas neueste Tragödie, folgender Notiz: «Der tschechische Dichter *Ottokar Fischer*, Shakespeare-Übersetzer und früherer Direktor des National-Theaters in Prag, brach, während er die heutigen Morgenmeldungen aus Wien las, tot zusammen.»

Nur diese knappe Drei-Zeilen-Information. Sie wird überschrien von den dicken Überschriften der Titelseite; von ebenjenen Katastrophen-Meldungen, die in diesen schicksalsvollen Tagen die Lektüre einer jeden Zeitung so atemberaubend, so herzbeklemmend machen.

Der permanente Lärm der Katastrophen betäubt uns. Man stumpft nicht ab; aber man ist wie gelähmt. Apokalyptische Stimmungen liegen über dem Kontinent. Das Grauenvolle tritt zu vielfach, zu massenhaft auf. Es wird immer schwieriger – ist schon fast unmöglich geworden –, auf die mannigfachen Schrekkens-Details zu reagieren. Wir erfahren, wir verstehen, was vorgeht; aber *realisieren* wir es? Ist unsere Vorstellungsgabe, unsere mit-leidende Phantasie stark genug, um auch nur annähernd zu ermessen, was jetzt im Herzen Europas vernichtet, erniedrigt, zertrampelt wird – und weiter zerstört werden soll? – Die Barbaren haben Wien überfallen, erobert, kein Prinz Eugen war da, es zu retten; die zivilisierten Nachbarn schauen zu – angewidert, empört, ohnmächtig; die Barbaren inzwischen holen schon zum nächsten Schlage aus: Prag... Dies alles wissen wir; so weit reicht unsere Kenntnis der Fakten. Wir wissen: «Wien – verloren. Prag – in Gefahr.» Aber das sind Abstraktionen, Simplifizierungen, Zusammenfassungen. Wirklich «verloren», wirklich «in Gefahr» sind unzählige Einzel-Schicksale! Die Kollektiv-Tragödie setzt sich zusammen aus Millionen von individuellen Tragödien: Sie ist ihre Summe. Die Nachricht von einer dieser individuellen Katastrophen kann stärker erschüttern, uns den wahren Inhalt der Geschehnisse mit einem Schlage deutlicher machen als die fortlaufende Chronik des Kollektiv-Trauerspiels.

Die Nachricht vom Tode Ottokar Fischers hat mich mit einer solchen Heftigkeit treffen können, weil sie mich erst ganz begreifen ließ, wie furchtbar – wie, im wörtlichen Sinn, beinah unerträglich – der Druck ist, unter dem von jetzt ab die Tschechoslowakische Republik – das Land, dessen Bürger zu sein ich stolz bin – sich befindet. Wird diesem Lande Hilfe kommen, in der Stunde der höchsten Gefahr? Oder wird man es opfern – wie man bis heute alles dem Zugriff der Faschismen geopfert hat? Diese Frage alarmiert die Welt: Es ist die eigentliche Schicksals-Frage der Stunde; gerade in den Herzen der Besten, Wissendsten unter den Tschechen selber muß sie von beklemmender quälender Dringlichkeit sein. Bitterkeit und Ekel angesichts dessen, was schon geschehen ist – Angst und Grauen vor dem, was noch Ereignis werden könnte: All diese Gefühle und Ahnungen bekommen wohl eine solche Gewalt, daß ein empfindliches Herz ihnen nicht standhält; es krampft sich zusammen, es verweigert den Dienst – und einer der Wertvollsten stürzt hin, zerschmettert, niedergeworfen – von wem? Vielleicht vor allem vom Ekel...

Dieser Mann – Professor Ottokar Fischer –, der nicht mehr leben konnte, da er eine Welt in Trümmer gehen sieht, gehörte zu den wertvollsten, den wahrhaft unersetzlichen Bürgern der Republik, an deren kulturellem Leben er so bedeutenden Anteil hatte. Er war – ein geistiger Verwandter Masaryks und Beneš' – ein tätiger Intellektueller; aktiv und produktiv auf fast erstaunlich vielen Gebieten: als Dozent und als Theaterleiter, als Übersetzer, Dichter und Essayist. Ich bin kaum der Berufene, sein komplexes, substantielles Lebenswerk zu würdigen – eine solche Würdigung würde übrigens nur im Rahmen einer ausführlich und gewissenhaft resümierenden Studie möglich sein.

Er gehörte zu denen, die Vertrauen, Sympathie und Respekt einflößen, gleich bei der ersten Begegnung: Ja, der erste Blick in sein charaktervolles und gescheites Gesicht weckte Vertrauen – dieses Gefühl, das immer seltener und deshalb immer kostbarer wird. Als ich ihn kennenlernte, war er der Leiter des Tschechischen Nationaltheaters. Ich erinnere mich, daß ich mit Ottokar Fischer zusammen Čapeks erregendes Drama «Die Weiße Krankheit» sah, in dem der Faschismus als eine Seuche, eine todbringende Pest dargestellt wird. Es war wohl das Entsetzen vor dieser sich grausig ausbreitenden «weißen Krankheit», was dem Freunde Čapeks, seinem Weggenossen und geistigen Kameraden, Ottokar Fischer, den Atem abschnürte, als er an jenem tragischen Morgen die Zeitung entfaltete...

Er war mit der deutschen Kultur ebenso vertraut wie mit der slawischen. Ich unterhielt mich mit ihm über deutsche Klassiker und Neuerscheinungen. Er urteilte gerecht und lebhaft. Er war liebenswürdig, human, energisch; er schien zuversichtlich. Es war nicht seine Ansicht, daß zwischen den Tschechen und den Deutschen Feindschaft sein müsse. Er war nichts weniger als deutschfeindlich; im Gegenteil, er betrachtete es wohl als eine der schönsten, wesentlichen Pflichten seines Lebens, zwischen den beiden Kultur-Sphären als Pädagoge, als Übersetzer, als Kritiker zu vermitteln. Freilich stand er fassungslos vor dem Phänomen des neu-deutschen Barbarentums. Er war der antibarbarische Typus Mensch: ein geistiger Mensch und deshalb hochgeschätzt, respektiert und einflußreich in der Republik, die von geistigen Menschen gegründet wurde.

Es ist dieser Typus Mensch, den wir heute bedroht sehen: deshalb wird der Tod des Prager Schriftstellers, Gelehrten und

Theaterdirektors zum fürchterlichen Symbol. Bedroht ist nicht die politische Macht einzelner Länder; vielmehr: die Lebensform des höher entwickelten, feiner organisierten Menschen. Ihm – samt allem, was er hervorgebracht hat, was er liebt – gilt der Angriff. Den höher entwickelten Menschen faßt das Grauen, angesichts des schamlosen Triumphes der Unterwelt. Die grelle Zeitungs-Überschrift «Deutsche Truppen überschreiten die österreichische Grenze», «Der Führer umjubelt in Linz eingezogen» – richtet sich gegen ihn wie ein Dolch – und ein kostbares Herz hört zu schlagen auf.

Passion eines Menschen

Ein emigrierter deutscher Schriftsteller, *Hans Sahl*, schreibt den Text zu einem großen Chor-Werk. Schweizer Arbeiter – die Gesangvereine der verschiedenen Züricher Betriebe, zusammengefaßt in einem «Arbeiter-Sänger-Kartell» – bringen es an mehreren festlichen Abenden vor einem Publikum von Züricher Bürgern, Kleinbürgern und Proletariern zur Aufführung. Das ist ein gutes und erfreuliches Ereignis; mir liegt daran, darauf hinzuweisen – gerade weil oft der Kontakt zwischen den exilierten deutschen Intellektuellen und dem breiten Publikum der Länder, in denen sie leben und arbeiten, weniger intensiv ist, als es – im Interesse der Emigranten wie im Interesse der Gastländer – zu wünschen wäre.

Sahl hat sich von einer der modernen Holzschnitt-Legenden des *Frans Masereel* zu seiner Dichtung inspirieren lassen: *«Jemand. Eine weltliche Kantate»* ist die sprachliche Illustrierung und Ergänzung der von Masereel in einer Bilder-Folge wortlos erzählten «Passion eines Menschen». In der vom Oprecht Verlag besonders schön ausgestatteten Buch-Ausgabe ist die Holzschnitt-Serie, die zu Masereels charaktervollsten und bedeutendsten Arbeiten gehört, in ihrer Ganzheit dem Sahlschen Text vorangestellt. Bei der Aufführung der Kantate erscheint nur eine Auswahl der Bilder im Hintergrund, auf die Leinwand geworfen. Die schwarzweißen Darstellungen haben hier keineswegs nur eine dekorative Funktion; vielmehr sind sie es, von denen die Handlung bestimmt wird: sie sind recht eigentlich die Handlung selbst.

Die Geschichte eines jungen Arbeiters, der gegen die Ungerechtigkeit der Gesellschaftsordnung rebelliert und den die kapitalistische Gesellschaft in den Tod schickt, wird zum Gegenstand für ein Oratorium hochpathetischen Stils, den klassischen «Passionen» – keineswegs mit parodistischem Akzent, sondern mit feierlichem Ernste – nachgebildet. Zwischen den gesungenen oder gesprochenen Chören und den «Arien» unterrichtet ein «Vorleser» – wie der Evangelist in den großen Passionen – über den Fortlauf der Handlung. Er teilt etwa mit:

«Da gab der Anführer den Befehl zur Hinrichtung, und sie erschossen Jemand und mit ihm zwölf Genossen zu beiden Seiten.

Und die Sonne verhüllte ihr Angesicht, und die Fenster der Stadt erzitterten, und die Armen kamen aus ihren Häusern und klagten.»

In Sahls poetischer Sprache finden sich Wendungen biblischen Gepräges neben marxistischen Fachausdrücken und neben Nuancen, die an einen gewissen Berliner Kabarett- und Revue-Stil – etwa den Jargon Friedrich Hollaenders oder der «Katakombe» – erinnern. Der Einfluß Bert Brechts ist stellenweise deutlich spürbar. Es ergeben aber diese verschiedenartigen Stil-Elemente hier eine glückliche und wirkungsvolle Einheit. Das Ganze ist erfüllt und getragen von einem unbedingt echten, leidenschaftlich beteiligten Gefühl.

Eine gewisse Schwierigkeit und Komplikation ergab sich für Sahl aus dem Umstand, daß Masereels Bild-Erzählung – 1923 entstanden – in ihrer Gesinnung allgemein humanitär-revolutionär, aber natürlich noch nicht eigentlich antifaschistisch ist. Die Arbeiter organisieren einen Streik; ein Herr von der Direktion verhandelt mit ihnen – sein diabolisches Charakteristikum ist, daß er einen Zylinderhut trägt –; von «Volksgericht», Konzentrationslager und SA-Sadisten ist noch nicht die Rede. Die antifaschistische Note mußte Sahl erst, gleichsam unter der Hand, in das moderne Passions-Spiel bringen. Am Schluß läßt er den Gefangenen von irgendwelchen Peinigern – es wird offengelassen, was für Uniformen sie tragen – mit Stahlruten und Nilpferdpeitschen schlagen – Praktiken, die doch wohl eher typisch für gewisse Formen der Diktatur als für den «Kapitalismus» schlechthin sind. Durch dieses Nebeneinander und Ineinander zweier Tendenzen – einer sentimentalisch-rebellisch-antikapitalistischen, die Sahl bei Masereel vorfand, und einer strikt antifaschistischen – entsteht eine ideologische Konfusion. Es ist gefährlich, mit den Begriffen «Kapitalismus» und «Faschismus» so zu operieren, als seien sie austauschbar, identisch oder gingen doch ineinander über.

Was der Autor dieser «weltlichen Kantate» zu geben hat – womit er rührt und womit er siegt –, das ist ein allgemein fortschrittswilliges, humanitär-revolutionäres Pathos. Es sind die einfachsten Postulate, die heute wieder die stärkste Wirkung haben. Müde einer Vergottung und Vergötzung jener anspruchsvollen Abstracta, wie «die Nation» oder «die Rasse», horcht man auf und ist auch schon halb gewonnen, wenn einem zugerufen wird: «Der Mensch ist das Maß aller Dinge – für ihn ist die Erde gemacht!» Dies verkündigt das Oratorium vom «Jemand» im Schluß-Chor des zweiten Teiles. Der Refrain des großen Finales aber lautet:

«Rettet den Menschen, rettet den Menschen,
Rettet die Welt von der Barbarei!»

Welche Dringlichkeit, welche alarmierende Aktualität bekommt dieser beschwörende, warnende Ruf – gesungen von Arbeitern, in deutscher Sprache, in einer Stadt, die nur ein paar Stunden entfernt liegt von den Grenzen des Dritten Reiches und eines eroberten, besetzten, gleichgeschalteten, erniedrigten Österreichs!

Auf die Einstudierung des Werkes ist eine rührende Menge von ernstem Fleiß, hingebungsvoller Anstrengung verwendet worden. Hat es nicht etwas Ergreifendes? Biedere Trambahnschaffner, Bauarbeiter und Eisenbahner verwenden, gemeinsam mit ihren Frauen und Kindern, die Abendstunden zum Lernen achtstimmiger Chöre! Dabei hat der begabte Komponist – er signiert mit dem Pseudonym *«Viktor Halder»* – es ihnen durchaus nicht leicht gemacht. In seinem musikalischen Stil – der übrigens, von klassischen Meistern wie von einigen Modernen beeinflußt, etwas unruhig experimentiert – gibt es keine Zugeständnisse an den Geschmack des «Männergesang-Vereins» – wie überhaupt der Veranstaltung der Charakter des Dilettantischen, treuherzig Stammtischhaften völlig fehlt.

Die Gesamtleistung hält ein würdiges Niveau. Es verhält sich wohl so, daß der Reinheit, Lauterkeit und Intensität einer Gesinnung der künstlerische Ernst, die ehrliche Bemühung um das artistisch Saubere, möglichst Vollkommene meistens entspricht. Nationalismus und soziale Reaktion manifestieren sich heute auf künstlerischem Gebiet als Kitsch: das gilt mindestens, was die deutsche Kultursphäre betrifft. Der Wille zum Fortschritt indessen geht zusammen mit der kulturellen Ambition. Proletarier tragen ihre Hoffnungen, Forderungen, Klagen und Anklagen in achtstimmigen Fugen-Gesängen vor – Stil: Johann Sebastian Bach. Es ist sonderbar und bezeichnend. Man ist heute nicht fortschrittlich gesinnt, ohne auch erhaltend gesinnt zu sein. Der Faschismus ist im Begriff, nicht nur die Weiterentwicklung der abendländischen Kultur aufzuhalten, sondern auch das Überlieferte zu zerstören und der Jugend den Geschmack an ihm zu verderben. Die progressiven Kräfte – die antifaschistischen – haben also heute in Europa auch die Funktion, konservativ im Sinn von Kultur-bewahrend zu sein.

Das «Cornichon»

Gerade seit der österreichischen Katastrophe erweist sich besonders sympathisch und ermutigend der solid selbstbewußte Widerstandswille der Schweiz. Die Vorstellung, man könnte «gleichgeschaltet», «angeschlossen», aufgefressen werden, ist zu absurd und verabscheuungswürdig, um hier überhaupt erwogen zu werden. Aber schon gegen jede politisch-ideologische Beeinflussung vom Reiche her sträubt man sich. Auf feste Unabhängigkeit vom «totalen», «dynamisch-kollektivistischen» Groß-Deutschland wird der entschiedenste Wert gelegt. Immer dezidierter und immer bewußter zieht man sich auf eine konservativ-liberale anti-«dynamische», anti-totalitäre Ideologie zurück. Dieser Prozeß der inneren Konsolidierung und Festigung, angesichts einer so kolossalisch aufgeblähten Übermacht, ist bemerkenswert und übrigens Respekt einflößend.

Am eindrucksvollsten, eindeutigsten und imposantesten wird dieser tapfer entschlossene Selbsterhaltungswille der Schweizer Demokratie vielleicht von der Basler «National-Zeitung» repräsentiert: sicherlich der besten, würdigsten deutsch-geschriebenen Zeitung der Epoche. Es gibt indessen viele Symptome, die eine solche entschlossen-biedere Stimmung beweisen. Eines der Symptome, die ich meine, ist die besondere Popularität des Züricher Kabaretts «Cornichon».

Es hat sich etabliert im ältesten Teil der Stadt und zeigt – nun schon seit Jahren – allabendlich sein Programm vor einem überfüllten, populär bescheidenen, gemütlich anspruchslosen Wirtshaussaal. Das Lokal «Zum Hirschen» ist nicht von den «Cornichon»-Leuten entdeckt worden. Ein literarisch interessiertes Publikum kannte es nicht – ehe im Herbst 1933 die «Pfeffermühle» ihre Vorstellungen dort begann. Aus Gründen der Fairheit muß festgehalten werden, daß die «Pfeffermühle» den Stil des politisch-literarischen Kabaretts – diese neue, halb pariserische, halb münchnerische Form des «Überbrettls» – und die alte Wirtsstube «Zum Hirschen» in Zürich eingeführt oder wiedereingeführt hat. Das Emigranten-Kabarett hatte – wie sich versteht – mit Schwierigkeiten zu kämpfen, die dem urtümlich schweizerischen Etablissement nicht gemacht werden können. Gegen die «Pfeffermühle» konnte das deutsche Konsulat vor Jahren eine Horde von Lausbuben in Bewegung bringen, die nicht nur Stinkbomben warfen, sondern auch schossen. Beim «Cornichon» machen nur Schweizer mit, darunter so angesehene wie der Schauspieler Heinrich Gretler und die Damen Attenhofer und Danegger. Es wäre riskant, auf die – oft sehr saftigen – Anzüglichkeiten der Schweizer Truppe mit Stinkbomben zu reagieren – und, man weiß es, die bezahlten Lausbuben-Horden riskieren nicht gern…

Das «Cornichon» – unter der Leitung der Herren Walter Lesch und N. W. Lenz – hat durchaus seinen eigenen Stil gefunden: einen für das heutige Zürich sehr typischen Stil, in dem sich münchnerische und wienerische Elemente mit pariserischen, und diese wieder mit echt schwyzerischen begegnen. Das national Schwyzerische überwiegt, und das ist sicherlich gut und richtig so; daher der Erfolg. Es wird viel im Dialekt gesprochen, und es kommen viele Anspielungen auf lokale Verhältnisse vor – etwa auf die Rivalität zwischen Zürich und Basel oder auf Berner Interna. Manchmal ist es für den Ausländer gar nicht leicht, alles zu verstehen. Was wir aber verstehen, das ist der Geist, aus dem heraus die heitere Folge von Liedern und Dialogen entstanden ist – kein revolutionärer Geist, nicht der Geist des Umsturzes, beileibe nicht; vielmehr der Geist eines kräftig-demokratischen Sich-Bewahrens. In einer Nummer – sie hat den Titel «Der Zweikampf» – tritt Herr Gretler als der Demokrat in Person auf: etwas drollig altmodisch, im Bratenrock, mit steifem Hut – und als einzige Waffe hat er einen Regenschirm, der durchlöchert ist. Man fühlt sich sicher genug, um Selbstironie zu zeigen... Im Verlauf der sehr charakteristischen Nummer wird es deutlich, warum man sich so sehr sicher fühlt. Der biedere Demokrat hat nämlich mit seinem nicht ganz intakten Parapluie gegen den Repräsentanten der «totalen» und «dynamischen» Mächte vorzugehen, die Stunde des finalen Kampfes scheint gekommen, und der Biedermann ist auch etwas ängstlich. Die Benommenheit verfliegt aber, da sich herausstellt, daß der dynamische Unhold, der erst so erschreckend schien, eigentlich gar keinen Widerstand leisten kann: Er sieht zwar schauerlich aus, ist aber hohl. Vor dem Wörtlein «Freiheit» sackt er zusammen, wie der Teufel vor dem Zeichen des Kreuzes... Das Züricher Publikum applaudiert, als die Schwäche des schauerlich zurechtgemachten Monstrums evident wird, und der Brave mit dem Regenschirm schließlich den Sieg davonträgt – der nicht einmal ein schwerer Sieg war...

Das gleiche Publikum klatscht dankbar und mit Genuß über jeden Witz, der auf Kosten eines der benachbarten Diktatoren gerissen wird. Dabei lassen die umsichtig-tapferen «Cornichon»-Leute kaum etwas aus: Es kommt alles vor, Spanien und die Juden und China, und immer wieder der Hitler, und nicht nur Mussolini, sondern sogar sein Piloten-Sohn... Alles dieses aber vorgebracht ohne Bitterkeit, ohne viel Schärfe, nur mit Humor, und immer wieder unterbrochen durch biedere lokale Späße.

Das Charakteristikum «bieder» ist überhaupt jenes, das den Eindruck der ganzen Veranstaltung am treffendsten resümiert. Wie brav! Wie sehr sympathisch! Wie dankenswert! Wie ergreifend! Wie bieder! Einige begabte junge Leute tun sich zusammen – und sie sind alle begabt – und entschließen sich einfach dazu, in einem Wirtshaus-Saal auf muntere Weise für das Anständige einzutreten. Diese jungen Leute sagen sich: Es geschieht auf der Welt enorm viel Schlechtes, Schuftiges, Schmieriges, Miserables. Wir zeigen unseren Abscheu dagegen, indem wir darüber lachen. Wir verhöhnen es kräftig, und außerdem reden wir auch noch von dem, was uns verteidigungswert und relativ nobel scheint. Da die jungen Leute Witz und Talent haben, fällt das Ganze vortrefflich aus. Die Zuschauer lachen mit, und von zehn macht sich vielleicht einer Gedanken. Bei intelligenten Leuten in Zürich wird es fast selbstverständlich, daß man sich das neue Programm im «Cornichon» ansieht. Das ist erfreulich. Auf eine leichte Art bekommen die Leute dort Dinge gesagt, die ihnen – ernster und genauer formuliert – vielleicht doch etwas gewagt erschienen. Im Lachen aber werden sie mutig.

Ecce homo

«Franz Kafka wurde am 3. Juli 1883 in Prag als Sohn von Hermann und Julie Kafka geboren.» Also hebt, schön biographisch-episch, das *«Franz Kafka»*-Buch von *Max Brod* an (Verlag Mercy Sohn, Prag). Es ist der siebente Band – oder, eigentlich: ein Nachtrag der «Gesammelten Schriften» Kafkas, deren Herausgabe ich zu den verdienstvollsten verlegerischen Taten des Jahrzehnts rechne. Festgestellt muß werden, daß ohne Max Brods liebende Aktivität diese Gesamtausgabe nicht vorläge und das deutsche Schrifttum also ärmer wäre. Der Schriftsteller, Denker und Publizist Max Brod hat in seinem Leben vieles geleistet, was Dauer haben wird. Sein schönster Ruhm, vielleicht, wird seine fördernde Freundschaft für Kafka sein. Das Seltsame ist, daß der scheue, vor jeder Öffentlichkeit fast krankhaft ängstliche Mensch – Kafka – ans Licht der Publizität gezerrt sein wollte. Seine Sprödigkeit – des bin ich sicher – war eine tiefe, verschlagene Koketterie. Er hatte einen Max Brod: So konnte er es sich leisten, seine Manuskripte zu verbergen, bis der Freund sie aus der Schublade riß. Im übrigen hatte er literarischen Ehrgeiz, wie jeder. Wenn man redet, will man gehört werden – sonst schweigt man.

Brod betont es an verschiedenen Stellen – und übrigens hätten wir es ohnedies gewußt –: Kafka war kein Wüstenheiliger; vielmehr ein junger Mann aus dem deutsch-böhmischen Mittelstand, der ungern Beamter war, heiraten wollte, es sich aus Gesundheitsgründen versagen mußte, literarischen Ehrgeiz hatte und ziemlich jung starb. Natürlich hatte er auch Lieblingsautoren. Mich rührt es, daß zu den Büchern, die er besonders gern mochte, der «Tonio Kröger» gehörte – was für Welten finden hier zueinander! – Mehreres von Hermann Hesse, der ihn später als einen «heimlichen Fürsten der deutschen Prosa» bezeichnen sollte, die Sachen von Hofmannsthal und die von Stefan George. Er liebte auch Hebels «Schatzkästlein», und er liebte Flaubert, besonders aber liebte er Goethe – vielleicht weil dieser alles war, was er nicht sein durfte. Der Goethe-Kult hat viel Rührendes – eine Reise nach Weimar wird zur Pilgerfahrt –, und man stellt sich gerne vor, was der große Mann zum «Prozeß» oder zum «Schloß» gesagt haben möchte. Wäre seine Verständnislosigkeit ebenso erschreckend gewesen wie im Falle Kleists – der übrigens auch zu Kafkas Lieblings-Autoren rechnet und mit dem Brod ihn des öfteren in einem Atem nennt? In der Tat gibt es hier Affinitäten – über den literarischen Einfluß hinaus, den der «Penthesilea»-Dichter auf den Dichter des «Prozesses» geübt haben mag –: Affinitäten, meine ich, die tiefer und geheimnisvoller liegen. Die Rolle etwa, die das Preußentum bei Kleist spielt, hat das Judentum bei Kafka. Gemeinsam haben sie auch den Hang, das Geheimnis möglichst präzis auszudrücken; die Neigung zu einer fast grausamen Klarheit in der Komplikation.

Übrigens ist festzuhalten, daß für Kafka keineswegs – wie etwa für Flaubert – «die Kunst» als solche «Offenbarung der Wahrheit» bedeutet hat. Primär bei ihm ist das Religiöse. Die

Kunst ist nur eine Form des Gebetes, des Gott-Suchens. «Unsere Kunst», heißt es einmal, «ist ein von der Wahrheit Geblendet-Sein. Das Licht auf dem zurückweichenden Fratzengesicht ist wahr, sonst nichts...»

Max Brod – exakt aus Liebe, kenntnisreich und genau – gibt uns tausend Details wie diese. Er gibt uns, in der Tat, die ganze innere Biographie diese außerordentlichen Menschen – samt der äußeren. Wie ein Helden-Epos erzählt er uns die große Geschichte dieses inneren Kampfes, dessen Zeuge er war. Wie innig hat sich dieser bemüht! Er hat auch andere leiden lassen; doch sicher weniger als sich selbst. «Solche Leiden tragen müssen und verursachen», notiert er einmal. Dabei dachte er wohl vor allem an seine Braut, Fräulein F. – Brod verschweigt ihren Namen –, die er marterte, «teuflisch in aller Unschuld». Und die beiden Menschen, die ihm die letzten Jahre und Monate erträglich machen: der Arzt Robert Klopstock – treuester Freund – und das Mädchen namens Dora, welches an seiner Bahre zusammenbricht? Ach, gewiß, es ist kein Leichtes, einen zu lieben, dem die dunklen Zeichen auf der Stirne stehen. Ihm standen sie auf der Stirne: wir sehen es noch auf den Photographien – diesen letzten Bildern, die den Vierzigjährigen so sonderbar jung erscheinen lassen. Dieser Jüngling hat das Gesicht eines Erzengels. Der furchtbarste Ernst ist zwischen seine Brauen geschrieben.

Die Gestalt Kafkas ist dunkel. Da Brod sie brüderlich liebt, unternimmt er den Versuch, dem Bildnis, welches er von ihr entwirft, helle Farbflecke aufzusetzen. Er sagt: Hoffnungslos war er nicht. Er meint sogar, das «Positive, Lebensfreundliche, irdisch Wirkende» sei stärker bei Kafka gewesen, als man es gemeinhin wahrhaben wolle. Ich bin sicher, daß dies richtig ist, was den Menschen betrifft – wahrscheinlich hatte er selbst heitere Seiten; alle großen Menschen haben sie; von Stefan George sagt man, er habe vergnügt wie ein Schuljunge sein können. Darauf kommt es nicht an. Was bleibt, ist die Botschaft. Die hat bei Kafka sehr dunklen Klang. Sie handelt mehr von der Schuld als von der Erlösung. Brod zitiert als eines der positivsten Worte:

«Nicht verzweifeln, auch darüber nicht, daß du nicht verzweifelst. Wenn schon alles zu Ende scheint, kommen doch noch neue Kräfte angerückt, das bedeutet eben, daß du lebst.»

Aber wozu dienen die «neuen Kräfte»? Doch wieder nur, um mit Gott zu hadern, wie Hiob. Dessen Züge hat dieser Dichter – der größten einer, der gelebt in diesem Jahrhundert. Freilich hat er auch viel geliebt, und von seinen Kierkegaard-Studien, die ihm die letzten Jahre verklärten, brachte er nicht nur die – übrigens platte – Weisheit mit, daß der Mensch «ohnmächtig» sei, sondern auch die andere von der «guten sittlichen Kraft und Wirkungsmöglichkeit des Menschen». Hätte er das nicht immer wieder geglaubt, wäre kein Kampf gewesen. Der «Prozeß» wird nur geführt, weil es ein Gutes gibt (allerdings auch ganz enorm viel des Schlechten).

Kurt Hillers Prosa

Der Schriftsteller Kurt Hiller ist eine Persönlichkeit. Er hat seinen eigenen, unverwechselbar geprägten Stil – ein sehr brillanter Stil übrigens: rhythmisch federnd, bravourös exakt –, und er hat, was wichtiger ist, seine eigenen Gedanken. Diese erscheinen manchen anstoßerregend. Es gehört aber gerade zum Ehrgeiz der Persönlichkeit Kurt Hillers, zu schockieren, Anstoß, und das heißt: Diskussion, zu erregen. Was er am leidenschaftlichsten haßt, und wogegen er am grimmigsten kämpft, das ist: der Konservativismus der Linken; die Erstarrung der fortschrittlichen Ideologien; die Denkfaulheit der Gutgesinnten. «Kein Kunststück», schreibt er, «die Götter der Gegner zu prügeln. Aber die Götzen der Freunde! Wir wollen sie kitzeln, bis sie quietschen!»

Diese Formulierung – diese übermütige und gereizte kleine Kampfansage, die stilistisch und inhaltlich charakteristisch für ihren Autor ist – kommt in einem der Aufsätze vor, die Hiller jetzt in seinem Buch «Profile. Prosa aus einem Jahrzehnt» (Éditions Nouvelles Internationales, Paris) zusammengestellt hat. Eine ganz außerordentlich interessante Lektüre – ich empfehle sie jedem, der etwas Sinn für gute deutsche Prosa mitbringt und genug intellektuelle Neugierde, um diesem höchst eigenwilligen Geist bei seinen diversen, oft überraschenden Exkursionen zu folgen. (Übrigens ist auf Hillers Werk an dieser Stelle schon hingewiesen worden.)

Ich will, gleich eingangs, meine Einwände und meine Einschränkungen machen. Der Kulturkritiker und politische Philosoph Kurt Hiller hat eine Vorliebe für das Überpointierte. Er ist nervös, reizbar, zuweilen ungerecht. Was ihm fehlt, ist eine innere Ausbalanciertheit: ein Goethisches Element. Er ist niemals langweilig oder konventionell; aber vielleicht ist er etwas zu stolz auf seinen geistigen Eigensinn. Manchmal kommen in seiner Prosa schrille Töne vor, die weh tun und übrigens mißtrauisch machen. (Es ist nicht ungefährlich, vom Nietzsche der «Ecce Homo»-Periode gewisse Akzente zu übernehmen, die legitim und schauerlich-großartig eben nur bei Nietzsche sind...) Wer seiner Sache sicher ist, spricht mit ruhiger Stimme. Hiller hat so oft recht, daß er es sich wohl leisten könnte, gelassener zu sein. Um nur ein Beispiel zu nennen: er ist – meiner Ansicht nach – durchaus nicht im Unrecht, wenn er André Gide gegen Angreifer verteidigt, die ihrerseits nicht genug Mäßigung gezeigt haben. Aber Hillers Polemik «Der Fall Feuchtwanger» – es handelt sich um eine herabsetzende Äußerung gegen Gide, die Feuchtwanger in der Moskauer «Prawda» hatte drucken lassen – ist ebenso maßlos, wie Feuchtwangers Attacke gegen den großen Franzosen es war: Hiller schimpft; ja, er kreischt beinahe..., so daß es weh tut und übrigens mißtrauisch macht.

Freilich ist zu konstatieren, daß mit diesen Schwächen Hillers auch seine Forcen zusammenhängen. Sein intellektueller Radikalismus, seine geistige Unbedingtheit, die ihn zuweilen in die gefährliche Gegend der Paradoxe entführen, machen zugleich seinen Charme – und mehr als das: seine Bedeutung aus. Denn, ohne Frage: es gibt in seinem Denken und in seinem Charakter bedeutende, zukunftsträchtige Elemente.

Als gehorsamer Soldat der Revolution zu dienen – ohne Kritik, ohne selbständiges Denken – kann ehrenwert sein und ist für viele sicher die einzig passende innere Haltung. Johannes R. Becher – dem Hiller eine ausführliche Studie widmet – dichtet: «Von allen Wegen gibt's für uns nur einen. Den die Partei uns zeigt. Sonst gibt es keinen.» Man kann solche asketische Disziplin bewundern, und Hiller selbst bringt, gerade im Falle Bechers, Achtung für sie auf. Wären aber alle so diszipliniert – wie sollte sich der revolutionäre Gedanke entwickeln? Seine Stagnation bliebe unvermeidlich – und man hat am Versagen der deutschen Links-Parteien gesehen, wohin die Stagnation, die Erstarrung führt... Die deutschen Marxisten haben vieles zu bereuen. Das Exil gibt ihnen Muße und Gelegenheit dazu. Haben sie schon bis zu dem Grade umgelernt, der nottut? Wir möchten hoffen, daß sie im Begriffe sind, es zu tun... Aber dann sollten sie eine Stimme wie die von Hiller nicht überhören.

Worauf es Hiller ankommt, und was er mit all der Leidenschaft, die ihm gegeben ist, betreibt, das ist «die Erneuerung des sozialistischen Philosophems. Sie geschähe nicht zum Schaden, sondern zum Nutzen seines Ziels». – Denn über das Ziel ist Hiller sich mit allen Revolutionären einig: Er will den Sozialismus. Deshalb kann er, in einem Brief an den «Genossen Thälmann», sagen: «...zwar eine Vielheit von Meinungen, sind wir doch heute ein Heer; und zusammen gehören vor allem: der intelligente Arbeiter und der arbeitende Intellektuelle – gesetzt, daß beide Charakter haben.» Das ist nicht die Sprache des Eigenbrötlers. Es ist keineswegs die Sprache dessen, mit dem es von der «linientreuen» Seite her keine Verständigung gäbe, nicht einmal die Möglichkeit einer Diskussion. Hiller – der übrigens schon früh für eine antifaschistische Einheitsfront war – ist der Meinung, man könne, um des gemeinsamen Zieles willen, gemeinsam kämpfen, auch wenn man im Philosophisch-Prinzipiellen sehr weit voneinander getrennt sei.

Um es in den einfachsten Worten zu sagen: Hiller ist ein orthodoxer Revolutionär; aber er ist kein orthodoxer Marxist. Er ist in der Praxis mit den Marxisten, keineswegs aber im Weltanschaulichen. Er ist kein Materialist. Er glaubt nicht an den unbedingten Primat des Ökonomischen; er glaubt nicht daran, daß die Geschichte der Menschheit eine Geschichte der Klassenkämpfe ist. Er ist von Nietzsche mindestens ebensosehr beeinflußt wie von Marx (und er ist gegen Engels). Die großen Geister, auf die er schwört, mit denen er sich immer wieder beschäftigt, sind fast ausnahmslos nicht Marxisten. Am meisten von allen Schriftstellern der Epoche liebt er André Gide, von dem er den Satz zitiert: «Aber ich muß bekennen: was mich zum Kommunismus führt, ist nicht Marx, sondern das Evangelium.» Von Gide handelt, in dem Essayband «Profile», eine ganze Serie von

Aufsätzen. Weiterhin ist ausführlich und bewunderungsvoll die Rede von: Heinrich Mann – den Hiller bei der zweiten Hindenburg-Wahl als Präsidenten der Deutschen Republik vorschlug: gegen den er später, in der Emigration, aber respektvoll polemisierte –; Sigmund Freud, Alfred Kerr – an dem Hiller mit besonders zärtlicher Verehrung hängt –, Leonard Nelson. Auch die Charakteristik Romain Rollands ist mit Ehrfurcht geschrieben; am Schluß muß Hiller aber, in der Angelegenheit André Gide, von Rolland dezidiert abrücken. («Ich liebe Neutralität in keinem Falle; ich bin für Gide.») – Gegen Thomas Mann stritt er zur Zeit der «Betrachtungen eines Unpolitischen»; bekennt sich aber heute zu ihm (gelegentlich von Thomas Manns Schrift: «Freud und die Zukunft»). – Mit vielen anderen – etwa mit Theodor Wolff oder Coudenhove-Kalergi, mit Theodor Lessing, Tucholsky oder Franz Werfel – sind die Auseinandersetzungen zwar kritisch, aber gerecht; nicht schroff ablehnend, sondern gescheit wägend. Hiller konstatiert – sehr zu recht –: «Der Sozialist braucht aber… nicht der Psychologie zu entsagen.» Und er zitiert den schönen Satz von Freud: «Es gibt keine Instanz über der Vernunft.» – Er ist immer gegen die bequemen Vereinfachungen; für das Komplizierte. An einer Stelle definiert er die Gründe, aus denen heraus er André Gide liebt, folgendermaßen: «Erstens weil er verwickelt ist. Sein Erlebnis: innig, doch un-naiv… Seele ist durchgeistigt; Geist ist beseelt.» – In der gleichen Studie spricht er, sehr schön, von der «Magie der Entwölkung».

Eines der Mottos, die wir dem Buch vorangestellt finden, ist von Stefan George: auch er gehört zu Hillers «geistigen Göttern»; zu den Leit-Gestirnen, an denen er sich orientiert. Gerade in dieser gleich starken Liebe zu zwei so scheinbar grundverschiedenen Geistern, wie Stefan George und Heinrich Mann, fühle ich mich Hiller verwandt; gerade in diesem Punkt bejahe ich ihn – trotz mancher Einwände, die ich gegen ihn habe. In seiner reizvoll komplexen, fruchtbar komplizierten Geistigkeit finden Elemente zueinander – nicht als trübe Mischung; sondern als bewußte Synthese –, die wir bei den Deutschen meistens voneinander getrennt sehen: Stefan George und Marx; Nietzsche und Voltaire begegnen sich. Der Aktivist – als den Hiller sich immer wieder bekennt – wird nicht zum Anti-Ästheten; der Sozialist wird nicht zum Anti-Individualisten. Wenn ich vorhin von den «zukunftsträchtigen Elementen» sprach, die ich in Hillers Denken spüre, so meinte ich vor allem ebendiese Synthese, ebendieses Zueinander-Finden von Sphären und Welten, die im deutschen Wesen zueinander finden müssen.

Ich rate meinen Kameraden von der streng marxistischen Observanz: Lest Hiller, anstatt über ihn die Achseln zu zucken! Ärgert euch, empört euch! Diskutiert! Aber zuckt nicht die Achseln! Widerlegt ihn, wo er übers Ziel geht! Aber seid nicht unempfänglich für die konstruktiven – ja, ich wage das Wort: die schöpferischen Beiträge, die er zu einer geistigen Regeneration der Linken liefert! Er ist ein Mann, mit dem sich reden läßt. Er irrt sich manchmal; aber er ist mutig und ehrlich. In Deutschland hat man ihn für seine sozialistische Überzeugung halbtot geprügelt; nun schlägt er sich draußen mit den «Zielgenossen» wegen philosophischen Meinungsverschiedenheiten – wegen seines Anti-Materialismus, seines Aristokratismus – tapfer herum. Er ist verliebt in den Kampf. Und brauchen wir nicht auch solche eigenwilligen Kämpfer – neben den disziplinierten Soldaten? Hiller – der aktivistische Denker; der denkerische Aktivist – hat sich das Wort von Henri Bergson zu Herzen genommen, das er als zweites Motto seinem sehr lesenswerten Essayband «Profile» voranstellt: «...il faut agir en homme de pensée et penser en homme d'action.»

Der Marsch des Faschismus

Der Kontakt zwischen der antifaschistischen italienischen Emigration und der deutschen ist noch nicht lebendig, nicht intensiv, nicht fruchtbar genug. Haben wir mit den italienischen Kameraden nicht beinah alles gemeinsam, den Schmerz und den Haß, den geistigen Stolz, die Entschlossenheit zum Widerstand, die trotzige Geduld, und die Zuversicht?

Die Bücher von Ignazio Silone, deren Ruhm von der deutschen Schweiz aus sich in die Welt verbreitete, haben in vielen von uns das Bewußtsein neu belebt und verstärkt, daß wir mit den italienischen Antifaschisten rechnen dürfen als mit Schicksals- und Kampfgenossen. Das große Werk von G. A. Borgese: «Der Marsch des Fascismus» ist zunächst in englischer Sprache erschienen. Nun liegt die deutsche Übersetzung vor, publiziert vom Verlag Allert de Lange in Amsterdam. (Übrigens hatten die Leser dieser Zeitschrift schon die Gelegenheit, Proben aus Borgeses Buch kennenzulernen.)

Nicht nur die italienischen Feinde der Diktatur haben das Recht, auf die gewichtige und schöne Leistung ihres Kompatrioten stolz zu sein. Stolz empfinden auch wir, angesichts dieses imponierenden Werkes. Denn wir fühlen: Einer von uns hat das geschaffen; einer, der unser Schicksal teilt und unsre Gesinnung. Die Schicksals- und die Gesinnungs-Gemeinschaft halten wir für wesentlicher als die nationalen Unterschiede. Deshalb fällt es uns nicht schwer zuzugeben, daß in unserem engeren Kreise, dem Kreis der deutschen antifaschistischen Intellektuellen, noch kein Werk entstanden ist, das dem von Borgese an die Seite zu stellen wäre. Keiner hat noch die Hintergründe und den Ablauf der deutschen Tragödie mit dem Pathos und der Gründlichkeit, die wir an Borgeses großer Studie bewundern, zusammenfassend dargestellt.

Der italienische Dichter, Forscher und Publizist Borgese lebt heute als freiwillig Verbannter in Chicago. Von dort aus hat er an Mussolini den berühmten Brief der Abrechnung und des Abschieds geschrieben. Und dort, in der Fremde, hat er ein Werk vollendet, das spätere Geschlechter zum klassischen Besitz der italienischen und der europäischen Literatur rechnen werden. In ihm behauptet sich der Geist einer entschlossenen und übrigens kämpferisch gestimmten Humanität gegenüber allen pseudo-intellektuellen oder plump-materiellen Lockungen und Drohungen eines «dynamischen», anti-moralischen, anti-humanitären Lebensgefühls, das sich zuweilen lügenhaft als radikal-progressiv ausgibt und maskiert, während es doch in Wahrheit nichts ist als krasser, rüder, atavistischer Rückschritt.

Borgese zeigt und beweist uns vieles und vielerlei in seinem Buche: einerseits durch die Fülle der Tatsachen, der Argumente und Erkenntnisse, die er mit schöner, strömender Beredsamkeit vor uns ausbreitet; andererseits, und noch eindrucksvoller, durch seine eigene sittlich-geistige Haltung, die auf jeder Seite sich selbstbewußt manifestiert; durch das imposante und rührende Beispiel seines Charakters, seiner Menschlichkeit. Er zeigt und beweist uns, daß man ein passionierter Patriot sein kann, ohne zum Nationalisten zu werden. Herz und Geist dieses Schriftstellers sind innig an die italienische Heimat gebunden. Trotzdem hütet sich der Historiker und Kulturpsychologe, den Begriff der Nation, den nationalen Mythos überzubewerten. Vielmehr bezeichnet er, auf seine gelassene, sachlich konstatierende Art, die Nationen als «historische und biologische Gebilde eines bestimmten Zeitalters, die so, wie sie einen Anfang hatten, auch ein Ende haben werden».

Die Anfänge der italienischen Nation führt unser Autor zurück auf einen Dichter: «Vor Dante hatte es Italien nicht gegeben. Die ‹Divina Comedia› schuf eine Nation.» Von den großen frühen Figuren, den Gestalten des Anfangs, deren moralische oder anti-moralische Kräfte noch im Heute spürbar sind, von Dante, Cola di Rienzi, Machiavelli, Cesare Borgia führt das Epos über die Dichter und Helden des «Risorgimento», über Manzoni und Leopardi, Mazzini und Garibaldi bis mitten in die Gegenwart: bis zum faschistischen «Marsch auf Addis Abeba» und, weiter, bis zum «Marsch auf Madrid».

Die Bezeichnung «Epos» ist hier durchaus am Platze; der Vortrags-Stil dieses Historikers ist mehr ein episch-rhapsodischer als ein analytisch-untersuchender. Borgese, der Romancier, verrät sich, gleichsam wider Willen, auch dort, wo nur der Forscher oder der Philosoph zu sprechen scheint. Ein starker erzählerischer Atem geht durch das Werk. In ihm gibt es Stellen von echtem künstlerischen, ja poetischen Reiz; es gibt lyrischen Zauber, bei aller Exaktheit und bei so gediegener Wissensfülle – und in der politisch-moralischen Anklageschrift voll eines furchtbaren, unversöhnlichen Ernstes finden sich auch die Stimmungen und Formulierungen eines souveränen, boshaft-charmanten oder wehmütigen Humors. Wie in einer großen Partitur sind in diesem Buch mannigfache Themen und Melodien mit kluger Sorgfalt durchgeführt, mit Innigkeit und Geschick ineinander verwoben – um am Ende alle auszuklingen in ein kraftvollenthusiastisches Bekenntnis zum konsequenten, zugleich realistischen und seherisch-kühn ins Weite planenden Humanismus.

Borgeses Darstellungs-Methode ist geschult am großen europäischen Gesellschaftsroman, vor allem am französischen Roman des neunzehnten Jahrhunderts. Es ist eine synthetische Methode; die Wirklichkeit wird nicht vom Standpunkt einer bestimmten soziologischen oder psychologischen Theorie aus gedeutet oder gerechtfertigt; vielmehr wird sie gezeigt und dargestellt in ihrer reichen, rätselvollen Zusammengesetztheit, ihrer lebendigen Komplexität; das große Bild, das solcherart zustande kommt, hat Überzeugungskraft, Plastik, Leben.

Borgese ist kein Marxist; er betont es mehrfach, übrigens bliebe der Leser auch ohne diese nachdrücklichen Konstatierungen nicht im Zweifel darüber. Er ist überhaupt gegen Systeme, die nach einem «alleinseligmachenden Prinzip» den Ablauf der Geschichte deuten oder vorausbestimmen wollen. Vor allem ist er gegen die deutsche Philosophie seit Hegel; gegen Hegel selbst, dem er viel Schuld gibt an allen Verwirrungen, von denen der europäische Geist heimgesucht worden ist; und gegen Marx und Nietzsche, die er «die verirrten Söhne Hegels» nennt. An jenen Stellen, die schroff gegen die großen problematischen deutschen Geister des neunzehnten Jahrhunderts polemisieren – Stellen, die übrigens eines bedeutenden Wahrheitsgehalts nie ganz entbehren –, macht sich in Borgeses Betrachtungsweise eine gewisse Tendenz zur Simplifizierung, eine bittere Voreingenommenheit bemerkbar, und in seiner Stimme fallen gereizte, ungeduldige Töne auf, die zu der philosophischen Gelassenheit, die er sonst an den Tag legt, nicht recht passen.

Er bekennt sich zu einem Liberalismus, den er als den «legitimen Nachkommen von Humanismus und Reformation» definiert. Als Humanist und als Liberaler verwahrt er sich aber dagegen, daß man Kommunismus und Faschismus über einen Kamm schere oder sie gar miteinander identifiziere: die Gleichsetzung dieser beiden politischen Konzeptionen bezeichnet er als «eine halbbewußte Lüge der panisch erschrockenen besitzenden Klasse» – wobei das Wort «halbbewußt» höchst vorsichtig gewählt ist. Seine geistige Heimat, die Sphäre, auf die er sich am liebsten bezieht, ist das liberale italienische «Risorgimento»;

Einflüsse von der französischen und englischen Aufklärung und der Großen Französischen Revolution wirken nach; nachdrücklich wiederholt wird die Sympathie für den «Geist Mazzinis und Wilsons»; der Idee des Völkerbunds wird die Treue gehalten, jeder wohlfeile Spott über die enttäuschende Praxis dieser Institution konsequent vermieden. Von den lebenden Staatsmännern wird mit der stärksten Achtung Beneš' gedacht, mit dem Borgese während des Krieges in Rom zu tun hatte und den er den «inbrünstigsten und weitsichtigsten von allen» nennt.

In dem demokratischen Pathos des Italieners mischen sich Enthusiasmus und Skepsis; Gläubigkeit und gesunder Menschenverstand. Es ist ein zugleich maßvoller und glühender Geist, ein sehr konstruktiver Geist, abhold allem rauschhaft Exzessiven. Gerade das irrational exzessive, das anarchische Element ist ihm am Faschismus verhaßt. Sehr zu Recht heißt es von Mussolini: «Er ist nie Sozialist und nie Nationalist gewesen. Immer aber Anarchist.» An einer anderen Stelle ist von Mussolinis ruchlosem Ästhetizismus die Rede, von seinem falschen, höchst gefährlichen «Künstlertum». «All die Abfälle D'Annunzios, wo er am trivialsten ist», heißt es da, «all der Spülicht aus der Hexenküche des kosmopolitischen Ästhetentums und moderner Dekadenz...»

Die große Mussolini-Charakteristik – der gedrängte Abriß seiner äußeren Biographie und der inneren Geschichte dieser «solipsistischen Seele» – gehört zu den Glanzstücken des reichen Buches. Wie in einem Roman ersten Ranges sind aber auch die Nebenfiguren plastisch-überzeugend herausgearbeitet. Die ironisch gefärbte, aber nicht ganz respektlose Analyse D'Annunzios ist erschöpfend; das Porträt des Königs ein psychologisches Kabinettstück. Alle aktuellen Themen, die mit dem «Marsch des Fascismus» in Zusammenhang stehen, werden einbezogen: die Haltung des Vatikans; die «Feuerprobe» der italienischen Intellektuellen – wobei arrivistische Scharlatane, wie Excellenz Marinetti, nur verächtlich gestreift werden, während sich für die «Felsen der Standhaftigkeit», für Ferrero, Salvemini, Toscanini, Sforza und einige andere, Worte kameradschaftlicher Bewunderung finden; die widerspruchsvolle und, alles in allem, lahme Reaktion der Welt auf das Phänomen Faschismus; die Achse Berlin–Rom; die Parallelen und die Unterschiede zwischen der deutschen und der italienischen Form der Diktatur – wobei Borgese, mit einem umgekehrten, melancholisch bitteren National-Stolz denn doch Wert auf die Feststellung legt, daß die italienische Form es mit der germanischen an Gräßlichkeit mindestens aufnehmen könne.

Das letzte große Kapitel des Buches heißt: «Marsch in die Welt». Einige Unterabschnitte haben charakteristische Titel: «Deutschland schließt sich an. – Die Wahl: Abessinien. – England versagt. – Marsch auf Genf. – Marsch auf Addis Abeba. – Die Welt in Verwirrung. – Marsch auf Madrid». Und da stehen wir nun. Wird er weitergehen, der verhängnisvolle Marsch? Kann er aufgehalten werden, in zwölfter Stunde? – Borgese malt auf den vorletzten Seiten seines Werkes apokalyptische Bilder und spricht vom «Marsch auf Paris». Ganz am Schluß aber findet er die Zuversicht wieder, die zu seiner geistig-moralischen Haltung, zu seiner schönen sittlichen Entschlossenheit gehört. Ermutigend ruft er uns zu: «Aber ob in Tagen oder erst nach Generationen, die Morgenröte wird kommen. Und das Schwarze Zeitalter wird der Menschheit eine große Lehre hinterlassen.»

Der große italienische Autor hält den Faschismus nicht für einen Wendepunkt in der Menschheitsgeschichte – sondern für eine finstere Episode.

Von Bismarck bis Picasso

Wilhelm Uhde – ein deutscher Europäer – erzählt uns die Geschichte seines Lebens, sie ist rührend und lehrreich. Ohne Dünkel und ohne ängstliche Bescheidenheit; genau, aber nicht pedantisch; aufrichtig, aber mit nobler Diskretion, legt Uhde Rechenschaft ab. Er resümiert, was ihm, während dieses Erdendaseins, das Kostbare und Wesentliche war, und was ihm, heute noch, als das Unverlierbare erscheint. In seinem Erinnerungsbuch «Von Bismarck bis Picasso» (Verlag Oprecht, Zürich) gibt er nicht nur die Chronik seines äußeren Daseins, das wir reich an bedeutenden Eindrücken und Erlebnissen finden, sondern auch die Quintessenz seiner Gedanken, der geistigen Bemühungen, Zweifel, Aufschwünge und Hoffnungen. Die intellektuellen Anstrengungen und das lautere, hochgespannte Gefühl dieses Autors haben vor allem einen großen Gegenstand: die Problematik des deutschen Wesens; und die Frage, die ihn am längsten und am innigsten beschäftigt hat, ist die: Ob dieses «deutsche Wesen» – er begreift es als dem tragisch-hellenischen verwandt; als seinen reinsten, stärksten Ausdruck betrachtet er Hölderlin – sich mit Europa, mit dem Westen, mit Frankreich versöhnen könne; ob die Vereinigung, das produktive Zueinander-Finden der «himmlischen Liebe der deutschen Sehnsucht» und der «irdischen Liebe, wie sie Frankreich kennt», möglich seien.

Freilich, der Alternde, der zurückblickt, muß konstatieren: «Noch einmal, wie mein Leben lang, hat Deutschland mich enttäuscht.» Und über die verlorene Heimat Deutschland schreibt er die bitteren Worte: «Es ist heute mein schlimmster Feind geworden; denn es verhöhnt, was ich verehre, es verherrlicht, was ich verachte.» Er hatte schon das Reich Wilhelms II. nicht geliebt; er war sich 1914 darüber im klaren, daß «dieser Krieg... nicht um ewige deutsche Güter, sondern ausschließlich um Macht ging» – und endlich mußte er das Nazi-Deutschland hassen lernen. Charakteristisch ist, daß der historische Augenblick, in dem er am stärksten und zuversichtlichsten auf eine bessere deutsche Zukunft hoffte, 1918 und 1919, der Augenblick der deutschen Niederlage war. «Jetzt schien mir mit vielen die Stunde gekommen, an der Stelle des zusammengebrochenen ein neues Deutschland erstehen zu lassen... Die deutsche Würde war neu zu verstehen, es war zu zeigen, daß nach dem zusammengebrochenen äußern Deutschland ein inneres Reich da war, das unberührt und unzerstörbar war.» Übrigens versichert der Mann, der sein Leben lang von Deutschland enttäuscht worden ist, daß er niemals aufhören werde, «an die deutsche Idee, die unsterblich ist», zu glauben.

Die mutige und gescheite, leidenschaftliche und klare Kritik, die Uhde besonders in den letzten Abschnitten seines Buches an Deutschland übt, wird erst recht bedeutungsvoll und ergreifend, wenn man die geistige und soziale Herkunft ihres Autors kennt und bedenkt. Wilhelm Uhde ist geboren in Friedeberg in der

Neumark – «dem Wahlkreis des komischen Antisemiten Ahlwardt, der vor vielen Jahren von sich reden machte» – als Sohn des Königlichen Staatsanwaltes Johannes Uhde, der seinerseits «in den engen und strengen Auffassungen einer protestantischen Pastorenfamilie aufgewachsen» war. Der Junge haßte die reaktionäre preußische Schule, mitsamt ihren Sedan-Feiern und den Ausflügen nach Friedrichsruh, wo die Knaben dem alten Bismarck Huldigungs-Ständchen brachten. Daß aber dieses sozusagen ultra-deutsche Milieu, in dem er heranwuchs, seine Entwicklung doch beeinflußte, erweist sich ein wenig später, nämlich während der Studentenzeit. Zunächst wollte der junge Uhde Marineoffizier werden. («Vielleicht... war es auch der preußische Instinkt, der trotz allem nach Disziplin, nach Beherrschtwerden und Herrschen verlangte, der im Unterbewußtsein sich geltend machte.») Dann entschloß er sich dazu, Jurisprudenz zu studieren. Die Stellen, die von Heidelberg und seiner brutalen Romantik handeln, sind mir die fremdesten, unverständlichsten in Uhdes Buch: Es sind mir peinliche Stellen. Erstaunlich ist es nicht so sehr, daß der junge Bursche damals gewisse Dinge als großartig oder als lustig empfand, die uns nur noch als dumm oder sogar als infam erscheinen; sondern daß sogar noch der reife, sich erinnernde Schriftsteller mit manchem schmunzelnd einverstanden ist, was für unsere Begriffe durchaus in die Sphäre des Degoutanten gehört. So erzählt Uhde – ohne seine tiefe Reue über eine solche Entgleisung auch nur anzudeuten – von einem gräßlichen Spaß, der darin bestand, daß man eine bucklige Zwergin und einen eben entlassenen Zuchthäusler nebeneinander in eine offene Droschke setzte und sie als humoristisches Brautpaar durch die Straßen führte. Teutscher Studenten-Ulk... Auch der unerfreuliche Satz: «Man ging nicht in die Kollegs, und die nötigen Unterschriften der Professoren besorgten die Korpsdiener» scheint nicht ohne Befriedigung notiert.

Glücklicherweise hat der nächste große Abschnitt in Uhdes Autobiographie die Überschrift: «Das Erwachen». Zuerst ist ein ästhetisch-künstlerisches Erlebnis da; das sittliche wird folgen und bereitet sich im ästhetischen schon vor. Der Ort des ersten, seligen Zu-sich-Kommens heißt Florenz: «Der Name Medici wurde mir zum Ruf an alle, welche der Selbsterniedrigung der Menschen überdrüssig waren...» Die eigentlich entscheidende Begegnung mit einer Stadt und einer kulturellen Sphäre ist die mit Paris. In Florenz hatte Uhde einen «menschlichen Frühling gesehen, der vergangen war. In Paris war die Schönheit gegenwärtig. Hier schlossen Vergangenheit und Gegenwart, Erinnerung und Leben sich einheitlich zusammen».

Paris wird die große Liebe von Uhdes Leben, und er wird zum klugen, wissenden, enthusiastischen, raffinierten, zärtlich treuen Liebhaber. Er wird zum Kenner – mehr als das: zum Entdecker bedeutender Werte der mordernen französischen Malerei. Vor allem wird er zu einem der ersten Liebhaber, Bewunderer und Förderer des größten malerischen Genies der Epoche, Picassos, von dem er, ohne noch die Signatur zu kennen, ein frühes Bild für zehn Francs auf der Straße ersteht. Freilich liebt Uhde in Picassos Kunst gerade jene Elemente, die er als die «gotischen», «sehnsüchtigen», «deutschen» oder «vertikalen» zu bezeichnen liebt – im Gegensatz zu den «horizontalen», «klassischen», «impressionistischen» (wobei er die hellenische Antike, etwas paradox, durchaus zu der ersten, der «romantischen» Gruppe zählt).

Vielleicht macht eben dies den eigentlichen Charme, die Originalität und die echte Bedeutung von Uhdes Buch aus: daß wir hier, mit so schöner – zugleich überraschender und selbstverständlicher – Klarheit das sittliche und schließlich sogar das soziale und politische Erlebnis aus dem ästhetischen erwachsen und sich entwickeln sehen. Uhdes Instinkt für die «große Qualität» in der Malerei ist sehr zart und sehr stark entwickelt. Seine moralischen und moralisch-politischen Postulate leitet er gleichsam aus dem Ästhetischen ab. Da er gegen den Bluff, das Unlautere, Anarchische in der Kunst mit so empfindlicher Aversion reagiert, spürt er es auch im Sozialen. Seine Ethik ist das natürliche Ergebnis, die logische Konsequenz seiner Ästhetik. Vor dem Krieg entdeckte er die edlen Valeurs und das innig-starke Lebensgefühl in den Bildern der Neo-Primitiven Henri Rousseau (für dessen Werk Uhde sich als der Erste eingesetzt hat) und der Séraphine, jener begnadeten Aufwartefrau aus Senlis. Schon dieser leidenschaftlich-unbedingte Einsatz für neue künstlerische Ausdrucksformen – erst zum Ruhme von Picasso, George Braque, Henri Rousseau, später, als diese schon weltberühmte

Meister geworden, am eindrucksvollsten für Helmut Kolle, den Freund – hatte einen heimlich ethischen Charakter. In den letzten Abschnitten des Buches, die den zweiten Pariser Aufenthalt, die Zeit von 1924 bis zur Gegenwart, schildern, manifestiert sich diese ethische Haltung in viel bewußterer und oft in kämpferischer Form. Der Connaisseur und Liebhaber schöner Farben und schöner Linien findet die geistige Entschiedenheit zu Formulierungen wie dieser: «Der Kampf zwischen dem nationalistischen Menschen, der alle Werte dem nationalen Egoismus unterordnet, und dem heute langsam erst entstehenden europäischen Menschen, der die Entscheidungen in der inneren wie in der äußeren Politik im Einklang mit den Geboten einer totalitären und unteilbaren Moral treffen will, muß ausgetragen werden.»

Wie weit ist der Weg bis zu dieser Erkenntnis, die den Willen zum Kampf in sich einschließt – wie weit die Strecke vom Ausgangspunkt dieses Lebens bis zu dem, was es heute ist und geistig umfängt! Innere und äußere Abenteuer liegen dazwischen; Begegnungen und Trennungen; Abschiede und Wiedersehen und wieder Abschiede. Die Reise ist weit, zuweilen finden sich wohl Begleiter, meistens aber muß sie alleine getan werden. Die Mischung aus stolzem Einsamkeitsbedürfnis und einem menschenfreundlich-behaglichen Hang zur Geselligkeit ist charakteristisch für Uhdes Wesen. Viele Menschen haben in seinem einsamen Leben eine Rolle gespielt, und nun beschwört er, in anschaulich-knapper, oft erzählerisch bewegter Form, ihre Gesichter und was das Besondere an ihrem Geiste war. Enttäuschungen bleiben nicht aus, auch der große Schmerz nicht: am Ende erscheint es fast, als ob er das Kostbarste gewesen sei, was dieses lange kurze Leben zu bieten hatte. Der große Schmerz hat sich umgesetzt, im Gefühle und wohl auch in Erkenntnis. Der Zurückschauende, der gelitten hat, darf mit einem Lächeln, in dem Wehmut und Stolz sich begegnen, sprechen: Siehe da – es war gut. Ich habe die Heimat verloren, an der ich mit tausend Fäden meines Herzens hing. Auch habe ich den Menschen bald wieder verlieren müssen, der meinem Herzen am nächsten stand. Trotzdem sage ich: es ist gut gewesen. Leidend und genießend – mehr wohl noch leidend – habe ich Einiges erkannt und erfahren, was auch nachfolgenden Geschlechtern vielleicht eine wenig bedeutsam sein dürfte. Dieses ist die Schluß-Stimmung: sowohl wehmütig als auch stolz.

Da die nachfolgenden Geschlechter aber noch stumm sind – und da wir, überdies, keinerlei Garantie dafür haben, daß sie unsere Sprache noch verstehen werden –, wollen wir, die Mitlebenden, Dank sagen für Wilhelm Uhdes rührendes und lehrreiches Buch der Erinnerungen.

Der Held

Seit einiger Zeit ist viel die Rede von einer Weltanschauung, die von ihren Anhängern als die «dynamische» bezeichnet wird. Übrigens ließen sich, ohne besondere Schwierigkeit, auch weniger höfliche und interessante Charakterisierungen für sie finden; bleiben wir indessen ruhig bei «dynamisch», anstatt einfach anti-zivilisatorisch oder, noch etwas schlichter, barbarisch zu sagen: es macht wenig Unterschied.

Im Wortschatz der Dynamiker, und wohl auch in ihrem Gefühlsleben – so weit von einem solchen gesprochen werden darf –, spielt der Begriff des *Helden* eine dominierende Rolle. Helden sind natürlich zunächst und vor allem die «Führer» – obwohl, im Zusammenhang mit ihnen, der Helden-Titel fast zu bescheiden und beinah kränkend anmutet: denn die Führer haben göttlichen Rang –, und als Helden werden jene gerühmt, die den «Führern» kritiklos und bedingungslos Gefolgschaft leisten. Wer sich von einem «Führer» in den Tod schicken läßt, ohne zu zaudern oder zu mucken, ist, nach dynamischem Credo, ein Held. *Wofür* der Unglückliche sein Blut vergießt, darf keine Rolle spielen: am wenigsten für ihn selbst, der sich stumm zu opfern hat. Ist es der unersättliche imperialistische Ehrgeiz der «Führer»-Gottheit, für die er fallen muß? Wird er für die Interessen irgendeiner Kaste auf das Schlachtfeld geschickt? Er frage nicht! Er gehorche! Ein junger Deutscher, etwa, soll nicht fragen, sondern nur gehorchen, wenn von ihm verlangt wird, daß er sich, Seite an Seite mit arabischen Söldlingen, für den Vorteil der spanischen Großgrundbesitzer schlage. – Ein Held ist, wer gehorcht: so lehren es mit dröhnender Rhetorik die Dynamiker.

Wir sind mißtrauisch geworden gegenüber diesem Helden-Begriff; schon gleich nach dem Weltkrieg waren wir es, und heute sind wir's in noch stärkerem Grade. Um es nur ganz zu sagen: Wir halten es für einen Trick und einen Schwindel, die Verführten und die Unwissenden, die Belogenen, die zynisch Geopferten als Helden zu rühmen, statt sie bitterlich zu beklagen.

Rühmenswert sind andere.

Denn es gibt Helden, wir wissen von ihnen.

Als ein echter Held gilt uns der, der aus seinen Erkenntnissen und aus dem unbedingten Gefühl seines Herzens – der aus seinem Wissen und seinem Glauben mit Bewußtheit die Konsequenz zieht; der bereit ist, Leiden auf sich zu nehmen, um der Erkenntnisse und des Glaubens willen – lange Leiden, die oft ruhmlos bleiben; auch Erniedrigungen; schließlich sogar den Tod.

In den Ländern, wo der Faschismus regiert, ist viel gelitten worden um des Glaubens und der Erkenntnisse willen. Es gibt einige große und einfache Ideen, denen die Zukunft gehört. Tyrannen können verhindern, daß für diese Ideen öffentlich geworben wird; sie können die Stimmen ersticken, die da zeugten für den Frieden, die Gerechtigkeit und die Freiheit. Die Tyrannen können sogar noch weiter gehen und diese Begriffe stehlen und demagogisch mißbrauchen, während sie jene, die es heilig ernst mit ihnen meinen, einsperren und foltern lassen. Es nützt alles nichts. Die Ideen – und zwar die echten, reinen; nicht die verfälschten, mißbrauchten – bleiben lebendig; ja, sie bekommen ein neues Pathos, eine neue Faszination eben dadurch, daß nun wieder für sie gelitten wird, wie es auch früher schon vorkam und wie es wahrscheinlich vorkommen wird bis zu dem großen Tage, da die Ideen endlich gesiegt haben. Dieser Tag bleibt nicht aus, das wissen die Tyrannen recht wohl, nur deshalb sind sie so unruhig, reizbar und übertrieben hochfahrend. Bis er da ist, der Tag, wirken die Ideen stetig weiter: öffentlich in den Ländern, wo es noch Freiheit gibt; unterirdisch und heimlich, wo man höchst frevlerischer Weise versucht, die Freiheit abzuschaffen.

Dort erstehen den Ideen Blut-Zeugen, blutige Zeugen: Märtyrer stehen auf.

Es sind ihrer viele, in Deutschland, und nicht nur dort.

Einer von ihnen ist der, dessen Andenken wir heute feiern: Carl von Ossietzky.

Er war von Natur eher zart. Gerade deshalb gilt er uns als ein Held: weil er, entgegen einer natürlichen Anlage, Schwerstes auf sich nahm und aushielt, als Zeuge für die Idee.

Zunächst war er ein Mann des Wortes, nicht ein Mann der Tat, und zuallererst war er vielleicht Künstler. Sein Stil – ein beschwingter und präziser, zugleich raffinierter und klarer Stil – läßt uns erkennen, daß er durchaus die Leidenschaft des echten Schriftstellers, den passionierten Ehrgeiz des Artisten hatte. Zu der artistischen Leidenschaft aber kam die moralische, und sie erweist sich als die stärkere, dauerhaftere, tiefere. Der schöne Stil bleibt bei diesem großen Schriftsteller nicht Selbstzweck. Er dient der moralischen Leidenschaft. Die moralische Leidenschaft gilt dem Frieden. In diesem Begriff, diesem Ziel, dieser Aufgabe – dem Frieden – gipfeln die sittlichen Erkenntnisse des Schriftstellers und Helden Carl von Ossietzky.

Vom Frieden sprechen heute vor allem die, welche den totalen Krieg mit infernalischem Eifer vorbereiten. Sie schwärmen von einem «bewaffneten Frieden», der in Wahrheit nur der verdrängte Weltkrieg, die vorläufig noch auf einige Stellen lokalisierte Katastrophe in Permanenz ist. Es gibt auch Pazifisten, die es aufrichtiger meinen, aber doch nicht aufrichtig genug, um aus ihrer Gesinnung die Konsequenz zu ziehen. Vielmehr glauben sie, den Frieden zu retten, wenn sie mit den notorischen Kriegstreibern paktieren und ihnen immer wieder Konzessionen machen. Wer aber wirklich für den Frieden ist, kennt keine Versöhnlichkeit mehr gegenüber denen, die zum Kriege treiben. Zum wirklichen Pazifismus gehört heute nicht nur die Sanftheit, sondern auch der Mut. Das Paradox ergibt sich, daß gerade der echte Pazifist die heroischen Eigenschaften bewährt. Ossietzky – der nicht-mehr-sentimentale, der entschlossene, der wirkliche Pazifist – wurde zum Kämpfer.

Als er schließlich das Märtyrertum auf sich nahm, tat er es keineswegs um der schönen Geste willen. Vielmehr war seine

Überlegung realistisch. Er sagte sich einfach – und hat es auch den Freunden gegenüber ausgesprochen –: Im Gefängnis, im Konzentrationslager und noch im Krankenhaus – das in Wahrheit auch wieder nur ein Gefängnis ist – werde ich dem Gegner unbequemer und gefährlicher sein als in der Emigration. Dies war seine Berechnung – eine zugleich kühne und heroische Kalkulation –, die sich als richtig erwies. Der Tag, da Carl von Ossietzky den Friedens-Nobelpreis zugesprochen bekam, war für den deutschen Diktator der Tag einer wirklichen, realen Niederlage. Man konnte dem schon halb zu Tod Gequälten auch noch das Geld stehlen, das ihm als große Ehrengabe aus Oslo kam. Auch konnte man verhindern, daß er noch irgendeine Botschaft in die Welt sandte. Er hatte sein Wort schon gesagt, und es war nicht ohne Wirkung geblieben. Die Welt, als sie dem Märtyrer, und nicht dem Tyrannen, den Friedens-Preis zuerkannte, bekundete deutlich, was sie von der angeblichen «Friedensliebe» des einen und was sie von der echten des anderen hielt.

Millionen aber sagten von nun an: Carl von Ossietzky – wenn sie den Namen jenes unbekannten Deutschen nennen wollten: jenes deutschen Helden, dessen sittliches Empfinden die Diktatur nicht erstickt hat.

Denn das wissen wir doch: Wenn die Welt des Schriftstellers, Kämpfers und Märtyrers Carl von Ossietzky gedenkt, meint sie nicht ihn allein. Alle sind in das Gedenken einbegriffen, die seine Gesinnung teilen, die Lebenden wie die Toten, die Eingekerkerten und die heute noch Freien. Der Name dieses einen Märtyrers steht für unzählige Namen – viele von ihnen kennen wir nicht einmal, aber wir rühmen sie alle mit, wenn wir Carl von Ossietzkys Angedenken rühmen.

Indessen darf es beim Rühmen und bei den ergriffenen Worten nicht bleiben: Das wäre nicht im Sinne des aktivistischen Märtyrers, und auch in unserem Sinne soll es nicht sein. Ein Heldenleben ist nicht dazu da, daß man sich pietätvoll daran erbaue. Es ist Vorbild und Mahnung, es ist Verpflichtung.

Wir haben uns zu Ehren eines Helden hier versammelt. Begnügen wir uns damit, daß wir seine Lauterkeit und seine Klugheit, sein Talent und seine Tapferkeit preisen? Er war aber gar nicht versessen auf Ruhm und Lob, die wirklichen Helden sind es fast nie.

Da er nun Frieden hat, unser Friedensfreund, ist es an uns, weiter zu kämpfen: Dieses erwartet er, dieses verlangt er von uns.

Wenn wir müde werden wollen, denken wir an ihn und an die Kameraden, die gelitten haben, wie er. So ehren wir ihn am besten.

Damit der Heldentod dieses Einen kein vergeblich gebrachtes Opfer war, müssen wir tapfer und standhaft, klug und gläubig, wachsam und begeistert sein, wie er es gewesen ist.

Ödön von Horváth ist tot

Die Nachricht, daß Ödön von Horváth in Paris von einem Baum erschlagen worden ist, klang zunächst so finster kraß, absurd und unwahrscheinlich, daß es schwerfiel, sie für wahr zu halten. Seit wann stürzen die Bäume auf den Champs-Élysées und zerschmettern vorüberschlendernden Dichtern das Haupt? Sind wir denn schon mittendrin im Weltuntergang? Suchen sich die Gewitterstürme dieses gefahrenschwangeren Sommers ihre Opfer mit diabolischer Sicherheit unter unseren Besten? – Denn Ödön von Horváth ist einer unserer Besten gewesen.

Er war ein Dichter, nur wenige verdienen diesen Ehrennamen. Die Atmosphäre echter Poesie war in jedem Satz, den er geschrieben hat, und sie war auch um seine Person, war in seinem Blick, seiner Rede. Er hatte eine merkwürdig langsame, etwas träge, zugleich schläfrige und eindringliche Art des Sprechens. Mit einem Lächeln, das kindlich, aber nicht ganz ohne Grausamkeit war, liebte er es, wunderliche und schreckliche Geschichten vorzutragen – Geschichten, in denen seltsame Krüppel oder groteske Unglücksfälle, komische, ausgefallene, fürchterliche Begebenheiten ihre Rolle spielten. Er sah aus wie ein gemütlicher Mann, der gern ißt und trinkt und mit Freunden plaudert. Er aß und trank auch gern, und er plauderte gern mit Freunden. Freilich waren seine Plaudereien von solcher Art, daß es den Freunden zuweilen eiskalt den Rücken hinunterlief. Er war verliebt ins

Unheimliche, aber durchaus nicht spielerischer, ästhetizistischer, literarischer Weise; vielmehr war das Unheimliche, war das Dämonische *in ihm*, als ein Element seines Wesens. In seiner poetischen Produktion wie in seiner Natur trafen sich zärtliche und naive, lyrisch heitere Stimmungen aufs reizvollste und originellste mit den finsteren, den dämonischen Zügen.

Er hatte eine charakteristische, unvergeßliche Manier, über all die grauenvollen Dinge, die in seinen Anekdoten vorkamen, kindlich amüsiert, dabei etwas drohend zu lachen. Dieses Lachen schien auszudrücken: Es ist ja unterhaltend und seltsam und recht interessant, daß die Welt so schauerlich, so bunt verderbt, so reich an Absurdität und Grauen ist. Aber, andererseits, sollten wir doch wohl unser Teil dafür tun, daß sie ein bißchen besser und vernünftiger, etwas weniger tragikomisch werde.

Denn der Dichter war auch Moralist. Er war es nicht so sehr infolge von sozialen oder ökonomischen Überlegungen und Erkenntnissen; eher aus einer religiösen Veranlagung heraus. Da er an Gott glaubte und sich innig viel mit Gott beschäftigte, war es ihm nicht möglich, das Böse und Häßliche wie ein krasses Schauspiel nur zu genießen. Er haßte es auch, und schließlich kam er sogar dazu, es zu bekämpfen – mit den Mitteln, die ihm gegeben waren: mit den dichterischen Mitteln.

Wäre er nicht im Grunde doch ein Moralist gewesen, er hätte sich ja sehr wohl mit Nazi-Deutschland abfinden können, wo man gegen den ungarischen «Arier» wohl nicht viel einzuwenden gehabt hätte, und wo seine Vorliebe für das schaurig Groteske üppig auf ihre Kosten gekommen wäre. Indessen trennte er sich unbedingt vom Dritten Reich: zunächst wohl einfach aus Gründen des guten Geschmacks – um seiner Würde als Schriftsteller willen; dann aber auch aus einem Anstand, der mehr als nur Anständigkeit, nämlich Moral im ernstesten, tiefsten Sinn des Wortes war. Er erschauerte vor dem Bösen, das im Dritten Reich täglich schamlos-nackt triumphiert. Der Roman, den er im Exil veröffentlicht hat, *«Jugend ohne Gott»*, ist von der ersten bis zur letzten Zeile atemberaubend erfüllt von diesem Schauder und von diesem Grauen.

Die gottlose Jugend, die der tragische Kollektiv-Held des Buches ist, hat keine Ideale, keinen Glauben mehr – ein materialistisches Zeitalter hat ihr den Glauben genommen; der Faschismus hat ihr für die verlorene Religiosität keinen Ersatz gegeben, sondern nur die Gewaltanbetung und die Brutalität als Prinzip. Die Jugend ohne Gott ist sowohl traurig als auch böse; sie ist grausam und melancholisch. Die trostlose und gefährliche Jugend, die Horváth meint und beschreibt, ist die Jugend des Dritten Reiches. Aber das Politische selber kommt in dieser Erzählung – die durchaus Poesie und durchaus *nicht* Reportage ist – nur indirekt vor. Die politische Tendenz des Buches ist nur zwischen den Zeilen zu lesen: dort allerdings deutlich genug. Der sehr einfache, persönlich geprägte, suggestive Stil hat Elemente des Märchenhaften, Legendären. Auch die erregende Kriminalgeschichte, welche die äußere Handlung beherrscht – die Mordtat eines Knaben, und alle Verwicklungen, die sich aus ihr ergeben –, hat, bei aller Plastik und Exaktheit der Darstellung, etwas Gespenstisches, Traumhaftes. Das tiefe Grauen, das Horváth im Leser zu erzeugen weiß, ist dem verwandt, das manche Erzählungen deutscher Romantiker, etwa von E. T. A. Hoffmann oder Tieck, für immer in uns zurücklassen. Die Wirkung der zeitkritischen, ja, politisch-polemischen Tendenzen, die Horváths Prosa-Dichtung enthält, wird durch diese intensive Lyrik des Vortrages nicht abgeschwächt, sondern bedeutend erhöht.

Mit diesem Roman, dessen internationaler Erfolg bedeutend ist, hatte Horváth sich ganz neue Möglichkeiten eröffnet. Zuerst war er als Dramatiker berühmt gewesen: Ein Theaterstück, die «Geschichten aus dem Wienerwald», hatte ihm den Kleist-Preis eingebracht. Nun hatte er eine neue Form gefunden: die Form des lyrisch abgekürzten, dramatisch gespannten, indirekt zeitkritischen Romans. Auf dieser Linie wollte er weiterarbeiten. Ein neues Buch liegt abgeschlossen vor und wird bald erscheinen. Anderes war geplant. Da stürzt ihm ein Stück Holz ins Genick wie ein Henkerbeil...

Und nun die Klage der Freunde: Warum so früh? Warum gerade er? Was hätte er noch alles machen können! Wie bitter wird er uns fehlen! Wir stimmen ein die Klage. Doch mischt sich in unsre Trauer auch noch ein andres Gefühl – ein Gefühl, das oft sehr mächtig in uns ist, wenn Menschen und besonders wenn Dichter «ihren eigenen Tod» sterben. («O Herr, gib jedem seinen eignen Tod!» betete Rilke.) Der Tod von Dichtern vollzieht sich häufig auf eine Art, die unheimlich genau zum Stil ihrer Werke paßt: sie müssen schließlich erleben oder sterbend erleiden, was sie erst nur geträumt. Unbarmherzig erfüllt sich an ihnen ein Schicksal, das sie, diese spielerischen Götter, bis dahin nur über ihre erfundenen Geschöpfe verhängt hatten. – Spürt man es nicht? Der stürzende Baum auf den Champs-Élysées, der den vorüberschlendernden Dichter zerschmettert, könnte ein Einfall von Ödön von Horváth sein...

«Voici le temps des assassins!» rief seherisch Arthur Rimbaud. Er konnte kaum die relativ friedlichen Jahre des ausgehenden neunzehnten Jahrhunderts meinen; er wußte die Greuel unserer Epoche voraus. Sie scheint furchtbar gefährlich für die höher entwickelten Menschen, diese Epoche. Wen die Henker in den Kerkern und Lagern verschonen, den tötet der Sturm: ein unschuldiger Baum auf der schönsten Straße der Welt wird zum Mörder.

Wiederbegegnung mit den deutschen Romantikern

«Nous connaissons une Allemagne
qui est une patrie intérieure.»
(Roger Secretain, «Musiques d'Allemagne»)

Die Landschaft der Kindheit ist poetische Landschaft. Unsere frühen Erinnerungen sind Poesie. Den Kindern eignet noch die magische Fähigkeit, die Realität ins Traum- und Märchenhafte zu verzaubern, die Poesie aber, der sie im Buch oder im mündlich vorgetragenen Bericht begegnen, so real, so wirklich, so «seiend» werden zu lassen wie den täglich gemachten Schulweg, die Bäume am Wege, den Weiher mit seiner Badeanstalt, den bellenden Hund, die Schiefertafel, die Puppe.

Schließen wir die Augen, halten wir inne im Denken, lassen wir uns sinken ins geheimnisreiche, von mannigfachen Figuren schön bevölkerte Halbdunkel der Erinnerungen! Was steigt da auf, und was spricht so innig zu uns? Welchen Tönen und Farben, Rhythmen und Gerüchen – tief vertrauten und doch überraschend neuen – begegnen wir da? Dies ist ein Garten, Büsche, die im Nachtwind leise rauschen, und die Blumen, bleich vom Monde angeleuchtet, bewegen sich, als sprächen sie miteinander. Ist es der Garten, in dem wir unsre langen, schönen Sommer-Ferientage verbrachten, in dem jeder Pfad und jedes Blumenbeet ihre eigenen Geschichten und noch die Bäume ihre Namen hatten? Oder ist es gar die zauberhafte Wiese, auf der ein fremdes Kind namens Marie sich mit holden Elfenkindern ergötzte? «Die Elfen», das ist der Name eines jener wunderbaren Berichte von Tieck, deren Duft und Geheimnis sich mit all dem vermischt, was als «Kindheits-Erinnerung» in uns weiterlebt. Eine andere Geschichte heißt «Der blonde Eckbert», das ist die schönste von allen, an sie muß ich denken wie an ein bitter-süßes, unbegreifliches und dabei im tiefsten Grunde sinn-reiches Abenteuer, das mir selber einmal widerfahren und von dessen schaurig-lieblichem Bann ich mich nun nie wieder befreien darf.

«Waldeinsamkeit,
Die mich erfreut,
So morgen wie heut'
In ew'ger Zeit,
O wie mich freut
Waldeinsamkeit.»

Wie unendlich oft muß ich dieses Lied gehört haben – in einer traumnahen Wirklichkeit, oder in wirklichen Träumen –, wie tief sind diese simplen und suggestiven, kindlich-magischen Worte mir zu Herzen gegangen, daß sie heute noch in mir weitertönen – eine Beschwörungsformel, mit der ich wundersame Reiche und Zonen heraufzurufen vermag; die jene Pforten vor mir aufspringen läßt, durch die man in die überirdischen Landschaften, in die Zaubergärten, in die verwunschene Gegend der unbeschreiblichen Grotten und Wälder den Eingang hat. «Mondbeglänzte Zaubernacht, die den Sinn gefangen hält...»: all dies steigt auf, ist wieder da, hat noch einmal die alte Macht, wenn ich mich des Titels «Der blonde Eckbert» und wenn ich mich der Strophe von der «Waldeinsamkeit» erinnere. Reiz und Grauen, schicksalhafte Unerbittlichkeit und phantastisch-flüchtige Laune dieser ungeheuer konzentrierten, mit einer schlichten Meisterschaft vorgetragenen, in der Tat ganz unvergleichlichen Geschichte bleiben wirksam in mir: nicht wie etwas Literarisches, überhaupt nicht wie etwas, was mit dem Intellekt, dem kritischen Verstande zunächst aufgenommen, begriffen und bewundert wurde; vielmehr als Realität, als die magische Realität des Traumes...

«Die Welt wird Traum – der Traum wird Welt»: dies ist eine der Formeln, in denen die Stimmung deutscher Romantik sich zusammenfaßt. Und wirklich: Hat eine Geschichte wie «Der blonde Eckbert» mit der magischen Dichtigkeit ihrer Atmosphäre, mit der unbegreiflichen, aber unheimlich evidenten Logik ihres Handlungsablaufes, nicht alle Eigenschaften einer in sich geschlossenen, von eigenen Gesetzen unerbittlich regierten Welt? Nichts wird hier von uns als zufällig empfunden, und noch das Krause, Konfuse, Phantastische fügt sich in Ordnung und Zusammenhang eines bei aller Dunkelheit sinnvoll-genauen Planes. Ein Grauen faßt uns, angesichts der Unentrinnbarkeit des Schicksals, in das wir den armen Ritter Eckbert verstrickt finden: schuldlos-schuldig ist er ihm verfallen; seine Macht, sein schrecklicher Finger sind überall wirksam und spürbar; am Ende aber tritt es in persona hin, vor uns und vor den armen Rittersmann: Es ist jene fürchterliche, gebückte Alte – sie ist immer, vom Beginn bis zum Schluß, die Begleiterin, die einzige Gefährtin dieses hilflos verfallenen Menschen Eckberts gewesen; noch die Freunde, denen er sich anvertraute, waren immer nur *sie*: Nun stellt es sich heraus, sie hatten alle das gleiche Gesicht, das Gesicht seines Schicksals, so daß Eckbert, da die Todesstunde kommt, «stille vor sich hin» flüstert: «Gott im Himmel! – in welcher entsetzlichen Einsamkeit hab' ich dann mein Leben hingebracht!» – Und was ist es denn, was mich an diesen einfachen, «hingeflüsterten» Worten so sehr bewegt, wenn ich sie heute wieder lese oder wieder denke? Sie sind Resümee und letzte Formel eines Menschendaseins, das bestimmt und geleitet wurde von dunklen Mächten, gegen die kein Aufbegehren nützt. Heute wie vor zwanzig Jahren entsetze und *fürchte* ich mich, wenn ich bedenke, wie so rätselhaft traurig es dem armen blonden Eckbert erging. Nach seinem freien Willen, Gutdünken und Gefallen meinte er sich den Umgang zu wählen, Freundschaften zu schließen, sich sein Leben einzurichten – welches er doch in Wahrheit in einer so entsetzlichen Einsamkeit hinbrachte...

Ohne Frage: es hat eine sonderbare Bewandtnis mit den tiefen Spuren, welche die frühe Lektüre gewisser romantischer Prosastücke in unserem Geist, in unseren Herzen hinterlassen hat. Denn schließlich sind wir in jenen Jahren der ersten Empfänglichkeit auch noch von anderen Geschichten beeindruckt und bezaubert gewesen. Aber weder der «Lederstrumpf» noch «Onkel Toms Hütte» oder die Romane von Walter Scott klingen mit einer solchen Innigkeit und Stärke in uns nach wie «Die Elfen» oder «Der blonde Eckbert»; wie Brentanos «Geschichte vom braven Kasperl und vom schönen Annerl» oder sein liebenswertes Märchen von «Hinkel, Gockel und Gackeleia»; wie der «Peter Schlemihl», die «Undine» oder einiges von E. T. A. Hoffmann: «Das fremde Kind», «Klein Zaches», «Der goldene Topf», «Das Majorat», «Nußknacker und Mausekönig».

Ich schreibe diese altvertrauten Titel hinzu, ich zähle diese Kostbarkeiten auf – und mir ist es, als beschwörte ich das, was an meiner Kindheit das Schönste, Lieblichste, Geheimnisvollste gewesen ist. – Und als dann die Zeit für uns kam, da das Poetische stärker aus dem Gedicht, dem philosophisch-lyrischen Fragment denn aus dem Märchen zu uns redete – während der empfindsam hochgespannten Entwicklungsjahre: Gab es da einen Ton in aller deutschen Dichtung, der uns tiefer gebannt, uns inniger beschäftigt hätte als jene verlockende, sinnlich-übersinnliche, fromme und Eros-trunkene Melodie, die in des Novalis «Hymnen an die Nacht» so gewaltig ist? Die Aufgewühltheit unserer siebzehn Jahre war nur zu empfänglich für diese nacht- und liebestrunkenen Ekstasen, für dieses Hinüberfließen der religiösen Sphäre in die erotische, diese lyrische Inbrunst in der Spekulation – die spekulative Leidenschaft noch in der Berauschtheit. Wer waren denn die treuesten Begleiter dieser Jünglingszeit? – Der «Cherubinische Wandersmann», die «Hymnen an die Nacht» und Rilkes «Stundenbuch».

Seitdem sind wir der Liebe zu dieser schönen Sphäre deutschen Geistes – der «Romantik» – treu geblieben. Auf jeder Stufe der Entwicklung gibt es Wiederbegegnungen, Wiederentdekkungen, Neuentdeckungen. Denn das Eigentümliche dieses komplexen, zugleich so vielgestaltigen, vielgesichtigen und doch in sich geschlossenen Ganzen – das Besondere der deutschen romantischen Schule ist es ja, daß sie uns auf jeder Lebensstufe etwas zu bieten hat; daß sie das Kind, den Jüngling und den Mann zu beschenken und zu bereichern vermag. In dieser geistigen Gegend vereinigt sich das liedhaft Volkstümliche mit dem höchst Entwickelten, sinnlich und intellektuell Raffinierten; das fromm Naive mit dem Gewagten; das Konservative mit dem avantgardistisch Revolutionären. Von der deutschen Romantik bemerkt einer ihrer französischen Kritiker, sie sei zugleich ganz Gefühl und ganz Bewußtsein: eben in diesem Paradox findet er ihren stärksten Reiz, das Geheimnis ihrer unendlichen Wirkung.

Es fasziniert, den Reflex zu beobachten, den dieses unvergleichliche Aufleuchten des deutschen Geistes – die «Romantik» – auf dem Spiegel der französischen Seele hinterließ: dieser Reflex verbreitet einen ganz neuen Glanz, er hat seinerseits fast die Kraft eines Leuchtens, und von ihm fällt ein verändertes Licht zurück auf jene Gestirn-Welt, durch deren Flamme er entstanden ist. Man weiß, daß französische Intellektuelle immer auf eine besondere Art sich zur deutschen Romantik hingezogen fühlen: geistiges Deutschland und Romantik, das bedeutet wohl beinah das gleiche für sie. Wenn die Franzosen von jenem «zweiten», jenem «anderen» Deutschland sprechen, das neben dem der «Realpolitik», des Imperialismus und des aggressiven Preußentums sein höheres und schöneres Dasein hat, dann meinen sie mit solchem musisch-spekulativen Reich das Deutschland der *Romantik*, dem, ihrem Empfinden nach, nicht nur Schumann und Novalis angehören, sondern auch Wagner, auch Nietzsche – «tout romantique au fond», wie ein französischer Betrachter es formuliert. Freilich: diese französischen Liebhaber und Kenner der deutschen romantischen Seele sind viel zu sehr Psychologen, um nicht gewisse Zusammenhänge zwischen dem «gefährlichen», dem aggressiven, anti-europäischen Deutschland und dem «anderen», liebenswerten, spirituellen zu wittern und aufzuspüren – Zusammenhänge, die ja übrigens gerade in den enorm komplizierten Fällen Wagner – Nietzsche eklatant werden. So mag denn oft ein wenig schlechtes Gewissen diese Liebe der Psychologen zur deutschen Romantik begleiten – ein schlechtes Gewissen, das man zu beruhigen versucht, indem man die Gespaltenheit des deutschen Wesens, seinen Doppelcharakter deutlich macht und akzentuiert. «Pour nous, l'Allemagne signifie autre chose», betont ein französischer Beobachter – Roger Secretain –, nachdem er den «héroïsme volontiers brutal» eines anti-zivilisatorischen Deutschtums nicht ohne begreiflichen Widerwillen geschildert hat. «C'est le nom d'une terre qui fut longtemps disponible aux sentiments... Pour nous, l'Allemagne, c'est une assemblé de cités, une série de paysages, dont chacun est marqué par un grand nom ou, par une grande œuvre.» Und was folgt, ist die begeisterte und geistvolle Aufzählung jener Stätten und Städte, deren Namen sich, in unserem Bewußtsein, mit den Legenden unserer großen Männer, mit den Leiden und Taten unserer Genies verbinden.

Ich zitiere diese charakteristische Stelle aus einer Studie «Musiques d'Allemagne»: sie hat ihren Platz neben beinah vierzig anderen Essays in der dicken Sondernummer der «Cahiers du Sud»: «Le Romantisme Allemand». Es ist ebendiese gewichtige Kollektiv-Arbeit, in der sich alles, was die deutsche Romantik für das geistige Leben Frankreichs heute noch bedeutet, unter sehr mannigfachen Gesichtspunkten zusammengefaßt findet, und an die ich dachte, als ich von dem «Reflex» sprach, der sein eigenes Leuchten hat. Die Mitarbeiter der bemerkenswerten «numéro spécial» sind fast alle Franzosen (aus dem Deutschen sind nur vier Beiträge übersetzt: die von Herbert Dieckmann, Walter Benjamin, Gottfried Bohnenblust und Ferdinand Lion). Ich bewundere die Kenntnis dieser französischen Autoren in der deutschen Geistesgeschichte, ja in den feinsten Verästelungen inneren deutschen Lebens – und ich frage mich, ob vierzig deutsche Schriftsteller und Gelehrte sich jemals im Rahmen einer literarischen Revue zusammentun könnten, um mit so viel Wissen und gescheiter Liebe, so viel Gefühl und Genauigkeit über französische Dinge – und zwar über Dinge teilweise sehr entlegener, heikler Art – gemeinsam auszusagen.

Den französischen Liebhabern und Kritikern deutscher Romantik ist vielleicht der Vorwurf zu machen, daß sie zuweilen das «Interessante», Pointierte, ich möchte sagen: das Pikante gar zu sehr suchen; daß sie sich darin gefallen, überraschende Verbindungslinien und Zusammenhänge zwischen der Romantik und modernsten literarisch-wissenschaftlichen Begriffen zu entdecken – oder zu konstruieren. Aber andererseits empfinde ich gerade das In-Beziehung-Bringen des Überlieferten mit dem Aktuellen, noch Umstrittenen als reizvoll und sehe ein Verdienst dieser abwechslungsreichen Romantiker-Betrachtungen eben in den Durchblicken, den Perspektiven, die uns aus dieser – schon ehrwürdigen – Sphäre in die Welt unserer eigensten Problematik gewährt werden. An einer inneren Legitimität fehlt es diesen geistvoll aufgespürten Zusammenhängen denn ja auch meistens nicht: ob wir nun an gewisse politische Konzeptionen denken, die in unseren Tagen romantisches Erbe sind, oder an den Beziehungs-Komplex Romantik – Psychoanalyse, dem Albert Béguin in seinem Essay «Les Romantiques Allemands et l'Inconscient» hellsichtig nachgeht.

Es ist nicht zu übersehen, daß eben die Eigenschaft, die den stärksten Reiz dieses Sammelwerkes ausmacht, auch seine Gefahr ist: seine Buntheit, die Vielfalt seiner Betrachtungsweisen, das häufige Wechseln des Standortes, von dem aus die Phänomene betrachtet und beurteilt werden. Übrigens versteht es sich von selbst, daß so zahlreiche Autoren nicht alle das gleiche Niveau halten. Neben gedanklich so reichen, schriftstellerisch so glänzend geformten Arbeiten wie Vladimir Jankélévitchs «Le Nocturne», Albert Béguins «L'Inconscient», Charles Du Bos' «Fragments sur Novalis», Jean Cassous «Kleist et le somnambulisme tragique» und anderen gibt es auch solche, die im aphoristisch Andeutenden steckenbleiben, die das spielerisch Geistreiche statt des Geistigen oder die überhaupt nicht viel bieten.

Man sagt den Franzosen oft Mangel an Empfänglichkeit für nichtfranzösische Geisteswerte nach und behauptet wohl gar, sie lebten hinter einer geistigen Chinesischen Mauer. Ein Werk wie das uns vorliegende ist schlüssiger Beweis des Gegenteils. Es ist Zeugnis eines beinahe zärtlichen Sich-Bemühens um die Geheimnisse der fremden Seele; Zeugnis einer innigen Neugierde, die Sympathie enthält – wenngleich sich in solche Sympathie zuweilen ein leichtes Gruseln mischen mag.

Als Hauptcharakteristikum der deutsch-romantischen Seele wird immer wieder herausgearbeitet: ihre Liebe zum Dunkel, zu

Nacht und Traum, dem Unbewußten, dem «mütterlichen Nichts». Dieses Nacht-Motiv geht durch alle Betrachtungen. «Le Nocturne» ist der Titel eines der Aufsätze; aber es fehlt nicht viel, und das ganze Werk könnte diesen Namen führen.

Die französischen Autoren akzentuieren den Kontrast zwischen der Nacht-Stimmung im Werk der Romantiker und jener Dunkelheit bei Pascal, durch die man hindurch muß, bis man das Licht der Gnade gefunden hat. Die Romantiker lieben es, in der Nacht zu *bleiben*; sie ist der bevorzugte Aufenthalt; sie erscheint ihnen vornehmer, auch stärker begnadet mit Reizen als der Tag. Für das französische Ohr ist die ganze deutsche Romantik kaum etwas anderes als Huldigung und Hymne an die Nacht. – Übrigens ist die Dunkelheit belebt, voll Schatten und Gesichten, Melodien, Masken, Fratzen und Gelächtern. In ihr darf sich alles vermischen, was der Tag trennt – und auf Vermischungen, Verbindungen, Hochzeiten, Fusionen und Konfusionen ist die romantische Seele ja gerade versessen. Vladimir Jankélévitch, in seiner Studie «Le Nocturne», konstatiert: «Il y a chez Novalis, Schelling, Schumann, tout un pathos de l'ombre qui exprime la nostalgie romantique de la confusion.» Diese «nostalgie de la confusion», dieses Heimweh nach den Vereinigungen, dem Sich-Wiederfinden – «devant chaque objet un appétit nostalgique de la totalité» – erscheint dem Westen als typische Eigenschaft der deutsch-romantischen Stimmung. «Die romantische Chemie», heißt es, «spielt mit den Körpern, wie der romantische Humor mit den Worten.» Und weiter: «Le nocturne représente... la fusion des qualités que l'intellect vigilant sépare... *Avant Baudelaire et Rimbaud* les romantiques ont pressentie la correspondance des sons et des couleurs...» (Jankélévitch)

Wie charakteristisch ist dieses «Avant Baudelaire et Rimbaud»! Es bedeutet, daß gewisse sinnlich-geistige Abenteuer, die dem französischen Betrachter das deutsch-romantische Abenteuer par excellence zu sein scheinen – daß die Abenteuer der großen Vermischung und ekstatischen *confusion* der französischen Seele durchaus nicht so fremd sind, wie viele oberflächlich Urteilende wohl meinen möchten. Die deutsche Romantik antizipiert vieles, was in der französischen Literatur des späten neunzehnten und des frühen zwanzigsten Jahrhunderts wiederkehrt. Ist jenes simplifizierende Mißverständnis immer noch lebendig, das den französischen Geist auf seine «skeptische Klarheit», auf den Typus Voltaire – Anatole France, oder auf sein moralisierendes Pathos, auf den Typus Victor Hugo, festlegen möchte? Hat man noch nicht begriffen, daß er reich ist an Geheimnissen, und daß Franzosen, wenn sie die deutsche Romantik lieben, sie nicht nur als das fremdartig Interessante anstaunen, sondern auch als etwas begreifen, was man selber *in sich hat*? Die Surrealisten, um nur ein Beispiel zu nennen – allerdings eines von extremer Art –, André Breton und sein Kreis, berufen und beziehen sich nicht nur auf Rimbaud, Baudelaire und den Marquis de Sade, sondern auch, so überraschend es zunächst klingen mag, auf Achim von Arnim – den Breton für das moderne Frankreich gleichsam «entdeckt» hat – und auf andere Repräsentanten der romantischen Schule Deutschlands. Es kann für mich auch gar keine Frage sein, daß zwischen einem so kühnen, eigentümlich persönlich geprägten Kunstwerk wie Julien Greens Roman «Minuit» und gewissen Romantiker-Stimmungen, Novalis-Stimmungen, bewußte oder unbewußte Zusammenhänge bestehen.

Die Musik als das anti-plastische, auflösende und zugleich verbindende Prinzip; das Nächtige; der Traum; das Unbewußte, Unterbewußte, nur in den tiefen, nicht erhellten Schichten Erfahrene: lauter romantische Begriffe, lauter Schlüssel-Worte zum geheimnisvollen Bezirk der romantischen Seele. Albert Béguin, in seinem Essay «Les Romantiques Allemands et l'Inconscient» – einem der interessantesten und reichsten Stücke des Heftes –, beschäftigt sich mit der mystischen und romantischen Psychologie; mit Franz von Baader, Carl Gustav Carus und den Verbindungslinien, die von diesen beiden zu Jakob Böhme laufen. Er verwahrt sich dagegen, die romantische Tiefenpsychologie, die mystische Seelenkunde *nur* als «Vorläufer» der Psychoanalyse, als Wegbereiter der Freudschen Lehre betrachtet zu sehen. Das hieße, so meint er, den Sinn ihrer tiefen Angst, das Gewicht ihres geistigen Ehrgeizes verkennen. «Es gibt zwischen dieser Konzeption vom Menschen im All» – eben der romantisch-mystischen – «und der Freud'schen Theorie den ganzen Abgrund, der eine Mystik von einer reinen Psychologie trennt.» Bei den Romantikern hat das Unbewußte das Primat: es ist nicht aufzuhellen, nicht zu analysieren, sondern ist die heilige Quelle, aus der alle Erkenntnis kommt. Bei Jean Paul wird das Unbewußte als die stärkste Macht des Dichters bezeichnet. Das Bewußtsein – so heißt die romantische Formel – ist die Tochter des Mysteriums. «Das Eigentliche» beginnt jenseits der Ratio, tief drunten, in der dunkelsten Gegend, im geheimen Reich.

Béguin ist nicht unempfindlich für die Gefahr, die in einem tendenziösen *Mißbrauch* des Irrationalen und Unbewußten liegt. Auf Carl Gustav Carus beziehen sich Klages und seine Adepten: der westliche Kulturbetrachter stellt fest, daß sie ihn oft mißdeuten, mißbrauchen. Weiß er, bis zu welchem Grade solcher Mißbrauch heute gehen kann? Vermag er sich vorzustellen, bis wohin der Kult des Nächtigen, Irrationalen unter Deutschen entartet? In der faschistischen Sphäre spricht man vom «Geist als der Krankheit des Lebens», um die Verächtlichmachung des Geistes, die Erniedrigung des Menschen, das Mit-Füßen-Treten seiner Würde «philosophisch» zu beschönigen. Wir sind mißtrauisch, mußten mißtrauisch werden: gebrannte Kinder, die wir sind, fürchten wir die irrationalen Feuerwerke. Es wird uns unbehaglich zumute, wenn wir etwa in dem Vorwort, das Max Pulver zu den ausgewählten Schriften des Franz von Baader geliefert hat, zu lesen bekommen, das Schöpferische im Denken sei selbstverständlich überhaupt in Frage zu ziehen, das wahrhaft Wirkliche nur im Seelisch-Unbewußten und deshalb Mächtigen zu finden. Die Philosophie ist diesem Wahrheitssucher «nicht mehr die unumschränkte Herrscherin, vom Thronstuhl der Vernunft aus erschallt uns nicht mehr Machtgebot, zwangsweise Ordnung der lebendigen Unendlichkeit, – eher geht sie nun in Magdgestalt, aber nicht wie in der Scholastik als ancilla theologiae, – ancilla vitae ist sie geworden, und sie bescheidet sich, dem Leben zu dienen…» Die Philosophie als die *Magd* – ausdrücklich als die Magd! – des Lebens, dessen «grundsätzlich irrationalem Wesen» sie Rechnung trägt! Hat solche Magd noch Würde? Ist sie nicht schon so weit erniedrigt, noch ganz anderem «Rechnung zu ragen», ganz anderem zu dienen, etwa dem absurden Mythos von Blut und Rasse, oder einfach nur noch der brutalen Gewalt?… Max Pulver hat das Vorwort, aus dem wir zitiert haben, schon 1921 geschrieben. Man weiß, welche geistigen und nicht-nur-geistigen Konsequenzen die Stimmungen und Tendenzen, die damals erst anfingen, philosophische Mode zu werden, inzwischen gehabt haben. – Freilich, in der echt-romantischen Sphäre hat dieser «Irrationalismus» einen anderen Reiz, eine andere Schönheit; er hat Legitimität, lyrischen Zauber, es fehlen auch die bösen Nebenabsichten.

In diese romantische Tiefenpsychologie, die sich an Jakob Böhme ehrfürchtig orientiert, spielen Elemente einer mystisch-utopischen Verheißungslehre; uralte Hoffnungen, ewige Sehnsüchte: Elemente einer heiligen Magie, die uns die Rückkehr zu Gott und ein neues Gldenes Zeitalter verspricht. Wir kennen diese geistigen Stimmungen; sie begreifen die Individuation als den Sturz, die Strafe für eine Ur-Sünde – aber die Heilung ist uns zugesagt, das Heil und die Erlösung sind uns garantiert: Sie werden sein das Wieder-zueinander-Finden des Getrennten. In solche Erlösung hebt sich die Einsamkeit der Kreatur, die Isoliertheit des Menschenwesens endlich auf... Da sind wir wieder beim Vermischungsthema, beim Motiv von der großen Hochzeit, der erotischen Fusion, der schließlichen Vermählung. Am innigsten bei Novalis, aber überall in der Romantik klingt Ähnliches an: der ganze Kult, der von den Dichtern dieser Schule mit den Begriffen der «Kunst», der «Poesie», der «Schönheit» getrieben wird, hat den Heimweh-Charakter, Heimweh nach der früh verlorenen, wiederzugewinnenden paradiesischen Landschaft, da Alles Eins und Gott Alles ist. Die Existenz als Individuen, die *getrennte* Existenz, die Individuation sind Übel – sind das Grundübel; wir müssen es akzeptieren: Uns ist aufgetragen, es nicht nur zu ertragen, sondern es fruchtbar zu machen, denn es ist inhärent dem gegenwärtigen Stadium des kosmischen Ablaufes.

«Das Leben ist eine Krankheit des Geistes»: dies sagt Novalis, und es klingt doch ein wenig anders als das Dogma vom Geist als der Krankheit des Lebens. Der «Geist» nämlich, das ist jener verheißene Zustand, in dem das Leben sich selber entsühnt; das Ziel der Sehnsüchte, das Goldene Zeitalter, das Paradies.

Bis zu der ungeheuren, unvorstellbar großen Stunde, da «die Krankheit des Geistes» geheilt sein wird, ist alles Leben – alles bewußte Leben – Tragödie. Einer unserer französischen Autoren – Gaston Derycke, in seiner Studie «L'Expérience Romantique» – spricht vom «großen Abenteuer des Bewußtseins», das, auf verschiedenen Ebenen, Kleist und Novalis – oder, um uns Nähere zu nennen, Kierkegaard, Nietzsche und Rimbaud – durchlebt und durchlitten haben. Das Tagebuch des Novalis (welches die Chronik seiner Liebe zur toten Sophie ist), der Selbstmord Kleists, Nietzsches Wahnsinn, Kierkegaards Flucht in ein Christentum, das ihn niemals ganz befriedigen konnte, oder das tragische Schweigen Rimbauds: alles Akte in dem gleichen Drama, gewaltige Variationen des nämlichen Motivs, Katastrophen in *einem* ungeheuren, mythischen Prozeß.

Ich schreibe das Wort «Prozeß», und ich bin bei einem anderen «Leitmotiv», das durch die Fülle unserer französischen Romantiker-Beschwörungen geht. Jean Cassou läßt sein Kleist-Porträt mit diesen Sätzen beginnen: «Il y a un conflit. Il y a un procès, dont on nous raconte les péripéties depuis longtemps, depuis Job, en passant par Luther, Pascal, Kierkegaard, jusqu'á Dostojewskij, jusqu'á Unamuno, jusqu'à Franz Kafka, dernier chaînon de la grande tradition Germanique et qui à conté ce procès dans l'étrange cauchemar qui justement porte ce titre. Procès sans appel. Et qui accabla le gentilhomme prussien Heinrich von Kleist et le jeta dans une suite irrésistible d'orages, de révoltes, de désespoirs et d'horreurs.» Cassou spricht von der *Absurdität* dieses Prozesses: «L'histoire de Michael Kohlhaas est absurde. Absurde comme tout procès allemand, comme celui de Kafka, comme L'Affaire Maurizius.» Die Nebeneinanderstellung der Kafkaschen Dichtung und des sensationellen Romans von Wassermann empfinde ich als etwas gewagt und fragwürdig. Wie dem auch sei: Cassou begreift, daß es in allen diesen Fällen nicht, oder doch nur scheinbar, um die Idee der irdischen Gerechtigkeit geht; daß der Ort, wo diese Prozesse sich entscheiden, wo das Urteil gesprochen wird, gar nicht hier, nicht in dieser vergänglichen Welt zu suchen ist. Sehr zu Recht akzentuiert der französische Kritiker den Gegensatz zwischen Kohlhaas und Karl Moor, dem «Humanisten und Revolutionär». Er betont auch den Kontrast zwischen den «absurden», ins Metaphysische hinüberspielenden deutschen Prozessen und der großartigen *Vernünftigkeit* der Dreyfus-Affaire, der Affaire Calas. In diesen repräsentativen französischen Fällen sollte wirklich die Idee der

Gerechtigkeit gewahrt und gerettet werden: Um Irdisches handelte es sich, um die Gesellschaft, um die Zivilisation. Wie gleichgültig sind diese Begriffe dem verzweifelten Kohlhaas, wie gleichgültig sind sie Kleist! Die Kohlhaas-Not, die Verzweiflung Kleists – die mit manischer Insistenz gestellte Forderung: eine Forderung, die Selbstzweck ist, eigentlich kein moralisches Ziel hat; die furchtbare Überkompensation eines tragischen Inferioritäts-Komplexes –: sie haben andere Urachen, diese Schmerzen sind hier gar nicht zu lindern, diese Schreie finden hier kein Echo, dies Aufbegehren ist ohne praktisches Ziel: il y an un conflit; il y a un procès – aber die Urteilsformel ist in menschlicher Sprache nicht auszudrücken.

Das Bild, das Cassou uns von Kleist entwirft, hat trostlose Züge. Es zeigt uns Kleist als den *Unseligen* par excellence. Unselig die Beziehung zu der Halbschwester Ulrike, der er zurufen muß: «Ach, teure Ulrike! Es gibt für mich keinen Platz unter den Menschen!» Unselig die krampfhafte Unterwerfung unter Kants kategorischen Imperativ: «Denn er brauchte eine Aufgabe», stellt der französische Betrachter etwas höhnisch fest, «dieser Pietist, dieser Kantianer, dieser Offizier, dieser Pedant, dieser Preuße.» Als problematischer Trost bleibt der Somnambulismus, in den der tragische Junker sich flüchtet. «Der Ruhmeskranz, den das Jahrhundert ihm nicht geben kann: der Prinz von Homburg flicht ihn sich im Schlafe. Unbetretbare Zufluchtsstätte des Schlafes, öffne deine Pforte! ‹Wecke mich nicht, wenn ich schlafe!› sprach, zwei Jahrhunderte vor Kleist, zu seiner Vernunft jener andere Dramatiker des Traumes, Calderon.»

Cassou verwundert sich darüber, daß Kleist nicht mehr für die «Idéologie Hitlerienne» ausgenutzt und mißbraucht wird. «C'est que sans dout il y a encore trop d'humanité dans son aventure», überlegt der Pariser Kritiker vollkommen richtig. «Il aurait voulu aimer; il ne l'a pu; mais il l'avait voulu, cela suffit à le rendre un peu suspect.» –

Etwas fehlt uns in dem geistvollen Kleist-Bildnis, welches Jean Cassou mehr entwirft als daß er es ausführte – und in dem ihm übrigens auch kleine Fehler unterlaufen: so ist davon die Rede, daß Kleist sich im Wannsee ertränkt habe, was, wie man weiß, den Tatsachen nicht entspricht; oder die Frau, die mit dem

«Homburg»-Dichter zusammen in den Tod gegangen ist, wird als «une femme jeune, belle, heureuse, pleine de vie» charakterisiert, was wiederum keine exakte Schilderung der historischen Figur bedeutet. Wichtiger als diese kleinen Versehen scheint mir zu sein, daß in der Cassouschen Darstellung der *Künstler* Kleist doch wohl zu kurz kommt: es bleibt beinahe verschwiegen, daß Kleist nicht nur ein Unglücklicher, sondern auch ein Genie war – das stärkste dramatische Talent, das die Deutschen hatten –, und daß im «Michael Kohlhaas» nicht nur der «absurde» deutsche Prozeß geführt wird, sondern daß wir an ihm eine der meisterhaftesten Novellen unserer Sprache besitzen.

Es läßt sich darüber streiten, ob Heinrich von Kleist zu den Romantikern zu rechnen ist; ich wäre geneigt, die Frage zu verneinen. Nun ist ja aber der Begriff «Romantik» überhaupt ein fließender. Friedell in seiner «Kulturgeschichte» gibt zu: «Wir sind... nicht in der Lage, eine einigermaßen erschöpfende und eindeutige Definition des Begriffes ‹Romantik› zu geben und müssen uns im wesentlichen darauf verlassen, daß jedermann ohnedies weiß, worum es sich handelt.» Er zitiert Ludwig Tieck, der geäußert hat: «Wenn man mich aufforderte, eine Definition des Romantischen zu geben, so würde ich das nicht vermögen. Ich weiß zwischen poetisch und romantisch überhaupt keinen Unterschied zu machen.»

So muß denn die Auswahl, die von den französischen Kritikern und Liebhabern getroffen wird, notwendig etwas willkürlich ausfallen. Von den Philosophen etwa werden Fichte und Schelling ausführlich behandelt; ein Aufsatz beschäftigt sich mit «der Krise des romantischen Idealismus in der Philosophie Schopenhauers» (Jean Audard); ein anderer gar mit «Marx et le romantisme». Indessen fehlt eine zusammenfassende Betrachtung Hegels, der als der große Erbe, ja als der Ausnutzer des romantischen Geistes wohl seinen Platz in dieser zusammenfassenden Übersicht verdient hätte.

Was die Poeten betrifft, so werden derart weit voneinander entfernt liegende und so weit von dem, was wir eigentlich unter «Romantik» verstehen, entfernte Figuren wie Hölderlin einerseits, Heinrich Heine andrerseits, oder wie Büchner einbezogen. Dagegen vermißt man die Porträts einiger anderer Autoren, die in der romantischen Schule ohne Frage eine Rolle gespielt haben, wie Zacharias, Werner und de la Motte-Fouqué. Von Hölderlin, dem Pierre Bertaux einen liebevoll-gescheiten Abschnitt widmet, wird ausdrücklich festgestellt: «Er ist der Zeitgenosse der Romantiker. Er gleicht ihnen in gewissen Zügen. Aber im tiefsten Grunde ist er von ihnen verschieden.» Der Jugendfreund Hegels und Schellings – dessen begeisterte Jünglingsjahre in Tübingen und dessen tragischer Verfall der junge französische Kenner mit eindringlichen Andeutungen charakterisiert – wird gezeigt als der Dichter des Mittelmeers in Deutschland – «le poète d'une Méditerranée qu'il n'a pas connue, mais qu'il a aimée de toute son âme.» Bertaux fügt hinzu, es sei, gerade heute, vielleicht nicht ohne Pikanterie, daran zu erinnern, daß Hölderlin, «le plus allemand des poètes lyriques», wenn er vom Mittelmeer träumt, nicht nur Hellas meinte, sondern auch die orientalisch-semitische Sphäre. Seine Dichtung ist von hebräischen Weisen inspiriert wie von Pindar.

Über Büchner oder «das Ende der Romantik» schreibt Wladimir Weidlé. Es verhält sich aber der «Woyzeck»-Dichter zu der Novalis-Brentano-Arnim-Gruppe für mein Gefühl etwa so, wie van Gogh zu den französischen Impressionisten. Ein Härter-Werden der Farben, eine Intensivierung, Konzentrierung des Gefühls sind festzustellen. Er tut den entscheidenden Schritt über sie hinaus, philosophisch wie in der gestalterischen Methode. Nur in «Leonce und Lena» gibt es echt romantische Elemente. «Dantons Tod» und «Woyzeck» – diese beiden verblüffenden Taten eines jungen Genies, neben denen «Räuber» und «Kabale» blaß, konventionell und «reißerhaft» theatralisch wirken – stehen dem Sturm und Drang viel näher als der Romantik und antizipieren auf eine sehr merkwürdige Art Wedekind und den Expressionismus. In einen entscheidenden prinzipiellen Gegensatz zu den Romantikern stellt Büchner sich dadurch, daß er die Kunst nicht ernst nimmt, daß er sie *verneint* – während die Romantiker doch überhaupt *nur* sie eigentlich ernst nehmen können. Für Büchner gibt es nichts als die Realität, die ihrerseits auf das menschliche Leben reduziert ist: dieses begriffen von einem animalischen Aspekt, mit dem Auge des Chirurgen. Der französische Kritiker nennt Büchner deshalb das Genie malgré lui, «génie en revolte contre le génie», den «Dichter wider Willen». Aber vermag ein Ausländer – und sei er mit den Nuancen deutscher Sprache noch so vertraut – zu beurteilen, *was* für ein Genie dieser in seiner Begabungsfülle fast monströse Jüngling gewesen? Mit welch ungeheuren neuen Akzenten er unsere Sprache beschenkt hat? Wieviel neues Terrain er gewann, erkämpfte, erlitt – Terrain, das Autoren des zwanzigsten Jahrhunderts nur wiederzufinden, nicht mehr zu entdecken brauchten? – Sicherlich unterschätzt M. Weidlé «Dantons Tod». In den Mittelpunkt seiner Betrachtung stellt er gar zu ausschließlich den «Woyzeck», Büchners Meisterwerk und «politisches Testament»: «Woyzeck, drame qu'il écrivait à 23 ans, quelques mois avant sa mort, œuvre unique dont la puissance littéraire est basée exclusivement sur la haîne implacable de toute littérature.» –

Den Untertitel «oder das Ende der Romantik» könnte man ohne Frage, in unserem Zusammenhang, auch einer Studie über Heinrich Heine geben. Bei ihm löst das romantische Gefühl sich ins Ironische auf; übrigens wirken in ihm am stärksten geistige Elemente, die von allem Romantischen weit entfernt sind: das Pathos der Französischen Revolution, der Menschenrechte, des sozialen Fortschrittes; und neben der Melodie des Buches der Lieder klingt die der hebräischen Weisen; schließlich aber kommt der Schrei von der Matratzengruft, der mit literarischen Schulen und Richtungen überhaupt nichts mehr zu tun hat, sondern Klage und Aufschrei der gemarterten Kreatur, unmittelbarer Ausdruck der nackten menschlichen Qual, des fleischlichen Martyriums ist.

Der Heine-Abschnitt von J. F. Angellotz ist nicht sehr gehaltvoll; vielmehr recht flüchtig und fragmentarisch. Aber man wollte den vielgeliebten, vielgeschmähten «Henri» wohl keinesfalls missen: «die deutsche Nachtigall, die ihr Nest in der Perücke des Herrn Voltaire gebaut hat». Melancholie und Reiz seiner besonderen Stellung – dieser Situation des Mittlers zwischen Deutschland und Frankreich – hören nicht auf zu faszinieren. Zwar stellt Angellotz fest, daß die Deutschen ihn als einen der Ihren niemals anerkannt haben und daß in Frankreich nur die «Universität» ihm treu geblieben sei, das große Publikum dagegen ihn wenig kenne; aber ersteres ist doch wohl nur dann wahr, wenn man unter «den Deutschen» die Nationalisten und Antisemiten versteht (was diesen so passen könnte, welchen Gefallen wir ihnen aber keineswegs zu tun geneigt sind); das zweite möchte wohl stimmen, wenn man an das Werk Heines, nicht aber, wenn man an seine Legende, die Nachwirkung seines Persönlichkeitsreizes, seines Schicksals denkt. «Henri Heine»: das ist ein Begriff, ein rührender Mythos für jeden gebildeten Franzosen – und es ist ja fast jeder Franzose «gebildet» –: in viel stärkerem Grade, als die Namen Schillers, Goethes oder Hölderlins in Frankreich Mythen und Begriffe sind. Es gibt vielleicht nur einen anderen deutschen Dichter, dessen Figur und geistige Stimmung dem allgemeinen französischen Bewußtsein ebenso geläufig sind: E. T. A. Hoffmann.

Von ihm handeln in unserer Romantiker-Beschwörung zwei große Stücke: «Hoffmann et l'appel de la Poésie» (von Raymond Vincent) und «Hoffmann et le Péché Originel» (von Pierre Missac). Beide Autoren zeigen uns den Dichter des «Kater Murr», der «Elixiere des Teufels», der «Serapionsbrüder» nicht als den «Gespenster-Hoffmann», nicht als den Verfasser schnurriger und gruseliger Geschichten. Sie deuten ihn anders, auf eine tiefere Art; zeigen ihn als den tragisch Veranlagten, religiös Beunruhigten und Bemühten. Der Autor Vincent sagt von ihm: «Keiner seiner Helden ist so pathetisch wie er selber, in seiner Bemühung um das Schöne, in seinem Kampf mit sich und mit den anderen, um es zu gewinnen.» Der Autor Pierre Missac stellt fest: «Die ästhetische Philosophie Hoffmanns ist das Zeugnis eines Gedankens, besessen von dem, was wir die Erbsünde nennen könnten; von der Erinnerung an ein verlorenes Paradies, das keine Erweiterung unseres Bewußtseins uns je ersetzen könnte.» – Der Ehrgeiz der französischen Betrachter ist es, den bunten und glänzenden, grotesken und lieblichen Phantasien Hoffmanns eine Richtung, ein geistiges Ziel, einen philosophischen Sinn zu geben.

Neben E. T. A. Hoffmann wird nur noch ein Dichter zweier Artikel gewürdigt: Novalis, über den Charles Du Bos warm und eindringlich handelt («Fragments sur Novalis») und mit dessen Philosophie Jean Wahl sich in einer Studie «Novalis et le principe de Contradiction» beschäftigt. Die Bevorzugung dieser beiden

Dichter ist legitim und hat ihren gerechten Sinn; sie sind die beiden größten Figuren, die beiden reichsten Talente der romantischen Schule – zusammen etwa noch mit Jean Paul, dessen Charakteristik keinem Geringeren als Edmond Jaloux anvertraut ist («Jean Paul et le Sentiment du Paradis»).

Robert Minder schreibt über Ludwig Tieck – bedeutender als Vermittler, Anreger, Übersetzer denn als Schöpfer; Bewahrer vornehmer Traditionen, ohne dem Zukünftigen verschlossen zu sein; begabt und berufen, Humanismus und Romantizismus, deutsche Kultur und universelle Kultur miteinander zu versöhnen, in Einklang zu bringen –; Marcel Brion – bewandert in den Literaturen aller Zungen wie nur wenige Kulturkritiker der Epoche – läßt sich über Wackenroder vernehmen, von dem es an anderer Stelle (in dem einleitenden Aufsatz von Gabriel Bounoure «Moment du Romantisme Allemand») heißt, er habe, mit Novalis zusammen, zu jener erlauchten und seraphischen Familie der Jungverstorbenen, der begeisterten Jünglinge gehört, die sich während ihres kurzen Erdendaseins stets als die «Brüder des Todes» fühlten. Brion spricht von dem «élan», den Wackenroders Schriften – «Herzensergießungen eines kunstliebenden Klosterbruders» und «Phantasien über die Kunst» – jenem Pathos des «Zurück zum Mittelalter!» gegeben haben, welches eine so bedeutsame Rolle in der Geisteshaltung der Romantiker spielt.

Das Kapitel über Friedrich Schlegel, «L'homme des Fragments et Mélanges», ist von Jean-Paul de Dadelsen; der Abschnitt über Achim von Arnim von Albin Bonnet. Er hat den Untertitel «ou la Féerie des Glaces» und scheint mir besonders wertvoll, besonders interessant: nicht nur wegen der Stimmungsreize und lyrischen Akzente, an denen die deutende Prosa Bonnets reich ist; nicht nur wegen der echten spontanen Bewunderung für dieses seltsame Phänomen Achim von Arnim – «cette être le plus réellement solitaire qu'il y ait jamais eu» –, von der seine Betrachtung erfüllt und getragen ist; sondern weil gerade hier einige Zusammenhänge zwischen der deutsch-romantischen Sphäre und gewissen Strömungen neuester französischer Literatur hervorgehoben werden. Die Surrealisten fühlen sich mehr zu Arnim hingezogen als zu Jean Paul oder Hoffmann. Bei Arnim fehlt das Schattenhafte, Fließende, Traumdunkle. Die Stimmung seines Werks ist nicht die einer Sommernacht in verwunschenen Gärten; vielmehr – wie der französische Kritiker sagt – «la tranchante sonorité d'un matin de gel hivernal». Seine Traumgesichte, so ausschweifend verworren sie sein mögen, haben harte Umrisse und Exaktheit der Form. Alles ist Spiel, aber das Spiel wird ungeheuer ernst genommen. Es herrscht «ce sentiment du ‹*jeu*›, cette conception de l'art comme d'un acte aveugle mais efficace, où l'artiste risque de perdre sa vie». Dieses Pathos des Artistischen, das zugleich kalte und fiebrige Glück des lebensgefährlichen Spieles läßt mich an die Stimmung denken, aus der heraus Jean Cocteau, Artist und Spieler par excellence, produziert. Achim von Arnim notiert sich in sein Tagebuch: «Encore une journée passée dans la solitude de la poésie.» Ich zitiere den Satz französisch; könne er, so formuliert, nicht in einem von Cocteaus Büchern stehen? –

Viel weniger lieb als das Arnim-Kapitel ist mir die Studie von Denis de Rougemont «Chamisso ou le Mythe de l'Ombre perdue». Die psychopathologische Deutung des Symbols vom verlorenen Schatten scheint mir hier als recht gewaltsam, krampfig und ohne eigentlichen Tiefgang. M. de Rougemont faßt seine «Diagnose» des «Falles» Chamisso–Peter Schlemihl folgendermaßen zusammen: «Minderwertigkeitskomplex; Verfolgungswahn; Verlust des sozialen Zusammenhanges; Schuldgefühl; Fluchtbedürfnis; manische Aktivität... Es ist kein Zweifel mehr erlaubt: Schlemihl ist schizoid.» – Man erinnere sich Peter Schlemihls wahrhaft wundersamer und wunderbarer Geschichte, dieses Juwels deutscher erzählender Prosa! Man lese sie noch einmal, lasse sich noch einmal entzücken von ihrer Schwermut, der suggestiven Einfachheit ihres epischen Rhythmus, ihrer Liebenswürdigkeit, ihrer Tragik, dem Beziehungsreichtum ihres Witzes – und man wird empfinden, wie roh und ungenügend die psychiatrische Auslegung des M. de Rougemont ist. Dieser lehnt aufs schärfste eine andere Deutung ab, die Barrès in seinen «Cahiers» dem «Mythos vom verlorenen Schatten» gibt: «er geht so weit, zu unterstellen, der verlorene Schatten sei das Symbol des von Chamisso verlorenen (französischen) Vaterlandes». Mir erscheint Barrès' Auffassung so naheliegend wie einleuchtend;

M. de Rougemont diffamiert sie als «nationalistisch» – ein Vorwurf, zu dem Barrès ohne Frage häufig genug Anlaß gegeben hat, der mir aber, in diesem Zusammenhang, als recht übertrieben erscheint.

Der Gelehrte Gottfried Bohnenblust beschäftigt sich mit Clemens Brentano; das heißt: recht eigentlich mit der inneren Geschichte seiner Konversion, seines Fromm-Werdens – das übrigens ein echtes Glücklich-Werden, ein wirkliches Beruhigt-Sein niemals war, sondern dem stets eine Nuance der Nervosität, der Rastlosigkeit anhaftete. Mit einer höchst rührenden Anstrengung, einem ergreifenden Eifer mühte sich Brentano darum, teilhaftig zu werden jener reinen Stimmung, da das Individuum seinen Hochmut abtut – und alles gewinnt, indem es auf alles verzichtet:

«Ich will kein Einzelner mehr sein,
Ich bin die Welt, die Welt ist mein.»

Ein reizvolles Detail ist es, daß dem Dichter Brentano, im Jahre seiner Konversion – als Belohnung gleichsam für soviel innere Anstrengung, soviel Qual und geistiges Ringen – die lieblich-ernste Geschichte vom braven Kasperl und vom schönen Annerl gelingen durfte.

Zwischen all den Jünglings- und Männer-Porträts begegnen wir zwei weiblichen Bildnissen – beide unendlich voneinander verschieden, und beide doch dem «zweiten» Romantiker-Kreise, besonders aber der Person und dem Schicksal Brentanos aufs bedeutsamste verbunden. Der Artikel über Bettina – Brentanos Schwester, Arnims Frau; begnadete Muse des geistig erlauchten Kreises – ist von Georgette Camille; Marcel Pobi zeichnet das Kapitel über Anna-Katharina Emmerick: die Kranke, Stigmatisierte, von der Gnade Berührte; die Augustinerin des Klosters Agnetenberg zu Dülmen, die von vielen als Heilige verehrt und geliebt, von anderen als Simulantin verdächtigt wurde – und die auf Brentanos Entwicklung zum Religiösen einen so entscheidenden Einfluß geübt hat: Er verbrachte fast fünf Jahre in ihrer Nähe; lauschend ihren schwärmerischen Berichten; mitergriffen von ihren Halluzinationen; aufzeichnend

«Das bittere Leiden unseres Herrn Jesu Christi. Nach den Betrachtungen der gottseligen Anna-Katharina Emmerick... Nebst einem Lebensabriß dieser Begnadeten».

Es ist kein Zufall und hat seinen guten Sinn, daß der Abschnitt über Mörike – dieses lautere und fromme Herz – von einem Deutschen verfaßt ist. Tragik und Größe der dämonischen, mit dem Dämon kämpfenden Figuren, wie Hölderlin und Kleist, sind nicht ans Nationale gebunden; müssen einen jeden betreffen und erschüttern, der an der Problematik des Genies überhaupt interessiert und beteiligt ist. Anders steht es um die stillen Geheimnisse eines Dichters wie Mörike, bei dem alles am Sprach-Reiz, an der innig schlichten, wunderbar-genauen Wahl des Wortes liegt. Seine Lyrik – deren Klang und Farbe so rührend stark an gewisse deutsche und nur deutsche Landschaften gemahnt – gehört zu jenen *unübersetzbaren* Kostbarkeiten, wie jede Kulturnation sie hütet. Um so größer ist das Verdienst Herbert Dieckmanns, in seiner mit Bedacht und kluger Liebe preisenden und untersuchenden Mörike-Studie dem französisch lesenden Publikum doch eine Ahnung, einen ungefähren Begriff von dieser verborgenen Schönheit, diesem anspruchslosen, wunderbar reinen Zauber zu vermitteln...

Ferdinand Lion steuert einen Abschnitt bei über die «Nachtwachen» des Bonaventura – dieses geheimnisvoll hochromantische Werk, das bei seinem Erscheinen, 1804, ein so starkes Aufsehen machte, besonders auch, weil niemand wußte, von wem es war – was die Neugierde stets animiert und Anlaß zu unterhaltsamem Rätselraten, einem echt romantischen Vergnügen, ist. Man schrieb das sensationelle Werk dem jungen Schelling zu, auch E. T. A. Hoffmann, auch Clemens Brentano. Am Ende entschied die gelehrte Forschung sich für einen Autor mit Namen Wetzel, eine Art von Bohème-Genie. – Lion beschreibt die «Nachtwachen» als ein höchst charakteristisches Stück romantischer Produktion, getränkt mit dem Geist idealistischer Philosophie. Übrigens enthalten sie, antizipierend, in sich Elemente einer «dritten» romantischen Schule, als deren Exponent Heine gilt: «Man findet bei ihm» (bei Wetzel) «schon die ersten Zeichen einer Ironie, die sich bald *gegen* die Romantik wenden wird: einer Ironie der Ironie.» –

In keinem deutschen geistigen Zusammenhang darf Goethe fehlen. Da seine riesenhafte Natur *alles* umfaßt, so gehört zu den Elementen, die ihr Wesen bestimmen, notwendigerweise auch das romantische. Es ist die bedeutend-reizvolle Aufgabe des Schriftstellers Walter Benjamin, die romantisch-gebundenen, die anti-klassischen Züge bei Goethe zu analysieren. Was an der «olympischen» Figur naturhaft, unbewältigt, dunkel, chaotisch, chthonisch ist: Benjamin bringt es auf den Nenner der *«Angst»*. Kein Gefühl, heißt es, ist reicher an Variationen als die Angst – diese begriffen als der atavistische Schauder, der eingeboren urtiefe Affekt; begriffen in ihrem mystischen Doppelcharakter als *Todes*angst und als *Lebens*angst. «Leben, das heißt der dunklen Gewalten Spuk bekämpfen in sich...» Man bekämpft sie, ringt sie nieder – und sie erheben immer wieder ihr schauriges Haupt. Man bleibt angefochten, bleibt bedroht, niemals darf man der Beruhigte sein. – Benjamin weiß sehr eindringlich die Angst als den tragisch-dämonischen Hintergrund zu beschreiben, vor dem sich der wunderbar ausgeglichene Säulenbau der Heiterkeit erhebt: die romantische Urlandschaft hinter den klassischen Tempeln. Die Abhandlung über Goethe und die Urangst gehört zu den sehr interessanten des Werkes. Sie spricht für sich selber. Benjamin hätte es keineswegs nötig gehabt, sich als *einziger* Mitarbeiter des dicken Heftes dem französischen Publikum durch eine breite Vornotiz zu präsentieren, in der seine literarischen Verdienste ins rechte Licht gerückt und preisende Äußerungen über seine Leistungen zitiert werden...

Die Dichter-Porträts – die durch einen zusammenfassenden Epilog des Germanisten Lichtenberger abgeschlossen werden – machen das herrschende Mittelstück des mit kluger Sorgfalt komponierten Sammel-Werkes aus. Ihm folgen: französische Übertragungen aus der Welt deutscher romantischer Dichtung (wobei Büchners «Lenz»-Fragment sich etwas überraschend zwischen Hölderlin, Mörike und Brentano ausnimmt); vorangestellt finden sich zwei andere Essay-Gruppen: «Vues Générales» und «Philosophes».

Eine der «allgemeinen» Studien handelt von den Malern der deutsch-romantischen Schule. Der Autor konstatiert, Madame de Staël habe in Frankreich die Meinung populär werden lassen, daß *alle* große romantische Produktion aus Deutschland komme – und er sieht sich genötigt, hinzuzufügen, daß dies unzutreffend ist, was die Malerei betrifft. Wer vergliche Blechen mit Constable, Friedrich mit Turner? wird mit einer gewissen Gereiztheit gefragt. Wer möchte «un faux grand homme» wie Cornelius neben ein authentisches Genie wie Delacroix stellen? –

Unbedingt der Erwähnung wert scheint mir der breitangelegte Abschnitt «Le Mouvement Politique. 1790–1850». Nicht ohne Besorgnis liest man es wieder und noch einmal, wie die arge Ratlosigkeit deutscher Geister in politicis auch in der romantischen Bewegung oder gerade in ihr sich melancholisch dokumentiert. Ganz zu Anfang ist die revolutionäre Begeisterung da und die Schwärmerei für alles, was die große Französische Bewegung mit sich bringt: Der Contrat Social wirkt gewaltig auf die deutschen Dichter und Denker, Jean-Jacques' Lehre wird als ein Evangelium geliebt. Wie rührend ist Wilhelm von Humboldts frühe Pilgerfahrt nach Paris, «um der endgültigen Beerdigung des Despotismus und der Tyrannei beizuwohnen». Ach, wie kurz hält eine sentimentale Hingerissenheit, die noch mit feurigen Zungen aus den ersten Schiller-Dramen spricht! Wie bald ist man bereit, umzuschwenken, die Richtung nach rechts einzuschlagen. Mit welcher Gier, welcher Bereitschaft wurde von den Romantikern eine Schrift empfangen wie Burkes «Betrachtungen über die Französische Revolution», die Friedrich Gentz in deutscher Übertragung vorlegt. Novalis schwelgt in seiner Bewunderung mittelalterlicher Staats-Konzeptionen, Schlegel wird zum geistigen Gefolgsmann Metternichs, Adam Müller propagiert seinen hoch-konservativen Katholizismus. – Es steht fest: der Geist von 48 ist *nicht mehr* romantischer Geist. Die liberalen Romantiker – Heine, Börne, Laube – sind eben dadurch, daß sie Liberale sind, nicht mehr durchaus romantisch. – Wenn wir das demokratisch-nationalistische Pathos der «teutschen Burschenschaften» (das Vaterland als «Burschenturnplatz»; die Universität als «Vernunftsturnplatz»), wenn wir die zugleich biedere und hysterische geistige Verfassung eines Karl Ludwig Sand (des Kotzebue-Mörders) mit dem katholisch-universalen Konservativismus der echten Romantik vergleichen, so müssen wir zugeben, daß damals der Geist auf seiten der Reaktion war. (Erst in der Figur Heines findet der Wille zum Fortschritt wieder zum Geist und wieder zu einer wirklich *europäischen* Gesinnung.)

Diese Situation – der Geist auf der fortschrittsfeindlichen Seite – hat für uns viel Verwirrendes. Lassen wir uns von unserer großen Liebe zu all dem Schönen, all dem wahrhaft Liebenswerten, was wir unter dem Namen «Romantik» zusammenfassen, nur ja keinen Streich spielen! Werden wir – verführt, verzaubert von den romantischen Reizen – nicht unempfindlich für die Gefahren, die eine solche Welt- und Lebens-Auffassung mit sich bringen muß, wenn sie auch das soziale Problem, auch das Politische in sich einbezieht. Wir tun gut daran, alle die Lebenswerte, die in der Romantik enthalten sind und in ihr schöpferisch werden, von der eigentlichen politischen Sphäre strikt und konsequent zu *trennen*. Wir können die romantischen Dichter mit einem guten Gewissen nur dann lieben, wenn wir ihnen das Recht und die Berufung ausdrücklich *aberkennen*, auch im Politischen richtunggebend, auch hier kompetent oder gar vorbildlich zu sein.

Ratsam und übrigens statthaft ist es, die politischen Konzeptionen der Romantiker als Teil und Ausdruck ihrer poetischen Stimmung, als eine – freilich nicht unbedenkliche und oft fatale – Manifestation ihres lyrischen Weltbildes aufzufassen. Die Poesie ist das allein und allmächtig dominierende Element in der Romantik: daran halten wir fest. Alles ist hier Poesie, die Poesie ist hier alles: Philosophie, Geschichte, Wissenschaft, *Politik*, Moral, Religion sind Güter, die man ausnutzt zu den Zwecken der Kunst. «Alles in der Welt geschieht für die Poesie!» proklamiert Arnim – und es ist echt romantisch, die Philosophie als eine Theorie der Poesie zu begreifen. Brentano spricht von einer pathologischen Hypertrophie des poetischen Organs bei ihm und bei seinen Freunden: Wie man bei den Gänsen die Leber stopft und unnatürlich groß werden läßt, so haben diese das «poetische Organ» auf Kosten aller anderen übermäßig gedeihen lassen – romantische Selbsterkenntnis, romantische Selbstironie weiß das und gesteht es ausdrücklich ein.

Und die Schwärmerei für einen mittelalterlichen Stände-Staat, oder für das preußische Königspaar als Inkarnation des Göttlichen? Wieviel wehmütige Spielerei in all dem! Wieviel träumerisches Abgleiten, ästhetizistische Unverantwortlichkeit

– wieviel Märchen, wieviel Dunkelheit und Musik und holde Unvernunft in diesen doch wohl nur scheinbar aufs Reale bezogenen Überlegungen und Plänen!

Was ist ihnen die Realität, diesen «Politikern»? Eine Erscheinungsform des Poetischen... Die Sphäre, aus der hinweg man Heimweh hat: Heimweh *wonach* denn? Nach den Seligkeiten schöner Dunkelheit, «fort aus des Lichtes Reichen». – Von der «tiefen, *tauschenden* Nacht» orakelt ein später, höchst begabter und schlimm verderbter Bruder unserer lieben Romantiker, Gottfried Benn. Tauschende Nacht: da haben wir's ja noch einmal, dieses ganze zaubervolle Spiel des Nocturne; das Maskenhafte, Vexative, Foppende, der Realität Spottende, sich ihr Entziehende – das Poetische, das Romantische. Was ist die Realität? Gilt sie denn noch in der Nacht, da alles austauschbar ist? Was bleibt denn von ihr? Bleibt das Ich? Aber gerade das ist in die Frage gestellt. Bin ich's? Bin ich's nicht? Antwort ist ein Hohngelächter, und vielleicht ein Lied, das im Dunkel verklingt...

Einer der gescheiten französischen Beobachter, denen ich für diese Wiederbegegnung mit den deutschen Romantikern dankbar bin, schreibt diesen Satz: «Car s'il est très nécessaire de parvenir ensuite à cette vérité que le rêve est négatif et futile, il faut d'abord s'être donné tout entier au rêve comme à la puissance purifiante...» – Da haben wir es, schön und deutlich ausgedrückt. Wir sollen nicht dort stehenbleiben, wo wir geliebt haben oder noch lieben. Wir dürfen und sollen uns der «reinigenden Gewalt» eines großen Reizes, einer wahren Schönheit ganz hingeben – ohne den gefährlichen Verführungen zu verfallen, die von solchem Reiz und solcher Schönheit ausgehen mögen.

Die Romantik vereinigt in sich fast alle schönen, großartigen – und einige der schlimmsten deutschen Eigenschaften. Aber auch die schlimmen werden hier noch erträglich und stoßen nicht ab: sie manifestieren sich in einer gereinigten Form – auf jener hohen Ebene, die einmal die Ebene des inneren deutschen Lebens war und es wieder werden könnte. Nicht ohne Rührung lesen wir es, wenn ein französischer Kritiker feststellt: «Le Romantisme allemand marque un des moments où l'homme s'approche le plus de sa perfection, où il fut le plus près de réaliser l'unité de son être.»

Das ist eine große, eine gewagte Behauptung, und es würde

mir zu sehr nach nationalem Dünkel und patriotischer Eitelkeit aussehen, wenn ich sie vorbehaltlos unterschreiben wollte. Viele Eigenschaften und Tendenzen, die Nietzsche, und nicht nur ihm, an unsrer Nation ein Greuel waren, finden sich bei den Romantikern ins Extrem getrieben: Maßlosigkeit und Verschwommenheit des Gefühls; ein horrender Mangel an gesellschaftlichem Instinkt, an politischem Verantwortungsbewußtsein, an bons sens; die gefährliche Neigung, in der Musik schwelgerisch zu ertrinken; der wollüstige Pessimismus; die Todesmystik; die schamlose Sentimentalität und eine feminine Empfindsamkeit, die sich merkwürdigerweise stets die Möglichkeit offen behält, in Brutalität umzuschlagen. – Warum es leugnen? Vieles, was heute in Deutschland niedrig-niederträchtiges Ereignis wird, findet bei den Romantikern sich geistig vorbereitet. Die höchst Vergeistigten, sehr Gesitteten haben einem antigeistigen Barbarentum intellektuelles Rüstzeug geliefert – soweit dieses überhaupt noch der intellektuellen Beschönigungen bedarf oder mit ihnen etwas anzufangen weiß. – Es ergibt sich das Paradox: die Romantiker tragen eine geistige Mit-Schuld an dem, was uns heute die Heimat unleidlich macht – und wir lieben sie doch.

Lieben sie doch, bei allen Einschränkungen, Vorbehalten und Bedenken; lieben sie, nicht unbedingt, aber innig. Lassen uns auch nicht verbieten, sie zu lieben, nicht von einer hundertprozentigen republikanischen Tugendhaftigkeit, und erst recht nicht von denen, die gewagte und sublime Dichterträume zur brutal-hysterischen Praxis mißbrauchen.

Diese Träume haben wir in uns wie die Mythen der eigenen Kindheit; in dem verwunschenen Reich dieser krausen und holden, wirren und reichen Phantasien und Spekulationen sind wir zu Hause, und niemand hat das Recht oder die Macht, uns aus ihm zu verbannen. Müssen wir uns der vielgeliebten Dunkelheit, dem Rausch, dem Geheimnis entfremden, weil wir in allem, was das öffentlich-gesellschaftliche Leben, die soziale Problematik betrifft, für die Vernunft sind, für den Fortschritt, für die Gerechtigkeit, für die Freiheit? Wer maßt sich an, uns aus einer Landschaft zu vertreiben, an die unsre eigene Liebe uns bindet?

Wir kennen ein Deutschland, das ein *inneres Vaterland* ist.

Aus diesem wird man nicht ausgebürgert. Wohin wir unsre Schritte auch lenken: in den Herzen tragen wir es – den kostbar problematischen, verwirrend reichen, gefährlichen, unveräußerbaren Besitz.

Barcelona ist ruhig

Freunde in Paris hatten uns mit Warnungen reichlich bedacht. «Unterlaßt die Reise nach Spanien! Ihr kommt zu spät, es ist fast alles verloren. Ihr werdet nur die Auflösung und das Chaos finden!» Das waren nicht Leute, die aus bösem Willen sprachen; es waren Menschen unserer Gesinnung – aber entmutigte. Wir glaubten ihnen nicht, und wir reisten. Immerhin waren all die dunklen Prophezeiungen, die wir auf den Weg mitbekommen hatten, nicht eben geeignet, unsere Stimmung unbeschwert und gar zu optimistisch zu machen. Gleich an der Grenze begriffen wir, wie sehr die entmutigten Freunde sich irren.

Die ersten spanischen Soldaten, mit denen wir zu tun bekommen, haben Gesichter und einen Blick, wie sie die Glieder einer schon fast geschlagenen Truppe niemals zeigen könnten. Es gibt eine heiter selbstbewußte Gelassenheit, die nur aufbringt, wer seiner Sache, und der Zukunft seiner Sache, durchaus sicher ist.

Ich hatte mir von Anfang an vorgenommen, meine Urteile und Impressionen achtsam zu kontrollieren. Wozu es leugnen: Man ist Partei – man ist leidenschaftlich Partei in diesem großen Kampf, von dem der spanische Bürgerkrieg nur ein Teil ist. Partei-sein muß aber nicht Blindheit und Verblendung bedeuten. Im Gegenteil: Man beobachtet wohl am wachsamsten und am schärfsten, wenn man mit dem ganzen Herzen beteiligt ist. Gewiß, als ich den ersten jungen Leuten in den Uniformen der Spanischen Republik begegnete, begrüßte ich sie mit Ergriffenheit, wie man Freunde begrüßt. Aber gerade Freunde – und zumal solche, die sich in einer gefährdeten Situation befinden – sieht man doch sehr sorgfältig auf ihren Zustand an. Man prüft ihre Mienen, ob sich die Spuren der Niedergeschlagenheit, die Verzerrungen der Nervosität, des Widerwillens, der Verzweiflung in ihnen finden. Keine Spur von all dem gab es bei den jungen Leuten, die zum Gruße die Faust hoben und dabei, halb trotzig, halb lustig, ein wenig lachten.

Fahrt durch Katalonien

Wir wollten nicht mit dem Flugzeug nach Barcelona. Vom Flugzeug aus sieht man nichts. Zwischen der französischen Grenze und Barcelona liegt ein breites Stück spanischen, republikanischen Landes. Wenn man es im Auto oder Autobus durchquert, bekommt man den ersten Eindruck von den Dörfern, den Straßen, den Menschen. Man hat, zum Beispiel, wieder einmal die Gelegenheit, sich recht grenzenlos zu erstaunen über die heitere Vergeßlichkeit, die vitale Zähigkeit, den biologischen Leichtsinn des Menschen. Das Leben geht weiter, und sei es noch so furchtbar bedroht... Etwa zwanzig oder fünfundzwanzig Kilometer hinter der Grenze kommen wir durch die erste Ortschaft, welche die Zerstörungen durch ein Bombardement wie offene Wunden zeigt. Nicht anders denn eine offene Wunde klafft das Haus, das ein schwerkalibriges Geschoß vom Dachstuhl bis in die Grundfeste aufgerissen hat: wie auf schaurige, kleine Bühnen blickt man in die bloßgelegten, nackten Zimmer, denen die Vorderwand und Teile der Seitenwände fehlen; schamlos und melancholisch zeigen sie eine Intimität, die ehemals dem Fremden verborgen blieb – Reste von Mobiliar; Fetzen einer Tapete; an einer Wand ist sogar ein Bild hängen geblieben – niemand nahm sich wohl die Mühe, es wegzuschaffen. Hier haben Menschen gelebt, und sich geliebt, und Kinder gehabt; dann ist eine breiige Masse aus ihnen geworden; der Sohn des italienischen Herrn Ministerpräsidenten, ein vielversprechender Jüngling in seiner Art, hat erklärt, es sei sehr amüsant, auf Menschen zu zielen; es sei ein sublimer Sport, spanische Frauen und Kinder, die weder ihm noch seinem Herrn Vater eigentlich viel Böses getan haben, zu hetzen wie Rebhühner oder Kaninchen... Ich vergesse das Bild nicht: neben dem klaffenden Haus – dem ersten von den vielen klaffenden Häusern, deren Anblick wir ertragen müssen in diesem Lande – hatte ein Töpfer seine Waren ausgelegt – runde Schüsseln und Teller, ziemlich weit auf die Straße hinaus. Da standen die Weiber und feilschten um einen Topf. Ihre Kinder hielten sie an der Hand. –

Die Straße von der Grenze nach Barcelona ist gut. Sollte sie stellenweise lädiert gewesen sein, so hat man den Schaden doch gleich wieder behoben. Der Autoverkehr ist dünn: es herrscht Knappheit an Wagen wie an Benzin. Die meisten Automobile, die uns begegnen, sind von Militärpersonen besetzt. Vor uns fährt eine Zeitlang der Wagen des Schweizer Konsulats... Die schöne Straße führt auch am Meer entlang; wir schauen neidisch den Badenden zu, es gibt ihrer viele, man möchte mit ihnen sein, denn die Hitze ist lästig. Auf einem Bahngeleise steht ein ganzes Regiment von Burschen in Badehosen; sie lachen und winken uns zu. Es sind die Matrosen von einem Kriegsschiff, das in der Nähe liegt. Manche von ihnen haben zum Badekostüm die Matrosenmütze aufbehalten: So stolz scheinen sie auf ihren Beruf...

Trotzige Heiterkeit

In Barcelona gilt das Erstaunen nicht den tragischen Zügen, die das Antlitz dieser Stadt bekommen hat: Die tragischen Züge können nicht fehlen, da nun schon so viele Leiden dieser Stadt und ihren Menschen zugemutet wurden. Das letzte Mal, als ich sie sah – gerade ein paar Wochen vor Ausbruch der Generalsrevolte – war sie heiter. Das Wunder ist, daß sie sich von dieser Heiterkeit noch etwas bewahrt hat, trotz allem. Freilich, es ist eine etwas trotzige Heiterkeit geworden... Der Ausdruck von gelassener Selbstbewußtheit, den ich bei den Soldaten an der Grenze hatte konstatieren dürfen: auf unzähligen Gesichtern von Männern und Frauen in den Straßen von Barcelona finden wir ihn wieder. Die Stimmung, die hier herrscht, hat ebensowenig mit Lethargie zu tun wie mit Nervosität. Man geht den Geschäften und den Vergnügungen nach. Die Vergnügungen sind reduziert, und die bescheidenen Lustbarkeiten wie die Geschäfte können jeden Augenblick schrecklich unterbrochen werden durch ein neues Bombardement. Man gewöhnt sich daran. Neben einem der niederträchtig verwüsteten Häuser gibt es ein gutbesuchtes Café, wo nachmittags zum Tanz aufgespielt wird. Vor allen Cafés und Bars sitzen viele Menschen. Die Kinos, auch die Theater sind voll. Die Frauen, sorgfältig geschminkt, legen Wert darauf, hübsch auszusehen, auch wenn ihnen in der nächsten Stunde vielleicht das Dach über dem Kopf zusammenkracht. Man gewöhnt sich an alles: an das monotone Grauen der Bombardements; an die ungenügenden Verkehrsmittel – die Autobusse, die Trambahnen sind überfüllt: wie schwere Trauben hängen die Menschenbündel zu allen Seiten über das Gefährt hinaus –; an die komplette Dunkelheit der Stadt zur Nacht; schließlich sogar an den Lebensmittelmangel. Am meisten leiden wohl die Männer darunter, daß es keine Zigaretten gibt. Ein Päckchen «Camel» und ein halbes Pfund Butter: das sind zur Zeit die erlesensten Kostbarkeiten in Barcelona... Übrigens sehen die Menschen im Durchschnitt doch noch sehr viel besser aus, als sie es etwa in Deutschland während der letzten Kriegsjahre taten. Vor allem sind sie unvergleichlich besser gekleidet. Man hat hier keineswegs damit aufgehört, großen Wert auf élégance zu legen. Die Auslagen der Kleidergeschäfte zeigen noch immer sehr hübsche Dinge: Hemden, seidene Pyjamas, auch Anzüge. Die Etalage wirkt beinahe friedlich. Das große Ladenfenster aber ist mit Papierstreifen beklebt, damit es dem Luftdruck eher standhalte, wenn in der Nähe eine Bombe fällt...

Übrigens hatte man uns in Paris und anderwärts mancherlei Übertreibungen aufgetischt, was die Zerstörungen in Barcelona betrifft. Die Übertreibungen sind überflüssig, die wirklichen Schäden sind gräßlich genug. Zum Beispiel ist es unrichtig, daß das Hotel Ritz «nicht mehr steht». Es war von einer Bombe lädiert worden, ist renoviert und wieder in Betrieb. Das gleiche gilt vom Hotel Colon, von dem man uns auch erzählt hatte, es sei ein Trümmerhaufen. Es sieht, noch immer, recht stattlich aus; vielleicht nicht mehr lange... Ein Theater in der Nähe des «Colon» wurde vormittags getroffen, während die Schauspieler probierten. Das Entsetzliche schlug sie, während sie vielleicht gerade eine Todesszene übten oder einen zärtlichen Dialog...

Die «Zermürbungstaktik» bewährt sich nicht

Alle sind sich einig darüber: die ruchlos unbarmherzige «Zermürbungstechnik», die der internationale Faschismus der Stadt Barcelona gegenüber anwendet, bewährt sich nicht. Der einfache Mann bestätigte mir, was der Außenminister Del Vayo mir sagte: in allen Schichten der Bevölkerung wächst, durch die unaufhörlichen, schaurigen Bombardements, der Wille zum Widerstand, die Erbitterung und der Trotz.

Colonel Jorje Hans

Colonel Jorje Hans, ein Deutscher, ist Kommandant der 45. Division des spanisch-republikanischen Heeres. Wir hatten Grüße an ihn von gemeinsamen Freunden und wollten ihn sehen. Seine Division lag um diese Zeit bei Tortosa, am Flusse Ebro. Indessen war es nicht ganz leicht zu erfahren, an welcher Stelle des umfänglichen Frontgebietes der Colonel und sein Stab sich aufhielten. In Barcelona konnte man uns keine exakten Angaben machen. Wir fuhren mit einem Schweizer Kollegen zusammen, an Tarragona vorbei, Richtung Valencia. Etwa fünfundzwanzig Kilometer vor Tortosa begannen wir, nach dem Sitz des Divisions-Stabes zu fragen. Die Soldaten wußten entweder nichts oder waren zu diszipliniert, um Auskunft zu geben; selbst die Zigaretten, die wir anboten – Zaubermittel, das hier alle Münder und Türen öffnet – vermochten dieses Mal nichts. Schließlich war es ein Landbriefträger, der uns den Weg zeigte. Der Stab der Division hatte sein Quartier an idyllischer Stelle, mit dem Blick aufs Meer.

Der Kommandant war dienstlich unterwegs, als wir eintrafen; wir aßen mit seinen Offizieren zu Mittag. Ich muß gestehen, daß es die erste Mahlzeit meines Lebens war, die ich in einem «Offiziers-Kasino» nahm. Übrigens sah der Speiseraum des «Stabes» keineswegs besonders offiziell kasinohaft aus; es war ein bescheidenes und etwas enges Zimmer der hübschgelegenen Villa, die man als Quartier benutzte. – Die Offiziere waren lauter junge Leute. Die meisten von ihnen waren Spanier; es gab auch einige, die aus den Internationalen Brigaden kamen – übrigens ist hier zu bemerken, daß auf der republikanischen Seite jetzt, alles in allem, nur noch 9000 «Internationale» stehen – einen Wiener, dessen Dialekt man durch seinen spanischen Redestrom unverfälscht drollig hindurchhörte, einen Italiener, einen Franzosen. Der Wiener repräsentierte in diesem Kreise den humoristischen Typ, wie sich gleich herausstellte; nachdem er erfahren hatte, daß wir Süddeutsche sind, begann er vom Münchener Bier und dem Wiener Kaffee zu schwärmen: «So was gibt's hier ja gar nicht...» Er war ein ausgesprochener Humorist, da konnte gar keine Frage sein. Das Gespräch wurde ernster, als wir es auf Wien und das Schicksal Österreichs brachten. Der Humorist lachte nicht mehr, er sagte: «Von meinen Leuten dort drüben – von der Familie und den Kumpels – kann ich keine Nachricht mehr bekommen. Ich weiß gar nicht, ob sie noch leben...» – «Ich weiß gar nicht, ob sie noch leben», sagte auch ein junger Spanier, der ein bißchen Französisch konnte, von seinen Eltern. Sie waren in einem Gebiet geblieben, das jetzt die Faschisten tyrannisieren. «Wir waren vier Brüder», erzählte der Junge, der die zugleich zusammengenommene und anmutig-nachlässige Haltung mancher gutrassiger Spanier hatte, «alle vier in der republikanischen Armee. Seit einigen Wochen sind wir nur noch drei...» Er konnte nicht älter als zweiundzwanzig oder dreiundzwanzig Jahre sein, und hatte schon den Titel «Kapitän».

Nach dem Essen – das übrigens unvergleichlich besser und reichlicher gewesen war, als man es in Barcelona noch findet – lagen wir am Strand; später badeten wir. Es war ein friedlicher Sonntag, das Meer schimmerte blau, ein paar Soldaten machten Schwimmübungen – ein älterer Kamerad hielt einen ernsthaften Vortrag, daß man nicht wasserscheu sein dürfe: Nur die Spanier fürchten sich vorm Wasser, erklärte er, die Engländer und die Deutschen können schwimmen wie die Fische. Man vergaß, daß man nur ein paar Kilometer von der Front des Bürgerkrieges entfernt war. – Der Sonntag war den Faschisten zu friedlich; sie schickten einige Flugzeuge – gleichsam um zu beweisen, daß sie keineswegs auch nur vorübergehend damit aufgehört hatten, gräßlich und gefährlich zu sein –: die Flugzeuge bombardierten ein längst evakuiertes Dorf, in dem es gar nichts mehr zu bombardieren gab; wir sahen die kleinen Rauch- und Staubwolken steigen, wo die Bomben eingeschlagen hatten; später erfuhren wir, ein Maulesel sei getötet und eine alte Frau leicht verletzt worden...

Als wir vom Schwimmen zurückkamen, begrüßte uns der Colonel Hans. Der Kontakt war sofort lebhaft hergestellt; denn der Offizier, dem 14000 Soldaten anvertraut und unterstellt sind, macht den Eindruck eines weltmännisch versierten, heiter geistvollen Intellektuellen. Neben seinem Arbeitstisch lagen, außer dem Stoß von internationalen Zeitungen, ein paar Bücher: ich bemerkte, daß ein Band von Kurt Tucholsky darunter war und, überraschenderweise, ein Roman von Frank Thieß. Ich hatte das Gefühl, bei einem Kollegen zu sein – eine erfreuliche und irgendwie beruhigende Impression, die mich übrigens keineswegs täuschte. Hans war Literat, ehe er sich der spanischen Armee zur Verfügung stellte und hier eine so erstaunliche Karriere machte; vorher freilich, im Weltkrieg, war er deutscher Offizier, und noch früher war er Kadett gewesen. Er gehört zu jenen Deutschen, die 1918 Pazifisten wurden – bis sie, beinah zwanzig Jahre später das Pathos des Antifaschismus wieder militant werden ließ... Indessen hat er sich, wie wir während der nächsten vierundzwanzig Stunden dankbar feststellen sollten, den gelockerten Charme des echten Zivilisten und die geistige Interessiertheit des Schriftstellers durchaus bewahrt. – Im ersten Augenblick erinnert er ein wenig an den Schauspieler Erich von Stroheim in einer Rolle; beim genaueren Hinschauen findet man, daß die diabolisch-sadistischen Züge ihm fehlen: alles ist gutmütiger und entspannter.

Hans erwartete für den Nachmittag noch ein paar Freunde; es erschien der Kommandant der 11. Division – ein kaum dreißigjähriger, sehr gutaussehender Mann einfacher Herkunft; sein Name ist Joaquin Rodriguez –, mit seinen Begleitern, die noch jünger und noch schlichter waren als er. Man machte eine Segelpartie; der Chauffeur, der uns aus Barcelona hergebracht hatte, war auch dabei. Er behandelte die Kommandanten mit einer etwas aufgeregten Kameradschaftlichkeit und erzählte mit drastischer Mimik und vielen Gesten komische Anekdoten über die Ausländer, die er in der Stadt und an den Fronten fahren muß.

Spät in der Nacht machten wir mit Hans den Ausflug nach Tortosa, zur vordersten Linie der Front.

Es hatte seine guten Gründe, daß diese Exkursion zur dunkelsten Stunde unternommen wurde: ein Teil der Straße, die vom Stabs-Quartier nach Tortosa führt, konnte vom Feinde beobachtet werden. Unser Wagen fuhr erst mit abgeblendeten Lichtern, dann völlig im Schwarzen durch eine mondlose Nacht. Etwas beunruhigend war, daß die Faschisten – sehr in der Nähe: nur durch die Breite des Ebro-Flusses von uns getrennt – die Gegend mit einem starken Scheinwerfer absuchten. Ein paar Sekunden lang fand sich unser Gefährt grell angeleuchtet von dem langsam wandernden Lichtkegel. Es waren ziemlich atembeklemmende Augenblicke.

An der Front von Tortosa

Tortosa war einmal eine reiche Stadt, mit vierzigtausend Einwohnern. Was wir vorfanden, war nur noch eine gespenstisch öde Ruinen-Landschaft – erinnernd etwa an die schon halb abgebrochene Kulissenstadt in einem Filmatelier, das die Schauspieler verlassen haben: Viele Häuser zeigten nur noch ihre Vorderwand, es fehlten die hinteren und die seitlichen Mauern; hinter leeren Fensterhöhlen stand der Nachthimmel; andere Häuser waren ohne Dach; die ausgestorbenen Straßen lagen voll Schutt und den Resten eines Hausrats, der den Soldaten zu schlecht und wertlos gewesen war, um ihn mitzunehmen. Zivilisten gab es nicht mehr: sie hielten sich in den Bergen versteckt oder waren nach Barcelona geflüchtet. Die Faschisten hatten den Ort Dutzende von Malen mit schweren Bomben belegt, vor allem um die Ebro-Brücken zu zerstören. Ich habe niemals vorher ein solches Bild der Verlassenheit und großen Traurigkeit gesehen; selbst die gemiedenen Goldgräberstädte in Amerika sind nicht so schaurig wie diese unbarmherzig hingeopferte Menschensiedlung, deren letzte Bewohner die Soldaten sind, die noch die Trümmer gegen den Feind verteidigen. Im verlassenen Bischofs-Palais, einem schönen alten Gebäude, hausen französische Freiwillige. Auch im alten Kastell, das die Stadt und den Fluß beherrscht, treffen wir vor allem Franzosen. In den höhlenartigen Steingängen und Verließen, die ihnen als Quartier dienen, herrscht eine etwas schaurige Gemütlichkeit. Die Luft ist dumpf hier wie in einer Grabkammer, und neben den harten Lagern der junge Leute vom Bataillon «Marseillaise» steht allerlei bürgerlich-behäbiges Gerät, das man aus den Trümmern von Tortosa gerettet hat: eine Uhr im Biedermeier-Stil, eine Waschschüssel, ein kleines Sofa aus dem Salon einer vielleicht getöteten Dame...

Wir blieben mit dem Colonel Hans lang auf dem Söller des Schlosses, der als Beobachtungsposten dient. Jenseits des Ebro, wo die Franco-Leute lagen, ließ man noch immer die starken Scheinwerfer wandern; wir mußten uns ab und zu ducken, um ihrem Licht zu entgehen. Ein paar Mal wurde geschossen, aber nicht oft. Auf der feindlichen Seite bewegten sich ein paar Lastwagen. Meistens aber hörte man nichts, außer den natürlichen Geräuschen der Sommernacht: Rauschen des Wassers, Zirpen der Grillen, das Anschlagen eines Hundes und die monotone Melodie der quakenden Frösche.

Am nächsten Vormittag begleiteten wir Hans auf seiner Fahrt zu einem anderen Beobachtungspunkt, der sich, einige Kilometer von Tortosa entfernt, auf dem Gipfel eines Berges fand. Dorthin hatte früher keine Straße geführt. Die neue, von den Soldaten angelegte, war noch etwas schmal und holprig; aber doch ein befahrbarer Weg. Wir sahen die jungen Rekruten – die schon ausgebildet sind, aber noch keine Gewehre haben – an der Straße arbeiten. Der paradoxale Gedanke beschäftigte mich, daß dieses höchst unselige Ereignis – der Krieg –, das so viele Menschen und ihre Siedlungen zerstört, auch seine positiv zivilisatorischen Folgen hat. Die Straße auf den Höhenzug, dem wir uns zubewegten, wäre ohne die strategischen Notwendigkeiten wahrscheinlich nicht gebaut worden...

Von oben überblickt man das breite Ebro-Tal. Der Colonel ließ sich von den jungen Leuten, die den Bergposten halten, genauen Vortrag über die Beobachtungen der letzten Nacht halten. Der Lastwagenverkehr auf der feindlichen Seite war beunruhigend... Während wir sprachen und durch die starken Fernrohre schauten, setzte drüben ziemlich heftiges Artilleriefeuer ein. Das dumpfe Gebrüll der Kanonen – das wie aus einem weit entfernten Löwenkäfig klingt – begleitete unsere Konversation. Ich dachte: Hoffentlich geht es wieder so glimpflich aus, wie gestern der Bombenangriff, und es wird nur ein Maulesel getötet, eine alte Frau aber sehr leicht verletzt... was für unstatthafte Zivilistengedanken!

Gedanken kamen mir viele, und einige von ihnen besprach ich mit unserem Freunde, dem Schriftsteller und Divisionskommandanten. Der Problem-Komplex «Pazifismus und antifaschistischer Krieg» ist tief und verwirrend. Der ruchlose Angriff der anderen – die wirklich und im ernstesten Sinn des Wortes unsere Feinde sind – zwingt uns ein neues Pathos auf, das ursprünglich keineswegs das unsere war, und verurteilt uns zu Lebenslagen, für die wir uns nicht geboren meinten. Hat der Feind die Macht, uns wirklich zu verändern, indem er uns zu einer neuen Taktik zwingt? Und wie bewahren wir die Werte und Begriffe, deren Verteidigung doch eben der Sinn unseres Kampfes ist, angesichts dieser unbarmherzigen Wirklichkeit? – Viele Probleme: ich erwog sie im Herzen, und einige besprach ich auch mit unserem Freund. Hatte er Sinn für sie? Kann und darf der Handelnde noch Verständnis für die Sorgen, Hoffnungen und Befürchtungen des Geistes haben? – Hans sagte mir: «Wenn wir diesen Krieg erst gewonnen haben, will ich nichts mehr sein als ein Zivilist.» Nach einer Pause fügte er aber hinzu: «Wer weiß freilich? Vielleicht wird es dann die beleidigte und angegriffene Menschlichkeit an irgendeiner anderen Stelle des Erdteils zu verteidigen geben... Einmal aber werden wir überall gesiegt haben, und dann hat sich dies alles gelohnt...»

Zwei Tage später besuchte uns in Barcelona einer seiner jungen Offiziere – es war der Spanier, der nicht wußte, ob seine Eltern noch lebten. Er brachte uns ein Geschenk von seinem Colonel: ein Album mit Grammophonplatten von Ernst Busch. Wir fanden die Widmung: «Zur Erinnerung an die Nacht in Tortosa, diese Lieder der Internationalen Brigade, die ein Ausdruck der Schwere unseres Kampfes sind, aber auch unserer Siegeszuversicht. – Hans. Kommandant der 45. Division.»

Junge Dichter in Spanien

Der große Kampf in Spanien wird nicht nur um Freiheit und Unabhängigkeit der Nation geführt, sondern um das Recht des Volkes auf Bildung. Die Faschisten sind überall gegen den Geist und das Wissen – aus recht triftigen Gründen. Ein aufgeklärtes und unterrichtetes Volk läßt sich nicht mehr so leicht tyrannisieren, das begreifen selbst die spanischen Generale. Die Kreise, die im halb-feudalistischen Spanien die Macht hatten, waren dezidiert dagegen, daß die armen Leute viel lernten; am besten war es, wenn sie Analphabeten blieben.

Das ist nun anders geworden – im republikanischen Spanien. Dort redet man den breiten Massen nun aufs dringlichste zu, sie mögen sich Bildung aneignen, möglichst viel – und man ist ihnen dabei behilflich. Übrigens stellen die Massen sich gelehrig an, sie erweisen sich als ungemein aufnahmefreudig und aufnahmefähig: Viele Lehrer haben es mir bestätigt, zum Beispiel der deutsche Schriftsteller und Offizier *Ludwig Renn*, er muß es wissen, denn er wirkt als Lehrer in einer Ausbildungsschule für junge Spanier, die höhere Posten in der Armee bekommen sollen. In die Schule kamen manche von ihnen, ohne auch nur lesen und schreiben zu können. Jetzt beschäftigen sie sich nicht nur mit strategischen Problemen – Renn läßt sie strategische Aufgaben lösen, so wie unsere Professoren uns mathematische Fragen konstruierten –, sondern auch mit historischen, literarischen und weltanschaulich-philosophischen Themen. Die Schule liegt sehr idyllisch und friedlich, etwa vierzig Kilometer hinter der Ebro-Front, nicht weit von Taragona; als Milieu und durch ihren landschaftlichen Rahmen erinnerte sie mich an die deutschen «Freien Schulgemeinden», in denen ich erzogen worden bin. Ich besuchte dort meinen Freund Renn, den deutschen Aristokraten und militanten Intellektuellen, in dessen Wesen zarte Sensibilität und Kühnheit sich so merkwürdig-reizvoll vermischen. Wir trafen die jungen Leute im Garten. Sie saßen im Halbkreis gruppiert um einen Mann, der kaum älter sein mochte als die, welche ihm lauschten. Denn es wurde ein Vortrag gehalten. Der Junge, dem die anderen mit so viel Andacht zuhörten, sprach über die Kriege Napoleons in Spanien, über ihre Voraussetzungen und ihre Folgen. Er redete ausgezeichnet: fließend – ohne übrigens Notizen zu benutzen –, dramatisch bewegt, aber ohne überflüssiges Pathos. Er schien das historische Material souverän zu beherrschen. Ich hörte ihm eine Weile zu und war sehr gefesselt. Später unterhielt ich mich mit ihm. Es stellte sich heraus, daß er Literat war: er hieß Antonio Sanchez Barbudo. Gerade hatte er sein erstes Buch veröffentlicht – einen Novellenband –, und er schenkte es mir. «Das ist aufregend», sagte ich ihm. «Ein erstes Buch – das ist doch immer eine große, wichtige Sache.» Er sagte: Ja, es sei eine große Sache, «es ist, wie wenn man das erste Kind bekommt», dabei wog er seinen Novellenband zärtlich in der Hand. Ich dachte mir: Die jungen Dichter sind überall gleich; auch während des Krieges ändern sie sich nicht... Dann plauderte ich mit dem jungen Barbudo; erst ein wenig über die politischen Läufte; schließlich ausführlicher, über Literatur. Er versicherte mir: Nein, das geistige Leben im republikanischen Spanien stagniert nicht; im Gegenteil, es nimmt einen Aufschwung. «Wir haben auch gute Zeitschriften», erzählte Barbudo, «zum Beispiel die ‹Hora de España› in Barcelona, an der ich mitarbeite...»

Den nächsten Tag, in Barcelona, besuchte ich die Herausgeber dieser literarischen Revue. Von einer jungen Frau, die am meisten Zeit für mich zu haben schien, wollte ich wissen: «Welches ist der Themenkreis Ihrer Zeitschrift? Befaßt sie sich nur mit literarischen und philosophischen Dingen, oder bezieht sie auch das Politische ein?» Sie sagte: «Es ist eine literarische Zeitschrift. Aber kann man das Literarische vom Politischen trennen? Alles hängt doch zusammen. Selbstverständlich hat jeder von uns politische Stellung bezogen.» – Es erwies sich, daß sie eine Schülerin des Philosophen *Ortega y Gasset* war. Ich erkundigte mich, wie die Haltung dieses großen Mannes zum Bürgerkrieg sei. Die Antwort war: «Er sitzt in Paris, und er schweigt. Er ist wohl jetzt mutlos und traurig. Aber wir geben ihn nicht für unsere Sache verloren. Wir warten auf ein Wort von ihm. Er wird sich zu uns bekennen.» – Und wie es um das Angedenken *Unamunos* bei der republikanischen Jugend stände? – forschte ich weiter. «Rechnet man ihn zu den Verrätern?» Dies wies sie mit Heftigkeit zurück. «Keineswegs! Sollte er wirklich Äußerungen für die Rebellen getan haben, so sind sie von ihm erzwungen worden. Er ist als unser Freund gestorben, das wissen wir. Übrigens wird seine literarische Größe bei uns durchaus anerkannt. Gerade jetzt bringt man in Madrid eine neue Gesamtausgabe seiner Werke heraus...»

Wir sprachen lange weiter von Schriftstellern, auch von nichtspanischen. Sie zeigte sich sehr bewandert in der deutschen Philosophie – was bei einer Schülerin Ortegas kaum überraschen konnte –; geläufig und versiert gab sie Urteile über Hegel, Fichte, Husserl ab; als einen ihrer Lieblingsautoren nannte sie, ein wenig zu meiner Verwunderung, Heidegger; Nietzsche hatte sie bewegt, aber sie hatte Bedenken; aus Spengler machte sie sich nicht viel; Bergson bewunderte sie; als ich sie fragte, ob sie Marxistin sei, erwiderte sie: nicht eigentlich – aber man müsse die von Marx entdeckten Wahrheiten natürlich heute in jedes philosophische Weltbild miteinbeziehen... Sie kannte sich unter den neueren englischen Autoren aus; von den modernen Franzosen liebte sie am meisten Malraux und Aragon, aber auch André Gide, dessen «Faux-Monnayeurs» sie erheblichen Einfluß auf den neuen spanischen Roman nachsagte; freilich fand sie, daß «Retour de l'URSS» «zur Unzeit» erschienen sei... Mir war es am wichtigsten, mehr über die junge spanische Literatur von ihr zu erfahren. «Der große spanische Roman über den Krieg ist noch nicht geschrieben», sagte sie, «es ist wohl auch noch zu früh. In hochdramatischen Situationen, wie der unseren, gedeiht am besten das Gedicht und das Manifest.» – Von den Essayisten und «intellektuellen Lyrikern» erwähnte sie mit der nachdrücklichsten Verehrung *Antonio Machado*, der oft die großen, einführenden Aufsätze für die «Hora de España» schreibt. «In seinem Denken und Empfinden», erklärte sie, «gibt es, ähnlich wie bei Unamuno, christliche Elemente. Aber politisch steht er leidenschaftlich bei uns...»

Die beiden großen Figuren der jungen spanischen Literatur – diejenigen, deren Namen man am häufigsten und mit der wärmsten Bewunderung erwähnt hört – sind *Federico Garcia Lorca* und *Rafael Alberti*. Beide sind Lyriker; Lorca ist international als Dramatiker berühmt geworden. Die spanischen Faschisten freilich kannten ihn nicht. Als Lorca in Granada verhaftet worden war, setzte sich der PEN-Club für ihn ein, und der alte Wells selber telegraphierte an den Colonel Cascajo, den Kommandanten des eroberten Granada. Dieser Herr antwortete, nachdem er den britischen Schriftsteller zwei Wochen lang hatte warten lassen: «Ein Mann solchen Namens ist uns vollständig unbekannt; folglich habe ich keine Ahnung, wo er sich befindet.» Inzwischen hatte man schon erfahren, daß Lorca von den Faschisten erschossen worden war. Er war achtunddreißig Jahre alt. Ein politischer Dichter war er niemals gewesen, hatte auch keiner Partei angehört. Immerhin hatte er, zur entscheidenden Stunde, die Partei der Unterdrückten gegen die Unterdrücker, die der Angegriffenen gegen die Angreifer genommen – und das wurde ihm nicht verziehen. Der Ruhm des andalusischen Poeten lebt weiter in der Spanischen Republik. Man kennt sein Werk, man kennt auch die Geschichte seines kurzen, bewegten Lebens, und man bewahrt mit Ehrfurcht das Andenken an sein schreckliches Ende – das Ende eines Blutzeugen, eines Märtyrers.

Rafael Alberti – der viel außerhalb Spaniens, in Paris, in New York und in Mexiko, gelebt hat – war früher von den Surrealisten, von André Breton und seiner Schule, beeinflußt. Jetzt sagte er mir: «Nein, ich gehöre nicht mehr zu diesen. Sie sind mir zu kompliziert; sie haben sich in eine zu entlegene, vom Zentrum der Ereignisse zu weit abgerückte Sphäre begeben. Ich will einfacher sein und näher bei den Massen, für die ich schreibe.» In der Tat: Er hat den Ton getroffen, auf den sein Volk reagiert. Die Popularität seines Namens, seiner Verse ist erstaunlich. Ich hab in einem Kinderheim zehnjährige Mädchen Kriegsgedichte von Alberti deklamieren hören; sie sprachen sie nicht wie etwas Auswendiggelerntes, vielmehr wie etwas, das vom Herzen kommt, mit starkem und echtem Gefühl.

In Madrid verbrachten wir einen schönen Abend bei Alberti und seiner Frau Marie Therèse. Sie zeigten uns Photographien von dem Front-Theater, das sie jetzt beide am meisten beschäftigt: auf einem Brettergerüst spielen sie, mit einer kleinen Schar von jungen Leuten zusammen, kurze Stücke für die Soldaten. Die Stücke sind sowohl belehrend als lustig, manchmal grotesk, manchmal ernst, und alle von der Art, daß sie den Mut der Zuschauer stärken – den großen Mut, den man braucht, um einen so langen und furchtbar schweren Kampf weiter zu bestehen.

Die Wohnung von Rafael und Marie Therèse – ein schönes, weiträumiges Appartement mit Dachgarten und dem Blick über Madrid, bis hinüber zur «feindlichen Front» – ist ein geselliges Zentrum: Dichter und Soldaten, Arbeiter und Künstler begegnen sich dort. Es gab viele Leute, als wir dort waren. Ein junger Mann – intelligenter Proletarier – wurde uns als das Modell zu einer der Figuren in Malraux' Spanien-Roman «Espoir» vorgestellt. Ein sehr junges Mädchen gehörte zu der Theatertruppe der Albertis. Sie sah zunächst eher unscheinbar aus, in ihrem schwarzen Röckchen. Als sie sich aber dann zum Tanz verkleidete und, im weißen Kostüm, zur Musikbegleitung vorführte, was sie konnte, wandelte sie sich reizend. Sie tanzte andalusische Volkstänze und Tänze aus anderen Landschaften Spaniens, und sie war schön, und alle waren begeistert, und man setzte sich in festlich gehobener Stimmung auf die schöne Terrasse zu einem Mahl von der allerbescheidensten Sorte. «Ja, unsere spanischen Tänze sind schön!» sagte Alberti. «Und Madrid ist schön!» sagte einer von uns, hinschauend über die Stadt. «Und wir lieben es», sagte der Dichter. «Die Schufte dort drüben» – er wies mit einer zornigen Gebärde in die Richtung, wo der Feind lag, «die Banditen, sie bekommen es nicht.»

Besuch bei gefangenen deutschen Fliegern

Warum hatten wir es uns in den Kopf gesetzt, gefangene deutsche Flieger zu besuchen? Eine Mischung aus Neugier und Pflichtgefühl bestimmte uns zu dem Wunsch. Wir dachten, einerseits: Es ist interessant, es ist wichtig, es gehört dazu. Andererseits empfanden wir: Es ist aber auch etwas schauerlich – gefangene Landsleute zu besichtigen wie wilde Tiere... Freilich, sie sind unsere Landsleute nicht mehr; denn sie sind Nazis. Sie würden uns als ihre Kompatrioten gar nicht anerkennen. Sie sind unsere Feinde... Und dann gleich die andere Frage: Sind sie wirklich Nazis und unsere Feinde? Vielleicht treffen wir nur Verführte, Ahnungslose, Mißbrauchte...

Ohne Schwierigkeiten bekamen wir die nötigen Erlaubnisse und Passierscheine; auch einen Wagen vom Kriegsministerium und einen Begleiter. Etwas beklommenen Herzens machten wir uns auf die Fahrt zu einem mächtigen alten Kastell, oberhalb der Stadt Barcelona. Uns beschäftigten etwas peinliche Fragen. Wie werden die gefangenen Deutschen uns empfangen? Sie müssen uns hassen – sicherlich hassen sie uns. Wahrscheinlich werden sie sehr störrisch sein, vielleicht sogar tückisch und aggressiv. In ihren Augen sind wir «Untermenschen» und sie die Märtyrer einer großen Sache. Es wird eine schreckliche halbe Stunde geben...

Nachdem die Posten unsere Papiere geprüft hatten, wurden wir über eine Zugbrücke geleitet, dann durch mehrere Höfe und Korridore. Schließlich ließ man uns in einer kahlen Zelle warten; der enge, gewölbte Raum hatte mehr klösterlichen als kerkerhaften Charakter. Nach etwa einer Viertelstunde erschienen die beiden Deutschen, von Bewaffneten flankiert und gefolgt. Es waren zwei junge Männer, keiner von ihnen konnte älter als fünfundzwanzig sein. Die erste Überraschung war, daß sie vor uns stramm standen – eine Höflichkeitsbezeugung, die im republikanischen Spanien nicht sehr üblich ist und nun, uns Zivilisten gegenüber, um so seltsamer wirkte. Die Bewaffneten zogen sich zurück; unser Führer blieb. Übrigens stellte sich gleich heraus, daß er keine Silbe Deutsch verstand. Er wohnte unserer Unterhaltung nicht nur als stummer, sondern auch als tauber Zeuge bei.

Die zwei Burschen sahen nicht übel aus. Der eine von ihnen, ein Brünetter, stämmig Untersetzter, hatte ein sympathisch offenes Gesicht mit etwas törichten, kugelig runden, dunklen Augen. Der andere freilich – strohblond, mit langer Nase und nahe beieinanderliegenden wasserblauen Augen – zeigte eine verschlagene und lauernd liebenswürdige Miene. Beide wirkten recht gut genährt und waren sauber gekleidet, auch leidlich rasiert. In zusammengenommener Haltung warteten sie aufmerksam auf unsere ersten Fragen; die Verlegenen waren eher wir als sie. Schließlich bot ich ihnen Zigaretten an. Um das kindlich freudige Aufleuchten zu begreifen, das da über ihre Gesichter ging, muß man wissen, was eine Zigarette heute in Barcelona bedeutet... Nun war gleich ein erster Gesprächsstoff gegeben. «Jaja», sagte einer von uns, «mit dem Tabak ist es hier nicht besonders glänzend bestellt.» Sie lachten und nickten eifrig – etwas zu eifrig, wie mir scheinen wollte; etwa so, wie man auf die scherzhafte Bemerkung eines Vorgesetzten hin lacht und nickt. – Und die Verpflegung – wollten wir wissen –, wie es denn um die Verpflegung im Gefängnis stehe? – Sie könnten nicht klagen – beeilten sich beide, uns zu versichern. «Freilich», bemerkte der Dunkle, der mir besser gefiel, «abwechslungsreich ist es nicht...» Und der Blonde fügte, nicht ohne Bitterkeit, hinzu: «Meistens Kartoffeln. Meistens eben leider nur Kartoffeln.»

Ich konnte mich nicht enthalten, daran zu erinnern, daß die Ernährungsverhältnisse in Spanien recht schlimm seien – «fast so arg wie bei uns während des Weltkrieges», sagte ich – und daß manche Leute in Barcelona oder Madrid froh sein würden, wenn sie auch nur Kartoffeln hätten. Hierfür schienen die zwei Verständnis zu haben. «Schlecht behandelt werden wir nicht», betonte der mit den gutmütigen Kugelaugen. «Da ist nichts zu sagen... Die Behandlung ist anständig.» Der mit dem wasserblauen Blick stellte noch, mit einer gewissen Wehmut, fest: «Natürlich, es ist alles recht fremdartig. Man muß sich an die spanische Art erst gewöhnen. So wie bei uns in Deutschland ist es hier ja nicht...» – Nein, bestätigten wir, genau so wie in Deutschland ist es hier wirklich nicht.

Die beiden jungen Leute waren Sachsen, wie sich beim ersten Wort, das sie sprachen, am Akzent erkennen ließ. Die kleinbürgerliche Herkunft war ihnen ebenso deutlich anzumerken wie der Umstand, daß ihre «Erziehung» – oder das, was man heute in Deutschland so nennt – von paramilitärischen und militärischen Naziorganisationen besorgt worden war. Von Trotz oder aggressiven Stimmungen zeigten sie nichts. Sie blieben dabei, uns mit einer Mischung aus Respekt und flotter Vertraulichkeit zu behandeln – so etwa, wie man Vorgesetzten begegnet, die einem sehr schaden oder nützen können, mit denen sich aber auskommen läßt, wenn man es nur ein wenig geschickt anzustellen weiß. Und es recht geschickt anzustellen – dazu schienen unsere zwei Gesprächspartner fest entschlossen. Sie wogen vorsichtig ihre Worte und äußerten nichts, was ihnen, für den Moment, bei den

Spaniern, oder was ihnen später, nach der Rückkehr, bei den Nazis hätte schaden können. Manchmal, wenn eine unserer Fragen ihnen verfänglich schien, antworteten sie nur: «Jawoll!», wobei sie die Hacken zusammenschlugen und sich ruckhaft verneigten.

Als wir uns erkundigten, ob man sie von Deutschland aus hergeschickt habe, behaupteten sie eifrig: Nein, nein. Wir sind durchaus freiwillig gekommen. – «Dann seid ihr wohl recht leidenschaftliche Nationalsozialisten», vermuteten wir, «und wolltet der Sache dienen.» – Welcher Sache denn? Sie verstanden gar nicht recht, was wir meinten. «Wir sind aus purer Abenteurerlust gekommen», gestand zutraulich der Brünette. «Wir wollten auch mal was erleben», sagte er mit Munterkeit, die uns etwas schaurig berührte. «Wir waren Postflieger und machten die Strecke Hamburg–Sevilla. Na, und dann hieß es plötzlich, es gibt Krieg, und ihr könnt was leisten. Das ließen wir uns denn nicht zweimal gesagt sein. Wir wußten ja nicht, daß es faul für uns ausgehen würde. Nun sind wir ja mal tüchtig ins Fettnäpfchen getreten.» Dabei zuckte er bedauernd die Achseln. – «Nazis sind wir ja nie gewesen», warf der blonde Verschlagene ein – damit wollte er wohl unsere Herzen gewinnen. «Wir sind Flieger», konstatierte er mit einem Stolz, dessen Echtheit evident und fast gewinnend war. «Wir sind hergekommen, weil es für Flieger hier was zu tun gab.»

Zum Beispiel gab es Bomben in die offenen Städte, auf die Frauen und Kinder zu werfen – bemerkten wir. Ob sie denn das so besonders heldenhaft fänden? – So was hätten sie nie gemacht, beteuerten die zwei Sachsen. «Wir sind immer nur über den Fronten geflogen», versicherten sie – woran wir glauben konnten oder auch nicht. «Und überhaupt», sagte der Blonde, «wenn wir eine Ahnung davon gehabt hätten, was hier wirklich los ist, dann wären wir ja gar nicht gekommen. Wir dachten, man muß die deutschen Interessen hier verteidigen, und in den Zeitungen hatten wir gelesen, Deutschland sollte eingekreist werden, die Russen und Franzosen wollten Spanien besetzen, alles nur aus Gemeinheit gegen uns Deutsche. Na, da waren wir ja ganz perplex, als wir rausbekamen, daß es auf der roten – auf der republikanischen Seite fast nur Spanier gibt, wo wir doch geglaubt hatten, es kämpfen da nur Russen und Franzosen.» – Man darf eben nicht auf alles reinfallen, was in den deutschen Zeitungen steht, sagten wir. Die Sachsen grinsten: Das hätten sie nun auch schon bemerkt – und es klang wieder beinahe echt.

«Wir haben ja noch Schwein gehabt, bei allem Pech», konstatierte mit Genugtuung der eine. «Aus dem brennenden Flugzeug sind wir per Fallschirm gesprungen, und es ist uns fast nichts passiert. Da, diese Schramme am Bein – das ist alles ...» Er schob sein Hosenbein hoch und zeigte uns lachend eine kleine Narbe unterhalb des Knies.

Mit wie vielen gefangenen deutschen Fliegern sie hier einquartiert seien, interessierte uns noch. «Mit siebzehn Mann», sagten sie. – «Und die meisten von ihnen sind Nazis?» – «Keine Spur. Lauter Kerle wie wir – total unpolitisch; mehr durch Zufall hierher verschlagen worden.» – «Und dann gibt es ja noch Italiener in unserem Saal», ergänzte der Blonde. «Aber mit denen können wir nicht viel sprechen; die verstehen ja alle kein Deutsch.» Er sagte es recht verächtlich. Und der Brünette mit den Kugelaugen: «Aber mit den Spaniern kommen wir gut aus. Zu Anfang, als wir mit den Fallschirmen runtergekommen sind, waren ja die Soldaten recht wütend und haben uns angeschrien, und haben uns auch die Kleider vom Leib gerissen. Aber gehauen haben sie uns nicht. Aber dann haben sie uns neue Kleider gegeben – diese Schuhe da habe ich von den Spaniern gekriegt –, und Eierbrötchen haben wir bekommen, das war ja wirklich kolossal anständig.» An die Eierbrötchen, die man ihm vor einem Jahr serviert hatte – denn ein Jahr lang war er nun schon in Gefangenschaft – dachte der Flieger immer noch mit Wehmut und Zärtlichkeit.

«Jedenfalls: auf so was lassen wir uns nie wieder ein», betonten beide zum Abschied. «Bei so was kann man ja scheußlich reinfallen! Wir haben nie was Böses tun wollen!» beteuerten sie, sächsisch und bieder. «Wir sind mehr am Sport interessiert als an der Politik. Wenn wir nur erst wieder in Deutschland wären! Unsere Eltern haben ja auch gar keine Ahnung, wo wir eigentlich stecken.»

Wir gaben ihnen noch Zigaretten, die sie sich für den Abend aufheben wollten. Ehe wir uns trennten, schüttelten wir ihnen die Hände – freilich mit recht zwiespältigem Gefühl. Wieviel von dem, was wir erzählt bekommen hatten, war Lüge gewesen?

Hatten die beiden sich vorher, Wort für Wort, überlegt, was sie äußern und was sie verschweigen wollten? Wie naiv waren sie und wie schlau? Welche Mischung von Biedersinn und Durchtriebenheit in ihren Blicken wie in ihren Reden! Welcher Mangel an Spontanität, an Leidenschaft, an Gesinnung! Weder über Zerknirschtheit noch über Haß wäre ich verwundert gewesen. Diese egoistische und freundliche Indifferenz war verwirrend. Wie unbegreiflich sind diese Deutschen – korrekt und grausam, gemütvoll und listig, brav und tückisch!

Wie fremd sind uns unsere Brüder geworden! – empfand ich mit Schmerz. Wie lange wird es dauern, und was muß alles geschehen, bis sie und wir uns wieder brüderlich begreifen. – Freilich – sagte eine tröstliche Stimme in mir – freilich, es gibt auch andere. Ich habe viele von sehr anderer Art hier in Spanien getroffen – und nicht nur in Spanien. Da es andere gibt, müßten auch diese zwei undurchsichtigen sächsischen Flieger-Helden sich verändern können...

Wir hatten also weder mit bösen Feinden gesprochen noch mit unschuldigen Verführten. Die Wirklichkeit ist immer überraschend. Die Menschen, die einer bösen Sache dienen, bleiben doch Menschen. Gelänge es eines Tages, sie für eine gute Sache zu gewinnen – wer weiß, es würden vielleicht sogar noch halbwegs gute Menschen aus ihnen.

Das Wunder von Madrid

In einem Zyklus von «Liedern für die Internationale Brigade» – der übrigens Stücke von großer Eindruckskraft und Schönheit enthält – singt Ernst Busch auf eine beschwingte, beinahe fröhliche spanische Volksmelodie folgenden höchst aktuellen Text von den «Vier Generälen»:

«Die Herren Generäle: –
mamita mia –,
die hab'n uns verraten.
Wer hat denn diese Herren –

mamita mia –
so schlecht nur beraten?

Madrid, dich wunderbare –
mamita mia –,
dich wollten sie nehmen!
Doch deiner treuen Söhne –
mamita mia –
brauchst du dich nicht zu schämen.

Und alle deine Tränen –
mamita mia –,
die werden wir rächen!
Und alle unsre Knechtschaft –
mamita mia –,
die werden wir brechen –
die werden wir brechen...»

Madrid, «mamita mia»: Madrid, die wunderbare Mutter, das schlagende Herz, die echte Hauptstadt des Landes – ihre alte, große Würde hat sie nochmals bewährt, oder vielmehr: Sie hat sich eine neue, noch-nicht-dagewesene dazuerworben.

Manchmal finden wir, daß der Widerstand des spanischen Volkes gegen den vereinigten internationalen Faschismus ans Wunderbare grenzt. In Madrid erst wird das Element des Mirakulösen recht evident und erschütternd. Man muß dort gewesen sein, um es ganz zu begreifen. Ich bin dort gewesen. Was ich gesehen habe, werde ich mein Leben lang nicht vergessen.

Schwer geprüft ist die große Stadt Barcelona; Furchtbares hat Valencia auszustehen. Aber die härteste und längste Prüfung war Madrid vorbehalten. Dort liegt unser Feind, seit nun beinahe zwei Jahren, nicht vor der Stadt, sondern in der Stadt, oder am Rande der Stadt, um genauer zu sein. Seit fast zwei Jahren haben die Frauen, Kinder und Männer der Hauptstadt die tägliche Beschießung ihrer Häuser und Straßen durch schwere Artillerie auszuhalten – denn es lohnt sich nicht mehr für unseren Feind, die kostspieligen Flugzeug-Geschwader zu schicken, da er ja mit Kanonen aufs bequemste Schaden anrichten kann. Zwei lange

Jahre, zweimal dreihundertfünfundsechzig Tage – man muß sich vorstellen können, was das bedeutet. Das Antlitz der Stadt wird immer ernster während solcher Leidenszeit; aber es erscheint nicht mutlos und auch nicht verdrossen. Madrid – anders als das geschäftige Barcelona oder das südlich-liebenswürdige Valencia – war niemals eine heitere Stadt; es hatte immer großartig-strenge Züge.

Nun hat es einen neuen Stolz und ein zweites Pathos bekommen. Es trägt immer noch Ruhm und alten Glanz seiner großen Geschichte. Aber die Menschen, die heute durch die Straßen der ehemals königlichen Kapitale gehen, scheinen sich bewußt zu sein, daß sie selber – sie und ihre sehr tapferen Brüder – Geschichte gemacht haben: ein bedeutendes, unvergängliches, nie wieder zu vergessendes Stück Geschichte. Sie haben die Barbaren zurückgeschlagen, in zwölfter Stunde, als schon beinahe alles verloren schien. So wie die Griechen Europa retteten, als sie die Perser schlugen, die auch mit großer Übermacht anrückten, so wie der Prinz Eugen, noch einmal, die große Schlacht für unsere Gesittung schlug, als er Wien verteidigte gegen die Türken: so haben die Spanier und die Internationalen Brigaden dem modernen Feinde des Abendlandes, dem internationalen Faschismus, einen Schlag versetzt, von dem wir glauben möchten, daß er ihm verhängnisvoll sein wird.

Man kann die armen Araber kaum hassen, die, als Söldlinge Francos, Madrid «dich wunderbare» – «mamita mia» – schänden und vergewaltigen wollten. Aber es ist doch ein drastisch-finsteres Symbol, daß die Diktatoren und abtrünnigen Generäle «Mohren und Andersgläubige» vor sich herschicken. Vor Madrid hat man sie aufgehalten.

Wenn man die grausam zerstörte «Universitäts-Stadt» – die Ciudad Universitaria – betritt, findet man sich nur noch wenige hundert Meter vom Feinde entfernt. Man hat den Blick auf ein zerschossenes rotes Gebäude, das ehemals eine Klinik war: das ist vom Feinde besetzt. Die zertrümmerte Universität ist zur lange und hartnäckig behaupteten Festung geworden. In den Hörsälen der Philosophie liegen nun Soldaten einquartiert; wo früher über Kant und Hegel diskutiert wurde – und wieder einmal, des langen und breiten, diskutiert werden wird –, stehen nun Maschinengewehre. Die Soldaten haben sich nun schon halbwegs häuslich eingerichtet – es ist ja eine sehr lange Zeit, daß sie oder ihre Kameraden diesen Aufenthalt haben –: neben den Schießscharten hängen die Bilder von Filmstars, die unvermeidliche Shirley Temple läßt ihr Grübchen-Lächeln über der mörderischen Umgebung erstrahlen, und die Garbo schickt ihre hochbezahlten Rätsel-Blicke über Kampf, Tod und Zerstörung.

Im Staatsgefängnis, das nun auch erbittert beschossene Festung ist, liegen auf dem Fußboden gehäuft die Akten, in denen das Ergebnis verjährter Untersuchungen und Prozesse aufbewahrt ist. Sie sind sinnlos, inhaltslos geworden. Wenn dieser Krieg vorüber ist, wird niemand mehr nach großen oder kleinen Missetaten fragen, die begangen wurden, ehe er ausbrach.

Wenn dieser Krieg vorüber ist... In Madrid erst macht man sich völlig klar, wie furchtbar lange er noch währen kann – es sei denn, die Italiener und Deutschen zögen wirklich ihre Spezialisten und Piloten zurück; denn dann wäre Franco verloren. Madrid hat zu viel ertragen, als daß es jetzt noch nachgeben könnte. Selbst wenn es, im militärischen Sinn, noch «fiele», der Widerstand der Bevölkerung müßte weitergehen. Diese Stadt vergißt nicht mehr, was ihr angetan worden ist von unserem Feind. In ihren Ohren wird der dumpfe Lärm der Kanonen bleiben, mit dem General Franco sie nun quälen läßt, seit beinahe zwei Jahren. Der Hunger wird nicht vergessen, der hier auszustehen ist – denn es wird gehungert, in Madrid ärger als in den anderen großen Städten; das herabgeminderte, täglich gefährdete Leben wird nicht vergessen. Immer – und sollte es sogar so weit kommen, daß die Welt sie für «besiegt» hielte – werden die Männer und Frauen von Madrid heimlich den republikanischen Gruß tauschen: den Gruß mit der emporgehobenen Faust und jenem «Salud», das stets ein wenig rauh und drohend klingt.

Die gereckte Faust, riesig in Stein gehauen, steht als Denkmal für die Gefallenen von der Internationalen Brigade. Als wir hinfuhren, um es anzuschauen – es liegt am Jarama, ein paar Auto-Stunden von Madrid entfernt, in öder und weiter Landschaft – befanden wir uns in Begleitung des Generals Casado, der, als Nachfolger Miajas, jetzt der Chef der Zentrums-Armee ist, und des Colonels Ortega, dem ein Korps untersteht. Casado gehört zu denen, auf welche die Republikaner am meisten stolz sind; er war, vor dem Kriege, prominenter Lehrer an einer Militär-Akademie; viele, die später bei den Faschisten eine Rolle spielten, sind seine Schüler gewesen, zum Beispiel der General Mola. Casado ist ein ernster, leiser, sehr höflicher und fast betont «ziviler» Herr von etwas mongolischem Gesichtstyp. Seite an Seite mit ihm betrachteten wir lange das eindrucksvoll schlichte Grabmal in der weiten, öden Landschaft. Wir hatten uns auch schon ein neues Hospital und die schönen Schlösser von Aranjuez mit ihm betrachtet; aber vor dem Grabmal verweilten wir am längsten. Wir lasen: «Die 18. Brigade, den internationalen Kameraden und Helden, die gefallen sind im Verteidigungskampf für die Republik. Februar 1937.» Und daneben, auf einem Holzkreuz: «Hier liegt das 16. Bataillon.» Es sind siebenhundert junge Leute aus England, die hier gestorben sind – siebenhundert Freiwillige. Madrid war nicht ihre Mutter, und doch sangen sie das Lied von «mamita mia» – vielleicht sangen sie es hier, ehe sie hinsanken.

Die spanischen Schätze

In der faschistischen oder semifaschistischen internationalen Presse kann man immer wieder lesen: Die spanischen Republikaner verschleudern die Kunstschätze der Nation. Vor allem nach Moskau – so wird behauptet – gehen die Herrlichkeiten der Greco, Velázquez und Goya: Die Republik empfängt Bomben und Munition für klassische Meisterwerke.

Hat es Sinn und Verstand, einzelne Verleumdungen, die von den Faschisten über ihre Widersacher verbreitet werden, zu widerlegen? Doch, ganz entschieden: Es hat Sinn und Verstand. Solange wir Atem haben zu reden, müssen wir ihnen erwidern, wenn sie ihre fetten Riesenlügen auffahren, und müssen ihnen, gelassen bei aller Empörung, zurufen: Ihr lügt! Ihr lügt schon wieder!

Also: das mit den verschleuderten spanischen Meisterwerken ist auch nicht wahr. Ich bezeuge es, ich habe es mit eigenen Augen gesehen, daß die enormen Kunstschätze des Landes von den Republikanern nicht verkauft oder verpfändet, sondern beschützt und behütet werden. Freilich, gänzlich gesichert sind die wohl nicht. Aber die Gefahr, die ihnen droht, kommt nicht von der Habgier oder Verzweiflung der «Roten»; vielmehr von den Bomben, die deutscher und italienischer Herkunft sind.

In den drei Zentren des demokratischen Spaniens, in Barcelona, Valencia, Madrid habe ich mich nach dem Verbleib der Kostbarkeiten umgesehen, die der Fremde früher in den Museen und Kathedralen bewundert hat. In Barcelona besuchte ich den Mann, der dort für die «Junta de conservation et protection du Trésor Artistique» mitverantwortlich ist; er heißt Rubio und hat seine Büros in der Villa eines Fabrikanten deutscher Herkunft, der jetzt im Auslande lebt. Die Unterhaltung mit Rubio gab mir den ersten, ungefähren und noch oberflächlichen Begriff von dem Riesenmaß an Arbeit, das hier, mitten im Kriege, geleistet wurde, um das Unersetzliche – das kulturelle Erbe Spaniens – zu retten. «Wir hatten selber keine Vorstellung davon, welch eine Fülle von Schätzen Spanien hat», sagte mir der Kunstgelehrte. «Nun, da alles gefährdet ist, strömt alles bei uns zusammen. Wir verteilen diese unschätzbaren Werte, mit aller Vorsicht, die geboten ist, überall in der Stadt, an den Orten, die uns relativ sicher gegen die Bomben-Gefahr scheinen.»

Übrigens fand ich Rubio nicht mit Werken der klassisch-ehrwürdigen Vergangenheit beschäftigt; vielmehr mit einer Mappe von Zeichnungen, die Picasso unlängst zu einer Kollektion von Gedichten des jungen republikanischen Poeten Rafael Alberti gemacht hat. Wir sprachen davon, wie erfreulich der Fall Picassos sei. Niemand kann dem Weltberühmten, der unabhängig und frei in Paris lebt, nachsagen, daß er «unter dem Druck der Regierung von Barcelona» stehe. Niemand auch wird zu behaupten wagen, das größte malerische Genie der Epoche sei ein platter Propagandist, der die Kunst zu einem Instrument der Politik schnöde herabwürdige. Freiwillig, und ohne auf sein tiefes, fanatisch passioniertes Artistentum im mindesten zu verzichten, stellt er sein enormes Können und seinen riesigen Ruhm der Sache des Fortschrittes zur Verfügung.

Die meiste Arbeit für die Bergung und Neuordnung des nationalen Kunstschatzes wird, immer noch, in Madrid geleistet. Die

Fülle der Herrlichkeiten, die dort zusammenströmt, katalogisiert und untergebracht werden muß, ist unvorstellbar. Man sprach uns von zehntausend Bildern, dreihundert großen Gobelins, Hunderttausenden verschiedener kleinerer Kunstgegenstände, die letzthin aus den Hauptstädten und der Provinz eintrafen. Es waren einundfünfzig authentische Bilder von Goya darunter: elf Werke des Greco – darunter einige bis dahin völlig unbekannte –, dreizehn von Zurbarán, neun von Tizian, sechs von Tintoretto. Es gab Werke von Tiepolo, Velázquez und Murillo; von Dürer, Cranach und Breughel; von Reynolds und Gainsborough.

Der Prado – den die Faschisten, erwiesenermaßen, absichtlich und vorsätzlich mit schweren Bomben belegten – scheint zugleich verödet und überfüllt: überfüllt mit Schätzen aus allen Gegenden der Provinz – und verödet, weil sie uns sämtlich nur die Rückseite zeigen, als müßten sie ihr Antlitz verbergen aus Gram über Not und Jammer ihrer Nation. Die kostbarsten und berühmtesten Stücke sind verpackt, mit einer Technik und einem Raffinement, die vielleicht, für spätere furchtbare Gelegenheiten, international vorbildlich sein werden. Es ist, als hätten die Figuren der Greco und Velázquez, in ihrer Holzverschlagung, einen finsteren Winterschlaf zu überdauern. In schweigsamer Würde warten sie, daß es wieder Licht werde...

In der Kirche Santa Barbara – der festesten, widerstandsfähigsten Kirche von Madrid, wie man uns versichert – stehen Tausende von Möbeln kunstvoll aufeinander gehäuft: Renaissance-Möbel, Barock-Möbel, Rokoko-Möbel – es muß höchst mühsam und schwierig gewesen sein, sie solcherart zu schichten.

Die Schwierigkeiten bei dieser großen Arbeit des Bergens und Ordnens sind ungeheuer: Es fehlt an allem – an Menschen, an Material, an geeigneten Plätzen, wo die Bilder halbwegs gesichert sind und doch nicht durch Feuchtigkeit, Kälte oder Hitze verderben. Ein junger ungarischer Maler und Kunsthistoriker, der in Madrid an diesen Leistungen sehr aktiv beteiligt ist, erzählt mir, daß nicht nur junge Intellektuelle, sondern auch Leute aus dem einfachen Volk leidenschaftlich und tätig an dieser Rettung und Verwahrung des nationalen Schatzes Anteil nehmen.

Eine antifaschistische Bevölkerung, die sich im Verlauf einer langen und schweren Prüfung auf ihre eigene Würde und Verpflichtung besinnt, begreift, daß es ihr Auftrag ist, ein Erbe zu schützen, welches der machtgierige Feind unserer Gesittung mit Bomben, Feuerbränden und Granaten zynisch bedroht.

Fazit einer Spanienreise

Wir sind unterwegs – «nach Hause». Wieder finden wir uns in einem graubraun kamouflierten Wagen, der von einem spanischen Soldaten gelenkt wird, auf der Landstraße, die zwischen Ölbergen und Meer von Barcelona nach Perpignan führt. Der Kreis schließt sich – die Eindrücke und Abenteuer, die drei Wochen lang und in so bestürmender Fülle und Vielfalt Besitz von uns ergriffen hatten, daß ein Tag den anderen zuzudecken schien und eine Sternen-Nacht schon überschattet war von der gefährlichen Dunkelheit der nächsten, jetzt schmelzen sie zusammen zur Einheit – und da wir uns noch einmal umblicken an der Grenze, die das reiche und befriedete Frankreich von dem Lande trennt, auf das man die Hölle losgelassen, ist es nicht bloß die bestaubte Landschaft, die wir sehen, und über ihr der südliche Himmel – es sind die Städte und die Menschengesichter, die Schützengräben sind es und die frischen Gräber, an denen wir gestanden, die Krankenhäuser, in denen die Verwundeten liegen, die Kinderheime und die «Refugios». Wir hören noch einmal den Klang der Stimmen, die zu uns sprachen – Stimmen von Arbeitern und Ministern, von Soldaten und Generälen, von Mädchen, Müttern und Kindern. Es sind verschiedene Stimmen, aber alle sagen sie dasselbe aus: «Wir glauben», sagen sie, «und wir kämpfen – und wir hoffen. Wir dürfen hoffen, weil wir glaubend kämpfen.» Und dann, wenn dies gesagt ist, ändert sich der Klang der Stimme, der ruhig und fest gewesen ist und eine Erwiderung nicht wollte. Mit einer Frage, in der Stolz und Dringlichkeit sich mischen, wenden die Stimmen sich ganz uns zu. «Und Ihr?» sagen sie, «was ist Euer Glaube – wie führt Ihr Euren Kampf, und wißt Ihr jetzt, da Ihr uns gesehen habt, daß Euer Kampf der unsere ist und daß wir ihn für Euch kämpfen?» Während wir, die Stirnen gesenkt, auf Antwort sinnen, erfüllt Surren die Luft, Sirenen schreien, Bomben kommen vom Himmel – durch den krachenden Lärm der einstürzenden Häuser dringen die Stimmen. – «Seht her», rufen sie – «schaut nicht weg und merkt, was wir sagen: Der Feind ist da, und er ist stark in seiner Ruchlosigkeit. Aber was er vernichten möchte, sind nicht wir, nicht die Häuser, die Ihr brennen, nicht die Kinder, die Ihr sterben seht, sind wahrhaft Ziel seines Zorns. Ausrotten will er, wofür wir stehen – gegen die Wahrheit zieht er zu Felde und gegen die Freiheit, die er haßt und die wir verteidigen werden, solange wir leben!»

So rufen die Stimmen, und während sie verklingen, nähern wir uns schon dem französischen Städtchen, das unser Ausgangspunkt gewesen ist auf dieser Reise. Es ist Sonntag, auf allen Straßen sind die Bürger unterwegs, vor appetitlich angerichteten Mahlzeiten sitzen sie friedlich im Freien, sie lachen und sie herzen ihre Kinder. Wissen sie nichts von dem Grauen jenseits der Grenze? Kennen sie nicht die Gefahr, die ihnen droht – haben sie denn die Stimmen nicht gehört?

Wir sind müde nach der Reise und völlig ausgehungert, denn es hat nichts als etwas Brot und Erdnußkaffee gegeben bis zum Abend. Der Kellnerin erzählen wir, daß wir aus Spanien kommen und ganz schnell viele Eier haben müssen und sehr viel Butter – «dort gibt es gar nichts», sagen wir. Das Mädchen lacht, wie über einen netten Scherz. «Ja, freilich –» sagt sie, «was nicht gar.» Wir fallen her über die Köstlichkeiten und wundern uns, wie schnell man sich ihrer entwöhnt. Drei Wochen genügen, und Butter wie Eier, aus der Realität entschwunden, werden zu Bestandteilen der Träume, zu Märchenrequisiten. Während wir Unordnung anrichten in unseren Mägen, versuchen wir, in den Köpfen Ordnung zu schaffen. «Wir sind zu Besuch in Spanien gewesen», sagen wir uns, und fast ist es schmerzlich, daß dem so ist – daß wir nicht dort bleiben konnten, um zu helfen. Aber was vermöchte unsere «Hilfe» dort? Die Internationalen Brigaden, denen im Anfang des Krieges Entscheidendes zu danken gewesen ist, heute verschwinden sie in der organisierten Masse der spanischen Volks-Armee. Viele von diesen Freiwilligen – die meisten von ihnen, soweit sie noch leben – sind abgereist, heim in ihre Länder, und wenn sie alle gingen, es würde nicht viel ändern und nichts verderben an den Siegeschancen der Republik. Was ihr fehlt, sind die Maschinen und die Waffen, die dem Feind so reichlich zuströmen, und was ihr not tut, ist die tätige Sympathie einer Umwelt, die – endlich – einsieht, worum es geht.

Um was handelt es sich denn bei diesem erbitterten Krieg? Negrin, in seiner großen, ernsten und ermutigenden Rede vom 18. Juni 1938, hat gesagt: «Es handelt sich um die Existenz Spaniens als freies Land, und angesichts dessen kann kein Opfer zu groß und zu hoch sein.» – Das ist wahr: Spanien kämpft um seine Unabhängigkeit; es hat eine freche Invasion abzuwehren. Wir möchten vorschlagen, daß man die Regierungstruppen künftig mit Konsequenz und Nachdruck als «die Nationalen» bezeichne – ein Ausdruck, den die faschistenfreundliche Presse höchst irreführender und tendenziöser Weise für die Söldlinge der Diktaturstaaten und die spanischen Rebellen zu verwenden liebt. Die Loyalisten sollten in Zukunft den Namen tragen, den sie wahrhaft verdienen: Sie sind «die Nationalen», die Verteidiger der spanischen Ehre.

Ja, Spanien befindet sich in einem Krieg für seine Unabhängigkeit. Aber das ist nicht alles. Zugriff und Aggressivität des Faschismus bedrohen nicht nur bestimmte andere Länder – etwa die Tschechoslowakei –; sie bedrohen die Welt, unsere ganze Gesittung samt allem, was uns jemals teuer war; sie sind die eigentliche eminente Gefahr der Epoche. Spanien, indem es seine nationale Freiheit verteidigt, kämpft auch für Begriff und Zukunft der Freiheit überhaupt, gegen ihren tödlichen Feind.

Es gehört zu den Charakteristika des Faschismus, daß er, bei aller Großsprecherei, im Grund nicht gern viel riskiert und immer nur mit Feinden rechnet, die kaum ernsthaften Widerstand leisten. Eigentlich erwartet er stets, kampflos zu siegen, nur mittels Einschüchterung. Im Falle Spaniens also hat er sich furchtbar verrechnet. Es ist sehr die Frage, ob die Rebellen-Generäle und ihre berühmten Hintermänner den Kampf überhaupt gewagt haben würden, wenn sie nur gewußt hätten, wie schrecklich hart und lang er sein wird. Wenn man die «Totalitären» nicht im Zweifel darüber läßt, daß man keinesfalls kuschen, sondern sich wehren wird, zucken sie ihrerseits nervös zurück; ihre Brutalität zeigen sie nur, wo sie keinen Widerstand fürchten – wie das tragische Beispiel Österreichs beweist.

Den spanischen Krieg können die Faschisten nun schon nicht mehr gewinnen. Es mag wohl sein, daß es ihnen, dank der Übermacht ihres Materials, gelingen wird, noch mehr Terrain zu erobern. Aber – diesen unbedingten Eindruck nehmen wir mit von unserer Spanien-Reise – solange die Republikaner auch nur noch eine Handbreit Boden besitzen, werden sie nicht nachgeben.

Wir sind dankbar für jeden Tag und für jede Stunde, die wir in Spanien verbracht haben – dankbar nicht nur für die Fülle der Gastfreundschaft, der menschlichen Wärme, echten, spontanen Liebenswürdigkeit, der wir so vielfach begegnet sind, sondern vor allem für die große Lehre, die wir dort erhalten. Wir haben begriffen und uns, noch einmal, aufs dringlichste klargemacht: Gegenüber einem so furchtbar starken und total gewissenlosen Feind wie dem Faschismus muß man zusammenhalten; man muß einig sein – es klingt einfach, beinahe platt; aber durchzusetzen scheint es sich unendlich schwer. Auch für die Spanier ist es sicher nicht leicht gewesen. Die Meinungsverschiedenheiten zwischen Sozialisten und Anarchisten, zwischen Liberalen und Kommunisten sind gewiß nicht unwesentlich; indessen hat sich erwiesen, daß sie nicht unüberwindlich waren. Wären sie unüberwindlich gewesen – die spanische Republik wäre seit langem besiegt. Begreifen wir doch endlich, daß dies die eine große Voraussetzung ist, um gegen den Faschismus aufzutreten: die Einigkeit aller derer, die den Faschismus nicht wollen.

Das ungeheure Leid, das vom spanischen Volk seit zwei Jahren ertragen wird, könnte Europa – könnte der Welt erspart bleiben.

Hätten doch unsere Stimmen mehr Kraft, um in die Welt zu rufen: Der Faschismus muß wissen, daß wir nicht nachgiebig und schwach sind, sondern zum äußersten Widerstand fest entschlossen; daß wir nicht entzweit und zanksüchtig sind, sondern einig. Nur wenn der Faschismus dieses weiß, wagt er den Angriff nicht mehr. Dann – nur dann werden wir endlich befreit und gerettet sein.

Zurück von Spanien

Erstaunlich groß ist der Unterschied zwischen wissen und kennen, zwischen lernen und erleben, zwischen «jahrelang sehr, sehr viel darüber gelesen haben» und «einmal drei Wochen lang dort gewesen sein».

Über den Verteidigungskampf der Spanischen Republik gegen die faschistische Invasion hatten wir sehr viel gewußt, gelesen, gelernt. Auf Grund unseres Wissens hatten wir uns «ein Bild gemacht», das wir für exakt hielten, denn es entsprach den Nachrichten, die täglich zu uns kamen – wir hatten alle Farben und Töne verwendet, die aus den Zeitungen, Wochenschauen, Büchern so lebhaft zu uns sprachen. Aber wie schwach ist die Vorstellung, wie ungenau arbeitet die Phantasie. Weder über die Leiden noch über die Größe des spanischen Volkes hatte sie uns die volle Wahrheit gesagt. Zweierlei hatte sie uns nicht deutlich machen können: Erstens, wie furchtbar es ist in Spanien, wie grauenvoll, wie unmenschlich, wie zermürbend und wie unsagbar traurig. Zweitens, wie schön es ist, wie liebenswert, wie beispielhaft, und wie hoffnungsvoll.

Man muß die Luft geatmet haben, die dort weht – die Menschen muß man gesehen, ihre Stimmen gehört, ihre Wohnungen betreten, ihre kargen Mahlzeiten geteilt haben, um zu spüren (nicht bloß zu «wissen»): Sie sind unbesiegbar. Sie glauben an Wert und Sinn dieses Kampfes – sie haben die Fähigkeit, Leiden zu ertragen in einem Grade, der Ehrfurcht einflößt, und – wichtigster Faktor im Kriege gegen die faschistischen Alliierten: Sie sind einig. Man muß sie beieinander gesehen haben, die Spanier der verschiedenen Richtungen und Parteien – man muß gehört haben, mit welcher Bewunderung der junge Chauffeur, der Kommunist ist, von Negrin spricht, dem Sozialisten –, erlebt muß man haben, wie die frommen Basken ihre Messen abhalten, in denen von Gott der Sieg erfleht wird für das «rote» Vaterland. Man muß dabeigewesen sein, wenn die Flugzeuge kommen in den großen Städten – an den Fronten muß man gewesen sein – in den Hospitälern – in den Eisenbahnen und auf den Schiffen – in den Ministerien und in den Volksküchen. Erst dann, nur dann wird klar: Dieser Krieg, in dem es um so viel mehr geht als um das Schicksal eines Volkes – wird nicht verloren werden. Mit einer Freude, in der Dankbarkeit und Rührung sich mischen, erkennt man: solange es noch eine Stadt gibt in Spanien, die republikanisch ist, wird sie verteidigt werden; solange noch ein Weinberg, noch einer von den olivenbewachsenen Hügeln dieser Landschaft den Soldaten der Republik gehört, hat Franco den Sieg nicht, und die zivilisierte Welt, die ihn gewähren läßt, wird lernen, daß es Wunder gibt.

Die Stadt Madrid, wie sie besteht, lebt, arbeitet, kämpft, ist ein Wunder. Wir sind herumgegangen in dem Viertel, das zur Universität gehörte und in dem die Schreckensschlachten des Herbstes sechsunddreißig geschlagen wurden: ein Wunder. Es *kann* keiner – und sei er stumpf und unempfindlich gegen das Heroische dieses Freiheitskampfes – dies Trümmerfeld gesehen haben, wissen, daß hier der übermächtige Feind zum Vernichtungsschlag ausgeholt hat, daß es hier gewesen ist, innerhalb der Tore, und daß er lauert, dort drüben, fünfhundert Meter weit überm Feld – und dann sagen: dies ist nicht bewundernswert.

Wir haben den Mann gesehen und lange mit ihm gesprochen, der als einer der Retter von Madrid geliebt wird – sein Name ist Ortega, er ist Befehlshaber eines Korps. In seinem Frontabschnitt erschien der Chef der Zentrums-Armee, General Casado, von dem selbst die Faschisten sagen, daß er ein «großer Mann» sei. Er ist der Lehrer gewesen von vielen unter ihnen – Mola etwa ist bei ihm in die Schule gegangen, aber Frauen und Kinder zu ermorden, hat er gewiß bei Casado nicht gelernt. Der kultivierte, sympathische und feinnervige Mensch schämt sich seiner Schüler. Stolz ist er auf die jungen Leute, die vor zwei Jahren noch nicht wußten, wie ein Gewehr aussieht, die keine Karte lesen konnten und keinen Graben bauen, und mit deren Hilfe er nun sein Land verteidigt. Stolz ist er auch auf die Freiwilligen der Internationalen Brigaden, die damals, am Anfang, mitentscheidend gewesen sind, und die am Jarama, in einer ersten großen offenen Feldschlacht, den Feind zum Stehen brachten, der unaufhaltsam im Vorrücken schien. Oben auf einem Hügel überm Fluß steht ein Denkmal – wir fahren wohl eine Stunde lang auf schlechten Feldwegen im Staub, weil Casado es sehen möchte: es ist ein einfaches Grab, aber unvergeßlich. Eine Faust aus Stein ist zum Himmel gereckt – man sieht sie aus weiter Ferne. Da wir nähertreten, lesen wir: «Die 18. Brigade, den internationalen Kameraden und Helden, die gefallen sind im Verteidigungskampf der Republik. Februar 1937.» Und ein kleines Holzkreuz unten am Hügel sagt: «Hier liegt das 16. Bataillon.» Wir stehen mit gesenkten Häuptern. Es sind siebenhundert junge Engländer, die hier gestorben sind – siebenhundert Freiwillige, von denen keiner am Leben blieb. Hier liegen sie – aber über ihrem kleinen Kreuz ballt sich eine Faust aus Stein.

Das Herz ist uns erfüllt und bewegt von den tausend Bildern dieser heroischen Wirklichkeit, die wir geschaut haben; tausend Bilder haften für immer in unserem Gedächtnis. Wir möchten von dem erzählen, was wir gesehen haben; aber es sind der großen Impressionen zu viele, auch ist alles wohl noch zu nahe; die Details schieben sich ineinander: Zu den grauenvollen kommen andere, die fast heiter sind, neben dem Fürchterlichen steht das Rührende.

Ist das Leben in den großen Städten der Spanischen Republik traurig geworden? – Aber neben den Häusern, die von deutschen oder italienischen Bomben verwüstet sind, spielen die Kinder; und auf den Straßen, die abends in vollkommener Dunkelheit liegen, promenieren nachmittags, plaudernd, lachend und flirtend, die sehr hübsch zurechtgemachten Mädchen – und in unmittelbarer Nachbarschaft von Ruinen, aus denen man vor ein paar Wochen die gräßlich verstümmelten Leichen der Verschütteten geborgen hat, spielt zum Five-o'clock-tea eine Tanzkapelle. Das haben wir gesehen und gehört.

Wir haben gesehen und gehört, wie in den Kapitalen der Spanischen Republik, in Barcelona, Valencia, Madrid, das Leben weitergeht – weder lethargisch noch nervös, sondern ruhig und oft mit einer gewissen grimmigen Heiterkeit, die Trotz enthält.

Als wir zum ersten Mal in Barcelona die Alarm-Sirenen heulen hörten, waren wir sehr erschrocken. Man erklärte uns, was es bedeutet: feindliche Flugzeuge sind über der Stadt... die Faschisten haben sich zur Menschenjagd aufgemacht – was ihr liebstes Geschäft zu sein scheint. Nun suchen die Scheinwerfer den schwarzen Himmel nach den mörderischen Vögeln ab. Wir hörten den dumpfen Laut der Abwehr-Kanonen... Später lernten wir auch andere Geräusche kennen: das Sausen und Fauchen, mit dem die Bombe durch die Luft fährt; den helleren, durchdringenden Krach des Einschlages; das dumpfe Poltern, mit dem ein Haus in der Nachbarschaft zusammenstürzt... Gibt es Panik in der Zivilbevölkerung? Keineswegs. Alle sind sich darüber einig, daß die brutale Infamie der Fliegerangriffe auf offene Städte die Moral, den Widerstandswillen der Angegriffenen nicht geschwächt oder gar gebrochen, sondern gewaltig gesteigert hat. – In manchen Orten freilich, die dem Überfall des internationalen Faschismus gar zu lange und zu unbarmherzig ausgesetzt waren, zieht das Schweigen des Todes ein...

Dem Schweigen des Todes sind wir begegnet in der Stadt Tortosa, von der nichts übriggeblieben ist als ein gespenstisch öder Trümmerhaufen – und noch den verteidigen, wachsam und zäh, die Truppen der Spanischen Republik. In Tortosa steht buchstäblich kaum mehr ein Stein auf dem anderen; so sieht eine Menschensiedlung aus, die berührt worden ist von der schrecklichen Hand des Faschismus. Als wir, zu einer unvergeßlichen Nachtstunde, durch diese Ruinenstadt wanderten, sagten wir uns: Franco und seine mächtigen Hintermänner möchten, daß ganz Spanien so aussieht, wenn es sich von ihnen nicht regieren lassen will. Kalten Blutes tun sie das unsagbare Werk der Zerstörung – und haben dann auch noch die Stirn zu behaupten, es seien «die Roten» – gemeint ist: die Armee der legitimen Regierung – gewesen, die das Entsetzliche angerichtet.

Manche kleinere Siedlung verödet. Um so stärker, farbiger, bewegter konzentriert das Leben sich in den Kapitalen. Am geschäftigsten und am spannungsreichsten ist es in Barcelona, dem Sitz der Regierung, der von unzähligen Flüchtlingen überfüllten Hauptstadt Kataloniens; am buntesten ist es in Valencia, das sich, trotz der akuten Bedrohtheit seiner jetzigen Lage, von seiner südlichen Heiterkeit, seinem leichtfertigen Charme viel bewahrt hat; den größten Ernst, das stärkste Pathos hat das Leben in Madrid – der Stadt, die das gewaltige Beispiel des Widerstands gegeben hat.

Es wird viel gelitten in diesen Städten: Wir sind Zeugen vieler Leiden gewesen. Vielleicht schlimmer noch als die Gefahren ist die Verarmung des Lebens, sind der Mangel, die alltägliche Not.

Sicherlich gibt es manche, die sich mit den Bombardements leichter abfinden als mit dem leidigen Umstand, daß man keine Zigaretten bekommt. Das Problem der Ernährung wird zur ernsten Kalamität. Aber alles dieses wird geduldig ertragen – und es kann, wenn's denn sein muß, noch lang ertragen werden. Natürlich: Es gibt auch Verbitterte, Müde, Enttäuschte – wir haben auch solche getroffen. Aber sie sind eine Minderheit, da kann gar kein Zweifel sein. Wären sie keine Minderheit – das Mirakel eines Widerstandes, der nun schon zwei Jahre dauert, würde nicht vorstellbar sein.

Das Leben in der Spanischen Republik ist äußerlich ärmer, aber innerlich reicher, erfüllter geworden. Es wird unendlich viel gearbeitet, auch neben der eigentlich kriegerischen Leistung. Mitten im Kriege werden bedeutende Werke des Friedens getan.

Um nur ein Beispiel zu nennen: die Rettung, Bergung und Ordnung der Kunstschätze, die in den Museen, Klöstern und Privathäusern von den Bombardements bedroht waren, ist eine kulturelle Tat ersten Ranges. Die reaktionäre Presse hat verleumderisch immer wieder behauptet, die Kunstschätze Spaniens gingen nach Moskau, als Bezahlung für Kriegsmaterial. In Wahrheit werden sie mit ernstem Fleiß gesammelt; so weit wie möglich in Sicherheit gebracht; katalogisiert; teilweise restauriert. Wir haben in Madrid, im beschädigten Prado und in der Nationalbibliothek, Schätze verwahrt gefunden, deren Wert unermeßlich ist. Bekanntlich sind sogar Meisterwerke, zum Beispiel von Greco, entdeckt worden, die bis dahin unbekannt waren. Die «roten Barbaren» hüten das große Erbe ihrer Nation...

Die «roten Barbaren» unternehmen es, den Analphabetismus, der in Spanien so häufig vorgekommen war, zu liquidieren. In den Schulen, wo die Offiziere ausgebildet werden, haben wir mit jungen Leuten gesprochen, die vor einem halben Jahr noch nicht lesen konnten und sich jetzt nicht nur mit strategischen, sondern auch mit philosophischen Problemen beschäftigen. Die verantwortlichen Männer der Republik haben pädagogischen Ehrgeiz – wer mit einem Mann, wie dem Außenminister Del Vayo, gesprochen hat, der begreift, daß er es nicht nur mit einem entschlossenen Politiker, sondern mit einem geistig bemühten Menschen, einem wirklichen Intellektuellen zu tun hat –; ihnen helfen die Literaten, von denen die besten leidenschaftlich auf der Seite der Republik stehen. Das geistige Leben stagniert nicht; es nimmt einen Aufschwung. Wir hatten mit den Herausgebern literarischer Revuen – zum Beispiel der ausgezeichneten «Hora de España» – zu tun, oder mit jungen Dichtern, die jetzt Theaterstücke für die Front schreiben – etwa mit Rafael Alberti, den die spanische Jugend bewundert –: von diesen jungen Intellektuellen geht eine Begeisterung aus, von der auch die Massen sich ergreifen lassen. Es wird mit Gier und Innigkeit gelesen im republikanischen Spanien. Das Volk hat begriffen, daß dieser Krieg nicht nur mit der Flinte und dem Flugzeug zu gewinnen ist, sondern auch mit dem Gedanken, mit dem Buch.

Die Antifaschisten haben sich vielfach zu bewähren: zuerst in einem Kampf, zu dem man sie gezwungen hat; dann aber auch, positiv, durch humanitäre Taten, durch die pädagogische Bemühung, durch den Geist.

Seitdem wir Deutschland verließen – seit mehr als fünf Jahren – haben wir in aller Herren Länder gelebt und gearbeitet. Es war nicht immer leicht, dies Leben – auch hoffnungsvoll war es nicht immer. Verstreut über die Erde saßen die Freunde und Kameraden – kein Beispiel zeigte den Vertriebenen und Entmutigten den Weg zum Kampf, die Chance des Sieges. Spanien ist Beispiel. Die Reise, von der wir zurückkehren, hat in unsern Herzen ihre Spuren hinterlassen. Es war keine erheiternde Reise – wir haben ein Grauen kennengelernt, das uns noch fremd war – dem Elend und der Verwüstung sind wir begegnet. Trotzdem, und dies ist die Wahrheit: Zum ersten Mal seit dem Tage unserer Emigration haben wir gefühlt, daß wir siegen können. Dies Erlebnis, das spanische Volk im Kampf zu sehen gegen die Feinde seiner Freiheit, die die unseren sind – dies Erlebnis ist unaustilgbar, und es ist das schönste, was uns in der Verbannung begegnet ist.

Editorische Bemerkungen

Folgende Siglen werden verwendet:

KMA	=	Klaus-Mann-Archiv in der Handschriftenabteilung der Stadtbibliothek München
Prüfungen	=	Klaus Mann: Prüfungen. Schriften zur Literatur. Hg. von Martin Gregor-Dellin. München 1968
Heute	=	Klaus Mann: Heute und Morgen. Schriften zur Zeit. Hg. von Martin Gregor-Dellin. München 1969
Woher	=	Klaus Mann: Woher wir kommen und wohin wir müssen. Frühe und nachgelassene Schriften. Hg. von Martin Gregor-Dellin. München 1980
Blick	=	Klaus Mann: Mit dem Blick nach Deutschland. Der Schriftsteller und das politische Engagement. Hg. von Michel Grunewald. München 1985
Tagebücher	=	Klaus Mann: Tagebücher. Hg. von Joachim Heimannsberg, Peter Laemmle und Wilfried F. Schoeller. 6 Bände. München 1989–1991

Als wir anfingen. Erstveröffentlichung. Gedruckt nach einem Typoskript im KMA; vom Autor datiert: New York, Oktober 1936.

Können Deutschland und Frankreich Freunde sein? Zuerst veröffentlicht in: Heute, S. 155–163. Gedruckt nach einem Typoskript im KMA; vom Autor datiert: New York, Oktober 1936. – Das im Text erwähnte Buch Klaus Manns, das er René Crevel widmete, war die «Kindernovelle», Hamburg 1926.

Joseph in Ägypten. Aus: Der Arbeiter, New York, 12. November 1936.

Broadway, abends. Aus: Luzerner Tageblatt, 14. November 1936. Eine gekürzte Version war zuvor in der Pariser Tageszeitung vom 8. November 1936 erschienen.

Das Film-Museum. Aus: National-Zeitung, Basel, 8. Dezember 1936.

Europas Maler in Amerika. Brief aus New York. Aus: Pariser Tageszeitung, 13. Dezember 1936.

Haben die deutschen Intellektuellen versagt? Erstveröffentlichung. Gedruckt nach einem Typoskript im KMA. Von Klaus Mann am 11. November 1936 als Vortrag gehalten im Deutsch-jüdischen Club von New York (vgl. Tagebücher, Bd. 3, S. 84f.).

Worum der Kampf geht. Erstveröffentlichung. Gedruckt nach einem Typoskript im KMA; entstanden ca. Dezember 1936. Der Titel des Beitrags stammt von den Herausgebern.

Was will die Pfeffermühle? Aus: Neue Volkszeitung, New York, 9. Januar 1937.

«Heil Hitler!» Aus: Die neue Weltbühne, Prag, 21. Januar 1937. Eine englische Rezension Klaus Manns war zuvor im Dezember 1936 in der New Yorker Zeitschrift Common Sense erschienen.

Ein Don Quijote des Theaters. Aus: Pariser Tageszeitung, 24. Januar 1937.

Thomas Manns politische Entwicklung. Zuerst in englischer Sprache erschienen in Common Sense, New York, Februar 1937 (Übersetzung ins Englische: Rita Reil). Hier gedruckt nach einem deutschsprachigen Typoskript im KMA; vom Autor datiert: New York, Dezember 1936.

Der Streit um André Gide. Aus: Die neue Weltbühne, Prag, 11. Februar 1937. – Der im Text erwähnte Aufsatz von Lion Feuchtwanger war im Februar 1937 in der Moskauer Exil-Zeitschrift Das Wort erschienen. Feuchtwanger hatte im Winter 1936/37 ebenfalls die Sowjetunion besucht und schilderte seine vorwiegend positiven Eindrücke in dem Buch «Moskau 1937. Ein Reisebericht für meine Freunde».

Rainer Maria Rilke. Aus: Das Neue Tage-Buch, Paris/Amsterdam, 27. Februar 1937.

Der Simplicissimus. Aus: Das Neue Tage-Buch, Paris/Amsterdam, 27. Februar 1937. – Am 13. März 1937 veröffentlichte die Zeitschrift folgenden Nachtrag Klaus Manns: «Bei der Abfassung der Glosse über den Münchener ‹Simplicissimus›, die neulich an dieser Stelle erschienen ist, habe ich mich einer Unterlassungssünde schuldig gemacht. Sie ist mir so arg und so unbegreiflich, daß mir daran gelegen sein muß, sie gutzumachen. Es hat nämlich noch einen Mann außer Th. Th. Heine in der Leitung des ‹Simplicissimus› gegeben, der sich bei Einbruch der Nazi-Barbarei bewährt und höchst anständig benommen hat: es ist der Redakteur und Schriftsteller Franz Schoenberner. Er hat – obwohl ‹Arier› und parteipolitisch nicht festgelegt – die Emigration dem moralischen Morast des Dritten Reiches und seines gleichgeschalteten Witzblattes vorgezogen. Der Redaktion des NTB bin ich dankbar für die Aufnahme dieser ergänzend-korrigierenden Zeilen.»

Galgenhumor. Aus: Das Neue Tage-Buch, Paris/Amsterdam, 6. März 1937.

«Alcibiades» von Vincenz Brun. Aus: Internationale Literatur, Moskau, März 1937. Vincenz Brun war ein Pseudonym des Schriftstellers Hans Flesch-Brunningen. Klaus Mann hatte selbst 1932 ein Theaterstück mit dem Titel «Athen» veröffentlicht (unter dem Pseudonym Vincenz Hofer), in dem Alcibiades eine zentrale Rolle spielt.

Aldous Huxleys neuer Roman. Aus: Das Wort, Moskau, März 1937. – Huxley hatte zusammen mit André Gide und Heinrich Mann das Patronat von Klaus Manns Zeitschrift «Die Sammlung» übernommen, die vom September 1933 bis zum August 1935 erschienen war.

Die Harfe. Aus: National-Zeitung, Basel, 12. März 1937.

Wiederbegegnung mit Knut Hamsun. Aus: Das Neue Tage-Buch, Paris / Amsterdam, 10. April 1937. – Mit der im Text erwähnten «berüchtigten Äußerung» Hamsuns war ein nazifreundlicher Artikel gemeint, den der norwegische Dichter am 22. November 1935 in zwei Zeitungen veröffentlicht hatte. Darin wandte sich Hamsun – selbst Träger des Literatur-Nobelpreises – gegen die Bestrebungen, Carl von Ossietzky den Friedens-Nobelpreis zu verleihen. Der deutsche Pazifist war zu dieser Zeit im KZ Esterwegen inhaftiert. Hamsun gab Ossietzky in seinem Artikel den zynischen Rat, er möge doch lieber beim Aufbau des Dritten Reiches «positiv mithelfen», statt sich gegen die deutsche Aufrüstung auszusprechen.

Sehr lehrreiches Bilderbuch. Aus: Pariser Tageszeitung, 13. April 1937.

Zürichs Schauspielhaus. Aus: Die neue Weltbühne, Prag, 15. April 1937.

Deutsche Wirklichkeit. Aus: Die neue Weltbühne, Prag, 22. April 1937.

Österreichische Tragödie. Aus: Das Neue Tage-Buch, Paris / Amsterdam, 2. Mai 1937.

René Schickeles neuer Roman. Aus: Pariser Tageszeitung, 5. Mai 1937.

Oscar Wilde entdeckt Amerika. Aus: National-Zeitung, Basel, 16. Mai 1937.

Hoffnung auf Amerika. Erstveröffentlichung. Gedruckt nach einem Typoskript im KMA; vom Autor datiert: Küsnacht, Anfang April 1937. Klaus Mann hielt diesen Vortrag im April / Mai 1937 in einer Reihe von europäischen Städten (vgl. Tagebücher, Bd. 3, S. 125–132). Das Eingangszitat («Amerika, du hast es besser!») stammt von Goethe.

Die Geister scheiden sich. Erstveröffentlichung. Gedruckt nach einem Typoskript im KMA; vom Autor datiert: Mai 1937.

Eine Stunde mit Beneš. Aus: Das Neue Tage-Buch, Paris / Amsterdam, 22. Mai 1937.

Krankheit und Gesundheit. Aus: Die neue Weltbühne, Prag, 3. Juni 1937.

«Der Reisepaß». Aus: Das Neue Tage-Buch, Paris / Amsterdam, 5. Juni 1937.

Deutsche in Amerika. Aus: Die Volksillustrierte, Prag, 16. Juni 1937.

Ludwig II., König der Bayern. Aus: Die Weltwoche, Zürich, 18. Juni 1937. – Klaus Mann veröffentlichte im selben Jahr seine Novelle «Vergittertes Fenster», die das Leiden und den Tod Ludwigs II. behandelt.

Gedichte. Aus: Pariser Tageszeitung, 23. Juni 1937.

Die Geigerin. Aus: National-Zeitung, Basel, 30. Juni 1937.

Ein Lob der gemischten Rasse. Aus: Jüdische Revue, Mukačevo, Juni 1937. – Der Beitrag erschien in der Rubrik «Tribüne für Alle» mit einer redaktionellen Nachbemerkung: Der Aufsatz werde sicher «bei vielen unserer Leser starken Widerspruch erregen», sei aber zum «Nachdenken und Diskutieren» geeignet, auch wenn Klaus Mann «mehr dem Einzelfall als einer allgemeinen Notwendigkeit» gerecht werde.

Das Wagnis der Mitte. Aus: Das Neue Tage-Buch, Paris / Amsterdam, 3. Juli 1937.

Ulrich Becher. Aus: Das Neue Tage-Buch, Paris / Amsterdam, 24. Juli 1937.

Franz Kafka. Aus: Die neue Weltbühne, Prag, 12. August 1937.

Écrasez l'infâme. Zuerst veröffentlicht in: Blick, S. 32–37. Gedruckt nach einem Typoskript im KMA; vom Autor datiert: Zürich, Ende August 1937.

Gottfried Benn. Die Geschichte einer Verirrung. Aus: Das Wort, Moskau, September 1937. – Bereits im Herbst 1933 veröffentlichte Klaus Mann eine scharfe Polemik gegen den einst verehrten Dichter unter dem Titel «Gottfried Benn oder Die Entwürdigung des Geistes». Der im vorliegenden Band abgedruckte Essay, im Sommer 1937 entstanden, löste eine der zentralen kunsttheoretischen Diskussionen unseres Jahrhunderts aus (vgl. Die Expressionismus-Debatte. Materialien zu einer marxistischen Realismuskonzeption, hg. von Hans-Jürgen Schmitt, Frankfurt a. M. 1973, sowie Fredric Kroll, Klaus-Mann-Schriftenreihe Bd. 5, Wiesbaden 1986, S. 52–59).

A Family against a Dictatorship. Erstveröffentlichung. Gedruckt nach einem Typoskript im KMA, vom Autor datiert: New York, 11. Oktober 1937. – Dieser Text wurde von Klaus Mann bei seinen «lecturer»-Tourneen durch die USA in den späten dreißiger Jahren besonders häufig vorgetragen. Vgl. Tagebücher, Bd. 3, S. 164ff. et passim; Bd. 4, S. 10ff. et passim.

Notizen von einer Vortragsreise. Aus: Das Neue Tage-Buch, Paris / Amsterdam, 27. November 1937.

Deutschland und die Welt. Zuerst veröffentlicht in: Blick, S. 93–105; der Text wurde für den vorliegenden Band gekürzt um die Schlußpassage, in der Klaus Mann – in gleichlautenden Worten wie in «A Family against a Dictatorship» – auf das Beispiel seiner eigenen Familie hinweist. – Der Vortrag wurde erstmals am 9. Dezember 1937 gehalten (vgl. Tagebücher, Bd. 3, S. 171f.).

Hemingways neuer Roman. Aus: Pariser Tageszeitung, 25. Dezember 1937.

Die Kriegs- und Nachkriegsgeneration. Zuerst veröffentlicht in: Heute, S. 206–228. Gedruckt nach einem Typoskript im KMA; vom Autor datiert: Hollywood – New York, Januar/Februar 1938.

Kultur und Freiheit. Erstveröffentlichung. Gedruckt nach einem Typoskript im KMA; vom Autor datiert: San Francisco, 13. Januar 1938. – Bei dem im Text erwähnten «ehemaligen Freund» und späteren Drehbuchautor handelt es sich um Erich Ebermayer.

Stimmungen in den USA. Aus: Die Volksillustrierte, Prag, 5. Januar 1938.

Walt Disneys «Schneewittchen». Aus: Pariser Tageszeitung, 16. Januar 1938.

Experimente am Broadway. Erstveröffentlichung. Gedruckt nach einem Typoskript im KMA; entstanden im Februar 1938 (vgl. Tagebücher, Bd. 4, S. 19).

Wiedersehen mit Hollywood. Aus: Die Weltwoche, Zürich, 4. März 1938. Hier erstmals gedruckt in der ausführlicheren Fassung lt. Typoskript im KMA. – Nach den Probeaufnahmen zu «Gone with the Wind» wurde George Cukor abgelöst und Victor Fleming die Regie des Films übertragen.

«Inside Nazi-Germany». Aus: Das Neue Tage-Buch, Paris/Amsterdam, 5. März 1938.

Kleine Verzauberung. Aus: Pariser Tageszeitung, 20./21. März 1938.

Die tödliche Zeitung. Aus: Das Neue Tage-Buch, Paris/Amsterdam, 19. März 1938.

Passion eines Menschen. Aus: Das Neue Tage-Buch, Paris/Amsterdam, 9. April 1938. – Der sich hinter dem Pseudonym Viktor Halder verbergende Komponist der Musik für das «Jemand»-Spiel hieß Tibor Kasicz (vgl. Hans Sahl, Das Exil im Exil. Memoiren eines Moralisten II, Hamburg/Zürich 1991, S. 55–58).

Das «Cornichon». Aus: Das Neue Tage-Buch, Paris/Amsterdam, 23. April 1938.

Ecce homo. Aus: Das Neue Tage-Buch, Paris/Amsterdam, 30. April 1938.

Kurt Hillers Prosa. Aus: Pariser Tageszeitung, 7. Mai 1938.

Der Marsch des Faschismus. Aus: Die neue Weltbühne, Prag, 9. Juni 1938. Der Autor des besprochenen Buches, Giuseppe Antonio Borgese, wurde 1939 Klaus Manns Schwager: er heiratete dessen jüngste Schwester Elisabeth.

Von Bismarck bis Picasso. Aus: Die neue Weltbühne, Prag, 23. Juni 1938. Hier abgedruckt in der um einen Schlußabsatz ergänzten Fassung aus: Woher, S. 142–147.

Der Held. Aus: Heute und Morgen, Zürich, Juni/Juli 1938. Als Rede gehalten bei einer Gedenkfeier für Carl von Ossietzky im Züricher Schauspielhaus, 22. Mai 1938.

Ödön von Horváth ist tot. Aus: Das Neue Tage-Buch, Paris/Amsterdam, 24. Juni 1938; Titel von den Herausgebern dieses Bandes. – Der Schriftsteller Ödön von Horváth war am 1. Juni 1938 in Paris tödlich verunglückt.

Wiederbegegnung mit den deutschen Romantikern. Zuerst veröffentlicht in einer redaktionell erheblich gekürzten Fassung in: Maß und Wert, Zürich, Juli/August 1938. Hier gedruckt in der von Martin Gregor-Dellin rekonstruierten Originalfassung des Aufsatzes, veröffentlicht in: Prüfungen, S. 258–286.

Barcelona ist ruhig. Aus: Pariser Tageszeitung, 2. Juli 1938. – Klaus Mann war – zusammen mit seiner Schwester Erika – vom 23. Juni bis zum 14. Juli 1938 in Spanien, um über den Bürgerkrieg zu berichten. Die Mehrzahl ihrer Artikel erschien in der Pariser Tageszeitung und hatte den Obertitel «Aus dem Spanischen Tagebuch».

Colonel Jorje Hans. Aus: Pariser Tageszeitung, 24./25. Juli 1938. – Jorje Hans hieß mit bürgerlichem Namen Hans Kahle und war ein exilierter deutscher Journalist.

Junge Dichter in Spanien. Aus: National-Zeitung, Basel, 26. Juli 1938.

Besuch bei gefangenen deutschen Fliegern. Aus: Pariser Tageszeitung, 27. Juli 1938; dort mit dem Titel «Zwei Deutsche». Die hier gewählte Überschrift stammt von einem Nachdruck in: Deutsches Volksecho, New York, 15. Oktober 1938.

Das Wunder von Madrid. Aus: Pariser Tageszeitung, 3. August 1938.

Die spanischen Schätze. Aus: Pariser Tageszeitung, 10. August 1938.

Fazit einer Spanienreise. Aus: Pariser Tageszeitung, 18. August 1938. Diesen und den folgenden Aufsatz zeichneten Erika und Klaus Mann gemeinsam als Autoren.

Zurück von Spanien. Aus: Das Wort, Moskau, Oktober 1938.

Die Textfassungen im vorliegenden Band folgen den angegebenen Erstdrucken bzw. Typoskripten oder Manuskripten. Zeichensetzung und Orthographie wurden behutsam modernisiert. Die vom Autor zeitweilig bevorzugte Schreibweise «Fascismus» wurde – der Einheitlichkeit halber – im ganzen Band durch die heute gebräuchliche Version «Faschismus» ersetzt; und statt der von Klaus Mann – wohl in polemischer Absicht – bisweilen verwendeten Schreibweise «Göbbels» wurde durchgängig die korrekte Form des Namens eingesetzt.

Der besondere Dank der Herausgeber für Hilfe und Auskünfte bei der Materialbeschaffung gilt Michel Grunewald (Metz), Fredric Kroll (Freiburg) und Klaus Täubert (Berlin). Mit Rat und Tat unterstützt wurde die editorische Arbeit auch von Irmela von der Lühe (Berlin), Heike Wilhelmi (Hamburg) und Lutz Winckler (Tübingen); ihnen sei an dieser Stelle ebenfalls gedankt.

Namenregister

Ahlwardt, Hermann 359
Alberti, Marie Thérèse 408 f.
Alberti, Rafael 407 ff., 419, 430
Alcibiades 108 ff., 432
Alexander III. der Große, König der Makedonen 14
Andersen, Hans Christian 24
André, Edgar 42, 62
Andreas, Willi 48
Angelloz, Joseph François 98 f., 384
Antonius, Marcus 318
Aragon, Louis 87, 407
Arnim, Achim von 377, 383, 386 ff., 392
Arnim, Bettina von 388
Arnold, Karl 53, 101
Attenhofer, Elsie 343
Audard, Jean 382
Auden, Wyston 70, 258
Auhagen, Friedrich Ernst 261 ff.

Baader, Franz von 377 f.
Bach, Johann Sebastian 266, 342
Bahr, Hermann 142
Balzac, Honoré 16, 78
Banville, Théodore de 75
Barbudo, Antonio Sanchez 406
Barbusse, Henri 17
Barrès, Maurice 387 f.
Barthou, Jean Louis 302
Bassermann, Albert 54
Baudelaire, Charles 16, 96, 210 f., 376 f.
Bauer, Elvira 128 ff.
Bauer, Félice 347
Baum, Vicky 139, 308, 326
Becher, Johannes R. 349
Becher, Ulrich 226
Beckmann, Max 53
Bedaux, Charles E. 310 f.
Beecher-Stowe, Harriet 152 f.
Beethoven, Ludwig van 20, 221, 252, 266
Béguin, Albert 375, 377 f.
Beneš, Edvard 182 ff., 259, 302, 338, 356
Benjamin, Walter 374, 390
Benn, Gottfried 10 f., 56, 212, 237 ff., 393, 434
Bergson, Henri 352, 407
Bernhard, Georg 21
Bernhardt, Sarah 34 f.
Bertaux, Pierre 383
Binder, Sibylle 136
Bismarck, Otto von 49, 207, 267, 269, 357, 359
Blaich, Hans Erich (Pseudonym: Ratatöskr) 103
Blechen, Karl 391
Bleibtreu, Hedwig 142
Blitzstein, Marc 322
Bloch, Ernst 11
Blum, Léon 177
Böhme, Jakob 377, 379
Börne, Ludwig 391
Bohnenblust, Gottfried 374, 388
Bonaventura 389
Bonnet, Albin 386
Borgese, Giuseppe Antonio 353 ff., 435
Borgia, Cesare 354
Bounoure, Gabriel 386
Bow, Clara 324
Brahm, Otto 132
Brahms, Johannes 252, 266

Braque, Georges 360
Brecht, Bertolt 10, 55, 66, 169, 171, 298, 300, 307f., 322, 340
Bredel, Willi 10
Brentano, Bernhard von 55
Brentano, Clemens 372, 383, 388ff., 392
Breton, André 377, 408
Breughel, Pieter 420
Briand, Aristide 20, 254
Brieux, Eugène 75
Brion, Marcel 386
Brod, Max 228, 345ff.
Bronnen, Arnolt 282, 305
Bronner, Ferdinand 305
Bruckner, Ferdinand 73, 308
Brun, Vincenz 108, 432
Brutus, Marcus 317f.
Büchner, Georg 142, 298, 382ff., 390
Burke, Edmund 391
Busch, Adolf 52
Busch, Ernst 54, 404, 414
Busch, Fritz 52

Caesar, Julius 317ff., 323
Calas, Jean 380
Calderon de la Barca, Pedro 381
Camille, Georgette 388
Čapek, Karel 187f., 191, 193, 338
Carossa, Hans 45
Carte, Richard D'Oyly 151
Carus, Carl Gustav 377f.
Casado, Segismundo 417f., 426
Cascajó Ruiz, Ciriaco 408
Cassou, Jean 375, 380ff.
Čechov, Anton 75
Céline, Louis-Ferdinand 169
Cervantes, Miguel de 307
Chamberlain, Houston Stewart 269
Chamisso, Adelbert von 387
Chaplin, Charles Spencer 174f., 313
Charell, Erik 29f.
Chatrian, Alexandre 75
Chirico, Giorgio de 38f.
Chopin, Frédéric 170
Cocteau, Jean 17, 66f., 96, 110, 324, 387
Colbert, Claudette 325
Constable, John 391
Cooper, Gary 175, 325
Corinth, Lovis 303
Cornelius, Peter von 391
Coudenhove-Kalergi, Richard 20, 351
Cranach, Lucas 420
Csokor, Franz Theodor 142
Crevel, René 17f., 22, 431
Croce, Benedetto 301
Cukor, George 326ff., 435

Dadelsen, Jean-Paul de 386
Danegger, Mathilde 343
D'Annunzio, Gabriele 356
Dante Alighieri 298, 301, 354
Davenport, Butler 74ff.
Dehmel, Richard 214
Delacroix, Eugène 391
Derycke, Gaston 379
Deutsch, Ernst 191
Devrient, Max 142
Diamant, Dora 347
Dickens, Charles 75, 253
Dieckmann, Herbert 374, 389
Dieterle, Wilhelm 326
Dietrich, Marlene 323
Disney, Walt 11, 313ff.
Dix, Otto 36f., 53, 173, 246, 303
Dodd, William Edward 330
Döblin, Alfred 168f., 307
Dollfuß, Engelbert 61
Dos Passos, John 167ff.

Dostojewskij, Fjodor M. 380
Dreiser, Theodore 165 ff., 169
Dreyfus, Alfred 19, 166, 380
Du Bos, Charles 375, 385
Dürer, Albrecht 420
Du Maurier, George 150
Duse, Eleonora 35

Ebermayer, Erich 304 f., 435
Ebert, Friedrich 21, 81, 252
Eduard VIII., König von England (Herzog von Windsor) 177, 310 f.
Einstein, Albert 43, 48, 201, 271, 310
Elisabeth, Kaiserin von Österreich 203 f.
Emmerick, Anna-Katharina 388 f.
Engels, Friedrich 350
Epp, Franz Ritter von 69
Erasmus von Rotterdam 83
Erckmann, Émile 75
Eugen, Prinz von Savoyen 337, 416

Faulhaber, Michael von 50
Faulkner, William 167
Ferdinand V., König von Kastilien-León 307
Ferdinand von Orléans, Herzog von Alençon 204
Ferrero, Guglielmo 356
Feuchtwanger, Lion 10, 91 f., 110, 257, 300, 306 f., 308, 349, 432
Fischer, Ottokar 336 ff.
Fichte, Johann Gottlieb 269, 382, 407
Flaubert, Gustave 16, 78, 346
Fleming, Victor 435
Fontane, Theodor 78, 169
Ford, Clara 264
Forster, Rudolf 54
Fouqué, Friedrich, Baron de la Motte 383
France, Anatole 377
Franco Bahamonde, Francisco 12, 58, 117, 181, 416 f., 426, 428
Frank, Bruno 194 ff., 257, 306 f., 326 f.
Frank, Leonhard 55, 308
Franz Joseph I., Kaiser von Österreich 170
Freud, Sigmund 307, 351
Frick, Wilhelm 73
Friedell, Egon 382
Friedrich II., König von Preußen 49, 267, 269
Friedrich II. von Hohenstaufen, römisch-deutscher Kaiser 143
Friedrich II., Prinz von Homburg 381
Friedrich, Caspar David 391
Fulda, Ludwig 142
Furtwängler, Wilhelm 42, 52

Gable, Clark 310
Gainsborough, Thomas 420
Galsworthy, John 75
Gandhi, Mahatma 116
Garbo, Greta 30 f., 313, 323, 417
García Lorca, Federico 407 f.
Garibaldi, Giuseppe 354
Garrick, David 76
Gentz, Friedrich 391
George, Stefan 44 f., 95, 213, 216, 238 f., 241 f., 269, 346 f., 351
Gershwin, George 172
Gide, André 14, 17, 20, 84 ff., 96, 98, 124, 212, 257, 349 ff., 407, 433
Giehse, Therese 68 f., 136

Gilbert, Sir William Schwenck 151
Ginsberg, Ernst 134
Giraudoux, Jean 17, 20, 110, 137, 316
Gish, Lillian 323
Glaeser, Ernst 55, 227
Gobineau, Joseph Arthur Comte de 269
Goebbels, Joseph 21, 42, 44, 48, 54f., 73, 83, 103, 124, 180, 239f., 245, 269, 303, 330, 436
Goethe, Johann Wolfgang von 11, 18, 20, 23, 46, 49, 80f., 84, 142, 157, 198f., 234, 250, 252, 271, 301, 303, 307, 346, 349, 385, 390, 433
Göring, Hermann 54, 73, 105f., 303
Gogh, Vincent van 383
Gorki, Maxim 85
Goslar, Lotte 68f.
Goya, Francisco de 194, 418, 420
Grant, Cary 328
El Greco 418, 420, 429
Green, Julien 17, 228, 377
Gregor-Dellin, Martin 436
Grein, Edir 208
Gretler, Heinrich 137, 343f.
Grosz, George 36ff., 53, 173, 201, 303
Gründgens, Gustaf 54, 132, 303f.
Gudden, Bernhard Aloys von 203, 205
Gulbransson, Olaf 53, 101
Gundolf, Friedrich 99

Halas, František 215
Halder, Viktor siehe: Kasícz, Tibor
Hamsun, Knut 24, 123ff., 433
Harbou, Thea von 326
Hasenclever, Walter 282
Hauptmann, Gerhart 42, 47, 55, 142, 305f.
Hauser, Heinrich 305
Hausmann, Manfred 305
Hearst, William Randolph 72, 161, 177, 310f.
Hebel, Johann Peter 346
Hegel, Georg Wilhelm Friedrich 253, 269, 355, 382f., 407, 416
Hegemann, Werner 239
Heger, Grete 135
Heidegger, Martin 407
Heiden, Konrad 73, 293, 307
Heiligenstaedt, Kurt 103
Heine, Heinrich 84, 96, 266, 298, 300, 382, 384f., 389, 391f.
Heine, Thomas Theodor 54, 101, 432
Heinrich IV., König von Frankreich 307
Hemingway, Ernest 167ff., 227, 257, 273ff.
Henning, Magnus 68f.
Hepburn, Katherine 328
Herald, Heinz 326
Hermann der Cherusker 49, 267
Herrmann-Neisse, Max 55, 308
Hesse, Hermann 12, 212, 228, 346
Hiller, Kurt 348ff.
Hindemith, Paul 52
Hindenburg, Oskar von 73
Hindenburg, Paul von 73, 189, 280f., 351
Hitler, Adolf 9f., 14, 21, 41, 46, 50f., 53ff., 58, 60ff., 69, 72f., 82ff., 101, 131, 196, 200, 224, 238, 242, 244, 247f., 254ff., 258, 260ff., 268f., 271,

283, 285, 289, 293 ff., 300, 303, 309 f., 329 f., 339, 344, 365, 381
Höbling, Franz 144
Hölderlin, Friedrich 12, 358, 382 f., 385, 389 f.
Hofer, Karl 53
Hoffmann, E. T. A. 316, 368, 372, 385 f., 389
Hofmannsthal, Hugo von 95, 213 f., 346
Hollaender, Friedrich 323, 327, 340
Homer 16, 124, 221
Hora, Josef 215
Horwitz, Kurt 135 ff.
Horváth, Ödön von 307, 366 ff., 436
Howard, Leslie 30
Hubermann, Bronislaw 46 f.
Huch, Ricarda 45
Hühnerfauth, Joseph 272
Huelsenbeck, Richard 55
Hugo, Victor 16, 18, 75, 212, 298, 300, 323, 377
Humboldt, Wilhelm von 391
Husserl, Edmund 407
Huxley, Aldous 14, 111 ff., 124, 257, 433

Ibsen, Henrik 75, 135, 137
Ignatius von Loyola 293
Ihering, Herbert 55
Isabella I., Königin von Kastilien und León 307

Jacobsen, Jens Peter 96
Jaloux, Edmond 17, 386
Jankélévitch, Vladimir 375 f.
Jannings, Emil 54, 304, 323
Jeanne d'Arc 60
Jean Paul 378, 386
Jerome, Jerome Klapka 75
Jessner, Leopold 132
Johst, Hanns 55, 124, 246, 301, 305
Joyce, James 10, 161, 168
Jünger, Ernst 56

Kästner, Erich 56, 305
Kafka, Franz 10, 182, 227 ff., 345 ff., 380
Kafka, Hermann 345
Kafka, Julie 345
Kahle, Hans 399, 401 ff., 436
Kainz, Josef 35, 203, 206, 211
Kalser, Erwin 134, 137
Kant, Immanuel 48, 84, 266, 271, 381, 416
Karl V., römisch-deutscher Kaiser 143
Kasicz, Tibor 341, 435
Keller, Gottfried 20
Kerr, Alfred 47, 257, 300, 308, 351
Kesten, Hermann 293, 307
Kestner, Charlotte 307
Keun, Irmgard 139, 141, 307
Keyserling, Hermann Graf 282
Kierkegaard, Søren 348, 380
Killinger, Manfred von 331
Kingsley, Sidney 30, 171
Kisch, Egon Erwin 91
Klages, Ludwig 378
Klee, Paul 53
Kleist, Heinrich von 134, 346, 368, 375, 380 ff., 389
Kleist, Ulrike von 381
Klopstock, Robert 227, 229, 347
Knappertsbusch, Hans 52
Kohlhaas, Michael 380
Kolb, Annette 55

Kolle, Helmut 361
Kollwitz, Käthe 36f., 173, 303
Kotzebue, August 391
Kramer, Theodor 213f.
Krauß, Werner 31, 54
Kroll, Fredric 434
Kubin, Alfred 103
Kühn, Sophie 380
Kuhn, Fritz 330f.
Kurella, Alfred 11

La Guardia, Fiorello H. 261, 311f., 330
Landon, Alfred M. 31, 72, 162, 311
Lang, Fritz 33, 326
Langhoff, Wolfgang 133, 137
Lasker-Schüler, Else 95, 134, 212, 308
Latouche, John 70
Laube, Heinrich 391
Lenin (Wladimir Iljitsch Uljanow) 269, 302
Lenz, Jakob Michael Reinhold 390
Lenz, Max Werner 343
Leopardi, Giacomo 354
Lesch, Walter 137, 343
Lessing, Gotthold Ephraim 84, 266, 303
Lessing, Theodor 351
Lewis, John L. 163
Lewis, Lloyd 156
Lewis, Sinclair 30, 165ff., 169f., 176, 191, 273
Ley, Robert 310
Lichtenberger, Henri 390
Lindtberg, Leopold 133, 136f.
Lion, Ferdinand 374, 389
Lloyd, Harold 30
Löwenstein, Hubertus Prinz zu 200
Longfellow, Henry Wadsworth 152
Lubitsch, Ernst 323ff.
Ludendorff, Erich 281
Ludwig II., König von Bayern 202ff., 433
Ludwig XIV., König von Frankreich 207
Ludwig, Emil 257, 308
Luitpold, Prinzregent von Bayern 203
Lukács, Georg 11
Luther, Martin 18, 267, 269, 380

Machado, Antonio 407
Machiavelli, Niccolò 269, 293, 354
Mahler, Gustav 252
Mallarmé, Stéphane 16, 95
Malraux, André 17, 407, 409
Mann, Carla 250
Mann, Elisabeth 253f., 435
Mann, Erika 12f., 67ff., 158, 253f., 255ff., 323, 436
Mann, Golo 253f., 259
Mann, Heinrich 14, 19, 21, 55, 78f., 222, 227, 243f., 250, 252, 255, 257ff., 300, 307, 351, 433
Mann, Julia 222
Mann, Katia 223, 251, 256
Mann, Michael 253f.
Mann, Monika 253f.
Mann, Thomas 21, 23ff., 43, 55, 67, 78ff., 222f., 249ff., 255f., 258ff., 271, 280, 298, 305ff., 351
Manzoni, Alessandro 301, 354
Marcu, Valerie 293
Marcuse, Ludwig 293
Maria Stuart, Königin von Schottland 32f.

Maria Theresia, deutsche Kaiserin 267
Marinetti, Filippo T. 242f., 301, 356
Marx, Karl 199, 253, 269, 350f., 355, 382, 407
Masaryk, Thomas G. 183, 187ff., 193, 259, 302, 338
Masereel, Frans 339ff.
Massis, Henri 91
Maugham, Somerset 75
Maupassant, Guy de 78, 227
Mauriac, François 91
Maurois, André 257
May, Karl 300
Mayr-Ofen, Ferdinand 211
Mazzini, Giuseppe 354, 356
Meißner, Otto 73
Méliès, Georges 33f.
Mell, Max 142
Mendelssohn, Moses 266, 288
Mennicke, Carl August 98
Metternich, Klemens Wenzel Fürst von 391
Miaja, José 417
Minder, Robert 386
Missac, Pierre 385
Mörike, Eduard 12, 389f.
Mola, Emilio 418
Molière, Jean Baptiste 75
Moncasi, Dolores 133, 137
Müller, Adam 391
Muni, Paul 334
Murillo, Bartolomé Esteban 420
Murnau, Friedrich Wilhelm 323
Mussolini, Benito 58, 61f., 64, 242f., 300f., 318, 344, 353, 356
Mussolini, Vittorio 344, 396

Napoleon I., Kaiser der Franzosen 190, 312, 405
Napoleon III., Kaiser der Franzosen 298, 300, 307f.
Navarro, Ramon 323
Negri, Pola 304f., 323
Negrin, Juan 423, 425
Nelson, Leonard 351
Neumann, Alfred 257, 307
Nielsen, Asta 31
Nietzsche, Friedrich 10, 18, 46, 48, 78, 84, 92, 94, 97, 149, 211, 221f., 231, 241, 267, 269, 301, 349ff., 355, 373, 380, 394, 407
Nolde, Emil 53, 303
Novalis (Friedrich von Hardenberg) 372, 375ff., 379f., 383, 385f., 391

Odette, Clifford 30, 171
Olden, Rudolf 55
O'Neill, Eugene 30, 171
Ortega, Leopoldo 417, 426
Ortega y Gasset, José 406f.
Ossietzky, Carl von 63, 125, 364ff., 433, 436
Otto I., König von Bayern 210
Otto, Hans 55
Otto, Teo 136f.
Ovid 298

Pagnol, Marcel 159
Painlevé, Paul 302
Papen, Franz von 73, 255
Pascal, Blaise 376, 380
Pasternak, Boris 95
Pfitzner, Hans 52f.
Philipp II., König von Spanien 307
Picasso, Pablo 38f., 172f., 232, 357, 360, 419
Pickford, Mary 323
Pindar 383
Plutarch 36, 173
Pobi, Marcel 388

Poe, Edgar Allan 210
Poincaré, Raymond 302
Polgar, Alfred 137
Politzer, Heinz 214
Pringsheim, Alfred 223, 248f.
Pringsheim-Dohm, Hedwig 223, 253
Prokosch, Frederic 169
Proust, Marcel 26, 115, 161, 169
Pulver, Max 378

Rainer, Luise 334
Ratatöskr siehe: Blaich, Hans Erich
Rathenau, Walter 255, 268, 302
Regler, Gustav 55, 293, 307
Reil, Rita 432
Reinhardt, Max 132, 172, 201, 253, 326
Remarque, Erich Maria 308
Renn, Ludwig 405
Reynolds, Joshua 420
Ribbentrop, Joachim von 63, 106
Rienzi, Cola di 354
Rieser, Ferdinand 133f., 138
Rieser, Marianne 136
Rilke, Rainer Maria 11, 94ff., 214, 217, 369, 372
Rimbaud, Arthur 16, 96, 236, 369, 376f., 380
Ripper, Rudolf C. von 232ff.
Robertson, Tom 76
Rodin, Auguste 96
Rodriguez, Joaquin 401
Röhm, Ernst 131
Rolland, Romain 17, 20, 91, 351
Roosevelt, Eleanor 261
Roosevelt, Franklin D. 31, 64, 72, 162f., 175, 179, 264, 310ff.
Rosenberg, Alfred 21, 48, 50, 83, 105, 239, 241, 269, 303
Roth, Joseph 228, 257, 306
Rougemont, Denis de 387f.
Rousseau, Henri 360
Rousseau, Jean-Jacques 391
Rubio, Perez 419
Rust, Bernhard 48

Sacco, Nicola 166
Sade, Donatien Alphonse François Marquis de 377
Sahl, Hans 339ff., 435
Salvemini, Gaetano 356
Sand, Karl Ludwig 391
Sauerbruch, Ferdinand 48
Savoir, Alfred 325
Schacht, Hjalmar 107
Schelling, Friedrich Wilhelm Joseph von 376, 382f., 389
Schickele, René 55, 146ff., 306
Schiller, Friedrich von 84, 266, 385, 391
Schilling, Erich 101f.
Schlegel, Friedrich 386, 391
Schleicher, Kurt von 73
Schloß, Sibylle 68f.
Schmitt, Hans-Jürgen 434
Schnack, Anton 103
Schnitzler, Arthur 142
Schoenberner, Franz 432
Schönherr, Karl 142
Schopenhauer, Arthur 78, 147, 251, 382
Schrödinger, Erwin 48
Schubert, Franz 266
Schulz, Wilhelm 101, 103
Schumann, Robert 266, 373, 376
Schwarzschild, Leopold 308
Scott, Walter 372
Scribe, Eugène 303
Secretain, Roger 369, 374
Seghers, Anna 307
Séraphine 360

Sforza, Carlo Graf 356
Shakespeare, William 75, 137, 253, 318f., 326, 336
Sheridan, Richard Brinsley 75
Sherwood, Robert Emmet 137
Simpson, Wallis 31, 177, 213, 310
Silone, Ignazio 301, 352
Sinclair, Upton 165ff.
Smith, Henry Justin 156
Sophie Charlotte, Herzogin in Bayern 204
Sokrates 109f., 221
Sonnemann-Göring, Emmy 54
Sorel, Georges 269
Spender, Stephen 95
Spengler, Oswald 56, 82, 238, 281, 407
Staël, Germaine Baronin von, genannt Madame de Staël 390
Stalin (Josef Wissarionowitsch Dschugaschwili) 88f., 178, 248
Steckel, Leonhard 134f., 137
Steinbeck, John 320
Stendhal (Henri Beyle) 16
Stern, Ernst 29
Stifter, Adalbert 142
Stöhr, Emil 137
Strasser 73
Strauss, Richard 42, 53
Streicher, Julius 129, 131, 288
Stresemann, Gustav 14, 20f., 252, 254, 268
Strindberg, August 10
Stroheim, Erich von 401
Stuck, Franz von 207
Süskind, Wilhelm Emanuel 305
Sullivan, Sir Arthur Seymour 151

Tabouis, Geneviève 102
Tagore, Rabindranath 282
Taylor, Robert 323
Temple, Shirley 174, 417
Thälmann, Ernst 350
Thieß, Frank 401
Thöny, Eduard 101, 103
Thoma, Ludwig 102
Thompson, Dorothy 262f.
Tieck, Ludwig 368, 370, 382, 386
Tiepolo, Giambattista 420
Tintoretto 420
Tizian 420
Toller, Ernst 72, 200, 282, 307, 326f.
Tolstoi, Leo 116, 252
Toscanini, Arturo 356
Toulouse-Lautrec, Henri de 39
Trakl, Georg 95, 246
Tressler, Otto 142, 145
Trotzki, Leo 89
Tucholsky, Kurt 351, 401
Turner, William 391

Uhde, Johannes 359
Uhde, Wilhelm 357ff.
Umansky, Constantine 261
Unamuno, Miguel de 298, 380, 406f.

Valentin, Karl 102
Valentino, Rudolfo 323
Valéry, Paul 96
Vanzetti, Bartolomeo 166
Varus, Publius Quintillius 267
Vayo, Julio Alvarez del 429
Veidt, Conrad 54, 323
Velázquez 418, 420
Verlaine, Paul 16, 96, 211, 216
Verne, Jules 34
Victoria, Königin von England 170
Vincent, Raymond 385
Vittorio Emanuele III., König von Italien 356

Voltaire (François-Marie Arouet) 18, 23, 351, 377, 384

Wackenroder, Wilhelm Heinrich 386
Wagner, Cosima 210, 248
Wagner, Richard 78, 170, 203, 205, 207f., 210f., 248, 251f., 266, 307, 373
Wahl, Jean 385
Waiblinger, Wilhelm Friedrich 12
Walinsky, Louis 72ff.
Wallenstein, Albrecht 182
Walter, Bruno 53, 253
Wassermann, Jakob 380
Wedekind, Frank 31, 67f., 136, 383
Wehner, Josef Magnus 107
Weidlé, Wladimir 383f.
Weill, Kurt 171, 201, 322
Weiskopf, F. C. 215f.
Welles, Orson 11, 317f., 323
Wells, Herbert George 407
Welti, Jean Albert 137
Weltsch, Felix 224ff.
Werfel, Franz 95, 171, 212, 214, 227f., 231, 351
Werner, Zacharias 383
Wesemann, Hans 113
Wessel, Horst 49, 200
Wetzel, Friedrich Gottlob 389
Whistler, James Mac Neill 150
Whitman, Walt 153f., 157, 165
Wiechert, Ernst 45, 56
Wilde, Oscar 75, 150ff.
Wilder, Billy 327
Wilder, Thornton 169
Wilhelm II., deutscher Kaiser 207f., 254, 267ff., 280, 358
Wilson, Thomas Woodrow 356
Wolf, Friedrich 73, 308
Wolfe, Thomas 167ff.
Wolff, Theodor 21, 351
Wurmser, André 92

Xenophon 16

Zola, Émile 18f., 78, 169, 243, 326
Zurbarán, Francisco de 420
Zweig, Arnold 257, 308
Zweig, Stefan 53

Klaus Mann

Klaus Mann, 1906 in München als ältester Sohn von Thomas und Katia Mann geboren, schrieb schon als Schüler Gedichte und Novellen. 1926 ging er als Theaterkritiker nach Berlin und lebte dort als exzentrischer Bohemien, der aus seiner Homosexualität nie einen Hehl machte. Während sein Vater mit pedantischer Disziplin Weltliteratur verfaßte, reiste Klaus Mann mit seiner Schwester Erika ruhelos durch die Welt. 1933 emigrierte er vor den Nazis nach Paris und schrieb dort seinen Schlüsselroman *Mephisto*, dessen Hauptfigur, der Schauspieler Höfgen, für Klaus Mann zum Symbol eines «durchaus komödiantischen, zutiefst unwahren, unwirklichen Regimes» wurde. Am 21. Mai 1949 starb Klaus Mann in Cannes an einer Überdosis Schlaftabletten.

Alexander *Roman der Utopie*
(rororo 5141)

Flucht in den Norden *Roman*
(rororo 4858)

Der fromme Tanz *Das Abenteuerbuch einer Jugend*
(rororo 5674)

Maskenscherz *Die frühen Erzählungen*
(rororo 12745)

Der siebente Engel *Die Theaterstücke*
(rororo 12594)

Speed *Erzählungen aus dem Exil*
(rororo 12746)

3253/1

rororo Literatur

Mephisto *Roman einer Karriere*
(rororo 4821)

Symphonie Pathétique *Ein Tschaikowsky-Roman*
(rororo 4844)

Treffpunkt im Unendlichen *Roman*
(rororo 4878)

Der Vulkan *Roman unter Emigranten*
(rororo 4842)

Kind dieser Zeit
(rororo 4996)

Der Wendepunkt *Ein Lebensbericht*
(rororo 5325)

André Gide und die Krise des europäischen Denkens *Essays*
(rororo 5378)

Erika und Klaus Mann
Rundherum *Abenteuer einer Weltreise*
(rororo 4951)